Niewierna

Ayaan Hirsi Ali

Niewierna

Z angielskiego przełożyła
Joanna Pierzchała

Świat Książki

Tytuł oryginału
INFIDEL

Redaktor prowadzący
Beata Kołodziejska

Redakcja
Monika Kiersnowska

Redakcja techniczna
Lidia Lamparska

Korekta
Katarzyna Żuławnik
Jadwiga Przeczek

Świat Książki
Warszawa 2009

Bertelsmann Media Sp. z o.o.
ul. Rosoła 10,
02-786 Warszawa

Skład i łamanie
KOLONEL

Druk i oprawa
GGP Media GmbH, Pössneck

ISBN 978-83-247-0860-4

Nr 6151

Dedykuję tę książkę Abeh, Ma, Ayeyo (babci), Mahadowi

Pamięci Haweyi

SPIS TREŚCI

Wstęp

Pewnego listopadowego poranka 2004 roku Theo van Gogh jak zwykle udał się do pracy w swojej firmie zajmującej się produkcją filmów w Amsterdamie. Wsiadł na swój stary, czarny rower i pojechał w dół główną drogą, na której czekał na niego Marokańczyk z krótką bronią palną i dwoma rzeźnickimi nożami.

Kiedy Theo jechał rowerem ulicą Linnaeusstraat, Muhammad Bouyeri wyciągnął pistolet i oddał do niego kilka strzałów. Theo zsunął się z roweru. Udało mu się jeszcze zrobić kilka chwiejnych kroków, po czym upadł na ziemię. Bouyeri poszedł za nim. „Czy nie moglibyśmy o tym porozmawiać?", błagał swego zabójcę Theo, ale Bouyeri strzelił do niego kolejne cztery razy. Następnie wyjął jeden ze swoich rzeźnickich noży i poderżnął mu gardło. Kolejny nóż wbił w klatkę piersiową mężczyzny wraz z pięciostronicowym listem.

List był zaadresowany do mnie.

Dwa miesiące wcześniej Theo i ja nakręciliśmy krótki film, który zatytułowaliśmy *Poddanie. Część 1*. Miałam zamiar nakręcić pewnego dnia drugą część. (Theo ostrzegł mnie, że podejmie pracę nad kolejną częścią jedynie pod warunkiem, gdy zaakceptuję w niej nieco humoru!). Część pierwsza opowiada o sprzeciwie. Ukazuje muzułmańskie kobiety, które od całkowitego podporządkowania się przechodzą do dialogu z Bogiem. Modlą się, ale zamiast opuszczać oczy, spoglądają w górę ku Bogu. Słowa Koranu wypisane są na ich ciałach.

Mówią, że jeżeli nadal będą doświadczać udręki, a On pozostanie milczący, przestaną się podporządkowywać.

Jedną z kobiet poddano chłoście za popełnienie cudzołóstwa. Inną zmuszono do poślubienia mężczyzny, którego nie znosi. Kolejną regularnie bije mąż. Ostatnią odrzuca ojciec, kiedy dowiaduje się, że zgwałcił ją jego brat. Każdy akt przemocy jest usankcjonowany przez sprawców w imieniu Boga. Cytują wersety Koranu wypisane teraz na ciałach kobiet. Los bohaterek tego filmu jest udziałem setek tysięcy muzułmańskich kobiet na całym świecie.

* * *

Theo i ja zdawaliśmy sobie sprawę z niebezpieczeństwa, jakie niesie zrobienie tego filmu. Jednak van Gogh był dzielnym człowiekiem – wojownikiem. Był Holendrem, a żaden naród na świecie nie jest tak głęboko przywiązany do wolności słowa jak Holendrzy. Sugestia, żeby usunął swoje nazwisko z czołówki ze względów bezpieczeństwa, rozgniewała go. Powiedział mi kiedyś: „Jeżeli nie mogę umieścić mojego nazwiska we własnym filmie nakręconym w Holandii, oznacza to, że Holandia nie jest już Holandią, a ja nie jestem sobą".

Ludzie pytają mnie często, czy drzemie we mnie pragnienie śmierci, skoro wygłaszam tak obrazoburcze opinie. Odpowiedź brzmi: „nie"; chcę żyć. Niemniej jednak, niektóre sprawy muszą zostać powiedziane. Zdarza się bowiem, że cisza staje się wspólniczką niesprawiedliwości.

Jest to historia mojego życia. Stanowi zapis osobistych wspomnień, tak wiernych, jak było to możliwe. Moje relacje z pozostałymi członkami rodziny były na tyle trudne, że nie mogę teraz odświeżyć tych wspomnień, prosząc ich o pomoc. Jest to opowieść o tym, czego doświadczyłam, co widziałam i dlaczego myślę w taki a nie inny sposób. Doszłam do wniosku, że opowiedzenie tej historii jest pożyteczne, a może nawet ważne. Chciałabym wyjaśnić kilka spraw, szereg faktów wyprostować, a także opowiedzieć ludziom o innym świecie i jak wygląda on naprawdę.

Urodziłam się w Somalii. Dorastałam w Somalii, potem w Arabii Saudyjskiej, Etiopii i Kenii. Przyjechałam do Europy w 1992 roku, w wieku dwudziestu dwóch lat. Zostałam członkinią parlamentu w Holandii. Nakręciłam z Theo film, a teraz nieustannie pilnują mnie ochroniarze i przemieszczam się w opancerzonych samochodach. W kwietniu 2006 roku holenderski sąd zdecydował, że powinnam wyprowadzić się z mojego bezpiecznego domu, który wynajmowałam od państwa. Sędzia uznał, że moi sąsiedzi mieli prawo argumentować, iż nie czują się bezpiecznie ze względu na moją obecność w budynku. Już wcześniej, zanim wybuchła dyskusja na temat mojego holenderskiego obywatelstwa, postanowiłam przenieść się do Stanów Zjednoczonych.

Książkę tę dedykuję mojej rodzinie, a także milionom muzułmańskich kobiet, które musiały się podporządkować.

Część I
Moje życie

ROZDZIAŁ 1

Rodowód

– Kim jesteś?

– Jestem Ayaan, córką Hirsiego, syna Magana.

Siedzę z babcią na macie z trawy pod drzewem talal. Za nami wznosi się dom, w którym mieszkamy. Gałęzie drzewa talal osłaniają nas przed nieubłaganie prażącym słońcem, którego promienie padają wprost na biały piasek.

– Kontynuuj – mówi babka, piorunując mnie wzrokiem.

– A Magan był synem Isse.

– I co dalej?

– Isse był synem Gulejda, który z kolei był synem Alego. Ten ostatni zaś był synem Wai'ajs. Ten zaś był synem Muhammada, Alego, Umara – zawahałam się przez chwilę – Osmana, Mahamuda. Łapię oddech i jestem z siebie dumna.

– Bah? – pyta babka. – Czyja to małżonka?

– Bah Ja'kub, Garab-Sare – wymieniam najpotężniejszą z żon Osmana Mahamuda, córkę Ja'kuba, z najbardziej szanowanego lineażu.

Babka kiwa głową potakująco, aczkolwiek niechętnie. Jak na pięcioletnią dziewczynkę dobrze mi poszło. Udało mi się wymienić swoich przodków, sięgając trzysta lat wstecz – część o zasadniczym znaczeniu. Osman Mahamud to nazwa rodu ojca, a zatem mego własnego. Oto gdzie przynależę i kim jestem.

Później, kiedy dorastałam, babka nakłaniała mnie, a nawet zmuszała do uczenia się rodowodu ojca osiemset lat wstecz, do początków wielkiego zespołu rodowego Darod. Jestem Darod, Harti, Madżerten, Osman Mahamud. Wywodzę się z najbardziej szanowanego lineażu. Jestem Magan.

– Wyrecytuj je z pamięci – rozkazuje babka, grożąc mi rózgą. – Imiona te sprawią, że staniesz się silna. To twój rodowód. Jeżeli okażesz im szacunek, utrzymają cię przy życiu. Jeżeli zaś okryjesz je hańbą, zostaniesz opuszczona. Staniesz się nikim. Będziesz prowadzić nędzne życie i umrzesz samotnie. Powtórz to raz jeszcze.

* * *

Somalijskie dzieci muszą uczyć się na pamięć swego rodowodu. Jest to ważniejsze niż niemal wszystko inne. Ilekroć Somalijczyk spotka nieznajomego, pyta go: „Kim jesteś?". Następnie starają się wspólnie prześledzić swe rodowody, aż znajdą wspólnego przodka.

Jeżeli masz z innym Somalijczykiem wspólnego dziadka, być może nawet prapradziadka osiem pokoleń wstecz, łączy was pokrewieństwo i jesteście kuzynami. Zaliczacie się do członków wielkiej rodziny, która tworzy ród. Ofiarujecie sobie jedzenie i gościnność. Chociaż dziecko należy do klanu ojca, to wiedza o linii rodowej matki może okazać się również przydatna, chociażby w podróży, kiedy potrzebujesz pomocy nieznajomego.

Toteż, chociaż pot spływał nam po grzbiecie podczas tych długich popołudni, mój starszy brat, Mahad, i ja uczyliśmy się śpiewnie recytować jednym głosem imiona naszych przodków, zarówno ze strony ojca, jak i matki. Później babka zaczęła uczyć moją małą siostrę Haweyę, ale nigdy nie udało jej się zajść z nią równie daleko. Haweya była bystra, ale nie potrafiła usiedzieć na miejscu, w czym przebijała nawet Mahada i mnie.

Prawdą jest, że ta wiedza o przodkach wydawała się niepotrzebna nam, współczesnym dzieciom, wychowywanym w otoczonych wysokim ogrodzeniem betonowych domach o solidnych sufitach i grubych ścianach. Często hasaliśmy, uchylając się przed razami, które babka wymierzała nam witkami urwanymi z naszego drzewa. Raczej wspinaliśmy się na nie i bawiliśmy się wśród jego gałęzi.

Przede wszystkim jednak uwielbialiśmy słuchać opowieści babki. Podczas gdy matka stała przy piecyku na węgiel drzewny i gotowała strawę, my leżeliśmy na macie pod drzewem talal. Babka nigdy nie snuła swoich opowiadań, kiedy o nie prosiliśmy. Zawsze stanowiły one dla nas niespodziankę. Wyplatała matę, mamrocząc coś do siebie i nagle zdawaliśmy sobie sprawę, że jej mamrotanie przeradzało się w zajmującą baśń.

– Był raz młody koczownik, który ożenił się z piękną dziewczyną i mieli syna – zaczynała babka swą opowieść.

Cała nasza trójka wiedziała, że należy się natychmiast uspokoić i udawać, że jesteśmy czymś zajęci. Najmniejsze zakłócenie porządku mogło popsuć jej humor. Warczała wówczas na nas i wracała do wyplatania cienkich pasków wysuszonej trawy, z których powstawały wielkie misterne maty. Mogła to czynić niemal dzień i noc.

– Deszcze nie nadchodziły, toteż koczownik postanowił udać się na wędrówkę przez pustynię, szukając pastwiska, gdzie mógłby osiąść ze swoją rodziną. Uszedł zaledwie kilka kroków i natknął się na skrawek zielonej, młodej trawy. Stała na niej chata zrobiona z grubych gałęzi, przykryta świeżo wyplecionymi matami i dopiero co zamieciona. Chata była pusta.

Mężczyzna wrócił do żony i powiedział jej, że zaledwie po jednym dniu wędrówki znalazł wspaniałe miejsce. Ale dwa dni później, kiedy wrócił na pastwisko z żoną i niemowlęciem, spotkali stojącego przy drzwiach do chaty nieznajomego, który był niewysoki, krępy, miał białe zęby i gładką skórę.

Haweyę ciarki przeszły po plecach z przyjemności i ze strachu.

Nieznajomy powiedział z uśmiechem:

– Masz żonę i dziecko. Weź ten dom, jesteś tu mile widzianym gościem.

Młody koczownik pomyślał, że ten mężczyzna jest niezwykle przyjazny i podziękował mu. Zachęcał go też, żeby ich odwiedzał, ilekroć będzie miał na to ochotę. Ale żona czuła się nieswojo w towarzystwie nieznajomego. Dziecko również zaczęło płakać, kiedy ten stanął obok.

Tej nocy dzikie zwierzę wśliznęło się niepostrzeżenie do chaty i wykradło dziecko z łóżka. Wcześniej mąż zjadł obfity posiłek i spał snem kamiennym; nic nie słyszał. Tak nieszczęśliwie się złożyło. Nieznajomy w niedługim czasie odwiedził koczownika i jego żonę, wyrażając swój smutek w obliczu tragedii, która ich spotkała. Kiedy jednak zaczął mówić, żona zauważyła pomiędzy jego zębami maleńkie kawałeczki czerwonego mięsa, a jeden z tych mocnych białych zębów był ułamany.

Mężczyzna zamieszkał w chacie z małżeństwem. Przez cały rok trawa pozostawała zielona. Nadeszły deszcze, toteż nie było powodu, żeby przenosić się w inne miejsce. Żona urodziła w chacie kolejnego pięknego syna. Gdy dziecko skończyło zaledwie kilka miesięcy, pewnej nocy w domu zjawiło się zwierzę i chwyciło niemowlę w swoje szczęki. Tym razem ojciec dziecka pobiegł za zwierzęciem, ale był zbyt powolny, by je złapać.

Za trzecim razem koczownik dogonił stworzenie i podjął z nim walkę. Jednak zwierzę go pokonało, zaś dziecko zostało pożarte. W końcu, kiedy trzecie dziecko straciło życie w szponach dzikiego zwierza, żona oświadczyła koczownikowi, że chce od niego odejść. Tak więc głupi koczownik stracił wszystko!

– A zatem, czego się nauczyliście? – dopytywała się babka.

Znaliśmy odpowiedź. Koczownik był leniwy. Osiedlił się na pierwszym pastwisku, które znalazł, chociaż musiało się tam dziać coś złego. Był głupi: nie potrafił odczytać znaków, które dziecko i kobieta instynktownie wyczuwali. Nieznajomy okazał się straszną istotą, która zamieniała się w hienę i pożerała dzieci. Z łatwością to dostrzegliśmy. Małżonek kobiety był nierozgarnięty, słaby, pozbawiony siły i męstwa. Zasługiwał na to, żeby wszystko stracić.

Historie opowiadane przez babkę mogły mrozić krew w żyłach. Niekiedy snuła opowieść o szpetnej starej czarownicy, którą nazywano Zabójczynią albo Rzeźniczką Ludzi. Miała ona zdolność zamieniania się w kogoś innego. Rysy jej twarzy przypominały wówczas osobę powszechnie lubianą i szanowaną. Jednak w pewnej chwili czarownica rzucała się na swego rozmówcę, śmiejąc mu się w twarz, zanim zarżnęła go długim ostrym nożem ukrywanym pod fałdami szaty, a następnie zjadała nieszczęśnika. Babka przytaczała też historie o bandytach dokonujących wypadów na pustynię. Kradli zwierzęta, porywali kobiety i puszczali z dymem całe osady. Opowiadała nam o nieszczęściach, które przeminęły bez śladu, lecz naznaczyły życie zarówno jej samej, jak i jej rodziców, wyraźnym piętnem: pandemii dżumy, malarii i suszy. W wyniku suszy ogromne regiony kraju stały się na długo nieurodzajne.

Snuła też wspomnienia o swoim życiu. O dobrych czasach, kiedy padały deszcze, sprawiając, że wokół rozwijała się bujna zieleń, strumienie zaczynały nagle płynąć przez wyschnięte łożyska, a mleka i mięsa było w bród. Próbowała nam wytłumaczyć, w jaki sposób te zjawiska przyrodnicze prowadziły do dekadencji. Gdy trawa stawała się zielona, pasterzy ogarniało lenistwo, a dzieci wyraźnie przybierały na wadze. Mężczyźni i kobiety gromadzili się o zmierzchu, by śpiewać i grać na bębnach, co źle wpływało na ich czujność, toteż nie potrafili w porę dostrzec niebezpieczeństwa. Tego typu zabawy, ostrzegała nas, zawsze prowadzą do rywalizacji, konfliktów i nieszczęścia.

Niekiedy w opowieściach babki pojawiały się postaci dzielnych kobiet przypominających moją matkę, które wykorzystywały swoją przebiegłość i odwagę, by ocalić dzieci przed niebezpieczeństwem. Dzięki temu czuliśmy się bezpieczni. Moja babka, a także matka były odważne i sprytne: z pewnością potrafiłyby nas uratować, gdyby zdarzyło się nam stanąć twarzą w twarz z potworami.

W Somalii małe dzieci szybko zdobywają wiedzę, jak mieć się na baczności przed zdradą. Rzeczy nie zawsze są tym, czym się wydają; nawet najmniejsza pomyłka może okazać się fatalna w skutkach. Każda opowieść babki zawierała morał, z którego wynikało, że powinniśmy się opierać na naszym honorze. Musimy być silni, bystrzy, podejrzliwi, a także przestrzegać zasad rodu.

Podejrzliwość była jak najbardziej wskazana, szczególnie w przypadku dziewczynek. Dziewczęta mogły bowiem zostać wydane za mąż i przynieść zysk. Gdyby dziewczynę pozbawiono dziewictwa, straciłaby nie tylko własny honor, ale zrujnowałaby też honor swego ojca, wujów, braci i kuzynów. Nie ma nic gorszego niż zostać osobą, która spowoduje taką katastrofę.

Chociaż uwielbialiśmy opowieści babki, lekceważyliśmy ją. Gromadziła nas wokół siebie, starając się zbić nas w stadko, podobnie jak robiła to z kozami, które przywiązywała do naszego drzewa. My byliśmy jednak bardziej niesforni niż zwierzęta domowe. Naszą rozrywkę stanowiły opowieści i wzajemne sprzeczki. Nie pamiętam, żebym widziała zabawkę, zanim skończyłam osiem lat, kiedy to przenieśliśmy się do Arabii Saudyjskiej. Dokuczaliśmy sobie nawzajem. Haweya i Mahad zmawiali się przeciwko mnie, albo też Haweya i ja sprzysięgałyśmy się przeciwko Mahadowi. Nigdy jednak nie zdarzyło mi się robić czegoś z bratem wspólnie. Nie znosiliśmy się. Babka zawsze tłumaczyła jego niechęć do mnie tym, że urodziłam się zaledwie rok po Mahadzie; ukradłam mu kolana matki.

Nie mieliśmy ojca, ponieważ nasz ojciec siedział w więzieniu.

Zupełnie go nie pamiętałam.

* * *

Większość dorosłych, których znałam, dorastało na pustyniach Somalii. Jest to jeden z najbiedniejszych krajów Afryki położony najdalej na wschód. Somalia wcina się w Ocean Indyjski, kołysząc niczym opiekuńcza dłoń koniuszek Półwyspu Arabskiego, po czym teren opada ku wybrzeżu Kenii. Członkowie mojej rodziny byli koczownikami, którzy bezustannie przemierzali północne i północno-wschodnie pustynie, w poszukiwaniu pastwisk dla swoich stad. Niekiedy osiedlali się na jeden lub dwa sezony. Kiedy kończyły się zapasy wody i paszy, albo jeżeli nie spadły deszcze, załadowywali na wielbłądy swoje prowizoryczne chaty, składali maty i opuszczali teren, próbując znaleźć jakiś inny lepszy rejon, aby utrzymać przy życiu stada.

Moja babka nauczyła się wyplatać dzbany z suszonej trawy tak starannie i szczelnie, że można w nich było całymi kilometrami nosić wodę. Potrafiła też zbudować własny mały domek o kopulastym dachu z wygiętych konarów i wyplatanych mat, a następnie rozebrać go i załadować na złośliwego wielbłąda.

Kiedy babka miała około dziesięciu lat, zmarł jej ojciec, pasterz z plemienia Issak. Matka babki poślubiła jej wuja. (To powszechny zwyczaj. W ten sposób można zaoszczędzić posag i uniknąć trudności). Gdy babka skończyła trzynaście lat, o jej rękę poprosił wuja zamożny koczownik imieniem Artan, który miał około czterdziestu lat. Artan należał do Dulbahante, co uchodziło za dobry rodowód w plemieniu Darod. Cieszył się powszechnym szacunkiem, umiał obchodzić się ze zwierzętami i był cenionym przepowiadaczem pogody: potrafił odczytywać tak dobrze nadchodzące zmiany w otaczającym go środowisku, że zawsze wiedział, kiedy należy wyruszyć w dalszą drogę i gdzie może padać deszcz. Inni członkowie rodu przychodzili do niego, by rozstrzygał zaistniałe spory.

Artan był już żonaty, ale on i jego żona mieli tylko jedno dziecko, córkę, nieco młodszą od mojej babki. Kiedy postanowił wziąć sobie drugą żonę, wybrał najpierw ojca panny młodej: szukał mężczyzny z dobrego rodu o przyzwoitej reputacji. Dziewczyna miała być pracowita, silna, młoda i czysta. Moja babka, Ibado, spełniała wszystkie te warunki. Artan zapłacił uzgodnioną cenę za narzeczoną.

Kilka dni po tym, jak Artan ją poślubił i zabrał do siebie, babka uciekła. Zanim Artan ją dogonił, zdołała dotrzeć niemal do obozowiska swojej matki. Zgodził się, by trochę odpoczęła i doszła do siebie w towarzystwie matki. Następnie, po tygodniu, ojczym zabrał ją do obozowiska Artana i oświadczył:

– To twoje przeznaczenie.

Przez resztę życia postępowanie mojej babki było pod każdym względem nienaganne. Wychowała osiem córek i jednego syna. Nigdy nie rozległ się nawet szmer plotki o ich cnocie lub pracy. Wpoiła swoim dzieciom silną wolę, posłuszeństwo i poczucie honoru. Wypasała zwierzęta, przynosiła drewno na opał, budowała ogrodzenia przeplatane kolczastymi gałęziami. Miała spracowane ręce i trzeźwy umysł. Kiedy jej mąż pełnił rolę arbitra w czasie spotkań rodu, trzymała swoje dziewczęta w bezpiecznej odległości od mężczyzn, śpiewów i bębnów. Mogły tylko przysłuchiwać się z oddali konkursom poetyckim i przyglądać się, jak mężczyźni handlowali różnymi towarami i snuli opowieści. Babka nie okazywała żadnej zazdrości w stosunku do starszej żony, chociaż schodziła jej z drogi. Po śmierci pierwszej żony tolerowała obecność swej wyniosłej pasierbicy, Chadidży, dziewczyny będącej niemal jej rówieśnicą.

Artan miał dziewięć córek i młodą żonę, a ich honor stanowił sprawę najwyższej wagi. Trzymał je z dala od innych koczowników. Przemierzał tygodniami rozległe tereny, by znaleźć odpowiednie pastwisko, w którym nie byłoby młodych mężczyzn.

Wędrował bez końca przez najbardziej odległe pustynie. Kiedy siadywaliśmy pod drzewem talal przed naszym domem w Mogadiszu, babka często opowiadała nam o pięknie bezkresnej przestrzeni rozciągającej się przed chatą, którą sama zbudowała. Często zdarzało się jej wpatrywać w niekończącą się dal.

W pewnym sensie babka żyła w epoce kamiennej. Koczownicy nie znali pisma. Współczesne metalowe przedmioty były rzadkie i cenne. Brytyjczycy i Włosi twierdzili, że rządzą Somalią, ale dla babki nie miało to żadnego znaczenia. Dla niej istniały tylko plemiona: wielkie zespoły rodowe koczowników Isaak i Darod, mniejszy rolników Hawija i stojący jeszcze niżej w hierarchii Sab. Babka po raz pierwszy zobaczyła białą osobę, kiedy przekroczyła trzydziestkę: myślała, że w wyniku doznanych oparzeń zeszła z niej skóra.

Moja matka, Asza, przyszła na świat na początku lat czterdziestych ubiegłego wieku wraz z identyczną siostrą bliźniaczką, Halimo. Babka urodziła je samotnie pod drzewem. Były jej trzecim i czwartym dzieckiem. Miała wówczas około osiemnastu lat. Prowadziła swoje kozy i owce na pastwisko, kiedy poczuła bóle. Położyła się i zaczęła rodzić; następnie odcięła nożem pępowiny. Kilka godzin później zgromadziła stado kóz i owiec, po czym bezpiecznie przyprowadziła je do obozowiska, zanim zapadł zmrok, niosąc swoje nowo narodzone bliźniaczki. Nikt nie był pod wrażeniem jej wyczynu: przyniosła tylko do domu kolejne dwie dziewczynki.

Zgodnie z przekonaniami mojej babki uczucia świadczyły o niemądrym braku umiaru. Ważna była duma – poczucie satysfakcji z wykonywanej przez siebie pracy, z własnej siły, a także samodzielności. Jeżeli ktoś był słaby, ludzie źle o nim mówili. Źródłem krytyki stać się mogły niedbale wykonane, niedostatecznie mocne ogrodzenia z ciernistych krzewów. Na potępienie zasługiwał również fakt niedopilnowania zwierząt przed lwami, hienami i lisami. Również poślubienie przez twego męża innej kobiety, skradzione dziewictwo córek czy próżniacze życie synów nie były akceptowane przez otoczenie.

W oczach babki uchodziliśmy za dzieci, które się do niczego nie nadawały. Wychowani w domu skonstruowanym z cementowych bloków, pokrytego twardym, płaskim dachem, nie mieliśmy żadnych przydatnych umiejętności. Chodziliśmy po ulicach; ulica przed naszym domem nie była wybrukowana, ale mimo to na brudnej ziemi zaznaczono wyraźne przejście. Wodę czerpaliśmy z własnego kranu. Gdybyśmy musieli wypasać zwierzęta na pustyni, nigdy nie znaleźlibyśmy drogi powrotnej do domu. Nie umieliśmy nawet wydoić dobrze kozy, aby ta nie przewróciła nas kopnięciem.

Szczególną pogardę babka żywiła w stosunku do mnie. Przerażały mnie owady, toteż w jej oczach uchodziłam za naprawdę głupie dziecko. Kiedy jej córki miały pięć lub sześć lat, babka zdążyła już nauczyć je wszelkich niezbędnych umiejętności, których potrzebowały, żeby przetrwać. Ja nie posiadałam żadnej.

* * *

Matka opowiadała nam też różne historie. Nauczyła się zajmować zwierzętami należącymi do jej rodziny. Często wypasała je na pustyni i prowadziła w miejsca, gdzie były bezpieczne. Kozy stanowiły łatwy łup dla drapieżnika, podobnie jak wypasająca je młoda dziewczyna. Gdyby moja matka lub jej siostry zostały zaatakowane na pustyni przez mężczyzn, same ponosiłyby za to winę: widząc nieznanego wielbłąda, należało natychmiast rzucić się do ucieczki. Gdyby kiedykolwiek zostały pojmane, powinny były trzykrotnie powiedzieć: „Niech Bóg będzie mi świadkiem, nie chcę z tobą żadnego konfliktu. Proszę, zostaw mnie w spokoju". Jeśli dziewczyna stała się ofiarą gwałtu, przyjmowano to za coś znacznie gorszego niż śmierć, ponieważ tym samym został zhańbiony honor całej rodziny.

W przypadku, gdyby inwokacja do Boga nie dawała pożądanego rezultatu, babka uczyła swoje córki, by podeszły mężczyznę od tyłu, przykucnęły, dosięgły jego nóg pod sarongiem i mocno szarpnęły za jądra. W żadnym przypadku nie powinny się poddawać. Napastnik mógł rozdawać ciosy i kopniaki na prawo i lewo, zaś one miały wsunąć głowę między ramiona, przyjmować ciosy na plecy i żywić nadzieję, że uda im się wytrzymać dostatecznie długo, aż sprawią, że napastnik zemdleje. Manewr ten jest znany pod nazwą *Kworegojs*. Kobiety z rodziny mojej babki uczyły go swoich córek, podobnie jak wpajały im umiejętność robienia ogrodzenia z ciernistych krzewów, co pozwalało chronić chaty przed hienami.

Pamiętam pewne popołudnie, kiedy Haweya i ja byłyśmy jeszcze małymi dziećmi. Przyglądałyśmy się, jak babka wcierała owczy tłuszcz w długi zwój plecionego sznura, zanim namoczyła go w barwniku roślinnym, który miał sprawić, że stanie się twardy i nabierze czarnej barwy.

– Samotna kobieta jest jak kawałek owczego tłuszczu, który leży na słońcu – powiedziała. – Wszystko, co żyje chciałoby się nim pożywić. Zanim ktokolwiek by się zorientował, roiłoby się wszędzie od mrówek i owadów. W końcu nie zostałoby nic oprócz tłustej plamy.

Babka wskazała na kawałek zwierzęcego tłuszczu roztapiający się na słońcu. Leżał nieopodal cienia rzucanego przez drzewo talal. Był czarny od mrówek i komarów. Przez lata obraz ten nawiedzał mnie w nocnych koszmarach.

Moja matka była w dzieciństwie sumienną i posłuszną dziewczynką. Jednak w miarę jak dorastała, świat zaczął się przeobrażać. Dawne tradycje koczowników ulegały zmianie, a nowoczesne życie coraz częściej wabiło ich do wiosek i miast. I tak matka, kiedy skończyła piętnaście lat, opuściła pustynię. Zostawiła rodziców, starsze siostry, a nawet swoją siostrę bliźniaczkę i rozpoczęła wędrówkę. Wsiadła na ciężarówkę i pojechała do portowego miasta, Berbery, po czym kupiła bilet na statek, który przepłynął Morze Czerwone i dotarł do Arabii Saudyjskiej.

Chadidża zrobiła to przed nią, pokonując podobną trasę. Była jej starszą przyrodnią siostrą, córką ojca z pierwszego małżeństwa. Jedna ze starszych sióstr matki również wyruszyła tym samym szlakiem. Nie wiem, co skłoniło je do tego kroku; matka rzadko zwierzała się ze swoich uczuć i osobistych przeżyć. Były jednak lata sześćdziesiąte XX wieku, a nowoczesny styl życia sięgał najdalszych zakątków świata. Ostatecznie matka była młoda i – jak sądzę – nie chciała pozostać na pustyni, gdy wszyscy jej rówieśnicy wyjechali do miasta.

Matka udała się do Adenu, gdzie Chadidża zdążyła się już osiedlić. Było to duże miasto, stanowiące centrum brytyjskiej władzy kolonialnej na Bliskim Wschodzie. Dostała pracę – sprzątała dom pewnej Angielki. Posiadła wiedzę o widelcach, krzesłach, wannach i szczotkach do czyszczenia. Uwielbiała przestrzegać ścisłych codziennych rytuałów – sprzątania, składania, prasowania – co było związane z umiejętnością posługiwania się wyszukanymi akcesoriami osiadłego życia. Stała się nawet bardziej skrupulatna w tego typu sprawach niż jej pracodawczyni.

Chociaż mieszkała w Adenie sama, pozbawiona rodzicielskiego nadzoru, matka była niezwykle prawa, a także zdeterminowana, by nie dać komukolwiek pretekstu do plotek, że ona, Asza Artan, zachowała się niewłaściwie. Nigdy nie korzystała z taksówki ani z autobusu, ponieważ obawiała się, że będzie zmuszona usiąść obok nieznajomego mężczyzny. Unikała również mężczyzn żujących *khat* i dziewcząt, które parzyły dla nich herbatę. Dziewczęta kręciły się wkoło i dowcipkowały, gdy tymczasem grube liście sprawiały, że mężczyzn ogarniała euforia, co prowokowało ich do rozmów i wybuchów śmiechu. Zamiast tego, matka nauczyła się w Adenie modlić zgodnie z obowiązującą muzułmańską tradycją.

* * *

Mieszkając na pustyni, moja babka tak naprawdę nigdy nie miała czasu na modlitwę. Wśród koczowników nie oczekiwano tego od kobiet. To mężczyźni rozkładali swoje modlitewne dywaniki na piasku pięć razy dziennie i zwracali się w kierunku Mekki, śpiewnie recytując wersety Koranu. Teraz jednak, przebywając na Półwyspie Arabskim, gdzie Prorok Muhammad doznał boskiego objawienia, moja matka nauczyła się dokonywać rytualnych ablucji. Okrywała się zwyczajną tkaniną i modliła – stojąc, siedząc lub leżąc twarzą ku ziemi, zwracając się w prawo i w lewo. Modlitwa była wyrazem uległości wobec Boga.

Na pustyni kobiety z plemion koczowników nie zakrywały twarzy. Pracowały, a trudno jest pracować pod zasłoną. Kiedy babka wypasała stada i gotowała, okrywała się grubo plecioną, długą tkaniną, zwaną *goh*, ręce, włosy i szyja pozostawały odkryte. W czasach mojej babki, kobiety karmiły swoje dzieci piersią w obecności mężczyzn; jeżeli nawet było coś podniecającego w widoku kilku centymetrów kobiecego ciała, mężczyźni nigdy tego nie okazywali.

Matka nie miała w Adenie opiekuna – ani ojca, ani brata. Mężczyźni obrzucali ją pożądliwymi spojrzeniami i zaczepiali na ulicy. Zaczęła nosić zasłonę jak arabskie kobiety, które okrywały się długą, czarną tkaniną, pozostawiając jedynie szparę na oczy, kiedy wychodziły z domu. Zasłona chroniła ją przed tymi natarczywymi mężczyznami, a także uczuciem nikczemności, które odczuwała, gdy patrzono na nią w ten sposób. Stanowiła symbol jej wiary. Aby zostać ulubienicą Boga, należało być skromnym, a Asza Artan chciała być najbardziej przyzwoitą i cnotliwą kobietą w mieście.

* * *

Pewnego dnia do Adenu przyjechał mój dziadek Artan. Powiedział matce, że poproszono go o jej rękę, on zaś zaakceptował propozycję. Matka miała około osiemnastu lat; nie mogła przeciwstawić się ojcu. Toteż zachowała milczenie. Milczenie dziewicy jest stosowną odpowiedzią na propozycję małżeńską; oznacza pełne godności przyzwolenie.

Tak więc matka poślubiła mężczyznę, który miał na imię Ahmed, chociaż od razu poczuła do niego niechęć: był za niski, zbyt ciemny i palił papierosy, co było dla niej równie odrażające jak żucie *khatu*. Ahmed pochodził z plemienia Darod, lecz był również spokrewniony z jej rodem Harti, ale zamiast być koczownikiem Dulbahante, podobnie jak ona, obrał zawód handlarza, Warsangeli. Dlatego patrzyła na niego z góry, chociaż był bogaty.

Za sprawą mężczyzny Warsangeli matka przeniosła się do Kuwejtu, gdzie została panią wielkiego domu, z wyłożoną płytkami ceramicznymi podłogą, bieżącą ciepłą wodą i elektrycznością. Pierwszą rzeczą, którą zrobiła, było zwolnienie wszystkich służących: nikt nie mógł wysprzątać domu wystarczająco dobrze, by zadowolić Aszę Artan. Zabrała się do tworzenia wzorowego gospodarstwa domowego. Urodziła syna i nazwała go imieniem Proroka, Muhammad, co było właściwym imieniem dla najstarszego chłopca.

Po pewnym czasie jej ojciec, który był już wówczas starym mężczyzną, zmarł. Matka zrobiła wówczas coś absolutnie zdumiewającego: powiedziała swemu mężowi, że chce otrzymać rozwód.

Oczywiście zgodnie z prawem muzułmańskim matka nie miała prawa do rozwodu. Mogła jedynie zażądać rozwodu, gdyby mąż cierpiał na impotencję albo pozostawił ją w zupełnej biedzie. Wszyscy członkowie rodu w Kuwejcie powiedzieli jej, że jest śmieszna. Mąż matki był zamożnym człowiekiem. Chociaż mógł sobie pozwolić na kilka żon, jednak każdej nocy przychodził do niej do domu. Czego więcej mogła chcieć? Gdyby się rozwiodła, stałaby się osobą zużytą, która do tego nie jest już dziewicą. A ponadto, jak ją przekonywali, straciłaby reputację *baarri.*

Kobieta, która jest *baarri*, przypomina pobożnego niewolnika. Traktuje rodzinę męża z wielkim szacunkiem i żywi ją bez słowa skargi. Nigdy nie utyskuje i nie stawia żadnych żądań. Wykonuje wszelkie usługi ze stale pochyloną głową, nawet jeżeli mąż jest okrutny, gwałci ją, a następnie szydzi z niej. Gdy postanawia wziąć drugą żonę, ona spuszcza oczy i ukrywa łzy. Pracuje ciężko i bez zarzutu. Jest wiernym, uległym, dobrze wyszkolonym zwierzęciem do pracy. Oto kim jest *baarri.*

Gdy jesteś somalijską kobietą, musisz nauczyć się wierzyć, że Bóg jest sprawiedliwy i wynagrodzi cię w przyszłym życiu. Każdy, kto wie o twojej cierpliwości i wytrzymałości, z podziwem oceni wspaniałe wychowanie. Brat będzie ci wdzięczny za ocalenie ich honoru. Będą się chwalić twoją heroiczną uległością. I być może, w końcu, rodzina męża doceni twoje posłuszeństwo, on zaś pewnego dnia zacznie cię traktować jak równorzędną sobie ludzką istotę.

Jeżeli w tym czasie kobieta odczuwa żal, upokorzenie, znużenie lub ma poczucie nieustannego wyzysku, musi skrzętnie to ukrywać. Gdy tęskni za miłością i komfortem psychicznym, w milczeniu modli się do Boga, by uczynił męża bardziej znośnym. Modlitwa jest jej siłą. Matki z plemion koczowniczych powinny przekazać swoim córkom tę umiejętność i moc zwaną *baarri.*

Przez wiele lat moja mama uchodziła za osobę doskonałą. Jej cnota była legendarna, a nawyki pracy wzorowe. Częściowo leżało to w jej naturze: matka znajdowała siłę i dobre samopoczucie w jasno sprecyzowanych zasadach, a także w absolutnej pewności, że jej dobroć zostanie nagrodzona rajem. Sądzę jednak, że obawiała się również, iż ojciec mógłby ją przekląć, gdyby nie okazała posłuszeństwa. Klątwa rzucona przez ojca jest najgorszą rzeczą, jaka może się komukolwiek przydarzyć. To bilet prosto do piekła.

Jednak po śmierci ojca, matka przestała liczyć się z mężem. Odwróciła się od niego z całą mocą pogardy, która narastała w niej od długiego czasu. Nie chciała nawet z nim rozmawiać. Ostatecznie zgodził się na rozwód. Kuwejcki sędzia przyznał matce dodatkowe siedem lat, które mogła spędzić z synem. W chwili ukończenia dziesięciu lat Muhammad miał wrócić do ojca, aby z nim zamieszkać. Do tej pory matka mogła go wychowywać samodzielnie.

Kiedy matka dorastała, Somalia nie była jeszcze niezależnym państwem. Chociaż wszystkie plemiona i rody mówiły tym samym językiem, aczkolwiek różnymi dialektami, przeważnie zamieszkiwały odrębne obszary i postrzegały siebie jako odmienne od pozostałych. Terytorium obecnie zajmowane przez Somalię zostało podzielone na dwa protektoraty, pomiędzy Brytyjczyków i Włochów, którzy – po II wojnie światowej – sprawowali w nich władzę. W 1960 roku oba protektoraty zjednoczyły się, a dotychczasowi administratorzy opuścili kraj. Zrodziło się nowe, niepodległe i zjednoczone państwo.

Somalia – demokratyczny kraj, miała swego prezydenta, flagę, wojsko, a nawet walutę: banknoty w kolorze sepii przedstawiające dostojne zwierzęta hodowlane i ludzi pracujących na polach. Sceny, jakich matka nigdy w życiu nie widziała. Ludzie, którzy do tej pory mieszkali w odległych wiejskich rejonach, zaczęli napływać do nowej stolicy, którą kolonizatorzy nazwali Mogadiszu. Z entuzjazmem podchodzono do idei zbudowania jednego państwa i narodu, wielkiego i potężnego. Wiele z tych początkowych nadziei zostało zniweczonych w nadchodzących latach przez konflikty wewnętrzne poszczególnych rodów, korupcję i przemoc, w których kraj się pogrążył, podobnie jak wiele innych państw afrykańskich powstałych w procesie dekolonizacji. Matka jednak nie mogła przewidzieć, co się wydarzy, toteż, podobnie jak tylu innych emigrantów, zapakowała swoje torby, zabrała syna i posag, który otrzymała od męża, kiedy wyszła za niego za mąż i pojechała do Mogadiszu, stolicy Somalii, w której nigdy nie była.

Przez resztę życia moja babka gromiła matkę za podjęcie tej decyzji. Mogadiszu nie znajdowało się na terytorium plemienia Darod, ani nawet zespołu rodowego Issak. Znajdowało się na terytorium Hawija, czyli plemienia, do którego matka nie należała. Babka zawsze mówiła, że były mąż matki musiał rzucić na nią klątwę, sprawiając, że dokonała tego ryzykownego wyboru. A być może bezczelny sprzeciw matki wobec małżeństwa zaaranżowanego przez ojca sprawił, że został uwolniony dżin. Babka nie cierpiała murowanych domów, wąskich ulic oraz braku horyzontu w Mogadiszu. Sprawiało jej też wielką przykrość, że rodzina nie była już bezpieczna na ziemi plemienia Darod na północy. Matka jednak po raz kolejny odżegnała się od tradycji rodziców, idąc w ślady swojej przyrodniej siostry, Chadidży Artan, która osiedliła się tam z mężem.

Chadidża była uderzająco piękną kobietą, równie wysoką i szczupłą jak moja matka. Miała wyraziste rysy, sokole oczy, donośny głos i władczy sposób bycia. Jej gesty były pełne godności. Babka nienawidziła jej. Chadidża była zuchwała; nosiła długie szaty, które sięgały jej do kostek, ale przylegały do ciała, zapięte na suwaki i guziki. Spowijała się również w wiejską *goh i* miejską *dirrah**. Ale *goh* i *dirrah* Chadidży były wykonane z najlepszych gatunkowo materiałów, drogich jedwabi i szyfonów, zamiast ze skromnej bawełny. Sposób, w jaki je nosiła, sprawiał, że inne kobiety zatracały na jej tle elegancję i doskonałość sylwetki. Chadidża upinała na głowie turban z materiału. Była zachwycona niepodległością, polityką i wieczornymi dyskusjami na ulicy. Aktywnie spędzała czas i poznawała różne miejsca w nowej stolicy. Przepełniała ją duma.

Chadidża dobrze wyszła za mąż, okazało się jednak, że jest bezpłodna. Spotkał ją zatem straszny los. Niektórzy ludzie twierdzili, że stało się tak, ponieważ była czarownicą i cechował ją wielki upór. Moja babka mruczała pod nosem, że to przekleństwo za nieposłuszeństwo i krnąbrność. Jeżeli nawet była dotknięta klątwą, Chadidży udawało się ten fakt lekceważyć.

Chadidża poradziła mojej matce, by kupiła parcelę naprzeciw firmy przewozowej, należącą do najstarszego syna jej męża z poprzedniego małżeństwa. Była to nowa dzielnica. Teraz, kiedy Mogadiszu zostało stolicą, zaczęli się tu osiedlać członkowie plemienia Darod. Dzielnica ta, zwana Hoden, uchodziła za bardziej czystą i zdrowszą niż centrum miasta, gdzie stare, eleganckie, włoskie budynki otaczały brudne, gęsto zatłoczone ulice. W naszej dzielnicy ulice były niebrukowane i niewiele domów miało elektryczność; nasz dom nigdy jej nie miał. Jednak mama kupiła ziemię. Przeprowadziła się do mieszkania Chadidży i zaczęła planować budowę własnego domu.

---

* *Dirrah* – długa suknia z kolorowego, przejrzystego materiału (przyp. tłum.).

Pomysł matki na dom rodził się stopniowo, w miarę dostępności materiałów budowlanych. Były to po prostu dwa duże pokoje z pobielonych pustaków i cementową podłogą. Przed głównym wejściem również wylano cement, a resztę podwórza pokrywał piasek. Zbudowanie tego domu zajęło wiele czasu. Wszystko pomalowano na biało, oprócz drzwi i okiennic, które były zielone. Matka uważała, że to odpowiedni kolor drzwi dla domostwa zamieszkanego przez muzułmanów. Ognisko służące do gotowania posiłków znajdowało się na zewnątrz, pod daszkiem, obok wysokiego drzewa talal, gdzie można było rozłożyć w cieniu matę podczas gorącego popołudnia.

Chadidża była osobą bardzo wścibską. Chciała sterować przeznaczeniem innych ludzi i wciąż zajmowała się aranżowaniem małżeństw. Moja matka, wówczas jeszcze młoda, nie miała wiele do roboty. Chadidża uważała, że powinna podjąć pracę. Zasugerowała, żeby zostawiała z nią małego Muhammada i częściej wychodziła z domu, być może na kursy czytania i pisania. Mężczyzna, który nazywał się Hirsi Magan, dopiero co ukończył uniwersytet w Ameryce i wrócił do kraju. Uczył czytać i pisać prostych mieszkańców Mogadiszu.

Ten młody mężczyzna, Hirsi Magan, miał zostać moim ojcem. Kiedy byłam mała, wydawał się być bohaterem z bajki, tylko nieco bardziej realnym niż wilkołaki, o których opowiadała mi babcia. Starsza siostra ojca, ciocia Hawo Magan, zwykła nas odwiedzać i snuć o nim różne opowieści. Wspominała, jak dorastał na północnej pustyni. Ich ojciec, Magan, był legendarnym wojownikiem. Jego imię oznaczało „Opiekun" – albo bardziej konkretnie „Opiekun tych, których podbił". Magan pochodził z Osman Mahamud, jednego z rodów plemienia Darod, który zawsze rościł sobie prawo do podbojów i utrzymywania władzy nad innymi ludźmi. Magan walczył w imieniu króla Bokor, sprawującego rządy na ziemiach Madżerten w pobliżu oceanu. Około 1890 roku zmienił front i zaczął okazywać lojalność rywalowi króla Bokor, Kenadidowi. Był młodszy od króla i bardziej chętny do prowadzenia wojen, szczególnie zaś dokonywania wypadów na terytoria innych ludów. (Bokor, Magan i Kenadid byli kuzynami).

Kenadid i Magan prowadzili swoich wojowników przez południowe tereny Sanag i Mudug, które zamieszkiwały mniejsze rody, łącznie z wieloma członkami plemienia Hawija. Mieszkańcy z plemienia

Hawija byli spokojnymi ludźmi, przeważnie zajmowali się rolnictwem i nie posiadali armii. Magan pogardzał nimi. Zgodnie z krążącą opowieścią, pewnego razu polecił wieśniakom Hawija ułożyć w krąg kamienie, po czym nakazał im zgromadzić się w jego środku, a następnie wszystkich pomordował. Wydał też rozkaz swoim wojownikom, by wzięli kobiety zabitych mężczyzn i osiedlili się na ziemi plemienia Hawija, na północ od Mogadiszu. Według mojej babki, członkowie zespołu rodowego Hawija w regionie Mudug nigdy nie zapomnieli imienia Magan.

Mój ojciec dorastał na północnej pustyni. Był synem ostatniej i najmłodszej żony Magana. Miała ona dwanaście lub trzynaście lat, kiedy poślubiła starego wojownika zbliżającego się wówczas do siedemdziesiątki. Mój ojciec był najmłodszym synem Magana. Ten wiekowy mężczyzna nie widział poza nim świata. Po śmierci ojca wychowywali go starsi bracia. Niektórzy z nich byli w tak zaawansowanym wieku, że mieli już wnuki. Zabierali go na pustynię i uczyli jeździć konno, zanim jeszcze nauczył się chodzić.

Synowie Magana byli potężnymi wojownikami i kupcami. Ojciec dorastał pod troskliwą opieką – bystry, pewny siebie i rozpieszczony. Zaprzyjaźnił się ze starszym od siebie mężczyzną, Osmanem Jusufem Kenadidem, wnukiem Kenadida. Magan zawsze pokpiwał z tego mężczyzny. Jego przyjaciel miał spokojne usposobienie. Zwykł zasłaniać usta kawałkiem materiału, ponieważ słów nie należało marnować, ale wypowiadać je po głębszym uprzednim zastanowieniu.

Elokwencja, posługiwanie się pięknym językiem wzbudza powszechny podziw. Utwory wielkich poetów bywają często recytowane, a ludzie uczą się ich na pamięć. W ten sposób stają się znane w promieniu wielu kilometrów wokół wiosek, w których mieszkają poeci. Przekazuje się je z pokolenia na pokolenie. Jednak niewielu poetów lub innych ludzi kiedykolwiek zapisało jakiekolwiek somalijskie słowa. Szkoły pozostawione przez kolonistów były bardzo nieliczne. Nie mogły wykształcić narodu liczącego teraz wiele milionów obywateli.

Uczony Osman Jusuf Kenadid wymyślił pismo, dzięki któremu po raz pierwszy zapisano dźwięki języka somalijskiego. Ludzie nazwali je osmanija. Było pochyłe, pełne zawijasów i pomysłowe. Ojciec zaczął się go uczyć.

Osman był dobrym nauczycielem i miał wiele koneksji wśród włoskich kolonistów, którzy sprawowali władzę nad południową Somalią. Mój ojciec, jego protegowany, zaczął chodzić do szkoły w Mogadiszu, kolonialnej stolicy Włochów. Przyłączył się do Ligi Młodzieży Somalijskiej i prowadził gorące dyskusje o przyszłości. Wśród tej młodzieży utrwalało się przekonanie, że pewnego dnia jarzmo potęg kolonialnych zostanie zrzucone. Powstanie wówczas jedno państwo, które powinno olśnić Afrykę. Ojciec nauczył się włoskiego. Udało mu się nawet wyjechał na pewien czas na studia do Rzymu. Była to rzadka okazja dla Somalijczyka, ale przodkowie Magana byli bogaci. On sam ożenił się z kobietą, Maryan Farah, pochodzącą z jednego z rodów plemienia Darod – Marehan.

Następnie ojciec postanowił podjąć studia na wyższej uczelni w Stanach Zjednoczonych. Wybrał Uniwersytet Kolumbia w Nowym Jorku. Ameryka zainspirowała go. Zwykł mawiać: „Jeżeli Amerykanie mogli to wszystko osiągnąć w ciągu zaledwie dwustu lat, zatem my Somalijczycy, z naszą wytrzymałością i siłą, zrobimy Amerykę w Afryce". Ojciec nalegał, by jego żona, Maryan, dołączyła do niego. Wyjechała zatem do Ameryki i też zaczęła tam studia. Ich mała córka, Arro, urodzona w 1965 roku, została w Somalii ze swoją babcią.

Kiedy ojciec zdobył dyplom z antropologii na Uniwersytecie Kolumbia, wrócił do Somalii, jak wielu innych uprzywilejowanych młodych mężczyzn, by pomóc w ukształtowaniu przyszłości swego narodu. Maryan nie zdała egzaminów, toteż nalegał, by została w Ameryce, aż uda jej się skończyć studia. Wydawało mu się rzeczą zupełnie naturalną, że wróci do nowej stolicy państwa, Mogadiszu.

Ojciec uważał, że jeżeli ma powstać odważny, nowy naród, ludzie muszą się nauczyć czytać i pisać. Rozpoczął kampanię, która miała na celu zniesienie analfabetyzmu. Chcąc dać dobry przykład, sam zaczął uczyć jedną z grup.

W Somalii język jest cenny. Stanowi czynnik łączący zwaśnione rody w jeden naród. Kurs nauki czytania i pisania prowadzony przez Hirsiego Magana w Mogadiszu gromadził tłumy. Nauczyciel był ciemnoskóry, miał długi nos i wysokie czoło. Mój ojciec roztaczał wokół siebie czar pieśniarza-intelektualisty śpiewającego ciepłym i łagodnym głosem. Chociaż nie był wysoki, miał silną osobowość.

Ludzie uwielbiali przebywać w jego towarzystwie; zawsze słuchali go z należytym szacunkiem.

Moja matka była pełną wdzięku zdolną uczennicą i stała się jedną z jego najlepszych studentek. Szybko się uczyła. Pewnego dnia, odrzucając do tyłu swój szal z wyniosłą pogardą, odważyła się nawet zakwestionować sposób, w jaki jej nauczyciel wymawiał somalijskie słowo. Jej zachowanie wydawało się śmiałe, a jednocześnie zaskakujące. Była piękną, szczupłą i wysoką kobietą o plecach tak prostych jak pień młodego drzewa.

Mego ojca pociągał bystry umysł matki i jej nieprzejednane opinie. Podobali się sobie nawzajem, a Chadidża, oczywiście, zachęcała ich do podjęcia dalszych kroków.

* * *

Moi rodzice pobrali się w 1966 roku. Matka wiedziała, że ojciec wciąż jest mężem swojej pierwszej żony, Maryan. Jednak Maryan nadal przebywała w Nowym Jorku, a ojciec nie poinformował jej o swojej przyszłej żonie. Oczywiście, Maryan dowiedziała się o tym po powrocie do Somalii. Nie wiem dokładnie, kiedy to się stało.

Między ojcem a matką zawsze iskrzyło. Często żartobliwie się droczyli, podawali w wątpliwość swoje opinie. W kulturze, która nie pochwalała wybierania sobie partnera, oni wybrali siebie nawzajem. Łączyła ich silna więź.

* * *

W październiku 1968 roku urodził się mój brat, Mahad. Rodzice skończyli budowanie domu na ziemi kupionej przez matkę w Mogadiszu i wprowadzili się do niego, zabierając ze sobą mego starszego przyrodniego brata Muhammada, który miał sześć lat. Matka szybko ponownie zaszła w ciążę. Tym razem miałam się urodzić ja. Wówczas babka przyjechała do Mogadiszu prosto z pustyni, by pomóc córce w ostatnich miesiącach ciąży.

Mój ojciec był odważny, uczony, cieszył się popularnością i był urodzonym przywódcą. Startował na posła do parlamentu w położonym na północy mieście Gardo, ale przegrał wybory. Wydał dużo pieniędzy na kampanie popularyzujące umiejętność czytania i pisania.

Zainwestował też w cukrownię. Zaangażował się w projekt zbudowania tamy na północy, żeby ludzie mogli mieć wodę przez cały rok, zamiast przyglądać się, jak rzeka wsiąka w szczeliny piasku.

21 października 1969 roku obalono rząd w wyniku zamachu stanu. Dwadzieścia trzy dni później, 13 listopada, przyszłam na świat, o sześć tygodni za wcześnie i ważyłam nieco ponad półtora kilograma. Być może moi rodzice byli szczęśliwi. Ojciec od czasu do czasu prawdopodobnie huśtał mnie na kolanach, ale tego nie pamiętam. Mahad twierdzi, że potrafi go sobie przypomnieć z tamtych czasów, ale są to tylko niewyraźne wspomnienia: ojciec tak często przebywał poza domem.

Moja siostra Haweya urodziła się w maju 1971 roku. Kilka miesięcy później pierwsza żona ojca wydała na świat moją przyrodnią siostrę, Idżaabo. Po pewnym czasie między ojcem a Maryan doszło do swego rodzaju sporu, w rezultacie czego rozwiedli się. A w kwietniu 1972 roku, kiedy miałam dwa lata, ojca zabrano z domu. Osadzono go w miejscu cieszącym się najgorszą sławą w Mogadiszu: starym włoskim więzieniu, zwanym Dziurą.

ROZDZIAŁ 2

Pod drzewem talal

Kiedy byłam mała, zwykłam wyobrażać sobie ojca. Matka, gdy pytałam ją o niego, mówiła mi tylko, że nigdy się nie spotkaliśmy. *Afwayne*, który okazał się prawdziwym potworem, a nie wymyślonym monstrum z opowieści babki, wsadził ojca do więzienia. *Afwayne*, Wielkie Usta, tak wszyscy nazywali prezydenta Siada Barre. W każdym sklepie i w każdym miejscu publicznym w Mogadiszu wisiały jego olbrzymie portrety. Miał ogromne usta z wielkimi, długimi zębami. Niekiedy specjalne oddziały policji *Afwayne* wpadały do domów i zabierały stamtąd ludzi. Poddawano ich torturom, aż wyznali coś strasznego, po czym więźniów zabijano. Nawet ja o tym wiedziałam. Dorośli w moim domu nieruchomieli, słysząc salwy z karabinów plutonu egzekucyjnego na placu Tribunka.

Siad Barre został zastępcą dowódcy somalijskiej armii w 1960 roku, gdy kraj uzyskał niepodległość. Później, kiedy odbył szkolenia z rosyjskimi oficerami, stał się orędownikiem marksizmu. Wywodził się z Marehan, małego rodu plemienia Darod, z bardzo prostej i ubogiej rodziny. Dokładne okoliczności zamachu stanu nie zostały do końca wyjaśnione. Nie wiadomo, czy Barre wydał rozkaz zamordowania prezydenta, czy też po prostu przejął władzę w następstwie zabójstwa głowy państwa. Ustanowiony przez niego reżim był klasycznym przykładem sowieckiego państwa satelickiego, z jedną partią, związkami zawodowymi, organizacją kobiecą i grupami młodych ludzi zrzeszonych w organizacjach pionierskich. Znaczne sumy pieniędzy były wydawane na broń, a nie na rozwój kraju. Niemniej jednak świadomie inwestowano w szkoły, czy to w celu kształcenia dzieci, by z poczuciem czci służyły systemowi, czy też po prostu, by je edukować.

Każdego wieczoru, aż do czasu, gdy skończyłam sześć lat, matka stała nad prostym piecykiem węglowym, a my – dzieci – klęczeliśmy w półkolu, wznosząc prośby do Boga, by uwolnił naszego ojca. W owym czasie nie miało to szczególnego sensu. Matka nigdy nie zaprzątała sobie głowy, żeby coś więcej opowiedzieć nam o Bogu; on po prostu był i – przede wszystkim – brał pod uwagę modlitwy małych dzieci. Mimo podejmowanych przeze mnie starań, aby nie zaniedbywać modlitw, nie odnosiło to żadnego skutku. Kiedy pytałam mamę, dlaczego Bóg nie uwolnił jeszcze ojca, zalecała nam jedynie więcej się modlić.

Nasza matka mogła odwiedzać ojca w więzieniu, ale tylko w towarzystwie mego brata Mahada. Haweya i ja musiałyśmy zostawać w domu z babcią. Byłyśmy zbyt małe, żeby wychodzić z matką na zewnątrz, a poza tym, byłyśmy dziewczynkami. Mahad, pod każdym względem, zawsze zajmował pierwsze miejsce. I nieodmiennie wracał z odwiedzin w więzieniu rozgniewany, a matka wymogła na nim obietnicę, by nic nam o nich nie mówił. Obawiała się, że się wygadamy, co mogło dotrzeć do tajnej policji.

Pewnego razu Mahad, wychodząc z matką z więzienia, zaatakował ogromny tekturowy portret *Afwayne*, który wisiał przy wejściu. Miał wówczas około sześciu lat.

– Rzucał w niego kamieniami i krzyczał – opowiadała matka babce, kiedy wróciła tego wieczoru do domu. – Dzięki Bogu, że więzienny strażnik wywodził się z naszego rodu.

Ton głosu mamy wskazywał na to, że podziwiała wojowniczego ducha Mahada. Jednak strażnik mógł ją oskarżyć o inspirowanie syna do sprzeciwu wobec rządu. Zdawałam sobie sprawę, że gdyby nie Bóg i ochrona rodu, Haweya i ja mogłybyśmy tego wieczoru siedzieć same z babką pod drzewem talal, prosząc Boga, by uwolnił z więzienia także naszą matkę i brata.

Bóg pozostawał dla mnie tajemnicą. Jedno z moich najwcześniejszych wspomnień pochodzi z czasów, kiedy miałam około trzech lat.

Przyglądałam się babce zaangażowanej w niewytłumaczalne przedstawienie. W swojej sypialni przykucała z twarzą skierowaną w kierunku maty i pochylała się, dotykając nosem podłogi. Myślałam, że bawi się ze mną w jakąś grę, toteż wygłupiałam się i podskakiwałam wokół niej. Robiłam do babki miny, poszturchując ją od czasu do czasu. Lekceważyła mnie i kontynuowała skłony w górę i w dół, mamrocząc słowa, które brzmiały bardzo zagadkowo. Nie mogłam tego zrozumieć. Ostatecznie, kiedy skończyła, spojrzała na mnie z wyrazem twarzy, który wzbudził moje przerażenie.

– Co za cholerny dzieciak! – przeklinała, uderzając mnie i gryząc w rękę. – Oby Wszechmogący Bóg zabrał cię stąd! Obyś nigdy nie *powąchała* raju!

Kuzynka Sanyar, trzynastoletnia córka siostry bliźniaczki mojej matki, wyswobodziła mnie z gwałtownego uścisku babki i wyprowadziła na zewnątrz. Sanyar pomagała babce opiekować się nami, kiedy mama wychodziła z domu. Była miła i wytłumaczyła mi, że przeszkodziłam babce w modlitwie, która przypomina rozmowę z Bogiem i jest najważniejszym momentem w życiu dorosłego człowieka.

Jej słowa mnie zaskoczyły: wiedziałam z całą pewnością, że w pokoju nie było nikogo poza mną i babką. Jednak Sanyar powiedziała, że jestem za mała, by to zrozumieć. Kiedy będę większa, poczuję obecność Boga.

* * *

Wizja wszechświata mojej babki była skomplikowana. Cała kosmologia magicznych istot istniała obok jednego boga, Allaha. Dżiny, które mogły przyjmować postać mężczyzn lub kobiet, żyły w świecie sąsiadującym z naszym. Zdarzało się, że przynosiły nieszczęście i chorobę. Dusze mędrców i zmarłych przodków miały również możliwość wstawiania się za człowiekiem u Boga.

Pewnego popołudnia, kiedy byłyśmy trochę starsze, Haweya i ja bawiłyśmy się pod drzewem talal. W pewnym momencie usłyszałyśmy, że babcia coś mówi. Położyła się do łóżka, ponieważ miewała ataki bólu. W takiej sytuacji lepiej było jej nie przeszkadzać. Jednak z ciekawości zakradłyśmy się pod drzwi pokoju, by coś podsłuchać.

– Drodzy przodkowie, pozwólcie mi odejść – powiedziała babcia zdławionym głosem.

Nie było odpowiedzi. Po chwili rozległ się głuchy odgłos.

– Abokor, pozwól mi odejść.

Głuchy odgłos.

– Hasan, pozwól mi odejść.

Ponownie dał się słyszeć głuchy odgłos.

– Drodzy przodkowie, pozwólcie mi odejść.

Haweyę i mnie zżerała ciekawość. Chciałyśmy zobaczyć tych ludzi. Powoli otworzyłyśmy drzwi. Babcia leżała na plecach ubrana w piękne, mieniące się szaty, jakby to było święto *id al-adha**. Pokój wypełniała woń tlącej się żywicy olibanowej, a babka uderzała się rękami w klatkę piersiową. Po każdym uderzeniu następowało zdławione błaganie.

– Drodzy przodkowie, pozwólcie mi odejść – z trudem wykrztusiła kilka słów, jakby ktoś ją dusił.

Zdziwione rozejrzałyśmy się wokół. W pokoju nikogo nie było, żadnej postaci, która mogłaby przypominać przodka, chociaż – prawdę mówiąc – nigdy takowego nie widziałyśmy. Odepchnęłam Haweyę i zamknęłam drzwi możliwie najciszej. Wciąż jednak nie mogłyśmy wyjść ze zdumienia. Kilka dni później zaczęłyśmy odgrywać pewną scenę. Leżałyśmy obok siebie na łóżku i prosiłyśmy zdławionym głosem naszych wyimaginowanych przodków, by pozwolili nam odejść. Po chwili do pokoju wpadła babcia, a za nią mama.

– Obyście smażyły się w piekle! – wrzeszczała na nas babcia. – Oby schwytał was szatan!

Goniła nas wokół pokoju, grożąc, że spakuje torby i wyjedzie. Mama musiała nas ukarać. Potrzebowała babci. Bardzo często przebywała poza domem i działo się tak z winy *Afwayne.*

Siad Barre wprowadził w Somalii reżim państwa policyjnego. Po-

---

* Święto Ofiar [arab. *id al-adha*], najważniejsze święto muzułmańskie, przypadające na zakończenie pielgrzymki do Mekki. Sławi się w nim zwłaszcza miłosierdzie Boże. Poza tym chodzi się wspólnie do meczetu i studiuje Koran. Ważną częścią tego święta jest złożenie ofiary ze zwierzęcia, zwykle barana, a następnie wspólne spożywanie go. Wielu muzułmanów składa w tym dniu finansową ofiarę; do 10% swego rocznego dochodu (przyp. tłum.).

dejmował też próby zbudowania gospodarki opartej na wzorcach komunistycznych. Sprzymierzył się ze Związkiem Radzieckim, toteż Somalia musiała stać się w końcu państwem komunistycznym. W praktyce, dla normalnych rodzin, oznaczało to konieczność wystawania całymi godzinami w długich kolejkach pod bezlitosnymi promieniami słońca, by otrzymać limitowane ilości podstawowych artykułów: mąki, cukru, oliwy, sorgo, ryżu i fasoli. Nie było mięsa, jajek lub owoców, a także warzyw, oliwy z oliwek czy masła. Wszelkie dodatkowe towary musiały być zdobywane na czarnym rynku.

Mama nigdy nie mówiła nam, kiedy udaje się w podróż. Była w domu i nagle okazywało się, że wyjechała, nieraz na całe tygodnie. Doszłam do wniosku, że istniał pewien wzorzec przewidywania jej przyszłych poczynań. Moja chłodna, ale na swój sposób niezawodna matka, wpadała w pewnym momencie w przygnębienie.

– Co ja teraz zrobię, Boże? – zawodziła. – Sama z trójką dzieci i starą kobietą. Czy zasługuję na to, by zostać w ten sposób ukarana?

Mama płakała, a babcia zaczynała wówczas ją pocieszać. Ja wspinałam się mamie na kolana i głaskałam ją, co sprawiało, że płakała jeszcze bardziej. Następnie znikała na pewien czas w jakiejś odległej wiosce, często podróżując z jednym z kuzynów ojca, handlarzem, który dawno temu sprzedał należące do niego wielbłądy, kupił ciężarówkę i teraz zajmował się transportem żywności do miasta.

Niekiedy widziałam, jak wracała do domu, siedząc z tyłu ciężarówki, tuż po zachodzie słońca. Mężczyźni ciągnęli po ziemi worki z żywnością: ryż, mąkę, cukier i aluminiowe pojemniki wypełnione małymi kawałkami wielbłądziego mięsa, przyprawionego smalcem, z domieszką daktyli i czosnku. Rozładowanie towarów odbywało się zawsze sprawnie i w tajemnicy. Były to właściwie jedyne chwile, kiedy nawiązywałyśmy kontakt z jakimikolwiek mężczyznami. Ostrzegano nas, żebyśmy nic nie mówiły o żywności, którą przechowywaliśmy pod łóżkami – w przeciwnym razie nasza matka, a także jej kuzyn, mogli pójść do więzienia.

Pewnego razu, kiedy mama była nieobecna, przyszli do domu żołnierze z budzącej strach brygady Gulwade. Pełnili oni funkcję specjalnej straży *Afwayne i* zachowywali się gorzej niż policja. Młody mężczyzna w zielonym mundurze, uzbrojony w karabin, wszedł na teren naszego ogrodzonego domu. Babcia siedziała pod drzewem talal. Zaskoczona i rozgniewana podniosła się z miejsca. Była jedynie nieco wyższa ode mnie, ale bardzo władcza.

– Ty człowieku niskiego stanu! – zaczęła ostro protestować. – Twój karabin nie zwróci ci utraconego honoru! – Babcia nienawidziła rządu. – Umiecie tylko terroryzować stare kobiety i dzieci, których ojców wasz tchórzliwy władca uwięził!

Przerażona uciekłam do domu. Widziałam stojących obok ogrodzenia przynajmniej trzech innych mężczyzn w mundurach. Żołnierz skierował się w stronę naszego domu, jednak babcia zablokowała mu drogę. Była od niego znacznie niższa, ale wyglądała na osobę groźną. Wyciągnęła w jego kierunku szyję i wymachiwała mu przed nosem długą ostrą igłą, używaną do wyplatania mat i koszyków, którą mocno trzymała w zaciśniętej pięści.

Żołnierz wydał jej rozkaz, żeby usunęła mu się z drogi.

– Tchórz – szydziła z niego babcia.

Popchnął ją. Cofnęła się, po czym podbiegła do niego ze swoją igłą.

– Tchórz, tchórz! – syczała.

Przez chwilę się zawahał. Spojrzał na swoich kolegów stojących w pewnej odległości. Myślałam, że może sobie pójdzie. On jednak silnie popchnął babcię. Upadła na ziemię, na plecy. Wszyscy weszli do domu i przewrócili wszystko do góry nogami.

A kiedy wyszli, babcia krzyczała za nimi:

– Synowie prostytutek! Bóg spali was w piekle!

Wyglądała na wyczerpaną, a wyraz jej twarzy tak bardzo mnie przeraził, że zachowałam moje pytania na bardziej stosowny moment.

Znacznie później tego wieczoru mama wróciła z odwiedzin u ojca w więzieniu. Często tam chodziła. Gotowała dla niego specjalne jedzenie. W tym celu wybierała najbardziej delikatne części zwierzęcia, krojąc mięso w maleńkie kawałeczki wielkości paznokcia kciuka, marynując je, a następnie dusząc przez wiele dni.

Moja siostra Kuman urodziła się, kiedy miałam trzy lata, ale jedyną rzeczą, którą pamiętam jest jej śmierć. W mojej pamięci utrwalił się obraz wysokiego mężczyzny stojącego w drzwiach. Trzymał w ramionach opatulone niemowlę. Wszyscy zebrani szeptali: *Inna lillahi wa inna lillahi radżiun*, „Od Boga pochodzimy i do Boga wracamy". Przypominam sobie, że ciągnęłam mamę za szal i mówiłam jej, że ten mężczyzna próbuje zabrać moją siostrę. Pamiętam matkę śpiewnie recytującą te same słowa, wciąż i wciąż od nowa, wraz ze wszystkimi innymi. Potem, zgodnie z zapamiętaną przeze mnie sekwencją zdarzeń, mężczyzna wyszedł z Kuman, która krzyczała, a mama ze zbolałym wyrazem twarzy poszła w ślad za nim.

Kilka lat później, kiedy byłam już dostatecznie duża, żeby zrozumieć, czym jest śmierć, zapytałam matkę, jak to się stało, że słyszałam krzyk Kuman, skoro nie żyła. Matka powiedziała mi, że to ja krzyczałam. Trwało to przez wiele godzin, tak jakbym nie była w stanie przestać.

Za czasów mego dzieciństwa odbywało się wiele pogrzebów. Mąż cioci Chadidży, wujek Ied, zmarł, kiedy miałam cztery lata. Już nigdy więcej nie podjechał swoim czarnym samochodem i żartując, nie pohuśtał nas na kolanach. Wkrótce zachorowała ciocia Hawo Magan, siostra mego ojca. Była osobą bardzo serdeczną i czułą. Gdy udało nam się poprawnie wyrecytować nasz rodowód, dawała nam słodycze i gotowane jajka. Haweyi i mnie pozwolono iść z matką do szpitala. Kiedy zmarła, żałośnie zawodziłam.

– Odeszła. Nic na to nie można poradzić – powiedziała mi matka. – Przestań płakać. Tak już w życiu jest. Przychodzimy na świat, po czym nadchodzi dzień, kiedy musimy umrzeć. W niebie jest raj, gdzie dobrzy ludzie, jak ciocia Hawo, znajdują spokój.

Najstarsza siostra matki, która także nazywała się Hawo, przyjechała i zamieszkała z nami, kiedy zachorowała. Miała guz w piersi, co oznaczało, że przez cały dzień musiała leżeć na macie na podłodze. Nigdy nie zapomnę niekończących się, stłumionych jęków bólu wydobywających się przez zaciśnięte zęby z ust cioci Hawo, która leżała w pokoju dniami i nocami. Babcia, mama i siostra bliźniaczka mamy, ciocia Halimo, na zmianę smarowały jej klatkę piersiową ziołami *malmal*. Po śmierci cioci Hawo zgromadziło się u nas wiele kobiet. Rozpaliły ogniska, gotowały i rozmawiały ze sobą. Niektóre kobiety wznosiły ręce i wymawiały głośno modlitewne frazy, odpowiednio intonując:

Allah ba'eyey (O Boże, jestem unicestwiona)
Allah hoogayeey (O Boże, jestem przybita)
Allah Dżabayoo dha'ayeey (O Boże, jestem załamana)
Nafta, nafta, nafta (Dusza, dusza, dusza)

Kiedy doszły do trzeciej linijki, padały na kolana w teatralnym akcie histerii. Po chwili wstawały, trzymając się za gardło i wołały przenikliwym tonem: *Nafta, nafta, nafta*, „Dusza, dusza, dusza!".

Zauważyłam, że matka była zbulwersowana.

– Co za brak szacunku dla zmarłego! – powiedziała z niesmakiem. – Kobiety Issak! Nie mają honoru, tylko złe maniery. Jak mogą zachowywać się tak bezwstydnie!

Matka opłakiwała siostrę spokojnie, stojąc w rogu pokoju, zgodnie ze zwyczajami przyjętymi w rodzie Dulbahante plemienia Darod, do którego należała. Była tak pogrążona w swoim smutku i żalu za utraconą Hawo, a równocześnie coraz bardziej narastającą w niej złością na kobiety Issak, że ledwie zauważyła Haweyę i mnie z trwogą obserwujące całą scenę.

Mniej więcej dwa tygodnie później mama i babcia przyłapały nas na tym, jak biłyśmy się w piersi, krzycząc: „O Boże, jestem unicestwiona! O Boże, jestem przybita!". Wydzierałyśmy się na całe podwórko, rzucając się na piasek. Krzyczałyśmy: „Dusza, dusza!" i wybuchałyśmy niepohamowanym śmiechem.

Babcia poczuła się do głębi oburzona. Sądziła, że kusimy los, być może nawet budzimy niewidzialne dżiny, które zawsze są obecne, oczekując na takie wezwanie, by rozpocząć spustoszenie. Co gorsza, czuła się znieważona przez snobizm matki pochodzącej z plemienia Darod i lekceważącej kobiety z zespołu rodowego Issak, z którego przecież sama pochodziła.

Kiedy matka była z nami w domu, mieliśmy ustalony harmonogram dnia. Śniadanie i obiad o określonej porze, a spożywanie tych posiłków nie podlegało dyskusji; popołudniowa drzemka; następnie, gdy matka gotowała wieczorny posiłek, modlitwy do Boga, by przekonał nasz niegodziwy rząd do uwolnienia z więzienia ojca i okazał miłosierdzie zmarłym. Potem byliśmy zmuszani do jedzenia, wzięcia kąpieli i w końcu do snu. Kiedy zajmowały się nami babcia i Sanyar, nie jedliśmy, jeżeli nie mieliśmy na to ochoty. Czuliśmy się lekceważeni i dlatego zachowywaliśmy się strasznie.

W tym czasie zafascynowałam się radiem, kwadratowym pudełkiem z rączką. Głosy dobiegały z kręgu czarnych dziurek. Wyobrażałam sobie, że w radiu znajdują się mali ludzie i chciałam ich stamtąd wyciągnąć palcami. Wkładałam zatem palec w każdą małą dziurkę. Kiedy jednak ludzie nie pojawiali się, pocierałam radiem o ucho i próbowałam ich namówić do wyjścia na zewnątrz. Prosiłam Boga o pomoc. Nic się nie działo, więc zasypywałam dziurki piaskiem. Następnie wstawałam i upuszczałam radio na podłogę. Miałam nadzieję, że w ten sposób się otworzy. Radio wiele znaczyło dla mojej babci. Kiedy zobaczyła radio po raz pierwszy, myślała, że to jakaś magiczna rzecz. W Somalii spiker, który każdego wieczoru czytał wiadomości w somalijskim serwisie BBC, był nazywany Tym, Który Straszy Starych Ludzi. Był to jedyny atrybut nowoczesnego życia, który babka potrafiła opanować. Toteż oczywiście zbiła mnie, gdy zepsułam radio.

Pewnego ranka, kiedy miałam cztery czy pięć lat, pod nasz dom podjechała ciężarówka. Zamiast wyładować z niej żywność, matka kazała nam do niej wsiąść. Jeden z kuzynów matki uniósł nas wysoko w powietrze i posadził na platformie ciężarówki, gdzie znaleźliśmy się w towarzystwie owiec i kóz. Nikt nam nie powiedział, dokąd jedziemy, niczego nam nie wytłumaczył. Wkrótce na ciężarówkę, razem z nami, zostały załadowane walizki, garnki i rondle, po czym ruszyliśmy w drogę. Być może babcia przekonała matkę, że będziemy się lepiej zachowywać, kiedy znajdziemy się w życzliwej, wiejskiej atmosferze. Niewykluczone, że pojawiły się jakieś problemy z prowadzeniem działalności handlowej matki na czarnym rynku.

Droga była wyboista, a podczas jazdy panował ogólny zgiełk. Dorośli narzekali, a zwierzęta beczały przerażone. Dla nas, dzieci, było to jednak niezwykle ekscytujące wydarzenie i w szczególny sposób przypadło nam do gustu. Po kilku godzinach zapadliśmy w sen.

Zbudziłam się w dziwnym miejscu, w domu o ścianach zrobionych z trawy zmieszanej z błotem i obornikiem, wygładzonych i osadzonych w solidnych drewnianych ramach. Maty przykrywały podłogę z ubitej ziemi, a wewnątrz panowała ciemność. Nie było elektryczności. Wyszłam poszukać mamy, ale zamiast niej spotkałam kilka dziwnych kobiet. Ziemię przed domem pokrywał czerwony pył. Wokół nas nie było nic oprócz pustej przestrzeni z kilkoma drzewami i nielicznymi chatkami wyglądającymi jak ta, w której przed chwilą się obudziłam.

Kiedy znalazłam mamę, powiedziała mi, że jesteśmy w Mataban, wiosce położonej około osiemdziesięciu kilometrów od Mogadiszu, niedaleko rzeki Uebi Szebeli. Mieszkali tam pasterze z plemienia Hawija. W wiosce było dostatecznie dużo wody, by na piaszczystej glebie mogło istnieć przynajmniej kilka gospodarstw. Kuzyn matki, który zajmował się pokątnym handlem, musiał mieć w tej miejscowości kontakty. Mama – jak sądzę – myślała, że będziemy tutaj bezpieczni i dobrze odżywieni. W każdym razie stwierdziła, że w Mogadiszu czuła się zmęczona przemytem żywności i utrzymywaniem wielu rzeczy w tajemnicy. Oznajmiła nam, że nie musimy już dłużej porozumiewać się szeptem albo ukrywać przed rządem.

– Spójrzcie, jak wielka jest ta ziemia – powiedziała. – Mamy wszystko, czego nam potrzeba. Możecie biegać po całym terenie, ile dusza zapragnie. Bóg zatroszczy się o nas.

Im dłużej mieszkaliśmy w Mataban, tym bardziej nam się to podobało. Haweya i ja chodziłyśmy z babcią na długie spacery, przeganiając kozy i owce. Ja jednak bałam się wszystkiego, co się rusza – każdego owada i zwierzęcia. Babcia usiłowała nieraz przemówić mi do rozsądku.

– Koń żyjący na swobodzie, który rzuca się do ucieczki na widok jakiegokolwiek poruszającego się stworzenia, potyka się i łamie nogę – powiedziała mi. – Kiedy ty uciekasz przed małym owadem, możesz przewrócić się na ten krzak i umrzeć, ponieważ jest trujący. Albo też upaść na małym pagórku i ponieść śmierć, gdyż kryje się w nim wąż. Musisz się nauczyć, czego należy się bać, a czego nie.

Jeżeli znajdziecie się same pośród pustyni, jesteście całkowicie zdane na własne siły. Strach świadczy o tym, że zdajecie sobie z tego sprawę. W Mataban babcia próbowała nauczyć nas zasad przetrwania. Przed pewnymi zwierzętami, mówiła, najlepiej jest uciec lub się ukryć, na przykład przed hienami i wężami, a także niektórymi małpami, które nie lubią oddalać się na zbyt dużą odległość od swoich rodzin. Co do innych zwierząt, najbezpieczniej szybko wspiąć się na drzewo i w ciszy przeczekać zagrożenie w gęstwinie konarów. Jeżeli spotkacie lwa, należy przykucnąć i unikać kontaktu wzrokowego. W większości przypadków, mówiła nam, lew nie rzuci się na człowieka: jedzą one ludzkie mięso jedynie w czasie najgorszej suszy. Zwierzęta te mogą jednak porwać waszą owcę albo kozę, a jeżeli tak się stanie, poniesiecie karę lub zostaniecie bez jedzenia. Pamiętajcie, większość zwierząt nie zaatakuje człowieka. Może dojść do ataku, gdy zwierzę wyczuje wasz strach lub zobaczy, że zamierzacie rzucić się na nie pierwsi.

Jednak świat naszej babki nie był naszym światem. Wygłaszane przez nią przestrogi napawały mnie coraz większym przerażeniem. Lwy? Hieny? Nigdy nie widziałam takich stworzeń. Byliśmy dziećmi miasta. Według niej, zgodnie z wartościami nomadów, czyniło nas to bardziej niezaradnymi od nisko urodzonych rolników bądź członków nędznego rodu kowali.

Ponieważ nie miałam najmniejszych zdolności manualnych i zupełnie nie nadawałam się do wypasu bydła, moim jedynym zadaniem w Mataban było przynoszenie wody z dużego jeziora, które znajdowało się w odległości około półtora kilometra od naszej chaty. Chodziłam tam każdego dnia z dziećmi sąsiadów. Po drodze zbieraliśmy liście henny. Żuliśmy je, a także malowaliśmy nimi niezgrabne, pomarańczowe wzory na naszych dłoniach. Woda z jeziora, którą niosłam w wiadrze, była zanieczyszczona drobinkami mułu, ale kiedy przynosiłam ją do domu, mama wrzucała do niej specjalną musującą tabletkę. Niedługo potem można było dojrzeć przez lustro wody dno wiadra.

Ludzie prali w jeziorze swoje ubrania, a chłopcy w nim pływali. Mama zawsze się bała, że chłopcy z plemienia Hawija utopią Mahada, który nie umiał pływać. Naszemu bratu wolno się było włóczyć po okolicy, ponieważ był chłopcem, toteż stale przebywał poza domem. Mama nigdy nie pozwalała Haweyi i mnie oddalać się od domu. A Mahad nie zabierał nas ze sobą. Nie chciał, by jego koledzy wiedzieli, że bawi się z siostrami.

Mahad, jako mężczyzna, w coraz większym stopniu zdawał sobie sprawę ze swego honoru. Babcia utwierdzała go w tym przekonaniu, podkreślając często, że jest jedynym mężczyzną w domu. Mahad nigdy nie prosił o pozwolenie, by wyjść z domu. Niekiedy wracał po zmierzchu, a wtedy mama rozgniewana zamykała ogrodzenie. Siedział wówczas przy nim i płakał, a ona krzyczała z przebijającym w głosie chłodem:

– Pomyśl o swoim honorze. Mężczyźni nie płaczą.

Brat szybko stawał się zmorą mojego życia. Pewnego razu, jak co roku, po zakończeniu miesiąca postu – ramadanu, obchodziliśmy święto *id al-fitr**. Zwierzęta zostały zabite na wielką ucztę, a my mieliśmy na sobie nowe stroje. Byłam ubrana w błyszczącą sukienkę z dużą błękitną kokardą, usztywnioną koronką w miejscu, w którym wirowała wokół moich kolan. Na nogi włożyłam skarpetki z falbanką i nowe czarne buty z lakierowanej skóry. Paradowałam dumnie w tym nowym stroju, uważając, żeby się nie pobrudzić w kurzu. Zostałam wykąpana i ubrana jako druga w kolejności, teraz przyszła kolej na wyszorowanie Haweyi. Mahad zawołał mnie z zewnątrz.

– Ayaan, chodź i zobacz – krzyczał.

Podbiegłam do niego.

– O co chodzi? – zapytałam.

Mahad stał przed wejściem do toalety.

– Spójrz – powiedział, wyciągając rękę, by pomóc mi wejść na schody.

W Mataban ściany toalety zbudowano po prostu z przeplatanych sznurem gałęzi. W środku, na ubitej ziemi znajdowała się duża dziura z dwoma kamiennymi stopniami po każdej stronie. Należało postawić nogi na tych stopniach i siusiać lub wypróżniać się w towarzystwie dużych i wrogo nastawionych much. Haweya i ja byłyśmy zbyt przestraszone dziurą, żeby wykonać tego typu manewr. Poza tym, nasze nogi nie były wystarczająco długie, aby rozstawić je na wystających z ziemi kamieniach. Toteż, pod nadzorem mamy albo babci, załatwiałyśmy swoje potrzeby w pobliskich krzakach.

---

* Święto Zakończenia Postu [arab. *id al-fitr*]. W czasie tego święta, przypadającego na pierwsze trzy dni 10 miesiąca szawwala, odbywają się wspólne modły w meczetach, następnie wspólne uroczyste posiłki. Odwiedza się przyjaciół i krewnych. Każdy muzułmanin, który nie cierpi biedy, jest zobowiązany do obdarowania ubogich jakimś prezentem (przyp. tłum.).

Teraz jednak wspięłam się na stopnie i spojrzałam w dół, w głęboką, ciemną dziurę latryny. Smród był obrzydliwy, a wokół bzyczały ogromne muchy. Niespodziewanie Mahad popchnął mnie do środka. Krzyczałam, jak nigdy przedtem. Latryna była wstrętna i naprawdę głęboka, sięgała mi niemal do ramion. Kiedy mama mnie stamtąd wydobyła, byłam w strasznym stanie, podobnie jak moje nowe ubranie. Natychmiast zaczęła głośno przeklinać Mahada.

– Oby Wszechmogący Bóg zabrał cię ode mnie! Obyś zgnił w tej dziurze! Obyś spalił się w ogniu! Czego jeszcze mogę się po tobie spodziewać? Ty komunisto! Ty Żydzie! Jesteś wężem, a nie moim synem!

Mama, wyprowadzona z równowagi, w napadzie wściekłości, chwyciła Mahada i wrzuciła go do wstrętnej latryny.

Teraz babcia musiała wydobyć mego brata. Znaczną część świątecznego ranka zajęło doprowadzanie nas do czystości. Musiałam rozstać się z moją sukienką i butami. Ręce miałam obtarte, a stopy pokaleczone. Zarządzono, że nie powinnam oddalać się od mamy, gdyby Mahad chciał mnie ponownie dopaść. Toteż później, tego ranka, kiedy mama i babcia rozbierały mięso zarżniętych zwierząt, siedziałam obok nich na czerwonej ziemi.

– Mahad nie ma honoru, cokolwiek by o nim powiedzieć – stwierdziła mama tonem pełnym odrazy.

– Jest tylko dzieckiem – odparła babcia. – Jak może nauczyć się, czym jest honor, skoro jedynymi mężczyznami, których widuje, są ci głupi rolnicy z plemienia Hawija?

– Któregoś dnia zabije Ayaan – powiedziała mama.

– To jej wina. Ayaan jest *dokon*, tak tępa jak palma daktylowa.

– Nie jestem tępa – odparowałam.

– Powinnaś okazywać szacunek swojej babci – warknęła mama.

– Mamo, poprosił mnie, żebym tam poszła i spojrzała, to wszystko – zawodziłam.

Babcia uśmiechnęła się.

– Tak więc poszłaś i spojrzałaś?

– Tak, *Ayeyo* – odpowiedziałam, posługując się uprzejmym, a równocześnie pełnym szacunku określeniem i tonem, wymaganym, gdy zwracamy się do babci.

Babcia zachichotała złośliwie.

– Widzisz? Ona jest tępa i tylko Bóg może jej pomóc. Każde dziecko, które ma pięć lat, powinno zorientować się w sytuacji, Asza. Możesz przeklinać chłopca, ile tylko chcesz, ale Ayaan jest głupia i przysporzy ci tylko kłopotów.

Mahad postąpił nikczemnie, ale ja zaufałam mu w sposób niewybaczalny, co oznaczało, że jestem bezgranicznie tępa. Wykazałam brak podejrzliwości. Zasługiwałam na pogardę babci. Nie pozwolono mi odpowiedzieć na jej zarzuty, a mama nie pisnęła słówka w mojej obronie. Mogłam jedynie szlochać, podczas gdy kipiał we mnie gniew.

Wróciliśmy do Mogadiszu z równie niewyjaśnionych powodów i równie niespodziewanie, jak wyjechaliśmy. Dorośli nigdy niczego nie tłumaczyli. Postrzegali dzieci jako małe zwierzątka, które należy wprowadzić w dojrzałość, nie szczędząc im poszturchiwań i razów, zanim zasłużą na informacje i dyskusje. W pewnym sensie milczenie matki było zrozumiałe. Im mniej wiedzieliśmy, tym mniej mogliśmy zdradzić Gulwade.

W Mogadiszu nasze dni znów były długie i puste. Ożywiały je jedynie zdarzające się od czasu do czasu wizyty członków rodziny matki. W domu pojawiały się ciotki i kuzyni, a także kuzyni ciotek. Do Mogadiszu przyjeżdżały kobiety z pustyni, żeby wyjść za mąż, albo mężczyźni poszukujący pracy. Jednak w miejskim środowisku byli zupełnie nieporadni. Nie rozumieli, co to jest ruch uliczny, czy nawet toaleta. Mama musiała ich uczyć, żeby nie wypróżniali się na podłodze. Byli prostakami, nosili wprawiające w zakłopotanie stroje, a we włosy wpinali różne błyskotki. Mama ciągle ich pouczała, jak mają siedzieć na krzesłach, w jaki sposób wycierać stół gąbką. Instruowała krewnych, by nie jedli jak dzikusy i przykrywali ramiona, zamiast chodzić w wiejskim *goh*, szerokim pasie materiału, którym kobiety z pustyni owijały się wokół ciała i zarzucały na jedno ramię, pozostawiając szyję i znaczną część ramion odsłonięte.

Podobnie jak wszyscy ludzie z miasta, mama czuła się lepsza od tych wieśniaków z *miyé*. Wiedziała, że będą musieli zaakceptować fakt, iż jej sposób życia jest lepszy niż ich, ponieważ ona sama przeniosła się do miasta. Ale podobnie jak wszyscy ludzie ze wsi, jej krewni *miyé* nie znosili ustawicznego pouczania. Jeżeli mama obchodziła się z nimi zbyt ostro, oburzeni wyprowadzali się od nas.

Mahad rozpoczął naukę w szkole podstawowej, a ja tymczasem prowadziłam własną małą wojnę z babcią. Wspinałam się na drzewo talal, kiedy pod nim siedziała, a następnie spluwałam w dół. Nie na babcię, ponieważ oczywiście nie pozwalano mi tego robić, ale obok niej, na piasek. Babcia skarżyła się mamie, po czym wywiązywała się niekończąca się dyskusja, czy spluwałam na babcię, czy też obok niej. W rezultacie zabraniano wszelkiego plucia. Tego rodzaju błahe sprzeczki stanowiły naszą rozrywkę.

Lekceważone przez dorosłych, Haweya i ja wymyślałyśmy nasze zabawy dokładnie po to, by ich zdenerwować. Kiedy musiałyśmy spędzać czas na zewnątrz, bawiłyśmy się w Gulwade. Jedna z nas zachowywała się agresywnie i despotycznie, udając, że ma broń. Popychała swoją ofiarę, strzelając w powietrze. Chciała zobaczyć, co leży pod łóżkami. Druga z kolei robiła wszystko, czego *Afwayne* zabraniał, na przykład ukrywała żywność lub zwracała się z prośbą do wyimaginowanych dzieci, by błagały Boga o ludzi, których trzeba wypuścić.

Prosiłyśmy również, dosyć głośno, o unicestwienie *Afwayne* i jego reżimu. Niekiedy wspinałam się na drzewo talal i krzyczałam do stojącej na dole Haweyi:

– Ha, ha, jestem Darod, Harti, Madżerten, Osman Mahamud i córką Hirsiego Magana!

Afwayne zakazał systemu plemiennego i ludziom nie było już wolno pytać, do jakiego plemienia przynależą inni. Mieliśmy teraz być po prostu Somalijczykami, jednym wspaniałym narodem, który nie jest podzielony na rody czy plemiona, zjednoczonym w uwielbieniu do Siada Barre. Mówienie o przynależności do plemienia sprawiało, że postrzegano daną osobę jako przeciwnika reżimu i mogło ją to zaprowadzić do więzienia albo skazać na tortury. Nasze głośne, niestosowne zachowanie i naruszanie przyjętych norm śmiertelnie przerażało dorosłych, szczególnie ciotkę Chadidżę. Była ona jedynym członkiem rodziny, który faktycznie popierał *Afwayne*. Po tego typu wystąpieniach zaganiano nas do domu, żebyśmy bawiły się w czterech ścianach.

Nasza sypialnia była duża i niemal zupełnie pusta, a jej ściany tak wysokie, że rozlegało się echo. Wymyśliłyśmy grę polegającą na współzawodniczeniu z echem, wydobywając z siebie coraz dziwniejsze i donośniejsze głosy. Robiłyśmy tak straszny harmider, że babka wyganiała nas z domu.

Ciotka Chadidża znalazła rozwiązanie dla naszej pozornie bezgranicznej energii. W pełni popierała wszystkie nowoczesne aspekty życia, łącznie z nową miejscową szkołą.

– Ayaan potrzebuje szkoły rano, a po lunchu powinna chodzić do szkoły koranicznej – oświadczyła.

Mama nie chciała, aby jej córki często przebywały poza domem. Dom zapewniał schronienie, a nikt obcy nie mógł wyrządzić nam krzywdy. Chronił nas też przed popełnieniem grzechu. W szkole groziły mi oba te niebezpieczeństwa. Niemniej jednak, Mahad już chodził do szkoły, a mój ojciec, którego porady matka zasięgnęła, prawdopodobnie wyraził zgodę. W końcu, wbrew rozsądkowi, zgodziła się.

Tak więc w wieku pięciu lat otrzymałam świeżo wyprasowany, nowy mundurek. Miałam stać się dorosła i wkroczyć w świat o własnych siłach. Mama uprzedziła mnie, że w szkole każą mi śpiewać peany na cześć Siada Barre, ale ja nie powinnam tego robić.

– Poruszaj ustami albo recytuj pierwszy werset Koranu – powiedziała. – Nie możesz wyśpiewywać hymnów pochwalnych na cześć *Afwayne.* Po prostu naucz się czytać i pisać. Nie rozmawiaj z innymi dziećmi, mogą nas zdradzić. Trzymaj się od nich z daleka. Powtarzała to zawsze, kiedy udawałam się do szkoły.

Pierwszego dnia moja nauczycielka uderzyła mnie w głowę, kiedy nie otwierałam ust, aby śpiewać piosenki. Uderzenie zabolało, toteż powtórzyłam jej słowa. Czułam się strasznie: sprzeniewierzyłam się zarówno ojcu, jak i matce. Każdego ranka, wraz z innymi dziećmi, próbowałam poruszać ustami i ta sama nauczycielka wyciągała mnie z ławki i biła. Mówiła, że skoro jestem córką osoby, która sprzeciwia się systemowi, również jestem „anty". Tymczasem nasze nauczanie w szkole ograniczało się do śpiewnego recytowania pochwał na cześć Siada Barre i komunizmu, a ja nie chciałam się do tego przyłączać. W rezultacie nie miałam żadnych przyjaciół.

Szkoła koraniczna mieściła się w zwykłej szopie, tuż przy drodze. Chodziły do niej dzieci z najbliższej okolicy. Początkowo polubiłam tę szkołę. Nauczyłam się robić atrament z mieszanki węgla drzewnego, wody oraz niewielkiej ilości mleka i zapisywać arabski alfabet na długich, drewnianych tabliczkach. Zaczęłam uczyć się Koranu, linijka po linijce, na pamięć. Zaangażowanie w tak dorosłe zadanie podnosiło mnie na duchu.

Jednak dzieci w madrasie potrafiły być bezwzględne. Walczyły między sobą. Jedną dziewczynkę, która miała około ośmiu lat, nazywały *kintirlij*, „ta, z łechtaczką". Nie miałam pojęcia, co to słowo oznacza, ale dzieci nie chciały nawet, by ktokolwiek zobaczył ich w towarzystwie tej dziewczynki. Opluwały ją i szczypały, wcierały w oczy piasek. Kiedyś złapały ją i próbowały przysypać piaskiem za szkołą. Nauczyciel z madrasy nie pomógł jej. Sam od czasu do czasu nazywał ją matołem, a także *kintirlij*.

Moja nastoletnia kuzynka Sanyar przychodziła zwykle po mnie do madrasy. Pewnego dnia pojawiła się akurat w tym momencie, kiedy jedna dziewczynka uderzyła mnie w twarz. Sanyar zabrała mnie do domu i opowiedziała o całym zajściu.

– Ayaan nawet się nie broniła – powiedziała przerażona.

– Tchórz! – drwiła ze mnie rodzina.

Następnego dnia Sanyar czekała na mnie przed madrasą z inną nastolatką, siostrą dziewczynki, która spoliczkowała mnie dzień wcześniej. Złapały nas za ręce i zaciągnęły na otwartą przestrzeń, a następnie rozkazały nam walczyć między sobą.

– Wydrap jej oczy. Ugryź ją – syczała do mnie Sanyar. – Dalejże, tchórzu. Pomyśl o swoim honorze.

Moja rywalka otrzymała taką samą zachętę. Rzuciłyśmy się jedna na drugą, z zaciśniętymi pięściami, zadając sobie razy, mocując się, ciągnąc za włosy i gryząc.

– Ayaan, nigdy nie płacz! – krzyczała do mnie Sanyar.

Inne dzieci również wznosiły okrzyki i kibicowały bójce. Kiedy pozwolono nam zaprzestać walki, okazało się, że nasze sukienki są podarte. Ponadto krwawiła mi warga. Niemniej jednak Sanyar była zachwycona.

– Nie chcę, abyś pozwoliła się uderzyć jakiemukolwiek dziecku.

Żadne dziecko nie może też sprowokować cię do płaczu – powiedziała. – Walcz, jeżeli nie zawalczysz o swój honor, będzie to oznaczać, że jesteś niewolnicą.

Kiedy oddalałyśmy się z miejsca, w którym odbyła się potyczka, moja przeciwniczka krzyknęła za mną:

– *Kintirlij!*

Sanyar skrzywiła się. Spojrzałam na nią i ogarnęło mnie przerażenie. Czyżbym była, jak tamta dziewczynka? Czy ja również miałam tę obrzydliwą rzecz, *kintir*?

* * *

W Somalii, podobnie jak w wielu krajach Afryki i Bliskiego Wschodu, małe dziewczynki stają się „czyste" po zabiegu okaleczenia żeńskich narządów płciowych. Zabieg ten przeprowadza się zazwyczaj w wieku około pięciu lat. Kiedy łechtaczka i wargi sromowe dziecka zostaną usunięte, a w bardziej czułych miejscach jedynie nacięte lub nakłute, ciało zszywa się w ten sposób, by gruby pas tkanki tworzył pas cnoty zrobiony z okaleczonego ciała dziewczynki. Pozostawia się jedynie otwór wielkości ziarna prosa, żeby mogła nim wypływać cienka strużka moczu. Uprawianie w przyszłości seksu wymaga rozerwania tej tkanki z wielką siłą.

Okaleczanie narządów płciowych kobiet jest zjawiskiem wcześniejszym niż islam. Nie wszyscy muzułmanie stosują ten zabieg. Zdarza się też, że dokonują go ludzie niebędący wyznawcami islamu, chociaż podobnych praktyk nie uprawia się często. Jednak w Somalii, gdzie właściwie każda dziewczynka jest obrzezana, praktykę tę usprawiedliwia się zawsze w imię islamu. Nieobrzezane dziewczynki mogą zostać opętane przez szatana, wstąpić na drogę występku, zasługując na wieczne potępienie i stać się dziwkami. Imamowie nigdy nie odwodzą wiernych od wykonania tego zabiegu: sprawia on, że dziewczynki pozostają czyste.

Wiele dziewcząt umiera w trakcie lub po zabiegu z powodu zakażenia. Inne komplikacje powodują ogromne cierpienia, które często dręczą kobiety przez całe życie. Mój ojciec, człowiek nowoczesny, uznawał zabieg obrzezania za barbarzyński. Zawsze nalegał, by jego córki pozostały nieobrzezane. Pod tym względem był wyjątkowo postępowy. Mahad, który miał sześć lat, również nie został jeszcze obrzezany, chociaż nie sądzę, by w tym przypadku powód był ten sam.

Krótko po mojej pierwszej walce stoczonej w madrasie, babcia postanowiła, że nadszedł odpowiedni moment, by poddać się koniecznemu i przydającemu godności zabiegowi oczyszczenia. Ojciec siedział w więzieniu, a mama często wyjeżdżała i przebywała przez długi czas poza domem. To właśnie babcia miała zapewnić, by odwiecznej tradycji stało się zadość.

Przez cały tydzień poprzedzający zabieg babcia była pogodna i życzliwa. W jej sypialni został przygotowany specjalny stół, a w domu zgromadziły się różne ciotki, znane i nieznane. Kiedy ten dzień nadszedł, nie byłam przerażona, a jedynie ciekawa. Nie wiedziałam, co się wydarzy. W domu panowała świąteczna atmosfera, a my – cała nasza trójka – mieliśmy zostać oczyszczeni. W przyszłości nikt nie mógłby mnie określić obraźliwym słowem *kintirlij*.

Mahad miał zostać poddany zabiegowi jako pierwszy. Wyproszono mnie z pokoju, ale po pewnym czasie podkradłam się pod drzwi i zaczęłam się przyglądać. Mahad leżał na podłodze, a jego głowa i ręce spoczywały na podołku babci. Dwie kobiety trzymały jego rozrzucone nogi, a dziwny mężczyzna pochylał się pomiędzy nimi.

W pokoju było ciepło. Wyczuwałam zapach potu i żywicy olibanowej. Babcia szeptała do ucha Mahadowi:

– Nie płacz, nie plam honoru swojej matki. Te kobiety będą opowiadać o tym, co widziały. Zagryź zęby.

Mahad nie wydał z siebie żadnego dźwięku, ale łzy spływały mu po policzkach, kiedy gryzł z bólu szal babci. Jego twarz wykrzywiał grymas cierpienia.

Nie byłam w stanie zobaczyć, co robi nieznajomy, ale widziałam krew. Widok ten wprawił mnie w przerażenie.

Ja byłam następna. Babcia zrobiła zamaszysty ruch ręką od jednego do drugiego boku i powiedziała:

– Kiedy ta długa *kintir* zostanie usunięta, ty i twoja siostra będziecie czyste.

Ze słów i gestów babci wywnioskowałam, że ta ohydna *kintir*, moja łechtaczka, pewnego dnia urośnie tak długa, że będzie dyndała między nogami. Babka chwyciła mnie i trzymała w uścisku górną część mego ciała, w tej samej pozycji, w jakiej ułożyła Mahada. Dwie inne kobiety rozłożyły mi nogi i również mocno je przytrzymywały. Mężczyzna, który zajmował się dokonywaniem zabiegu obrzezania, wędrując po okolicznych miejscowościach, pochodził z rodu kowali. Wziął nożyczki. Drugą ręką chwycił ciało pomiędzy moimi nogami i zaczął je ciągnąć, tak jak babcia, kiedy doiła kozę.

– To właśnie tutaj, tu jest *kintir* – powiedziała jedna z kobiet.

Potem nożyczki zbliżyły się do miejsca pomiędzy nogami i mężczyzna wyciął moje małe wargi sromowe i łechtaczkę. Słyszałam odgłos, jakby rzeźnik odkrawał tłuszcz z kawałka mięsa. Poczułam między nogami przeszywający ból, wprost nie do opisania i przeciągle zawyłam. Potem nastąpiło szycie: mężczyzna niezdarnie zszywał długą, tępą igłą moje krwawiące większe wargi sromowe. Byłam udręczona. Głośno protestowałam, a słowa babci niosły pocieszenie i otuchę.

– To tylko ten jeden raz w twoim życiu, Ayaan. Bądź dzielna, on już prawie skończył.

Kiedy szycie dobiegło kresu, mężczyzna przegryzł nić zębami.

To wszystko, co sobie przypominam.

Pamiętam jednak mrożące krew w żyłach okrzyki bólu Haweyi. Chociaż była najmłodsza – miała cztery lata, ja pięć, a Mahad sześć – musiała stoczyć znacznie bardziej zaciętą walkę niż Mahad i ja. Być może kobiety czuły się wyczerpane po mocowaniu się z nami i Haweya wyśliznęła im się z rąk. W wyniku szamotaniny mężczyzna zrobił kilka głębokich nacięć na udach Haweyi. Nosiła po nich blizny przez całe życie.

Musiałam zapaść w sen, ponieważ dopiero znacznie później zdałam sobie sprawę, że moje nogi zostały związane, by uniemożliwić mi poruszanie się i ułatwić gojenie się rany. Było ciemno i rozsadzało mi pęcherz, ale za bardzo bolało, żeby zrobić siusiu. Nadal odczuwałam przenikliwy ból, a na nogach widniały ślady krwi. Pociłam się, a moje ciało przenikały dreszcze. Dopiero następnego dnia babcia przekonała mnie, żebym spróbowała zrobić siusiu, chociaż trochę. Wszystko mnie bolało. Kiedy leżałam nieruchomo, odczuwałam tylko pulsujący ból, ale gdy oddawałam mocz, ból był tak ostry, jak wówczas, kiedy mnie cięto.

Odzyskanie zdrowia zajęło nam około dwóch tygodni. Babcia ciągle się nami opiekowała. Nagle stała się łagodna i czuła. Reagowała na każdy okrzyk bólu lub jęk, nawet w nocy. Po każdym przyprawiającym o tortury oddawaniu moczu ostrożnie przemywała rany ciepłą wodą i delikatnie przecierała je fioletowym płynem. Następnie ponownie zawiązywała nam nogi i przypominała, abyśmy leżeli absolutnie nieruchomo, w przeciwnym wypadku rana może ulec rozdarciu. Wówczas trzeba będzie wezwać mężczyznę, żeby ponownie nas zaszył.

Po tygodniu mężczyzna przyszedł sprawdzić, jak przebiega proces gojenia ran. Stwierdził, że Mahad i ja mamy się dobrze, uznał jednak, iż Haweyę trzeba ponownie zaszyć. Rozdarła swoją ranę, kiedy oddawała mocz i walczyła z babcią. Słyszeliśmy później, jak przebiegał cały zabieg: nasza mała siostra bardzo się męczyła. Obrzezanie stało się dla nas torturą, ale nie ulega żadnej wątpliwości, że tą, która ucierpiała najbardziej, była Haweya.

Mahad mógł już wstawać i poruszać się, a jego rana prawie całkiem się zagoiła, kiedy mężczyzna wrócił, by usunąć nitkę, którą mnie zaszył. Było to ogromnie bolesne. Posłużył się pincetą, by wyciągnąć nitki, gwałtownie je szarpiąc. Po raz kolejny, babcia i inne kobiety mocno mnie przytrzymywały. Po usunięciu nici, chociaż miałam między nogami grubą i nierówną bliznę sprawiającą mi ból, gdy za dużo się ruszałam, moje nogi nie były już dłużej skrępowane, a ja nie musiałam leżeć nieruchomo przez cały dzień.

Dopiero po tygodniu usunięto nici, którymi zaszyto Haweyę. Musiały ją przytrzymywać cztery kobiety. Byłam w pokoju, kiedy to się stało. Nigdy nie zapomnę wyrazu paniki na jej twarzy i przerażającego krzyku. Szamotała się rozpaczliwie, próbując ze wszystkich sił nie rozłożyć nóg.

Potem Haweya już nigdy nie była taka jak przedtem. Przez kilka tygodni chorowała, miała gorączkę i dużo straciła na wadze. Dręczyły ją nocne koszmary. W ciągu dnia oddalała się od nas, pragnąc być sama. Moja niegdyś pogodna i wesoła mała siostrzyczka zmieniła się nie do poznania. Z nieobecnym wyrazem twarzy całymi godzinami wpatrywała się w próżnię. Po zabiegu obrzezania wszyscy zaczęliśmy się moczyć w łóżku. W przypadku Mahada trwało to przez długi czas.

Kiedy mama wróciła z podróży, była wściekła.

– Kto cię prosił, żebyś ich obrzezała? – zapytała podniesionym głosem.

Po raz pierwszy widziałam ją aż tak rozgniewaną na własną matkę.

– Wiesz przecież, że ich ojciec nie życzył sobie tego! Na Boga, nigdy w życiu nikt nie zdradził mnie tak jak ty. Co cię opętało?

Babcia zareagowała z furią na słowa matki. Krzyczała, że wyświadczyła jej ogromną przysługę.

– Wyobraź sobie swoje córki za dziesięć lat – kto by je poślubił z długimi *kintir* dyndającymi pomiędzy ich nogami? Czy myślisz, że na zawsze pozostaną dziećmi? Jesteś niewdzięczna i nie okazujesz mi szacunku. A jeżeli nie masz ochoty widzieć mnie w swoim domu, wyjadę stąd.

Tym razem rzeczywiście mówiła poważnie.

Mama nie chciała, żeby babcia wyjechała, toteż posłała po swoją siostrę bliźniaczkę, Halimo, matkę Sanyar. Ciocia Halimo i mama wyglądały dokładnie tak samo. Obie były wysokie, szczupłe i ciemnoskóre. Ich włosy nie były tak mocno kręcone jak moje, ale z wdziękiem układały się w fale wokół twarzy i spływały na szyję. Wszystkie kobiety Artan miały długie, szczupłe kończyny i dłonie, a także doskonałą figurę, jednak pomimo identycznych rysów, ciocia Halimo była znacznie łagodniejsza niż moja mama. Siedziały i rozmawiały godzinami, czekając, aż babcia ochłonie. Wówczas wszyscy, łącznie z Mahadem, prosili babcię, żeby została.

Po tym wydarzeniu nikt nigdy nie dyskutował na temat zabiegu obrzezania. Było to po prostu coś, co się wydarzyło – co *musiało się* wydarzyć. Wszyscy byli obrzezani.

* * *

Wkrótce w naszym domu domownicy zaczęli szeptać między sobą po kątach. Wydawało się, że coś dobrego wydarzyło się naszemu ojcu. Kilka miesięcy później mama znowu wyjechała, a kiedy wróciła, przywiozła tym razem prezenty, a nie tylko mąkę i warzywa. Rytuał modlenia się każdego wieczoru o uwolnienie ojca pod drzewem talal nagle ustał. Mama wydawała się mniej zdesperowana, nieszczęśliwa i zmęczona.

Wówczas o tym nie wiedziałam, ale mój ojciec uciekł z więzienia.

Prawdopodobnie to sam dyrektor więzienia pomógł ojcu w ucieczce. Abdi Ajnab, podobnie jak ojciec, wywodził się z rodu Osman Mahamud. Postąpił naprawdę szlachetnie. Pomimo że w każdej chwili mogło się to wydać, Abdiemu Ajnabowi udało się wydostać ojca z więzienia. Towarzyszył mu nawet w drodze do granicy etiopskiej.

Kiedy Abdi Ajnab wrócił do pracy i rodziny w Mogadiszu, zdradził go jeden z podwładnych. Został rozstrzelany przez pluton egzekucyjny na placu Tribunka. W tym czasie ojciec znajdował się już poza granicami kraju. Jeszcze na terytorium Somalii w drodze z jednej wioski i osady do drugiej, pomagali mu członkowie jego klanu. W końcu przedostał się do Etiopii, chociaż na granicy było mnóstwo żołnierzy. Sądzę, że działo się to w 1975 roku. Etiopia i Somalia znajdowały się wówczas na krawędzi wojny domowej.

Ojcu udało się jakoś dotrzeć do stolicy Etiopii – Addis Abeby. Wraz z innymi utworzył polityczny ruch somalijskich emigrantów pozostających w opozycji do rządów Siada Barre w Somalii. Nosił on nazwę Demokratyczny Front Wyzwolenia Somalii (*Democratic Front for the Salvation of Somalia*), w skrócie DFSS.

Wojna w Ogadenie wybuchła w 1977 roku. Somalia i Etiopia, odwieczni wrogowie – nomadzi i ludzie gór, muzułmanie i chrześcijanie – sprzęgły się w kolejnym odrażającym akcie przemocy. W związku z tym konfliktem, który już od pewnego czasu wisiał w powietrzu, grupa emigrantów mojego ojca zaczęła otrzymywać pomoc od etiopskiego rządu. Prezydent Mengystu Hajle Mariam był równie okrutnym dyktatorem jak Siad Barre, cieszył się jednak, że może finansować wrogów somalijskiego przywódcy. Dokonano zakupu broni, po czym w mieście Diridawa, w pobliżu granicy, została założona baza wojowników.

W miarę jak dorastałam, stopniowo opowiadano mi całą tę historię. Dziecko nie powinno było wiedzieć takich rzeczy. Obserwowałam jednak, jak każdego dnia o godzinie piątej matka potajemnie i cicho nastawia radio. Wszyscy dorośli skradali się na palcach do łóżka babci, by wysłuchać somalijskiego serwisu BBC i wiadomości o postępach DFSS. Wśród słuchaczy znajdowały się ciotki, które przybłąkały się do naszego domu, ludzie z *miyé* – wszyscy oprócz Chadidży, wciąż popierającej reżim Siada Barre. Nas dzieci wypychano na zewnątrz z Sanyar, która pilnowała małej gromadki i wypatrywała brygad Gulwade.

Dopiero po wielu miesiącach Mahad i ja poznaliśmy więcej faktów na temat losu naszego ojca. Mama chciała zapewnić swoim dzieciom bezpieczeństwo, toteż utrzymywała nas w nieświadomości. Prawdę mówiąc, nie wiem, ile sama faktycznie wiedziała o miejscu pobytu ojca. Kiedy żołnierze Siada Barre przyszli do naszych drzwi, by zapytać o ojca, odegrała przekonującą scenę, krzycząc do nich, że po raz ostatni widziała swego męża u nich w areszcie: to oni byli winni *jej* informację, a nie ona im. Po tym incydencie wyjeżdżała na coraz dłużej, a my zdawaliśmy sobie sprawę, że są to podróże, o których absolutnie nie możemy rozmawiać ani zadawać na ich temat żadnych pytań.

Matka potajemnie spotykała się z ojcem w Arabii Saudyjskiej.

ROZDZIAŁ 3

Zabawa w berka w pałacu Allaha

W owym czasie Somalia i Etiopia były zaangażowane w wyniszczający konflikt. W przyszłości miała wybuchnąć wojna, która pochłonie w obydwu państwach tysiące ofiar. Konflikt militarny zrujnował gospodarkę walczących ze sobą krajów, która dopiero zaczynała funkcjonować. Nie zezwalano na odbywanie jakichkolwiek podróży między Mogadiszu a Addis Abebą. Moi rodzice musieli spotykać się gdzie indziej, jeżeli chcieli się ponownie zobaczyć.

Somalijskie linie lotnicze nie obsługiwały zbyt wielu miejsc. Jednym z nich była Dżudda w Arabii Saudyjskiej. Przesyłając sobie wzajemnie wiadomości poprzez sieć kontaktów plemiennych, rodzice ustalili, że spotkają się właśnie tam. Wyrobiono też fałszywy paszport mojej matce. Twierdziła, że jest zwykłą kobietą Dulbahante odbywającą pielgrzymkę do Mekki. Lubię ich sobie wyobrażać młodych i szczęśliwych, spotykających się w Dżuddzie, pragnących znowu żyć jak jedna rodzina.

Matka nie chciała przeprowadzić się do Etiopii, uważała bowiem chrześcijańskich Etiopczyków za niewiernych. Arabia Saudyjska była krajem Boga, ojczyzną Proroka Muhammada. Prawdziwie muzułmański kraj stanowił najbardziej odpowiednie miejsce do wychowywania dzieci. Matka nauczyła się arabskiego w Adenie, a co ważniejsze, upajała się również wizją islamu jako religii bardziej czystej, głębszej i bliższej Bogu. Obowiązujące w Arabii Saudyjskiej prawo wywodziło się wprost z Koranu: było to prawo boskie. Życie naszej rodziny miało być zatem przewidywalne, pewne i dobre.

W jakiś sposób udało się jej przekonać ojca do tego planu. Znalazł posadę w Arabii Saudyjskiej w jednym z rządowych ministerstw. Przypominam sobie, że jego praca polegała na rozszyfrowywaniu alfabetu Morse'a dla potrzeb rządowego biura. Przeprowadził się do Ar-Rijadu i zamieszkał w domu zajmowanym przez członków rodu, oczekując na zakończenie przygotowań do naszej ucieczki.

Postawa matki była istotnie heroiczna. Udało się jej otrzymać kolejny fałszywy paszport, w którym wpisano imiona i daty urodzenia trójki dzieci, dzięki czemu mogliśmy opuścić Somalię razem z nią. Spakowała się w tajemnicy. Załatwiła, że zostaniemy dyskretnie przewiezieni na lotnisko. Pewnego ranka, w kwietniu 1978 roku – miałam wówczas osiem lat – babcia obudziła nas wcześnie rano, szare światło ledwie zaczęło się przedostawać do pokoju. Ubrała nas w ładne stroje, zamiast w szkolne mundurki. Najstarszy pasierb Chadidży, który miał warsztat samochodowy naprzeciw naszego domu, przyjechał swoim czarnym samochodem i szybko wpakował nas do środka. Babcia została w domu. Kiedy po pokonaniu wielu kilometrów wysiedliśmy z samochodu, mama wskazała na ogromną, metalową maszynę z wystającymi z niej płaskimi skrzydłami, która stała w pobliżu.

– To jest samolot – oświadczyła. – Polecimy nim.

Nigdy przedtem nie widzieliśmy samolotu z tak małej odległości. Podziwialiśmy jedynie te latające maszyny na dużej wysokości. Dla uczczenia rządów *Afwayne* przelatywały one raz w roku nad miastem w dniu święta narodowego, pozostawiając za sobą kolorowe smugi. Wydaliśmy z siebie radosne okrzyki i, wymachując rękami, pobiegliśmy do samolotu ile sił w nogach. Perspektywa lotu była niezwykle ekscytująca. Wyobrażaliśmy sobie nawet, że będziemy latać jak ptaki. Matka, która miała fałszywy paszport, a przed sobą wyczerpujące przesłuchania przez funkcjonariuszy lotniska, nie potrzebowała dodatkowych kłopotów. Trzepnęła nas po głowach swoją ciężką dłonią i zmusiła do zachowania ciszy.

Nie byliśmy w stanie usiedzieć spokojnie przez długi czas. Będąc dziećmi, prawie nigdzie nie wyjeżdżaliśmy. Nie zabierano nas również na wycieczki za miasto. W końcu doczekaliśmy się fascynującej przygody. Kiedy zagoniono nas do samolotu i usadowiono w fotelach, od razu rozpięliśmy pasy, podejmując heroiczną walkę o miejsce przy oknie. Nie obeszło się bez poturbowania innych pasażerów. Gdy samolot zaczął wznosić się w górę, mama spiorunowała nas wzrokiem.

– O Boże, spraw, żeby samolot się rozbił – zawołała. – Zabierz ich stąd. Nie chcę już żyć. Pozwól nam wszystkim umrzeć!

Jej słowa były bardziej bolesne niż uderzenie. Była to najgorsza rzecz, jaką kiedykolwiek usłyszałam.

W miarę jak samolot wznosił się, coraz dotkliwiej pulsowało nam w uszach. Przez cały czas trwania lotu zachowywaliśmy się bardzo hałaśliwie. Pozostali pasażerowie spoglądali na nas z wielką niechęcią. Tuż przed lądowaniem, wraz ze wszystkimi innymi kobietami, które leciały samolotem, nasza matka owinęła się ogromnym, czarnym kawałkiem materiału w taki sposób, że widoczna była tylko jej twarz. To nas rozbawiło. Udaliśmy się w ślad za nią do terminalu lotniczego w Dżuddzie, gdzie, wśród absolutnie zdumiewającej liczby osób ubranych w najrozmaitsze stroje i o różnych kolorach skóry, mama zorientowała się, że ojciec po nas nie wyszedł. Poczuliśmy się opuszczeni i pozostawieni samym sobie. W wielkiej hali lotniska w Dżuddzie kłębił się wielojęzyczny tłum.

Nie jestem pewna, czy taka dokładnie jest prawda, ale według mnie ojciec spodziewał się naszego przyjazdu, chociaż mógł nie znać dokładnej daty. Zadzwonił do nas niespodziewanie z Addis Abeby.

Tego dnia, kiedy opuściliśmy Somalię, miała miejsce próba zamachu stanu przeciwko *Afwayne*. Przestrzeń powietrzna Somalii została zamknięta i rozpoczęły się walki. (Po stłumieniu zamachu jego przywódcy zostali straceni. Nastąpił okres znacznie bardziej intensywnej inwigilacji. Gdyby nie udało nam się wówczas wyjechać, kto wie, kiedy moglibyśmy wydostać się z kraju). W związku z zamachem stanu, ojciec pośpiesznie wyjechał ponownie do Etiopii. W całym tym rozgardiaszu zapomniał powiadomić kogokolwiek, by wyszedł na spotkanie kolejnego samolotu somalijskich linii lotniczych, na którego pokład udało nam się dostać.

W następnych latach matka nieustannie czyniła z tego powodu wyrzuty ojcu. W dniu przylotu utknęliśmy bowiem na lotnisku, praktycznie bez możliwości wydostania się na zewnątrz. Przebywaliśmy na terytorium Arabii Saudyjskiej, gdzie narodził się islam, rządzonej ściśle według zasad ustanowionych przez Proroka Muhammada i kierującej się jego przykładem. Według obowiązującego prawa, wszystkie kobiety w Arabii Saudyjskiej musiały pozostawać pod opieką mężczyzny.

Matka spierała się głośno z saudyjskim urzędnikiem imigracyjnym, ale on tylko powtarzał jej coraz to głośniej, że nie może opuścić lotniska bez mężczyzny, który powinien sprawować nad nią opiekę. Urzędnik nie patrzył wprost na nią, lecz błądził wzrokiem gdzieś ponad jej głową.

Spędziliśmy na tym dziwnym lotniku całe godziny. Bawiliśmy się w berka. Mahad gdzieś się zgubił. Ja zwymiotowałam. Mama stwierdziła, że mamy w sobie diabła i przeklinała, wysyłając nas do piekła. Wyglądała inaczej niż zwykle, była wycieńczona i wydawało się, że nad niczym nie panuje. Płakała i mówiła nieprzyjemne rzeczy o ojcu, których nigdy przedtem nie słyszałam w jej ustach. Musiała czuć się zdradzona. Okazała się przecież osobą nadzwyczaj kompetentną, załatwiając potajemny wyjazd z kraju oraz fałszywe paszporty. A teraz została porzucona.

Tuż przed zmierzchem podszedł do nas pewien Somalijczyk i zapytał matkę, o co chodzi. Wywodził się, podobnie jak ona, z rodu Dulbahante, toteż zaoferował jej pomoc. Matka poprosiła go, żeby po prostu zabrał ją do Dżuddy, do domu rodziny Dulbahante, którą znała i gdzie mogliśmy się zatrzymać. Wszystkim, czego potrzebowała, była jego pomoc przy okienku imigracyjnym i w drodze do taksówki. Gdyby matce nie towarzyszył mężczyzna, żaden taksówkarz nie pozwoliłby jej wsiąść do swojego samochodu.

Obudziliśmy się w domu nieznanej rodziny w Dżuddzie. W małej sypialni było bardzo gorąco, ale matka przestrzegała surowych zasad: musieliśmy się dobrze zachowywać. Oznaczało to pozostanie w pokoju, na łóżku. Jeżeli nie szeptaliśmy i rozmawialiśmy głośniej, wymierzała nam razy. Gdy chodziliśmy wkoło, też otrzymywaliśmy karę. Mogliśmy wyglądać przez okno na wielki dziedziniec, gdzie pół tuzina somalijskich kobiet w różnym wieku zajmowało się gotowaniem i prowadziło ze sobą rozmowy.

Jedna z nich, młoda kobieta, zaproponowała, że weźmie nas na spacer. Na zewnątrz znajdował się zupełnie inny świat. Ulice były wybrukowane, a ożywiony ruch na nich budził zdumienie. Wszystkie kobiety w tym kraju okrywały ciało kawałkiem czarnego materiału. Ich kształty ledwie przypominały ludzkie postacie. Z przodu były czarne, tak samo jak z tyłu. Udawało nam się zorientować, w którą stronę patrzą jedynie poprzez kierunek, jaki wskazywały ich buty. Mogliśmy się domyślić, że są to kobiety, ponieważ kobietę, która mocno trzymała nasze dłonie, abyśmy się nie oddalali, też spowijała czarna tkanina. Widzieliśmy jej twarz, gdyż była Somalijką. Saudyjki nie miały twarzy.

Wyrwaliśmy się naszej opiekunce i podbiegliśmy do czarnych postaci. Gapiliśmy się na nie, starając się dostrzec, gdzie mają oczy. Jedna z nich podniosła dłoń w czarnej rękawiczce, a my zapiszczeliśmy:

– One mają ręce!

Stroiliśmy do niej głupie miny. Zachowywaliśmy się naprawdę okropnie, ale widok był tak obcy i złowrogi, że próbowaliśmy to zjawisko oswoić i sprawić, by było mniej przerażające. Tymczasem te saudyjskie kobiety postrzegały nas oczywiście jako małe czarne dzieci zachowujące się jak pawiany.

Po trzech dniach dwóch mężczyzn z rodu Osman Mahamud przyszło do domu z wiadomościami o naszym ojcu. Przebywał w Etiopii i mógł tam zostać przez wiele miesięcy. Zapytali matkę, gdzie chciałaby mieszkać, czekając, aż wróci. Wydaje się, że tego wieczoru coś w niej pękło. Zupełnie straciła nad sobą panowanie. Płakała, przeklinała i biła nas, jakby ogarnęło ją jakieś szaleństwo. Rzucała w nas butami, gdy tylko otwieraliśmy usta. Wszyscy się jej teraz baliśmy, nawet ulubieniec matki Mahad.

Kiedy mężczyźni wrócili następnego dnia, powiedziała im: „Mekka". Czuła prawdopodobnie, że jej życie układa się wyjątkowo niepomyślnie. Miała nadzieję znaleźć się w objęciach Boga. On zaś sprawi, że jej życie stanie się lepsze. Mekka, dom Proroka Muhammada, była miejscem, w którym można się znaleźć najbliżej

Boga. W tydzień później cały nasz bagaż został załadowany do samochodu.

Podjechaliśmy pod wysoki budynek. Śmieci były rozrzucone po całej ulicy, a nad stertami odpadków krążyły wielkie, bzyczące muchy. Klatkę schodową wypełniał nieznośny smród. Karaluchy czuły się tak bezkarne, że nawet nie zmykały przed ludźmi. Ojciec przesłał pieniądze naszym opiekunom, by wynajęli mieszkanie, ale Mekka była droga. Jedynym miejscem, które mogli dla nas znaleźć, było małe mieszkanie w budynku, który zajmowali egipscy robotnicy budowlani.

Nigdy przedtem nie byliśmy wewnątrz bloku mieszkalnego. Kiedy wchodziliśmy po schodach, mama powiedziała Haweyi i mnie:

– Jeżeli same wyjdziecie tu na zewnątrz, mężczyźni, którzy mieszkają za tymi drzwiami, złapią was, pokroją na kawałki i zjedzą.

Ostrzeżenie okazało się niezwykle skuteczne: nigdy nie odważyłyśmy się wyjść na dwór same.

Otworzyła drzwi prowadzące do dwupokojowego mieszkania. Mieliśmy elektryczność! Kiedy na ścianie naciskało się kontakty, zapalały się żarówki. Po raz pierwszy widzieliśmy też osobliwe urządzenie – pod sufitem znajdował się wiatrak. Kiedy mama była czymś zajęta i nie zwracała na nas uwagi, bawiliśmy się wiatrakiem. Rzucaliśmy w niego różnymi częściami garderoby i małymi przedmiotami, żeby po prostu zobaczyć, jak się kręci. W rezultacie szybko się zepsuł.

Pierwszego tygodnia w mieszkaniu panował skwar, podobny do wydobywającego się z piecyka na węgiel drzewny. Było nam tak gorąco, że plecy Haweyi pokryły się małymi pęcherzykami. Przez cały tydzień z powodu bólu nieustannie płakała, a plecy stały się jedną wielką raną.

Wujkowie zapłacili czynsz za pięć miesięcy z góry – nie istniała zatem możliwość zmiany mieszkania. Wszystko, co mogli zrobić, to zabrać nas na targ w celu zakupu żywności i innych artykułów pierwszej potrzeby. Targ wywarł na nas tak wielkie wrażenie, że w osłupieniu i ciszy podziwialiśmy jego bogactwo. Towary mieniły się wszystkimi kolorami i wszędzie było mnóstwo zabawek. Ze straganów unosił się zapach przypraw i smakowita woń ciast. Ze wszystkich stron dochodziły odgłosy zwierząt. Rzadko zdarzało nam się bywać na targu w Somalii, toteż ogromna liczba straganów i sklepów była najcudowniejszą rzeczą, jaką kiedykolwiek widzieliśmy. Wujkowie trzymali nas mocno za ręce, kiedy wędrowaliśmy magicznymi targowymi uliczkami, kupując materace, prześcieradła na łóżka, poduszki i mały wiatrak. Następnego dnia wróciliśmy, by kupić jedzenie, modlitewne maty, sztućce, garnki, metalową miednicę do prania ubrań, szczotkę do szorowania, mydło i wiadro.

Matka była z nami sama – w zasadzie zdarzyło się to pierwszy raz w jej życiu. Babcia została w Somalii, a ona nie miała nikogo, z kim mogłaby się dzielić zadaniami i planami. Sama nie była w stanie nic zrobić. Nie mogła wychodzić na ulicę bez naszych nowych wujków pełniących teraz funkcję opiekunów. My również znajdowaliśmy się w podobnej sytuacji. Chcąc do nich zatelefonować, musiała biec do sklepu spożywczego na rogu. Matce towarzyszył wówczas mój dziesięcioletni brat, który ją chronił.

Przez cały dzień czekaliśmy w mieszkaniu na wujków, żeby wyświadczyli nam różne przysługi. Nie było dnia, by matka nie przeklinała naszego ojca. Pamiętam, jak krzyczała:

– Oby Bóg nigdy nie sprowadził go z powrotem. Oby uczynił go bezpłodnym. Oby nabawił się bolesnej choroby. Oby nigdy nie ujrzał raju.

– I najgorsze ze wszystkiego:

– Oby złapał go *Afwayne i* poddał torturom. Oby został odcięty od rodowodu i umarł w samotności.

Patrząc na sprawy realistycznie, nie mogliśmy zrobić nic poza czekaniem. Mama postanowiła ponownie umocnić dyscyplinę w domu. W ciągu miesięcy, kiedy pozostawaliśmy sami z babcią, zrobiliśmy się bardzo niegrzeczni. Patrzyła na dzieci jak na wielbłądy. Aby nas poskromić, często podnosiła głos i rozdawała razy na prawo i lewo. Gdy biegaliśmy wkoło, krzyczała:

– Siadajcie. Siadajcie!

A my przykucaliśmy na podłodze. Wówczas biła nas kablem radiowym po nogach i rękach. Kiedy płakaliśmy, krzyczała:

– Uspokójcie się!

I znów nas biła. Nie było to przyjemne i chociaż uderzenia bolały, matka nie traciła nad sobą panowania. Kary cielesne stanowiły uzasadniony i konieczny element procesu wychowania dziecka. Gdy nasze zachowanie uległo poprawie, wymierzała nam mniej razów.

Kiedy meczety w Mekce nawoływały do modlitwy, tworzyły one swego rodzaju zsynchronizowany łańcuch. Wezwanie to słyszeliśmy każdego dnia: najpierw dobiegało z meczetu znajdującego się w naszym sąsiedztwie, następnie rozlegało się w kolejnym meczecie, i jeszcze następnym. Głos muezzina słychać było w mieście, kraju, a może nawet – jak nam się wówczas wydawało – na całym świecie. Wymyśliliśmy grę polegającą na bieganiu od jednego okna do drugiego. Sprawdzaliśmy w ten sposób, kto najlepiej zapamiętał, z której strony dobiegnie kolejne wezwanie.

Ludność w Somalii wyznaje islam, ale nie jest on ortodoksyjny. Nie przestrzegaliśmy specjalnie regularnych pór modlitwy, a objawiona wiara mieszała się z odwiecznymi miejscowymi wierzeniami. Teraz matka zaczęła nalegać, abyśmy modlili się pięć razy dziennie, kiedy z meczetu rozlegnie się wezwanie do modlitwy. Przed każdą modlitwą należało dokonać rytualnych ablucji i przyodziać się, a następnie stanąć w szeregu i wykonywać jej polecenia. Po wieczornej modlitwie musieliśmy położyć się do łóżek.

Matka zapisała nas również do miejscowej szkoły koranicznej, chociaż właściwie nie mówiliśmy po arabsku. W Somalii, zarówno szkoła świecka, jak i koraniczna były koedukacyjne. Tutaj, w każdej dziedzinie życia obowiązywała ścisła segregacja. Mahad musiał pójść do madrasy dla chłopców, a Haweya i ja dla dziewcząt. Wszystkie dziewczynki w madrasie były białe; istotnie postrzegałam je jako białe, a siebie, po raz pierwszy w życiu, uważałam za czarną. Nazywały Haweyę i mnie *abid*, co oznacza niewolnice, a czego nie znosiłyśmy. Określanie mnie mianem niewolnicy – co przywołuje typowo rasowe uprzedzenia – stanowiło znaczną część tego, czego nienawidziłam w Arabii Saudyjskiej. Nauczyciel nie uczył nas pisać, po prostu recytował Koran. Musieliśmy zapamiętywać werset po wersecie.

Już wcześniej, w Mogadiszu, nauczyliśmy się części Koranu na pamięć, chociaż nigdy nie rozumieliśmy więcej niż jednego lub dwóch słów z całego tekstu, ponieważ był napisany w języku arabskim. Jednak nauczyciel w Mekce twierdził, że recytujemy Koran, nie okazując przy tym należytego szacunku. Robiliśmy to na wyścigi, popisując się. Teraz zatem musieliśmy ponownie nauczyć się go całego na pamięć, ale tym razem z pełnymi czci pauzami. Nadal jednak rozumieliśmy jedynie z grubsza tekst świętej księgi. Widocznie kwestia rozumienia poszczególnych sur stawiana była na drugim planie nauczania.

W Arabii Saudyjskiej bardzo wiele mówiło się o grzechu. Człowiek nie był czysty, ale niepokalany. Słowo *haram* – po arabsku znaczy tyle co zakazany – słyszeliśmy każdego dnia. Jazdę autobusem z mężczyznami uznawano za *haram*. Wspólna zabawa dziewcząt i chłopców uchodziła za *haram*. Kiedy bawiłyśmy się z innymi dziewczynkami na dziedzińcu koranicznej szkoły, a nasze białe chustki na głowie nieco się poluzowały, określano to również słowem *haram*, nawet jeżeli w pobliżu nie było chłopców.

* * *

Mama postanowiła zabrać nas do świątyni Al-Kaba*, co stanowiło miły przerywnik życia w porównaniu z przebywaniem w zamkniętym mieszkaniu. Rozgrzane powietrze drgało; było to kolejne, do granic wyczerpujące, gorące popołudnie. Upał w Mekce nie przypominał niczego z moich poprzednich doświadczeń na somalijskiej pustyni. Znaleźliśmy się w miejscu, które było bardzo piękne: białe, chłodne, przyćmione i ogromne. W świątyni było przyjemnie i chłodno. Odnosiłam wrażenie, jakbym wydostała się z więzienia. Kiedy matka dokonywała uroczystego rytuału, okrążając siedem razy święty Czarny Kamień**, biegaliśmy szybko po całym meczecie, ślizgając się po podłodze i piszcząc z radości.

Ludzie zgromadzeni w tym miejscu, podobnie jak na lotnisku w Dżuddzie, byli bardzo zróżnicowani pod względem koloru skóry. Widzieliśmy wielu nawet bardziej czarnych niż my. Spotykało się tu

---

* Al-Kaba, miejsce kultu muzułmanów, najświętsze miejsce islamu. Monumentalny relikwiarz architektoniczny w formie prostopadłościanu, wzniesiony z bloków szarego kamienia na podstawie z marmuru. Znajduje się na dziedzińcu Świętego Meczetu w Mekce. Wszyscy muzułmanie zwracają się ku niej w czasie swoich codziennych modłów, położenie Al-Kaby wyznacza bowiem kierunek modlitwy (przyp. tłum.).

** Czarny Kamień, kamień znajdujący się w najświętszym miejscu islamu, w świątyni Al-Kaba w Mekce, czczony przez wyznawców islamu. Według legendy stworzony został wraz z Adamem i Ewą. Odbywający pielgrzymkę muzułmanie całują go i dotykają, aby zyskać boskie błogosławieństwo (przyp. tłum.).

również osoby znacznie bielsze od Saudyjczyków, do tego stopnia, że wyglądali na wybielonych. Ponieważ był to dom Boga, wszyscy ci ludzie zachowywali się bardzo życzliwie. Kiedy wpadaliśmy na kogoś dorosłego, ujmował nas delikatnie za ręce i odprowadzał z powrotem do mamy. Była wściekła, a ja zdałam sobie sprawę, że przynieśliśmy jej wstyd, toteż uklękłam przed nią i wykonałam specjalną modlitwę, której nauczyłam się w madrasie. Trzymałam przed nią złączone dłonie i prosiłam o wybaczenie. Ku memu zdziwieniu, zastosowana przeze mnie sztuczka okazała się skuteczna: uśmiechnęła się.

Matka znalazła pociechę w ogromie i pięknie Świętego Meczetu. Wydawało się, że dał jej nadzieję i poczucie ukojenia. Wszyscy lubiliśmy tam chodzić; później dostawaliśmy nawet lody. Stopniowo rytuały i opowieści, które koncentrowały się na tym miejscu, zaczęły coś dla mnie znaczyć. Ludzie w Świętym Meczecie okazywali sobie nawzajem wiele cierpliwości i panowało między nimi poczucie wspólnoty – myli nogi w tej samej fontannie, nie popychając się i nie żywiąc wobec siebie wzajemnych uprzedzeń. W domu Boga wszyscy byliśmy muzułmanami, co było piękne. Miało to wartość ponadczasową. Myślę, że jest to jedna z przyczyn, dla których muzułmanie uważają, że islam oznacza spokój: w przestronnym, chłodnym miejscu, pełnym życzliwości, człowiek czuje się wyciszony.

Ale kiedy tylko opuszczaliśmy meczet, Arabia Saudyjska stawała się uosobieniem przerażającego upału, brudu i okrucieństwa. Ludziom ścinano głowy na publicznych placach. Dorośli rozmawiali o tym między sobą. To była normalna, rutynowa rzecz: w piątek po modlitwie, w samo południe można było iść do domu na lunch albo pójść obejrzeć egzekucję. Odcinano ludziom dłonie. Mężczyzn poddawano chłoście. Kobiety kamienowano. Pod koniec lat siedemdziesiątych ubiegłego wieku Arabia Saudyjska przeżywała boom, ale chociaż ceny ropy sterowały gospodarką kraju ku nowoczesności, jego społeczeństwo wydawało się tkwić w średniowieczu.

Kiedy nadszedł miesiąc pielgrzymek, mama stwierdziła, że nie możemy już chodzić do Świętego Meczetu. Nie mogliśmy nawet opuszczać domu, z obawy przed zagubieniem się w nieprzebranych szeregach pielgrzymów. Pozostało nam jedynie przyglądanie się tłumom ludzi owiniętych w białe szaty, zdążających ulicą w stronę miejsc świętych. Z naszych okien przysłuchiwaliśmy się ciągłej modlitwie pątników.

Pewnego wieczoru, podczas miesiąca pielgrzymki, tuż po tym, gdy położyliśmy się do łóżek, rozległo się pukanie do drzwi. Usłyszeliśmy, jak jeden z wujków krzyczy:

– Oto wasz tata!

Wyskoczyliśmy z łóżek. Mahad rzucił się na jednego z mężczyzn, który wszedł do mieszkania. Początkowo z pewnym zakłopotaniem Haweya i ja zrobiłyśmy to samo, kurczowo chwytając się nieznajomego i zachęcając go, by usiadł z nami na podłodze.

Wyobrażałam sobie, że ojciec mnie zrozumie, zwłaszcza teraz, kiedy próbowałam zachowywać się tak grzecznie. I oto się zjawił. Wdrapywaliśmy się na niego i tłoczyliśmy się wokół, po prostu go dotykając. Mama zaganiała nas ponownie do łóżek, ale ojciec nie zgodził się na to. Chciał, żebyśmy zostali. Przyglądając się, jak tata spożywa posiłek, usnęłam na macie z rozpostartymi rękami.

Abeh był szczupły. Podobnie jak ja miał wysokie kości policzkowe i okrągłe czoło, mocną szyję i szerokie ramiona, a plecy nieco przygarbione. Wokół jego oczu zauważyłam wiele zmarszczek. Sądziłam, że było tak, ponieważ czytał dużo książek i bardzo się martwił o przyszłość naszego kraju. Wysokie czoło nadawało mu dystyngowany wygląd. Kiedy mówił przyciszonym głosem, na jego ustach często błąkał się ledwo dostrzegalny uśmiech. I w przeciwieństwie do wszystkich innych dorosłych uważał, że my dzieci jesteśmy cudowne.

Następnego ranka Abeh obudził nas na modlitwę. Maty były już rozłożone. Mata Mahada leżała obok maty ojca, a maty mamy, Haweyi i moja z tyłu. Przygotowując się do modlitwy, zaczęłyśmy się owijać długim, białym materiałem, ponieważ nalegała na to mama, ale Abeh powiedział, żeby tego nie czynić.

– Nie musicie tego robić do czasu, aż dorośniecie – stwierdził.

A kiedy mama protestowała, mój wspaniały Abeh wytoczył następujący argument:

– Asza, wiesz, nie chodzi o zasady, tylko o ducha.

Podczas modlitwy Haweya i ja często wciskałyśmy się pomiędzy niego i Mahada. Nie odpychał nas. Kiedy mama protestowała, mówiąc, że to zabronione, uciszał ją.

Robiłyśmy to wiele razy: podczas każdej modlitwy w ciągu dnia, uparcie ustawiałyśmy się u boku ojca. Gdy nadeszła pora wieczornej modlitwy, Abeh musiał zdać sobie sprawę, że same tego nie zaprzestaniemy, a ponadto mama miała rację: było to zabronione. Mężczyźni nie modlą się obok kobiet. Kobiety lokują się z tyłu, aby uniknąć krępującej sytuacji, w której część materiału osłaniającego ciało może opaść, odsłaniając kawałek garderoby. Mogłoby to rozproszyć skupienie mężczyzny i doprowadzić do grzechu nieczystych myśli. Jednak mój Abeh nie wytłumaczył tego w ten sposób.

Musicie teraz stać za mną, ponieważ jesteście już dużymi dziewczynkami – powiedział.

– Dlaczego? – zapytałyśmy oczywiście.

– Taka jest wola Boga.

– Ale dlaczego Bóg miałby tego chcieć? On również mnie stworzył, ale zawsze preferuje Mahada.

Abeh powiedział, żebyśmy się przesunęły do tyłu i stanęły za nim, gdyż takie obowiązują zasady. Ale ja kochałam mojego ojca i uznałam, że nie jest to sprawiedliwe. Kiedy klęczał na macie, przyczołgałam się do przodu, toteż pod koniec modlitwy Haweya i ja niemal zrównałyśmy się z nim i z Mahadem. Ku przerażeniu matki, zrobiłyśmy to jeszcze wiele razy. Po tygodniu ojciec czuł się zirytowany, a mama na swój sposób zadowolona. Okazało się bowiem, że miała rację: przede wszystkim nigdy nie powinien był pozwolić, żebyśmy modliły się z nim w jednym szeregu. Mama stwierdziła, że w żadnych okolicznościach kobiety nie modlą się z mężczyznami. Od pierwszego dnia Abeh powinien był się modlić w jednym pokoju z Mahadem, a ona z nami w oddzielnym pomieszczeniu. Abeh się jednak na to nie zgodził.

– Modlimy się razem jako rodzina. Tego właśnie chce Bóg.

Kiedy Abeh wrócił do nas, wszystkie zasady uległy pewnemu rozluźnieniu. Oświadczył, że chociaż należy dokonać rytualnej ablucji przed poranną modlitwą, nie musimy myć się przed innymi modlitwami, chyba że wcześniej korzystaliśmy z toalety. Mycie się przed każdą modlitwą, nawet wówczas, kiedy byliśmy czyści, oznaczało stratę drogocennej wody, powiedział Abeh, a Bóg z pewnością nie życzyłby sobie tego.

Przez pewien czas, przed każdą modlitwą, kiedy mama pytała:

– Czy umyliście się? – skandowaliśmy zgodnym chórem:

– Jesteśmy czyści.

– Czyści? Jesteście brudni! – odpowiadała, a my powtarzaliśmy z uporem:

– Kurz nie jest nieczysty! – aż mama wybuchała gniewem i kwitowała:

– Natychmiast skończcie z tymi wygłupami – po czym ciągnęła nas do łazienki i polewała wodą.

Kiedy ojciec ponownie pojawił się w moim życiu, otworzyłam się jak kaktus, który rozkwita po deszczu. Poświęcał mi wiele uwagi, podrzucał do góry, twierdził, że jestem ładna i mądra. Niekiedy gromadził wieczorem wokół siebie wszystkie dzieci i mówił nam o znaczeniu Boga, a także istotnej roli, jaką odgrywa w życiu dobre zachowanie. Zachęcał nas do zadawania pytań; ojciec nie znosił czegoś takiego, co nazywał głupim uczeniem się: uczeniem się na pamięć. Pytanie „Dlaczego?", doprowadzało matkę do szału, ale ojciec je uwielbiał: prowokowało ono często niekończący się ciąg wywodów, nawet jeżeli większości z nich nie byliśmy jeszcze w stanie zrozumieć.

Mama uczyła nas, że należy mówić prawdę, w przeciwnym razie zostaniemy ukarani i pójdziemy do piekła. Ojciec przekonywał do uczciwości, ponieważ – jak twierdził – prawda jest wartością samą w sobie. Uwielbiałam te wieczorne pogawędki i chociaż wszyscy chłonęliśmy jego słowa wdzięczni za uwagę, którą nam poświęcał, od początku, gdy się pojawił w naszym nowym domu, byłam jego ulubienicą.

Jeżeli źle się zachowywaliśmy, zawsze pierwsza przyznawałam się do tego.

– Nie ukarzesz nas, kiedy ci coś wyznam, prawda? – pytałam. – Jeżeli powiem prawdę, a ty wymierzysz mi karę, będziesz mnie zmuszał do kłamstwa następnym razem.

Ojciec wybuchał śmiechem i mówił:

– Powiedz zatem prawdę.

A ja mu mówiłam: że coś zepsuliśmy albo dokuczaliśmy sąsiadom. Nigdy nas nie uderzył, tylko prosił, by obiecać, że więcej się to nie powtórzy.

Matka wyznawała spartańskie zasady. Zapewniała nam jedynie tyle uwagi i uczucia, ile było konieczne, czyniła jednak wyjątek dla Mahada. Dobrotliwość matki wobec niego była relatywna: po prostu nie otrzymywał tak wielu razów, co Haweya i ja. Moja matka nigdy nie była ciepłą i serdeczną osobą, a życie uczyniło ją jeszcze twardszą. Przez cały czas zamartwiała się różnymi sprawami, a kiedy raz ustaliła zasady, należało ich przestrzegać. Jednak po spędzeniu kilku tygodni z Abeh nauczyliśmy się skandować:

– To nie zasady, tylko duch jest ważny.

Doprowadzało to mamę do szału.

* * *

Czymkolwiek się ojciec zajmował, jego praca była dobrze płatna. Chociaż jednym z warunków udzielenia mu przez Saudyjczyków pozwolenia na pracę był zakaz czynnej działalności politycznej, ojciec kontynuował potajemnie współpracę z DFSS. Uważał Saudyjczyków za nieokrzesanych i niewystarczająco przebiegłych. Nie wierzył, że udałoby się im odkryć, iż nadal stanowi część przywództwa politycznego ruchu na uchodźstwie.

Kiedy pięciomiesięczny okres wynajmu mieszkania dobiegł końca, ojciec zaczął nalegać, żebyśmy przenieśli się do Ar-Rijadu. Mama nie chciała opuszczać Mekki, ale my – dzieci, nie cierpieliśmy bloku mieszkalnego. Sądzę nawet, że mamie w głębi duszy ulżyło, kiedy Abeh znalazł dla nas większy, znacznie chłodniejszy dom w Ar-Rijadzie, który składał się z dwóch części: przeznaczonej dla kobiet i oddzielnej, tylko dla mężczyzn, z korytarzem i zamykanymi drzwiami. My jednak nie stosowaliśmy się do tych reguł. Mężczyźni przychodzili i wychodzili przez imponującą metalową bramę wejściową z latarniami po obu stronach. Nigdy nie pozwalano nam wypuszczać się na samotne wyprawy. Jednak przez niewielkie przejście można było swobodnie przemieszczać się z dziedzińca naszej części dla kobiet na kobiecy dziedziniec w sąsiedztwie, toteż kobiety i dzieci mogły krążyć w tej zamkniętej przestrzeni i nigdy nie wychodzić na zewnątrz.

Haweya i ja otrzymałyśmy pozwolenie na odwiedzanie sąsiadów przez to małe przejście w murze. Zazwyczaj oglądałyśmy telewizję. Transmitowano powtórki niekończących się telewizyjnych seriali o życiu Proroka, jak również o walkach, które stoczył w celu zaszczepienia i umocnienia islamu na terenie Półwyspu Arabskiego. Chciał również sprawić, aby zbłąkani politeiści powrócili na prostą ścieżkę jedynego, prawdziwego Boga. Nigdy nie pokazywano twarzy Proroka, ponieważ był wysłannikiem Boga, i nikt nie mógł odgrywać jego roli. Nauczyłyśmy się także zabaw dziewczynek z sąsiedztwa. Kiedy ich ojcowie przebywali poza domem, zaś apatyczne, niemal ociężałe matki przesypiały całe popołudnia, zbierały się razem przy muzyce. Było ich pięć lub sześć w wieku od dziesięciu do piętnastu lat. Sądzę, że pochodziły od kilku matek. Przewiązywały poniżej pasa kawałki materiału i, stając jedna naprzeciw drugiej, poddawały się rytmowi muzyki, kołysząc biodrami. Wykonywały także taneczne gesty ramionami i nadgarstkami. Rzucały przy tym zalotne spojrzenia. Miałam wówczas dziewięć lat. W moich oczach dziewczynki te, zaledwie nastoletnie, emanowały namiętnym i zupełnie nieznanym erotyzmem.

Nigdy nie widziałam tego rodzaju tańca, jedynie rytualne obrzędy, które zaklinacze deszczu inscenizowali niekiedy w okolicy Mogadiszu. Przypominało to jednak raczej magiczną ceremonię niż taniec. Kiedy Haweya i ja odgrywałyśmy w domu ten nowy rodzaj tańca, matka szalała z wściekłości. Przywiozła nas do Arabii Saudyjskiej, żebyśmy stały się czyste i kroczyły wąską ścieżką islamu ramię w ramię z Saudyjczykami, a teraz saudyjskie kobiety sprowadzały nas na złą drogę.

Niektóre Saudyjki mieszkające w naszym sąsiedztwie były regularnie bite przez swoich mężów. W nocy można było usłyszeć ich krzyki rozbrzmiewające na całym podwórzu. „Nie! Proszę! Na Boga!”. Ojciec był tym zbulwersowany. Uważał, że ta straszna, pospolita przemoc stanowi klasyczny przykład prymitywizmu Saudyjczyków. Kiedy widział mężczyzn, którzy to robili – cała okolica znała sprawców domowych awantur – mruczał pod nosem: „Głupi tyran, jak wszyscy Saudyjczycy”. Nigdy nie podniósł ręki na moją matkę. Uznawał tego typu zachowanie za nieopisanie chamskie.

Niemniej jednak musiano nam niekiedy pozwalać na opuszczanie domu. Matka nie mogła nam zabronić odwiedzania sąsiadów; byłoby to niegrzeczne. Ich rodziny bardzo różniły się od naszej. Z jednego powodu – matki naszych saudyjskich koleżanek były leniwe i miały służące. Tymczasem mali chłopcy po prostu szaleli. Wszystkie dzieci mogły biegać swobodnie, bowiem Arabowie byli wobec małych dzieci bardzo tolerancyjni. Władzę dzierżyli jednak chłopcy, mogli nawet wyłączyć telewizor matkom oglądającym program i wydawać polecenia starszym siostrom.

W Arabii Saudyjskiej wszystko co złe, było winą Żydów. Kiedy zepsuł się klimatyzator albo z kranu nagle przestawała lecieć woda, Saudyjki z sąsiedztwa zwykły obarczać za to winą Żydów. Dzieci z okolicy uczono modlić się o zdrowie rodziców i zagładę Żydów. Później, gdy poszliśmy do szkoły, nasi nauczyciele nieustannie biadali nad wszelkim złem wyrządzonym przez Żydów, a także ich kolejnymi, niecnymi planami wymierzonymi przeciwko muzułmanom. Podczas plotkarskich spotkań kobiety z sąsiedztwa zwykły mówić: „Ona jest brzydka, nieposłuszna, jest dziwką – sypia z Żydem". Stwierdziłam, że Żydzi byli jak dżiny. Nigdy nie spotkałam Żyda. Podobnie jak ci Saudyjczycy.

Mimo to, ci sami sąsiedzi potrafili okazywać wielką troskę. Wpadali, żeby zapytać, czy wszystko jest w porządku, przynosili nam cukierki i ciastka. Niekiedy zapraszali nawet mamę na śluby. Chociaż nie szanowała tych kobiet, czuła, że nie może im odmówić, toteż akceptowała zaproszenie, zabierając nas ze sobą. Ślub oznaczał trzy wieczory świętowania. We wszystkich uczestniczyły jedynie kobiety, które przy tego typu okazjach budziły się do życia, ubrane w odświętne stroje. Pierwszego wieczoru pannę młodą okrywano specjalną tkaniną, co miało chronić ją przed złym okiem. Można było zobaczyć jedynie jej kostki ozdobione spiralnymi deseniami henny. Następnego dnia przywdziewała bogaty arabski strój i związaną z tą okazją biżuterię. Ostatniego wieczoru, określanego Nocą Defloracji, była ubrana w długą białą suknię z koronek i atłasu. Z jej twarzy emanował lęk i zakłopotanie.

Wieczorem pojawiał się kandydat, którego miała poślubić. Był jedynym mężczyzną, który mógł przebywać w towarzystwie kobiet nienależących do jego rodziny. Często spocony, wyglądał zwyczajnie, a niekiedy był znacznie starszy od panny młodej. Miał na sobie długą saudyjską szatę. Zawsze, kiedy wkraczał na uroczystość zaślubin, wszystkie kobiety uciszały się. Zarówno ja, jak i Haweya nie uważałyśmy mężczyzn za przybyszów z innej planety, ale dla saudyjskich kobiet znajdujących się w pokoju przybycie pana młodego stanowiło wydarzenie ogromnej wagi. Każdy ślub był taki sam: zebrane kobiety milkły, niecierpliwie oczekując na wybranka, który okazywał się zazwyczaj całkowicie banalny.

* * *

Sprawy w domu nie układały się najlepiej. Silna więź łącząca niegdyś moich rodziców uległa znacznemu osłabieniu. Stało się jasne, że każde z nich miało inne oczekiwania wobec życia. Matka uważała, że ojciec nie troszczył się wystarczająco o rodzinę. Często spadał na nią obowiązek odprowadzania nas do szkoły i z powrotem, a mówiąc konkretnie do różnych szkół, ponieważ Mahad był chłopcem. Musiała wracać sama. Nie znosiła opuszczania domu, gdy nie towarzyszył jej mężczyzna, nienawidziła, kiedy mężczyźni syczeli na jej widok na ulicy i bezczelnie się na nią gapili. Wszyscy Somalijczycy opowiadali sobie historie o kobietach, które nagabywano na ulicy, uprowadzano i porzucano na poboczu kilka godzin później, lub też nigdy więcej ich nie widziano. Być kobietą, która sama znalazła się na zewnątrz, uchodziło już, samo w sobie, za rzecz dostatecznie złą. Ponadto być cudzoziemką, a tym bardziej czarną cudzoziemką, oznaczało, że reszta społeczeństwa ledwo uznawała cię za ludzką istotę.

Kiedy matka jeździła na zakupy bez mężczyzny w charakterze kierowcy, albo bez męża pełniącego rolę opiekuna, właściciele sklepów spożywczych nie obsługiwali jej. Nawet wówczas, gdy zabierała ze sobą Mahada, niektórzy sprzedawcy nie rozmawiali z nią. Wybierała pomidory, owoce i przyprawy, po czym głośno pytała:

– Ile to kosztuje?

Kiedy nie otrzymywała odpowiedzi, kładła pieniądze na blacie i mówiła:

– Weźcie to, albo zostawcie – i wychodziła.

Następnego dnia musiała wracać do tego samego sklepikarza. Mahad widział to wszystko, ale nie mógł jej pomóc. Miał zaledwie dziesięć lat.

Matka nigdy nie postrzegała swoich zgryzot jako winy Saudyjczyków. Chciała po prostu, żeby ojciec robił zakupy i zajmował się sprawami, które wymagają wyjścia z domu, podobnie jak czynili to wszyscy Saudyjczycy. Żadna znana nam Saudyjka nie wychodziła sama na ulicę. Nie mogły, bowiem ich mężowie, wychodząc z domu, zamykali frontowe drzwi. Wszystkie kobiety z sąsiedztwa współczuły mojej matce, która musiała wszędzie chodzić sama. Było to upokarzające i podłe.

Matka czuła, że ojciec zawiódł ją na wiele sposobów. Sprawił, że musiała wziąć na siebie obowiązki, które – jak uważała – powinny należeć do niego. Somalijska kultura narzucała wiele innych niedogodności. Dla ojca było rzeczą naturalną, że – jak gdyby nigdy nic – przychodził do domu z ośmioma lub dziesięcioma mężczyznami, których zaprosił na lunch. Nigdy nie mówił jej, gdzie idzie i kiedy wraca. Gdy atmosfera w domu stawała się niezbyt przyjemna, szedł rano do meczetu i pojawiał się dzień lub dwa później. Matka musiała prać ręcznie każdą skarpetkę i chustę na głowę. Była sama.

Myślę, że zdarzały się chwile, kiedy czuła się szczęśliwa: na przykład, gotując wieczorem, gdy miała u boku rodzinę. Ale jak wiele było takich wieczorów? Niekiedy w nocy słyszałam rozmowy rodziców. Matka wymieniała wszystkie rzeczy, w których ojciec nie spełnił jej oczekiwań, a w głosie wyraźnie wyczuwało się gniew. Abeh mówił wówczas matce:

– Asza, pracuję nad tym, żeby zapewnić nam przyszłość we własnym kraju. – Albo też stwierdzał: – Te rzeczy nie zdarzałyby się, gdybyśmy mieszkali w normalnym kraju.

Abeh nigdy nie lubił Arabii Saudyjskiej i zawsze chciał, żebyśmy pojechali z nim do Etiopii. Jednak matka sprzeciwiała się temu: Etiopczycy należeli do grona niewiernych.

Kilka miesięcy po naszej przeprowadzce do Arabii Saudyjskiej przyjechała babcia, żeby pomóc mamie w prowadzeniu domu. Nie podobał jej się sposób, w jaki mama mówiła o ojcu.

– Kiedy urodzisz się kobietą, musisz żyć jak kobieta – cytowała zazwyczaj przysłowie.

– Im szybciej to zrozumiesz, tym łatwiej będzie ci to zaakceptować.

W jakiś czas po przeprowadzce do Ar-Rijadu zaczęliśmy chodzić rano do prawdziwej szkoły, a po południu do szkoły koranicznej. Jednak prawdziwa szkoła w Arabii Saudyjskiej przypominała madrasę. Uczyliśmy się tylko arabskiego, matematyki i Koranu. Zgłębianie świętej księgi zajmowało większość naszego czasu. Uczenie się Koranu było podzielone na lekcje recytacji, lekcje o znaczeniu księgi Proroka, o *hadisach*, czyli relacjach przedstawiających jakieś wydarzenie z życia Muhammada lub jego wypowiedź na określony temat, o *siratach*, stanowiących gatunek ludowej literatury arabskiej, lekcje o *fikh*, czyli teorii prawa muzułmańskiego, nauce zajmującej się zasadami tworzenia prawa. Nauczyłyśmy się recytować dziewięćdziesiąt dziewięć imion Boga. Dowiedziałyśmy się także, jak powinny się zachowywać przykładne muzułmańskie dziewczęta: co mówić, kiedy kichniemy; na której stronie ciała należy zasypiać; którą stopą powinnyśmy wchodzić do toalety i jaką postawę przyjmować, gdy siedzimy. Nauczycielka była Egipcjanką. Często mnie biła. Zostałam przez nią wybrana, ponieważ byłam jedynym czarnym dzieckiem. Kiedy zadawała mi cios linijką, nazywała mnie *Aswad Abda:* czarną dziewczynką-niewolnicą. Nienawidziłam Arabii Saudyjskiej.

Nie wszyscy Saudyjczycy zachowywali się w ten sposób. Pewnego ranka, gdy byłam w szkole, zerwał się nagły podmuch wiatru, tak silny, że niemal mnie przewrócił. Wraz z nim poczułam mocny zapach deszczu, który sprawił, że zatęskniłam za domem. (Zapach deszczu jest być może najbardziej wzruszającym zapachem, który pamiętam z mojego krótkiego życia w Somalii). Na niebie gromadziły się burzowe chmury. Rodzice podjechali pod szkołę, by zabrać swoje dzieci. Ze względu na burzę zajęcia w szkole wcześniej się skończyły, ale moja matka nie zdawała sobie z tego sprawy. Zaczęło padać: poczułam na ciele pierwsze duże krople, a następnie ogromne strugi deszczu spadły na ziemię. Wkrótce ulice były całkowicie zalane wodą. Po pewnym czasie byłam ostatnim dzieckiem czekającym przy szkolnej bramie. Pobiegłam w kierunku, który – jak sądziłam – powinien był zaprowadzić mnie do domu. Woda sięgała mi do połowy łydek. Upadłam i rozpłakałam się.

Po chwili wielka ręka objęła z tyłu moją klatkę piersiową i wyciągnęła mnie z wody. Myślałam, że jakiś Saudyjczyk przyszedł, żeby mnie porwać, zgwałcić, pokroić na kawałki i zakopać na pustyni, jak miało to miejsce w opowieściach mojej matki. Zaczęłam krzyczeć:

– Cokolwiek mi zrobisz, Bóg cię zobaczy!

Mężczyzna, bez słowa, zaniósł mnie do swego domu i posadził na kolanach żony. Dała mi suche ubranie i uspokoiła mnie, podając ciepłe mleko. Tymczasem jej mąż wrócił do mojej szkoły i odnalazł matkę i Haweyę. Potem, kiedy deszcz przestał padać, odwiózł nas wszystkie do domu.

Powiedziałyśmy ojcu, że nie chcemy być dziewczynkami. Uznałyśmy za niesprawiedliwe, że nie możemy z nim wychodzić i robić różnych rzeczy, na które mógł sobie pozwolić Mahad. Słysząc te słowa, Abeh zawsze protestował, cytując zdanie z Koranu: „Raj znajduje się u stóp matki". Kiedy jednak faktycznie spojrzałyśmy na stopy matki, okazało się, że są one popękane od codziennego mycia podłogi, a tymczasem stopy ojca były odziane w drogie, włoskie skórzane buty. Kiedy o tym rozmawialiśmy, za każdym razem wybuchałyśmy śmiechem, ponieważ w każdym znaczeniu tego słowa, raj nie znajdował się u jej, ale u jego stóp. On był kimś ważnym, on ratował Somalię, nosił eleganckie ubrania i wychodził, kiedy tylko miał na to ochotę. A nam, a także matce, nie pozwalano postępować tak, jak sobie tego życzyłyśmy.

Separacja dotyczyła każdego szczegółu codziennego życia. Jeżeli chcieliśmy iść gdzieś razem jako rodzina, musieliśmy tam jechać innymi autobusami: mój ojciec i Mahad w jednym autobusie, mama, Haweya i ja w drugim, przeznaczonym dla kobiet. Ojciec z gniewem mruczał pod nosem o głupocie tych wszystkich obyczajów, kiedy w końcu spotykaliśmy się wszyscy na bazarze lub na targu złota.

– To wcale nie jest zgodne z duchem islamu! – złościł się. – Zwyczaje te wywodzą się jeszcze z czasów ignorancji! Saudyjczycy są tak głupi, jak żywy inwentarz!

W praktyce zasada oddzielnych autobusów miała zastosowanie jedynie w stosunku do cudzoziemców. Wszyscy Saudyjczycy byli bogaci, a Saudyjki wożono samochodami mężów.

Kiedy mówiłam ludziom, że gdy dorosnę chciałabym być jak mój Abeh, rozpromieniał się i oświadczał:

– Widzicie! Dzieci zbawią nasz kraj! – po czym brał mnie na ręce.

Ponadto odwiedzający nas goście, Somalijczycy, którzy czekali na powrót mego ojca do domu, zawsze rozmawiali z nim z szacunkiem. Równocześnie zerkali na mnie, chichotali i mówili, że wyglądam dokładnie tak jak ojciec, z okrągłym czołem i wyraźnie zarysowanymi kośćmi policzkowymi. Później ojciec przytulał mnie, mówiąc, że jestem jego jedynym synem. Denerwowało to Mahada, który jeszcze bardziej mnie nienawidził.

Matka też często przyjmowała gości, zwłaszcza somalijskie kobiety wywodzące się podobnie jak ona z rodu Dulbahante. Niemal wszystkie pracowały w charakterze służących w saudyjskich domach. Jedna z nich nazywała się Obah. Była młoda, ładna i elegancko ubrana. Paznokcie miała zawsze pomalowane henną, a podczas rozmowy żywo gestykulowała rękami, pozostawiając zawsze w powietrzu – ku oburzeniu matki – smugę papierosowego dymu. Pewnego dnia Obah musiała opuścić ludzi, dla których pracowała. Obawiała się, że zostanie zhańbiona, a być może tak się właśnie stało i dlatego musiała wyjechać.

Matka nie pochwalała popisywania się przez Obah swoją kobiecością, jej nieco teatralnych gestów i papierosów. Postrzegała całą tę frywolność jako grzech. Mimo to, zgodziła się udzielić jej schronienia. Obah należała do jej rodu, toteż oczekiwano tego od niej.

My, dzieci, lubiliśmy obecność Obah w naszym domu. Śmiała się i wymachiwała papierosem, a chusta trzymała się tak luźno na jej głowie, że można było zobaczyć złote kolczyki. Posługiwała się żółtym pudrem i wodą, aby nadać skórze delikatności i gładkości. W niczym nie przypominała mojej surowej, wymagającej matki.

Pewnego dnia Mahad i ja ukradliśmy Obah kilka papierosów. Wypaliliśmy je i natychmiast zwymiotowaliśmy. Po tym incydencie matka zdecydowała, że nasza rezydentka musi opuścić dom. Nie wiem, gdzie poszła, ale kilka miesięcy później usłyszeliśmy, poprzez rozbudowaną sieć kontaktów Dulbahante, że Obah została aresztowana i oskarżona o prostytucję. Powiedziano nam, że została wtrącona do więzienia, a następnie poddana publicznej chłoście, po czym deportowano ją do Somalii.

Saudyjczykom wystarczył fakt, że Obah przebywała w ich kraju sama, aby założyć, iż była prostytutką. Żaden inny dowód nie był potrzebny. A dla reżimu Siada Barre w Somalii sama informacja o opuszczeniu kraju i poszukiwaniu zatrudnienia za granicą stanowiły niepodważalny dowód, by uznać ją za niebezpieczną przeciwniczkę sprawującego rządy prezydenta.

Kiedy ojciec usłyszał, co przydarzyło się Obah, wpadł we wściekłość.

– To nie jest islam. Saudyjczycy wypaczają tę religię – krzyczał.

Ojciec był muzułmaninem, ale nie znosił saudyjskich sędziów i saudyjskiego prawa. Uznawał to wszystko i całą tę arabską kulturę pustyni za barbarzyństwo. Ilekroć słyszeliśmy o egzekucji albo o ukamienowaniu, matka zawsze mówiła:

– To prawo Boga i wola Boga. Kim jesteśmy, żeby to osądzać?

Ale zdawaliśmy sobie również sprawę, że żaden Somalijczyk nigdy nie wygra, jeżeli Saudyjczyk pozwie go do sądu.

Pogarda mego ojca dla Saudyjczyków była ogromna. 16 października 1978 roku w Ar-Rijadzie można było obserwować zaćmienie księżyca. Wczesnym wieczorem ciemny cień przesuwał się powoli po tarczy bladego księżyca na ciemniejącym, błękitnym niebie. Nagle rozległo się głośne pukanie do drzwi.

Kiedy je otworzyłam, nasz sąsiad zapytał, czy jesteśmy bezpieczni. Powiedział, że to Dzień Sądu Ostatecznego, kiedy – jak mówi Koran – słońce wzejdzie na zachodzie, zaś morza wystąpią z brzegów, gdy powstaną wszyscy zmarli, a aniołowie Boga zważą nasze grzechy i cnoty, wysyłając dobrych ludzi do raju, a złych do piekła.

Chociaż dopiero zapadł zmierzch, muezzin niespodziewanie zaczął wzywać wiernych do modlitwy. Wkrótce okazało się, że we wszystkich meczetach miasta rozległy się wezwania na modlitwę. W sąsiedztwie słychać było okrzyki. Kiedy wyjrzałam przez okno, zobaczyłam ludzi modlących się na ulicy. Mama zawołała nas do mieszkania i powiedziała:

– Wszyscy się modlą. My też powinniśmy wziąć z nich przykład.

Niebo stało się ciemne. To był znak! Coraz więcej sąsiadów przychodziło i pukało do naszych drzwi, prosząc, żebyśmy przebaczyli im popełnione w przeszłości złe uczynki. Wszyscy mówili nam, dzieciom, abyśmy się za nich modlili, ponieważ modlitwy dzieci zostaną wysłuchane. Bramy piekła szeroko się przed nami otworzyły. Ogarnęła nas panika. Gdy Abeh przyszedł do domu, było już dobrze po zmroku.

– Abeh! – podbiegliśmy do niego. – To Dzień Sądu Ostatecznego. Musisz poprosić mamę, żeby ci wybaczyła.

Ojciec pochylił się, by zrównać się z nami i przytulił nas do siebie. Powiedział powoli, wymawiając każde słowo:

– Jeżeli pójdziecie do Saudyjczyków i zrobicie, co następuje – i klasnął głośno w dłonie tuż przed naszymi oczyma – sprawi to, że nadejdzie Dzień Sądu Ostatecznego dla Saudyjczyków. Oni są owcami.

– A zatem nie jest to Dzień Sądu Ostatecznego?

– Cień padł na księżyc – wyjaśnił ojciec. – To normalne. Wkrótce będzie tak jak zawsze.

Abeh miał rację. W Dniu Sądu Ostatecznego słońce miało wzejść na zachodzie, ale następnego ranka słońce znajdowało się bezpiecznie na swoim zwykłym miejscu, po wschodniej stronie, duże i nieustępliwe, a świat wcale się nie kończył.

* * *

Nasz dom w Ar-Rijadzie miał balkon na wyższym piętrze, w części przeznaczonej dla kobiet, na którym spałyśmy. Przesłaniała go zasłona, a od świata zewnętrznego został dodatkowo odgrodzony misterną kratą. Mogłyśmy tam siedzieć i obserwować wszystko, a nas tymczasem nie widziano. Mama niekiedy robiła to godzinami. Pewnego popołudnia, gdy tam siedziała, zauważyła dwóch Somalijczyków idących w kierunku naszego domu. Kiedy ich rozpoznała, wydała zduszony okrzyk. Coś było nie w porządku.

Mężczyźni zapukali do drzwi, a mama, już od progu, powiedziała:

– Wiem, że to zła nowina. Czy chodzi o mojego syna?

Mężczyźni potwierdzili jej przypuszczenia. Mój przyrodni brat, Muhammad, został przejechany przez ciężarówkę w Kuwejcie i zmarł w wyniku odniesionych ran.

Nie pamiętałam starszego brata, owocu zadziwiającego związku matki z innym mężczyzną, którego nie lubiła. Matka opowiadała mi różne historie o Muhammadzie. Zabił skorpiona, który mnie ugryzł, kiedy byłam mała. Z pewnością powinnam pamiętać skorpiona i Muhammada wnoszącego mnie na rękach do domu. Jednak nie pamiętałam. Muhammad wyjechał z Mogadiszu, kiedy miałam dwa lub trzy lata, aby zamieszkać ze swoim ojcem w Kuwejcie. W oczach matki Muhammad miał spełnić rolę jej wybawcy.

– Gdy się zestarzeję – mawiała – Muhammad przyjedzie i wybawi mnie od tego życia.

Kiedy usłyszała o śmierci syna, udała się do swego pokoju, a nad naszym domem rozpostarła się chmura ciemności i smutku. Kobiety Dulbahante przyszły i opiekowały się nią, gotowały dla nas posiłki, ponieważ matka zupełnie zastygła w bezruchu. Wydawało się, że znalazła się w śpiączce, nie płakała, ani na nas nie krzyczała. Po prostu leżała ze złamanym sercem.

– Przynajmniej ten jeden raz bądźcie spokojni i mili – mówili nam wszyscy dorośli.

I rzeczywiście zachowywaliśmy się bez zarzutu. Kiedy ojciec wrócił z Etiopii, też był miły niczym domowy kot. Okazywał mamie czułość, nazywał ją Asza, trzymał za rękę. W końcu wstała z łóżka.

Abeh postanowił organizować spotkania polityczne w naszym mieszkaniu. W ten sposób mógł spędzać w domu więcej czasu. Na spotkania te przychodziło od pięciu do dwudziestu mężczyzn. Jedli i rozmawiali do trzeciej lub czwartej rano. Niekiedy towarzyszyły im żony. Pomagały matce w kuchni, ale były zawsze zbyt niechlujne i wykonywały swoją pracę byle jak. Potrzebowała pomocy, by ugościć tych wszystkich ludzi. Miałam wówczas dziewięć lat – byłam zatem dostatecznie duża, by pracować w domu.

Spotkania te miały miejsce niemal każdego tygodnia. Musiałam sprzątać i pomagać w przygotowaniu potraw przez całe popołudnie, podczas gdy Mahad, tylko dlatego, że był chłopcem, bawił się z sąsiadami, a Haweya, zbyt mała, by wykonywać prace domowe, skupiała się na dokuczaniu mi. Zajęcia te wymagały wiele wysiłku, ale tym, czego naprawdę nienawidziłam, było zmywanie po kolacji, późno w nocy, brudnych szklanek i talerzy piętrzących się w każdym miejscu. Musiałam stawać na pudełku, aby pozmywać ogromne garnki. Jeden z nich był tak głęboki, że mogłabym do niego wejść, by go wyszorować. Pamiętam, że czułam się pełna urazy i dokuczała mi senność.

Pewnej nocy nie mogłam już tego znieść. Byłam tak śpiąca, że ułożyłam w stos wszystkie naczynia i włożyłam je do lodówki – po prostu je ukryłam. Następnie szybko umyłam kilka pozostałych naczyń, by kuchnia wyglądała czysto. O świcie następnego ranka, kiedy ojciec zbudził się na modlitwę, otworzył lodówkę, żeby wziąć szklankę zimnej wody, a stos naczyń z łoskotem wypadł na podłogę. Hałas był tak ogromny, że zbudził cały dom. Matka z wściekłością wpadła do mojej sypialni. Wyciągnęła mnie z łóżka, żebym pozmywała naczynia przed pójściem do szkoły.

Płakałam i mówiłam, że to nie jest sprawiedliwe. Kiedy kończyłam zmywanie, do kuchni wszedł ojciec i powiedział:

– To nie jest sprawiedliwe, ale wkładanie brudnych naczyń do lodówki jest złym pomysłem. Po prostu powiedz mamie: „Jestem zmęczona, zrobię to rano".

Ojciec był miły, ale niekiedy wydawał się zupełnie nie rozumieć determinacji matki, by wpoić swojej najstarszej córce poczucie odpowiedzialności i posłuszeństwa.

Pewnego dnia w 1979 roku ojciec przyszedł wcześnie do domu i powiedział, że podjęto decyzję o deportacji naszej rodziny. Mieliśmy dwadzieścia cztery godziny na opuszczenie kraju. Nigdy nie poznałam przyczyny.

Zamiast iść do szkoły, musieliśmy zacząć się pakować. Tymczasem matka z nieskrywaną wściekłością napadła na ojca.

– To twoja wina – oskarżała go. – Gdybyś bardziej dbał o rodzinę, nigdy by się to nie zdarzyło. Powierzasz każdemu swoje sekrety.

Pojechaliśmy na lotnisko. Ojciec powiedział, że musimy odlecieć na pokładzie pierwszego samolotu, w przeciwnym razie przyjdzie saudyjski policjant i nas zabierze. Niebawem miał odlecieć samolot do Etiopii, ale matka nalegała, że nie możemy jechać do niemuzułmańskiego kraju. Kolejny lot był do Sudanu. Przez cały czas trwania podróży mama wściekle patrzyła w niebo.

Kiedy wylądowaliśmy w Sudanie, nie wpuszczono nas do kraju. Spędziliśmy cztery dni na lotnisku w Chartumie. W końcu wsiedliśmy na pokład innego samolotu, który tym razem leciał do Etiopii. Mieszkali tam niegodziwi niewierni, ale nie mieliśmy wyboru.

ROZDZIAŁ 4

Zapłakane sieroty i owdowiałe żony

Pierwszym miejscem, w którym zatrzymaliśmy się w Etiopii, był stary, okazały dom w samym sercu stolicy. Znajdowały się w nim krzesła, co wydawało się osobliwe, ponieważ do tej pory nie stanowiły one elementu wyposażenia naszego mieszkania, więc spędzaliśmy życie, siedząc na podłodze. Podłogi były drewniane i leżały na nich perskie dywany. Mieliśmy nawet do dyspozycji służących, których zadanie polegało na gotowaniu i sprzątaniu. Po raz pierwszy w życiu widziałam wówczas ogród otoczony żywopłotem. Rosły w nim kwiaty, był mały staw, a całości doglądał ogrodnik.

Sądzę, że dom musiał należeć do etiopskiego rządu. Gościli w nim odwiedzający kraj dygnitarze. W tym kraju mój ojciec był ważnym człowiekiem. Służbowy samochód przyjeżdżał i zawoził go w różne miejsca. Na dole nieustannie odbywały się spotkania; postawni, ciemni mężczyźni palili dużo papierosów i przekrzykiwali się nawzajem, siedząc na złoconych krzesłach w oficjalnym pokoju stołowym.

Wszyscy ci mężczyźni byli somalijskimi uchodźcami. Zgodnie z tym, co mówili, w ojczyźnie wrzało. Opozycyjny ruch mojego ojca, DFSS, przyciągał ogromne rzesze ochotników. Ludzie, którym udało się przedostać przez granicę, nie chcieli wcale uciekać, ale przygotowywali się do walki. Byli gotowi na śmierć, by zemścić się na *Afwayne*. Nadal go tak nazywali. Siad Barre, Wielkie Usta, ogromna paszcza, która miażdżyła ludzi.

W 1974 roku rewolucja obaliła etiopskiego monarchę, cesarza Hajle Syllasjego. Władzę przejął Komitet Koordynacyjny Sił Zbrojnych grupujący oficerów niskiego szczebla i szeregowych żołnierzy, znany pod nazwą Derg. Był wśród nich okrutny Mengystu Hajle Mariam, który został następnym przywódcą Etiopii. Siad Barre wykorzystał ten moment, by dokonać inwazji na Ogaden. Region ten Etiopia uważała za swój, ale zamieszkiwała go w przeważającej mierze ludność posługująca się językiem somalijskim, ród Ogaden z zespołu rodowego Darod. Etiopskie dowództwo rewolucyjne wezwało na pomoc Rosjan. Ci zaś, porzucając Siada Barre, wysłali ogromne posiłki Etiopczykom. Armia Siada Barre została zmuszona do wycofania się. Etiopia udzieliła schronienia przeciwnikom Siada Barre, skupionym wokół DFSS, wśród nich mojemu ojcu.

W 1978 roku, w dniu, w którym wyjechaliśmy z Somalii do Arabii Saudyjskiej, oficerowie armii dokonali zamachu stanu przeciwko rządowi Siada Barre. Wszyscy wywodzili się z rodu Madżerten, podobnie jak mój ojciec. Aby ich ukarać, Siad Barre wysłał wierne mu oddziały wojskowe z rozkazem zniszczenia ziem należących do Madżerten. Wojsko spaliło osady i zniszczyło zbiorniki na wodę deszczową zbudowane przez nomadów. Żołnierze gwałcili napotkane kobiety. Tysiące ludzi zmarło z głodu i pragnienia. Rząd zajął własność Madżerten i nazwał to komunistyczną sprawiedliwością. Z każdym nowym atakiem przeprowadzanym przez Siada Barre, coraz więcej ochotników przechodziło przez granicę do Etiopii, chcąc połączyć swe siły z DFSS i zemścić się.

Kiedy nasza rodzina przyjechała do Etiopii, DFSS dysponowało poważnymi siłami wojowników, zgrupowanymi w przygranicznej bazie w miejscowości Diridawa. Główna siedziba organizacji mieściła się w okazałym domu, tuż poza stolicą Addis Abebą. Dom otaczał długi, wysoki mur, którego górna część pokryta była połamanymi kawałkami szkła i kolczastym drutem. Przy bramie stał strażnik.

Abeh zapisał całą naszą trójkę do szkoły. Uczyliśmy się różnych przedmiotów w języku amharskim. Mówiliśmy tylko po somalijsku i po arabsku, toteż przez krótki czas wszystko wydawało się ponownie zupełnie obce. Dopiero wówczas, gdy mogłam się porozumieć, doszłam do zadziwiającego wniosku: małe dziewczynki, które uczyły się ze mną w szkole, nie były muzułmankami. Mówiły, że są *Kiristaan*, katoliczkami, co w Arabii Saudyjskiej stanowiło okropne wyzwisko na placu zabaw, oznaczające *nieczysty*. Zdumiona zapytałam matkę, czy to prawda, ona zaś potwierdziła ich słowa. Etiopczycy byli *kufr*; sam dźwięk tego słowa wywoływał pogardę. Pili alkohol i nie myli się jak należy. Byli nikczemni.

Różnice rzucały się w oczy na ulicy. Etiopskie kobiety nosiły tylko spódnice sięgające im do kolan, a nawet spodnie. Paliły papierosy, śmiały się w obecności innych ludzi i patrzyły mężczyznom w twarz. Dzieci mogły swobodnie biegać, gdziekolwiek miały ochotę.

Etiopczycy byli też znacznie biedniejsi niż ludzie, których kiedykolwiek widziałam. O wiele ubożsi niż mieszkańcy Mogadiszu. Całe rodziny trędowatych, łącznie z dziećmi, z oblepiającymi oczy muchami, z kikutami zamiast kończyn, błagały nas o pieniądze, kiedy szliśmy do szkoły. Przechodzenie obok nich sprawiało mi ból. Najgorsze jednak były przerażające, puste, kremowo-szare oczy niewidomego żebraka na ulicy. Wzdrygałam się, zbliżając się do narożnika, przy którym stał.

Pewnego razu kobieta idąca przed nami ulicą w Addis Abebie po prostu rozstawiła nogi, lekko przykucnęła i zrobiła siusiu, dokładnie na poboczu drogi. Matka skrzywiła się z niesmakiem. Jednak mimo żebraków i brudu, uwielbiałam ten kraj. Ludzie byli życzliwi. Nauczyciele nie stosowali wobec uczniów zbyt wielu kar. Po raz pierwszy w życiu miałam przyjaciół. Nie musiałam nosić chusty na głowie i długich szat. Mogłam swobodnie biegać i korzystać z tego przywileju po raz pierwszy od lat. A ponadto nigdy nie byłam zmuszana do prania ubrań ani mycia naczyń. Czułam się wolna.

Po kilku miesiącach przenieśliśmy się do siedziby głównej DFSS za wysokimi murami. Nie przypominam sobie, żeby nas o tym w jakiś sposób powiadomiono: pewnego popołudnia zawiózł nas tam po prostu kierowca ojca. Budynek ten musiał być kiedyś okazałym hotelem z marmurowymi schodami i balustradą. Pokryte dywanami korytarze wydawały się nieskończenie długie. Zostaliśmy zakwaterowani w dwóch sypialniach znajdujących się na końcu korytarza na parterze. Mieliśmy też łazienkę i aneks kuchenny.

Początkowo przygotowane dla nas posiłki przynosił nam z dużej kuchni etiopski kucharz. Kiedy ojciec był w domu, kucharz musiał próbować jedzenia w naszej obecności, abyśmy zyskali pewność, że nie zostało ono zatrute. Mogliśmy pójść do kuchni i biegać po całym terenie, ale jeżeli przyłapano nas w pomieszczeniach biurowych, ojciec zwykł prosić matkę, żeby lepiej nas pilnowała.

Mama próbowała przekonać naszą trójkę do pozostawania w mieszkaniu, ale nie potrafiła długo nas tam zatrzymać. Cały ogrodzony teren, który należało spenetrować, szybko został przez nas opanowany. Uznawaliśmy to za wspaniałą przygodę. Addis jest zielona i porośnięta bujną roślinnością z uwagi na częste opady. Teren kompleksu wydawał się ogromny. Kiedy za bardzo dawaliśmy się we znaki strażnikowi stojącemu przy bramie, wrzucał nas do popękanej, starej, kamiennej fontanny w pobliżu wejścia. Była ona tak głęboka, że nie mogliśmy wydostać się na zewnątrz o własnych siłach.

Przez nasz dom wciąż przewijały się dziesiątki mężczyzn w zielonych mundurach. Gdy jechali w kierunku granicy, mieli przy sobie broń palną. Jednak większość z nich była rekonwalescentami. Zostali ewakuowani z frontu do szpitala i teraz dochodzili do zdrowia. Niektórzy z rannych okazali się przyjacielscy i bawili się z nami na zewnątrz.

Po kilku tygodniach matka wyjęła swój piecyk na węgiel drzewny i zaczęła gotować posiłki na zewnątrz. Wokół kręcili się żołnierze. Niektórzy z nich przysiadali, czekając, aż mój ojciec skończy swoją wieczorną audycję dla radia Kulmis. Programy nadawane na falach radiowych sprawiały, że jego głos był natychmiast rozpoznawalny dla całej generacji somalijskich uchodźców. Organizowaliśmy wieczory poezji, które przypominały wszystkim o naszych somalijskich korzeniach. Mama gotowała *chapatti*, a także mięso duszone z jarzynami i ziołami, a mężczyźni recytowali wiersze, które pamiętali. Poezje jednego z wielkich współczesnych poetów, Chalify Szajcha Mohamuda, mama znała na pamięć.

Może to być wola Pana, że Madżerten zostaną łapczywie zjedzeni niczym miód.
Jak dzikie jagody na równinie Do'aan, Madżerten zostali pożarci.

Wygłodniali mężczyźni pragną coś uszczknąć z martwych
spoczywających twarzą ku ziemi.
Zapłakane sieroty, owdowiałe żony zostały ograbione
i pozbawione swoich stad.
Ludzie muszą pogodzić się faktem swej śmiertelności,
bo tak postanowił Allah.
Ale trudno uznać triumf ciemiężcy nad porozrzucanymi
wokół ciałami...

W wierszach somalijskich poetów często pobrzmiewa jęk skargi. Są one niezwykle smutne. Po takich wieczorach mama wyraźnie łagodniała. Snuła wówczas opowieści o swoim dzieciństwie, gdy obserwowała wielkich poetów rywalizujących ze sobą przy ognisku na pustyni. Porywająco recytowali swoje wiersze, aż wszyscy zgodnie przyznawali, że narodził się nowy, naprawdę wybitny poeta.

Większość z tych rannych, pozbawionych kończyn, mężczyzn przebywających w Etiopii zdawała sobie jednak sprawę, że nie są obdarzeni wielkim talentem poetyckim. Czuli ponadto, że ich życie dobiega kresu. Unosił się nad nimi zapach porażki, niezbyt dobrze umytych ciał, papierosowego dymu, niewystarczającej ilości snu i goryczy. Atmosfera zawsze była gęsta, a ludzie często narzekali. Wszyscy skarżyli się na Abdullahiego Jusufa, przywódcę DFSS. Powiadano, że otaczał się swoimi ulubieńcami, obsadzając wysokie stanowiska jedynie krewnymi wywodzącymi się z jego rodu. Niemal wszyscy mężczyźni, którzy nie pochodzili z rodu Madżerten, opuszczali szeregi ruchu ze względu na Abdullahiego Jusufa. Ci, którzy zostali, mieli do niego pretensje.

Abdullahi Jusuf wywodził się z rodu Omar Mahamud. Matka powiedziała mi, że członkowie tego rodu zawsze chcą przewodzić, ale niezmiennie wszystko psują. Oczywiście matka była żoną mężczyzny z rodu Osman Mahamud, toteż tak właśnie mówiła. W Somalii poszczególne cechy przypisywane są różnym rodom. Osman Mahamud są aroganccy. Dulbahante nieustępliwi. Issak żują *khat*.

Oto na czym to polega. Ja wywodzę się z Osman Mahamud, ponieważ trzynaście pokoleń wstecz miałam przodka, który nazywał się Mahamud. On z kolei miał syna o imieniu Osman. W rzeczywistości

Mahamud miał trzech synów – być może więcej, ale ci trzej byli na tyle potężni, by utworzyć ród. Osman, najstarszy brat, był wojownikiem urodzonym, by przewodzić, dlatego też Osman Mahamud są tak aroganccy i czują, że mają wrodzone prawo do rządzenia. Najmłodszy syn, Isse, był pasterzem i poetą, toteż Isse Mahamud, tak jak moja babcia ze strony ojca, nadal się tymi sprawami zajmują. Omar, środkowy syn, uchodził za wiecznego malkontenta, i z tego też powodu członkowie rodu Omar Mahamud nigdy nie mogli sobie z niczym poradzić.

Panowało powszechne niezadowolenie. Przyczyn nietrudno się domyślić. Nieodpowiedni ludzie odpowiadali za logistykę, nie było wystarczającej ilości broni. Amunicji nie dostarczano na czas. Mężczyzn, których znaliśmy, zabijano: zaledwie tydzień wcześniej życzliwi żołnierze przykucali i bawili się z nami, po czym ginęli bezsensowną śmiercią. Mordowano i okaleczano setki ludzi. Przygotowując jedzenie, matka przysłuchiwała się rozmowom o tych wydarzeniach. Ojciec zawsze przedstawiał swoją walkę jako heroiczną, ale matce rzeczywistość wydawała się wypełniona śmiercią i chaosem, a marzenie o niepodległej, wolnej Somalii rozpadało się żałośnie.

Na całym ogrodzonym terenie nie widywało się niemal żadnych somalijskich kobiet. Byliśmy jedynymi dziećmi. Wszyscy pozostali dowódcy uchodźczych oddziałów zbrojnych mieli swoje rodziny w Kenii, przeszło tysiąc kilometrów na południe, gdzie mieszkała ogromna społeczność somalijska. Otaczali nas jedynie mężczyźni. W takich warunkach matka musiała nas wychowywać. Nie znosiła tego.

Niektórzy mężczyźni spodziewali się, że będzie im robiła herbatę. Wielu z nich żuło *khat i* pozostawiali potem porozrzucane wokół resztki liści. Pewnego razu matka przyłapała Haweyę i mnie, gdy udawałyśmy, że pijemy herbatę z pustych filiżanek, wymachując w powietrzu petami papierosów i żując stare liście *khatu.* Wybuchła gniewem.

– Nie można wychowywać młodych dziewcząt w takim miejscu jak to! – krzyczała na ojca. – Czy myślisz, że one zawsze będą dziećmi? Jak dziewczynki mogą dorastać w barakach wśród mężczyzn? Coś zgotował swojej rodzinie?

Zarówno siostra, jak i ja uważałyśmy, że szkoda psuć tymi awanturami nieliczne chwile spędzane z ojcem. Nie znosiłam przysłuchiwania się kłótniom rodziców. Chociaż, jak daleko sięgam pamięcią, ojciec nigdy nie podniósł na matkę ręki, mógł się bardzo rozgniewać. Pewnego popołudnia zobaczyliśmy, że przyjechała karetka pogotowia ratunkowego, a ojciec wpadł do naszego pokoju wściekły. Okazało się, że pewien mężczyzna podczas sprzeczki, która się między nimi wywiązała, chciał go uderzyć, a on – jak nam powiedział – powalił go na ziemię i złamał mu nogę.

Matka zaszła w ciążę. Straciła dziecko, małego chłopca, który urodził się martwy. Przez kilka tygodni była hospitalizowana i wróciła milcząca, rozgoryczona, nieobliczalnie wroga.

Mieszkaliśmy już w Etiopii około roku, kiedy ojciec przyznał w końcu matce rację. Zgodził się, że powinniśmy przebywać w otoczeniu innych somalijskich rodzin. Załatwił nam wyjazd na czasowe osiedlenie w Kenii, gdzie mieszkała większość rodzin uchodźców. Mama miała pewne opory, by tam jechać. Chciała przeprowadzić się do kraju muzułmańskiego. Decyzja należała jednak do Abeh.

* * *

W ten oto sposób do czasu ukończenia dziesięciu lat mieszkałam w krajach o trzech różnych systemach politycznych. Wszystkie te formy rządów okazały się nieudane. Państwo policyjne w Mogadiszu wprowadziło reglamentowanie żywności, sprawiając, że ludzie cierpieli głód. Rządzący siłą wymuszali na mieszkańcach posłuszeństwo. Prawo muzułmańskie w Arabii Saudyjskiej traktowało połowę swoich obywateli niemal jak zwierzęta. Kobietom, pozbawionym podstawowych praw, nie okazywano należnego im szacunku. Stara somalijska władza uwzględniająca interesy rodów, zawsze stawała po stronie swoich członków, gdy potrzebowali ochrony. Tego rodzaju system rządzenia tworzył atmosferę podejrzliwości, spisków i zemsty. W następnych latach wojna między rodami uległa poważnemu zaostrzeniu, obejmując swym zasięgiem rozległe terytorium, by w końcu doprowadzić do rozpadu Somalii w jednej z najbardziej destrukcyjnych wojen domowych w Afryce.

Oczywiście, wówczas tego tak nie postrzegałam.

ROZDZIAŁ 5

Potajemne randki, seks i zapach Sukuma Wiki

Polecieliśmy do Nairobi w lipcu 1980 roku. Pomysł ten zupełnie nie przypadł mamie do gustu. Kenijczycy byli nie tylko niewiernymi, podobnie jak Etiopczycy, ale znacznie różnili się od nas wyglądem. W oczach matki ledwo zasługiwali na miano ludzkich istot. Twierdziła, że Kenijczycy są brudni i zarażą nas okropnymi chorobami. Uważała ich za kanibali. Nazywała mieszkańców Kenii *abid*, czyli „niewolnikami", a także *dhagah*, co oznacza kamienie. Niekiedy wypowiadała brzydkie słowo *gaalo*, używane dla określenia niewiernych. Moja babcia – która odnajdywała drogę na pustyni, wyczuwając zapach świeżego deszczu, kierując się węchem potrafiła powiedzieć, czy kobieta jest w ciąży i bezbłędnie wychwytywała wszystkie zapachy – pogardliwie rzucała okiem i mówiła, że Kenijczycy śmierdzą. Przez dziesięć lat, kiedy mieszkaliśmy w Kenii, obie traktowały Kenijczyków niemal dokładnie w taki sam sposób, jak Saudyjczycy zachowywali się w stosunku do nas.

Jednak ojciec wybrał Kenię ze względów praktycznych. W owych czasach było to stosunkowo bogate państwo, uchodzące za najbezpieczniejsze miejsce w Afryce. W Kenii ojcu przyznano oficjalny status uchodźcy. Mogliśmy otrzymać stypendium naukowe, a także zasiłek na życie od Wysokiego Komisarza Narodów Zjednoczonych do spraw Uchodźców. Wiedział również, że może nas tam zostawić przez część roku pod opieką prominentnych członków rodu Osman Mahamud. W Kenii mieszkało wielu mężczyzn, którzy postanowili nie przyłączać się do walki w charakterze bojowników, byli jednak gotowi oferować pieniądze i opiekę rodzinom swoich pobratymców walczących z reżimem somalijskim.

Abeh planował przebywać z nami możliwie jak najczęściej; tak obiecał matce. Jednak ona nie chciała mieszkać sama w tym obcym kraju. Nie miała ochoty żyć z zapomogi i dzięki życzliwości mężczyzn innych kobiet. Uważała, że ojciec poświęcił już wystarczająco dużo życia, pieniędzy i niewygód, jakie musiała znosić jego rodzina dla dobra DFSS. Powiedziała mu, że DFSS nie było lepsze niż *Afwayne*: ugrupowanie opozycyjne sprawiało wrażenie skorumpowanego, nieudolnego i zdemoralizowanego wzajemnym obrzucaniem się przewinieniami przez poszczególne rody. Jeżeli mieliśmy mieszkać w Nairobi, chciała, by ojciec również przebywał w tym mieście i zapewnił nam utrzymanie. Być może mógłby dla odmiany założyć własny biznes i pozwolić rodzinie innego bojownika żyć z naszej zapomogi.

Mój ojciec samą myśl o zrezygnowaniu z walki przeciwko Siadowi Barre zdecydowanie odrzucał. Najważniejszym celem było dla niego odzyskanie przez Somalię prawdziwej wolności. Przez całe życie matka powtarzała nam, że my – jego rodzina – nie jesteśmy dla niego najważniejsi.

Początkowo zatrzymaliśmy się w hotelu prowadzonym przez Somalijczyków w Eastleigh, zatłoczonej, hałaśliwej dzielnicy, w której mieszkała większość naszych rodaków w Nairobi. Następnie znaleźliśmy mieszkanie w pobliżu Dżudża Road, na krańcu Eastleigh, gdzie mieszkało mniej Somalijczyków. Najważniejsza różnica między Eastleigh a Dżudża Road polegała jednak na tym, że powietrze obu tych okolic miało odmienny aromat. Nad Eastleigh unosiły się zapachy, które były nam znajome: pachniało wyśmienitym jedzeniem przyprawionym kolendrą i imbirem, herbatą z kardamonem i goździkami. Kobiety przechodzące obok nas w powiewnych somalijskich szatach, *dirrah*, pozostawiały za sobą woń kadzidła i mocnych perfum. Od czasu do czasu z otwartego kanału ściekowego wydobywał się odrażający smród i mieszał z przyjemnymi zapachami.

Natomiast okolice Dżudża Road zamieszkiwali przede wszystkim rodowici Kenijczycy, którzy jedli *ugali**, sypką kaszkę kukurydzianą, gotowaną w wodzie w ten sposób, by nabrała gęstej, zawiesistej konsystencji. *Ugali* spożywano z *Sukuma Wiki***, warzywem o dużych, zielonych liściach, podobnych do jarmużu. Krojono je na maleńkie kawałki i gotowano całymi godzinami. *Sukuma Wiki* miało ostry, przenikliwy zapach, który unosił się nad okolicą od rana do późnej nocy.

Zamieszkaliśmy w trzypiętrowym, nowym domu z pustaków, naprzeciw którego rozciągało się puste pole. Babcia kupiła owcę na targu i nauczyła ją wskakiwać i zeskakiwać ze schodów. Wypasała zwierzę na polu i pozwalała mu spać w naszej łazience. Owca była ulubienicą całej rodziny i nigdy jej nie zjedliśmy. Dzięki opiece nad nią babcia czuła się mniej obco w nieznanym kraju, a ponadto mogła robić coś, co znała i kochała.

Ojciec zapisał nas do szkoły, w której językiem wykładowym był angielski. Wkrótce matka oznajmiła, że młode dziewczęta będą bezpieczniejsze i otoczone lepszą opieką we własnym domu niż w jakiejś szkole *gaalo* wśród niewiernych w brudnym kraju, do którego je przywiózł. Ojciec wybuchnął. Krzyczał, że przeklnie ją i wyśle prosto do piekła, jeżeli wypisze nas ze szkoły bez jego pozwolenia. Kilka dni później wyjechał do Etiopii.

To nasz ojciec zaprowadził nas pierwszego dnia do szkoły. Każde z nas miało inny szkolny mundurek. Ja byłam ubrana w szary fartuszek, a pod spodem miałam białą bluzkę i szary sweter. Po raz kolejny szkoła wydawała się całkowicie obcym miejscem. Lekcje odbywały się w języku angielskim, ale na placu zabaw słychać było jedynie język suahili. Nie mówiłam w żadnym z tych języków. Przez kilka pierwszych tygodni przeżywałam koszmar samotności i zastraszania. Nigdy jednak nie powiedziałam o tym matce. Obawiałam się,

---

* *Ugali* jest podstawowym składnikiem wielu afrykańskich potraw, przede wszystkim w południowej i wschodniej Afryce. Ugali robi się najczęściej z mąki kukurydzianej i wody, a jej konsystencja może przypominać owsiankę lub ciasto. Ugali je się z warzywami lub mięsem (przyp. tłum.).

** *Sukuma Wiki* jest warzywem bardzo często spotykanym w Kenii. Uprawia się je w przydomowych ogródkach. Przypomina liście kapusty. Kenijczycy najczęściej spożywają Sukuma Wiki podane z ugali (przyp. tłum.).

że zabierze nas ze szkoły, a ja, bardziej niż czegokolwiek innego, pragnęłam przebywać z miejscowymi dziećmi, poza domem.

Zastraszanie uległo osłabieniu, kiedy nauczyłam się suahili. Haweya ucierpiała znacznie bardziej niż ja. Zamknęła się w sobie i stała się bardziej zawzięta pod wpływem nieustannego dokuczania. Przychodziła do domu posiniaczona i zła. Mnie było łatwiej przystosować się do obowiązujących w szkole zasad. Po prostu próbowałam stać się tak niewidzialna, jak tylko było to możliwe.

Szkoła podstawowa w Dżudża Road była wyraźnie wzorowana na brytyjskiej edukacji kolonialnej. Każdego ranka zbieraliśmy się na apelu, oddawaliśmy honory sztandarowi i śpiewaliśmy kenijski hymn narodowy zamiast „Boże zbaw królową". Odpowiedzialni za dyscyplinę uczniowie starszej klasy sprawdzali czystość naszych paznokci i szkolne mundurki. Zajęcia lekcyjne były trudne. Jeżeli czegoś nie rozumieliśmy, posyłano nas na zewnątrz, gdzie musieliśmy klęczeć na słońcu. Nikt nie zadawał sobie trudu ponownego tłumaczenia uczniom skomplikowanych problemów. Nauczycielka matematyki, pani Nziani, zwykła karać nas uderzeniem za każdy popełniony błąd. Wymierzała je plastikową rurką, którą nazywała czarną mambą. Potrafiła uderzyć mnie wiele razy, aż puchły mi dłonie. W końcu wpadłam na pomysł, by wziąć kilka sznurów wyplatanych przez babcię z długiej trawy rosnącej na polu obok naszego domu i dokonać handlowej wymiany z Angelą, która posługiwała się nimi jako skakanką. W zamian Angela pozwalała mi przepisywać jej pracę domową z matematyki.

Liczby stanowiły dla mnie tajemnicę. Byłam bardzo zapóźniona w stosunku do innych uczniów. Dopiero w Nairobi, w wieku dziesięciu lat, doszłam do tego, w jaki sposób oblicza się czas: minuty, godziny, lata. W Arabii Saudyjskiej posługiwano się kalendarzem muzułmańskim, opartym na miesiącach księżycowych, w Etiopii zaś obowiązywał dawny kalendarz słoneczny. W Arabii Saudyjskiej był rok 1399, w Etiopii 1972, a w Kenii i wszędzie na świecie rok 1980. W Etiopii mieliśmy nawet inny zegar: wschód słońca był nazywany godziną pierwszą, a południe szóstą. (Nawet w Kenii ludzie posługiwali się dwoma systemami na określanie czasu: brytyjskim i suahili). Miesiące, dni, wszystko to postrzegano inaczej. Dopiero w szkole podstawowej w Dżudża Road zaczęłam zdawać sobie sprawę, co ludzie mieli na myśli, mówiąc o dokładnych datach i czasie. Babcia nigdy nie nauczyła się określania czasu. Przez całe życie uważała, że południe jest wówczas, gdy cienie są krótkie, a wiek osoby odmierzają pory deszczowe. Za pomocą tego systemu doskonale sobie radziła.

Kiedy nauczyłam się czytać po angielsku, odkryłam szkolną bibliotekę. Jeżeli dobrze się sprawowaliśmy, pozwalano nam wypożyczać książki do domu. Pamiętam *Baśnie braci Grimm* (*Well-Loved Tales*) i zbiór bajek Hansa Christiana Andersena. Jednak najbardziej kuszące ze wszystkich były postrzępione książki w broszurowej oprawie, które dziewczynki pożyczały jedna drugiej. Haweya i ja pożerałyśmy te książki, czytając je gdzieś po kątach, wymieniałyśmy je między sobą, chowając pod szkolnymi podręcznikami. Wystarczyła jedna noc, by książka została przeczytana. Zaczęłyśmy od przygód Nancy Drew, opowieści o harcie ducha i niezależności. Były też *Enid Blighton, the Secret Seven, the Famous Five*: opowieści o wolności, przygodzie, równości między dziewczynkami i chłopcami, zaufaniu i przyjaźni. Nie przypominały surowych opowieści mojej babci o rodzie, z ich przesłaniem o czyhającym wszędzie niebezpieczeństwie, a także potrzebie podejrzliwości. Czytane przez nas opowiadania w języku angielskim były zabawne, wydawały się rzeczywiste i trafiały do przekonania w sposób, w jaki stare, domowe legendy nigdy do mnie nie przemawiały.

Niekiedy po szkole Haweya i ja wykradałyśmy się na plac Dżudża Road, gdzie w hinduskim sklepie sprzedawano lody, zeszyty, długopisy i *pan*, pikantną mieszankę z kokosa, która barwiła nasze usta na czerwono. Przeważnie jednak mama kazała nam przebywać w domu. Zarówno ona, jak i babcia wciąż nie mogły pogodzić się z faktem, że pozwolono nam pójść do szkoły. Nie ufały Kenijczykom, że czegokolwiek nas nauczą. Odrzucały Kenię w każdym szczególe. Ale ja i Haweya byłyśmy jak gąbki, chętne do zaabsorbowania wszystkiego, co nas otaczało.

Pewnego razu poinformowałam matkę, że ludzie wylądowali na księżycu. Mama stwierdziła, że to nonsens.

– *Christaan* tak bardzo lubią bujać w obłokach, że mogą wylądować samolotem na szczycie góry i pomyśleć, że znaleźli się na księżycu – podsumowała.

Tego dnia, kiedy wróciłam do domu i oznajmiłam jej, że ludzie pochodzą od małpy, powiedziała mi:

– To koniec twojego czesnego. Prawdą jest, że Kenijczycy mogą pochodzić od małpy, ale nie muzułmanie.

Jednak matka nadal pozwalała nam chodzić do szkoły. Ojciec groził, że ją przeklnie, a ponieważ uciekła już od jednego męża, nie chciała ryzykować ponownie wiecznego potępienia.

Kiedy ojciec wrócił z Etiopii, rodzice cały czas kłócili się ze sobą. Mama próbowała wciągnąć w to ród, mając nadzieję, że jacyś życzliwi mężczyźni wpłyną na Abeha, aby troszczył się odpowiednio o swoją żonę i dzieci, ale oczywiście żaden mężczyzna nie chciał się wtrącać do prywatnych decyzji Hirsiego Ali. Mama przestała jeść, wreszcie zachorowała i jęcząc, zaklinała się, że umrze. Abeh zawiózł ją do szpitala, gdzie zdiagnozowano anemię i zapisano witaminy.

Po kilku miesiącach Abeh znalazł większe i ładniejsze mieszkanie, dom przy Racecourse Road, w dzielnicy zwanej Kariokor. Jednak mama, która nigdy nie miała ochoty mieszkać w Kenii, nalegała, żebyśmy wszyscy wrócili do Mekki.

Nie wiem, czego dotyczyła ich ostatnia kłótnia, ale usłyszałam jej końcówkę. Ojciec wybierał się na lotnisko.

– Jeżeli wyjedziesz, więcej nie wracaj – powiedziała mu mama.

Nie wrócił – przez bardzo długi czas.

Przenieśliśmy się do nowego domu w Kariokor bez Abeha. Początkowo ojciec dzwonił do nas od czasu do czasu, korzystaliśmy z telefonu Dżinniego Bokora, który mieszkał w pobliżu. Dżinni Bokor był biznesmenem wywodzącym się z rodu Osman Mahamud i podczas nieobecności ojca miał nas na oku. Przysyłał posłańca z wiadomością, że telefonował nasz ojciec i zadzwoni ponownie za godzinę, a my pośpiesznie biegliśmy do salonu Dżinniego Bokora. Abeh pisał do nas listy w pełnym zawijasów piśmie osmanija, które kochał, ale my nie umieliśmy już ich odczytać. Zebrałam się na odwagę, odpisałam po angielsku i poinformowałam go o tym. Potem listy od ojca przychodziły coraz rzadziej. Z czasem korespondencja zupełnie się urwała.

Był to trudny, żałosny okres naszego życia. Każdego miesiąca matka udawała się do biura Dayib Hadżi, żeby wziąć 3000 szylingów. Na początku było to dużo pieniędzy, ale później inflacja sprawiła, że suma ta miała bardzo małą wartość. Każdego miesiąca kierowca ciężarówki przyjeżdżał z magazynu somalijskiego biznesmena, Faraha Goure, z workami mąki, ryżu i oliwy. Ród troszczył się o matkę i jej rodzinę, ale ona czuła się bardzo osamotniona.

Mama nigdy nam nie powiedziała, że ojciec nie wróci, ale kiedy budziłam się w środku nocy, często słyszałam jej płacz. Pewnej nocy weszłam do jej pokoju i położyłam dłoń na policzku matki. Zaczęła czynić mi wyrzuty, że ją śledzę. Uderzyła mnie, krzycząc, że powinnam wrócić do łóżka. Od tej pory przykucałam przy drzwiach do jej pokoju, przysłuchiwałam się i pragnęłam w jakiś sposób zdjąć z niej cierpienie.

W miarę upływu lat przestaliśmy udawać, że ojciec wróci.

Po zaledwie roku spędzonym w Nairobi, Mahadowi udało się zdobyć miejsce w jednej z najlepszych szkół średnich w Kenii. Starehe Boys Centre and School była niezwykłą placówką przyznającą pewną liczbę pełnych stypendiów dzieciom ulicy, a także uczniom, których rodzice nie mieli środków na zapłacenie czesnego. Każdego roku do szkoły przyjmowano tylko dwieście dzieci. Mahad znalazł się wśród nich. Wprawdzie tylko przez rok uczył się angielskiego, ale po przeprowadzonych w Kenii państwowych egzaminach znalazł się wśród dziesięciu najlepszych uczniów. Kiedy został przyjęty, matka przynajmniej ten jeden raz promieniała prawdziwą radością. Aby pochwalić się swoim osiągnięciem, Mahad miał spacerować po okolicy w mundurku szkoły, a nasze zadanie polegało jedynie na tym, by kroczyć z dumą obok niego. Wszystkie dzieci na naszej ulicy chciały pójść do Starehe, ale żadnemu z nich nigdy się to nie udało.

Pan Griffin, dyrektor Mahada, stanowił uosobienie życzliwego autorytetu, a jego szkoła była rajem, z licznymi obiektami sportowymi i bogatą biblioteką. Ranne wstawanie z łóżka przychodziło jednak Mahadowi z wielkim trudem, toteż aby narzucić mu pewną dyscyplinę, pan Griffin zgodził się, by zamieszkał w szkolnym internacie. Przez pewien czas panował między nami rozejm. Mahad przyjeżdżał do domu tylko na weekendy, co bardzo mi odpowiadało i nie terroryzował nas tak jak niegdyś.

Kiedy skończyłam czternaście lat, matka zapisała mnie do Muslim

Girls Secondary School – muzułmańskiej szkoły średniej dla dziewcząt na Park Road. Nie była to bogata okolica, jednak szkoła wyróżniała się na tle innych zabudowań. Mieściła się w czystym, białym budynku, z dużą metalową bramą. Na zewnątrz rozpościerał się pięknie utrzymany trawnik, po którym my – dziewczęta – nie mogłyśmy chodzić. Pierwszego dnia podeszła do mnie somalijska dziewczynka i przedstawiła się. Powiedziała, że ma na imię Amina. Aby spłatać figla, ale również powodowana chęcią zaskarbienia sobie jej sympatii i znalezienia w niej przyjaciółki w nowym dla mnie miejscu, oznajmiłam, że nazywam się tak samo. Przez następne cztery lata w szkole, każdy nazywał mnie Aminą: Aminą Hirsi Magan.

Zaprzyjaźniłam się też z inną dziewczynką, Halwą, której dom znajdował się w sąsiedztwie. Zarówno matka Halwy, jak i jej ciotka, miały po dziewięcioro dzieci i mieszkały obok siebie. Nabrałam zwyczaju spędzania tam popołudni. Dom Halwy przypominał maleńką wioskę, zaludnioną wieloma spokrewnionymi z nią kobietami, które wciąż przychodziły i wychodziły. Liczne krewne spędzały tam całe tygodnie czy miesiące: zdarzało się często, że matka z rodzinnej wioski Halwy, z odległego rejonu Hadramautu w Jemenie, przyjeżdżała z córkami, żeby wydać je za mąż, albo też, po prostu, z wizytą. Miałam wówczas okazję ponownie zaobserwować osobliwe relacje między ludźmi z terenów wiejskich – *miyé*, którzy przyjechali w odwiedziny do *magalo*. Wiejscy goście pochodzący z dawnego świata często zachowywali się apodyktycznie i reagowali oburzeniem na uwagi ze strony miejskich krewnych. Ze swoimi odwiecznymi zwyczajami zostawali nagle wepchnięci we współczesne środowisko ludności miejskiej, reprezentowane przez takie osoby jak matka i ciotka Halwy.

Halwie nie pozwalano znikać matce z oczu z wyjątkiem tego czasu, który spędzała w szkole, ale kiedy przyszła do domu, mogła robić to, na co miała ochotę. Nie musiała zajmować się pracami domowymi: w domu było wystarczająco dużo kobiet. Nie miała określonej pory snu. Wymieniałyśmy się pracami domowymi – ja czyniłam coraz większe postępy w angielskim, a Halwa była dobra w matematyce. Spędzałyśmy też dużo czasu na oglądaniu telewizji. Mama Halwy zapraszała mnie, żebym jeździła z nimi na pikniki do parku botanicznego Arboretum. Ilekroć tylko mogłam, udawałam się do domu koleżanki.

Wracając z domu Halwy późnymi popołudniami, spotykałam niekiedy chmary dzieci ulicy podążające w stronę centrum miasta, zanim zrobiło się ciemno. Były strasznie obdarte i brudne, starsze dzieci ciągnęły za sobą albo niosły na rękach młodsze, które miały niekiedy poklejone oczy. Poruszały się w gromadach liczących nieraz dziesiątki osób. Być może w ten sposób czuły się bezpieczniej.

Dzieci te żyły ze stert śmieci, takich jak ta znajdująca się na końcu naszej ulicy. Przenikał je odrażający smród zgniłego jedzenia i martwych szczurów. Zdarzało się, że zatrzymywałam się i przyglądałam, jak wybierają ze śmieci pożywienie, a także rzeczy, które ewentualnie mogłyby sprzedać. Przykrywały się plastikowymi workami, kiedy padał deszcz i wąchały pastę do butów z papierowych torebek, a warstewka czarnej mazi pokrywała ich twarze. Myśląc o życiu tych dzieci, odczuwałam na przemian cierpienie i niewiarygodne szczęście. Miałam dach nad głową i matkę, a kiedy wracałam do domu, zawsze było coś do jedzenia. W porównaniu z tymi dziećmi nie mogłam narzekać.

Jednak w naszym domu panowała ciężka atmosfera od wciąż czynionych przez babcię wyrzutów. Przykucała na łóżku i rzucała wokół złowrogie spojrzenia. W nowym otoczeniu nie była szczęśliwa. Nieustannie powtarzała matce, że źródłem ich problemów jest klątwa rzucona na nią dawno temu, kiedy opuściła swego pierwszego męża w Adenie. To tylko pogłębiało zmienność nastrojów matki. Potrafiła wpadać w gniew zupełnie niespodziewanie, bez specjalnego powodu. Łamała meble i rozbijała naczynia. Roztrzaskała dwa piecyki na węgiel drzewny, ponieważ nie chciały się zapalić. Niekiedy zachowywała się z chłodną rezerwą. Bywała od czasu do czasu życzliwa, ale zdarzało się, że karała nas za najmniejsze przewinienia, chwytając za włosy i bijąc, dopóki wystarczało jej sił, aby unieść rękę. Była despotyczna i nieracjonalna. Nieraz wykrzyczała nam w twarz frustrację całego swego życia.

Zdawałam sobie sprawę, że nie kieruje nią nienawiść do nas. Czuła się po prostu bardzo nieszczęśliwa. Współczułam jej. Została porzucona w obcym kraju, którym pogardzała, z trójką dzieci na wychowaniu. Nie miała też żadnego mężczyzny, który byłby dla niej ostoją. Codzienna egzystencja w niczym nie przypominała życia, do którego dążyła i na które – jak sądziła – zasługiwała. Matka postrzegała siebie jako ofiarę. Kiedyś kształtowała swoją przyszłość i podejmowała decyzje – wyjechała z Somalii do Adenu, rozwiodła się z pierwszym mężem i wybrała mego ojca, ale w pewnym momencie straciła nadzieję na lepszy los.

Wiele somalijskich kobiet na jej miejscu poszłoby do pracy, przejmując kontrolę nad swoim życiem. Jednak moja matka akceptowała rozpowszechnioną w krajach arabskich postawę, że pobożne kobiety nie powinny pracować poza domem. Czuła, że tego typu postępowanie nie byłoby właściwe. Nigdy nie przyszło jej do głowy, by wyjść na zewnątrz i stworzyć sobie nowe życie, chociaż nie miała więcej niż trzydzieści pięć lub czterdzieści lat, kiedy ojciec wyjechał. Wybrała jednak całkowitą zależność. Pielęgnowała swoje żale, była pełna urazy, często zachowywała się agresywnie i zawsze stwarzała wrażenie przygnębionej.

* * *

Co prawda moja nowa szkoła nazywała się Muslim Girls – dla muzułmańskich dziewcząt, jednak wiele uczennic nie było muzułmankami. Niemal połowę klasy stanowiły dziewczyny z kenijskich rodzin, z których większość należała do kościołów chrześcijańskich, chociaż Kikujusi mieli także innego pogańskiego boga. Kenijczycy dzielili się na plemiona zupełnie odmienne od naszych rodów w Somalii. Przedstawiciele poszczególnych plemion różnili się wyglądem, mówili odmiennymi językami i praktykowali własne obrzędy religijne, podczas gdy wszystkie rody somalijskie posługiwały się tym samym językiem i wyznawały islam.

Mimo to, istniały pewne podobieństwa. Kikujusi uważali się za wojowników, ponieważ zaangażowali się w walkę o niepodległość, czuli, że ich plemię ma prawo do sprawowania władzy. Kamba zarabiali dużo pieniędzy – byli kupcami – ale dziewczęta z innych plemion twierdziły, że są skąpi. Miały nawet powiedzenie: „Jeżeli poślubisz mężczyznę Kamba, grozi ci śmierć głodowa". Luo uważali się za mądrzejszych od innych. Istotnie potrafili dużo pracować i dobrze uczyli się w szkole.

Niemal wszystkie dziewczynki w mojej szkole podstawowej były Kenijkami, toteż orientowałam się mniej więcej w tych różnicach.

Nowością był dla mnie fakt, że więcej niż połowa moich koleżanek z klasy pochodziła z Półwyspu Arabskiego i Południowej Azji. Wydawało się, że każda grupa etniczna pochodząca z tych rejonów wyraźnie się różniła i dzieliła na określone klasy i plemiona. Hindusi mieli trudny w odbiorze, skomplikowany system klas społecznych. W oczach muzułmanów wszyscy zaliczali się do niewiernych. Pakistańczycy byli muzułmanami, ale oni także dzielili się na kasty. Niedotykalne dziewczynki, zarówno Hinduski, jak i Pakistanki, miały ciemniejszy odcień skóry. Inne dzieci nie chciały się z nimi bawić, ponieważ były niedotykalne. Uznawałyśmy to za zabawne. Oczywiście można je było dotknąć i to czyniłyśmy, krzycząc – dotykałyśmy ich, widzicie? – ale też przerażające, by myśleć o sobie jak o istocie należącej do kasty niedotykalnych, nieliczących się w ludzkiej rodzinie.

Somalijczycy dzielili się na plemiona i rody, ale istniało również nowe rozróżnienie pomiędzy niedawno przybyłymi somalijskimi uchodźcami, będącymi członkami rodzin wojowników i starszymi imigrantami, którzy wyrośli w Kenii i słabo posługiwali się językiem somalijskim. Dziewczęta pochodzące z niektórych krajów arabskich wywodziły się z rodów, podobnie jak my. Jemenka zwana Szarif stała w hierarchii wyżej niż Jemenka Zubajdi. Wszystkie arabskie dziewczęta uważały się za istoty wyższe w stosunku do pozostałych: urodziły się bowiem bliżej Proroka Muhammada.

Na szkolnym placu zabaw Somalijki i Jemenki preferowały swoje towarzystwo, a Hinduski i Pakistanki zawsze trzymały się razem. Jemenki, Somalijki, Hinduski i Pakistanki wspólnie się bawiły i nawiązywały wzajemne kontakty, ale w hierarchii muzułmańskiej szkoły średniej dla dziewcząt Kenijki stały najniżej.

Ten ostry podział między uczennicami obejmował nawet nasze pojemniki na kanapki. Podczas przerwy na lunch siadałyśmy w szkolnym ogrodzie, który przypominał park z ławkami ocienionymi drzewami, gdzie mogłyśmy się posilić. Kącik dziewcząt z Pakistanu i Indii pachniał curry i *bhajia.* Jedzenie Jemenek i Somalijek miało zapach kolendry i imbiru. Kenijki przynosiły *ugali i* spożywały je z *Sukuma Wiki*. Było to jedzenie o najbardziej intensywnym zapachu.

Jeżeli miałyśmy kieszonkowe, pojemniki na kanapki pozostawały zamknięte, ponieważ kupowałyśmy smażoną rybę z frytkami podawaną na gazecie w szkolnej stołówce. Niekiedy nabywałyśmy maniok z chili i cytryną, a także zielone manga sprzedawane przy bramie szkoły. Odbywało się to w osobliwej scenerii: wszystkie dziewczęta podawały pieniądze przez pręty zamkniętej bramy. Po jej drugiej stronie stała zażywna kenijska mama, która dzielnie znosiła nasze krzyki i każdą dziewczynkę obsługiwała z uśmiechem.

Kontakty z tymi wszystkimi dziećmi napawały moją matkę przerażeniem. Najgorszym aspektem naszego pobytu w Kenii wydawała się jej prawdopodobnie perspektywa zapomnienia ojczystego języka. Mówiliśmy po somalijsku, często wtrącając zwroty w suahili. Matka, co było typowe dla jej rodu, darzyła miłością słowa. Nalegała, żebyśmy posługiwali się w domu doskonałym somalijskim i wykpiwała nas bezlitośnie za najmniejsze potknięcia. Zaczęła nas uczyć na pamięć poezji, dawnych pieśni wojny i śmierci, opowiadających o zdobywczych wyprawach poszczególnych plemion, wypasie zwierząt, zielonych pastwiskach, czy licznych stadach wielbłądów.

W somalijskiej poezji jest niewiele romantycznych wątków. Nawet poematy autorstwa kobiet nie wspominają o miłości. Miłość uważa się za synonim pożądania, a seksualne pożądanie uznaje się za prymitywne i niegodne opisania. Haweyi i mnie w wierszach tych brakowało uwodzicielskiej mocy, jaką posiadały opowieści, które pożyczały nam koleżanki z klasy.

W szkole dla muzułmańskich dziewcząt literatury uczyła nas filigranowa nauczycielka z plemienia Luo. Czytaliśmy *Rok 1984, Przygody Huckleberry Finna,* wybór opowiadań sensacyjno-kryminalnych: *The Thirty-Nine Steps* (39 stopni). W starszych klasach zapoznawałyśmy się z tłumaczeniami rosyjskich powieści, z ich osobliwymi nazwiskami, nazwami lub przydomkami utworzonymi od imienia, nazwiska albo urzędu ojca, czy pochodzących od przodków. Fascynowały nas opisy śnieżnych krajobrazów. Wyobrażałyśmy sobie angielskie wrzosowiska w *Wichrowych Wzgórzach* i ryzyko walki o równość rasową w Republice Południowej Afryki podejmowaną przez bohaterów książki *Płacz, ukochany kraju.* Świat zachodnich poglądów i idei zaczął przybierać dla nas określony kształt.

Haweya i ja byłyśmy pochłonięte lekturą przez cały czas. Mahad też czytał, a jeżeli wyświadczałyśmy mu różne przysługi, dawał nam thrillery Roberta Ludluma, które zdobywał od swoich przyjaciół. Później przyszła kolej na książki erotyczne: *Dolina lalek* oraz utwory takich autorów jak Barbara Cartland, Daniele Steele. Wszystkie te książki, niekiedy nawet szmirowate, niosły pewne przesłanie – rasy były równe, kobiety i mężczyźni mieli takie sama prawa – a pojęcia wolności, walki i przygody były dla mnie nowe. Nawet nasza zwykła, stara biologia i podręczniki do przedmiotów ścisłych przekazywały ogromny zasób informacji: zdobywało się wiedzę i przekonanie, że ludzkość wciąż dąży do postępu.

Mama nalegała, żebym po szkole wykonywała wszystkie prace domowe. Początkowo cała nasza trójka miała dzielić obowiązki, ale Mahad jedynie uśmiechnął się szyderczo, kiedy mama kazała mu posprzątać swój pokój, a Haweya kategorycznie odmówiła. W każdym razie zadanie to należało do mnie jako najstarszej córki. Takie było moje przeznaczenie.

Podłogi trzeba było wycierać ręcznie, ubrania, nawet brudne skarpetki Mahada, należało starannie uprać i powiesić, żeby wyschły. Każdego wieczoru zagniatałam *chapatti* na śniadanie następnego ranka. Musiałam towarzyszyć mamie w nieustannym załatwianiu spraw, służąc jej za tłumaczkę, ilekroć szła do lekarza z powodu dokuczliwych bólów głowy, łuszczycy, zagadkowego bólu w jej łonie, albo też kiedy płaciła rachunki za elektryczność lub odbierała pocztę. Zawsze chodziłyśmy na piechotę, ponieważ mama mówiła, że rozklekotane kenijskie autobusy śmierdzą, a także dlatego, że nie umiała z nich korzystać.

Haweya współczuła mi. Niejednokrotnie powtarzała: „Po prostu odmawiaj". Nie potrafiłam, nie byłam taka jak moja siostra. Kiedy okazywałyśmy nieposłuszeństwo, byłyśmy bite. Matka chwytała mnie, ciągnęła za włosy, wiązała sznurem ręce za plecami i kładła na brzuchu na podłodze. Biła mnie kijem albo kablem aż do momentu, gdy błagałam ją o litość i przysięgałam, że nigdy więcej tego nie zrobię. Nie mogłam znieść zadawanych przez matkę razów. Odkąd tylko pamiętam, w taki sposób wpajano we mnie poczucie odpowiedzialności. Czułam, że powinnam pomagać mamie.

Inne dzieci również karano. Wszystkie dzieci, które znałam, były nieraz bite przez rodziców. Nie wszystkie jednak związywano i nie zdarzało się to każdego tygodnia, jak miało to miejsce w moim przypadku. Byłam karana znacznie częściej niż Mahad, ale najczęściej kary wymierzano Haweyi.

Jednak moja siostra była odporna na ból. Dostawała najgorsze lanie, jakie matka mogła wymierzyć, ale nie chciała ustąpić. Haweya po prostu nie wykonywała prac domowych. Nie sprzątała, nie prała ręcznie wszystkich ubrań i prześcieradeł, nie wyżymała ich i nie rozwieszała starannie na słońcu. Haweya po prostu nieustannie krzyczała, stając się kłębkiem wściekłości dwa razy większym niż mama. W miarę upływu czasu bicie Haweyi sprawiało jej coraz więcej problemów.

Na każde półrocze przynosiliśmy świadectwa. Na świadectwach Haweyi i Mahada widniały świetne stopnie, ale kiedy mama spoglądała na moje, zawsze mówiła:

– Mam troje dzieci i jedno z nich jest upośledzone.

To nie było sprawiedliwe. Prawdą jest, że byłam mniej pojętna niż Mahad i Haweya, ale musiałam wykonywać tak wiele prac domowych, że często nie miałam czasu na odrobienie lekcji. Zdawałam sobie jednak sprawę, że jeżeli zacznę narzekać, mama może wypisać mnie ze szkoły.

* * *

Mahad był teraz panem domu. O dziwo, sądzę, że Mahad tak naprawdę odczuł ulgę, kiedy ojciec wyjechał. Abeh zawsze odnosił się z dezaprobatą do jego lenistwa, a także sposobu, w jaki nas tyranizował i rządził nami. Kiedy nie robiłyśmy tego, co chciał, dokuczał nam, nawet dzielna Haweya wykonywała jego polecenia.

Mahad miał teraz około piętnastu lat i jako chłopiec nie musiał liczyć się z matką tak jak my. Niekiedy wychodził ze szkoły Starehe Boys Centre do domu w piątek po południu i, bywało, że nie pojawiał się jeszcze długo po zapadnięciu zmroku. Odkrył urok ulicy. Kiedy mama na niego krzyczała, po prostu ją lekceważył. Jeżeli go uderzyła, wychodził z domu. Gdy założyła kłódki na bramę, wspinał się na wysokie ogrodzenie okalające dom, żeby uciec. Nakładał na włosy żel, aż zaczął wyglądać jak Lionel Ritchie. Słuchał piosenek Michaela Jacksona na wysłużonym magnetofonie kasetowym, który w jakiś sposób udało mu się zdobyć. Matka nazwała te utwory „muzyką diabła" i wyrzuciła kasetę przez okno. Mahad wystawał na rogach ulic z kenijskimi chłopcami, a kiedy przychodził do domu, śmierdział papierosami i pachniał wodą kolońską.

W takie wieczory mama ciągnęła mnie po całej okolicy w poszukiwaniu brata. Narzekała na duszący zapach *Sukuma Wiki i* piwa, ale wędrowałyśmy od jednego domu do drugiego. Na stołach kenijskich rodziców kolegów Mahada stały wielkie kufle piwa i zawsze proponowali jej szklaneczkę tego trunku. Z oburzeniem fukała: „Jestem muzułmanką!" i zaczynała ich pouczać. Jowialni kenijscy ojcowie zwykli śmiać się i rzucać następujące uwagi:

– Pozwól chłopcu trochę się powałęsać. Z czasem wszystko się ułoży.

Mama wychodziła zagniewana, a ja czułam się zażenowana jej gburowatością.

Wieczory te były długie i przeważnie bezowocne: poszukiwanie Mahada przypominało przeczesywanie całej pustyni w celu odnalezienia jednego zaginionego wielbłąda. Ale jeżeli odmówiłabym wyjścia z domu i udziału w poszukiwaniach Mahada wraz z matką, gdybym powiedziała: „Moja praca domowa jest ważniejsza", zostałabym ukarana.

* * *

W wieku czternastu lat zaczęłam miesiączkować, nie wiedząc nawet, że istnieje menstruacja. Nie miałam starszej siostry, a matka nigdy nie rozmawiała z nami o jakichkolwiek sprawach związanych z seksem. Na jednej lekcji, kiedy miałam dwanaście lat, wszystkie dziewczynki otrzymały zadanie, żeby pójść do domu i zapytać swoich rodziców, co oznacza księżyc. Prawdopodobnie zgodnie z wierzeniami niektórych kenijskich plemion księżyc oznaczał menstruację. Gdy uczennice wróciły do domu z tym pytaniem, przypuszczalnie otrzymały jakieś wyjaśnienia. Ale kiedy powiedziałam mamie o naszym szkolnym zadaniu i zapytałam ją, co oznacza księżyc, wskazała na niebo i powiedziała:

– Oto i on. A jeżeli niewolnicy tego nie wiedzą, to po co posyłam cię do ich szkoły?

Następnego dnia nauczyciel narysował parę wykresów i napisał na tablicy kilka słów. W klasie rozległy się śmiechy. Być może menstruacja była jednym ze słów, ale nie potrafiłabym tego powiedzieć. Nie miałam pojęcia, o co w ogóle chodzi.

Dwa lata po tym epizodzie, gdy obudziłam się rano, krew spływała mi po nogach. Nie miałam żadnego nacięcia na udach i nie mogłam zrozumieć, dlaczego krwawię. Trwało to przez cały dzień, wystarczająco długo, by moje majtki przemokły. Oczywiście nie miałam wiele par majtek, toteż prałam je i chowałam za bojlerem, żeby wyschły. Następnego dnia również krwawiłam przez cały dzień. Teraz cztery albo pięć par majtek leżało zwiniętych za bojlerem, a spodnie, które miałam na sobie, były wilgotne. Martwiłam się. Myślałam, że mam ranę w brzuchu, że mogę umrzeć, ale o niczym matce nie powiedziałam. Zdawałam sobie sprawę, iż zaszło coś żenującego, ale nie wiedziałam co.

Następnie Haweya, która zawsze kręciła się obok mnie i szpiegowała, znalazła schowek na poplamioną bieliznę. Weszła do salonu, powiewając majtkami. Matka zawyła i zaczęła na mnie krzyczeć:

– Brudna prostytutko! Obyś była bezpłodna! Obyś zachorowała na raka!

Zaczęła mnie bić zaciśniętą pięścią. Szukając schronienia, uciekłam do sypialni, którą dzieliłam z Haweyą.

Po chwili do sypialni wszedł Mahad. Zawsze będę mu za to wdzięczna.

– Posłuchaj Ayaan. To normalne – oznajmił. – To dlatego, że jesteś kobietą i możesz zajść w ciążę.

Dał mi dziesięć szylingów i powiedział:

– Mam tylko tyle pieniędzy, ale jeżeli pójdziesz do sklepu spożywczego, kupisz za to trzy opakowania podpasek Stayfree. Każda podpaska jest małym kawałkiem specjalnego, wywatowanego papierowego ręcznika, który powinnaś włożyć do swoich majtek, by krew została wchłonięta przez papierową gąbkę.

– Kiedy ci się to zdarzyło i gdzie są twoje Stayfree? – zapytałam.

– To mi się nigdy nie przydarzy, ponieważ jestem mężczyzną – odparł Mahad.

Po raz pierwszy w ciągu wielu lat Mahad zachował się w stosunku do mnie jak przyjaciel i powiernik, a nie jak despota.

Kilka dni później matka ochłonęła; być może babcia ją uspokoiła. Poprosiła, żebym usiadła i powiedziała mi, że jako kobieta muszę dźwigać to brzemię. Uprzedziła, że od tej pory będę musiała zszywać szmaty, robić z nich podkładki i zawsze je prać. Nie przejmowałam się tym. Miałam moje Stayfree.

Nigdy więcej nie rozmawiałyśmy na ten temat. W naszym domu wszelkie tematy dotyczące tego, co znajdowało się między nogami, stanowiły tabu. Zresztą i tak byłam już uświadomiona, co powinnam wiedzieć o seksie, a moja matka zdawała sobie z tego sprawę. Urodziłam się Somalijką, a zatem moja seksualność należała do głowy rodziny: ojca lub wujków. Było rzeczą oczywistą, że wychodząc za mąż, muszę być dziewicą, ponieważ w przeciwnym wypadku narażę nieodwracalnie na szwank honor mego ojca i całego rodu – wujów, braci i męskich kuzynów. Miejsce pomiędzy moimi nogami zostało zaszyte, żeby tego uniknąć. Mogło zostać naruszone jedynie przez mojego męża. Nie przypominam sobie, żeby matka kiedykolwiek mówiła mi o tych rzeczach, ale wiedziałam o tym.

W ciągu kilku miesięcy po wystąpieniu pierwszego okresu, odpowiednio się dokształciłam. Przeczytałam dokładnie rozdział naszego podręcznika do biologii dotyczący rozmnażania się gatunku ludzkiego, który pani Karim starannie opuściła. Chodziłam na fakultatywne zajęcia przygotowujące nas do życia w rodzinie, które prowadziła rejonowa pielęgniarka. Mówiła nam, że możemy teraz zajść w ciążę i przekazywała wiedzę o antykoncepcji i podstawowej biologii dotyczącej macicy i embrionów. Nie wyjaśniła, w jaki sposób sperma dostaje się do jajeczka. To była po prostu „ta sperma". Niewiele mi to dało.

Nie wiedziałam, że seks jest zły. Niekiedy wieczorami, kiedy wędrowałam z mamą po okolicy, szukając Mahada, przysłuchując się jednocześnie jej niekończącym się narzekaniom na obrzydliwy zapach *Sukuma Wiki*, wpadałyśmy na ludzi obściskujących się w ciemnych zaułkach. W nocy w bocznych uliczkach panowała całkowita ciemność. Pary kochanków ledwie można było dostrzec, toteż często zdarzało nam się na nie natykać. Kiedy tak się stało, mama chwytała mnie za włosy, ciągnęła gwałtownie wzdłuż ulicy i biła, jakbym to ja uprawiała seks.

– Powiedz mi, że nic nie widziałaś! – krzyczała.

Haweya i ja wkraczałyśmy w trudny okres, a zatem w taki czas naszego życia, kiedy nie powinnyśmy były wychodzić z domu bez nadzoru. Po upływie około miesiąca od mojej pierwszej menstruacji, mama postanowiła, że przestaniemy uczęszczać do szkoły koranicznej w somalijskim stylu, do której chodzili zarówno chłopcy, jak i dziewczynki. Pięćdziesięcioro uczniów w różnym wieku tłoczyło się w pomieszczeniu z jednym nauczycielem – *mu'allimem.* Nauczyciel naprawdę nie zauważał, kto się uczy, a kto tylko porusza ustami. Wydawało się też, że nie zwraca uwagi na fakt, że każdej soboty dochodzi w klasie do wielu znaczących kontaktów wzrokowych. Widziałam to kątem oka.

Ponadto Haweya i ja robiłyśmy niezliczoną liczbę psot po drodze do szkoły koranicznej. Pewnego popołudnia wymyśliłyśmy zabawę z dwoma innymi somalijskimi dziewczynkami. Zagadywałyśmy przypadkowo spotkanego małego chłopca na ulicy, brałyśmy go za rękę, mijałyśmy kilka przecznic i zostawiałyśmy dziecko przed drzwiami domu, dzwoniąc do drzwi jak szalone, a następnie brałyśmy nogi za pas. Kiedy ludzie otwierali drzwi, wyglądali na zewnątrz, zadziwieni, że nie widzą na progu żadnej dorosłej osoby, a następnie dostrzegali nieznajome dziecko, które było o wiele za małe, by dosięgnąć dzwonka u drzwi. Czuli się oszołomieni, a tymczasem na zewnątrz panowało zamieszanie. Rozlegały się krzyki dzieci, a matki ich szukały. Teraz nie wydaje mi się to śmieszne, ale wówczas zabawa ta sprawiała, że pękałyśmy ze śmiechu.

Pewnego dnia, wszystkie te grube, wrzeszczące matki poszły w ślad za nami do szkoły koranicznej i powiedziały o wszystkim *mu'allimowi.* Tego wieczora zostałyśmy bardzo surowo ukarane. Od tej pory mama zatrudniła wędrownego kaznodzieję, który miał przychodzić do domu każdej soboty i uczyć nas Koranu.

Wędrowny *mu'allim* był młody i obdarty. Pochodził z odległych wiejskich rejonów Somalii. Uczył nas Koranu na starą modłę. Otwierałyśmy Koran, wyjmowałyśmy długą drewnianą tabliczkę, pisałyśmy na niej po arabsku, uczyłyśmy się tekstu na pamięć, następnie z szacunkiem wycierałyśmy ją mokrą szmatką, ponieważ była teraz święta i ponownie powtarzałyśmy wszystkie czynności. Robiłyśmy to przez dwie godziny, a za każdy błąd dostawałyśmy uderzenie po rękach lub nogach cienkim, ostrym kijem. Nie było dyskusji na temat znaczenia przyswajanego tekstu. Często nie miałyśmy pojęcia, co oznaczają poszczególne słowa. Uczyłyśmy się tekstu w języku, który ledwo pamiętałam.

Było to nudne i męczące. W soboty ciążyło na mnie i tak wiele obowiązków. Miałam lekcje do odrobienia. Musiałam również doprowadzić do porządku włosy: oznaczało to godziny mycia głowy szamponem i olejem kokosowym, a następnie splatania przez matkę w dziesięć lub jedenaście ciasnych rzędów, aby leżały płasko przez kolejny tydzień. Następnie prałam szkolne mundurki, a także – zgodnie z prośbą matki – mundurki Haweyi i Mahada. Musiałam też posprzątać moją część domu. Później zaś, ponieważ nowy *mu'allim* kierował się we wszystkim odwiecznymi, somalijskimi zwyczajami, przed każdą lekcją byłam zobowiązana do zrobienia atramentu. Polegało to na zeskrobywaniu kawałka węgla drzewnego na proszek za pomocą chropowatej, połamanej dachówki. Następnie starannie wlewałam, cienką strużką, mleko i wodę na proszek, który wcześniej zsypałam do opróżnionego słoika po dżemie.

Pewnej soboty matka zbiła mnie, ponieważ nie skończyłam prania i sprzątania. Nie umyłam też głowy. Odrobiłam tylko pracę domową. Byłam również kłótliwa i niegrzecznie jej odpowiadałam. Kiedy nadszedł czas robienia atramentu, narastała już we mnie coraz większa wściekłość na tę niesprawiedliwość. Powiedziałam Haweyi:

– Wiesz co? Nie będę więcej tego robić. Weź książkę i zamkniemy się w łazience. Po prostu siedź cicho. Nie dostaniesz lania.

A zatem, kiedy w domu pojawił się *mu'allim*, tabliczki nie zostały przygotowane. Nie było też mat, atramentu ani dzieci.

Matka podeszła do drzwi łazienki i zaczęła nas przeklinać. *Mu'allim* próbował przekonać nas, żebyśmy wyszły, ale konsekwentnie odmawiałyśmy. Byłyśmy po raz pierwszy tak bezczelne.

– Ludzie przestali pisać na drewnianych tabliczkach pięćset lat temu – powiedziałyśmy mu. – Jesteś prymitywny. Nie uczysz nas religii jak należy. Nie jesteś z nami spokrewniony i nie powinieneś przebywać w domu bez zgody naszego ojca. Zgodnie z zaleceniami Koranu powinieneś odejść.

W końcu matka oznajmiła *mu'allimowi*, że musi opuścić nasz dom. Zapłaciła mu za cały miesiąc i powiedziała, żeby nie wracał.

– Twoje dzieci potrzebują dyscypliny i mogę ci pomóc. Ale jeżeli chcesz, możemy to zostawić w rękach Boga – stwierdził i po chwili wyszedł.

Matka również wyszła z domu, a następnie babcia poszła odwiedzić swoich krewnych z rodu Issak i zostawiła otwartą bramę.

Haweya i ja powoli wyśliznęłyśmy się z łazienki, słysząc, że pozostali domownicy wychodzą. Obserwowałyśmy, jak *mu'allim* oddala się ulicą Dżudża, kierując się w stronę Eastleigh. Zdałyśmy sobie sprawę, że możemy już opuścić naszą kryjówkę i Haweya wymknęła się do koleżanki. Czułam się winna. Martwiłam się też skalą nieuchronnej kary, toteż zaczęłam sprzątać dom i wykonywać obowiązki domowe, których nie dopełniłam rano. Później przypomniałam sobie, że brama wciąż była otwarta. Pobiegłam na podwórko, żeby ją zamknąć.

W momencie, kiedy zamykałam bramę, czyjaś dłoń zacisnęła się na moim nadgarstku. Okazało się, że *mu'allim* wrócił z innym mężczyzną. Musiał pokonać cały dystans do Eastleigh i przyprowadzić ze sobą nieznajomego, ponieważ nie mógł być sam z dziewczętami w obcym domu. Zaciągnęli mnie do środka. *Mu'allim* zawiązał mi oczy kawałkiem materiału i zaczął z całej siły bić mnie ostrym kijem, chcąc dać mi nauczkę.

Ponieważ myłam podłogę, miałam na sobie jedynie podkoszulek i spódnicę; moje ręce i nogi do kolan były odsłonięte, a zadawane razy naprawdę bolesne. Nagle poczułam przypływ wściekłości. Zerwałam przepaskę na oczy i spiorunowałam *mu'allima* wzrokiem. Naprawdę chciałam stawić mu czoło. Złapał mnie za zaplecione w warkoczyki włosy i pociągnął mi głowę do tyłu, a następnie uderzył nią o ścianę. Wyraźnie usłyszałam trzask. Przestał mnie bić. Zapanowała kłopotliwa cisza, jakby coś poszło nie tak. Następnie *mu'allim* wziął swoje rzeczy i wyszedł wraz z nieznajomym, którego ze sobą przyprowadził.

Całe moje ciało płonęło i spuchło w wyniku razów. Zaczęła mi lecieć krew z nosa. W końcu poszłam zamknąć bramę i wzięłam zimny prysznic, żeby złagodzić ból. Kręciło mi się w głowie. Chciałam rozpalić ogień i zacząć gotować, ale nie byłam w stanie tego zrobić. Położyłam się do łóżka. Na szczęście nikt mnie nie budził.

Obudziłam się dopiero w niedzielę rano. Kiedy zeszłam na dół, matka powiedziała:

– Coś się stało z twoją twarzą.

Stwierdziłam, że nic mnie to nie obchodzi. Zaczęła wyliczać czekające mnie obowiązki domowe – miałam zrobić pranie i szereg innych rzeczy – odmówiłam. Odpowiadałam jej opryskliwie. Byłam nie do zniesienia. Pod koniec dnia całkowicie straciła cierpliwość: chciała mnie związać i dać mi nauczkę.

Zazwyczaj chwytała mnie, a następnie mówiła, żebym położyła się na podłodze na brzuchu i złączyła kostki u nóg, by mogła mnie związać i przygotować do bicia. Matka zwykle wymierzała nam razy tylko po rękach i nogach. Tym razem nie podporządkowałam się jej poleceniom. Szarpnęła mnie za włosy po tej stronie, po której poprzedniego dnia zostałam zraniona, ale przestałam się czymkolwiek przejmować. Zaczęła mnie gryźć i szczypać. Po pewnym czasie zawołała babkę, żeby jej pomogła. Całe moje ciało było obolałe. Nie miałam najmniejszego zamiaru wykonać jej polecenia. Nie płakałam: spojrzałam na nią pełna nienawiści i powiedziałam:

– Nie chcę już dłużej znosić jakichkolwiek kar.

Mama poprosiła Mahada, by pomógł jej położyć mnie na podłodze. Zwróciłam się do niego po angielsku, żeby ona nie zrozumiała.

– Proszę cię, nie rób tego. Zbiła mnie nie dalej niż wczoraj. Zostałam też dotkliwie pobita przez *mu'allima.* Teraz znowu chce mi sprawić solidne lanie. Wykonuję wszystkie prace domowe, których ode mnie wymaga. To nie jest sprawiedliwe.

– Nie będę brał w tym udziału – oświadczył Mahad i wyszedł.

Teraz mama była jeszcze bardziej rozgniewana, ponieważ czuła się zdradzona. Około północy, przy pomocy babki, udało się jej w końcu położyć mnie na podłodze. Związały mnie, a ja powiedziałam matce, podobnie jak zawsze mówiła Haweya:

– No dalej! Śmiało. Zabieraj się do dzieła – możesz mnie nawet zabić. A jeżeli teraz tego nie zrobisz, uczynię to sama, kiedy mnie puścisz.

Matka porządnie mnie zbiła.

– Nie mam zamiaru cię rozwiązać – oznajmiła. – Możesz dzisiaj w nocy spać na podłodze.

Około trzeciej nad ranem przyszła ze swojej sypialni i rozwiązała mnie. Udało mi się zasnąć. O ósmej miałam pójść do szkoły. Kręciło mi się w głowie, a wszystko widziałam jak przez mgłę. Tuż przed porą lunchu zemdlałam. Ktoś przywiózł mnie do domu. Przez pewien czas spałam. Kiedy się obudziłam, zobaczyłam, że mamy nie ma. Poszłam do jej sypialni i otworzyłam szufladę wypełnioną różnymi lekarstwami. Wzięłam wielki kubek wody i zaczęłam połykać tabletki. Prawdopodobnie połknęłam czterdzieści albo pięćdziesiąt.

Później lekarz powiedział, że były to przeważnie witaminy, ale wówczas tego nie wiedziałam – chciałam umrzeć. Cierpiałam fizycznie i psychicznie. Odnosiłam wrażenie, że nasze życie rozpadło się na kawałki. Wszyscy byli nieszczęśliwi. Matka nie zapewniała nam poczucia bezpieczeństwa. Wyładowywała na mnie cały swój ból i gniew, a ja musiałam stawić czoło faktom: mój ojciec miał już nigdy do nas nie wrócić.

Jednak nie umarłam i następnego dnia znów musiałam iść do szkoły. W jednym oku pękło mi naczynie krwionośne. Stało się tak z powodu silnego uderzenia wymierzonego mi przez *mu'allima* albo matkę. Powiedziałam koleżankom, żeby zostawiły mnie w spokoju.

We wtorek ciocia Dżim'o Musse przyszła z wizytą do mojej matki. Ciocia Dżim'o jest siostrą Abszira Musse, jednego z czołowych działaczy DFSS. Mój ojciec, Abszir i Dżim'o czuli się ze sobą bardziej związani niż z kimkolwiek innym, ponieważ ich matki wywodziły się z rodu Isse Mahamud. Kiedy przyszłam do domu ze szkoły, spojrzała na mnie i powiedziała zmienionym głosem.

– Ayaan, co ci jest? Czy dobrze się czujesz?

– Boli mnie głowa i mam tutaj guza.

Kiedy Dżim'o Musse dotknęła lewej strony mojej głowy, wyglądała na zmartwioną.

– Kto ci to zrobił? – zapytała. – Musimy jechać do szpitala.

Guz był wielkości przejrzałego pomidora. Pomyślała, że jeżeli naciśnie go palcem, przebije go, tak bardzo był miękki.

W pewnej chwili matka wbiegła do pokoju i zapytała:

– Czy stało się coś złego? Kto uderzył cię w głowę?

W tym momencie poczułam się zupełnie wycieńczona.

– W sobotę, kiedy wyszłaś, wrócił *mu'allim i* uderzył mnie, a w niedzielę ty dokończyłaś jego dzieło.

Matka zaczęła płakać i zawodzić.

– I jeszcze takie nieszczęście, na domiar złego. Co takiego zrobiłam, żeby zasłużyć na to wszystko, o Boże?

Ciocia Dżim'o Musse odgrywała znaczącą rolę w rodzie Osman Mahamud, toteż zmobilizowała wielu jego członków.

– Córka Hirsiego Magana prawdopodobnie umrze – powiedziała im.

– Ma na głowie ogromną ranę. Musimy zabrać ją do szpitala.

Następnego ranka pojawiło się w domu kilku mężczyzn. Zawieźli mnie do Nairobi Hospital, który jest zdecydowanie najlepszym szpitalem w Nairobi, ale też bardzo drogim. Włoski lekarz zarządził prześwietlenie. Miałam pękniętą czaszkę. Między skórą głowy, a czaszką zebrała się olbrzymia ilość krwi, która uciskała mózg. Potrzebowałam natychmiastowej operacji. Ogolili mi włosy przy samej skórze, co było straszne. Miałam ogromną bliznę i musiałam zostać w szpitalu przez dwanaście dni. Ród za to zapłacił.

Kiedy leżałam w szpitalu, zobaczyłam po raz pierwszy, że mama w głębi serca naprawdę mnie kocha. Uświadomiłam sobie, że wszystkie te obelgi i znęcanie się nie były skierowane przeciwko mnie, ale przeciwko światu, który pozbawił ją prawdziwego życia. Wyznałam jej, że połknęłam tabletki. Za każdym razem, kiedy składała mi wizytę, kurczowo mnie trzymała, mówiła, że mnie kocha i płakała. Nigdy nie widziałam jej tak bezradnej.

Po tym incydencie przez kilka lat nie podniosła na mnie ręki.

Po powrocie do szkoły zauważyłam, że wiele się zmieniło. Dziewczynki, które znałam, opuściły szkołę. Kiedy o to pytałam, ludzie wzruszali ramionami i mówili, że prawdopodobnie przerwały naukę, ponieważ zostaną wydane za mąż. Przedtem zdarzało się to również od czasu do czasu. Jeszcze w szkole podstawowej jedna z dziewczynek przestała chodzić do szkoły. Powodem były zaręczyny. Niemniej jednak przedtem nie zwracałam na to uwagi.

Teraz dostrzegłam, że Latifa, jedna z arabskich dziewcząt pochodzących z wybrzeża, nagle zniknęła z naszej klasy. Zgodnie z tym, co mówiła Halwa, pewnego sobotniego popołudnia ojciec Latify powiedział jej, że już nigdy nie wróci do szkoły, nadszedł bowiem czas, by stać się kobietą. Koleżanka z klasy została zaproszona na ślub Latify. Później opowiadała nam o uroczystości. Pan młody był starszy i pochodził z Mombasy. Latifa otrzymała dużo prezentów. Wyglądała na przestraszoną. Płakała, a jej łzy spływały na sztywną, białą suknię.

Jedna po drugiej, dziewczęta oświadczały, że przestają chodzić do szkoły, ponieważ wychodzą za mąż. Przeważnie mówiły też o tym nauczycielom. Było to przyjmowane z pełnym szacunkiem. Nikomu, kto cieszył się autorytetem, nie przyszłoby do głowy, by nie dopuścić do zabrania dzieci ze szkoły. Tymczasem moje koleżanki z klasy musiały poślubić zupełnie nieznajomych mężczyzn, chociaż większość nie miała ochoty na małżeński związek, a w niektórych wzbudzało to wręcz przerażenie. Jedna dziewczyna została zmuszona do poślubienia syna wuja, swego kuzyna. Piętnastoletnia Jemenka, koleżanka z klasy, powiedziała nam pewnego dnia, że właśnie zaręczyła się ze znacznie starszym mężczyzną. Nie czuła się szczęśliwa, ale dodała:

– I tak mam więcej szczęścia niż moja siostra. Ona miała zaledwie dwanaście lat.

Zajnab, rozmowna Jemenka o okrągłych policzkach z bliznami po trądziku, po świętach Bożego Narodzenia w 1985 roku nigdy nie wróciła do naszej klasy. Spotkałam ją rok później podczas święta w muzułmańskim domu kultury, w pobliżu szkoły. Okazało się, że jest w ciąży. Była ubrana na czarno, wydawała się brzydka i gruba. Towarzyszyły jej dzieci innej kobiety, które dopiero uczyły się chodzić. Zajnab powiedziała, że prawie nigdy nie wychodzi z domu bez swojej teściowej. Była spragniona wieści ze szkoły, a jej skłonność do żartów gdzieś się ulotniła. Gdzie się podziała ta dziewczyna, która lubiła wygłupiać się z nami na korytarzach?

Zostałam zaproszona na śluby sióstr Halwy – Siham i Nasrin. Kiedy ukończyły szkołę, miały odpowiednio siedemnaście i dziewiętnaście lat. Kobiety z obu rodzin przyjechały do Nairobi z całej Kenii, z Jemenu i z Ugandy. Zanim zaczęły się ceremonie, wszystkie te kobiety musiały poddać panny młode sprawdzianowi. Przechodziłyśmy gęsiego obok Siham i Nasrin, które leżały sztywno na poduszkach rozłożonych na podłodze. Każda z nich miała twarz i tułów zasłonięte zielonym materiałem, ale ręce i nogi pozostawały odkryte. Kobiety zachwycały się pięknem i pomysłowością wzorów henny nałożonej na ciała dziewcząt, chociaż – w rzeczywistości – sprawdzały „towar".

Następnego dnia jedynie kobiety zgromadziły się w wynajętej sali, ucztowały i tańczyły. Panny młode siedziały nieruchomo na sofie w różowych, koronkowych sukniach, z makijażem, jak na zdjęciach z kolorowego magazynu, nieruchomo, niczym doskonałe, małe lalki.

Ostatniej nocy przyjęcie weselne odbywało się w innej dużej sali. Uczestniczyli w nim również mężczyźni; jedli i rozmawiali po drugiej stronie długiego, wysokiego przepierzenia, które dzieliło to pomieszczenie. Zebrani goście mogli jednak widzieć podwyższone podium. Po kobiecej stronie znajdowały się stoły z tysiącami ciast i różnych potraw. Pomyślałam sobie wówczas, że nigdy nie jadłam tylu wyśmienitych dań. Gdy uczta dobiegła kresu, kobiety zaczęły zawodzić. Po chwili przybyły panny młode, w zachodnich sukniach, ale z zasłoniętymi twarzami. Dwóch panów młodych podeszło do podium i uniosło welony swoich przyszłych małżonek. Następnie sztywno usiedli obok. Przyjechali prosto z Jemenu i wydawali się zakłopotani. Przypominało to rodzajową scenkę rodem z Arabii Saudyjskiej.

Podczas przygotowań do ślubu Nasrin miała możliwość krótkiego spotkania ze swoim przyszłym mężem. Wydawała się mniej nerwowa, pogodzona z zaistniałą sytuacją. Siham jednak nie było dane zobaczyć wcześniej mężczyzny, którego poślubiała, toteż pobladła i drżała na całym ciele. Wyszli chwilę później z najbliższymi członkami rodziny. Wiedziałam od Halwy, że gdy prześcieradła okażą się zakrwawione, odbędą się kolejne uroczystości.

– A co by się stało, gdyby dziewczyna nie krwawiła? – zapytałam Halwę.

– Oznaczałoby to, że nie jest dziewicą – wyszeptała.

Szybko umknęłyśmy spojrzeniem w bok. To było nie do pomyślenia.

Sama Halwa w wieku około dziewięciu lat została zaręczona z kuzynem, którego nigdy nie widziała. Nie chciała wyjść za niego za mąż, ale zdawała sobie sprawę, że pewnego dnia to nastąpi. W tych kwestiach decydowali rodzice. Gdy ojciec był wyrozumiały i bogaty, mógł znaleźć córce wartościowego i zamożnego męża. Jeżeli nie, musiała pogodzić się z przeznaczeniem.

Wiedziałyśmy, że małżeństwa zawarte z miłości są głupim błędem i zawsze źle się kończą, zwykle nędzą i rozwodem. Kiedy dziewczyna wychodzi za mąż, nie trzymając się określonych zasad, nie miała ochrony swego rodu, gdy mąż ją opuścił. Krewni ojca nie wstawiliby się za nią i nie pomogliby jej finansowo. Zazwyczaj grzęzła w okropnym losie ubóstwa, bezbożności i chorób. Ludzie pokroju mojej babki wytykali ją palcami i pluli na nią na ulicy. Był to najgorszy cios wymierzony w honor rodziny: narażała na szwank swoich rodziców, siostry, braci i kuzynów.

Jednak urok romansu wabił nas ze stron książek. W szkole czytałyśmy dobre powieści autorstwa Charlotte Brontë, Jane Austin i Daphne du Maurier. Poza szkołą siostry Halwy dostarczały nam tanie Harlequiny. Były to romanse, przypominające opery mydlane, ale ekscytujące pod względem erotycznym. Wszystkie te książki zawierały jedno przesłanie: kobiety mogły dokonywać wyboru. Bohaterki zakochiwały się. Walczyły z przeszkodami stawianymi im przez rodziny, z problemami bogactwa oraz statusu i wychodziły za mąż za mężczyzn, których sobie wybrały.

Większość moich muzułmańskich koleżanek z klasy przesiąkło tymi tanimi książkami w broszurowej oprawie. Ich lektura sprawiała, że czułyśmy się nieszczęśliwe. My również pragnęłyśmy się zakochać w mężczyznach, których wyobrażałyśmy sobie obok siebie w nocy w naszym łóżku. Żadna z nas nie chciała wyjść za mąż za nieznajomego wybranego przez ojca. Wiedziałyśmy jednak, że możemy jedynie odsuwać w czasie to, co nieuniknione. Ojciec Halwy pozwalał swoim córkom skończyć szkołę, zanim wydał je za mąż. Halwa usilnie prosiła ojca, żeby nie zmieniał jej życia nawet wówczas, gdy skończy szkołę. Niekiedy mówiła mi, że mam szczęście: mój ojciec był daleko, toteż nikt nie będzie mnie zmuszał do wyjścia za mąż, zanim nie zdam przynajmniej małej matury.

Gdy skończyłam szesnaście lat, w szkole pojawiła się nowa nauczycielka, która miała nas nauczać religii islamu. W muzułmańskiej szkole dla dziewcząt lekcje religii były przedmiotem obowiązkowym i odbywały się w dwóch grupach: muzułmańskiej i chrześcijańskiej. Lekcje islamu, na które naturalnie chodziłyśmy, były nieciekawymi i najmniej uduchowionymi lekcjami, jakie można sobie było wyobrazić. Nie dokonywałyśmy żadnej analizy, nie odbywały się dyskusje dotyczące kwestii etycznych. Nauczycielka przekazywała po prostu podstawowe, neutralne wiadomości historyczne. Uczyłyśmy się listy stoczonych bitew i objawień Proroka, zgodnie z programem przygotowującym do egzaminów państwowych.

Jednak siostra Aziza różniła się od wszystkich pozostałych nauczycieli, z którymi kiedykolwiek przyszło nam się zetknąć. I tak, na przykład, prosiła, by zwracać się do niej, posługując się jej pierwszym imieniem, siostra Aziza, a nie panna Said. Ponadto, była zasłonięta. Nosiła nie tylko chustę na głowie, którą przywdziewało wiele nauczycielek. Siostra Aziza okrywała się *hidżabem**. Gruby, czarny materiał spływał z czubka jej głowy po koniuszki rękawiczek aż do samych stóp. Wyglądało to spektakularnie. Jej blada twarz w kształcie serca wyłaniała się z oceanu czerni. Siostra Aziza była młoda i piękna: miała jasną karnację, ładny nos, a w jej oczach igrał uśmiech. Nigdy nie krzyczała, jak mieli to w zwyczaju inni nauczyciele.

Pierwsze pytanie, które zadała nam siostra Aziza brzmiało następująco:

– Jak wiele spośród was jest muzułmankami?

Oczywiście cała klasa uniosła ręce w górę. Wydawało się jasne, że od urodzenia byłyśmy muzułmankami. Jednak siostra Aziza ze smutkiem potrząsnęła głową i powiedziała:

– Nie sądzę, że jesteście muzułmankami.

Co mogła mieć na myśli? Wskazała na mnie:

– Kiedy ostatni raz się modliłaś?

Poczułam wewnętrzne drżenie. Minął przeszło rok od czasu, gdy dokonałam rytualnych ablucji, owinęłam się białym materiałem i leżałam twarzą ku ziemi, w długim akcie uległości wobec Boga.

– Nie pamiętam – wymamrotałam.

Siostra Aziza wskazała na inne dziewczęta w klasie.

---

* *Hidżab* – zasłona, tradycyjny element stroju kobiety muzułmańskiej. Hidżab został nakazany żonom Proroka Muhammada już w *Koranie*. *W* tradycyjnym islamie kobiety powinny nosić w obecności obcych ludzi zasłonę na twarzy. W czasach współczesnych ruchy fundamentalistyczne starają się prawnie usankcjonować noszenie zasłon, które osłaniają nie tylko twarz, ale całą postać (przyp. tłum.).

– A ty? A ty?

Wszystkie, oprócz kilku, powiedziały, że też nie mogą sobie przypomnieć.

Nie byłyśmy prawdziwymi muzułmankami, o czym poinformowała ze smutkiem siostra Aziza zmieszaną i nagle milczącą klasę. Bóg nie patrzył na nas z radością. Mógł wejrzeć w nasze serca i wiedział, że nie jesteśmy mu oddane. Celem modlitwy była świadomość – nieustająca świadomość obecności Boga i aniołów – a także wewnętrzne posłuszeństwo wobec woli Boga, które przenikało każdego dnia wszystkie myśli i działania.

Siostra Aziza przypomniała nam o aniołach, o których uczyłyśmy się w szkole w Arabii Saudyjskiej. Unosiły się one w powietrzu nad naszymi ramionami. Po prawej i po lewej stronie, zapisywały nasze myśli, intencje, wyobrażenia, dobre i złe. Nawet jeżeli okrywałyśmy się i modliłyśmy, nie było to wystarczająco istotne dla Boga. Najważniejsza była *intencja*. Jeżeli twój umysł błądził lub robiłaś to z niewłaściwych powodów – Bóg wraz z aniołami mógł wejrzeć w twoje serce i *wiedzieć*.

Wszyscy słyszeliśmy o piekle. Tego przede wszystkim uczyła szkoła koraniczna: wciąż mówiono o piekle i wszystkich błędach, które mogły nas tam zaprowadzić. Koran w barwnych detalach opisywał męczarnie, jakie czekały człowieka w piekle: rany, gotująca się woda, łuszcząca się skóra, palące się ciało, rozpuszczające się wnętrzności, wieczny ogień, w którym grzesznik spala się w nieskończoność, jako że, kiedy ciało zostaje zwęglone, a soki się zagotują, ukształtuje się nowa skóra. Szczegóły te obezwładniają człowieka, gwarantując, że będzie przestrzegał zasad. *Mu'allim*, na którego lekcje Haweya i ja musiałyśmy w sobotę uczęszczać, wywrzaskiwał z piskiem zakazy i reguły, którym należało się podporządkować, wyrzucając z siebie w radosnym podnieceniu :

– Ty pójdziesz do piekła! I ty pójdziesz do piekła! I ty i ty. Chyba że...

Piekło w Koranie ma siedem bram. Upał i ból spowodowane piekielnym ogniem nigdy się nie kończą. Pragnienie jest wyjątkowo uporczywe i sprawia tak wiele cierpienia, nieporównanie więcej niż jakiekolwiek pragnienie na ziemi, że człowiek zaczyna żałośnie zawodzić, błagając o wodę. Soki z palącego się ciała spływają głównie do ust. Istota ludzka tęskni za niebem i tęsknota ta trwa wiecznie. Tak ogromnie surowe życie po śmierci, przypominające wypaloną pustynię, wydawało nam się znacznie bardziej sugestywne niż niebo. W Koranie niebo kojarzyło się z chłodnym klimatem, wiaterkiem i wspaniałymi napojami. Było przyjemne, ale dosyć mgliste.

Siostra Aziza również wierzyła w niebo, nie było w tej kwestii wątpliwości. Nie podkreślała jednak roli strachu, tak jak robili to wszyscy pozostali duchowni. Mówiła, że wybór należy do nas. Mogłyśmy wybrać podporządkowanie się czystości i światłu Boga, a tym samym zasłużyć na miejsce w niebie, albo też pójść gorszą drogą.

Jej lekcje były frapujące, ale nie stałam się natychmiastową neofitką. Najwspanialsze w siostrze Azizie było to, że wiele rzeczy zupełnie jej nie przeszkadzało. Nie miała nic przeciwko temu, że nie nosimy białych spodni pod spódnicami, by schować nogi. Nie wadziło jej, że nie modlimy się pięć razy dziennie. Powiedziała nam, że Bóg nie chce, żebyśmy robili cokolwiek – nawet modlili się – bez wewnętrznej intencji, gdyż On pragnie prawdziwej, głębokiej uległości: na tym polega sens islamu.

– Podobne życzenie Bóg i Prorok kierują do was w kwestii sposobu ubierania się – powiedziała nam. – Powinnyście to jednak zrobić dopiero wówczas, gdy jesteście gotowe. Jeżeli uczynicie to wcześniej i ponownie porzucicie właściwy ubiór, zgrzeszycie jeszcze bardziej. Kiedy utwierdzą się wasze przekonania, dokonacie wyboru i wówczas nigdy już nie zdejmiecie *hidżabu.*

Mahad często zapraszał do domu na weekendy swoich dwóch najlepszych kolegów. Obaj byli Kenijczykami, ale Mahad nie chciał powiedzieć mamie, że ma jedynie kenijskich przyjaciół. Nie wpuściłaby dwóch Kenijczyków do swego domu. Toteż wymyślił historyjkę, że jego najbliższy przyjaciel, który faktycznie nazywał się Kennedy, był somalijskim chłopcem o imieniu Jusuf i pochodził ze wschodniej Kenii, gdzie nie mówią już w języku somalijskim. Matce specjalnie to nie przeszkadzało, a fakt, że Mahad przyprowadzał kolegę do domu oznaczał, że on sam pozostanie w czterech ścianach. (Tolerowała innego przyjaciela, który nazywał się Olulo. Miał on tak typowo kenijskie rysy, że Mahad w żaden sposób nie mógł udawać, iż koleguje się z Somalijczykiem).

Kiedy chłopcy przychodzili do domu późnym wieczorem, często zajmowałam się przygotowywaniem ciasta na śniadanie następnego dnia i pichciłam im kolację. Jusuf zachowywał się w stosunku do mnie miło i życzliwie, i spędzaliśmy te wieczory na wspólnej zabawie – stroiliśmy żarty i nawzajem się droczyliśmy. Początkowo nigdy nie byłam z Jusufem sama, ale stopniowo coraz częściej wpadaliśmy na siebie w kuchni. Zaczął do nas przychodzić nawet wówczas, gdy Mahada nie było, twierdząc, że go szuka. Zazwyczaj żartował, że tak naprawdę nie nazywa się Jusuf, tylko Kennedy i jest Kenijczykiem. Oczywiście mu nie wierzyłam. Jusuf był mną zainteresowany. Wiedziałam o tym i sprawiało mi to przyjemność. Nie dotykaliśmy się – nic nie zostało powiedziane, ani w sposób wyraźny okazane – ale znaczące spojrzenie od czasu do czasu sprawiało, że trzęsły mi się kolana.

Siostra Aziza nigdy tak naprawdę nie powiedziała nam, że – podobnie jak ona – powinnyśmy zakładać hidżab. Nie twierdziła też, że nie należy chodzić do kina albo rozmawiać z chłopcami. Po prostu czytała między wersami w Koranie, posługując się wydaniem w wersji angielsko-arabskiej, abyśmy mogły wszystko zrozumieć. Następnie komentowała przytoczone fragmenty.

– Nie zalecam wam zachowywania się w taki właśnie sposób – mówiła. – Przekazuję tylko, co powiedział Bóg: unikajcie grzechu.

Wiedziałam dokładnie, co siostra Aziza miała na myśli, kiedy wspominała o grzeszeniu. Grzechem było uczucie, które żywiłam do Jusufa, to nagłe uczucie mrowienia i radosne wewnętrzne podniecenie. W nocy myślałam, że bardzo pragnęłabym poślubić Jusufa, gdy dorosnę. Próbowałam umieścić to w takim kontekście, by moje uczucie nie było grzeszne.

Pewnego wieczoru Jusuf zapytał mnie, czy chciałabym pójść z nim do kina. Serce łomotało mi w piersi, ponieważ było to zabronione. Zgodziłam się jednak. Umówiliśmy się w dużym parku Uhuru w centrum Nairobi. W ten sposób nikt z okolicy nie mógłby nas zobaczyć. Byłam ubrana w krótką sukienkę – przynajmniej wydawała mi się krótka: sięgała do kolan. Po raz pierwszy użyłam dezodorantu. Czułam się wyuzdana.

Wsiadłam do *matatu*, rozklekotanego kenijskiego mikrobusu. Po przyjeździe na miejsce ujrzałam Kena nad jeziorem, tak jak się umówiliśmy. Mieliśmy godzinę do rozpoczęcia filmu. Kiedy rozmawiając, spacerowaliśmy po parku, Jusuf ujął mnie za rękę. Gdy mnie dotknął, serce waliło mi jak młotem. Miałam wrażenie, że ludzie musieli to słyszeć.

Usiedliśmy na trawie i rozmawialiśmy o krewnych Jusufa i o Kisii, gdzie mieszkała jego rodzina, a także o domu jego brata, w którym zatrzymywał się podczas weekendów spędzanych w Nairobi. Poprosił, żebym nazywała go Ken, co wciąż brzmiało jak żart. Nadal nie wiedziałam, że naprawdę był Kenijczykiem, chociaż nie sprawiałoby mi to żadnej różnicy. Nie przeszkadzało mi, kim był.

– Co do mnie czujesz? – zapytał Ken.

– Naprawdę cię lubię – odparłam.

Powiedział, że on też mnie lubi i zaczęliśmy się całować.

Był to mój pierwszy pocałunek. Cudowny i trwał bardzo długo. Nic więcej nie robiliśmy: trzymaliśmy się za ręce, całowaliśmy się, a następnie poszliśmy do kina. Po seansie Ken odprowadził mnie na przystanek i oddalił się. Przez całą drogę powrotną miałam wrażenie, jakbym unosiła się w powietrzu.

Ken i ja nie widywaliśmy się szczególnie często. Tylko od czasu do czasu udawało mi się wymknąć spod nadzoru matki, ale nawet wtedy zdawałam sobie sprawę, że każdy Somalijczyk lub Somalijka, którzy przypadkowo by nas spotkali, mogliby na nas donieść, toteż bardzo rzadko zapominaliśmy o czujności. Ale uczucie, które towarzyszyło pocałunkom, było najlepszym uczuciem w moim życiu.

– Wiesz, że nie mogę z tobą spać – powiedziałam Kenowi.

– Zdaję sobie z tego sprawę – odparł. – Jesteś Somalijką i musisz zachować dziewictwo. Bardzo cię kocham i będę na ciebie czekał.

Nasze uczucie było wzajemne, absolutnie niewinne. Czułam się szczęśliwa.

Wiedziałam jednak, że moje zachowanie było niegodziwe. Odnosiłam wrażenie, jakbym żyła na kilku poziomach swego umysłu. Na jednym z nich całowałam się z Kennedym, na innym był honor rodu, a na jeszcze kolejnym znajdowała się siostra Aziza i Bóg.

W klasie siostra Aziza wymieniała pokusy Szatana: pragnienie, by pięknie wyglądać i przyciągać mężczyzn, zabawę, muzykę i nikczemne książki, które przyprawiały nas o dreszczyk emocji. Wiedziała o tych rzeczach. Siostra Aziza była Kenijką z wybrzeża, arabskiego pochodzenia. Po ukończeniu szkoły pracowała jako stewardesa i kasjerka banku w Nairobi. W obu tych pracach – jak nam powiedziała – musiała nosić czółenka, sukienki w zachodnim stylu i mieć fryzurę prosto od fryzjera.

Jednak takie życie wydawało jej się puste. Doszła do wniosku, że tym, czego naprawdę pragnie, to zostać dobrą muzułmanką, dlatego pojechała na studia do Medyny w Arabii Saudyjskiej. Jej wiara pogłębiła się, stała się bardziej jasna, prosta i czysta. Odrzuciła prymitywne praktyki, takie jak modlitwa do świętych. Wróciła do czystej wiary u źródła islamu. Z tego właśnie powodu postanowiła nosić *hidżab* i szukać głębszej satysfakcji w sprawianiu radości Bogu.

Jako kobiety dysponowałyśmy potężną siłą, wyjaśniła siostra Aziza. Sposób, w jaki Bóg nas stworzył: nasze włosy, paznokcie, pięty, szyja i kostki – każde, najmniejsze choćby wygięcie w naszym ciele było podniecające. Jeżeli kobieta podniecała mężczyznę, który nie był jej mężem, grzeszyła podwójnie w oczach Boga, kusząc go i prowokując do nikczemnych myśli, by zwieść go na złą drogę. Jedynie szata przywdziewana przez żony Proroka mogła uchronić kobietę przed podniecaniem mężczyzny i prowadzeniem społeczeństwa ku *fitna*, czyli nieokiełznanemu zamieszaniu i społecznemu chaosowi.

Surowo przestrzegała zasad posłuszeństwa i higieny. Każdego miesiąca siostra Aziza mówiła nam, że powinnyśmy golić włosy pod pachami, a także włosy łonowe, abyśmy stały się czyste. Musiałyśmy też oczyszczać się po menstruacji. Kobiecość wydawała się czymś nieodparcie pożądanym, a jednocześnie nieprzyzwoitym, zaś wszystkie te zabiegi były konieczne, by zyskać przychylność Boga.

Siostra Aziza wprowadziła nas w zagadnienie wewnętrznej walki. Istniały dwa rodzaje walki staczanej dla dobra Boga. Pierwszym wysiłkiem, który należało podjąć był *dżihad*, czyli podjęcie wszelkich starań i trudów w celu wzmocnienia wiary i islamu, ale także prowadzący do uległości naszej woli. Powinnyśmy były słuchać naszych rodziców i zachowywać się w taki sposób, aby roztaczać wokół siebie aurę życzliwości. Musiałyśmy wręcz demonstrować nasze posłuszeństwo. Naszym obowiązkiem było ustawiczne myślenie o woli Boga i wyrażanie w każdym geście, każdego dnia swej gotowości do poświęceń dla Niego. Siostra Aziza miała lekceważący stosunek do podręczników, które powinny były dobrze służyć przygotowaniu nas do państwowych egzaminów z wiedzy o islamie. Podobnie jak nasi nauczyciele Koranu w Arabii Saudyjskiej, siostra Aziza przygotowywała nas przede wszystkim do praktykowania wiary. Kładła natomiast mniejszy akcent na potrzebę zagłębiania się w historię islamu.

Od czasu do czasu, wieczorami, modliłam się. Był to długi rytuał. Najpierw należało dokonać ablucji. Przykrywałam się długim, białym materiałem, utkwiwszy wzrok w ziemi, ponieważ Bóg jest wszechobecny i nie należy patrzeć Mu w oczy. Recytowałam surę otwierającą Koran i krótki rozdział składający się z zaledwie siedmiu wersetów. Następnie kładłam się twarzą ku ziemi, z dłońmi skierowanymi w stronę Mekki, centrum religii. Wypowiadałam słowa: „Chwała Tobie, Boże" i znów się podnosiłam. Następnie recytowałam inny werset Koranu – można było wybrać dowolny werset. Powtarzałam całą procedurę, dwa, trzy lub cztery razy, w zależności od pory dnia. Za każdym razem musiałam recytować pierwszy rozdział Koranu, a także inny krótki rozdział lub kilka wersetów z dłuższego rozdziału, który sobie wybrałam. Następnie siadałam i kończyłam modlitwę, spoglądając w bok, początkowo w prawo, a następnie w lewo, po czym składałam dłonie w miseczkę i prosiłam Boga o błogosławieństwo. Mówiłam: „Boże, spraw, abym była mądra, przebacz mi moje grzechy. Pobłogosław moich rodziców i daj im zdrowie, ponadto proszę, Boże, spraw, by moi rodzice znaleźli się w raju. Proszę, Boże, utrzymaj mnie na bezpiecznej ścieżce".

Następnie przychodziła kolej na różaniec, który składa się z trzech grup paciorków po 33 każdy, lub tylko z 33 paciorków. Ponieważ nie miałam różańca, używałam w tym celu palców. W każdej dłoni znajduje się piętnaście kostek, licząc nasadę kciuka, toteż dwie dłonie, plus trzy kostki palca, który doliczamy dodatkowo, stanowią liczbę trzydzieści trzy. Licząc kolejno kostki na dłoniach, mówiłam trzydzieści trzy razy: „Chwała Tobie, Boże", „Boże, przebacz mi",

„Bóg jest wielki", a następnie, mogłam odczuwać, jak każdy wierny, wdzięczność do Boga.

Modlitwa zajmuje wiele czasu i należy się modlić pięć razy dziennie. Początkowo nie udawało mi się dopełnić tego obowiązku, ale czułam się dobrze, kiedy chociaż próbowałam się pomodlić.

Siostra Aziza opowiadała nam o Żydach. Opisywała ich w taki sposób, że pod względem fizycznym wyobrażałam sobie przedstawicieli tej nacji jako potwory: mieli rogi na głowach i nosy tak ogromne, że wyrastały z ich twarzy niczym wielkie dzioby. Demony i dżiny dosłownie wylatywały z ich głów, by zwodzić muzułmanów i szerzyć zło. Winą za wszelkie nieszczęścia obarczano Żydów. Iracki tyran – Saddam Husajn, który zaatakował islamską rewolucję w Iranie, był Żydem. Amerykanie dawali Saddamowi pieniądze – wiadomo zatem, że sterowali nimi Żydzi. Ponadto Żydzi sprawowali władzę nad światem, i z tego właśnie powodu powinniśmy być nieskazitelnie czyści duchowo, by oprzeć się niegodziwym wpływom. Islam znajdował się pod obstrzałem, a naszym obowiązkiem było zwalczanie Żydów, ponieważ dopiero wówczas, gdy wszyscy Żydzi zostaną zniszczeni, dla muzułmanów nastanie czas pokoju.

Zaczęłam eksperymentować z chustą. Zakładałam ją w ten sposób, by kształt mojej szyi i ramion nie mógł być widoczny. Pod swój szkolny mundurek wkładałam spodnie, pragnąc zasłonić nogi. Chciałam wiernie naśladować siostrę Azizę. Pragnęłam być czysta oraz dobra i służyć Bogu. Zaczęłam modlić się dwa razy dziennie, próbując skupić myśli podczas całego długiego aktu modlitwy. Starałam się lepiej zrozumieć, w jaki sposób prowadzić życie, którego nieskończenie sprawiedliwy Bóg dla mnie pragnął.

Poprosiłam matkę o pieniądze, żeby krawiec siostry Azizy mógł mi uszyć ogromną, czarną pelerynę, z trzema obcisłymi opaskami wokół przegubów dłoni i szyi i z długim zamkiem błyskawicznym. Peleryna sięgała mi do stóp. Zaczęłam nosić tę pelerynę do szkoły, wkładając ją na szkolny mundurek. Stroju dopełniała czarna chusta zakrywająca moje włosy i ramiona.

Nowy strój przyprawiał mnie o dreszczyk emocji i działał na moje zmysły. Sprawiał, że czułam się silna: pod tym okryciem kryła się potencjalnie bardzo niebezpieczna kobiecość, której istnienia nikt by nie podejrzewał. Stanowiłam wyjątek: w owym czasie na ulicach Nairobi można było spotkać bardzo niewiele osób podobnie ubranych. O dziwo, nadawało mi to pewnej indywidualności. Wysyłałam w ten sposób informację o swojej wyższości: jestem prawdziwą muzułmanką. Wszystkie pozostałe małe dziewczynki, noszące niewielkich rozmiarów białe chusty, były dziecięcymi hipokrytkami. Ja stanowiłam gwiazdę Boga. Kiedy rozpościerałam ręce, czułam, że mogłabym fruwać.

Byłam jedną z pierwszych uczennic, która nosiła w szkole typowo muzułmański strój. Niektóre dziewczęta z Jemenu, na przykład Halwa, zwykły ubierać się w długie, zapinane tuniki, ale o takim kroju, że można było dostrzec ukrywający się pod tkaniną kobiecy kształt. *Hidżab*, którym spowijałam moje wychudzone ciało, całkowicie mnie okrywał: nie udawało się zobaczyć niczego, oprócz twarzy i dłoni.

Kiedy przyszłam do szkoły, zdjęłam *hidżab*, złożyłam go i schowałam do skrytki pod ławką. Pod koniec dnia skromnie rozpostarłam swój nowy strój, włożyłam na siebie – i nagle poczułam się interesująca, tajemnicza i potężna. Widziałam to w oczach moich koleżanek z klasy. I zachwyt w oczach matki, gdy zobaczyła mnie w tym stroju. Okazało się, że nie ma tego złego, co by na dobre nie wyszło. W końcu robiłam coś właściwego.

Siostra Aziza mówiła nam, że nawrócenie koleżanek z klasy, które były chrześcijankami, należało do naszych obowiązków. Twierdziła, że to jedyny sposób uratowania ich przed cierpieniami piekła. Próbowałam rozmawiać na ten temat z koleżankami i opowiadać im o prawdziwej wierze. Zwykle odpowiadały mi następująco: „Jak ty byś się czuła, gdybym to ja starała się nawrócić cię na chrześcijaństwo?". Mówiły mi, że ich rodzice uczyli je o Bogu, podobnie jak moi przekazywali mi wiedzę o Proroku Muhammadzie, a zatem powinnam szanować ich przekonania religijne.

Muszę przyznać, że rozumiałam ich punkt widzenia. Niemniej jednak, naprawdę chciałam za wszelką cenę uchronić przyjaciółki przed piekielnymi czeluściami. Pamiętam, jak mówiłam Emily o męczarniach, które czekają na nią w jej życiu po śmierci.

– Ależ ja po prostu w to nie wierzę – powiedziała. – Jestem zbawiona. Jezus przyszedł do mnie, umarł za mnie i mnie odkupi.

Chrześcijanki rozmawiały ze sobą o Trójcy Świętej, trójosobowym Bogu objawiającym się człowiekowi jako Ojciec, syn Boży i Duch Święty, jednak każda z tych osób jest tym samym, jednym Bogiem. Dla mnie było to absolutnym bluźnierstwem. Sprzeczałyśmy się o kwestie teologiczne, ale szybko dochodziłyśmy do wniosku, że jeżeli nie pozostawimy tego tematu w spokoju, nasza przyjaźń dobiegnie końca.

Poszłam do siostry Azizy i powiedziałam:

– Te dziewczęta nie zostaną muzułmankami. Ich rodzice nauczyli je innej religii. Dziewczęta nie ponoszą za to żadnej winy. Uważam za niesprawiedliwe, że będą smażyć się w piekle.

Siostra Aziza stwierdziła, że się mylę. Poprzez mnie, Bóg dał im wybór. Jeżeli te dziewczęta odrzuciły prawdziwą religię, powinny palić się w piekle. Pomyślałam wówczas, że nawet próbując nawracać moje koleżanki z klasy, tylko pogarszam istniejący stan rzeczy, toteż zaprzestałam tej praktyki.

Ten problem nie dawał mi spokoju. Jeżeli zostaliśmy stworzeni przez Boga i przed naszym urodzeniem On już zdecydował, czy znajdziemy się w niebie czy w piekle, dlaczego zatem należy podejmować trud nawracania tych dziewcząt, które również zostały stworzone przez Boga? Siostra Aziza miała w tej kwestii bardzo skomplikowane teologicznie wyjaśnienie przeznaczenia. Oprócz ścieżki, którą Bóg już określił dla nas w łonie matki, istniał dalszy wymiar, zakładający, że mamy wolną wolę. Gdy nagięło się wystarczająco swoją wolę, by służyć Bogu zamiast Szatanowi, wówczas sprawiało się radość Bogu. Jej wyjaśnienia niespecjalnie mnie przekonywały, winą za niezrozumienie siostry Azizy obarczałam jednak siebie.

Wkrótce po pojawieniu się w naszej szkole siostry Azizy, zauważyłam, że na szkolnych korytarzach zaczęło się religijne odrodzenie. Kiedy wraz z kilkoma innymi dziewczętami spotykałam się w klasie, by wspólnie odmówić w południe muzułmańską modlitwę, grupa Kenijek modliła się, wykrzykując: „Alleluja!” i śpiewając piosenki gospel. Nie wiem, czy była to reakcja na odrodzenie islamu, czy też impuls, który popychał nas w tym kierunku. Wydawało się jednak, że w czasie, kiedy coraz więcej młodych muzułmanów gromadziło się wokół nowego typu islamu, coraz więcej chrześcijan zaczęło chodzić do kościoła. Oni także zmierzali ku bardziej czystej wierze, bliższej korzeniom ich religii. Ku wierze, która była mniej pasywna, bardziej zaangażowana w osobiste studiowanie świętych tekstów.

W owym czasie charyzmatyczni chrześcijanie byli nie mniej agresywni niż fundamentalistyczni muzułmanie. Cały kraj zaczynał się rozpadać. Być może ludzie pragnęli czegoś pewnego. Kaznodzieje takiej, czy innej sekty znajdowali się wszędzie. Dziewczęta w szkole opowiadały o Alice Lakwenie z sąsiedniej Ugandy, której wyznawcy byli odporni na kule. Założony przez nią ruch religijny należał do najbardziej spektakularnych, ale istniało wiele innych małych grup dziwnych fanatyków. Przy ulicach zaczęły wyrastać nędzne kościoły, tam gdzie kiedyś były stragany z artykułami spożywczymi. Świadkowie Jehowy chodzili od drzwi do drzwi. Na każdym rogu ulicy można było spotkać wszelkiego rodzaju plemiennych wróżbitów i czarowników. Nawet w mojej klasie, w szkole średniej dla muzułmanek, dziewczęta kupowały napoje miłosne sporządzone z rozkruszonych paznokci i skóry zwierząt, albo amulety, które pomogłyby im zdać egzaminy.

Państwo w Kenii rozpadało się od wewnątrz, uginając się pod ciężarem kradzieży i nepotyzmu mężczyzn pozostających u władzy. Ludzie, którzy nie potrafili poprawnie napisać słowa minister, otrzymywali posady w ministerstwach. Burmistrz powinien był doglądać porządku na ulicach Nairobi, tymczasem ledwie umiał czytać. Rząd istniał tylko po to, by zabierać pieniądze obywateli. Świadczone przez niego usługi były minimalne. Obywatele przestali być obywatelami – ludzie, którzy jeszcze tak niedawno budzili tak wielkie nadzieje związane z przyszłością swego niepodległego teraz kraju, nie wykazywali się lojalnością w stosunku do państwa. Kenijczycy w coraz większym stopniu postrzegali siebie przede wszystkim jako członków swego plemienia. We wszystkich wzajemnych relacjach między plemionami pośredniczyła religia. Religia i silniejsza świadomość przynależności do plemienia i klanu zastępowały jakiekolwiek wspólne poczucie państwowości.

To samo działo się w Somalii, chociaż o tym nie wiedziałam. Podobne procesy miały miejsce niemal wszędzie w Afryce, a także w całym świecie muzułmańskim. Im bardziej skorumpowany i niesolidny był aparat rządowy, tym bardziej prześladował swoich obywateli, oni zaś wracali do swego plemienia, tradycji, kościoła lub meczetu, instalując się wśród swoich pobratymców.

Nowy rodzaj islamu rósł w siłę. Był znacznie głębszy, bardziej klarowny i silniejszy – bliższy źródła religii – niż dawny typ islamu, w który wierzyła moja babka, wraz z wyznawaną przez nią wiarą w duchy przodków i dżiny. Nie przypominał islamu nauczanego w meczetach, w których imamowie przeważnie recytowali z pamięci kazania napisane przez od dawna nieżyjących uczonych, w języku arabskim, który mało kto mógł zrozumieć. Nie była to bierna, przeważnie nieświadoma akceptacja zasady: *Insz'Allah,* „Jak Bóg da". Chodziło o studiowanie Koranu, prawdziwe zgłębianie świętej księgi, wzięcie sobie do serca istoty posłania Proroka. Była to ogromna, żarliwa sekta wspierana w znacznym stopniu przez bogactwo naftowe Arabii Saudyjskiej, a także irańską propagandę męczenników. Jej wyznawcy przyjmowali wojującą postawę, a ich szeregi stale się powiększały. A ja zaczynałam stanowić jej maleńką część.

ROZDZIAŁ 6

Wątpliwość i nieposłuszeństwo

Gdy ja kroczyłam wysoką ścieżką ku Bogu, Haweya zaczęła się wykolejać. Prowadzona przeze mnie walka, która miała na celu poddanie się woli Boga, w najmniejszym stopniu nie interesowała mojej małej siostry. Twierdziła, że siostra Aziza zachowuje się w taki sposób, jakbyśmy wciąż jeździli na wielbłądach. Mój czarny *hidżab* uważała za ohydny. Haweya była wysoka i ładna. Doskonale zdawała sobie z tego sprawę. Nie miała zamiaru przemykać chyłkiem po Nairobi, ukrywając się pod namiotem, jak określała moje okrycie.

Matka być może często mnie biła, ale wpoiła we mnie swego rodzaju dyscyplinę. Przykładałam się do nauki, lubiłam szkołę i miałam tam wiele przyjaciółek. Ale Haweya nie znosiła Muslim Girls Secondary. Zawierała przyjaźnie, ale kończyły się one zawsze kłótnią. Była o wiele zdolniejsza ode mnie: pozwalała dziewczętom przepisywać swoje prace domowe w zamian za powieści w broszurowej oprawie, które lubiła czytać. Jednak szkolny program Haweyi był chaotyczny: w 1985 roku kenijski rząd zdecydował, że wyeliminuje z niego nazbyt kolonialne aspekty. Zaczęło brakować odpowiednich podręczników, a nauczyciele nie mieli pojęcia o programie nauczania. Moja siostra śmiertelnie nudziła się w szkole i czuła się zmęczona ciągłym zamknięciem w domu.

Haweya zawsze była uparta i nigdy nie naginała swojej woli do wymagań stawianych przez matkę. Odmawiała wykonywania obowiązków domowych, chyba że Mahad również zostałby do tego zmuszony. Z góry jednak wiedziała, że nigdy się to nie zdarzy. Kiedy mama ją biła, Haweya potrafiła po prostu zamknąć się w sobie, tak jakby była odporna na ból. Matka zadawała jej razy, aż bolała ją ręka, a gdy skończyła, Haweya wciąż była równie arogancka. Moja siostra miała wolę ze stali. Niekiedy zamykała się w łazience i krzycząc, przeklinała matkę. Nazywała ją osobą pełną nienawiści, okrutną i samolubną. Haweya nigdy nie płakała.

Matka nie miała po prostu pojęcia, w jaki sposób należy postępować z nastolatkami. Wydawało się, że nie wierzyła, iż kiedyś dorośniemy. Wiek dojrzewania stanowił kolejny element współczesnego życia, który był zupełnie obcy jej wychowaniu. Na pustyni, gdzie dorastała, nie było znaczącej przestrzeni pomiędzy dzieciństwem a czasem, kiedy stawało się kobietą.

Haweya miała wnikliwy umysł, była uczciwa i stanowiła typ wojownika. Podziwiałam jej odwagę. Niekiedy jednak dom niemal pękał od wybuchów naszej wściekłości, która się w nas kumulowała. W czterech ścianach rozgrywały się dantejskie sceny. Miałam wówczas ochotę zamknąć się w sobie i ukryć w swoim wnętrzu. Mama, babka i Haweya wszystkie naraz krzyczały, aż żyły występowały im na czoła. Każda z nich mogła w ułamku sekundy popchnąć stół, ustawicznie wrzeszcząc, przeklinając i wysyłając jedna drugą do piekła. Te domowe awantury rujnowały mi nerwy.

Pewnego razu Haweya poszła do domu Dżinniego Bokora i zapytała, czy może skorzystać z jego telefonu, by zadzwonić do ojca. Powiedziała, że potrzebuje od Abeh pieniędzy, aby zadbać o siebie. Dżinni dał Haweyi 200 szylingów, a siostra wyprostowała sobie włosy u fryzjera i ułożyła je w loki po obu stronach twarzy. Mama poskarżyła się Dżinniemu, ale ten tylko puścił do niej oko i powiedział:

– Rozmowa telefoniczna kosztowałaby mnie niemal tyle samo. A poza tym, naprawdę ładnie wygląda!

Haweya zazwyczaj wygrywała swoje walki. Nosiła sandały na wysokim obcasie z paskami wokół palców, spódnice powyżej kolan i malowała paznokcie. Wyglądała jak najgorszy senny koszmar mojej matki. Kiedy po raz pierwszy dostała menstruacji, mama po prostu zalała się łzami.

Pewnego dnia Haweya spotkała Sahrę, kobietę z plemienia Issak. Prawdę mówiąc, to moja babka pierwsza spotkała tę młodą kobietę, kiedy wypasała swoją owcę, i przyprowadziła ją do domu na herbatę. Sahra pochodziła z tego samego zespołu rodowego, co babka. Ubierała się w spodnie i bluzki, nosiła ogromne okulary przeciwsłoneczne i farbowała włosy na czerwono. Sahra była od nas starsza, miała około dwudziestu trzech lub dwudziestu czterech lat. Została wydana za mąż w wieku czternastu lat i miała troje dzieci. Zapraszała mnie i Haweyę do siebie do domu, żebyśmy wspólnie pooglądały telewizję. Nie miałam czasu dla Sahry, ale Haweyi przypadł do gustu jej dom i zaczęła tam chodzić niemal każdego popołudnia. Obie mogły rozmawiać i oglądać wideo całymi godzinami. Niekiedy Sahra wychodziła sama, podczas gdy Haweya pilnowała jej dzieci. W zamian kupowała mojej siostrze książki i szminki.

Stopniowo, Haweya i Sahra zaczęły wybierać się razem na popołudniowe dyskoteki. Sahra zwykła mi mówić, że ja też powinnam wychodzić i dobrze się bawić. Świetna zabawa nie była przewidziana dla kobiet starszych i zamężnych. Miejsca te były głośne, przyprawiały o gęsią skórkę i zupełnie nie przypadły mi do gustu, ale Haweya uwielbiała ubierać się w stroje Sahry i wychodzić na tańce.

Sahra opowiadała Haweyi, jakie to okropne przeżycie być mężatką. Mówiła, że jej mąż, Abdallah, jest odpychający. Wspominała o zabiegach Abdallaha, gdy po raz pierwszy próbował w nią wejść, kiedy się pobrali: starał się rozerwać bliznę między jej nogami, co sprawiło wiele bólu. Powiedziała, że Abdallah chciał ją rozciąć nożem, ponieważ została tak ciasno zaszyta, że nie mógł włożyć w nią penisa. Opisała, jak trzymał nóż w dłoni, podczas gdy ona krzyczała i błagała go, żeby tego nie robił. Sądzę, że świeżo poślubiony małżonek współczuł temu biednemu czternastoletniemu dziecku, ponieważ zgodził się, by zabrano ją do szpitala, gdzie można było przeprowadzić zabieg.

Ślub Sahry nie skończył się świętowaniem: zakrwawionym prześcieradłem, którym można by się było poszczycić i powitać entuzjastycznymi oklaskami i zawodzeniem weselnych gości. Rozległ się jedynie szmer wyrażający rozczarowanie i wątpliwości co do dziewictwa Sahry. Wśród gości krążyły też kpiny dotyczące męskości jej męża. Następnie panna młoda została zabrana do szpitala, aby przygotować ją dla Abdallaha na kolejny wieczór.

Opowieść ta wywołała we mnie przerażenie: ogromna grupa ludzi, zakrwawione prześcieradło – swego rodzaju gwałt zorganizowany z błogosławieństwem rodziny Sahry. W najmniejszym stopniu nie wydawało się to czymś, co mogłoby się przydarzyć Haweyi bądź mnie. Tym jednak faktycznie było małżeństwo dla Sahry – fizycznym atakiem i publicznym upokorzeniem.

Sahra powiedziała Haweyi:

– Nigdy nie miałam dzieciństwa. Odebrano mi życie.

Abdallah był kuzynem Sahry, dziesięć lub piętnaście lat starszym od niej. Nie bił jej, ale ona żywiła do niego nieprzejednaną nienawiść. Zemściła się w ten sposób, że nie robiła nic dla swoich dzieci. Traktowała dziewięcioletnią córkę, Hasnę, jak niewolnicę. Hasna robiła zakupy w sklepach spożywczych, gotowała i sprzątała. Sahra ciągle ją biła i wydawała pieniądze męża na ubrania i kosmetyki. Całkowicie nie pochwalałam jej zachowania.

Haweya nie była jedynym członkiem rodziny zbaczającym z trudnej i wąskiej ścieżki, którą mama miała zamiar nas prowadzić. Mahad porzucił szkołę w wieku szesnastu lat. Po prostu przestał uczęszczać na lekcje. Pan Griffin, dyrektor szkoły, powiedział mamie, że nic więcej nie jest w stanie zrobić: Mahad nie mógł już zostać przywrócony w prawach ucznia. Kiedy wyrzucono go ze szkoły, mama była wściekła. On jednak tylko szyderczo się uśmiechał, spoglądając na nią z pochyloną głową. Był teraz wysoki i silny, nie mogła go uderzyć.

Mahad nie miał ojca, który przeprowadziłby go przez wiek dojrzewania. Miał jedynie swoich przyjaciół. Niektórzy z nich palili haszysz, pili w barach piwo i udawali twardzieli. Mahad pozostawał zawsze w bliskich relacjach z matką – działała z nim w zmowie, gotowała dla niego specjalne posiłki, gdy wymykał się ze szkoły. Jednak w jakiś czas po naszym przyjeździe do Kenii, kiedy stał się znacznie wyższy, silniejszy i po prostu zdecydowanie bystrzejszy niż ona, poczuł, że nie musi jej już dłużej słuchać. Zaczął wówczas okazywać brak poszanowania dla jej autorytetu. Restrykcyjne somalijskie tradycje narzucane przez matkę wydawały się zupełnie bezsensowne z punktu widzenia normalnego chłopca, który spędzał wiele czasu na ulicach Nairobi. Islam, w owym czasie, nie przemawiał do niego. Mahad nie uczył się, ale nie mógł znieść faktu, że dostawał gorsze oceny niż chłopcy, których niegdyś przyćmiewał. Mój brat zdecydowanie zboczył z właściwej drogi.

Matka nie miała pojęcia, co począć z przyszłością Mahada. I nie był on jej jedynym zmartwieniem. Dom, który wynajęliśmy w Kariokor, został sprzedany innemu właścicielowi i mama nie mogła w nieskończoność oddalać naszej eksmisji. Czynsze wzrosły, a ona nie miała pieniędzy. Dysponowała jedynie środkami, które otrzymywała na przeżycie od krewnych mego ojca z rodu Osman Mahamud. Każdego miesiąca musiała chodzić do domu Faraha Goure, jednego z najbogatszych biznesmenów w Nairobi pochodzącego z rodu Osman Mahamud, i udawać, że nie prosi go o pieniądze, kiedy wyniośle powiadamiała go o ponownym wzroście kosztów utrzymania. Mama nie chciała mieszkać w ciasnym, pełnym zgiełku budynku mieszkalnym w Eastleigh, jak większość Somalijczyków w Nairobi. Chciała znaleźć dla nas ładne mieszkanie w czystej okolicy.

Farah Goure uchodził za dobrego człowieka, ale jego kieszenie nie były bez dna. W końcu powiedział mamie bez ogródek, że będzie musiała przeprowadzić się do mieszkania. Byliśmy jedyną rodziną członka DFSS pozbawioną ojca, zaś Farah Goure nie był przygotowany, żeby za nas płacić, umożliwiając nam zamieszkanie w jeszcze droższym domu. Znaleźliśmy się w sytuacji bez wyjścia.

Nasze warunki bytowe były w opłakanym stanie. Właśnie wówczas, w grudniu 1985 roku, pojawił się w Nairobi starszy brat matki, wuj Muhammad, niczym powiew świeżego powietrza z Mogadiszu. Wuj Muhammad był wysoki i pełen wigoru. Wraz z jego przybyciem atmosfera w domu się poprawiła. Był bardzo podobny do matki, chociaż znacznie wyższy i o wiele weselszy. Zwykł siadać na macie na podłodze ubrany w sarong. Zarzucał szal na ramiona i żartował z nami, że jesteśmy teraz kobietami. Przemawiał do nas czułym głosem i przekomarzał się, mówiąc, że powinnyśmy niedługo wyjść za mąż. Twierdził, że ma dla nas w ojczystej Somalii wspaniałych, bogatych i młodych mężów.

Wujek Muhammad przywiózł wieści o moim ojcu i DFSS. Powiedział, że najważniejsi przywódcy opuścili szeregi organizacji. Znajdowali zatrudnienie w rządzie Siada Barre. Dorośli często szeptali coś między sobą na dole. Pewnej nocy Haweya, która podsłuchiwała, przyszła do naszej sypialni. W jej ogromnych oczach malowało się zdumienie.

– Ayaan, mamy siostrę – powiedziała cicho. – Abeh ożenił się z inną kobietą. Ma nową rodzinę.

Podkradłam się do połowy schodów i słuchałam. To była prawda. Wujek Muhammad mówił o kobiecie, którą nasz ojciec poślubił. Mieszkał w Etiopii ze swoją nową żoną i mieli dziecko.

Następnego ranka poprosiłam o więcej informacji.

– Czy Abeh ma inną żonę? – zapytałam matkę.

Ale to babka mi odpowiedziała. Wydawała się bardzo nadąsana i wyniosła.

– Nie będziemy dyskutować na temat żon twego ojca – stwierdziła. – Wiemy, że mężczyźni się żenią. Nie chcę, by ktokolwiek mówił o moich córkach i wnuczkach, że są zazdrosne.

W naszym rodzie uczucie zazdrości uznaje się za poniżające i tak podłe, że nie można się do niego przyznać. Zdawałam sobie zatem sprawę, że nie powinnam zadawać więcej pytań o nową żonę Abeh, ale dalej indagowałam.

– A więc mamy siostrę? Ile ma lat?

I znów odpowiedziała babka, tym nonszalanckim tonem:

– Och, powinna mieć teraz dziewięć lat.

Następnie matka odwróciła się i powiedziała zdławionym głosem:

– Nie, sądzę, może ma trzy lub cztery lata.

W ciszy, która wówczas zapadła, wszyscy robiliśmy obliczenia. Nasz ojciec musiał się ożenić tuż po tym, kiedy od nas odszedł, w 1981 roku – być może zaledwie kilka miesięcy później.

Myślałam o kolejnych żonach i dzieciach mego ojca: o tym, że zostawił dzieci z pierwszego małżeństwa, a następnie nas, po czym spłodził kolejną córkę, którą – jak przypuszczałam – również z pewnością porzuci. Nagle poczułam współczucie dla matki. Myślałam o wszystkich jej zmartwieniach, gdy próbowała nam znaleźć przyzwoity dom, w którym moglibyśmy zamieszkać. Była zmuszona żyć z zapomogi rodu ojca, radzić sobie z problemami, jakie stwarzali Mahad i moja krnąbrna siostra Haweya. Gdyby mój ojciec był z nami, nic takiego by się nie zdarzyło.

Byłam zupełnie przybita. Czułam, jakbym straciła wszelką nadzieję. Nie przyznawałam się do tego, ale często wyobrażałam sobie, że Abeh pewnego dnia przyjedzie do domu i znowu będziemy normalną rodziną, że uda nam się odtworzyć atmosferę bliskości i ciepła. Kiedy dowiedziałam się, że ma inne dziecko, poczułam się zdradzona, uderzona w twarz.

W kolejnych dniach i tygodniach mówiłam sobie, że nigdy nie pozwolę, by przydarzyło mi się coś podobnego. Nigdy nie będę od nikogo w ten sposób uzależniona. Matka miała tak małą kontrolę nad swoim życiem, że nie wiedziała nawet, kiedy jej mąż ponownie się ożenił. Ogarniała mnie wewnętrzna furia, gdy o tym myślałam. Wściekałam się za nią. Życie wydawało się być dla niej takie niesprawiedliwe. Potrafiła być okrutna, ale w stosunku do naszego ojca zachowywała się lojalnie, a my zawsze mogliśmy na nią liczyć. Nie zasługiwała na tak podły los.

Zaczęłam buntować się wewnętrznie przeciwko tradycyjnemu podporządkowaniu kobiet. W owym czasie nosiłam jeszcze *hidżab*. Rozmyślałam wiele o Bogu. Zastanawiałam się, co należy uczynić, by widział we mnie dobro, posłuszeństwo i uległość. Próbowałam uspokoić umysł, podporządkować się woli Boga i słowom Koranu. Wydawało się jednak, że zbaczam z Prostej Ścieżki.

Jakaś część mojej osobowości zawsze opierała się moralnym wartościom, które kryły się za wykładami siostry Azizy. Była to mała niezależność. Być może stanowiło to reakcję na jaskrawą różnicę pomiędzy surowymi zasadami postępowania wymaganymi przez świętą księgę i realiami codziennego życia, ze wszystkimi jego momentami zwrotnymi i zmianami. Nawet jako dziecko nigdy nie mogłam pojąć jawnej niesprawiedliwości obowiązujących zasad, szczególnie wobec kobiet. Jak sprawiedliwy Bóg mógł – tak bardzo sprawiedliwy, że niemal każda strona Koranu wychwala jego sprawiedliwość – pragnąć, by kobieta była traktowana aż tak niesprawiedliwie? Kiedy *mu'allim* powiedział mi, że świadectwo kobiety jest warte połowę tego, co świadectwo mężczyzny, zadawałam sobie pytanie dlaczego? Jeżeli Bóg jest miłosierny, to dlaczego domaga się, żeby powołane przez Niego do życia ludzkie istoty były wieszane publicznie? Skoro przepełniało Go współczucie, to dlaczego niewierni musieli iść do piekła? Jeżeli Bóg był wszechmocny i potężny, to dlaczego po prostu nie przeistoczył niewiernych w wiernych, a także nie sprawił, by wszyscy poszli do raju?

W duchu sprzeciwiałam się religijnemu nauczaniu i potajemnie grzeszyłam. Podobnie jak wiele innych dziewcząt w mojej klasie nadal czytałam zmysłowe romanse i szmirowate powieści szpiegowskie, chociaż wiedziałam, że postępując w ten sposób, sprzeciwiam się islamowi. Czytając powieści, które mnie pobudzały, pozwalałam sobie na coś, czego muzułmanka nigdy nie powinna doznawać: seksualne pożądanie poza instytucją małżeństwa.

Muzułmańska kobieta nie może być wolna bądź też odczuwać takich emocji i tęsknot, które stały się moim udziałem, gdy czytałam te książki. Muzułmańska dziewczynka nie podejmuje samodzielnie decyzji, ani nie próbuje przejmować kontroli. Przyzwyczaja się ją do uległości. Jeżeli jesteś muzułmańską dziewczynką, powoli znikasz, aż wewnątrz nie zostaje z ciebie niemal nic. W islamie stawaniu się jednostką nie towarzyszy konieczny proces rozwoju. Wiele osób, szczególnie kobiet, nigdy nie rozwija w sobie wolnej woli. Ulegasz: jest to dosłowne znaczenie słowa *islam*, inaczej poddanie się. Celem jest uzyskanie wewnętrznego spokoju, do tego stopnia, że nawet w myślach nie unosisz oczu.

Jednak poczucie wolnej woli wciąż we mnie rosło, nawet wówczas, gdy zgłębiałam religię islamu i praktykowałam uległość. Podsycały ją powieści o buntowniczym duchu, nieobecność mego ojca, a także frustracja wynikająca z bezradności matki, która żyła w niemuzułmańskim kraju. Myślę, że to przede wszystkim powieści uratowały mnie przed uległością. Byłam młoda, ale pojawiały się pierwsze, jeszcze bardzo nieznaczne, łagodne początki mego buntu.

Nasza rodzina nigdy nie była bardzo ze sobą związana, ale po wydarzeniach tego pamiętnego grudnia, wydawało się, że całkowicie się rozpadła. Wujek Muhammad wrócił do Somalii, a Mahad pojechał z nim, żeby odnaleźć swoją drogę w życiu i stać się mężczyzną. Cieszyłam się, że wyjeżdża – był despotą – ale czułam się też zazdrosna. Mahad mógł podróżować i przeżywać przygody. Nic takiego nigdy nie mogło przydarzyć się mnie, ponieważ byłam dziewczyną.

Miesiąc po wyjeździe Mahada przyszedł do nas komornik i zarządził eksmisję. Nasz dom pogrążył się w kryzysie. Po kilku latach ciągłych opóźnień w płaceniu czynszu, matka wciąż nie znalazła dla nas miejsca, w którym moglibyśmy zamieszkać. To babka wyszukała w końcu praktyczne rozwiązanie – jak zwykle poprzez sieć układów rodowych. Tak więc przenieśliśmy się do tymczasowej kwatery, w sąsiedztwie, do domu mężczyzny z plemienia Issak.

Właściciel nazywał się Abdillahi Ahmed i niedawno został wdowcem. Jego żona zmarła przed paroma miesiącami. Babka spędziła wówczas w jego domu kilka tygodni, pomagając w pracach domowych. Są to usługi, które świadczy się zazwyczaj swoim współplemieńcom. Kiedy Abdillahi Ahmed usłyszał o naszej trudnej sytuacji, zaproponował oczywiście, żebyśmy się do niego sprowadziły.

Abdillahi Ahmed miał wiele dzieci, ale młodsze wysłał na swoje gospodarstwo rolne, które znajdowało się poza miastem. Tylko jego dwie najstarsze córki, Fardawsa i Amina, mieszkały z nim w Nairobi. Abdillahi Ahmed był biznesmenem i Somalijczykiem, toteż nie miał pojęcia, w jaki sposób wychowywać nastoletnie dziewczynki. Tym miała się zajmować jego krewna, starsza kobieta, Hanan, która należała do domowników.

Wszystkie musiałyśmy się pomieścić w jednej sypialni: babka na jednym łóżku, Haweya i ja na łóżku piętrowym, a matka na materacu na podłodze. Przechowywałyśmy nasze rzeczy pod łóżkiem babki, albo w różnych domach w okolicy. Dzieliłyśmy jedną kuchnię. Fardawsa i Amina gotowały przeważnie dla swojej rodziny, a ja przyrządzałam posiłki dla nas.

Fardawsa i Amina dorastały w Kenii, toteż ich znajomość zarówno języka somalijskiego, jak i angielskiego była słaba. Rozmawiałyśmy ze sobą w języku suahili, na co krzywiła się moja matka. Po kolacji zazwyczaj dowcipkowałyśmy w kuchni, wyrabiając ciasto na *angello*, tradycyjne somalijskie naleśniki, które jedliśmy następnego ranka.

Starsza córka, Amina, była bardzo otwarta i Haweya darzyła ją sympatią. Ja wolałam łagodną i miłą Fardawsę.

Jednak moja matka i Hanan podchodziły do siebie jak para skorpionów. Hanan żuła *khat*. Matka nie mogła znieść sytuacji, że musi mieszkać z kobietą, która tak nisko upadła. Chociaż żucie *khatu* jest zwyczajem szeroko rozpowszechnionym w Somalii, muzułmańska doktryna sprzeciwia się jakiemukolwiek rodzajowi odurzania się. Mamie wydawało się to szczególnie niestosowne w przypadku kobiety. Ilekroć Hanan żuła *khat*, mama spoglądała na nią zwężonymi od gniewu oczami i ostentacyjnie wychodziła z pokoju.

Rano, kiedy Hanan budziła się w kiepskim nastroju z powodu oddziaływania *khatu*, potrafiła być złośliwa. Jednak po kilku godzinach żucia tej rośliny, po lunchu, Hanan stawała się znów cierpliwa i sympatyczna. Sprawowałam nad nami nadzór, wykazując się znacznie większą pobłażliwością niż moja matka w najlepszych czasach. Amina i Haweya zaczęły popołudniami wymykać się z domu. Amina miała chłopaka, który był najmłodszym synem Faraha Goure. Posiadał farmę i własny samochód. Ona pochodziła z zespołu rodowego Issak, a on z rodu Osman Mahamud. Sprawiali wrażenie szalenie romantycznej pary kochanków niczym Romeo i Julia. Co do Haweyi, to sądzę, że przeważnie spędzała wolny czas w kinie.

Fardawsa i ja również zaczęłyśmy się czasami wymykać. Chodziłyśmy do kina z Hawo, starszą córką Dzim'o Musse, która mieszkała dokładnie naprzeciw naszego domu. Hawo sądziła początkowo, że mój *hidżab* był absolutnym żartem. Kiedy zobaczyła, jak przyszłam w nim do szkoły, skręcała się ze śmiechu. Wyciągnęła mnie do kina. Obejrzałyśmy wówczas nieprawdopodobną epopeję z Bollywood.

Pewnego dnia Kennedy zauważył Haweyę na popołudniowej dyskotece i zapytał ją o Mahada i o mnie, przy czym szczególnie interesowała go moja osoba. Prawie się nie widywaliśmy od czasu, gdy Mahad porzucił szkołę Starehe Boys Centre, do której wciąż chodził Kennedy. Był teraz w trzynastej klasie. (W systemie brytyjskim, szkoła średnia zaczyna się w ósmej klasie; pod koniec jedenastej klasy, zazwyczaj określanej czwartą klasą, zdaje się małą maturę, a egzaminy końcowe z poszczególnych przedmiotów na zakończenie szkoły średniej, czyli w klasie trzynastej, zwanej również klasą szóstą). Kennedy przekazał Haweyi krótki list adresowany do mnie ze swoim numerem telefonu.

Kiedy zobaczyłam liścik, zadrżały mi nogi. Oczywiście zadzwoniłam. Podczas rozmowy jąkałam się i byłam bardzo podekscytowana. Mój czarny *hidżab* nie chronił mnie przed wpływem, jaki wywierał na mnie Ken. Postanowiliśmy się spotkać w domu jednego z jego krewnych. W kinie lub w parku ktoś mógł nas zobaczyć.

Poszłam tam zakryta od stóp do głów. Obiecałam sobie w duchu, że opowiem Kenowi o Bogu. Miałam zamiar mu oświadczyć, że jeżeli Bóg będzie chciał, abyśmy się w sobie zakochali, to pewnego dnia powinniśmy się pobrać – widocznie takie było nasze przeznaczenie.

Kiedy nacisnęłam dzwonek, a Ken otworzył drzwi, dostrzegłam w jego oczach zdumienie, gdy zobaczył mnie odzianą w czarną szatę.

– Co ci się stało? Czyżbyś zwariowała? – zapytał.

– Bynajmniej nie zwariowałam. Poważnie podchodzę do mojej religii. Ty też powinieneś tak postępować.

Ujął mnie za rękę i uśmiechnął się. Był bardzo miły. Następnie wprowadził mnie do domu, a ja zdjęłam mój *hidżab i* złożyłam go, udając, że nie ma nic niestosownego w fakcie, że przebywam w domu sama z dorosłym mężczyzną.

Pod *hidżabem* byłam ubrana w długą spódnicę i bluzkę zapiętą aż pod szyję. Usiadłam na brzeżku sofy i przez krótki czas prowadziliśmy z Kenem rozmowę towarzyską. Później mnie pocałował. Miałam wrażenie, że w moim umyśle zgasło jakieś ostrzegawcze światełko. Zdawałam sobie sprawę, że obserwują mnie anioły, ale oddałam mu pocałunek.

Kiedy zrobiło się ciemno, Ken przygotował kolację. Jeszcze nigdy nie obsługiwał mnie żaden mężczyzna. Wydawało mi się to zabawne. Ken sprawiał wrażenie chłopaka myślącego i interesującego. Rozpieszczał mnie – był zupełnie inny niż mój brat. Po kolacji, kiedy usiedliśmy razem, zapytałam go:

– Powiedz mi prawdę, masz na imię Jusuf, czyż nie?

Chciałam się dowiedzieć, jak sprawy się mają. Sądziłam, że mam prawo znać jego prawdziwe imię i wiedzieć, z jakiego pochodzi plemienia.

– Nie, mówiłem ci przecież, że mam na imię Kennedy.

Myślałam, że nadal żartuje, ponieważ cała ta historia z Kenem stanowiła swego rodzaju dowcip. Być może on i Mahad naśmiewali się z mojej łatwowierności. Na swój sposób dokuczali mi, gdyż za bardzo broniłam się przed światem zewnętrznym. Jednak Ken powiedział:

– Naprawdę nazywam się Kennedy Okioga i pochodzę z plemienia Kisii. Nie jestem Somalijczykiem. To wymysł Mahada, który chciał, by twoja matka mnie zaakceptowała. Jestem Kenijczykiem.

Byłam zaszokowana.

– A więc nie jesteś muzułmaninem? – zapytałam.

– Nie – odparł.

– Ale będziesz musiał zostać muzułmaninem! – krzyknęłam, a Kennedy zaczął się śmiać.

– Oczywiście, że nie zostanę muzułmaninem – skwitował. – Musiałbym wówczas wyglądać tak jak ty.

– Ale mężczyźni nie są zobowiązani do noszenia takich strojów – powiedziałam poważnie.

– Wiem o tym – odparł Kennedy – ale ja nie mam zamiaru zostać muzułmaninem.

Następnie oznajmił, że jest ateistą i nie wierzy w żadnego Boga. Byłam przerażona. Nie mogłam uwierzyć w podobną niegodziwość, zwłaszcza gdy chodziło o osobę tak dobrą i przystojną.

– Spłoniesz w ogniu piekielnym! – wybuchłam.

– Nie ma żadnego piekła – powiedział Kennedy. – To nonsens.

Zapadła straszna cisza. Zdałam sobie sprawę, że nigdy więcej nie powinniśmy się spotkać. Niezależnie od tego, jak bardzo go lubiłam, nie mogłam wyjść za mąż za niemuzułmanina. Nie chodziło jedynie o zasadę, że muzułmanka nie może poślubić niewiernego, ale o dogmatyczne podejście do tych spraw mojego somalijskiego rodu. Ayaan Hirsi Magan nie powinna była nigdy wyjść za mąż za Kenijczyka. Ród po prostu nie zgodziłby się na to. Gdybym poślubiła Kena, niewykluczone, że zostałby nawet zabity.

Gdyby Ken chciał nawrócić się na islam, mogłabym próbować argumentować, że wszyscy jesteśmy równi wobec Boga, niezależnie od tego, z jakiego rodu lub plemienia pochodzimy. Prawdopodobnie ród Osman Mahamud pewnego dnia by to zaakceptował, chociaż jego członkowie z pewnością szydziliby ze mnie przez całe moje życie. Jednak w wieku siedemnastu lat, nawet ja nie mogłam sobie wyobrazić, że wyjdę za mąż za niewiernego.

Tak więc nasza znajomość musiała dobiec kresu. Było to strasznie bolesne. Wychodząc, powiedziałam mu:

– Naprawdę myślę, że nie możemy być razem.

– Wiem, jakie zwyczaje panują wśród Somalijczyków, ale miłość jest silniejsza niż wszystko inne. Spróbujmy – odparł Ken.

To było słodkie, ale daremne. Ten rodzaj dziecięcego myślenia życzeniowego mieliśmy już za sobą. Po prostu spojrzałam w dół i wymamrotałam:

– Proszę, czy mogłabym to przemyśleć?

Wiedział – oboje mieliśmy tego świadomość – że mówimy sobie do widzenia.

* * *

Nie był to dobry okres dla całej naszej rodziny. Kilka tygodni później, tuż przed ukończeniem szesnastu lat, Haweya oświadczyła, że rzuca szkołę. Powiedziała mi o tym wieczorem, a nazajutrz miała tę nowinę przekazać mamie. Błagałam ją, żeby tego nie robiła. Do egzaminów z małej matury brakowało jej jedynie dwóch lat. Zawsze była bardzo zdolna. Przyswajanie poszczególnych przedmiotów przychodziło jej bez trudu. Ja natomiast musiałam poświęcać na uczenie się znacznie więcej czasu niż ona i miałam gorsze stopnie.

– Jeżeli nie otrzymasz dyplomu – powiedziałam jej – będziesz nikim. Będziesz jak mama.

Haweya pozostawała jednak niewzruszona. Według jej opinii szkoła była głupia. Chciała pojechać do Somalii, podobnie jak Mahad. Pragnęła mieszkać gdziekolwiek, byle nie w sypialni, którą musiała dzielić z babką i matką.

Następnego ranka Haweya udała się do domu Faraha Goure, gdzie mama chodziła każdego miesiąca i z wysoko uniesioną głową odbierała przyznawany jej zasiłek. Przed domem rozciągało się ogromne podwórze, zawsze pełne Somalijczyków. Haweya po prostu tam wkroczyła, ubrana w swój codzienny strój: szkolną spódniczkę, bez chusty na głowę.

– Przyszłam na konsultacje z Farahem Goure – oświadczyła.

Wszyscy zaczęli się z niej śmiać, nalegając, żeby wróciła tu ze swoją matką. Młoda dziewczyna nie może tak po prostu rozmawiać bezpośrednio ze starszym mężczyzną bez pośrednika. Kiedy jednak Farah Goure wyszedł z domu, Haweya podeszła do niego i oznajmiła:

– Jestem córką Hirsiego Magana i przyszłam prosić cię o przysługę. Możesz wysłuchać tego, co mam do powiedzenia albo odesłać mnie, mówiąc: „Idź do domu, nie jesteś tu mile widziana", a ja już tu nie wrócę.

Farah Goure zaczął się śmiać. Zapytał Haweyę, czy miałaby ochotę napić się herbaty, a ona odparła:

– Nie, chcę pojechać do Somalii. – Tak zwyczajnie. – Brat przebywa teraz w Mogadiszu – powiedziała. – Moja rodzina jest w Mogadiszu, a ojciec wkrótce przyjedzie do Somalii, kiedy Siad Barre zostanie w końcu obalony. Nie chcę już dłużej mieszkać w Kenii. Marzyłam o Somalii, odkąd byłam małą dziewczynką i wiem, że jeździsz tam dwa razy w miesiącu, toteż proszę, zabierz mnie ze sobą.

– Czy twoja matka o tym wie? – zapytał Farah Goure.

– Tak, wie – odparła Haweya. – Jeżeli zgodzisz się mnie zabrać, pozwoli mi pojechać.

Co oczywiście mijało się z prawdą.

Farah Goure był niezłym artystą. Był mały, okrągły i pochodził z rodu Osman Mahamud. Sądzę, że mieliśmy wspólnego pradziadka dziewięć pokoleń wstecz. W 1987 roku musiał mieć około sześćdziesięciu lat. Wprawdzie nie umiał czytać i pisać, ale był właścicielem całego parku samochodowego, składającego się z ciężarówek, które jeździły po całym terytorium wschodniej i południowej Afryki. Mimo że Farah Goure zdobył bogactwo dzięki własnej inicjatywie i wysiłkom, nie należało ono do niego w taki sposób, w jaki bogactwo należy do swoich prawowitych właścicieli na Zachodzie. Farah Goure wierzył w swój ród i DFSS. Opiekując się rodzinami członków DFSS w Kenii, wierzył, że oddaje przysługę swoim rodakom, by mogli poświęcić się walce. Osman Mahamud zawsze tak postępowali. Farah Goure dzielił się pieniędzmi i szczęśliwym losem ze swoim rodem i był całkowicie oddany sprawie: jego dom stał otworem przed niemal każdym członkiem rodu, jeśli tylko chciał się w nim znaleźć.

Znacznie później usłyszeliśmy opowieść o tym, w jaki sposób spotkał on swoją żonę Fadumo. Kiedy Farah Goure miał piętnaście lat, opuścił swoich rodziców, by zgromadzić własny majątek. Postępował zgodnie z tradycją obowiązującą w Bari, gdzie się urodził: mężczyzna musiał się sprawdzić. Toteż Farah Goure wyjechał z Bari i udał się do Kisimaju, na południu. Był młody, nie rozumiał w Kisimaju ludzi ani ich akcentu. Nie znał tam nikogo, kto zatroszczyłby się o niego albo uprał jego rzeczy. Pieniądze bardzo szybko mu się skończyły, a jego ubrania znajdowały się w opłakanym stanie. Nie mógł jednak wrócić do domu jako nieudacznik: to byłby wstyd nie do zniesienia.

Pewnego dnia, kiedy szedł przez targ, zobaczył młodą kobietę, mniej więcej w jego wieku, smażącą naleśniki, zwane *angello*, na stojącym na ziemi piecyku z węglem drzewnym. Zwijała je z cukrem i masłem i sprzedawała przechodniom. Chodził tam i z powrotem, wciągając w nozdrza zapach *angello*. W pewnej chwili dziewczyna zawołała:

– Wyglądasz na głodnego – a on roześmiał się z ulgą, ponieważ jej akcent wskazywał na to, że również pochodziła z Bari.

Odwiecznym zwyczajem Somalijczyków Farah Goure i młoda kobieta zaczęli wymieniać swoich przodków. Oboje wywodzili się z rodu Osman Mahamud, toteż mogli nazywać się bratem i siostrą. Zapytał, co robi w Kisimaju, a kobieta, której było na imię Fadumo, powiedziała:

– Oświadczyłam moim rodzicom, że wyjadę, by zbić majątek, i tak właśnie zrobiłam. Mam stragan z *angello*, ale pewnego dnia kupię ciężarówkę. Ty też możesz mieć kram z *angello*.

– Oczywiście, że mogę. Jestem przecież mężczyzną – odparł Farah Goure.

Fadumo zrobiła mu *angello*, a kiedy powiedział, że nie może za niego zapłacić, zaproponowała mu, by zarobił na swego naleśnika.

– Zapewnię ci śniadanie każdego ranka, a ty zorientujesz się, na czym polega prowadzenie biznesu z ciężarówkami. Ja muszę pozostać na swoim stanowisku pracy. Będąc kobietą, nie mogę zrobić tego sama.

Oto w jaki sposób Farah Goure uczył się zawodu. On i Fadumo rozmawiali każdego dnia o jej marzeniu, żeby mieć ciężarówki, które kursowałyby po całym terytorium Somalii. Zaproponował jej małżeństwo, a ona powiedziała:

– Bardzo się spieszysz. Nie wyjdę za mąż za mężczyznę, który nawet nie potrafi zarobić na swoje śniadanie.

Oczywiście w końcu się jednak pobrali. I mniej więcej po roku robienia *angello i* wypożyczania ciężarówek kursujących pomiędzy Kisimaju i Mogadiszu, Fadumo i Farah Goure kupili swoją pierwszą ciężarówkę. Potem nabyli następną i prawdziwy stragan z *angello*, w którym zatrudniali pracowników. Kobiety *tolka*, najbliższe krewne z naszego rodu Osman Mahamud, opowiadały nam tę historię wiele razy. I za każdym razem opowieść brzmiała bardziej romantycznie, Fadumo była coraz dzielniejsza i dowcipniejsza, a Farah coraz bardziej nią oczarowany. Kiedy tę wspaniałą historię opowiadano w obecności Fadumo, przysłuchiwała się w milczeniu z lekkim uśmiechem na twarzy i nic nie mówiła. Była tęgą, szczęśliwą kobietą z ogromnym domem pełnym dzieci i gości, stojącym tuż za domem Abdillahiego Ahmeda.

Kiedy Fadumo była w ciąży z siódmym dzieckiem, Farah Goure ożenił się z inną kobietą, a następnie z kolejną. Jednak Fadumo nigdy się na to nie obruszała.

– Jesteście tu mile widziane – mówiła pozostałym żonom. Musicie jednak zarabiać własne pieniądze. Pieniądze, z którymi się z wami ożenił, faktycznie są moje.

Nie wiem, ile w tej opowieści było prawdy, ale przekaz wydawał się jasny. Jeżeli jesteś kobietą, znajdujesz się w lepszej sytuacji, zarabiając własne pieniądze. Nie możesz zabronić mężowi, żeby cię opuścił lub wziął sobie inną żonę, ale jesteś zdolna ocalić część godności, gdy nie będziesz musiała prosić o finansowe wsparcie.

Przypuszczam, że właśnie dlatego Farah Goure postanowił pomóc Haweyi: lubił silne, odważne kobiety. Zgodził się zapłacić za jej podróż do Mogadiszu i załatwił wszystkie formalności.

Babka była dumna z Haweyi. Zrobiła to, co powinna była uczynić kobieta z plemienia Darod – wracała na swoją ziemię, by nauczyć się tradycji przodków. Jednak mama nie podzielała dumy babki. Odczuwała złość na myśl, że Haweya załatwiła wszystko za jej plecami. Zdawała sobie sprawę, że kobiety z rodu Osman Mahamud będą plotkować. Jeżeli córka w ten sposób opuszczała matkę, świadczyło to bardzo źle o jej wychowaniu. Wiedziała jednak, że nie może zabronić Haweyi wyjazdu do Somalii, by odwiedzić krewnych jej ojca – to wyglądałoby jeszcze gorzej.

Mama uszyła Haweyi kilka długich, powłóczystych *dirrah i* prosiła ją, żeby słuchała starszych i nie naraziła na szwank honoru swoich rodziców. Kiedy nadszedł dzień jej wyjazdu, Haweya wzięła walizkę, a mama i ja odprowadziłyśmy ją do domu Faraha Goure. Siostra była podekscytowana, a ja płakałam. Przede wszystkim czułam współczucie dla samej siebie. Zostawałam na miejscu, aby dzielić sypialnię z babką i matką. Musiałam także skończyć szkołę. Ojciec wyjechał całe lata temu, następnie Mahad, a teraz wyjeżdżała też Haweya. Babka bez końca mówiła o tym, że czułaby się o wiele lepiej, gdyby mogła z powrotem znaleźć się w rodzinnym kraju, Somalii, razem z resztą córek i z synem. Nasza rodzina rozpadała się.

Po przyjeździe do Mogadiszu Haweya miała zamieszkać z pierwszą żoną ojca, Maryan Farah, naszą najbliższą krewną w Somalii. Gdyby z nią nie zamieszkała, byłoby to niegrzeczne. Wskazywałoby również na zazdrość i mściwość z naszej strony. Byliśmy ponad tym wszystkim.

Nigdy nie spotkaliśmy Maryan Farah, ale wiedzieliśmy o niej i o jej dzieciach, które nazywaliśmy swoimi siostrami. Arro była znacznie starsza ode mnie, zaś Idżaabo niemal rówieśniczką Haweyi. Maryan, niska, dumna kobieta, po rozwodzie z moim ojcem nie wyszła za mąż po raz drugi. Pracowała w Mogadiszu na poważnym, rządowym stanowisku. Maryan pochodziła z rodu Marehan – z tego samego lineażu, co dyktator Siad Barre.

W okresie pobytu Haweyi w Somalii istniała ciągła rywalizacja między rodami. W Kenii rody niewiele dla nas znaczyły, ale w Somalii były wszechobecne. Członkowie rodu Osman Mahamud rozumieli, że Haweya musiała zamieszkać ze swoją macochą, chociaż Maryan pochodziła z innego rodu, takie panowały zwyczaje. Chcieli jednak mieć na nią oko. Szydzili z Marehan, rodu parweniusza *Afwayne.* Nie podobałoby się im, gdyby kobieta Marehan mówiła, że musi utrzymywać dziecko z rodu Osman Mahamud, toteż dawali Haweyi kieszonkowe.

Kiedy tylko Haweya wracała do domu Maryan z odwiedzin u krewnych naszego ojca, jej siostry przyrodnie napadały na nią. Arro i Idżaabo prosiły, błagały, a nawet żądały, żeby podzieliła się z nimi pieniędzmi. Bez pytania zabierały należące do niej rzeczy, takie jak szampon i mydło. Wyśmiewały się z niej, że nie zna właściwych zasad postępowania i z tego, że przez cały czas czyta. Haweya ich nie lubiła.

Wkrótce znalazła sympatyczniejsze i bardziej odpowiednie towarzystwo w domu Ibado Dhadey Magan, starszej siostry mego ojca, która nauczyła się czytać i pisać, zdobyła dyplom z pielęgniarstwa i z czasem awansowała na stanowisko dyrektora Digfeer Hospital, w którym przyszłam na świat. Ibado Dhadey dobiegała pięćdziesiątki lub nawet ją przekroczyła, ale mogła uchodzić za kobietę na wskroś nowoczesną. Była mężatką, ale nie miała dzieci. Podobał jej się hart ducha mojej siostry.

Ibado powiedziała Haweyi, że dopisało jej w życiu szczęście, miała bowiem możliwość chodzić do szkoły. Powinna była kontynuować naukę, by móc pracować i utrzymywać się z tego. Oprowadziła Haweyę po swoim domu, z wyłożoną płytkami ceramicznymi werandą i bujnym ogrodem.

– Nikt mi tego nie dał – powiedziała jej. – Sama na to zapracowałam. Wyjdź na zewnątrz, zdobądź kwalifikacje i idź do pracy.

Kiedy Haweya skorzystała z pieniędzy, które dała jej Ibado na zakup spodni, bluzek i spódnic, w rodzinie Maryan wywołało to oburzenie. Kolejną trudną kwestię stanowiło jedzenie. W naszym domu w Nairobi nigdy nie jedliśmy z jednego talerza, tak jak robią to Somalijczycy. Mama od dawna przejęła zachodni sposób spożywania posiłków. Każdy jadł ze swojego talerza, chociaż przeważnie posługiwaliśmy się łyżkami lub rękami. Jednak w domu Maryan, jak niemal wszędzie w Mogadiszu, wszyscy mężczyźni jedli ze wspólnego talerza w jednej części podwórka, a kobiety i małe dzieci przykucały na ziemi i jadły po drugiej stronie podwórka z innego talerza.

Haweyi obyczaj ten nie przypadł do gustu; uważała, że to niehigieniczne. Zupełnie nie miała apetytu. W domu spożywała zazwyczaj posiłki w samotności, kiedy wszyscy pozostali domownicy już zjedli, czytając przy tym książkę. Czuła się nieszczęśliwa, że musi teraz jeść i nie ma możliwości zagłębienia się w lekturę. W rezultacie straciła na wadze, co Maryan przyjęła jako osobistą zniewagę.

Haweya zaczęła chodzić do restauracji i płacić rachunki pieniędzmi, które dała jej Ibado. Młoda kobieta, sama, w restauracji: nikt nigdy o czymś podobnym nie słyszał. Zamawiała lunch, a następnie, na oczach wszystkich gości, jadła go powoli, czytając powieść. Kelnerzy i mężczyźni przebywający w restauracji nieustannie ją zadręczali, ale ona zręcznie odparowywała ich zaczepki. Jej zachowanie było całkowitym odstępstwem od normy.

Krewni Maryan zaczęli skupiać uwagę na Haweyi, biednej, małej córce Hirsiego Magana, której pozwolono wyrosnąć w Kenii na barbarzyńcę. Próbowali wywierać na nią wpływ. Rozmawiali z nią, usiłowali przemówić jej do rozsądku. Wszyscy interesowali się tym, co i kiedy jadła, w jaki sposób się ubierała, dlaczego czytała powieści, a nie Koran. Haweya napisała do mnie, że wyjechała do Somalii, by uwolnić się od naszej matki, ale tutaj dusiła ją cała środowiskowa koteria.

Miałam siedemnaście lat i czułam się nieszczęśliwa z powodu wyjazdu Haweyi. Moja przyjaciółka Fardawsa Abdillahi Ahmed też wyjechała z Nairobi, żeby zamieszkać z młodszymi braćmi i siostrami na wsi do czasu, kiedy zostanie wydana za mąż. Jedynym przedmiotem, który wzbudzał w szkole moje zainteresowanie, była nauka o islamie. Perspektywa czekających mnie niebawem egzaminów małej matury nie zaprzątała mojej głowy. Musiałam jak najbardziej zgłębić to, w co wierzyłam. Pozostałe dziewczęta akceptowały zasady naszej religii, przyjmując wszystko za dobrą monetę, ja natomiast czułam się zmuszona, by je zgłębić. Chciałam, żeby system mojej wiary był logiczny i konsekwentny. W gruncie rzeczy, musiałam być przekonana, że islam jest *prawdziwy.* Tymczasem zaczynałam pojmować, że chociaż wielu wspaniałych ludzi było przekonanych o prawdziwości tej religii, w spójności islamu pojawiały się poważne rysy.

Jeżeli Bóg był miłosierny, to dlaczego muzułmanie musieli odrzucać niemuzułmanów, a nawet ich atakować, aby ustanowić państwo oparte na boskich prawach? Jeżeli faktycznie był sprawiedliwy, to dlaczego kobiety były tak bardzo uciskane? Zaczęłam wyszukiwać wszystkie wersety Koranu mówiące o mądrości, wszechmocy i sprawiedliwości Boga – było ich wiele. Najwyraźniej, w realnym życiu, muzułmańskie kobiety nie były „inne lecz równe", jak utrzymywała siostra Aziza. Koran mówił: „Mężczyźni rządzą kobietami". W obliczu prawa i w każdym szczególe codziennego życia byłyśmy zdecydowanie mniej warte niż mężczyźni.

Nadal uczęszczałam na dodatkowe lekcje Koranu, oprócz codziennych zajęć w szkole średniej dla muzułmańskich dziewcząt. Mój *mu'allim* był młodym mężczyzną. Ludzie nazywali go Bokol Sawm, „ten, który pości przez sto dni". Miał niezwykle szczupłą sylwetkę. Babka twierdziła, że jego brzuch wręcz dotyka do kręgosłupa. Bokol Sawm uchodził za wzór nieprzejednanego fanatyka. Nosił saudyjską szatę, na tyle krótką, że mogliśmy zobaczyć jego wychudłe kostki. Zwykle wędrował po całej dzielnicy Eastleigh, pukając do drzwi i nauczając jej mieszkańców. Pewnego razu powiedział Farahowi Goure:

– Wszystkie twoje córki nie są zasłonięte! Będziecie się smażyć w piekle!

Farah Goure wyrzucił go z domu.

Jednak z biegiem czasu Bokol Sawm zdobył wielu zwolenników. Większość z nich stanowiły kobiety, a wśród nich była moja matka. Kiedy przychodził, kobiety przyjmowały od niego kasety magnetofonowe, które im rozdawał i wymieniały je między sobą. Zamieniły swoje salony w sale nauki Koranu. Wypełniały je po brzegi, słuchając z przejęciem jego kazań na kasecie, a nawet Bokola Sawma we własnej osobie. Zgodnie z zarządzeniem Proroka od kobiet oddzielała go nieprzejrzysta zasłona.

Bokol Sawm zyskał sławę najbardziej wziętego prelegenta wśród okolicznej społeczności, a skutki jego kazań stały się widoczne na ulicach. Kobiety, które zwykły ubierać się w kolorowe *dirrah z* kuszącymi halkami pod spodem i włoskie sandały, kobiety popisujące się pedikiurem i pomalowanymi paznokciami zaczęły okrywać się burkami*.

---

* Burka – rodzaj nieprzezroczystego okrycia głowy, noszona dodatkowo oprócz chusty przez muzułmanki przestrzegające prawa, nakazującego kobiecie zasłaniać twarz. Burka zasłania całą głowę oprócz małego obszaru wokół oczu. Tak zwana pełna burka lub burka afgańska – strój zakrywający całe ciało, w tym również oczy, zakryte siatką umożliwiającą widzenie (przyp. tłum.).

Spowijały się ciemnobrązową, czarną lub ciemnoniebieską możliwie najgrubszą bawełnianą tkaniną, spod której widoczna była jedynie maleńka część twarzy. Niektóre zaczęły nawet całkowicie zasłaniać twarz. Istnieje wiele wersji, w jaki sposób należy się dokładnie zasłaniać. Wśród somalijskich fundamentalistów jest rozpowszechniony *dżilbab*, kawałek grubego materiału okrywający człowieka od głowy aż poniżej kolan. Pod spodem należy nosić kolejną, grubą spódnicę. Nagle moja czarna peleryna zrobiła się zbyt cienka i kusa.

Matkę pociągała pewność siebie, jaką demonstrował Bokol Sawm. Zachęcała mnie do słuchania jego kazań nagranych na taśmę i do uczęszczania na jego nauki, które wygłaszał w domach w naszym sąsiedztwie.

Na zajęciach prowadzonych przez siostrę Azizę panowała atmosfera zaufania i zażyłości. Pozwalała nam wyciągać własne wnioski. Jednak w wersji Bokola Sawma nauczanie Koranu oznaczało głośne wykrzykiwanie świętych wersetów w bezładnej mieszaninie arabskiego i somalijskiego, a następnie, równie donośne podkreślanie obowiązujących zasad: co było zabronione, a co dozwolone. Nie zadawał sobie trudu tłumaczenia tekstu ani nie wyjaśniał jego ukrytej intencji.

Pewnego dnia, kiedy miałam siedemnaście lat, Bokol Sawm zajął się wersetami mówiącymi o tym, w jaki sposób kobiety powinny zachowywać się wobec swoich mężów. Musiałyśmy okazywać naszym mężom całkowite posłuszeństwo, nauczał zarówno matki, jak i nastolatki, które przybyły, żeby go posłuchać. W przypadku, gdybyśmy wykazały nieposłuszeństwo, mogli nas bić. Do obowiązków żony należała jej seksualna dostępność o każdej porze, oprócz menstruacji, „nawet w siodle wielbłąda", twierdził, cytując jeden z *hadisów*. Nie był to żaden rodzaj pełnego miłości partnerstwa lub wzajemnego obdarzania się uczuciem. W podobnej sytuacji brak było takich możliwości. Jednak Bokol Sawm wykrzykiwał: „Całkowite posłuszeństwo, oto zasada obowiązująca w islamie". Doprowadziło mnie to do wściekłości.

– Czy nasi mężowie również powinni nas słuchać? – zapytałam drżącym głosem, stojąc za zasłoną.

W pytaniu tym nie było nic niewłaściwego, ale Bokol Sawm podniósł głos, który brzmiał surowo i oschle.

– Oczywiście, że nie!

Wbiłam paznokcie w dłoń, żeby przestać się trząść i kontynuowałam:

– A zatem, mężczyźni i kobiety nie są równi.

– Są równi – odparł Bokol Sawm.

– Ależ nie są – powiedziałam mu. – Ja powinnam okazywać mężowi bezwzględne posłuszeństwo, ale on nie musi być mi absolutnie posłuszny i dlatego nie jesteśmy równi. Niemal na każdej stronie Koran podkreśla, że Bóg jest sprawiedliwy, ale to nie jest sprawiedliwe.

Głos Bokola Sawma przeszedł w krzyk.

– Nie możesz kwestionować słów Boga! Jego umysł jest ukryty. Szatan przemawia przez ciebie, dziewczyno! Natychmiast usiądź!

Usiadłam, ale cicho syknęłam: „głupi". Zaniepokoiło to inne kobiety obecne w pomieszczeniu. Myślały, że faktycznie straciłam rozum i uległam podszeptom szatana. Ja jednak wiedziałam, że poszukiwałam prawdy, a Bokol Sawm uciszył mnie, ponieważ jej nie znał. Błąd nie mógł tkwić w Koranie, ponieważ było to słowo Boga. Musiał leżeć po stronie *mu'allima*, całej kohorty nieudolnych *mu'allimów*, których miałam nieszczęście spotkać.

Myślałam, że być może Bokol Sawm w niewłaściwy sposób tłumaczy Koran. Z pewnością Bóg nie mógł powiedzieć, że mężczyźni powinni bić swoje żony, kiedy są one nieposłuszne. Na pewno zeznanie kobiety w sądzie ma tę samą wartość, co mężczyzny.

– Żadna z tych osób nie rozumie – powiedziałam sobie w duchu – że prawdziwy Koran mówi o prawdziwej równości. Koran jest bardziej szlachetny i wartościowy niż ci mężczyźni.

Kupiłam sobie angielskie wydanie Koranu i przeczytałam świętą księgę, żeby móc ją lepiej zrozumieć. Doszłam jednak do wniosku, że wszystko, o czym mówił Bokol Sawm, znalazło potwierdzenie. Kobiety muszą słuchać mężów. Słowo kobiety jest warte połowę tego, co mężczyzny. Niewierni powinni zostać zabici.

Rozmawiałam z siostrą Azizą, ona zaś te prawdy potwierdziła. Powiedziała, że pod względem uczuciowym kobiety są silniejsze niż mężczyźni. Potrafią więcej znieść, toteż są wystawiane na większą liczbę prób. Mężowie mogą karać żony – nie za małe naruszenie zasad, na przykład za spóźnienie, ale za ich złamanie, jak prowokujące zachowywanie w stosunku do innych mężczyzn. Jest to sprawiedliwe ze względu na wszechogarniającą seksualną moc kobiet.

– A co się dzieje, gdy to mężczyzna prowokuje inne kobiety? – zapytałam.

– W muzułmańskim społeczeństwie to niemożliwe – powiedziała siostra Aziza.

Ponadto stwierdziła, że nie wolno mi pod żadnym pozorem wyobrażać sobie, że słowa Koranu można przystosować do obecnych czasów. Koran został napisany przez Boga, a nie przez człowieka.

– Koran to słowo Boga i zaprzeczanie Jego słowom jest zabronione – powiedziała mi siostra Aziza.

Jesteś posłuszna i służysz Bogu – przechodzisz swego rodzaju próbę. Jeżeli poddasz się Jego woli na ziemi, czeka cię szczęśliwość wieczna w życiu po śmierci. Zasada jest surowa i jasna. Żywione przeze mnie wątpliwości zmniejszyły w znacznym stopniu moje szanse na wieczną szczęśliwość, ale doszłam do wniosku, że nie mogę ich ignorować. Musiałam je rozwiązać.

W miarę jak rosła liczba wyznawców Bokola Sawma, jego kazania zaczęły wywoływać coraz więcej kłótni między małżonkami. Początkowo somalijscy ojcowie i mężowie byli rozbawieni i droczyli się z żonami, przepowiadając, że niemądre, znudzone kobiety po tygodniu znajdą inną rozrywkę. Jednak z upływem czasu czuli się coraz bardziej zirytowani. Pokój dzienny, zazwyczaj wygodnie urządzony, stanowi domenę mężczyzn. Somalijscy mężczyźni przyprowadzają do domu swoich przyjaciół, siadają z nimi na matach i zagłębiają się w długie rozmowy. Rozprawiają o honorze, pieniądzach i polityce. Zastanawiają się nad tym, czy wziąć sobie drugą albo trzecią żonę, popijając przy tym pachnącą herbatę i żując *khat*. Ich ulubioną porą są wieczory i piątkowe popołudnia, a Bokol Sawm lubił wygłaszać swoje kazania właśnie w tym czasie.

Kiedy Bokol Sawm odwiedzał dom, mężczyźni byli odsyłani do pomieszczeń dla kobiet: do kuchni, na podwórko, a w niektórych większych domach, do mniejszych i brzydszych salonów, zajmowanych przeważnie przez kobiety. Gdy ich żony nawróciły się na prawdziwy islam wyznawców Braci Muzułmanów, zaczęły mówić, że żucie *khatu*, palenie i opuszczanie modlitw jest zabronione. W rzeczywistości odprawiały swoich mężów, nazywając ich niewiernymi. Kiedy mężczyźni krzyczeli coś o nieposłuszeństwie, kobiety odpowiadały, że wierne muzułmanki powinny przede wszystkim okazywać uległość Bogu, nawet przed mężem i ojcem: Żony mają obowiązek słuchać jedynie mężów, którzy sami są posłuszni Bogu.

Wyznawcy organizacji Braci Muzułmanów uważali, że istnieje czysty, pierwotny islam, do którego wszyscy powinniśmy powrócić. Tradycyjne sposoby praktykowania islamu uległy zepsuciu, rozcieńczone dawnymi wierzeniami, które nie powinny być rozpowszechniane. Organizacja została założona w latach dwudziestych ubiegłego wieku w Egipcie jako muzułmański ruch odnowy religijnej. Idee głoszone przez członków organizacji stopniowo zyskiwały na popularności i rozpowszechniały się – początkowo powoli, ale znacznie szybciej w latach siedemdziesiątych dwudziestego wieku, kiedy zaczęły napływać środki finansowe od bardzo bogatych Saudyjczyków. W 1987 roku idee Braci Muzułmanów dotarły do somalijskich gospodyń domowych zamieszkujących w Eastleigh, przybierając wychudłą i gniewną postać Bokola Sawma.

W ciągu kilku miesięcy doszło do pierwszych rozwodów, a świeccy Somalijczycy grozili Bokolowi Sawmowi, winiąc go za rozpad ich rodzin. Rozzłoszczeni mężowie przepędzali Bokola Sawma ze spotkań organizowanych w ich domowych izbach, a także z somalijskich meczetów, ale kopie jego kaset nadal przekazywano sobie z rąk do rąk, nawet wówczas, gdy się ukrywał.

Na kasetach tych, kiedy nie ostrzegał przed ogniem piekielnym i wrogami islamu, Bokol Sawm wydawał szczegółowe zalecenia dotyczące ceremonii narodzin, współżycia, małżeństwa, rozwodu i tym podobnych wydarzeń. Obchodzenie urodzin Proroka było zabronione, ponieważ przypominało święta Bożego Narodzenia, kiedy chrześcijanie obchodzą przyjście na świat Jezusa, zaś muzułmanie nigdy, w żaden sposób, nie powinni naśladować niewiernych. Noszenie amuletów, jak robiła to moja babcia i proszenie o przychylność zmarłych przodków, uchodziło za bluźnierstwo. Bóg mógł kojarzyć się wówczas z pomniejszymi bóstwami. Z tego powodu można było zostać skazanym na wieczny ogień. Istniała możliwość odmowy współżycia z mężem, jeżeli nie przestrzegał obowiązku modlitwy i postu. Kiedy wchodziło się do łazienki, żeby skorzystać z toalety, należało wejść do niej lewą nogą, a gdy się wychodziło, wystawiało się najpierw prawą nogę. Jedyna formuła powitalna dozwolona wśród muzułmanów brzmi następująco: *Assalamu-alajkum wa rahmatullahi wa barakatuhu*, „Niech pokój będzie z tobą, miłosierdzie Boga i Jego błogosławieństwo". Jeżeli muzułmanin został powitany w jakikolwiek inny sposób, nie musiał odpowiadać.

Bokol Sawm nie był jedynym kaznodzieją, który przychodził do naszej dzielnicy, by poprowadzić tych, którzy się zagubili, z powrotem ku prostej ścieżce Boga. Na ulicach coraz częściej pojawiali się młodzi mężczyźni należący do organizacji Braci Muzułmanów ubrani w długie do kostek białe szaty i czerwono-białe chusty w kratę. Ludzie, którzy nawrócili się za ich sprawę, zaczęli zbierać pieniądze od rodzin. Niektóre kobiety ofiarowały swoje posagi, wpływały też wszelkiego rodzaju darowizny. W 1987 roku w Eastleigh został zbudowany pierwszy meczet Braci Muzułmanów. Bokol Sawm wyszedł wówczas z ukrycia, by wygłaszać tam kazania w każdy piątek, wykrzykując na całe gardło przez głośniki znajdujące się za białym minaretem zwieńczonym zielonym półksiężycem wokół pojedynczej gwiazdy.

Bokol Sawm krzyczał, że mężczyźni, którzy odrzucili wezwanie swoich żon do wyznawania religii islamu, będą smażyć się w piekle. Ten sam los czekał bogaczy wydających swoje pieniądze na ziemskie przyjemności. Muzułmanie, którzy opuścili swoich przyjaciół Palestyńczyków, wyznawców tej samej religii, nie są prawdziwymi muzułmanami – za karę pogrążą się w płomieniach. Islam był zagrożony i jego wrogowie – Żydzi i Amerykanie – zostaną skazani na wieczny ogień piekielny. Te muzułmańskie rodziny, które wysłały swoje dzieci na uniwersytety w Stanach Zjednoczonych, w Wielkiej Brytanii i na innych ziemiach niewiernych, będą smażyć się w piekle. Życie na ziemi jest tymczasowe, wrzeszczał Bokol Sawm; podczas jego trwania Bóg wystawia ludzi na próbę. Hipokryci, którzy byli zbyt słabi, by oprzeć się ziemskim pokusom, również się spalą. Jeżeli nie zerwiesz przyjaźni z niemuzułmanami, czeka cię taki sam los.

Miałam wątpliwości co do Bokola Sawma, ale w wieku siedemnastu lat wierzyłam w wartości wyznawane przez organizację Braci Muzułmanów. W miarę jak rosła liczba wyznawców bractwa, widać było dwie wyraźne korzyści. Mniej młodych mężczyzn uzależniało się od *khatu i* innych narkotyków. W owym czasie AIDS zaczynał zabijać ludzi. Wiele muzułmańskich rodzin uważało, że w tej sytuacji najbardziej wskazane jest zachowanie wstrzemięźliwości, zaś powstrzymywanie się od uprawiania seksu było dokładnie tym, co głosili religijni fanatycy wszelkiej maści.

Inną korzyścią było ograniczenie korupcji. W przedsiębiorstwach prowadzonych przez tę organizację korupcja praktycznie nie istniała. Medyczne ośrodki i organizacje dobroczynne były niezawodne i wiarygodne. Jeżeli Kenijczycy, którzy nie byli wyznawcami islamu, nawrócili się na tę religię, mogli również skorzystać z podobnych dobrodziejstw. W rezultacie wielu kenijskich mieszkańców slumsów zaczęło przechodzić na islam.

W Marengo został zbudowany nowy meczet za pieniądze ofiarowane przez bogatego Saudyjczyka. Pewnego piątkowego wieczoru poszłam tam, by modlić się wraz z koleżankami z klasy, ponieważ – zgodnie z zaleceniem siostry Azizy – należało odwiedzać biedne dzielnice. Było to po wieczornej modlitwie i na ulicy obok meczetu tłoczyło się wiele kenijskich kobiet wyglądających nieco ociężale w swoich nowych *dżilbabach.* Przy wejściu do meczetu Kenijka z niemowlęciem na ręku usiadła na kamiennych schodach. Uniosła swój *dżilbab*, rozpięła guziki sukienki, którą miała pod spodem, a następnie skierowała zupełnie nagą i ponętną pierś w usta niemowlęcia, jakby to była najzwyklejsza czynność na świecie. Przed nią wznosił się stos męskich butów, a za nią nieznani jej mężczyźni byli pochłonięci modlitwą. Młoda kobieta wydawała się jednak zupełnie nie zważać na otoczenie.

Wszystkie dziewczęta z klasy siostry Azizy zaczęły piszczeć, jednocześnie prowadząc tę młodą Kenijkę do pomieszczenia znajdującego się w sekcji kobiet. Stojąca w pobliżu starsza kobieta pochodząca z plemienia Hawija, okryta od stóp do głów, zaczęła pouczać ją na temat muzułmańskiego sposobu karmienia piersią. Należało powiedzieć formułę błogosławieństwa *Bi-ismi Allah* (w imię Boga), zanim włożyło się sutek do ust dziecka. A kiedy niemowlę ssie mleko matki, powinno się prosić Boga, by chronił dziecko przed chorobą, ziemskimi pokusami i niegodziwymi postępkami Żydów. Oczywiście, żaden obcy mężczyzna nie mógł być przy tym obecny: w takim wypadku lepszym rozwiązaniem było pozostawienie dziecka głodnym.

Nigdy nie należałam do gorących wielbicielek Bokola Sawma. Uważałam jego kazania za prymitywne. Wydawały się nie odpowiadać na moje pytania. Jednak budziła moje zainteresowanie dyskusja grupy młodych wyznawców islamu, która miała miejsce w centrum społeczności muzułmańskiej znajdującym się w pobliżu mojej szkoły. Była to głównie młodzież niezadowolona z intelektualnego poziomu nauczania w madrasach. Podobnie jak ja, młodzi ludzie poszukiwali pogłębionego, religijnego nauczania, lepszego rozumienia przykładu Proroka Muhammada, większych możliwości pójścia w jego ślady. Czuli, że islam nie powinien być czymś, czemu przytakuje się skinieniem głowy kilka razy w tygodniu. Chcieli zagłębić się w określonym, w najdrobniejszych szczegółach, sposobie życia, w pasji, w nieustannej pracy wewnętrznej.

Grupa młodych mężczyzn – Somalijczyków i Pakistańczyków – zaczęła organizować cotygodniowe muzułmańskie debaty w celu przedyskutowania tych kwestii. Spotkania te nie przypominały kazań w meczecie, które polegały często na zwykłej recytacji starych tekstów w języku arabskim. Prelegenci na spotkaniach młodzieży rozmawiali o stosunkach między mężczyznami a kobietami, muzułmanami i niemuzułmanami, islamem i chrześcijaństwem. Dyskusje były ożywione, często mądre, jak również znacznie bardziej istotne dla naszego życia niż wystąpienia w meczecie.

Uczestnicy spotkań wyróżniali się bystrością umysłu. Głęboko oddani religii muzułmańskiej starsi studenci przychodzili tu dobrowolnie, w przeciwieństwie do dzieci uczęszczających do szkoły koranicznej, często zmuszanych do tego przez rodziców. Mówca zajmował miejsce na podium. Chłopcy stojący z przodu byli przeważnie ubrani w zachodnie stroje, a ustawione za nimi dziewczęta nosiły na głowach wielkie chusty. Segregacja była dobrowolna, a atmosfera harmonijna: wszyscy byliśmy dobrymi muzułmanami, dążącymi do doskonałości.

Nasze spotkania nie przypominały biernych, starych szkół muzułmańskich, w których islam oznaczał kilka zasad i mniej lub bardziej pobożnie przestrzegane rytuały. Ich wyznawcy czerpali wiedzę z Koranu, ale żyli również plemiennymi zwyczajami i magicznymi wierzeniami w amulety i duchy. Stanowiliśmy szturmowe oddziały Boga. Islam, który chłonęliśmy, wywodził się z surowych wierzeń myślicieli podejmujących próby wskrzeszenia pierwotnego islamu głoszonego przez Proroka Muhammada i jego uczniów w siódmym wieku. Intencja polegała na tym, żeby przestrzegać dawnych zwyczajów w każdym szczególe naszego życia. Nie uczyliśmy się po prostu tekstu na pamięć: dyskutowaliśmy na temat znaczenia zawartych w nim wskazań i jakie mogą one mieć odniesienie w stosunku do naszego codziennego życia.

Czytaliśmy teksty Hasana al-Banny, który założył organizację Braci Muzułmanów, aby przeciwstawić się rozpowszechnianiu zachodnich idei na ziemiach islamu i propagować powrót do islamu głoszonego przez Proroka. Zapoznawaliśmy się z teoretycznymi podstawami ideologii Braci Muzułmanów opracowanymi przez Sajjida Kutba, innego Egipcjanina. Twierdził on, że nie wystarczy wygłaszać kazań, ale powinniśmy dokonać rewolucji, by ustanowić królestwo Boga na Ziemi. Nowe ruchy, zwane *Ichwan* (Bractwo) i *Tauhid* (Jedynobóstwo; wiara w jednego Boga) wzbudzały nasz zachwyt. Skupiały małe grupy prawdziwych wiernych, za jakich sami się uważaliśmy. Był to prawdziwy islam, powrót do czystej wiary proroka.

Wszyscy uważali, że na całym świecie jest prowadzona nikczemna krucjata, której celem jest wykorzenienie islamu, zaś na jej czele stoją Żydzi i cały bezbożny Zachód. Musieliśmy bronić islamu. Chcieliśmy zaangażować się w *dżihad.* Słowo to ma wiele znaczeń. Może ono oznaczać, że wiara potrzebuje wsparcia finansowego albo że należy podjąć wysiłki w celu poszerzenia kręgu nowych wyznawców poprzez nawrócenia. Niekiedy czyniono to, używając przemocy; agresywny *dżihad* jest historycznie stałym elementem w islamie.

Bardzo chciałam być żarliwą muzułmanką, zawsze czułam się jednak nieswojo, gdy musiałam przeciwstawiać się Zachodowi. Wielka Brytania i Ameryka były krajami z kart moich książek. Panowały w nich dobre obyczaje, obowiązywała przyzwoitość, a jednostka mogła dokonywać indywidualnych wyborów. Zachód kojarzył mi się z wyżej wymienionymi przymiotami, a ponadto z muzyką pop, kinem i zabawnymi korespondencyjnymi przyjaciółkami. Będąc uczennicami Muslim Girls Secondary School, nawiązałyśmy listowny kontakt z dziewczętami z Finlandii i Kanady, które sądziły, że mieszkamy na drzewach w dżungli. Moje osobiste doświadczenia z Zachodem były wprawdzie minimalne, ale naprawdę nie wydawał się on aż tak zły. Przyglądałam się jednak długo i wnikliwie zdjęciom martwych muzułmanów, które podawaliśmy sobie z rąk do rąk: musieliśmy nadać sens ich śmierci. Mówiono nam, że spowodował je Zachód. Wpajano nam, że – jako muzułmanie – powinniśmy przeciwstawiać się Zachodowi.

Naszym celem był globalny muzułmański rząd dla wszystkich.

Byliśmy gotowi angażować się w walkę o wyznawane wartości. Wielu wskazywało na potrzebę propagowania islamu poprzez publiczne głoszenie jego zasad wśród niemuzułmanów, a także wobec jego biernych wyznawców, aby mogli się ocknąć, słysząc wezwanie do prawdziwej, czystej wiary. Kilku młodych mężczyzn opuściło grupę. Wyjechali do Egiptu, gdzie stali się członkami założonej tam organizacji Braci Muzułmanów. Inni otrzymywali stypendia do szkół koranicznych w Medynie w Arabii Saudyjskiej, pochodzące od różnych grup finansowanych przez Saudyjczyków.

Siostra Aziza, kiedy wyszła za mąż za szyitę, stała się gorącą zwolenniczką tego wielkiego nurtu w islamie. Była zachwycona rewolucją islamską w Iranie, która w 1987 roku liczyła osiem lat. Mówiła o szlachetności i heroizmie ajatollaha Chomejniego. Opowiadała podniesionym głosem o wypaczeniach i przebiegłości zachodnich krzyżowców. Pokazywała nam fotografie martwych irańskich chłopców. Na ich głowach nadal widniały zielone opaski męczeństwa. Oddali swoje życie w obronie irańskiej rewolucji. Zaprowadziła nas do ambasady Iranu w Nairobi. Rozmawialiśmy o wyjeździe do tego kraju, by zrobić, co tylko będzie w naszej mocy dla ajatollaha. Kiedy jednak moja matka dowiedziała się, że złożyłyśmy wizytę w ambasadzie, była zła. Nigdy nie pozwoliłaby mi pojechać do Iranu w towarzystwie szyitów.

W klubie dyskusyjnym odbywaliśmy długie rozmowy na temat, jak się zachowywać w codziennym życiu. Istniało wiele zasad i szczegółowych zaleceń, a liczne autorytety wypowiadały swoje opinie na ten temat. Uważano, że muzułmańskie kobiety powinny zakrywać swoje ciała nawet przed niewidomym mężczyzną, choćby znajdowały się we własnym domu. Nie miały prawa chodzić po ulicy. Nie powinny były oddalać się bez pozwolenia od domu swego ojca.

Uznałam to za coś niezwykłego, że wielu szanowanych muzułmańskich myślicieli poświęcało tak dużo czasu na zastanawianie się, jak duża część kobiecego ciała może pozostawać odkryta bez wywoływania powszechnego chaosu i poruszenia. Oczywiście większość z nich zgadzała się co do tego, że kiedy dziewczyna wejdzie w wiek dojrzewania, każda część jej ciała, oprócz twarzy i rąk, musi być zakryta. Te same zasady obowiązywały, gdy przyszło jej przebywać w towarzystwie jakiegokolwiek mężczyzny, który nie był członkiem jej najbliższej rodziny, a także wówczas, kiedy znajdowała się poza domem. Uważano bowiem, że jej nagie ciało mimowolnie wywierało wpływ na mężczyzn, których ogarniała nieokiełznana gorączka podniecenia seksualnego. Jednak nie wszyscy myśliciele zgadzali się w kwestii, jakie dokładnie fragmenty kobiecej twarzy i rąk były do tego stopnia zniewalające, że musiały pozostawać zakryte.

Niektórzy uczeni uznawali, że oczy kobiet stanowią najsilniejsze źródło seksualnej prowokacji. Kiedy Koran mówił, że kobiety powinny spuszczać wzrok, faktycznie oznaczało to, że muszą ukrywać oczy. Inna szkoła myślicieli uważała, że sam widok kobiecych ust, szczególnie pełnych i młodych, wprawiał mężczyznę w taki stan seksualny, że mógł spowodować jego upadek. Byli też wśród nich tacy, którzy zapisali niezliczoną liczbę stron, rozpatrując zmysłowość linii podbródka, szlachetny kształt nosa lub długie, szczupłe palce. Niepokoiła ich także tendencja niektórych kobiet do poruszania rękami w taki sposób, że prowokowało to mężczyzn do odczuwania licznych pokus. Dla potrzeb każdego ograniczenia cytowano słowa Proroka.

Nawet jeżeli wszystkie kobiety były całkowicie zakryte od stóp do głów, w głowach mężczyzn mogły rodzić się różne myśli. To już nie wystarczało. Istniało bowiem prawdopodobieństwo, że stukot wysokich obcasów wywoła u mężczyzn wyobrażenie kobiecych nóg. Aby uniknąć grzechu, kobiety musiały nosić buty na płaskich obcasach, które nie robią hałasu. Następnie przyszła kolej na perfumy: gdyby kobiety roztaczały wokół przyjemne zapachy, nawet perfumowanego mydła i szamponu, mogłyby tym samym rozpraszać umysły mężczyzn i odwracać ich uwagę od oddawania czci Bogu. Zaczynaliby wówczas snuć fantazje o grzeszeniu. Najbardziej bezpiecznym sposobem, aby nie wyrządzić nikomu krzywdy, wydawało się unikanie kontaktu z jakimkolwiek mężczyzną. Należało zatem przez cały czas pozostawać w domu. Grzeszne, erotyczne myśli mężczyzny były zawsze winą kobiety, która je wzniecała.

Pewnego dnia dało mi to tak wiele do myślenia, że w końcu zapytałam:

– A co z mężczyznami? Czy oni nie powinni się zakrywać? Czy kobiety nie pożądają męskich ciał? Czy widok męskiego ciała nie wywołuje w nich pokusy?

Wydawało mi się to logiczne, ale wszyscy zebrani wybuchnęli śmiechem. Trudno mi zatem było nadal wysuwać swoje zastrzeżenia.

Czułam się samotna bez Haweyi i Fardawsy. Ponadto wiele moich szkolnych koleżanek unikało mnie, czując się nieswojo w towarzystwie religijnego dziwoląga ubranego w coś, co kształtem przypominało namiot. Zaczęłam spędzać popołudnia po zakończeniu szkolnych zajęć w domu Faraha Goure. Mieszkało tam całe stado młodych kobiet – jego nastoletnie córki i dziewczęta wywodzące się z rodu Osman Mahamud, które dopiero niedawno przyjechały z Somalii. Opiekę nad nimi sprawowała jego żona Fadumo, spoglądając na nie bystrym, lecz życzliwym okiem. Kilka dziewcząt przebywających w domu Fadumo dopiero przybyło z somalijskich wsi i prowincji. W krótkim czasie zaręczono je z właściwymi mężczyznami z rodu. Matka uważała, że wywrze to na mnie doskonały wpływ, toteż pozwalała mi chodzić do domu Faraha Goure tak często, jak miałam na to ochotę. Udawałam się tam regularnie i trzeba przyznać, że czułam się dobrze w ich środowisku.

Był to mój pierwszy kontakt z dziewczętami z Somalii. Jedna z nich miała na imię Dżawahir. Była bystra, ładna i dosyć pobudliwa. Miała około dwudziestu pięciu lat. Przyjechała do Nairobi, aby poślubić jednego z pracujących u Faraha Goure kierowców ciężarówek.

Czekała w domu Faraha Goure na swego przyszłego męża, dopóki nie wróci do Nairobi z trwającej pięć miesięcy podróży przez południową Afrykę. Ali był godnym zaufania pracownikiem i Fadumo chciała, by Dżawahir czuła się w Nairobi szczęśliwa. Gdyby Dżawahir nie zachwyciła stolica Kenii, mogłaby przekonać Alego do wyjazdu z nią do Somalii. Dlatego Fadumo poprosiła mnie o pokazanie Dżawahir miasta i dotrzymanie jej towarzystwa.

Dżawahir była maleńka, ale żywiołowa. Zachowywała się w sposób afektowany: przewracała oczami i gwałtownie wymachiwała rękami, snując piskliwym głosem różne opowieści. Nadawała wszystkiemu wiele dramatyzmu. Dżawahir przypominała mi kobiety z plemienia Issak, które opłakiwały śmierć mojej ciotki na pogrzebie w Mogadiszu, pod drzewem talal. Mieszkając w pobliżu Hargejsy, gdzie jej rodzice osiedlili się na jakiś czas, zaczęła nawet mówić z typowym dla plemienia Issak akcentem i przyswoiła sobie ich obyczaje. Dżawahir nie czytała książek – była analfabetką – ale wydawała się naprawdę zabawna.

Cała nasza grupa spotykała się przez długi czas. Popołudniami prowadziłyśmy typowe dla dziewcząt rozmowy, chichocząc przy tym raz za razem, gdy tymczasem starsze osoby ucinały sobie z dziećmi poobiednią drzemkę. Rozmowy skupiały się na nieuchronnie zbliżającym się małżeństwie Dżawahir, a także ewentualnych szansach zaślubin innych dziewcząt. Poruszałyśmy także często temat obrzezania. Wszystkie dziewczęta wiedziały, że niebawem wyjdą za mąż. Było zatem do przewidzenia, że rozmawiałyśmy o rytualnej kliteroktomii – wycięciu łechtaczki i warg sromowych. Z tego właśnie powodu zostałyśmy zaszyte.

Rozmowa polegała głównie na wzajemnym przechwalaniu się. Wszystkie dziewczęta opowiadały o tym, jak ciasno zostały zaszyte. Sprawiało to, że były nawet bardziej czyste i podwójnie niewinne. Dżawahir odczuwała szczególną dumę z powodu swego obrzezania. Zwykła mówić:

– Widzisz, jak wygląda twoja dłoń? Ja taka jestem. Płaska. Zamknięta.

Pewnego popołudnia, plotkując o innej dziewczynie, Dżawahir powiedziała:

– Kiedy przechodzi się obok toalety, gdy ona jest w środku, można *usłyszeć*, że nie jest dziewicą. Mocz nie kapie. Siusia głośno, jak mężczyzna.

Dyskutowałyśmy też na temat naszych miesiączek, za sprawą których czułyśmy się brudne i niewarte modlitwy. Podczas menstruacji nie wolno nam było nawet się modlić, ani dotykać Koranu. Wszystkie dziewczęta czuły się winne, że każdego miesiąca krwawią. Stanowiło to dowód, że są mniej warte niż mężczyźni.

Tak naprawdę nigdy nie rozmawiałyśmy o samym seksie. Nie wspominałyśmy o akcie seksualnym podczas nocy poślubnej, z którego to powodu musiałyśmy zostać zaszyte. Somalijczycy niemal nigdy nie mówią o seksualności wprost. Temat ten uznaje się za żenujący i nieprzyzwoity. Niekiedy jednak, gdy Dżawahir i ja spacerowałyśmy po okolicy, natykałyśmy się na ludzi – Kenijczyków – obściskujących się i całujących namiętnie w jasnym świetle dnia. Filigranowa Dżawahir cofała się odruchowo – był to wstrętny kraj.

Zdarzały się popołudnia, gdy Dżawahir prosiła mnie, żebym poczytała jej głośno fragmenty książek, które wszędzie ze sobą nosiłam. Nigdy nie chodziła do szkoły i książki wydawały jej się czymś osobliwym i nieznanym. Były to przeważnie powieści szpiegowskie lub ckliwe romanse, ale wszystkie zawierały sceny seksu. Czytałam je jej, a ona krzywiła się i mówiła:

– W przypadku muzułmanów sprawy mają się inaczej. Jesteśmy czyści.

Ślub Dżawahir odbył się w domu Faraha Goure. Wszystkie kobiety miały na dłoniach wymalowane henną misterne wzory i były ubrane w suknie *dirrah z* gazy. Tańczyłyśmy razem do muzyki, którą kobiety wygrywały na bębnie. Nie sądzę, by mężczyźni również tańczyli albo słuchali muzyki. Zaserwowano nam obfity posiłek, ponieważ zarżnięto kilka owiec i kóz. Wieczorem pojawiła się mała Dżawahir, ubrana w białą suknię w zachodnim stylu, z włosami upiętymi na czubku głowy. Skupiona na niej uwaga zgromadzonych osób sprawiała jej przyjemność: uwielbiała publiczne występy.

Przez tydzień po ślubie mama nie pozwalała mi spotkać się z Dżawahir: mówiła, że byłoby to niestosowne. Odwiedziłam ją zatem dopiero podczas kolejnego weekendu. Dżawahir usiadła na sofie, ostrożnie przenosząc ciężar ciała z jednego pośladka na drugi. W końcu zapytałam ją, jak wygląda stosunek seksualny.

Pominęła pytanie milczeniem. Trzymałam w ręku jedną z książek w miękkiej okładce wydaną w serii Harlequina, należącą do Halwy. Chwyciła ją i zapytała:

– Co to za nieprzyzwoita książka, którą czytasz?

– Daj spokój! Wiesz teraz o tym wszystko, powiedz mi, jak to jest?

– Opowiem ci dopiero wtedy, kiedy przeczytasz mi tę książkę.

Była to historia o mężczyźnie i kobiecie, o romansie skazanym na niepowodzenie. Autor zamieścił w niej tylko jedną lub dwie sceny erotyczne. Kiedy mężczyzna i kobieta całowali się, mężczyzna położył dłoń na jej piersi i przylgnął ustami do jej sutka. Dżawahir była przerażona.

– Ci chrześcijanie są nieprzyzwoici! – zapiszczała. – To zabronione! Muzułmanie nigdy się tak nie zachowują!

Teraz Dżawahir naprawdę musiała mi powiedzieć, na czym polegał seks. Stwierdziła, że był straszny. Po ceremonii zaślubin udali się do sypialni w mieszkaniu, które Ali dla nich wynajął. Ali zgasił światło. Dżawahir położyła się na łóżku, ubrana od stóp do głów. Zaczął ją obmacywać pod sukienką, rozłożył jej nogi, zdjął jej majtki i próbował włożyć w nią swój członek. Nie przeciął Dżawahir nożem, posługiwał się jedynie penisem. Zajęło to wiele czasu i bolało. Przyszły mi na myśl historie, które opowiadała mi Sahra.

Każdej nocy stosunek był niemal równie bolesny i zawsze przebiegał tak samo: Ali wchodził w Dżawahir, poruszał się w niej w górę i w dół, a następnie miał wytrysk. I to wszystko. Potem wstawał i brał prysznic, żeby się oczyścić. Ona robiła to samo, po czym smarowała maścią Detto miejsca, które krwawiły. Na tym polegało współżycie seksualne Dżawahir.

Podobny proceder nie przypominał w niczym scen, które pamiętałam z książek. Niebawem miałam skończyć osiemnaście lat. Wychowałam się na Harlequinach i całowałam się z Kennedym. To, co opisywała Dżawahir, było bardzo odległe od podniecającego seksu, jaki sobie wyobrażałam. Czułam się zawiedziona i oświadczyłam jej, że nigdy nie wyjdę za mąż.

Dżawahir zaczęła się śmiać i powiedziała:

– Poczekaj, aż pewnego dnia wróci twój ojciec – wówczas zobaczysz.

Sprawiała wrażenie całkowicie pogodzonej ze swoim życiem. Ali wydawał się miłym mężczyzną, ani agresywnym, ani podłym. Był też przyzwoitym żywicielem rodziny. Dżawahir uważała, że wartościowym kobietom Bóg zakazuje odczuwanie pożądania.

Wiedziałam już, co siostra Aziza powie o seksie i małżeństwie. Doradzała wielu młodym parom. Kobiety często mówiły jej, jak straszne było dla nich współżycie ze swymi mężami. Siostra Aziza zwykła im odpowiadać, że skarżą się, ponieważ czytały rozwiązłe, niezgodne z duchem islamu opisy doświadczeń seksualnych w książkach zachodnich autorów. My – muzułmanki – nie powinnyśmy naśladować zachowania niewiernych – ubierać się tak jak ich kobiety, w podobny sposób uprawiać seks, albo brać z nich przykładu w każdym innym aspekcie życia. Nie powinnyśmy czytać ich książek, gdyż sprowadzą nas one z prostej, prawdziwej ścieżki wiodącej do Boga.

Kobieta nie mogła rozwiązać małżeństwa tylko z tego powodu, że było ono okropne czy nudne: uznawano to za całkowicie zakazane i wskazywałoby na podszepty szatana.

– Jeżeli twój mąż sprawi ci ból – mówiła tym kobietom siostra Aziza – musisz mu o tym powiedzieć i poprosić, żeby robił to inaczej. Kiedy będziecie odpowiednio współpracować, zawsze okaże się to mniej bolesne. A jeżeli nie zadaje wam bólu, możecie się uważać za szczęściary.

W domu Abdillahiego Ahmada stosunki między mamą a Hanan pogarszały się. Wcześniej zdarzyło się między nimi kilka sprzeczek, ale mama starała się trzymać swoje emocje na wodzy. Wiedziała, że gdyby wybuchła wielka kłótnia, musiałybyśmy opuścić dom. Na początku 1988 roku dotarły do nas wieści, że po raz kolejny w Somalii rozgorzała otwarta wojna. W maju wojska Siada Barre zaczęły bombardować terytorium plemienia Issak. Hanan zamieniła się w jędzę.

Pochodziła z plemienia Issak i krzyczała, że nie potrzebuje kobiety Darod w swoim domu.

Z pewnością nigdy nie uważaliśmy Siada Barre za współplemieńca. Siad Barre należał do zespołu rodowego Darod, ale pochodził z rodu Marehan, zupełnie niespokrewnionego z rodziną mego ojca wywodzącą się z Osman Mahamud, podobnie jak z rodem matki, Dulbahante. Matka próbowała przekonać Hanan do swoich racji. Postępowanie Siada Barre w stosunku do Issak w 1988 roku przypominało do złudzenia krzywdę wyrządzoną współplemieńcom mego ojca dziesięć lat wcześniej.

– Wszyscy jesteśmy ofiarami Siada Barre – powiedziała matka. – Z tego powodu opuściliśmy nasz dom i dlatego jesteśmy żebrakami w tym kraju.

Na domiar złego, kiedy Siad Barre zaatakował plemię Issak, zaofiarował amnestię bojownikom z rodu Madżerten z DFSS. Kilku czołowych członków DFSS skorzystało z oferty, wśród nich znaleźli się moi krewni z rodu Osman Mahamud. Brat Dżim'o Musse skapitulował i został ministrem telekomunikacji w rządzie Siada Barre. Zachowanie Hanan stawało się niemożliwe do zniesienia.

Każdego dnia o piątej po południu, zaraz po powrocie do domu ze szkoły, nastawiano w kuchni na cały regulator somalijski serwis BBC. Hanan dowiadywała się wówczas, jak wielu członków plemienia Issak zginęło, ilu zaś uciekło. W naszej sypialni mama i babka słuchały tej samej audycji. Hanan zaczynała krzyczeć – przeklinając Dulbahante, Madżerten, a także Darod i wysyłając ich do piekła. Zdarzało się, że matka traciła zimną krew i wybiegała z naszej sypialni, aby stanąć z nią twarzą w twarz. Te dwie pomarszczone kobiety krzyczały na siebie, stojąc pośród garnków, dzbanków i rondli. Matka recytowała wymyślony na poczekaniu wiersz, oskarżając Hanan o tchórzostwo, a Hanan wykrzykiwała, że matka jest znacznie większym tchórzem, ponieważ wyjechała z Somalii o wiele wcześniej. Babka, która kręciła się po kuchni, błagała je, żeby przestały się kłócić. Ja tymczasem chyłkiem wymykałam się z domu, pragnąc znaleźć się jak najdalej od tych wszystkich wrzasków.

Dżawahir usilnie mnie prosiła, abym się do niej wprowadziła w celu dotrzymania jej towarzystwa, podczas gdy Ali wyjeżdżał w długie trasy. Chciała też, żeby jej pomóc w prowadzeniu domu. Fadumo wiedziała o napiętej atmosferze panującej w naszym domu, ponieważ nic, co robią Somalijczycy nie jest sekretem, więc wstawiła się za mną. Powiedziała mamie, że młoda somalijska mężatka, taka jak Dżawahir, będzie wspaniałą towarzyszką dla dorastającej dziewczyny. Nawet mama widziała, jak trudno było mi się uczyć w domu Abdillahiego Ahmeda. Toteż przeprowadziłam się do Dżawahir na kilka miesięcy, żeby przygotować się do egzaminów.

Czułam się dorosła. Dom znajdował się w Eastleigh w dzielnicy zamieszkanej przez Somalijczyków, toteż pozostawałam pod czujnym okiem rodu. Mimo to czułam się bardziej swobodnie i spokojniej niż w morderczej atmosferze, jaka panowała wokół Hanan i mamy. Kiedy jej mąż był w domu, Dżawahir rzucała w jego stronę zalotne spojrzenia, ubierała się w ładne stroje i perfumowała żywicą olibanową. Ali zdawał się tego nie zauważać, ale przynajmniej odnosił się do niej z pełnym szacunkiem i życzliwością.

Kiedy mieszkałam w domu Dżawahir, oświadczyło mi się dwóch współpracowników Alego. Stanowiło to dla mnie dużą niespodziankę – za pierwszym razem Dżawahir wybuchnęła śmiechem, kiedy zobaczyła, jak bardzo byłam zaskoczona – jednak mężczyźni zachowywali się w sposób właściwy i pełen szacunku. Najpierw, jeden po drugim, porozmawiali z Alim, a następnie Ali przyszedł do mnie, żeby przedstawić ich prośbę. Za każdym razem szczegółowo opowiadał mi o każdym z nich: mówił, że są bardzo sumiennymi pracownikami i z pewnością byliby odpowiedzialnymi żywicielami rodziny. Co równie istotne, obaj mężczyźni wywodzili się z rodu Osman Mahamud. Stwierdził, że mogłabym się wprowadzić do pobliskiego domu, a każdy z tych mężczyzn zaopiekowałby się mną. Wszystko obracało się wokół pieniędzy i poczucia bezpieczeństwa. Nie było mowy o miłości opisywanej w powieściach, które czytałam. Nawet w filmach z Bollywood widziałam więcej romantyzmu niż w moich zalotnikach.

Jeden z tych konkurentów wyróżniał się szczególną wytrwałością. Dobiegał trzydziestki, był zagorzałym muzułmaninem, ale jak sądziłam tępym, brzydkim i zupełnie niewykształconym. Błagał. Mówił, jak bardzo pragnie mnie chronić. Była to jego najmocniejsza karta. Powiedział mi, że gdybym się zgodziła, pojechałby do Somalii, gdzie odnalazłby mego ojca, a przynajmniej brata i otrzymał ich zgodę, która była oczywiście jedynym zezwoleniem, jakie naprawdę się liczyło. Nie było rozmowy na temat wzajemnego obdarzania się uczuciem lub zgodności charakterów.

W głębi serca uważałam tę sytuację za surrealistyczną. Nie tak wyobrażałam sobie konkury. Pragnęłam radosnego podniecenia, mężczyzny wspaniałego i pełnego fantazji, wszechstronnie wykształconego, o ciemnych oczach i z poczuciem humoru. Chciałam, żeby ścięło mnie z nóg. Bałam się zostać mężatką. Bynajmniej nie pragnęłam, żeby moje życie przypominało egzystencję Dżawahir. Nie miałam ochoty stać się grubą i starą kobietą, jak moja szkolna koleżanka Zajnab, ani przypominać mojej mamy i uprawiać tego rodzaju seks, jak Sahra i Dżawahir.

Za każdym razem bardzo uprzejmie odmawiałam. Powiedziałam Alemu, że chciałabym skończyć szkołę, zanim zacznę w ogóle rozważać takie kwestie. Na szczęście mama mnie poparła. Oświadczyła mu, że nie mogę się zaręczyć pod nieobecność mego ojca i brata. Byłoby to nie tylko nie w porządku, ale niezgodne z zasadami, ponadto podobnego rodzaju postępowanie wzbudziłoby podejrzenia. Jestem jednak pewna, że uważała te małżeństwa za poniżej mojej godności.

Kiedy rodzice Halwy wprowadzili się do nowego domu zbudowanego przez nich w jednym z drogich osiedli mieszkaniowych wyrastających wokół miasta, zaproponowali mojej mamie wynajęcie mieszkania w małym budynku na Park Road, który właśnie opuścili. Tuż przed naszą przeprowadzką, Haweya wróciła z Mogadiszu z walizką pełną krótkich spódniczek i z nowym błyskiem w oku. Kiedy mama ją zobaczyła, wykrzyknęła:

– O Boże! I co teraz?

Matka miała nadzieję, że Somalia poskromi Haweyę i stanie się ona bardziej uległa. Tymczasem wydawała się jeszcze bardziej samowolna i zdeterminowana decydować o swoim losie bez konsultacji z kimkolwiek.

Haweya zobaczyła inną stronę Somalii niż oczekiwała matka. Somalijskie kobiety chcą być *baarri*, co oznacza idealne zachowanie kobiety. Niemal wszystkie są obrzezane, czego Arabowie zazwyczaj nie robią. Jednak tradycyjnie, somalijskie kobiety pracują. To właśnie sprawia, że nie są podobne do kobiet arabskich i być może mają więcej swobody. Islam nie był nigdy tak potężny w Somalii, jak w kraju swego pochodzenia – Arabii Saudyjskiej. Stąd też niektóre somalijskie kobiety z pokolenia mego ojca miały bardzo nowoczesne poglądy. Nasza ciotka, Ibado Dhadey Magan, a nawet, do pewnego stopnia, nasza macocha, Maryan Farah, stanowiły dla Haweyi przykład. Bardzo różniły się od mojej matki, która zastygła w biernej, gorzkiej urazie od dnia, kiedy ojciec wyjechał.

Haweya pojawiła się w Kenii z głową pełną planów. Chciała wychodzić z domu i pracować. Powiedziała, że postanowiła tu wrócić, ponieważ system kształcenia był na wyższym poziomie: Ibado Dhadey przekonała ją, że musi zdobyć odpowiednie kwalifikacje. Haweya nie miała ochoty wrócić do szkoły średniej i uczyć się do egzaminów, by zdać małą maturę. Sądziła, że jest na to o wiele za stara. Chciała pójść do szkoły dla sekretarek. Aby się do niej dostać, nie potrzebowała małej matury.

Kilka miesięcy po powrocie Haweyi zdałam egzaminy z małej matury. Niewiele jednak brakowało, bym je oblała. Z takimi ocenami nie mogłam przystąpić do egzaminów końcowych w szkole średniej, a byłam zbyt dumna, żeby chociaż powtarzać rok i ponownie spróbować. Haweya i ja postanowiłyśmy, że pójdziemy razem do szkoły dla sekretarek. Zdawałyśmy sobie sprawę, że nie będzie łatwo przekonać mamę, która chciała, żebym zamieszkała przez jakiś czas w nieodległym muzułmańskim pensjonacie dla dziewcząt i nauczyła się gotować, sprzątać i czytać Koran. Powiedziałam jej, że umiem już gotować, sprzątać i recytować Koran, a szkoła dla sekretarek będzie czymś w rodzaju szkoły średniej.

Haweya i ja unikałyśmy prawdy, że w szkole dla sekretarek zdobędziemy kwalifikacje, dzięki którym będziemy mogły pracować w biurach i zarabiać na życie. Powiedziałyśmy mamie, że Ibado uiści opłaty Haweyi. Agencja Narodów Zjednoczonych do spraw Uchodźców miała zapłacić część czesnego za mnie, ponieważ byłam uchodźcą i skończyłam szkołę średnią, a szkoła ta przygotowywała do zawodu. Ostatecznie, niechętnie, mama zgodziła się zapłacić resztę.

W 1988 roku Mahad przysłał mamie list z Somalii. Napisał, że spotkał Abdellahiego Abdi Ajnaba, najstarszego syna dyrektora więzienia, który został stracony za pomoc w ucieczce z więzienia memu ojcu. Mahad pisał, że Abdellahi mieszka w Adenie. Miał własny biznes, liczy sobie zaledwie dwadzieścia cztery lata, ciężko pracuje i jest pobożny. Abdellahi Abdi Ajnab z szacunkiem prosił o moją rękę.

Matka zaproponowała, żebym usiadła. Powiedziała mi, że jest to godna uwagi partia. W wydarzeniach, które połączyły losy naszej rodziny, mogłaby wówczas zaistnieć pewna symetria. Ojciec z pewnością wyraziłby zgodę. Starała się ze wszystkich sił przekonać mnie, abym przystała na plan Mahada. Jednak cały ten pomysł zupełnie mnie zmroził. Oczywiście żywiłam głębokie uczucie wdzięczności wobec ojca tego mężczyzny; był dla nas święty. Zastanawiało mnie co innego: czy Mahad naprawdę spodziewał się, że zgodzę się na poślubienie kogoś, kogo nawet nie spotkałam i będę mieszkać w kraju, w którym nigdy nie byłam?

Napisałam najbardziej wyważony list do Mahada, na jaki było mnie stać. Starałam się wytłumaczyć mój punkt widzenia w następujący sposób: „Mój najdroższy bracie, mam zaledwie osiemnaście lat i myśli o małżeństwie nie zaprzątają jeszcze mojego umysłu. Muszę doświadczyć wieku dojrzałego, zanim przestanę być dzieckiem. Dopiero wówczas wkroczę do domu mojego męża". Przedstawione stanowisko było uprzejme i pełne szacunku, ale jasne.

Następnie Mahad napisał bezpośrednio do mnie. Chciał, żebym to sobie przemyślała. Kilka dni później przyszedł list od samego Abdellahiego Abdi Ajnaba. Był to piękny list, napisany w wyszukanym języku somalijskim, młody człowiek pochodził bowiem z bardzo wykształconej rodziny. Przedstawiał się w nim i mówił o swoich poglądach na życie. Przesłał też dwa swoje zdjęcia z Adenu. Przypominało to trochę listy od moich korespondencyjnych przyjaciół, z załączoną fotografią uśmiechniętej twarzy. Nadal nie pociągał mnie pomysł poślubienia tego mężczyzny, jednak pod względem formalnym uczynił wszystko, co było w jego mocy.

Matkę zbiły z nóg fotografie Adenu, miasta, w którym zaczęło się jej dorosłe życie. Powiedziała, że to małżeństwo jest moim przeznaczeniem. Nie byłam przygotowana na podjęcie takiej decyzji i sama myśl o niej sprawiała, że czułam się złapana w pułapkę. Niemniej jednak, matka i brat ustalili między sobą, że kiedy przyjdzie pora, żebym kogoś poślubiła, będzie to właśnie ten mężczyzna.

Nie uznawałam tego za specjalne zagrożenie. Abdellahi Abdi Ajnab mieszkał w Adenie, zaś Mahad był w Somalii. Nie wyglądało to na plan, który miałby zostać natychmiast wcielony w życie. Odpisałam mu, że nie odrzucam go jako osoby. Tłumaczyłam, że nie mogę wyjść za niego za mąż, ponieważ nigdy go nie spotkałam. Ponadto, nie miałam na razie małżeństwa w swoich planach. I wszystko było w porządku. Nic nie zostało podpisane. Nikt mnie do niczego nie zmuszał.

Zaczęłam opuszczać muzułmańskie debaty w czwartkowe wieczory. W miarę upływu kolejnych miesięcy stawały się one coraz bardziej przewidywalne i mniej inspirujące. Wciąż dostrzegałam niespójność argumentów, a na moje pytania nie otrzymywałam satysfakcjonujących odpowiedzi. Nie dowiadywałam się niczego nowego. Mówcy uświadamiali nam dawne podstawy islamu, a także potrzebę przestrzegania i praktykowania wiary w sposób znacznie bardziej aktywny. W lekcjach nie można jednak było dostrzec postępu, nie dokonywano żadnych zmian. Wszelkie interpretacje zdarzeń czy cytowanie tekstów przez uczestników debat nie wydawały mi się logiczne, lecz raczej konformistyczne.

Miałam wrażenie, jakby moja głowa rozpadła się na dwie połowy. Kiedy przebywałam w świecie siostry Azizy, byłam pobożna, potulna i pełna szacunku wobec niezliczonej liczby barier, które ograniczały poczucie mojej wolności. Resztę czasu poświęcałam na czytanie powieści. Można stwierdzić, iż żyłam w świecie swojej wyobraźni. Było w nim wiele miejsca na śmiałe posunięcia. Jako czytelniczka, mogłam zająć miejsce kogoś innego i żyć jego przygodami, przyswoić sobie osobowość bohaterów i dokonywać wyborów, przed którymi nigdy nie miałam możliwości stanąć w rzeczywistości.

Lektura książek dostarczała mi wielu moralnych dylematów. Były one tak interesujące, że nie dawały mi zasnąć. Odpowiedzi na nie przynosiły liczne niespodzianki. Często okazywały się trudne, ale miały wewnętrzną logikę, którą można było zrozumieć. Czytając książkę *Dr Jekyll i pan Hyde*, zrozumiałam, że w jednej osobie mogą współistnieć dwie osobowości, że zarówno zło, jak i dobro żyje w każdym z nas jednocześnie. Było to bardziej ekscytujące niż ponowne czytanie *hadisów*.

Zaczęłam wymykać się od czasu do czasu, żeby pójść do kina z Haweyą albo z innymi somalijskimi dziewczętami. Nie miałam poczucia, że grzeszę, było to po prostu umacnianie przyjacielskich więzi. W owym czasie nie modliłam się regularnie. Rzadko zdarzało mi się teraz modlić pięć razy dziennie.

W lutym 1989 roku BBC podało wiadomość, że ajatollah Chomejni wydał nakaz zabicia pisarza, który nazywał się Salman Rushdie. Napisał on książkę o żonach Proroka Muhammada zatytułowaną *Szatańskie wersety*. Ta niegodziwa książka wywołała falę rozruchów w całym świecie muzułmańskim. Ajatollah oświadczył, że Rushdie, który urodził się muzułmaninem, był winny bluźnierstwa i zbrodni odszczepieństwa – dążył do wyrzeczenia się wiary – co podlega karze egzekucji. Skazał go na śmierć i wyznaczył karę za głowę pisarza.

Pewnego wieczoru, kilka tygodni później, siostra Aziza i jej mąż wstąpili do nas do domu i poprosili mnie, żebym poszła z nimi do muzułmańskiego ośrodka kultury znajdującego się obok szkoły, gdzie miały miejsce nasze debaty. Na parkingu zgromadził się niewielki tłum. Kilku młodych mężczyzn podjechało samochodami, a następnie urządzili widowisko, paląc małe flagi: izraelską i amerykańską. Potem przywiązali książkę Rushdiego do kija, oblali ją naftą i podpalili zapalniczką. Radośnie wiwatując, obserwowali, jak książkę pochłaniają płomienie.

Obok mnie siostra Aziza wznosiła okrzyki i skandowała hasła związane z paleniem flag i książki. Jej zachowanie mnie raziło, ponadto czułam się bardzo skrępowana tym widowiskiem. Zastanawiałam się nad sensem całej tej manifestacji – kupić jeden egzemplarz tej książki tylko po to, żeby ją spalić. W ostatecznym rozrachunku pieniądze i tak miały pójść na konto autora. Nie przyszło mi nawet do głowy, aby zakwestionować wyrok na Salmana Rushdiego. Jeżeli znieważył Proroka, to z pewnością na to zasłużył. Wierzyłam, że Rushdie napisał coś strasznego, chociaż nawet nie znałam jego powieści. Jednak spalenie książki było dla mnie aktem, którego mógł dokonać rząd opowiadający się za polityką apartheidu w Republice Południowej Afryki. Nie potrafiłam wytłumaczyć swego zażenowania, ale wcześnie wyszłam. O ile sobie przypominam, była to moja ostatnia wizyta w muzułmańskim ośrodku kultury.

Haweya i ja zaczęłyśmy zajęcia w szkole dla sekretarek w centrum miasta. Szkoła sprawiała wrażenie nędznie wyposażonej. Pięćdziesiąt lub sześćdziesiąt dziewcząt tłoczyło się w dużym pomieszczeniu nad sklepem. Nie miałyśmy do dyspozycji nawet wystarczającej liczby maszyn do pisania. Lekcja pierwsza wyglądała następująco: „Lewa ręka, palec wskazujący. Napisać literę „f". Prawa ręka, palec wskazujący. Napisać „j". Nie nauczyłyśmy się niczego, toteż pod koniec dnia zażądałyśmy, żeby zwrócono nam opłaty. Było to niezwykłe uczucie stać obok Haweyi i żądać czegoś od zupełnie obcej osoby. Stwierdziłam, że razem możemy być silne.

Zaczęłyśmy się rozglądać za lepszymi możliwościami kształcenia. Pytałyśmy znajome dziewczyny, które pracowały w różnych biurach, jakie szkoły ukończyły najlepsze sekretarki. Poleciły nam Valley Secretarial College, w którym klasa liczyła piętnaście osób. Uczono tam stenografii, a słuchaczki miały do dyspozycji prawdziwe komputery. Szkoła mieściła się w Kilimani. Trzeba było dojeżdżać dwoma autobusami, a droga prowadziła wzdłuż bezładnej zabudowy poza granicami Nairobi. Opłaty były wysokie, ale zapisałyśmy się.

Szkoła dla sekretarek nie pobudzała intelektualnie, ale dzięki niej miałyśmy kontakt ze światem zewnętrznym. Po raz pierwszy naprawdę widziałam ulice Nairobi, kiedy jeździliśmy w tę i z powrotem autobusem zwanym powszechnie *matatu*, poruszającym się ze stukotem po wyboistych drogach stolicy. Pewnego razu szłam w stronę *matatu*, gdy usłyszałam okrzyki: „Złodziej!". Tłum ludzi złapał chłopca mniej więcej w moim wieku, który miał na sobie jedynie krótkie spodenki. Kiedy przechodziłam obok, widziałam go, skulonego na ziemi, otoczonego kręgiem ludzi, którzy rzucali w niego dużymi kamieniami.

Tłum stawał się coraz większy i coraz bardziej zdeterminowany. Niektórzy gapie byli ubrani w łachmany, a inni w garnitury. Młode dziewczęta wiwatowały, jakby kenijska drużyna wygrała mistrzostwa świata w piłce nożnej. Były kamienie, wrzaski, kopniaki i znowu kamienie. Ludzie krzyczeli: *Mwizi, mwizi,* „Złodziej, złodziej". Chłopak został poważnie ranny. Z głowy spływała mu krew. Każde uderzenie sprawiało, że krwawił mocniej. Jego oczy spuchły tak bardzo, że nie można ich już było zobaczyć. Po chwili ktoś kopnął go mocno w usta. Chłopiec leżał na ziemi, a jego ciało drgało.

Myślałam, że zwymiotuję. Cofnęłam się, nie mogłam już dłużej patrzeć na okrutną egzekucję. Nigdy nie widziałam bardziej odrażającego widoku. Czułam się winna, że na to patrzyłam, tak jakbym w tym uczestniczyła. Chłopiec prawdopodobnie zmarł. Podczas pobytu w Nairobi docierały do nas wieści o linczach: złodziei zabijał na ulicach żądny zemsty tłum. Po raz pierwszy widziałam jednak złodzieja na własne oczy.

W szkole pomaturalnej dla sekretarek atmosfera była znacznie bardziej swobodna niż w szkole dla muzułmańskich dziewcząt. Niektóre Kenijki dowcipkowały i chichotały, opowiadając sobie o seksie. Wychodzenie z domu i prowokowanie chłopców było dla nich czymś zupełnie naturalnym. Mimo to, niemal wszystkie spośród nich były praktykującymi chrześcijankami, oddanymi ideałom chrześcijańskiego małżeństwa. Jednak nasze koleżanki z klasy w Valley Secretarial College były nieczyste. Swobodnie przyznawały się do współżycia z mężczyznami. Prowadziły życie, którego matka nam zabraniała, co sprawiało, że jednocześnie głęboko mnie szokowały i fascynowały.

Lucy, na przykład, była gadatliwa i miła. Ubierała się w tak obcisłe rzeczy, że można było zobaczyć każdą fałdkę ciała.

– Mężczyzna lubi coś, co może przytrzymać – zwykła mawiać. Lucy w każdy weekend chodziła do dyskoteki, gdzie mogła wypić piwo i spotkać mężczyzn, a kiedy po kilku tygodniach jakiś mężczyzna jej się znudził, znajdowała innego. Kiedy komentowałyśmy jej zachowanie, śmiała się i kwitowała z przyjazną pogardą:

– Nie można jeść tego samego posiłku każdego dnia.

Lucy przez cały czas mówiła o seksie. Dla niej dziewica była albo zbyt brzydka, albo zadzierała nosa. Mogła też być religijną fanatyczką. Dziewictwo wydawało jej się czymś śmiesznym.

– Dlaczego miałabym obiecywać wierność jednemu mężczyźnie,

kiedy mogę mieć ich wszystkich? – zapytała mnie pewnego razu. – Co to za klatka, w której tkwisz, dziewczyno?

Lucy uważała religię za nudną dziedzinę, a islam za szczególnie odrażający i nie robiła z tego tajemnicy. Nie dążyła do małżeństwa, chciała się dobrze bawić, a seks był dla niej zabawą. Niekiedy mężczyźni dawali jej pieniądze, co sprawiało Lucy przyjemność. Ceniła również tych, którzy potrafili dobrze tańczyć, ale nie o to chodziło. Lucy lubiła uprawiać seks, a kiedy przestawała lubić to z jednym mężczyzną, po prostu znajdowała sobie kolejnego.

Znałyśmy ją już kilka miesięcy, kiedy oświadczyła, że jest brzemienna. Powiedziała, że zaszła w ciążę świadomie, ponieważ ten mężczyzna był bardzo przystojny, a ona chciała mieć ładne dziecko. Jej życie było jak z innego świata. Ja wciąż, każdego wieczoru, wkładałam mój muzułmański strój, zanim wsiadłam do *matatu*, którym jechałam do domu. Zapytałyśmy Lucy, czy rodzice nie ukarzą jej surowo za to, co zrobiła. Ona jednak śmiała się i zaprzeczała. Powiedziała, że rodzice zajmą się dzieckiem i będą nawet zadowoleni, jeżeli niemowlę okaże się szczególnie słodkie.

Wciąż tęskniłam za ojcem. Nieodpowiedzialność Lucy w sprawach dotyczących jej dziecka wprawiła mnie w osłupienie i muszę przyznać, że zaczęłam ją pouczać. Skończyło się to kłótnią. Jednak niezależnie od tego, czy był to wpływ Lucy, czy też nie, zaczęłam nieco luźniej podchodzić do mego ogromnego, czarnego okrycia. Stopniowo docierało do mnie, że nie będę mogła długo go nosić, jeżeli planowałam pracować w biurze w Nairobi. Niemal na pewno nie pozwolono by mi przychodzić do pracy ubranej w *hidżab.*

Szata wydawała mi się teraz niezgrabna, a noszenie jej uciążliwe i raczej niemądre. Liczyła się jednak z pewnością moja intencja, by zachowywać się skromnie. Zaczęłam nosić długi, dopasowany płaszcz, podobnie jak Halwa. Unikałam też siostry Azizy. Wiedziałam, że nie zaaprobowałaby mojego postępowania.

We wrześniu 1989 roku zdałyśmy egzaminy. Lucy, teraz w widocznej ciąży, oblała. Haweya i ja otrzymałyśmy świadectwa z wyróżnieniem jako sekretarki Valley College. Przyszłyśmy do domu uszczęśliwione i powiedziałyśmy mamie, że nie musi się już więcej martwić o cały czynsz, który byłyśmy winne. Mogłyśmy pracować i udzielać jej finansowego wsparcia.

Mama wstała ze stołka, na którym zwykle siadywała przy piecyku na węgiel drzewny, z pociemniałą z gniewu twarzą. Oświadczyła, że nie będziemy pracować. Była stanowcza. W oczach mamy praca w biurze kojarzyła się jej niemal z prostytucją. Babka z całego serca ją wspierała.

– Pieniądze zarobione przez kobietę nigdy nikogo nie wzbogaciły – oznajmiła, cytując kolejne powiedzenie ze swego nieskończenie bogatego zbioru anachronicznych przysłów.

Odwróciłam się do Haweyi z pochmurną miną i powiedziałam po angielsku:

– Będziemy zatem musiały się wyprowadzić.

Wiedziałam o istnieniu schronisk młodzieżowych. Mogłyśmy wynająć jakiś przyzwoity pokój i żyć własnym życiem.

Być może mama rozumiała po angielsku więcej niż myślałam. Kiedy wściekłe weszłyśmy do naszego pokoju, wymknęła się na zewnątrz. Kupiła ogromny zapas jedzenia i trzy kłódki. Gdy Haweya i ja chciałyśmy wyjść wieczorem na spacer, okazało się, że wszystkie drzwi są zamknięte.

– Nigdzie nie pójdziecie – powiedziała mama. – Macie jedzenie – ugotujcie je, kiedy będziecie głodne.

Haweya wpadła w szał. Zerwała z głowy chustę, gwałtownym ruchem zdjęła płaszcz i krzyknęła:

– To moja życiowa ambicja, żeby zostać prostytutką! Wiem wszystko o tym, jak zajść w ciążę! Spójrz na moje piersi i pośladki. Przywołam do okna mężczyznę, powiem mu, aby dał mi swoją spermę i zajdę w ciążę!

Krzyczała tak przez wiele godzin. Widziałam, że na swój sposób mamie podobał się ostry, zjadliwy język Haweyi, ale to nie sprawiało, że czuła się mniej rozgniewana.

Dni wściekłości i monotonii mijały nam za zamkniętymi drzwiami. Byłam wściekła, nawet nie podejrzewałam u siebie tak głębokich pokładów tego uczucia. Podawałyśmy krótkie liściki przez okno ludziom, którzy mieszkali w naszym budynku. Prosiłam ich, żeby zanieśli je Halwie i Sahrze. Matka Halwy wpadła do nas i próbowała przekonać mamę, że nie może trzymać nas w zamknięciu aż do śmierci. Należało rozważyć inne rozwiązanie. Byłyśmy bystrymi dziewczynami, odczuwałyśmy brak ojca, a ponadto nasza matka nie miała żadnych innych środków na utrzymanie. Dlatego sąsiadka powiedziała mamie, że możemy znaleźć przyzwoite, muzułmańskie przedsiębiorstwo, w którym mogłybyśmy pracować. Zobowiązywałoby nas to przynajmniej do noszenia na głowie chust.

Mama ponownie udała się do członków rodu Osman Mahamud. Chciała skonsultować się z Farahem Goure i innymi mężczyznami. Farah Goure zgodził się, że mama miała prawo zabronić nam iść do pracy, jeżeli jej zdaniem było to dla nas najlepsze wyjście. Nie mogłyśmy jednak zostać wydane za mąż, ponieważ ojca nie było na miejscu, aby zaaprobował odpowiedniego kandydata. A zamykanie nas w domu na kłódkę nie stanowiło na dłuższą metę rozwiązania. Farah Goure uważał, że najlepszym pomysłem będzie wysłanie nas z powrotem do Somalii, przyzwoitego, muzułmańskiego kraju. Tam zapewne udałoby się nam znaleźć pracę. W każdym razie na pewno skorzystałybyśmy z życia wśród Somalijczyków.

Mama nie miała innego wyjścia, więc się zgodziła. Kiedy usłyszałyśmy, że pojedziemy do Somalii, byłam zachwycona.

– Ayaan, stań nogami twardo na ziemi – powiedziała mi Haweya. – Nie spodoba ci się tam.

Wiedziała, czego się spodziewałam: miałam nadzieję, że zyskam tam uznanie i będę kochana. Myślałam, że Somalię zamieszkują jedynie przyzwoici ludzie, a wszyscy zachowują się w stosunku do siebie tak jak powinni. Przypuszczałam, że Somalijczycy w swym kraju okażą się inni od wszystkich Somalijczyków, których znałam w Kenii. Dżawahir powiedziała mi, że nie istniała tam przestępczość ani przemoc. Przez cały czas było ciepło, nie tak zimno i mgliście jak zdarzało się w Nairobi. Kiedy dorastałam, zawsze mi mówiono, że wszelkie zło w życiu mojej matki było winą Kenijczyków. Somalia oznaczała zaufanie, sprawiedliwość i uczciwość. W Somalii wszystko znajdzie się na swoim miejscu i będzie miało sens.

Dotarły także do mnie wieści, że wojska DFSS przemieściły się na północ kraju, a następnie dotarły aż do Bari. Mój ojciec odwiedził raz Somalię, ale odmówił rezygnacji z dalszej walki i powrotu do szerokiego uśmiechu Siada Barre, tak jak zrobili to inni uchodźcy. Władza Siada Barre wydawała się kruszyć. Wkrótce, pewnego dnia, nastąpi pokój i Somalijscy uchodźcy będą mogli wrócić do domu.

Kiedy wyjechałyśmy w marcu 1990 roku, miałam dwadzieścia lat. Nie obawiałam się powrotu do Mogadiszu. Byłam zadowolona, że opuszczam matkę i Nairobi. Wracałam do mojego prawdziwego domu i moich korzeni.

ROZDZIAŁ 7

Rozczarowanie i oszustwo

Kiedy tylko wysiadłyśmy z samolotu w Mogadiszu, uderzyła w nas fala gorącego powietrza. Podobało mi się to. Byłam tak podekscytowana, że pomocnik Faraha Goure, który z nami podróżował, patrząc na mnie, wybuchnął śmiechem. Zaskoczył mnie jednak bałagan. Lądowiskiem okazała się odmieciona z piasku droga. Pasażerowie po omacku szukali swego bagażu i wyszarpywali go z ogromnej sterty sfatygowanych walizek, bezceremonialnie zrzuconych pod samolotem. Na zewnątrz lotniska obstąpiła nas chmara mężczyzn, prosząc usilnie, żebyśmy pojechały z nimi do miasta. Rzucał się w oczy brak jakiegokolwiek porządku i organizacji.

Nie miało to znaczenia. Tak po prostu wyglądało lotnisko. Byłam skłonna wybaczyć niemal wszystko temu miejscu, które w końcu miało być moim domem.

Mogadiszu sprawiało o zmierzchu wrażenie pięknego miasta. W owym czasie nie było zniszczoną, wypaloną ruiną, jaką jest dzisiaj. Przyczyniły się do tego nieustanne walki pomiędzy rywalizującymi ze sobą rodami. Było łagodne i przyjemne. Kiedy jechałyśmy taksówką do domu Maryan Farah, ulice wydawały się znajome. W centrum miasta wznosiły się okazałe włoskie budynki, a ulice pokrywał piękny, biały piasek. Wszyscy ludzie wyglądali tak jak ja. Byli szczupli i wysocy, a kobiety przechadzały się po ulicach ubrane w długie, wzorzyste *dirrah*. Wyobrażałam sobie, że naprawdę wróciłam do domu.

Udałyśmy się do Maryan Farah, pierwszej żony ojca, która mieszkała w dużej, białej willi, w okolicy Casa Populare, tuż obok placu Tribunka. Nie jestem pewna, czego się spodziewałam, ale sądzę, że wyobrażałam sobie macochę jako zamożną, ufną we własne siły kobietę na państwowej posadzie. Pierwsze spotkanie zweryfikowało nieco moje poglądy.

Spotkałam moje dwie przyrodnie siostry, które diametralnie się od siebie różniły. Arro miała dwadzieścia pięć lat. Po raz pierwszy widziałam ją krótko w 1984 roku, kiedy jej matka przywiozła ją do Nairobi na leczenie. Teraz przypominała ojca i mnie – z okrągłym czołem i wysokimi kośćmi policzkowymi. Była delikatna i nieduża, ubrana w *dirrah* z gazy mieniącą się kolorami jasnozielonym i fioletoworóżowym. Materiał był do tego stopnia przezroczysty, że prześwitywało przez niego koronkowe ramiączko od biustonosza. Pod spódnicą nosiła jasnozieloną halkę i fioletoworóżowe buty na wysokich obcasach. Arro była studentką medycyny. Jej młodsza siostra Idżaabo dopiero co skończyła szkołę średnią. Miała bardziej okrągłe kształty i nosiła grubą, muzułmańską szatę w brązowym kolorze.

Mahad mieszkał w Mogadiszu. Jeszcze tego wieczoru przyszedł się z nami przywitać. Z trudem poznałam własnego brata. Mahad nigdy nie był mocno zbudowany, ale w Kenii zawsze sprawiał wrażenie nieco wątłego chłopca. Teraz stał się wyższy i bardziej muskularny. Słońce spaliło jego skórę, która przybrała ciemniejszy odcień. Spędził dwa lata w Mogadiszu, studiując w międzynarodowym college'u, ale odwiedził też Bari, gdzie widział się z ojcem.

Nasz ojciec był teraz w Somalii! Znajdował się zaledwie o kilka kilometrów stąd i Mahad z nim mieszkał! Serce zabiło mi mocniej.

Abeh przebywał na wybrzeżu w miejscu zwanym Ayl, dosyć blisko Bari. Dostał się do kraju wraz z wojskami DFSS, które przejęły kontrolę nad większością dawnego terytorium rodu Isse Mahamed. Toczyło się tam wiele walk i ojciec organizował nową administrację na terytorium określanym obecnie mianem „wolnej somalijskiej ziemi".

Sytuacja w Ayl pozostawała stabilna, ale droga prowadząca stamtąd do Mogadiszu była wyjątkowo niebezpieczna, toteż Mahad nie mógł nas tam teraz zabrać. Musieliśmy czekać na uruchomienie połączenia lotniczego. Bandyci włóczyli się w sposób niekontrolowany po całym spornym terytorium. Samo przejście przez punkty kontrolne nastręczało trudności. W sezonie deszczowym samochód z napędem na cztery koła mógł na wiele dni utknąć w błocie. Ludzie byli okradani, a kobiety gwałcone na drodze. Mahad nie mógł ryzykować i dostarczyć ojcu nasze martwe ciała. Jednak Abeh miał się dobrze. Musiałyśmy wykazać się cierpliwością.

Pierwszego wieczoru zwiedzałyśmy okolice oceanu, skąd wieczorami wiała chłodna bryza. Wdychałam z rozkoszą różne zapachy: czosnek, żywicę olibanową i słoną wodę z oceanu. Kupiłyśmy mięso z jagnięcia zawinięte w ostry chleb pita. Spacerując ulicami, przypominałam sobie, jak bawiłam się na piasku, będąc małą dziewczynką, zdejmowałam wówczas buty i chodziłam boso.

Odczuwałam dużą przyjemność, stąpając po delikatnych, suchych, białych ziarnkach piasku. W Nairobi unosiło się w powietrzu dużo pyłu. Kiedy padało, co często miało miejsce, ziemia robiła się błotnista, nigdy więc nie czułam się czysta. W Nairobi wszyscy wcześnie kładli się spać. Tymczasem mieszkańcy Mogadiszu ożywiali się wieczorem. Sklepy pozostawały długo otwarte. Jedynie nagie żarówki nad drzwiami rzucały tu i ówdzie niewielkie kręgi światła w ciemnościach. W okolicy nie było lamp ulicznych. Grupy ludzi przechadzały się wokół, w tym wiele młodych rodzin z dziećmi.

Kiedy spacerowałyśmy wzdłuż kramów, zdarzyła się awaria elektryczności, toteż w sklepach zgasło światło, a cała ulica nagle pogrążyła się w całkowitej ciemności. Stopniowo zapalano świece i latarnie, a generator elektrowni powoli wracał do życia. Somalia była wyraźnie znacznie biedniejsza niż Kenia. Wcześniej nie przychodziło mi to do głowy.

Mahad powiedział nam, że powinnyśmy zostać w domu Maryan. Gdybyśmy się wyprowadziły, świadczyłoby to źle o naszej rodzinie. Ludzie mówiliby, że w rodzinie Hirsiego Magana panuje zazdrość. Nie wydał nam polecenia, ale sprawiał teraz wrażenie znacznie bardziej apodyktycznego. Była to prośba, ale też coś więcej niż prośba. Haweya nie mogła znieść mieszkania w domu Maryan, chociaż lubiła ją i szanowała. Zdarzały się momenty, kiedy nienawidziła matki, ale była wobec niej niezwykle lojalna. Ponadto sam fakt, że lubiła Maryan, sprawiał, iż czuła się winna. Po krótkim czasie Haweya wyprowadziła się. Jednak Mahad poprosił, abym została, ze względu na dobro naszej rodziny.

Była to delikatna sytuacja. Kiedy Maryan Farah znajdowała się w pobliżu, zawsze towarzyszyło mi napięcie. Nie ponosiła za to winy – była osobą uprzejmą, przestrzegała zasad dobrego wychowania – ale ja nieustannie czułam, że gdzieś pod powierzchnią skrywa drugą twarz, coś, czego nie powinnyśmy były odczuwać, a tym bardziej wyrażać.

W domu i tak panowała napięta atmosfera. Często zdarzało się, że wybuchały awantury. Nasza starsza siostra Arro potrafiła być złośliwa i ciągle sprzeczała się z Idżaabo. Idżaabo nawet w domu nosiła chustę na głowie i ubierała się w tkaniny burego koloru, przeważnie szare i brązowe. Poza domem nosiła *dżilbab*, który zakrywał całe ciało, łącznie z oddzielną, cienką czarną tkaniną zasłaniającą oczy. Przyglądała się z aprobatą memu *hidżabowi*, ale było w niej coś nieznośnie przesłodzonego. Obie siostry najwyraźniej żywiły mieszane uczucia wobec Haweyi. Przypuszczalnie zazdrościły jej niezależności wobec obowiązujących norm.

Arro i Idżaabo traktowały nas obie, jakbyśmy były w pewien sposób upośledzone. Szydziły z naszych dziwactw. Zgodnie z ich opinią zostałyśmy skażone, ponieważ dorastałyśmy z dala od ojczyzny. Jednak szczególnie Arro patrzyła z zazdrością na każdą zachodnią rzecz, która do nas należała. Żadna z nowo poznanych sióstr nie czytała dla przyjemności. W Somalii dosyć trudno było znaleźć jakiekolwiek książki i wydawało się, że nikt nie czyta powieści, co stanowiło powszechny obyczaj w Nairobi. Zamiast tego, oglądały niekończące się hinduskie filmy i arabskie opery mydlane w telewizji. Bardzo nas to dziwiło, ponieważ scenariusze były prostackie, zaś Arro i Idżaabo mówiły nawet gorzej po arabsku i w hindi niż my.

Arro często przebywała poza domem. Idżaabo na uniwersytecie. Była żarliwą zwolenniczką organizacji Braci Muzułmanów. Maryan sądziła, że pobożność i oddanie Idżaabo stanowiło po prostu pewien etap jej życia, ale pozwoliła córce na naukę z *mu'allimem*, który przychodził każdego tygodnia, by uczyć Idżaabo Koranu.

Idżaabo zachęcała mnie kilka razy, abym przyłączyła się do niej, ale nigdy już nie ponowiła swojej propozycji, kiedy powiedziałam, że *mu'allim* tak naprawdę niczego jej nie uczy, tylko czyta Koran po arabsku, podczas gdy ona przytakuje. Idżaabo była oburzona. Uważała, że mam zbyt wysokie mniemanie o sobie, posługując się w dodatku angielskim, językiem niewiernych. Jak ośmielałam się twierdzić, że ten mężczyzna, który studiował w Medynie, mylił się?

Kiedy Mahad przychodził w odwiedziny, z ulgą wychodziłam z nim z domu. Często wpadał ze swoim przyjacielem Abszirem, młodszym synem dyrektora więzienia, tego samego, który udzielił pomocy mojemu ojcu. Jego starszy brat, Abdellahi Abdi Ajnaba, poprosił mnie o rękę. Uważałam za rzecz jak najbardziej naturalną, że wychodzimy wszyscy razem, łącznie z Haweyą i Idżaabo, tworząc jedną paczkę. Składaliśmy wizyty innym członkom rodziny.

Poczucie przynależności sprawiało mi wielką przyjemność. Na tym właśnie polegała siła rodu: dawał poczucie bezpieczeństwa i pewnej wolności, z której nie trzeba było się tłumaczyć. Często żartowaliśmy i dobrze się bawiliśmy. Mahad zawsze zachowywał się w sposób miły i pełen galanterii, nawet w stosunku do Idżaabo. Jego przyjaciel Abszir miał ciemną skórę, był przystojny, bardzo uprzejmy, kulturalny i bystry. Pełnił funkcję imama w organizacji Braci Muzułmanów, która szybko zdobywała serca młodych ludzi w mieście. Abszir wyróżniał się pobożnością. Wykorzystywał swój umysł, by posiąść wiedzę, jak stać się dobrym muzułmaninem i dawać przykład innym. Podziwiałam jego postawę, a także fakt, że – podobnie jak ja – Abszir poszukiwał wyjaśnienia trudnych zagadnień religijnych. Ilekroć byliśmy sami, prowadziliśmy głębokie dyskusje o religii w języku somalijskim i angielskim, którego się nauczył, aby swobodnie się nim posługiwać i czytać. W najmniejszym stopniu nie przypominał żadnego imama, którego kiedykolwiek spotkałam.

W Somalii Bracia Muzułmanie zachowywali się spokojnie. Dyktatorskie formy sprawowania władzy przez Siada Barre polegały na zwalczaniu wrogości pomiędzy poszczególnymi plemionami i rodami. Miały też charakter świecki. Pokolenie, które wyrosło pod jego rządami, nie kierowało się tak bardzo poczuciem przynależności do określonego rodu: żądało religii i ustanowienia muzułmańskiego prawa. Bracia byli ponad polityką i rodem. Walczyli o sprawiedliwość daną od Boga. I mieli pieniądze. Fundusze napływały z bogatych w ropę krajów arabskich w celu wspierania i propagowania czystego, prawdziwego islamu.

Do czasu, kiedy przyjechałam do Somalii, w poszczególnych dzielnicach Mogadiszu powstały małe kongregacje. Zrzeszonych w nich członków ludzie nazywali Błogosławionymi Istotami, od popularnego powitania *Assalam-alajkum*, co w dosłownym tłumaczeniu oznacza: „Niech pokój będzie z wami". W ten sposób pozdrawiali się na ulicy po arabsku, co w kontekście somalijskim sprawiało wrażenie, jakby ktoś nagle przemówił w liturgicznej łacinie. Najbardziej fanatyczni członkowie Braci Muzułmanów, którzy byli przeważnie nastolatkami lub mieli nieco ponad dwadzieścia lat, rozmawiali jedynie z innymi członkami organizacji i uczęszczali do własnych meczetów i szkół koranicznych działających w prywatnych domach. Szydzili z dużych, oficjalnych meczetów, do których chodzili starsi ludzie. Tymczasem imamowie z tych meczetów informowali rząd, co się dzieje poza ich wpływem w kręgach somalijskiej młodzieży. Meczet Braci Muzułmanów był miejscem, gdzie zawiązywała się konspiracja i rodziło się wiele pytań dotyczących aktualnej sytuacji. Ludzie szeptali między sobą, wyrażając niezadowolenie z rządów Siada Barre i i dyskutowali na temat wyznawanych doktryn.

Im częściej Abszir zabierał Mahada w takie miejsca, tym bardziej mój brat stawał się wierzący. Podobał mi się wpływ, jaki Abszir na niego wywierał. W miarę jak mijały kolejne tygodnie, spędzaliśmy razem niemal każdy wieczór. Zaczęłam wówczas opowiadać Abszirowi o Kenii i o mnie. On też mnie lubił i często prosił, byśmy mogli niekiedy wyjść razem z domu. Pewnego dnia o zmierzchu, kiedy siedzieliśmy na werandzie u Maryan Farah, powiedział mi:

– Chciałbym spotkać dziewczynę taką jak ty.

Spojrzałam na niego i odparłam:

– A ja chciałabym poznać mężczyznę o twojej osobowości.

Ujął moją dłoń i w sposób bardzo poetycki wyraził swoje pragnienie.

Potem nasze nogi i dłonie często się dotykały. Zdarzało się, że zostawaliśmy w domu sam na sam. Wpatrzeni w siebie, trzymaliśmy się za ręce. Po kilku tygodniach postanowiłam powiedzieć Mahadowi i Haweyi, że coś mnie z Abszirem łączy. W ten sposób Mahad mógł rozwiązać pewne kwestie ze starszym bratem Abszira.

Mahad był bardzo zły, że musi napisać list do Adenu, by wytłumaczyć, iż nie wyjdę za mąż za Abdellahiego. W każdym razie powiedziałam mu, że postąpił niewłaściwie, składając Abdellahiemu obietnice bez pokrycia. Krzyczał na mnie, ale tym razem to nie był dawny Mahad, który wykręcał mi rękę. Pouczał mnie, mówiąc o honorze i rodzie, a także o wpływie mojej decyzji na naszych współplemieńców. W końcu mnie poinformował, iż według niego byłoby lepiej, gdyby niektóre decyzje podejmowała głowa rodziny.

Idżaabo i inni również poczuli się zgorszeni moim oświadczeniem. Wielu młodych ludzi pozostawało w związkach – całowali się i dotykali po kątach – ale nie można się było do tego przyznawać. Zakochanie się w kimś szokowało, było niezgodne z zasadami islamu i somalijską tradycją. Powinno się było coś takiego ukrywać. Oczywiście, ktoś mógł to zauważyć i rozsiewać plotki. Należało wówczas poczekać, aż rodzina chłopca przeprosi ojca dziewczyny. Dobry obyczaj nakazywał, by wybranka zalała się łzami. Ja jednak złamałam wszelkie zasady. Szerzyły się pomówienia.

W Mogadiszu wyczuwałam napięcie pomiędzy nową falą islamu reprezentowaną przez Braci Muzułmanów, a tymi, którzy uważali religię za ważną, ale nie wszechobecną. Starsze pokolenie niepokoiło mieszanie się płci, ale nauczyło się to akceptować jako charakterystyczne zjawisko współczesnej kultury życia w mieście, *malago.* Prawdę mówiąc, pewna liczba nowoczesnych, starszych kobiet również nosiła spódnice w zachodnim stylu. Nie wszyscy młodzi ludzie w Somalii wyznawali tradycyjne wartości. Wielu pragnęło zakochać się i chodzić na randki, podobnie jak mieszkańcy Zachodu. Jednak młodsze pokolenie dzieliło się na dwie odrębne grupy: jedna szukała na Zachodzie wzorów codziennego życia, szczególnie rozrywki, druga skupiała tych, którzy przysłuchiwali się kazaniom członków organizacji Braci Muzułmanów, takim jak Bokol Sawm.

Podczas moich wizyt na kampusie Arro widziałam tłumy przechadzających się tam młodych studentów. Piękne dziewczyny ubrane w najmodniejsze włoskie stroje trzymały za ręce swoich chłopaków. Arro musiała mnie uszczypnąć i syknąć, żebym się nie gapiła. W towarzystwie, w którym się obracała, uporczywe wpatrywanie się było typowe dla prostaków wywodzących się z *miyé*, zaś Arro chwaliła się, że jej siostry przyjechały do niej w odwiedziny z zagranicy. Wśród przyjaciół Arro fakt posiadania krewnych za granicą podnosił jej status i był świadectwem światowego obycia jej rodziny.

Na uniwersytecie Lafoole, na który uczęszczała Idżaabo, studenci dzielili się niemal równo pomiędzy tych, którzy ulegali wpływom Zachodu, a tych pozostających pod wpływem Braci Muzułmanów, co wyraźnie odzwierciedlał ich sposób ubierania się. Niektóre dziewczęta nosiły spódnice w zachodnim stylu i buty na wysokich obcasach. Kiedy przechodziły, w powietrzu unosił się zapach Diora, Chanel lub Anais Anais, a nie żywicy olibanowej. Kręcący się wokół nich chłopcy mieli dopasowane koszule, które wkładali do spodni i z reguły jeździli samochodami.

Dziewczęta z innej grupy przywdziewały *dżilbaby* lub były owinięte w długą, około dziewięciometrową tkaninę, jaką nosiła niegdyś moja babka. Strój ten określano mianem *guntiino*. Utrzymywały kontakty z chłopcami ubranymi zazwyczaj w białe, muzułmańskie szaty. Jeżeli natomiast nosili spodnie, to nie wkładali w nie koszul, toteż w efekcie sięgały im niemal do kostek. Z rzadkimi, rozwichrzonymi brodami i wychudłymi łydkami wyglądali osobliwie, ale w ten sposób demonstrowali, jak silni są w swojej wierze. Wyglądali na nie mniej pewnych siebie niż nowoczesne dzieciaki w swoich wspaniałych samochodach.

Kiedy zamierzałam odwiedzić uniwersytet, Arro prosiła, żebym przyszła ubrana jak słynna somalijska modelka Iman. Przychodząc na uczelnię Idżaabo, zawsze pamiętałam, by włożyć *dżilbab*. Mieszkanie w tym samym domu z Arro i Idżaabo, kiedy obie w nim przebywały – w piątki i w soboty, a także podczas długich wakacji w lipcu i w sierpniu – przypominało centrum religijnej wojny. Arro naśmiewała się z ubrań Idżaabo, jej przyjaciół i sposobu życia, zaś Idżaabo uczyniła świętym celem swego życia przekonanie Arro, by się modliła i powróciła na prostą ścieżkę Boga.

Nikt nie powiedział „dorosłym" o mnie i o Abszirze, a ponieważ Mahad, Haweya, Idżaabo i reszta rodziny szanowali Abszira, zaczęli częściej zostawiać nas samych. Abszir i ja nieustannie rozmawialiśmy o Proroku. Abszir postrzegał siebie jako oddanego, prawdziwego wyznawcę islamu. Przekonał mnie, żebym kupiła sobie inną szatę, nawet grubszą niż zamykany na suwak *hidżab*, który do tej pory nosiłam, wykonaną z wystarczająco sztywnego materiału, by wszelkie krągłości mego ciała zostały ukryte. Wyznałam mu, że odmawianie pięciu modlitw w ciągu dnia i odwracanie mego umysłu od grzesznych myśli sprawia mi trudność.

Niestety, miałam coraz więcej grzesznych myśli. Kiedy byliśmy sami, Abszir całował mnie, a potrafił naprawdę dobrze całować. Pocałunek był długi, delikatny i ekscytujący, dlatego też wydawał mi się grzeszny. Potem mówiłam mu, że źle się czułam w oczach Boga i jak bardzo mnie to niepokoiło.

– Gdybyśmy byli małżeństwem, wówczas nie byłoby to grzeszne – stwierdzał wówczas Abszir. – Musimy wykazać silną wolę i nie robić tego więcej.

Przez jeden dzień więc udowadnialiśmy swój silny charakter i wstrzymywaliśmy się od pocałunków, po czym, w dniu następnym, spoglądaliśmy jedno na drugie i znowu się całowaliśmy.

– Jestem zbyt słaby. Myślę o tobie przez cały dzień – mówił Abszir.

Nasza wzajemna potrzeba bliskości była bardzo silna. Jednak zaczęło to w praktyce wyglądać tak, jakbyśmy chcieli wykołować Boga.

– Powinniśmy żałować tego, co robimy – mówił mi Abszir, toteż żałowaliśmy i próbowaliśmy zebrać wystarczająco dużo sił, aby się powstrzymać, ale później całowaliśmy się ponownie, niekiedy nawet przed kolejną wieczorną modlitwą.

Od siostry Azizy i z czytanych przeze mnie lektur wiedziałam, że liczył się nie tylko czyn, ale zamiar. Zabronione było i całowanie się i niedotrzymanie obietnicy danej Bogu – tym bardziej, że łamaliśmy tę obietnicę. Pocałunki sprawiały mi przyjemność, tęskniłam za nimi, ustawicznie o nich myślałam i chciałam więcej. Zwalczałam te myśli, ale wydawały się nie do opanowania. Pragnęłam Abszira, a on pożądał mnie. I to właśnie było niegodziwe.

Zaczął się ramadan, święty miesiąc postu, kiedy wszyscy muszą się zachowywać możliwie najbardziej bogobojnie. Somalia jest krajem całkowicie muzułmańskim, a w czasie ramadanu rodzina tradycyjnie zbiera się razem. W życiu każdego muzułmanina post stanowi wielkie, świąteczne wydarzenie roku. Mahad przychodził zobaczyć się z nami niemal każdego dnia. Kiedy o zmierzchu słyszeliśmy wezwanie do modlitwy, przerywaliśmy wspólnie całodzienny post, zjadając trzy daktyle i wypijając szklankę wody. Modliliśmy się, wykonując trzy pokłony – *raka**, a następnie jedliśmy z dużego, wspólnego półmiska. Wszyscy młodzi ludzie siadali razem wokół półmiska, oddzielnie od starszych. Śmialiśmy się i czuliśmy się szczęśliwi.

O godzinie ósmej wieczorem, gdy rozlegało się wezwanie do ostatniej modlitwy dnia, młodzież wspólnie udawała się do meczetu. Chociaż Abszir był imamem we własnym meczecie, niekiedy prosił kolegę, żeby go zastąpił w prowadzeniu modlitw, by mógł nam towarzyszyć. Wszystkie sklepy były oświetlone, a na ulicach widziało się wielu uśmiechniętych ludzi. Do wielkiego, centralnego meczetu kierowały się ogromne tłumy ludzi. Wewnątrz część meczetu przeznaczona dla mężczyzn była bogato zdobiona, duża i pokryta dywanami. Znajdujące się za nią pomieszczenie przewidziane dla kobiet sprawiało wrażenie znacznie mniej okazałego, zwykłe białe wnętrze z sizalowymi matami, mimo to architektura tego miejsca wzbudzała podziw.

Po wieczornym kazaniu niektóre starsze kobiety wracały do domu, ale Idżaabo i ja zawsze kontynuowałyśmy modlitwę, podobnie jak Mahad i jego przyjaciele. Podczas miesiąca postu, każdej nocy odmawialiśmy modlitwy *tarawih***, długie modlitwy ramadanowe. Był to intensywny strumień śpiewnej recytacji i pokłonów, który mógł trwać do godziny 23. Stojące z tyłu kobiety nie widziały twarzy imama, słyszały jedynie jego głos dochodzący z głośnika. Meczet był jednak pełny. Towarzyszyło nam ogromne poczucie wspólnoty i zjedno-

---

* Pokłon [arab. *raka*], część modlitwy muzułmańskiej składająca się z pokłonów, bicia czołem i wypowiadanych formułek, z których najważniejsza jest pierwsza sura Koranu *Al-Fatiha* (Otwierająca). *Raka* składa się z siedmiu ruchów – skłon, wyprost, padnięcie na kolana i czołobicie, przejście do pozycji siedzącej na udach, drugie czołobicie. Liczba *raka* w czasie modlitwy zależy od jej rodzaju i przeznaczenia. Typowa modlitwa składa się z dwóch do czterech *raka* (przyp. tłum.).

** W czasie trwania postu w miesiącu ramadan obowiązują muzułmanów nocne czuwania na modlitwie. Odmawiane wtedy modlitwy noszą nazwę *tarawih* (dosłownie „posiedzenia"). Prawo muzułmańskie nakazuje odmawiać tę modlitwę bezpośrednio po wieczornej modlitwie kanonicznej (przyp. tłum.).

czenia, gdy każda osoba znajdująca się na tej małej przestrzeni dobrowolnie robiła to samo.

Kiedy wierny się modli, powinien odczuwać siłę Boga i zdawać sobie sprawę, że znajduje się w Jego obecności. Chociaż usilnie próbowałam otwierać swój umysł na tę siłę, miałam wrażenie, że nigdy jej nie odczuwam. Mówiąc szczerze, modliłam się, ponieważ wiedziałam, że jest to mój obowiązek, ale w trakcie modlitwy nie towarzyszyły mi gorące uczucia. Czułam jedynie matę z trawy, na której stałam i nieprzyjemne zapachy niektórych ciał wokół mnie, podczas gdy imam ględził monotonnie całymi godzinami. Modlitwa nigdy nie wywoływała we mnie uniesienia, co było udziałem Idżaabo. Jej twarz nabierała mistycznego, pięknego wyrazu podczas odmawiania *tarawih*. Opowiadała potem, jakie to było cudowne. Widziała światło Boga, czuła obecność aniołów i podróżowała w swoim umyśle do miejsca, które przypominało raj. Jednak nigdy nie udało mi się osiągnąć tego transcendentalnego stanu; nie było wewnętrznego światła. Czułam się skazana na niepowodzenie.

Pewnego wieczoru, tuż przed końcem ramadanu, poszliśmy zobaczyć Abszira wygłaszającego kazanie w swoim małym meczecie. Było to właściwie pomieszczenie użytkowe na parterze od ulicy w budynku znajdującym się na terenie Wardhiigley, dawniej biednej okolicy, gdzie ludzie zaczęli budować luksusowe domy. Abszir miał piękny głos. Nauczył się całego Koranu na pamięć i sposób, w jaki prowadził modlitwę, czynił na obecnych ogromne wrażenie. Kiedy komentował wersety Koranu, naprawdę je rozumiał.

Abszir miał licznych wyznawców. Mimo że wielu z nich było starszych od niego, to jednak byli też młodsi. Wszyscy wywodzili się z organizacji Braci Muzułmanów. Chłopcy nosili swoje sarongi i kaftany i mieli rzadkie, rozwichrzone brody. Dziewczęta za przepierzeniem milczały. Stojąc w pomieszczeniu dla kobiet, słyszałam przez głośnik, jak Abszir się modli. W swoim kazaniu przypominał, że przedmałżeńskie życie intymne jest zakazane. Mówił o czystości w czynach i w myślach. Powiedział, że lekarstwem na zakazane myśli jest częsta modlitwa.

Potem usiłował mnie pocałować.

Działo się to w okresie ramadanu, co sprawiało, że jego czyn był tym bardziej karygodny. Poczułam odrazę. Moja reakcja była czysto fizyczna: wstrząsnęły mną dreszcze. Miałam wrażenie, że nie zniosę, jeżeli jeszcze kiedykolwiek mnie dotknie. Było w tym coś odstręczającego. Odsunęłam się od Abszira, widział, jak bardzo mnie to zgorszyło, dlatego poprosiłam, żeby zawiózł nas do domu.

Z perspektywy czasu wcale nie zamierzam oskarżać Abszira o dwulicowość. Znalazł się, podobnie jak ja, w emocjonalnej pułapce. Wszyscy młodzi ludzie, którzy przyłączyli się do organizacji Braci Muzułmanów, pragnęli możliwie jak najwierniej naśladować życie naszego ukochanego Proroka, ale zasady ustanowione przez ostatniego posłańca Boga okazywały się nadmiernie surowe, co prowadziło do hipokryzji. W owym czasie zaczęłam dostrzegać niekonsekwencję w zachowaniu Abszira i reguł rządzących islamem. Winą za wszystko obarczyłam Abszira.

Postanowiłam z nim zerwać. Moje zachowanie zirytowało brata. Sądził, że jestem typową kobietą, która nie wie, czego chce. Napisałam do Abszira list. Błagał mnie o zmianę decyzji. Wydawało się, że stracił rozum. Spędzał czas w domu Maryan, skarżąc się żałośnie Idżaabo. Cały ród Osman Mahamud zaczął się o niego troszczyć.

Większość członków rodziny, łącznie z kobietami, uznało moją obecną postawę za rezultat kobiecego niezdecydowania. Mówiono, że kobiety znajdują się w uścisku niewidzialnych sił, które igrają z ich umysłami, sprawiając, że przechodzą z jednego skrajnego nastroju w drugi. Dlatego właśnie Bóg zdecydował, że świadectwo dwóch kobiet równa się świadectwu jednego mężczyzny. Z tego też powodu kobiety nie powinny sprawować władzy lub piastować funkcji publicznych, ponieważ przywództwo wymaga wielu świadomych przemyśleń i wydawania werdyktów po starannym zastanowieniu się. Kobietom z natury tego wszystkiego brakowało. Uwzględniając naszą kobiecą lekkomyślność i nieracjonalność, przyjęto, iż to nasi ojcowie i inni męscy opiekunowie będą zawsze decydowali, z kim powinnyśmy spędzić resztę naszego życia.

Tylko Haweya mnie rozumiała. Lubiła Abszira, ale nie podobał jej się styl życia, jaki mi narzucał. Nie lubiła szaty, którą kazał mi wkładać i mojego zachowania w ostatnim czasie, tak bardzo charakterystycznego dla Braci Muzułmanów. W tylko jej wiadomy sposób zdobyła dla mnie kilka książek. Ta nie najwyższych lotów literatura spełniła rolę zimnego prysznica. Zapewniła mi ucieczkę w inny świat.

Z bólem serca musiałam jej wyznać, że czułam się rozczarowana Somalią. Spodziewałam się kraju, gdzie wszystko nabierze dla mnie określonego sensu – kraju, w którym miałabym swoje miejsce, gdzie mogłabym zostać zaakceptowana, zakorzenić się i odkryć siebie jako osobę. Wprawdzie lubiłam tutejszy klimat, wiatr i różne zapachy, ale nie pasowałam do tego państwa. Nadal kochałam to poczucie przynależności, jakie odczuwałam w Somalii, do mojej rodziny i rodu całkowicie mnie akceptujących. Chociaż Haweya uprzedzała, nie byłam przygotowana na ograniczenia i cenę, jaką miałam zapłacić za poczucie przynależności. Wszyscy interesowali się sprawami innych ludzi. Absolutny brak prywatności, własnej przestrzeni i ustawiczna społeczna kontrola były nie do zniesienia.

Dostosowując się do wyznaczonej mi roli w somalijskim społeczeństwie – w rodzie, w lineażu, wśród wyznawców islamu – mogłam zaznać spokoju umysłu, a tym samym zapewnić sobie bezpieczne miejsce w niebie. Miałam mniej problemów z okazywaniem posłuszeństwa niż Haweya, ale jednak pragnęłam czegoś więcej niż poślubienia Abszira i wychowywania jego dzieci. Nie marzyłam o losie, który spotkał moją matkę. Pragnęłam nowych wyzwań, czegoś, co wymagałoby wykazania się odwagą. Nagle uświadomiłam sobie, że ceną mojej przynależności w ojczystej Somalii będzie utrata własnego Ja.

Religia dawała mi poczucie spokoju, oferując życie po śmierci. Większości zasad, takich jak: dobre zachowanie, uprzejmość, unikanie plotek, jedzenia wieprzowiny, lichwy i alkoholu było stosunkowo łatwo przestrzegać. Doszłam jednak do wniosku, że nie potrafię stosować się do surowych wymogów islamu, które sprawowały kontrolę nad seksualnością i umysłem. Nie chciałam ich przestrzegać. Pragnęłam być kimś, decydować o własnym życiu. Gdybym została w Somalii i wyszła za mąż za Abszira, stałabym się osobą anonimową. Na myśl o tym zaczęła mnie ogarniać panika. Znalazłam się w stanie moralnego zamętu. Wyraźnie przechodziłam kryzys wiary.

Rozmawiałam z Mahadem o trapiących mnie wątpliwościach i lękach, a on mnie pocieszał. Powiedział, że jest to normalny proces dojrzewania, podobnie jak zadawanie sobie pytań, tak przeżywanie zamętu i poczucie moralnego kryzysu stanowią kolejny etap przechodzenia w dorosłość.

– Po prostu pozostań szczera. Zobaczysz wówczas, że wszystko będzie dobrze – powiedział.

Poszukując odpowiedzi na swoje pytania, zaczęłam w owym czasie częściej chodzić do meczetu. Uczęszczałam na piątkowe modlitwy w południe w centralnym meczecie, aby wysłuchać kazań imama w języku somalijskim. Niemniej jednak, ponownie prowadziłam z nim umysłowe dyskusje.

Nie powinno się spierać z imamem. W żadnym wypadku nie należy polemizować ze słowem bożym. Islam wymaga od swoich wyznawców uległości. Wierny podporządkowuje się na ziemi, żeby zasłużyć sobie na miejsce w niebie. Życie na ziemi stanowi sprawdzian, a mnie nie udawało się zaliczać go z pozytywnym rezultatem, chociaż usilnie próbowałam. Wciąż nie zdawałam egzaminu jako muzułmanka. Kiedy się modliłam, czułam, że anioł na moim lewym ramieniu dostatecznie się zmęczył spisywaniem wszystkich moich grzechów. Wyobrażałam sobie, że przybywam do nieba z cienką książeczką dobrych uczynków i grubym tomem grzechów, tak opasłym jak *Oxford Unabridged Dictionary*. Pragnęłam zyskać miano przykładnej muzułmanki i pojąć znaczenie Boga. Tymczasem jednak brak mi było wzniosłych uczuć religijnych. Oznaczało to zapewne, że Bóg mnie nie chce. Widocznie nie zasługiwałam na dostąpienie Jego łaski.

Kiedy Haweya wyprowadziła się z domu Maryan – nie mogła bowiem znieść dezaprobaty Idżaabo i ciągłych docinków Arro – przeniosła się do naszej ciotki, Ibado Dhadey Magan. Jako dyrektorka Digfeer Hospital, Ibado miała kontakty z Organizacją Narodów Zjednoczonych i załatwiła Haweyi pracę.

Następnie znalazła również pracę dla mnie w małym biurze, które powołała do życia Organizacja Narodów Zjednoczonych do spraw Rozwoju w celu stworzenia sieci połączeń telefonicznych na wiejskich obszarach Somalii. Praca nie była inspirująca. Miałam być sekretarką, ale kończyłam często jako tłumaczka dla mojego szefa, dosyć zdezorientowanego Anglika. Spotykał się z delegacjami z poszczególnych prowincji, a ja starałam się wyjaśnić przybyłym, dlaczego nie może dać im gotówki na założenie połączeń telefonicznych. Mój szef próbował również wyjaśniać Somalijczykom, że nie powinni zrywać zainstalowanych już kabli, by je spieniężyć. Miejscowi działacze całkowicie go ignorowali i rozmawiali między sobą. Nie cieszył się on również autorytetem wśród swego personelu. Realizowaliśmy jednak tak zwany projekt wielostronny, toteż należało szanować poglądy i sposób postępowania lokalnych specjalistów, którzy nie zawsze mieli wyrobione opinie dotyczące metod realizacji projektu.

Pracując w tym biurze, zaczęłam zdawać sobie sprawę, jak wiele walk toczy się w moim kraju. Zamykano coraz więcej biur Organizacji Narodów Zjednoczonych, natomiast ich personel opuszczał wiejskie rejony, ponieważ były niebezpieczne. Plemię Hawija utworzyło własny ruch politycznyThe United Somali Congress – Kongres Zjednoczonej Somalii, na którego czele stanęli Ali Mahdi i generał Muhammad Farah Aidid. Chociaż w samym Mogadiszu, gdzie Siad Barre wciąż sprawował władzę, było spokojnie, plemię Hawija zbuntowało się przeciwko dyktatorowi na południu, a Darod i Issak na północy.

Praca pozwoliła mi także przyjrzeć się z bliska somalijskiej biurokracji. Niemal każdy urzędnik lub urzędniczka służby cywilnej wydawali mi się rozpaczliwie niedouczeni. Ich pogarda do wszystkiego, co dotyczyło *gaalo*, łącznie z moim szefem, była bardzo głęboka. (*Gaalo* znaczy tyle, co „biały niewierny", ale nie zawsze. Mama określała tym słowem również Kenijczyków). Cały personel wykazywał całkowity brak zainteresowania wykonywaniem powierzonej pracy. Urzędnicy spędzali czas na kombinowaniu, w jaki sposób przetransferować rządowe fundusze, co było oczywiście eufemizmem określającym po prostu kradzież.

Jeżeli ktoś w owym czasie uczestniczył w strukturach rządowych Somalii, natychmiast obsadzał te miejsca, gdzie rozdzielane były pieniądze z podatków i z łapówek, członkami swojej rodziny. Ni mniej, ni więcej. Wiedziałam, co to oznacza dla narodu: niszczenie publicznego zaufania.

W obliczu tak szeroko rozpowszechnionej korupcji, trudno się dziwić, że ludzie okazywali się podatni na urok kaznodziejów, którzy twierdzili, że wszystkie odpowiedzi można znaleźć w Świętych Księgach. Organizacje założone przez sympatyków Braci Muzułmanów nie były skorumpowane. Wielu Somalijczyków przestało darzyć zaufaniem system bankowy i przeprowadzało transakcje finansowe w sklepach i hurtowniach, które należały do osób związanych z Braćmi. Organizacja zapewniała potrzebującym także darmową opiekę zdrowotną. Założyła szkoły koraniczne dla bezrobotnej młodzieży włóczącej się po ulicach. W piątki jej członkowie rozdawali zboże i mięso przed meczetami. Szeregi wyznawców Braci Muzułmanów wciąż rosły, jak również ich wpływy.

Samochód należący do ONZ zabierał mnie do pracy i przywoził do domu. W biurze, gdzie pracowałam od ósmej rano do drugiej po południu, nosiłam chustę. Był to wygodny, ustalony porządek dnia, ale praca wydawała mi się nużąca. Mój szef zachowywał się uprzejmie, ale niemal nie prowadziliśmy ze sobą żadnych rozmów, poza ściśle służbowymi. Nie pouczał mnie też, co mam robić. Kiedy praca się kończyła, wracałam do domu Maryan i rozmawiałam ze służącą.

Dom Maryan zapełniał się coraz bardziej jej krewnymi ze wsi pochodzącymi z rodu Marehan. Przyjeżdżali stopniowo, grupkami, żeby uniknąć problemów gnębiących prowincje. Idżaabo i Maryan próbowały narzucić przestrzeganie określonych zasad. Chciały nauczyć swoich wiejskich kuzynów zwyczaju spłukiwania wodą toalety i siedzenia na krzesłach. Kiedy jednak Idżaabo i Arro ostro się do nich zwracały, goście gniewnie im odpowiadali i oskarżali dziewczęta o odwracanie się od „naszej kultury".

Krążyły pogłoski, że w okolicy wzrasta przestępczość. Jeden z wujków Maryan, który niedawno przyjechał do Mogadiszu, kupił karabin.

Haweya i ja nieustannie otrzymywałyśmy zaproszenia od krewnych z rodziny mego ojca, jakbyśmy były zagranicznymi dygnitarzami. Pojechałyśmy do domu mojego kuzyna Aflao i spędziłyśmy czas z jego żoną, Szukri, jego siostrami, Amran i Idil, a także kuzynem Ainanszie, który z nimi wszystkimi mieszkał i pracował w należącym do Aflao barze. Bar znajdował się w centrum miasta i serwowano w nim kawę po włosku. Ainanszie nienawidził wszystkich członków rodu Siada Barre – Marehan i żywił z tego powodu urazę wobec Maryan.

Siostra Ainanszie, Amran, zabrała nas kiedyś na przechadzkę wzdłuż plaży, gdzie w domach otoczonych wysokimi murami koloru piasku mieszkali Arabowie. Od czasu do czasu obok murów przebiegały kobiety całkowicie okryte czarną tkaniną, zmierzające do domu. Kobiety chodziły na bosaka ze względu na piaszczyste podłoże i widać było jedynie ich stopy. Chociaż te bezkształtne czarne stożki posuwały się do przodu, mogły uchodzić za nieożywione. Nie udawało się z nimi nawiązać żadnej rozmowy. Amran nazywała je „Zamkniętymi". „Nie zwracaj na nie uwagi", mawiała z lekceważeniem. Przypominało mi to Arabię Saudyjską.

Wkrótce po zerwaniu z Abszirem przestałam nosić sztywne, wyjątkowo gorące wierzchnie okrycie, które przywdziewały dziewczęta należące do organizacji Braci Muzułmanów i wróciłam do mojej czarnej szaty z Nairobi; była bardziej przewiewna. Jednak nakładana na sięgającą stóp sukienkę z długimi rękawami wydawała się przesadna. Bardzo wyróżniałam się na ulicy. Nikt w Somalii nie nosi się na *czarno*. Wkrótce, podobnie jak większość ludzi, zaczęłam się ubierać w jasnego koloru *dirrah* – długą tunikę z połami po bokach i z bawełnianym szalem, którym przykrywałam głowę.

W 1990 roku o wiele mniej kobiet nosiło w Mogadiszu zachodnie stroje niż miało to miejsce zaledwie dziesięć lub dwadzieścia lat wcześniej. Zawsze stanowiły mniejszość, ale teraz bieg wydarzeń wyraźnie zwrócił się przeciwko nim.

– Zanim pojawili się Bracia Muzułmanie, można było zobaczyć ręce i nogi wszystkich – mawiał Ainanszie. – Nawet tego nie zauważaliśmy. Ale teraz, kiedy kobiety tak bardzo się zakrywają, myślę bezustannie o okrągłych łydkach, jedwabistych ramionach i włosach pachnących kokosem. Nigdy przedtem nie myślałem o szyi, ale szyja jest teraz, och, taka seksowna.

Koleżanki i koledzy z klasy Idżaabo i kumple Ainanszie z miasta stroili sobie żarty z bzdur wygadywanych przez Braci i szydzili, że na tym polega cała arabska kulturowa dominacja. Zdarzało się jednak, że zaledwie kilka tygodni później niektórzy spośród nich wkładali szaty i perorowali po arabsku. Ruch nie dotyczył tylko religii. Jego członkowie byli pracowici, bystrzy i sprytni. Otrzymywali prawdopodobnie pieniądze z Arabii Saudyjskiej, ale wyznawcy Braci prowadzili też wiele udanych interesów, szczególnie w dziedzinie transportu i transferu pieniędzy. Wzbogacały one fundusze organizacji.

Pewnego popołudnia Ainanszie, jak zwykle, odprowadzał nas po lunchu do dzielnicy, w której mieszkała ciocia Maryan. Ponieważ nie znosił Maryan i wszystkich członków rodu Marehan, zazwyczaj pozostawiał nas około stu metrów od domu. Zanim doszliśmy do rogu ulicy, gdzie przeważnie się żegnaliśmy, czyjaś dłoń mocno chwyciła mnie za szyję, a na gardle poczułam chłodne ostrze noża. Spojrzałam na Haweyę. Wychudzony mężczyzna z ogromnymi oczami o czerwonych obwódkach również skierował w jej stronę nóż. Pomyślałam, że to koniec. Pamiętam myśl, która przemknęła mi przez głowę: „No cóż, dożyłyśmy wieku dwudziestu i osiemnastu lat". Wiedziałam, że Ainanszie był uzbrojony – zawsze miał przy sobie mały pistolet – ale w tych okolicznościach na niewiele mógł się przydać.

– Złoto! – powiedział mężczyzna, który złapał Haweyę.

– Nie nosimy żadnego – wychrypiałam w odpowiedzi.

Mężczyzna zaczął dotykać pod szalem moich uszu i szyi, trzymając ostry nóż skierowany w stronę mego gardła.

– Skąd pochodzą te wysokie, piękne dziewczyny i kim jest ten mały dupek, z którym stoją na ulicy? – zapytał.

Mężczyzna wywodził się z plemienia Issak. Mogłam to poznać po akcencie. Mogadiszu było pełne uchodźców Issak. Toczące się na północy walki sprawiły, że musieli opuścić swoje terytorium. My również pochodziłyśmy z zespołu rodowego Issak. Pomyślałam, że być może mężczyzna nas uwolni, jeżeli dowie się o naszym rodowym pokrewieństwie. Szybko zaczęłam recytować imiona i nazwiska członków rodu mojej babki, dokładnie tak, jak mnie uczyła. Ainanszie zrozumiał całą sytuację i zachowywał się bardzo spokojnie. Nie wyjął swego pistoletu, gdyby to zrobił, nieznajomy w jednej minucie podciąłby mi gardło.

– Widzicie? Te dziewczęta są waszymi siostrami z plemienia Issak – powiedział bandytom. – A ja poślubiłem jedną z ich sióstr. Odprowadzam je do domu.

Mężczyźni zniknęli tak szybko jak się pojawili.

Po tym incydencie Haweya i ja zdałyśmy sobie sprawę, że nie jest bezpiecznie chodzić samotnie po ulicach Mogadiszu. Każdego dnia pojawiały się doniesienia o mordach, gwałtach i domach spalonych przez uzbrojonych złodziei. Bezdomni uchodźcy mieszkali we wszystkich możliwych miejscach. Wysiedleni ludzie, podobnie jak mężczyźni Issak, którzy nas zaatakowali, ruszyli do miasta. Nie mieli nic do stracenia, byli uzbrojeni i przepełnieni wściekłością. Żołnierze również włóczyli się z bronią po ulicach. Chociaż jeszcze o tym nie wiedzieliśmy, duża część oddziałów wojskowych zbiegła i przyłączała się do różnych frakcji, którym przewodziły poszczególne rody. Wojskowi nie mogli się doczekać, kiedy rzucą się do gardła Siadowi Barre.

W przeciwieństwie do trwającej w Somalii wojny plemiennej, Bracia Muzułmanie prezentowali bardziej swobodny styl, ponieważ skupiali w swych szeregach ludzi z wielu układów rodowych. Z tych wszystkich poważnych ugrupowań Bracia stanowili niewątpliwie najbardziej niezawodną siłę. W miarę przyrostu liczby zwolenników ich ruch nabierał coraz większej pewności siebie. Wywodzący się z tej organizacji imamowie zaczęli działać w dużych meczetach, nie ograniczając się tylko do na wpół tajnych spotkań w domach. Słyszeliśmy coraz więcej plotek o politycznych kazaniach, w których ogłaszano, że dni sprawującego władzę rządu należą do przeszłości, że nadszedł już czas wdrażania w życie prawa muzułmańskiego. Siad Barre zaczął wysyłać oddziały wojska do meczetów, by rozpędzały wielkie zgromadzenia. Strzelały one w powietrze z karabinów maszynowych, chcąc w ten sposób zademonstrować siłę władzy. W wyniku popłochu ginęli ludzie.

Po każdej takiej akcji wsparcie dla Braci w mieście wzrastało. Organizacja stała się potęgą, z którą należało się liczyć, opanowała handel, szpitale, szkoły i uniwersytety. Uniwersytet, na który uczęszczała Idżaabo, znajdujący się na peryferiach Mogadiszu, stał się teraz w znacznym stopniu enklawą Braci.

W połowie roku 1990 grupa polityków – członków starszyzny reprezentujących praktycznie każdy ród – opublikowała manifest wzywający Siada Barre do rezygnacji. Powiedziano mu, że kraj znajduje się w chaosie i powinien zrzec się władzy, aby mogły odbyć się wybory. Siad Barre nakazał aresztowanie kilku spośród autorów manifestu. Nadzieja na osiągnięcie stabilnego pokoju w tym rejonie wydawała się odległa.

Pochodzący ze wsi krewni Maryan kupili niewielkich rozmiarów ręczne karabiny maszynowe. Dzień i noc siadywali przy bramie jej domu, ze zwojami amunicji przewieszonymi przez ramię. To samo miało miejsce w domach innych krewnych. Uzbrojeni po zęby strażnicy, często członkowie rodu ze wsi, zajmowali pozycje przed drzwiami swoich miejskich krewnych, aby chronić ich życie i majątek.

* * *

Pokłóciłam się z Arro i wprowadziłam do domu Ibado Dhadey. Pewnej szczególnie ponurej soboty postanowiłam odwiedzić moją ciotkę Chadidżę, znacznie starszą siostrę przyrodnią matki. Chadidża była wytworna i władcza, niemal tak stara jak moja babka, ale wyższa. Miała też bardziej królewskie maniery i bardziej cięty język. Jęknęłam w duchu, kiedy pomyślałam, jak bardzo będzie strzępić sobie swój ostry język, krytykując mnie za rzadko składane jej wizyty podczas miesięcy, które spędzałam w Mogadiszu.

Zależało mi na tym, żeby być nienagannie elegancką. Wyprasowałam swoje ubranie i upewniłam się, że mam dla niej prezent. Chadidża niezwykle starannie przestrzegała etykiety. Wytykała każdą niezręczność w dykcji. Trzeba było czekać, aż przywita gościa, a następnie pozdrowić ją w sposób poetycki, przybierając przy tym doskonale wyprostowaną pozycję.

Dobrze się spisałam w drzwiach, toteż przeszłyśmy do jadalni na herbatę. Zachwyciłam się pokojem i stylowymi, europejskimi krzesłami oraz wyszukanym nakryciem stołowym. Chadidża musiała być jedyną kobietą w Mogadiszu, która żyła w ten sposób. Byłam tak zdumiona, że mimo danego sobie przyrzeczenia, by mieć się na baczności i zaprezentować jak najlepsze maniery, popełniłam błąd i klapnęłam na krzesło.

Chadidża natychmiast się na mnie rzuciła.

– Czy biedna Asza nie nauczyła cię nawet siadać? Czyżbyś była małą małpką?

Nie przestawała strzępić sobie na mnie języka, porównując mnie do chmary małych zwierzątek, po których nie można się było spodziewać żadnych dobrych manier. Ustawicznie krytykowała matkę, że odpowiednio mnie nie wyćwiczyła. Przypominało to przedstawienie z brawurowo toczącą się akcją. Wprawdzie czułam się trochę upokorzona, jednak podziwiałam język, jakim się posługiwała – te piękne, wyniosłe, pełne ironii słowa wypowiadane przez starą kobietę, wyprostowaną niczym struna, ze spokojnym spojrzeniem.

Nie należało się buntować, płakać lub protestować, kiedy przyjmowało się ostre słowa krytyki od Chadidży. Gdyby tak się stało, wygłosiłaby kolejny wykład na temat słabego charakteru danej osoby, że nigdy niczego się nie nauczy i umrze tak nędznie, jak się urodziła. Wszyscy musieli patrzeć jej w oczy, przytakując na znak, że biorą sobie jej uwagi do serca, toteż tak właśnie zrobiłam. Zauważyłam, że mój stoicyzm spodobał się czcigodnej ciotce.

Chadidża skończyła swoją tyradę, a następnie zajęła się podawaniem herbaty. Odwróciłam się i poczułam się zaskoczona, widząc stojącego w drzwiach młodego mężczyznę. Był niezwykle przystojny i uśmiechał się szeroko widząc moje kłopotliwe położenie. Najwyraźniej był świadkiem całej sceny.

Chadidża przedstawiła nas sobie. Mężczyzna okazał się moim kuzynem, Mahmudem, synem brata mojej matki, wujka Muhammada. Mahmud mieszkał z Chadidżą, kiedy przebywał na przepustce z wojska. Jego matka zmarła. Nie przepadał za swoją macochą. Postanowił zatem, jeszcze jako nastolatek, zostać żołnierzem. Chadidża nie miała potomstwa – była bezpłodna – przyjrzała się więc dzieciom w rodzinie i wybrała Mahmuda.

Uprzejmie przekazałam Mahmudowi wieści o mojej matce, próbując usilnie wytrzymać jego spojrzenie wskazujące na seksualne zainteresowanie moją osobą. Mężczyzna ten patrzył na mnie jak na kobietę, całkiem otwarcie. Niemal pożerał mnie wzrokiem.

Następnie Chadidża zapytała mnie o Abszira. Oczywiście słyszała krążące plotki. Nie miałam pojęcia, co powiedzieć i palnęłam:

– Czułam coś do niego, ale teraz nie chcę z nim spędzić życia.

Była to prawda, ale szczere wypowiadanie się na podobne tematy przyjmowano w Somalii, w pewnym sensie, za zbyt otwarte ujawnianie sfery intymnej.

Zachowanie Chadidży gwałtownie się zmieniło. Pochyliła się nad stołem, a w jej oczach pojawiły się wesołe iskierki i czułość.

– Ależ moja droga, mam kogoś dla ciebie!

Następnie zatoczyła ręką łuk nad krańcem stołu, gdzie siedział Mahmud. Kiedy się uśmiechnął, odniosłam wrażenie, że mnie ocenia, całkiem rozmyślnie od stóp do głów. Czy byłam dostatecznie zdyscyplinowana i wytrzymała? Wystarczająco dumna? Czy też widzi we mnie słabeusza, osobę, która łatwo się poddaje i pozwala pokonać trudnościom? Czułam się tak, jakbym była nieubrana i wystawiona na widok publiczny.

Zdałam egzamin. Chadidża zaprosiła mnie na obiad w następny czwartek i po raz kolejny Mahmud tam był. W połowie posiłku Chadidża oświadczyła, że ma zamiar się pomodlić, wyszła z pokoju i już się nie pokazała. Kontynuowaliśmy jedzenie, wymieniając wzajemne uprzejmości. Oboje udawaliśmy, że nic nadzwyczajnego się nie dzieje. Mahmud zapytał, czy byłam kiedykolwiek poza Mogadiszu i zaproponował wspólną wycieczkę. Wyraziłam zgodę, proponując, by towarzyszyła nam Haweya. Cały czas zwracaliśmy się do siebie: „kuzynie”: „mój kochany kuzynie”, „moja bardzo droga kuzynko”, „moja urocza kuzynko”.

Następnego dnia Mahmud przyjechał samochodem, żeby zabrać nas na wieś. Haweya spotkała go wcześniej. Stwierdziła, że nasz kuzyn Mahmud jest bardzo przystojny. Opowiadała, jak wpatrywała się w niego szeroko otwartymi oczami, na jego szerokie ramiona, które opinała biała koszula.

– A więc będzie twoim chłopakiem? – zapytała mnie po angielsku, a ja również odpowiedziałam jej w tym języku:

– Nie bądź niemądra. To byłoby kazirodztwo.

Mahmud poprosił Haweyę, żeby przetłumaczyła na somalijski naszą krótką konwersację, a ona to zrobiła. Ponownie się uśmiechnął, ukazując swoje białe zęby i odparł:

– Wcale nie, moja czarująca kuzynko. Jak mi mówiono, kuzynki ze strony matki są doskonałymi partnerkami.

Haweya niemal oblizała usta.

Mahmud był absolutnie wspaniałym, najprzystojniejszym mężczyzną, jakiego kiedykolwiek widziałam. Zakochałam się w nim.

W sposób naturalny brał sprawy w swoje ręce. Nie miał wprawdzie wytwornych manier ani nie był też udręczonym intelektualistą jak Abszir. Przytaczał stare, plemienne mądrości, ryczał ze śmiechu i bezlitośnie ze mną flirtował.

Kiedy na mnie patrzył, czułam, że płonę. Nigdy jednak nie próbował wykonać wobec mnie nieprzyzwoitego gestu i przestrzegał wszelkich konwenansów. Sprawiał nieodparte wrażenie, że jego lędźwie płoną z pożądania, ale nigdy mnie nie dotknął. Byłam jego kuzynką. Chodziło o honor rodziny. Jakikolwiek rodzaj kontaktu seksualnego między nami byłby głęboko niewłaściwy – wręcz niedopuszczalny. Ciągle o tym myślałam, ale nie mogłam zrobić pierwszego kroku.

Zaczęliśmy się spotykać w każdy weekend w domu ciotki Chadidży. Szpikowała mnie opowieściami o zagrożeniach, jakie niesie poślubienie mężczyzn z obcych rodzin. Uważała, że najlepiej jest wyjść za mąż za kuzyna: rodzina zawsze będzie się wówczas o żonę troszczyć. Ponadto ludzie ze sobą spokrewnieni są sobie bardzo bliscy i dobrze się nawzajem rozumieją. Powiedziała mi również, że poślubienie mężczyzny pochodzącego z rodu Osman Mahamud, takiego jak Abszir, byłoby błędem. Przestrzegała mnie przed tym, mówiąc, że mężczyźni ci za bardzo interesują się polityką, są zbyt egocentryczni i z reguły biorą sobie drugą żonę, nawet nie informując o tym fakcie pierwszej. Nigdy nie wspominała o moim ojcu, ale wiedziałam, co ma na myśli. Byłam z tego zadowolona: pomimo całego autorytetu, który z niej emanował, nie zaakceptowałabym jakiejkolwiek krytyki ojca.

Ciotka Chadidża wciąż była wyniosła. Teraz, kiedy wpadłam w pajęczynę, którą uwiła, okazywała mi jednak znacznie więcej serdeczności. Nie zmieniła się od czasów, kiedy doprowadziła do małżeństwa moich rodziców: nie było możliwości przeciwstawienia się jej sztuczkom.

* * *

Mahmud nie widział już przed sobą przyszłości w somalijskiej armii. Prawdę mówiąc, somalijskie wojsko wkrótce miało przestać istnieć. Powiedział nam, że duże grupy żołnierzy uciekały do milicji składającej się z członków ich rodów, szmuglując broń i zapasy amunicji.

Ciotka Chadidża jako jedyna spośród członków naszej bliskiej rodziny przez całe życie popierała Siada Barre. Obalenie komunizmu, który przywódca nadal forsował w swoim kraju, zbliżało się wielkimi krokami. Ciotka postrzegała to jako zdradę jedynej nadziei dla Somalii. Uważała bowiem, że tylko komunizm może przezwyciężyć głębokie podziały plemienne i rodowe wśród Somalijczyków, zaś odrzucenie tego systemu politycznego było jedynie dowodem barbarzyńskich i wąskich interesów, stanowiących nieodłączną część naszego systemu rodowego.

Własne osądy na temat komunizmu zatrzymałam dla siebie: długie kolejki w palącym słońcu, konspiracyjne szepty w naszym domu, aresztowanie mego ojca, sposób, w jaki zmuszano mnie w szkole do śpiewania pieśni na cześć Siada Barre. Zamiast tego zapytałam ją o Braci Muzułmanów, do których nadal byłam bardzo życzliwie nastawiona.

Chadidża porównała Braci z rakiem, chorobą, na którą zmarła moja ciocia Hawo, kiedy byłam mała. Powiedziała, że organizacja ta nie reprezentuje prawdziwego islamu, a jej członkowie nie mają wiedzy o naszym Proroku. Chociaż są teraz mali, rozrosną się jak guz w piersi mojej ciotki i zjedzą nasz kraj od wewnątrz, aż w końcu zniszczą nas wszystkich. Ostrzegła mnie, abym trzymała się od nich z daleka.

Wkrótce Mahmud oznajmił, że otrzymał prestiżowe stypendium na studia w Rosji. W związku z tym miał wyjechać z kraju, być może na dłuższy czas. Zanim wyjechał, ciotka Chadidża poinformowała nas oboje, że powinniśmy sformalizować nasz związek. Nie było wielkiej sceny oświadczyn, jak na Zachodzie, z konkurentem przyklękającym na jedno kolano: całą sprawą zajęła się Chadidża. Ona mówiła, a ja wyraziłam zgodę.

Pomimo że podobaliśmy się sobie, Mahmud i ja w niczym do siebie nie pasowaliśmy. Nasze rozmowy nigdy nie były inspirujące, tak jak miało to miejsce z Abszirem, albo niewinne, jak z Kennedym. Nie jestem nawet pewna, czy bardzo się lubiliśmy. Z pewnością nie oceniałam jego predyspozycji na partnera, z którym miałabym spędzić resztę mego życia. Trawiło mnie po prostu pożądanie. Do tego się to sprowadzało: burza hormonów. Zgodziłam się wyjść za niego za mąż, żeby móc z nim spać i tym razem pójść na całość.

Okaleczenie narządów płciowych nie pozbawia kobiety uczucia pożądania, w tym również odczuwania seksualnej przyjemności.

Obrzezanie kobiet jest okrutne na wielu poziomach. Barbarzyński zwyczaj obrzezania rzutuje na wiele aspektów ich życia. Jest okrutny pod względem fizycznym i ogromnie bolesny; kobiety cierpią później przez całe życie. Tymczasem wcale nie przynosi zamierzonego rezultatu, czyli pozbawienia kobiety uczucia pożądania. Chociaż pozostawałam pod silnym urokiem Kennedy'ego i Abszira, byłam zupełnie nieprzygotowana na uporanie się z siłą moich pragnień, jakie odczuwałam w stosunku do Mahmuda.

Mahmud chciał, żebyśmy szybko się pobrali, zanim wyjedzie. Brzmiało to jak roszczenie: żaden inny mężczyzna nie mógł się do mnie zbliżyć. Mój brat nigdy by się jednak nie zgodził na szybki ślub. Ponieważ byłam córką Hirsiego Magana, zgodnie z obowiązującym obyczajem, mój ślub powinien zyskać rangę wielkiego wydarzenia w życiu rodu. Mahad nalegał, by ojciec zaakceptował małżeństwo, a to mogło zająć kilka miesięcy.

Mahmud sugerował, abyśmy pobrali się w tajemnicy. Poczynił nawet odpowiednie przygotowania. Uroczystość miała mieć miejsce w noc poprzedzającą jego wyjazd z Somalii. Nasz wspólny kuzyn, Ali Wersengeli, zgodził się go zastąpić i pełnić rolę mego opiekuna. Zdawałam sobie sprawę, że nie jest to właściwe – w roli tej powinien wystąpić mój ojciec lub brat – ale Mahmud stwierdził, że jest to zgodne z obyczajem. Chadidża miała załagodzić sprawę i rozwiązać wszelkie problemy, jakie stwarzałaby rodzina mojej matki. Co do rodziny ojca, nie przypadłoby im to do gustu, ale tak naprawdę nikt nie mógł sprzeciwić się małżeństwu między kuzynami ze strony matki. Nawet gdybyśmy uciekli, żeby pobrać się potajemnie bez właściwego upoważnienia, była to z pewnością zadowalająca partia i nikt nie mógł tego unieważnić.

Dzisiaj wiem, że ryzykowaliśmy wszelkiego rodzaju genetyczne wady psychiczne i fizyczne naszego przyszłego potomstwa, ale wówczas nie mieliśmy o tym pojęcia. W Somalii, podobnie jak w wielu krajach Bliskiego Wschodu i Afryki, małżeństwa zawierane między kuzynami są często uważane za najbezpieczniejsze związki ze wszystkich: bogactwo pozostaje w obrębie rodziny, a jakikolwiek ewentualny konflikt może zostać szybko rozwiązany przez krewnych pary.

Tego wieczora, kiedy mieliśmy się zaręczyć, a później pobrać, radosne podniecenie chwyciło mnie za gardło. Miałam dwadzieścia lat i wychodziłam w tajemnicy za mąż za mężczyznę, którego pragnęłam. Nie powiedziałam nawet Haweyi; wiedziała o tym tylko Chadidża. Spędziłam dzień, malując henną dłonie i stopy. Kiedy Mahmud przyjechał, żeby zabrać mnie z domu Chadidży, miałam na sobie długą, czerwoną sukienkę i buty na wysokich obcasach. Nigdy wcześniej nie przyszłoby mi nawet do głowy, żeby ubierać się w ten sposób. Skropiłam też ciało perfumami. Gdy spojrzałam w lustro, ujrzałam w nim odbicie dorosłej kobiety.

Udaliśmy się do zakładu fotograficznego, by uwiecznić te chwile. Następnie pojechaliśmy do domu *kadiego*, który miał odprawić ślubną uroczystość. Na drogach panowała ciemność – po raz kolejny elektryczność została odcięta – toteż zaparkowaliśmy i poszliśmy piechotą, oświetlając sobie drogę latarką. Szajch czekał na nas przed drzwiami swego domu w białej szacie i białej czapeczce na głowie, która odcinała się wyraźnie na tle całkowitej ciemności. Mój daleki kuzyn, Ali Wersengeli i inny mężczyzna, którego nie znałam, już tam byli. Zaczęło do mnie docierać, że wchodzę w coś bardzo poważnego, ale było za późno, by się wycofać. Nogi trzęsły się pode mną, gdy podążałam przed siebie ciemną aleją.

Kadi skinął na nas, a następnie zaczął zadawać wymagane pytania.

– Czy jesteś Mahmudem Muhammadem Artanem?

– Tak.

– Czy jesteś Ayaan Hirsi Ali? Nie musisz odpowiadać. Wystarczy sama twoja obecność.

Usiadłam na krześle.

Kadi wymieniał imiona Alego Wersengeli i odpowiednio nasz wiek. Następnie odwrócił się do mnie i zapytał:

– Czy jesteś dziewicą?

Milczałam, co było właściwą i wymaganą w tych okolicznościach odpowiedzią, on zaś napisał „dziewica" na akcie ślubu.

Kadi ogłosił, że – zgodnie z prawem islamu – jesteśmy małżeństwem, a następnie zapytał:

– Jaka jest cena za pannę młodą?

Spojrzeliśmy na siebie – nie pomyśleliśmy o tym wcześniej. Po chwili Mahmud powiedział: „jeden święty Koran", co stanowiło symboliczną odpowiedź. Nikt nie mógł przyjąć zapłaty za pannę młodą, byłam bowiem sekretną panną młodą. Mahmud podpisał dokument i poprosił o kopię, ale *kadi* odmówił jej wydania. Dokument musiał najpierw zostać ostemplowany i trzeba go było przekazać odpowiednim władzom. Ali miał go zabrać w następnym tygodniu.

Mężczyźni wymienili serdeczne uściski dłoni i obaj świadkowie zniknęli. Znalazłam się teraz sam na sam w samochodzie Land Cruiser z moim kuzynem, a zarazem mężem. Byłam zaszokowana ogromem tego, co zrobiłam i spojrzałam na niego ukradkiem. Nawet się na mnie nie obejrzał. Nie dotykaliśmy się, nie pocałowaliśmy. Wiedziałam, co teraz nastąpi: moja noc poślubna.

Mahmud skręcił gwałtownie na parking Hotelu Arubo, najbardziej luksusowego hotelu w mieście. Nie zrobił wcześniej rezerwacji, ale chciał zapłacić za pokój, by spędzić w nim noc ze swoją żoną. Pracownik w recepcji poprosił go o akt ślubu. Świadczyło to o narastających wpływach Braci Muzułmanów. Jednak Mahmud nie miał wymaganego dokumentu. Wrócił do samochodu, gotując się ze złości i przeklinając Braci.

– Nie wiem, co się w tym kraju dzieje – powiedział. – Kim są ci ludzie?

Zdarzyło się to ponownie w następnym hotelu i jeszcze w innym. Ośmieliłam się zasugerować, czy nie powinnam wejść do środka, ale Mahmud ostro na to zareagował:

– Czy straciłaś zmysły? Następnego ranka zobaczysz plakat ze swoją podobizną, nazywający cię prostytutką: kobietą, która spędza noc z mężczyzną bez aktu ślubu. Pomyśl o swoim nazwisku!

Hotel, do którego w końcu mnie zabrał, musiał być jednym z najtańszych miejsc w Mogadiszu. Był to ten rodzaj miejsca, gdzie nie sprawdzają aktów ślubu. Elektryczność wciąż nie funkcjonowała. Musieliśmy wziąć do pokoju lampę. Kiedy otworzyliśmy drzwi, zauważyłam, jak pod łóżko wbiegł karaluch. Gdy brałam lampę z rąk Mahmuda, spojrzał mi w twarz po raz pierwszy tego wieczoru. Powiedział, że mogę iść do łazienki, aby się przygotować.

Mechanicznie myłam się w łazience, która była bardzo brudna. Następnie położyłam się na łóżku, całkowicie ubrana: nie wiedziałam, co innego mogłabym zrobić. Chciałam nadać wszystkiemu bardzo zmysłowy charakter, ze mną w roli Marilyn Monroe lub Lady Chatterley, ale nie wiedziałam nawet, jak się rozebrać. Kiedy Mahmud wrócił do pokoju, powiedział:

– Oh, chcesz udawać nieśmiałą?

Udawanie osoby nieśmiałej było ostatnią rzeczą, którą chciałam odgrywać.

– Co chcesz, żebym zrobiła? – zapytałam.

– Zdejmij z siebie ubranie.

Zrobiłam to z zakłopotaniem i beznamiętnie. Nic nie działo się w sposób, jaki sobie wymarzyłam. Spróbowałam gry wstępnej, posługując się wiedzą wyniesioną z książek. Mahmud spojrzał na mnie kpiąco.

– Hej, czy robiłaś to już wcześniej? – zapytał.

Wymamrotałam, że nie. Gdybym skłamała i powiedziała Mahmudowi, że miałam za sobą doświadczenia seksualne, wówczas, być może, przeprowadzilibyśmy grę wstępną, ale później, prawdopodobnie rozwiódłby się ze mną. Ponieważ przyznałam, że jestem dziewicą, nie odczuwałam żadnej przyjemności. Pomyślałam, że Dżawahir, Basra i wszystkie inne koleżanki miały rację. Wartościowe dziewczyny są dziewicami, które spółkują jak koza mojej babki.

To nie był gwałt. Chciałam uprawiać seks z Mahmudem, ale nie w ten sposób. Dyszał i pocił się z wysiłku, usiłując rozerwać szwy, by umożliwić sobie dostęp do mojej pochwy. Było to strasznie bolesne i zajęło wiele czasu. Zacisnęłam zęby i wytrzymałam ból. Zmusiłam się, żeby nie płakać, aż stałam się zupełnie odrętwiała. Potem Mahmud zapadł w głęboki sen, a ja znowu umyłam się w okropnej łazience. Moja noc poślubna pod każdym względem przebiegała dokładnie tak samo, jak Dżawahir opisała swoją rok wcześniej w Kenii.

Bardzo wcześnie następnego ranka Mahmud zawiózł mnie z powrotem do domu Ibado Dhadey. Tego popołudnia wylatywał do Rosji. Miałam go więcej nie zobaczyć. Mój umysł w pewnym sensie sterował mną automatycznie, ale sprawiałam wrażenie, jakbym zachowywała się zupełnie normalnie. Być może byłam nieco nieśmiała, ale w tych okolicznościach mogło się to wydawać naturalne.

Kiedy się pojawiłam, Ibado odchodziła już od zmysłów z niepokoju. Powiedziałam jej, że spędziłam noc w domu ciotki Chadidży, a następnie poszłam na górę i umyłam się, smarując rany środkiem dezynfekującym, tak jak zrobiła to Dżawahir. Wiedziałam, że nigdy więcej nie chcę widzieć Mahmuda. Moja blizna bolała tak bardzo, że ledwie byłam w stanie utrzymać się na nogach. Powiedziałam Ibado, że jestem chora. Kiedy do pokoju weszła Haweya, jej twarz wyrażała taki niepokój, że załamałam się i wszystko powiedziałam. Czułam się źle, nie byłam w stanie znosić dręczącego mnie poczucia winy. Zachowałam się odrażająco: poddałam się pokusie, zdradziłam rodzinę i teraz na zawsze znalazłam się w pułapce tego mężczyzny i własnych wyrzutów sumienia.

Haweya była wspaniała. Nie osądzała mnie. Zdawało się, że romantyczny aspekt całej sprawy wzbudza jej podziw. Kiedy powiedziałam jej, jak bardzo czuję się obolała, zaopiekowała się mną. Powiedziała mi, że nie sądzi, by ceremonia ślubna była legalna. Ali Wersengeli nie mógł po prostu pełnić roli mego oficjalnego opiekuna, kiedy mój brat i ojciec przebywali w kraju. Obie modliłyśmy się do Boga, żebym nie zaszła w ciążę.

Ali Wersengeli przyszedł do domu kilka dni później. Przyniósł kopię aktu małżeństwa. Powiedział mi, że wysłał już inną kopię do Mahmuda do Rosji. Odłożyłam ją, nawet nie czytając. Wówczas już mogłam siadać i chodzić, chociaż rany nadal sprawiały mi ból. Dwa tygodnie później dostałam okres, co potwierdzało życzliwy stosunek Boga do mojej osoby.

W mieście przemoc tak szybko stawała się normą, że ludzie nie wykazywali nawet większego zainteresowania doniesieniami o napaściach, chyba że znali poszkodowane osoby. Najgorzej zachowywali się żołnierze: nie było pieniędzy, żeby im zapłacić, toteż złożone z nich bandy, napadając na domy, dręczyły zwykłych ludzi. Od czasu do czasu wybuchała strzelanina. Dzieci wybiegały wówczas na ulicę, reagując na świst kul, jakby chciały zobaczyć pokaz sztucznych ogni.

W wiejskiej okolicy bunt przeciwko Siadowi Barre coraz bardziej przybierał na sile. Ród Madżerten i plemię Issak zwalczały jego wojsko na wschodzie i na północy. Rewolta zespołu rodowego Hawija na południu również przekształcała się w działania wojenne. Ludzie otwarcie szydzili ze Siada Barre i jego osłabionej armii. Mówili, że bojownicy Hawija niemal otoczyli miasto. Zamiast *Afwayne* nazywali go teraz Major Mogadiszu, ponieważ było to jedyne terytorium, na którym Siad Barre jeszcze sprawował władzę.

W połowie października 1990 roku agencja telekomunikacyjna, w której pracowałam, została zamknięta. Pozostawanie w Somalii było zbyt niebezpieczne dla cudzoziemców. Organizacja Narodów Zjednoczonych wycofywała pracowników. Wśród repatriowanych znalazł się również mój angielski szef. Słuchając radia w Kenii, matka szalała z niepokoju. Nalegała, żebym wróciła z Haweyą do Nairobi.

Ogarnęła mnie fala nostalgii za Kenią. Tęskniłam za filmami i książkami, za Halwą i za matką. Może wydawać się to dziwne, ale tęskniłam za jej moralną uczciwością, za jej jasnym wyczuciem właściwego zachowania, które spodziewałam się znaleźć w Somalii, ale nie znalazłam. Zamiast tego mocno skomplikowałam swoje życie i moje stosunki z Bogiem. Przeżywałam swój upadek i coraz większą dezorientację. Kiedy mama wezwała nas do siebie, wreszcie poczułam ulgę.

ROZDZIAŁ 8

Uchodźcy

Haweya i ja wyjechałyśmy z Mogadiszu w połowie listopada 1990 roku. Siedziałyśmy stłoczone na drewnianych ławkach z tyłu furgonetki z trzydziestoma innymi pasażerami. Towarzyszył nam Kubkac, bratanek Ibado i nasz dalszy krewny, który miał rodzinę na przygranicznym obszarze Kenii. Była to bardzo długa, okrężna podróż. Droga do Kisimaju na wybrzeżu Somalii znajdowała się już w rękach buntowników z plemienia Hawija. Była zbyt niebezpieczna, żeby nią przejeżdżać. Dla nas, członków zespołu rodowego Darod, istniał tylko jeden sposób, by bezpiecznie przedostać się do Kenii. Należało jechać długą drogą prowadzącą na północ, do Baidoa, przez wzgórza, a następnie na zachód, przez pustynię. Nawet na tej drodze mogliśmy spotkać błąkających się członków zbuntowanych wojsk, szukających przygody i pobudzonych w wyniku uporczywego przeżuwania *khatu.*

Po kilku godzinach od wyjazdu z miasta dotarliśmy do Afgoye, jednego z głównych miast targowych w południowej Somalii. Krajobraz stał się nagle zielony. Wzdłuż rzeki ciągnęły się pola ryżowe i sady: rosły w nich papaje i guawy. Mijaliśmy także plantacje bananów i mango. Uliczne stragany uginały się pod ciężarem rozmaitych artykułów żywnościowych, a sprzedawane tu mięso miało wspaniały smak.

Ludzie w Afgoye z wyglądu bardziej przypominali Kenijczyków.

Byli potomkami niewolników i chłopów, wywodzącymi się od wygnańca Saaba. Mieszkali na żyznej, uprawnej ziemi, która żywi resztę Somalii, a jednak należało ich uważać za gorszych od nas. Schodzili z chodnika, żebyśmy mogli przejść. Pewien wysoko urodzony mężczyzna z zespołu rodowego Darod, podróżujący z nami furgonetką, odepchnął na bok starą kobietę Saab, która niedostatecznie szybko zeszła mu z drogi. Obserwując tę scenę, poczułam się zadowolona, że wyjeżdżam. Otwarta dogmatyczność była jedną z rzeczy, których nienawidziłam w Somalii. Myślałam, że przynależność do rodu stojącego wyżej w hierarchii oznacza wyższą moralność. Nie uważałam za sprawiedliwe złego traktowania ludzi na podstawie ich cech fizycznych czy jakości krwi, jaka płynęła w ich żyłach. Kiedy jednak protestowałam przeciw okazywaniu rażących uprzedzeń wobec członków rodu Saab, byłam nazywana komunistką.

Gdy zastanawiałam się nad tymi sprawami, doszłam do wniosku, że postawa samych Saab też mnie irytuje. W miejscach takich jak Afgoye i Baidoa stanowili większość: dlaczego zatem byli tacy ulegli? Na co czekali? Czyżby obawiali się samolotów i bomb rodów stojących wyżej w hierarchii? A może byli uzależnieni od północnych Somalijczyków? Czy naprawdę przyswoili sobie pogląd o własnej niższości i potulnie znosili codzienne upokorzenia? Dlaczego się nie zbuntowali?

Spędziliśmy pierwszą noc w Baidoa, gorącym, targowym mieście, do którego przyjechaliśmy tuż po zmierzchu, położonym około 240 kilometrów na północny-zachód od Mogadiszu i około 320 kilometrów od kenijskiej granicy. Następnie wsiedliśmy do kolejnego rozklekotanego autobusu, by pojechać do Luuq, dawnej faktorii nad rzeką Dżuba. Kiedy opuściliśmy Baidoa, wiejska okolica opustoszała: pozostał jedynie piasek, busz, ciernisté krzewy i jeden lub dwa baobaby. W takiej okolicy dorastała moja babka. Od czasu do czasu mijaliśmy młodych chłopców wypasających wielbłądy, którzy patrzyli na nas spod przymrużonych powiek, albo kobiety z niemowlętami przytwierdzonymi do pleców za pomocą tkaniny przewiązanej na jednym ramieniu, oddalające się drogą ze stosem drewna na opał.

W Luuq ludzie wydawali się chudzi i wymizerowani. Uchodźcy spali na ulicach. Na ścianach domów widoczne były ślady kul. W maleńkich hotelowych pokojach panował wyjątkowy ukrop, toteż wszyscy spali na zewnątrz, kobiety na matach rozłożonych na wewnętrznym dziedzińcu, a mężczyźni w innej jego części. Nie było bieżącej wody ani elektryczności. Każdy mył się wodą z dzbanka. Ludzie kpili sobie z Haweyi i ze mnie, że posługujemy się tak osobliwym przyrządem, czyszcząc zęby, zamiast używać w tym celu gałązki akacji. Na śniadanie podano kozią wątróbkę z czosnkiem i cebulą. Nie mogłam tego tak wcześnie przełknąć, ale inni próbowali mnie nakłonić do jedzenia. Niebawem mieliśmy dotrzeć do miejsc, w których panował głód. Spodziewaliśmy się, że jedzenia będzie coraz mniej, w miarę jak będziemy zbliżać się do granicy.

Silnik furgonetki niespokojnie warczał, gdy przedzieraliśmy się przez nawiany piasek w prażących promieniach słońca. Droga, po której jechaliśmy, była prawie niewidoczna. Brakowało nawet odrobiny cienia; siedzieliśmy po prostu na drewnianych ławkach.

Następną noc spędziliśmy w Bulo Hawo, małej wiosce po somalijskiej stronie kenijskiej granicy. Stało w niej kilka chat krytych strzechą i sklep, w którym można było kupić lody. Zaledwie kilkanaście kilometrów za tą nędzną wioską przekroczyliśmy granicę i znaleźliśmy się w kenijskim miasteczku Mandera, z budynkami z betonu, wybrukowaną i oświetloną elektrycznymi latarniami ulicą. Elektryczność stała się rzadkością w Mogadiszu; byliśmy zaskoczeni, widząc ją tutaj. Przejechaliśmy przez oficjalny posterunek graniczny, gdzie ludzie otwarcie przekupywali funkcjonariuszy w mundurach. (Ponieważ Kubkac miał kenijski dowód tożsamości, a Haweya i ja doskonale mówiłyśmy w języku suahili, mogliśmy dostać się do naszych sąsiadów, nie płacąc żadnych łapówek).

Zaraz po przyjeździe do Mandery, Kubkac zabrał nas do domu swojej macochy i sióstr przyrodnich, żeby złożyć im wyrazy uszanowania. Dom wyposażony był w elektryczność i bieżącą wodę. W miasteczku znajdowały się sklepy, szkoła, a nawet biuro rady tego okręgu i posterunek policji. Pod każdym względem to małe kenijskie miasto, położone w państwie, które Somalijczycy uważali za gorsze, funkcjonowało znacznie lepiej niż wszystko w Somalii, która znajdowała się zaledwie w odległości kilku kilometrów.

Manderę zamieszkują Somalijczycy Sedżui, znani również jako kenijscy Somalijczycy. Mówią ze śpiewnym akcentem i wtrącają do somalijskiego słowa suahili. Jedynymi „rodzimymi" Kenijczykami byli policjanci, którzy utrzymywali porządek, a także żołnierze strzegący granicy. Jednak wydarzenia, jakie miały miejsce w Somalii, rozlewały się na terytorium Kenii. Często zdarzały się przygraniczne wypady rabunkowe na dobytek, szczególnie bydło. Przemytnicy przywozili *khat i* wszelkiego rodzaju artykuły, a ponadto szmuglowali ludzi przez granicę.

Spędziliśmy dwie noce w Manderze, zanim Kubkac zgodził się na kontynuowanie podróży. Wsiedliśmy w wiejski autobus jadący do Garissy, dużego miasta położonego 560 kilometrów dalej na południe, które miało asfaltowe ulice, sygnalizację świetlną, hotele, stację autobusową i meczet. Tam kupiliśmy bilety autobusowe do Nairobi. Byliśmy niemal w domu.

W końcu dotarliśmy do stolicy Kenii, mniej więcej po tygodniu od naszego wyjazdu z Mogadiszu. Kiedy jechaliśmy ulicami Eastleigh, w powietrzu unosiły się charakterystyczne, znajome zapachy. Wszystko wyglądało dokładnie tak, jak przed naszym wyjazdem. Nawet gryząca woń *Sukuma Wiki* wydawała się przyjemna, ponieważ była teraz dla mnie symbolem domu. Nie mogłam się doczekać ponownego spotkania z matką, ale kiedy zbliżaliśmy się do naszej dzielnicy, doszłam do wniosku, że obawiam się kłótni i emocjonalnych scen, których z pewnością należało oczekiwać.

Pod koniec listopada, kilka dni po naszym przyjeździe do Nairobi, wokół Mogadiszu rozgorzała otwarta wojna. Wojsko Siada Barre nadal utrzymywało centrum miasta, ale peryferie zostały całkowicie przejęte przez zbuntowane siły plemienia Hawija. Uzbrojeni bandyci jeździli wokół pikapami, odurzeni nieustannym żuciem *khatu*, strzelając do wszystkiego, co się ruszało i puszczając z dymem gospodarstwa rolne i sady.

Aby poróżnić swoich przeciwników, Siad Barre rozniecał plemienną wrogość, która, chociaż starannie skrywana, jest w Somalii realnym zjawiskiem. Jego wojska dokonywały ataków na plemię Darod, symulując napaść ze strony Hawija, po czym opuszczały krwawe pobojowisko, z wypisanymi na murach sloganami w rodzaju: „Oczyścić Darod z ziemi Hawija", czy „USC" (pierwsze litery nazwy milicji

Hawija). Oddziały armii Siada Barre przyjęły podobną taktykę wobec Hawija, posługując się takimi sloganami jak: „Hawija są gorsi i należy wymazać ich z powierzchni ziemi".

Toteż kiedy prezydent przestał panować nad sytuacją, kraj zaczął pogrążać się w chaosie. Walka o usunięcie go z urzędu przerodziła się w wojnę domową. Plemię Hawija nie domagało się już tylko głowy Siada Barre, chciało czystek etnicznych. Członkowie zespołu rodowego Darod byli zaskoczeni. Spodziewali się, że Hawija będą poszukiwali zemsty na rodzie Siada Barre, ale nie na wszystkich spośród różnych rodów Darod. Mogadiszu pogrążyło się w całkowitym zamęcie. Kwitło szabrownictwo, wciąż dochodziło do niczym nieusprawiedliwionych zabójstw i niszczenia mienia. Bojownicy niespodziewanie opanowywali kolejne dzielnice i palili domy. Dzieci zostawały bez opieki, gdy tymczasem ich rodzice w popłochu uciekali. Wszyscy członkowie plemienia Darod, którzy mogli ratować się ucieczką, wyjeżdżali, szli na piechotę lub czołgali się aż do Afgoye, Baidoa czy Kisimaju, miasta położonego na wybrzeżu, a także do miast i wiosek leżących na drodze prowadzącej do granic Kenii czy Etiopii.

Wśród członków plemienia Darod powstawały grupy zbrojne, które odpowiadały na ataki. W walkach tych zginęło zarówno wielu członków Darod, jak i Hawija. Wojsko Siada Barre skurczyło się do nielicznego oddziału żołnierzy, którzy strzegli pałacu prezydenckiego. 27 stycznia 1991 roku, pośród tej anarchii i przemocy, mama, Haweya i ja dowiedziałyśmy się z Somalijskiego Serwisu BBC, że ze względu na swoje bezpieczeństwo Barre opuścił kraj i udał się do Nairobi.

Pewnego wieczoru, kiedy z niepokojem słuchałyśmy radia w naszym mieszkaniu na Park Road, rozległo się pukanie do drzwi. Byłam zaskoczona, widząc na progu naszego mieszkania Abdellahiego Jasina, jednego z najlepszych przyjaciół Mahada w Mogadiszu. Towarzyszył mu młody człowiek, syn jego starszej siostry. Przedstawił go nam jako Osmana Abdihalina Osmana Jusufa Kenadida, wnuka Osmana, mężczyzny, który nauczył mego ojca czytać i pisać i prawnuka króla, któremu służył mój dziadek, Magan. Patrzyłyśmy na niego z podziwem. Przyjęcie tego mężczyzny w naszym domu było dla nas wielkim zaszczytem.

Abdellahi i Osman powiedzieli nam, że cała infrastruktura Mogadiszu jest praktycznie sparaliżowana, a ulice patrolują jedynie opancerzone wozy. Na terenach opanowanych przez członków plemienia Hawija, uzbrojeni bandyci chodzą od drzwi do drzwi, uprowadzając mężczyzn z zespołu rodowego Darod. Mahad opuścił miasto wcześniej, kierując się ku Bari, nad którym całkowitą kontrolę sprawował obecnie DFSS. Matka wpadła niemal w histerię ze strachu, a Haweya i ja byłyśmy ogromnie zaniepokojone.

Abdellahi i Osman wprowadzili się do naszego pokoju dziennego, rozłożyli w nim materace i spali na nich. Dwa tygodnie później przed naszymi drzwiami stanął Mahad. Mama, Haweya i ja przyjęłyśmy go z ogromną ulgą. Chciał jechać do Bari, ale ród nalegał, żeby wrócił do bezpiecznej Kenii. Wydostał się z miasta tą samą drogą, co my. Szczęśliwie zdążył, gdyż dzień po tym, kiedy przejechał przez Afgoye, miasto dostało się w ręce buntowników Hawija.

Mahadowi towarzyszył nasz kuzyn Warsame, syn siostry bliźniaczki mamy i jego dwóch przyrodnich braci. W domu mieszkało teraz sześciu spokrewnionych z nami mężczyzn. Wszyscy spali na materacach w pokoju dziennym. Wkrótce pojawił się starszy brat Osmana, Mahamud. Ofiarowanie mu gościnności stanowiło dla nas również wielki zaszczyt. Mahamud okazał się jednak posłańcem złych wieści. Twarz mamy wykrzywił grymas przerażenia, kiedy powiedział nam, że całe Mogadiszu wpadło w ręce wroga, gdy wyjechał z miasta. Pałac Siada Barre został oblężony przez plemię Hawija. W mieście dochodziło do gwałtów i grabieży. Powiedział, że uzbrojeni bandyci Hawija wyciągali na ulice kobiety i dzieci wywodzące się z plemienia Darod i mordowali je. Palili nawet domy, w których znajdowali się ludzie. Wszędzie brakowało wody. Mieszkańcy byli tak osłabieni brakiem jedzenia, że nie mogli walczyć ani uciekać. Później dowiedzieliśmy się, że naszej cioci Chadidży udało się wyjechać do Kisimaju, gdzie zachorowała. Po pewnym czasie otrzymaliśmy wiadomość, że tam zmarła.

Ibado Dhadey Magan, której matka wywodziła się z plemienia Hawija, zgromadziła pewną liczbę osób Darod w swoim otoczonym ogrodzeniem domu, chcąc zapewnić im bezpieczeństwo. Członkowie zespołu rodowego Darod zaczęli wyjeżdżać z miasta, korzystając z różnych środków transportu, albo szli na piechotę, pragnąc uniknąć ostatecznej katastrofy. Kierowali się w stronę wybrzeża wraz z ludźmi, którzy opuszczali w pośpiechu płonące pola uprawne na południe od Afgoye. Setki tysięcy ludzi znajdowało się teraz w drodze. Rozpoczął się ogromny exodus z Somalii do Kenii, Etiopii i dalej.

Mahamud powiedział nam, że zostawił swoją żonę i dzieci w Kisimaju razem z innymi członkami rodziny. Następnie odbył podróż do kenijskiego portu Mombasy w łodzi wypełnionej wieloma uchodźcami. Chciał znaleźć dla swojej rodziny bezpieczne schronienie. Żywił nadzieję, że będą mogli zatrzymać się w Nairobi. Obliczył, że mają wystarczająco dużo benzyny, by dotrzeć do granicy kenijskiej, a następnie do miejsca, w którym uchodźcy się zbierali, położonego około stu sześćdziesięciu kilometrów w głąb pustyni. Wszyscy nazywali je Dhobley, Błotnistym Miejscem.

Każdego dnia, przez cały tydzień, Mahamud prosił Mahada, który miał odpowiedni kenijski dowód tożsamości i biegle posługiwał się suahili i angielskim, by pomógł mu przewieźć jego rodzinę. Na granicy panował chaos i kenijski rząd próbował powstrzymać falę uchodźców przed przekraczaniem swego terytorium. Mahamud potrzebował pomocy.

Jednak Mahad zwlekał. Każdego dnia zbywał Mahamuda: obiecywał mu stale, że jutro podejmą podróż do granicy. Wszyscy odczuwaliśmy cierpienie Mahamuda i trawiący go niepokój. W końcu, pewnego wieczoru, podczas kolacji, oświadczył, że wyjedzie sam następnego dnia. Nie mogłam dłużej tego znieść i oznajmiłam:

– Ja też mówię w języku suahili i po angielsku. Haweya i ja właśnie odbyłyśmy podróż od granicy, toteż wiem, co robić. Pojadę z tobą.

Matka sprzeciwiła się mojemu pomysłowi. Stwierdziła, że młoda dziewczyna nie powinna jechać do strefy wojennej. Powiedziałam jej jednak, że zostanę po kenijskiej stronie: czyżby mogło to być aż tak bardzo niebezpieczne? Dyskusja trwała kilka dni. Każdy brał czyjąś stronę. Mahad obiecywał, że pojedzie, a następnie kierował się do drzwi, mówiąc, że wychodzi do meczetu i pozostanie tam aż do zmroku. Stało się jasne, że Mahamud będzie musiał iść ze mną albo sam.

Ostatecznie pod koniec stycznia wyjechaliśmy. Właśnie upłynęły dwa miesiące, odkąd przyjechałam do Nairobi.

Spędziliśmy w drodze dzień i noc, po czym dotarliśmy do kenijskiego miasta granicznego Liboye. Mahamud był bardzo zdenerwowany, ledwie mógł mówić. Schował pod koszulą skórzaną sakiewkę pełną amerykańskich dolarów, którymi miał się posłużyć w razie konieczności łapówki, ale to do mnie należało prowadzenie negocjacji z policją na posterunku granicznym. Nigdy przedtem nie próbowałam nikogo przekupić. Nie wiedziałam nawet, ile tak daleko od stolicy może być wart dolar.

Na granicy panował rozgardiasz. Żołnierze w zielonych mundurach byli wszędzie, z karabinami maszynowymi i pasami z amunicją przewieszonymi przez ramiona. Znaleźliśmy oficera armii, który powiedział, że jest dowódcą. Zaczerpnęłam głęboki oddech i zwróciłam się do niego w języku suahili:

– Ten mężczyzna szuka swojej rodziny. Pojechali na wakacje do Somalii i zostali tam złapani w pułapkę rozruchów. Musimy przekroczyć granicę i zabrać ich stamtąd.

Oficer przyjrzał mi się i zapytał:

– Jak wiele osób przeprowadzisz?

– Jedną kobietę z czwórką maleńkich dzieci. Tak naprawdę, tylko jedną kobietę, ponieważ dzieci są tak małe, że niemal się nie liczą.

Spojrzał na mnie w sposób zdradzający lekkie zdziwienie. Pomyślałam, że nadeszła odpowiednia pora, żeby dać mu pieniądze. Odwróciłam się do Mahamuda i powiedziałam:

– Czy masz jakieś 500 szylingów?

Próbowałam się domyślić, ile należy dać. Była to suma równa mniej więcej opłacie jednego tygodnia czynszu naszego mieszkania w Nairobi. Mahamud wcisnął mi banknot do ręki, a ja przekazałam go oficerowi. Przyjrzał mu się i powiedział:

– Jeszcze dwa banknoty.

Kiedy mu je daliśmy, stwierdził krótko:

– Możecie iść.

Zapytałam oficera o jego imię, a on odpowiedział – Mwaura. Imię to jest popularne w plemieniu Kikujusów. Nie sądziłam jednak, że oficer rzeczywiście pochodził z tego plemienia: był zbyt wysoki.

Ostrzegłam Mahamuda, że nie ufam temu mężczyźnie. Nie mieliśmy absolutnie żadnych gwarancji. Nawet gdybyśmy znaleźli żonę i dzieci Mahamuda, nie było pewności, że odnajdziemy tego oficera albo że istotnie wpuści nas z powrotem do Kenii. Gdyby wydał nam chociaż mały skrawek papieru w charakterze dokumentu. Ale on nie zadał sobie nawet trudu, by uścisnąć nam dłoń. Znaliśmy jedynie jego wątpliwe imię Mwaura. Atutem była też moja znajomość języka suahili. Nie mieliśmy jednak innego wyboru.

Skierowaliśmy się w stronę strefy granicznej sami, schodząc po grzbiecie wyludnionego pagórka. Była to scena kompletnej desperacji. Namioty uchodźców i ich nędzne schronienia ciągnęły się daleko, jak okiem sięgnąć. Wydawało się, jakby cała ludność Somalii rozbiła tu obozowisko. Gdzieś poza tą opuszczoną strefą leżała osada Dhobley wzniesiona przez uchodźców. Tu, w Dhobley, Mahamud miał nadzieję odnaleźć swoją żonę i dzieci.

W powietrzu unosiło się mnóstwo kurzu. W okolicy nie rosły żadne drzewa, toteż trudno było choćby o skrawek cienia. Organizacja Narodów Zjednoczonych do spraw Uchodźców zbudowała obóz po kenijskiej stronie granicy, u podnóża pagórka. Stał tam duży, solidnie wykonany brezentowy namiot. Ludzie stali przed nim w kolejce w prażących promieniach słońca, żeby się zarejestrować. Minęliśmy ośrodek zdrowia. Tak naprawdę było to po prostu miejsce, w którym można było zdobyć informację o zmarłych. Wokół ośrodka uchodźcy rozbili tysiące namiotów.

Im dalej szliśmy, tym więcej stało dobrze już sfatygowanych namiotów. Na początku pola brezent namiotów nie stracił jeszcze błękitnego koloru. Chroniły się pod nimi całe rodziny. Nieco dalej brezentowe namioty kończyły się. Na konstrukcjach z cienkich gałęzi uchodźcy rozwieszali kobiece szale, koszule i bluzki, żeby dzieci mogły schronić się w cieniu. Namioty były ustawione grupami wokół dołów ze stojącą wodą, służącą również do picia. Niektóre z nich przypominały błotniste bajora. Zapach ostatniego deszczu wciąż unosił się w powietrzu, ale bajora szybko wyparowywały w upale.

W końcu dotarliśmy do ogromnego parkingu. Stało na nim wiele furgonetek i Land Cruiserów. Wszyscy spotkani tu ludzie należeli do plemienia Darod – wywodzili się z rodów Madżerten, Marehan,

Warsangeli lub Ogaden, ale łączyła ich przynależność do zespołu rodowego Darod – toteż czuliśmy się z nimi swobodnie. Chociaż między poszczególnymi rodami zdarzały się napięcia, nie mogło być mowy o wybuchu krwawych rozruchów. Mahamud wyjaśnił, że musimy dostać się do Dhobley, które znajdowało się w odległości osiemnastu kilometrów od obozowiska. Wkrótce znalazł kierowcę należącego do rodu Madżerten, który zgodził się nas zabrać, ale przez chwilę negocjował cenę. Ustaliliśmy, że poczekamy na niego, aż uda mu się zebrać większą liczbę pasażerów.

Około czwartej po południu dotarliśmy do Dhobley. Wszędzie, gdzie tylko spojrzeć, byli ludzie. Pod każdym wysokim, ciernistym drzewem siedziała w kucki rodzina. Większość usadowiła się na matach, a kilka osób zajęło po prostu miejsce na suchym białym piasku. Niekiedy uchodźcy dysponowali czymś w rodzaju namiotów, bardziej jeszcze nędznych niż te stojące bliżej granicy. Zrobiono je z kawałków tkaniny, gałęzi i szmat.

Kiedy wysiedliśmy z samochodu, minęliśmy dwóch mężczyzn, którzy sprzeczali się o kanister z wodą. Jeden z nich stracił nad sobą panowanie i sięgnął po karabin. Na widok tej sceny serce zaczęło mi walić jak młotem. Nagle okazało się, że wszyscy mężczyźni wokół nas mają broń – pistolety lub karabiny. Dostrzegłam też wiele rozrzuconej wokół amunicji. Trzech lub czterech starszych uzbrojonych mężczyzn podeszło do człowieka z karabinem.

– Weź wodę. Jest twoja – śmiało – powiedzieli i dali mu kanister.

Mężczyzna usiadł na piasku, przykrył rękami głowę i zaczął płakać. Jego ubranie było podarte, palce wyłaziły mu ze sfatygowanych butów. Wyglądał żałośnie.

Starsi mężczyźni próbowali wziąć jego broń, ale nie mogli zmusić go do jej oddania. Dali mężczyźnie inny pojemnik z wodą. Wszyscy rozpaczliwie pragnęli spokoju, nagle każdy stał się ekspertem w zapobieganiu konfliktom. Niepostrzeżenie podkradłam się do Mahamuda i powiedziałam:

– Ci ludzie są niebezpieczni. Dręczy ich głód i pragnienie. Od długiego czasu znajdują się w drodze. Nie mają nic do stracenia. Wydaje im się, że już są martwi.

Mahamud miał rację, kiedy wcześniej przedstawiał los uchodźców. Ludzie wokół wyglądali jak duchy. Byli wychudzeni. Opuścili swoje domy i od tygodni znajdowali się w drodze. Podczas swojej wędrówki wszystko stracili. Wiele niemowląt zmarło. Niemal każda matka trzymała w ramionach apatyczne dziecko. Często stawali się obiektem ataku bandytów. Przedzierali się przez obszary objęte krwawymi walkami różnych ugrupowań. Kiedy spojrzałam im w oczy, sprawiali wrażenie zupełnie zdezorientowanych. Wyglądali tak, jakby byli w piekle i stamtąd wrócili.

Czułam się całkowicie bezradna. Przyjechałam, by pomóc jednemu mężczyźnie odnaleźć jego rodzinę, a otaczało mnie morze zdesperowanych ludzi. Byłam pośród nich jedyną wypoczętą i dobrze odżywioną osobą. Wszystkim kobietom i rodzinom koczującym pod drzewami wydawałam się ostatnią nadzieją. Wielu ludzi podchodziło do mnie i błagało:

– Czy wzięłabyś mnie do strażników granicznych? Czy możesz mnie tam zabrać? Mam rodzinę.

A ja musiałam odpowiedzieć:

– Nie. Nie mogę, nic nie jestem w stanie zrobić.

Byłam tu z Mahamudem, a on miał tylko jeden cel, którym było odnalezienie jego rodziny.

Szliśmy dalej, pytając każdą napotkaną po drodze osobę, czy widziała kobietę zwaną Si'ido Mahmud Osman Jusuf Kenadid. Żona Mahamuda była jego kuzynką, toteż mieli wspólne nazwisko po dziadku. Ludzie pytali nas oczywiście, jak się nazywamy. Było rzeczą naturalną, że odpowiadając, posługiwaliśmy się długą wersją: „Jestem Ayaan Hirsi Magan Isse". Przypominało to ogromne zebranie rodu: twoje imię stanowiło dowód tożsamości.

Ktoś powiedział:

– Tam, pod drzewem, siedzą członkowie rodziny Dżama Magan. Kiedy podeszłam bliżej, zobaczyłam ich: Ainanszie, Aflao, Amran i Idil z Mogadiszu. Gdy widziałam ich po raz ostatni – w dniu, w którym sama wyjechałam z Mogadiszu, zaledwie przed dziesięcioma tygodniami – byli oni bogatymi ludźmi o dobrze umięśnionych, silnych nogach i rękach. Teraz ubrania zwisały z ich wychudłych postaci. Ich twarze wydawały się znajome, ale w ogóle nie byli to ci sami ludzie.

Znajdował się wśród nich mój krewny Abdiwahab. Swego czasu pracował w barze espresso, który należał do Aflao. Abdiwahab był bardzo zażywny i wysoki. Obecnie przywodził na myśl szkielet, co sprawiało, że wydawał się jeszcze wyższy. Oczy wyszły mu z orbit, a policzki się zapadły, toteż jego głowa przypominała czaszkę. Miałam wrażenie, że patrzę na żywego trupa.

Podeszli do mnie, uściskali mnie i wszyscy popłakaliśmy się. Dwie dziewczyny, Amran i Idil, zaczęły mnie błagać:

– Nie zostawiaj nas tutaj, weź nas ze sobą – a ja wiedziałam, że nie mogę tego zrobić.

Nie dysponowałam własnymi pieniędzmi. Mahamud miał jedynie wystarczającą kwotę, by uratować swoją rodzinę. Powiedziałam strażnikowi granicznemu, że wrócimy z jedną kobietą, a my jej wciąż jeszcze szukaliśmy. Mogłam im jedynie obiecać, że kiedy wrócę do Nairobi zgromadzimy pieniądze dla Mahada, który ponownie wróci do granicy i, w jakiś sposób, spróbuje ich stąd wydostać.

Znowu podniósł się rozpaczliwy płacz. Amran i Idil miały dopiero po siedemnaście i osiemnaście lat.

– Znalazłaś się tutaj z tym mężczyzną, aby uratować jego rodzinę – powiedziały – ale nas nie ocalisz. Myślałyśmy, że przyjechałaś po nas.

Wpadły w histerię. Haweya nazwała kiedyś Amran i Idil „Beczułkami", ponieważ były bardzo pulchne. Teraz zastałam je niedożywione, przerażone i zrozpaczone.

Żona Aflao podczas wędrówki poroniła dziecko, a Ainanszie musiał zostawić żonę z maleńkim dzieckiem w Mogadiszu, ponieważ wywodziła się z wrogiego plemienia Hawija. W drodze niechybnie zostałaby zabita przez innych uchodźców z zespołu rodowego Darod. Ainanszie powiedział mi, że brał udział w walkach w Mogadiszu u boku Darod przeciwko Hawija i zabił kilka osób. Nie miał jednak wyrzutów sumienia. Zemścił się w ten sposób za wszystkie dokonywane rzezie.

– Pamiętam jednego mężczyznę z nożem. Postrzeliłem go i podciąłem mu gardło od ucha do ucha – powiedział ze swego rodzaju satysfakcją.

Zaczęłam drżeć na całym ciele. Wszystko, co widziałam i słyszałam, wydawało mi się zupełnie nierealne, niczym horror. Przypominam sobie, jak myślałam:

– To piekło: pierwsza brama do piekła.

Mahamud nalegał, żebyśmy kontynuowali poszukiwania, by znaleźć jego rodzinę przed zmierzchem. Obiecałam, że wrócę w drodze powrotnej do granicy i z bólem rozstałam się z Ainanszie i jego rodziną. Szliśmy, rozpytując o żonę Mahamuda przy każdym drzewie. Pod najwyższymi drzewami siedziały całe rodziny. Mężczyźni mieli broń. Kobiety, które były same, próbowały pod krzakami znaleźć schronienie dla swoich dzieci. Mahamud spotykał ludzi, których znał – wspólników w interesach, sąsiadów – i wszyscy go uprzedzali.

– Wracaj, skąd przybyłeś. Oni tam wrócili.

Wędrując po obozowisku, Mahamud odnalazł Fadumo, żonę swego starszego brata, Mahameda. Fadumo była też siostrą żony Mahamuda. Złapała Mahamuda za rękę, jakby nigdy nie miała ochoty go puścić. Jej mąż przybiegł na bosaka. Nadal miał charakterystyczne wąsy i krzaczaste brwi, ale zdawało się, że składa się z samych kości. Wyglądał jak biegnący trup. Mahamed i Fadumo mieli ze sobą czworo dzieci, które patrzyły na mnie tak, jakby ukazał się im anioł, który spłynął prosto z nieba.

Mahamed powiedział mi, że żona Mahamuda koczuje niedaleko stąd, a ich dzieci mają się dobrze. Chwycił swego brata za rękę i ruszyli w drogę. Żona Mahamuda dostrzegła go z oddali i biegła, żeby się z nim przywitać. Kiedy rzuciła mu się w ramiona, zaczęła szlochać.

Po raz pierwszy widziałam somalijskie małżeństwo okazujące sobie w ten sposób uczucie. Przylgnęli do siebie, głaszcząc się po twarzy. Oboje płakali i nie mogli się rozstać. Wkrótce podbiegły dzieci i przytuliły się do obojga rodziców. Była to chwila czystej radości i łez, tak bardzo intymna, że Mahamed i ja odwróciliśmy się, okazując szacunek.

Wciąż trzymając Mahamuda mocno za rękę, jego żona Si'ido zabrała nas pod drzewo, pod którym obozowała. Siedziała tam młodsza siostra Mahamuda, Marian i jej dwoje dzieci. Trzyletnia córka Marian była najpiękniejszym dzieckiem, jakie kiedykolwiek widziałam. Gdy jednak spojrzałam na niemowlę, odniosłam wrażenie, że nie widzę dziecka, a jedynie maleńką ludzką postać o twarzyczce wykrzywionej grymasem, przywierającej do wyschniętej piersi swojej wycieńczonej głodem matki. Niedożywione dziecko ma przerażające fizyczne proporcje ciała, jego głowa wydaje się większa od reszty ciała. Pomyślałam, że była to najbardziej wstrząsająca scena, jaką widziałam.

Jednocześnie dostrzegłam w tym dziecku ślad życia, które wydawało się gasnąć, ale wciąż jeszcze się w nim tliło.

– Musimy uratować to dziecko – zwróciłam się do Marian. – Nadal żyje – powinniśmy przewieźć je przez granicę.

Spojrzała na mnie i powiedziała:

– Bóg dał mi to dziecko i jeżeli zechce, może mi go odebrać.

Należała do prawdziwych wyznawców Braci Muzułmanów. Emanowała z niej zupełna bierność. Czuła, że Bóg poddaje ją próbie. Musiała zaakceptować, że dziecko umrze, jeżeli taka jest Jego wola. Okazywanie goryczy lub rozpaczy oznaczałoby niesprostanie sprawdzianowi wiary. Faktycznie, wszyscy wydawali się cierpliwie czekać, aż niemowlę umrze na jej kolanach. Dlaczego jedynie ono miało żyć. Inne niemowlęta również umierały. Najmłodsze dziecko Mahamuda, które miało około półtora roku, też chorowało; jego mała twarzyczka była zwiotczała i pomarszczona z powodu odwodnienia.

– Musimy jutro wyjechać – powiedziałam. – Trzeba uratować to dziecko.

Wszyscy myśleli, że jestem sentymentalna, a jednocześnie porażona tym, co widziałam. Sądzili, że to mój sposób radzenia sobie ze śmiercią i straszną rzeczywistością, która nas otaczała. Być może rzeczywiście tak było. Wydawało się, że nie ma sposobu, by dziecko mogło przeżyć. Ugotowaliśmy wodę na herbatę, a ja ostudziłam trochę wody i podałam szklankę Marian, żeby dała ją dziecku. Kiedy uniosła szklankę do ust dziecka, zaczęły się one poruszać.

Tej nocy spaliśmy na matach i cienkich tkaninach rozłożonych na białym piasku, jedno obok drugiego. Si'ido ugotowała wodnistą owsiankę z sorgo na brudnej wodzie. Nie miała ona większej wartości odżywczej, brakowało w niej nawet soli. Następnie, owinięci w szale, zapadliśmy w sen, w miejscu, gdzie spożywaliśmy posiłek. Było nam wygodnie w osobliwy sposób: piasek wydawał się delikatny, a wiatr przynosił zapachy podobne do tych z Mogadiszu. Wszyscy uciekinierzy byli jednak pokryci strupami, mieli wszy i ostrzegali mnie, że też je złapię. Wszy wyraźnie rzucały się w oczy – wędrowały dzieciom po szyjach. Ja tymczasem nosiłam na ramieniu elegancki, mały worek marynarski, szczoteczkę i pastę do zębów, a także zmianę bielizny i czyste ubrania. Było to surrealistyczne.

Następnego dnia, kiedy każdy zbierał swoje rzeczy, postanowiłam wrócić do drzewa, pod którym obozowali Aflao, Ainanszie i ich rodzina. Po drodze wszyscy pytali mnie, kim jestem.

– Jestem córką Hirsiego Magana – odparłam.

– Której żony? – zapytał ktoś.

– Żony z rodu Dulbahante, Aszy Artan.

Wskazali mi jedno z okolicznych drzew, prosząc, żebym się tam udała. Spotkałam pod nim nieznaną mi wcześniej kuzynkę: Zajnab Muhammad Artan, siostrę przyrodnią Mahmuda, którego poślubiłam potajemnie w Mogadiszu zaledwie trzy miesiące temu. Kiedy powiedziała mi, kim jest, obudziły się we mnie wspomnienia. Czułam, jakby tamto życie miało miejsce całe wieki temu.

Zajnab poinformowała mnie o swojej ucieczce. Wyruszyła z Mogadiszu drogą prowadzącą wzdłuż wybrzeża do Kisimaju. Gdy bojownicy Hawija zaatakowali Kisimaju, ona i jej mąż wyjechali w panice. Musieli wziąć ze sobą dzieci innej kobiety, dwóch chłopców, którzy bawili się z dziećmi Zajnab w momencie pojawienia się uzbrojonych mężczyzn. Ich rodzice nie mają teraz pojęcia, gdzie są ich synowie.

Wskazała na chłopców. Poznałam ich. Byli to Ahmed i Ajdarus, synowie najmłodszej siostry mojej matki. Mieli około siedmiu i pięciu lat. Jeden z chłopców podbiegł do mnie i kurczowo uczepił się mojej prawej ręki, a drugi lewej. Unieśli wzrok i spojrzeli na mnie. Nawet nie prosili – nie musieli. Wiedziałam, że powinnam ich stąd zabrać. To były moje dzieci i ciążyła na mnie odpowiedzialność za ich los.

Przyprowadziłam dzieci do Mahamuda. Opowiedziałam mu całą historię, a on po prostu skinął głową. On także zdawał sobie sprawę, że musimy ich zabrać.

Należało dotrzeć do kenijskiej granicy jak najszybciej, zanim znajomy oficer armii, pan Mwaura, o nas zapomni. Rozejrzeliśmy się wokół. Powiedzieliśmy mu, że wrócimy z jedną kobietą i czwórką małych dzieci, ale teraz, dodatkowo, towarzyszył nam brat Mahamuda wraz z rodziną, jego siostra z dwójką dzieci i dwóch małych kuzynów. Ponadto, obie żony zabrały jeszcze ze sobą młode krewne. Tak więc w sumie towarzyszyli nam jeden mężczyzna, pięć kobiet i dwanaścioro dzieci. Tworzyliśmy sporą, dwudziestoosobową gromadę.

Postanowiliśmy spróbować przedostać się przez granicę Kenii wszyscy razem, chociaż zdawaliśmy sobie sprawę, że możemy nie mieć na to wystarczająco dużo pieniędzy. Mahamud zapłacił za furgonetkę, by przewiozła nas na parking w pobliżu granicy. Kierowca oskubał go ze wszystkich somalijskich pieniędzy. Teraz miał przy sobie tylko amerykańskie dolary i gdyby je tutaj pokazał, w obecności licznych strażników granicznych uzbrojonych w karabiny, zostałby zabity. Kiedy ciężarówka nas wysadziła, znaleźliśmy się na ziemi niczyjej, między państwami. Pomiędzy nami, a łożyskiem rzeki, gdzie Wysoki Komisarz do spraw Uchodźców Narodów Zjednoczonych rozbił swoje namioty, znajdowało się morze ludzi. Było ich tu nawet więcej niż poprzedniego dnia. Usadowiliśmy się na słońcu, oczekując, aż Mahamud załatwi wszystkie formalności.

Było już późno, kiedy Mahamud wrócił do nas. Niosło go czterech mężczyzn, którzy położyli go na piasku obok naszej maty. Został użądlony przez skorpiona i był niemal sparaliżowany z bólu. Zrobiliśmy dla niego leżankę z materiału *guntino.* Próbowaliśmy ułożyć go wygodnie i uspokoić. Nic więcej nie mogliśmy zrobić. Jego noga była opuchnięta i czarna.

Musiałam teraz wrócić do Kenii, porozmawiać ze strażnikami granicznymi i postarać się znaleźć dla nas jakieś jedzenie. Byliśmy zmuszeni pozostać po somalijskiej stronie, czekając, aż Mahamud odzyska siły, by mógł wyruszyć w dalszą drogę. Gdyby umarł, co mogło się zdarzyć po ukąszeniu skorpiona, nasza sytuacja stałaby się jeszcze bardziej rozpaczliwa.

Strażnicy pozwolili mi pojechać do Liboye z moim dowodem tożsamości. Udało mi się kupić tam nieco mleka. Moja babka zawsze mówiła, że mleko wielbłąda unieszkodliwia jad skorpiona. Niestety dostałam jedynie mleko od krowy. Po powrocie zaoszczędziłam nieco mleka dla niemowlęcia, chociaż inni narzekali, że to marnotrawstwo. Dałam je Marian, żeby mogła znów karmić piersią. Kiedy jednak powiedziałam jej, żeby nadała dziecku imię, odmówiła. Nie chciała przywiązywać się do maleństwa, ponieważ przygotowała się już na jego śmierć.

Czekaliśmy przez wiele dni w pozbawionej cienia strefie, gdzie na brezentach ulokowało się mnóstwo zdesperowanych ludzi. Mahamud dostał gorączki. Gdy padało, zbieraliśmy wodę z wgłębienia, które pokryło się zielonymi algami. Wsypywałyśmy do niej mąkę kukurydzianą, przygotowując najprostszy posiłek. Starałam się karmić również niemowlę.

Wszystkie dzieci przez cały czas płakały. Nieustannie słychać było zawodzenie. Mój najmłodszy kuzyn nabawił się infekcji gardła. Wszyscy mieli biegunkę. Niemowlę było tak małe, wychudzone i bezbronne, że na samą myśl, że mogłabym wziąć je na ręce, ogarniało mnie przerażenie. Marian mocno przyciskała do piersi dziecko owinięte w materiał.

Organizacja Narodów Zjednoczonych zaczęła rozdawać żywność. W zasadzie jej pracownicy przekazywali racje żywnościowe ludziom, którzy twierdzili, że są przywódcami rodów. Oni zaś zatrzymywali je dla własnych rodzin albo sprzedawali. Można było otrzymać przydział żywności tylko wówczas, gdy dokonało się rejestracji w głównym namiocie, jednak w kolejkach stały przed nim setki ludzi. Na terenie obozu znajdował się zbiornik na wodę, ale nigdy nie udało mi się blisko do niego podejść. Najtrudniej było o wodę i nieustannie toczyły się o nią walki. Wokół nas ciągle umierali ludzie. Organizacja Narodów Zjednoczonych zatrudniła kenijskich i somalijskich strażników, żeby pomagali pochować ciała.

W miejscu tym roiło się od skorpionów, węży i wszelkiego rodzaju gadów. Nie miałam pojęcia, które z nich są niebezpieczne. Próbowałam rozpaczliwie przypomnieć sobie lekcje mojej babki i znaleźć odpowiedź, co powinniśmy zrobić, żeby po ukąszeniu utrzymać się przy życiu. Ludzie stali się bardzo bierni, wydawało się, jakby byli ogłuszeni i po prostu czekali na śmierć. Gdziekolwiek poszłam, uchodźcy patrzyli na mnie z nadzieją, że w jakiś sposób uda mi się ich uratować. W moich butach, ze szczoteczką do zębów, wędrując do granicy i z powrotem, by kupić mąkę kukurydzianą i banany, wyglądałam niczym wysłanniczka z innego świata – świata normalnego życia, które nadal gdzieś istniało.

Pewnego ranka, kiedy udałam się po wodę z chmarą innych kobiet, usłyszałam, że jakaś kobieta została w nocy zaatakowana. Do obozu uchodźców przyszła sama. Wywodziła się z małego rodu i nie miała mężczyzny, który mógłby ją chronić. Kenijscy żołnierze wyprowadzili kobietę z zamieszkiwanej przez nią chaty i brutalnie zgwałcili.

Poszłam ją zobaczyć do maleńkiej chaty ze szmat, którą dla siebie zbudowała. Była jedną wielką raną. Miała opuchniętą, pokrytą wyschniętą krwią twarz, podarte odzienie, a na nogach wszędzie widniały siniaki i zadrapania. Nie mogła opanować drżenia. Dotknęłam jej ręki i spytałam, czy mogłabym pomóc, ale nic nie odpowiedziała. Wykrztusiła tylko słowa: *Ja Allah, Ja Allah,* „Oby Bóg się nade mną zlitował".

Poszłam przynieść jej więcej wody. Wszystkie osoby znajdujące się w pobliżu ostrzegały mnie:

– Nie powinnaś być widziana z tą kobietą. Ona jest nieczysta. Ludzie powiedzą, że jesteś taka sama.

Nieszczęsna kobieta została wykorzystana seksualnie. Teraz była bliska śmierci, oni tymczasem pozbawili ją wszelkich praw i godności.

Wiedziałam, że wkrótce umrze. Udałam się do namiotu Wysokiego Komisarza do spraw Uchodźców i spotkałam w nim kobietę ze Sri Lanki. Powiedziałam jej po angielsku, że samotna kobieta została zgwałcona. Wyjaśniłam, że Somalijczycy zostawią ją na pastwę losu i czeka ją wówczas pewna śmierć. Urzędniczka ze Sri Lanki poszła po kobietę razem z kilkoma strażnikami i zabrała ją z nędznej chaty. Przedstawiłam to brutalne zdarzenie Mahamedowi i innym, oni zaś powiedzieli:

– Oczywiście, nie jest to wina tej kobiety, ale wiesz, mamy tu tyle innych problemów. Nie jesteś w stanie uratować wszystkich.

Zdawałam sobie z tego sprawę, ale mogliśmy przecież troszczyć się o siebie nawzajem. Dwa dni później usłyszałam historię o kolejnej zgwałconej kobiecie. Stopniowo zjawisko to zaczęło przybierać rozmiary plagi. Kenijscy żołnierze przychodzili w nocy i gwałcili somalijskie kobiety, które mieszkały samotnie, pozbawione opiekunów. Losem ofiar nikt się później nie interesował. Pozostawione poza marginesem kontaktów ze swą społecznością, umierały okaleczone i głodne.

O tym właśnie mówiła moja babka, gdy mnie ostrzegała: jeżeli jesteś samotną somalijską kobietą, przypominasz kawałek owczego tłuszczu leżącego na słońcu. Mrówki i owady będą pełzać po całym twoim ciele, a ty nie możesz poruszyć się ani schować. Zostaniesz zjedzona albo roztopisz się. Nic z ciebie nie zostanie poza plamą tłuszczu. Uprzedzała nas, że jeżeli tak się stanie, będzie to wyłącznie nasza wina.

Los tych kobiet był straszny. Wszyscy w obozowisku nazywali siebie muzułmanami, a jednak nikt nie pomógł – w imię Boga – poszkodowanym kobietom. Każdy się modlił – nawet ta kobieta mieszkająca samotnie w chatce – ale nie znaleźli się chętni na okazanie współczucia.

Gorączka Mahamuda powoli zaczęła spadać. Wkrótce do tej ziemi niczyjej przyjechał Mahad, prosto z Nairobi. Przywiózł ze sobą znaczną kwotę kenijskich szylingów, które zebrał od członków rodu Osman Mahamud. Zamierzał uratować wielu ludzi. Powiedziałam Mahadowi, że musi udać się do Dhobley i przewieźć rodzinę Aflao i Ainanszie w bezpieczne miejsce. Obiecał, że tak zrobi.

Mój brat zachowywał się teraz, jakby był głównodowodzącym, chociaż mnie wydawało się, że przybył już po walce. Głośno wyraził swoje zaniepokojenie moim stanem psychicznym i fizycznym w tym przerażającym miejscu. Polecił mi, żebym pojechała prosto do Nairobi z żoną Mahamuda i dziećmi. Obiecał wrócić, by zabrać rodzinę Mahameda i Marian z dwójką dzieci. Ja jednak dobrze znałam Mahada: jego intencje nie miały nic wspólnego z rzeczywistością. Powiedziałam mu zatem, że zostanę. Nie mogłam zostawić obu rodzin, a szczególnie małego dziecka, któremu nie nadano imienia.

Mahad pojechał do Dhobley. Nie było go dwie noce. Dwa dni po jego powrocie, wraz z Ainanszie, Aflao, a także pozostałymi towarzyszami podróży, Mahamud w końcu odzyskał siły. Gorączka minęła. Wszyscy nadal żyli, nawet niemowlę. Pieniądze, które miały być przeznaczone na łapówki i transport, znacznie stopniały, kiedy kupiłam jedzenie w kenijskiej, granicznej wiosce. Ludzie koczujący wokół nas spoglądali wygłodniałym wzrokiem na nasze zapasy. Teraz, kiedy

Mahamud czuł się dostatecznie dobrze, by ruszyć w drogę powrotną, zdecydowaliśmy udać się na przejście graniczne.

Nasza gromada składała się z Mahada, ze mnie, Mahamuda i jego rodziny, krewnych Mahameda, rodziny Aflao i Ainanszie, Marian, jej dziecka i niemowlęcia oraz moich dwóch małych kuzynów: w sumie było nas piętnaścioro dorosłych i szesnaścioro dzieci.

Przy tak dużej grupie lepiej było się rozdzielić. Mahad zdecydował, że poczeka przez jeden dzień albo nieco dłużej z rodziną Aflao i Ainanszie. Ja miałam wyjechać teraz z Mahamudem, dwoma mężczyznami, trzema kobietami, dwoma podróżującymi z nami młodymi dziewczynami i dwunastoma bardzo małymi dziećmi.

Najpierw powinniśmy byli znaleźć Mwaurę i rozpocząć ponowne negocjacje. Postanowiłam udać się z Mahamudem drogą prowadzącą do Liboye. Co pewien czas zatrzymywali nas żołnierze, wypytując o różne sprawy. Rozmawiałam z nimi w języku suahili. W końcu udało nam się znaleźć Mwaurę na pustej parceli, gdzie zgromadzili się uchodźcy. Próbowali negocjować z Kenijczykami dysponującymi furgonetkami i autobusami. Mwaura spojrzał na mnie i powiedział:

– Ach, to ta dziewczyna, która mówi w języku suahili.

Był teraz bardziej przyjazny. Przekupiłam go kilkoma dodatkowymi tysiącami szylingów, żeby pozwolił nam przejść. Transakcja przebiegła bez problemów, z ręki do ręki. Oboje byliśmy przecież dorosłymi osobami. Nie był złym człowiekiem, ale później zdałam sobie sprawę, że zapłaciłam mu o wiele za dużo. Mahad odbył tę samą podróż po nas za znacznie mniejsze pieniądze.

Pertraktacje dotyczące naszego transportu znad granicy zajęły jednak Mahamudowi kilka dni. Raz po raz przebywał mozolnie swój powrotny szlak do somalijskiej granicy, gdzie na niego czekaliśmy.

– Może jutro – mówił.

Było nas po prostu za dużo, a ceny przejazdu zbyt wysokie. Wszyscy Somalijczycy, którzy wciąż jeszcze mieli pieniądze, podobnie jak my przekupywali policję, oferując również ogromne sumy każdemu, kto decydował się podwieźć ich bliżej do Nairobi. W końcu Mahamud powiedział nam, że musi ostatecznie załatwić sprawę. Istotnie znalazł kierowcę autobusu, który zgodził się nas zabrać, ale opłata pochłonęła niemal wszystkie pieniądze, jakie nam zostały.

Autobus zawiózł nas najpierw do pogórza Garissy, gdzie spędziliśmy noc. Następnie wsiedliśmy w inny autobus do samej Garissy, a potem w kolejny do Nairobi. Tym razem dzieci nawet nie płakały. Siedziały w niemal całkowitym bezruchu.

Pod koniec lutego 1991 roku w godzinach przedpołudniowych weszliśmy do domu mojej matki. Nie było mnie trzy tygodnie. Rozpaczliwie nas wyczekiwała – ona także wyglądała na bardzo wychudzoną i wymizerowaną. Była zaszokowana, kiedy pojawiłam się w domu, brudna, oblepiona wszami, z ogromnym tłumem wygłodniałych ludzi.

Zjedliśmy posiłek i wypiliśmy czystą wodę. Następnie, zanim nawet zdążyliśmy wejść pod prysznic, wsadziłam Marian do taksówki i powiedziałam kierowcy, żeby pojechał z nami do szpitala w Nairobi. Nie mieliśmy już pieniędzy, a ja wiedziałam, że Nairobi Hospital jest drogi; to tam byłam operowana, kiedy *mu'allim* rozbił mi głowę. Zdawałam sobie jednak sprawę, że najpierw nam pomogą, a później poproszą, żeby zapłacić. Uratowanie życia dziecku stało się jedyną rzeczą, na której mi zależało.

Oświadczyłam w rejestracji:

– To dziecko umrze – widziałam, jak oczy pielęgniarki rozszerzyły się z przerażenia. Wzięła je ode mnie i podłączyła do kroplówki. Bardzo powoli maleńka postać zaczęła wykazywać oznaki życia. Po chwili niemowlę otworzyło oczy.

– Dziecko będzie żyło – stwierdziła pielęgniarka i poprosiła, żeby zapłacić rachunek w kasie. Zapytałam, kto jest jej szefem i znalazłam go. Opowiedziałam temu hinduskiemu lekarzowi w średnim wieku całą historię. Przyznałam, że nie mogę zapłacić rachunku. Lekarz wziął rachunek i podarł go na moich oczach. Powiedział, że to nie ma znaczenia. Następnie przekazał mi wskazówki, jak troszczyć się o dziecko i gdzie znaleźć środki nawadniające. Wsiedliśmy w taksówkę i wróciliśmy do domu.

Mama zapłaciła za taksówkę i spojrzała na mnie. W jej oczach dostrzegłam szacunek.

– Dobra robota – powiedziała. Rzadko zdarzało jej się powiedzieć komplement.

W ciągu kilku następnych dni niemowlę zaczęło się zaokrąglać. Ze skrajnie wymizerowanego dziecka niczym z filmu grozy przeobraziło się w prawdziwe niemowlę, czujne i pełne życia. Pewnego dnia podczas kolacji stwierdziłam:

– Powinniśmy teraz nadać mu imię.

Chłopiec musiał mieć wówczas około sześciu tygodni. Dokładnie w tym samym momencie, kiedy wypowiedziałam te słowa, rozległo się pukanie do drzwi i pojawił się w nich kolejny uchodźca, osiemnastoletni młodszy brat Osmana, Mahamuda i Mahameda. Miał na imię Abbas Abdihalin.

– Nazwijcie go moim imieniem, na cześć wielkiego Abbasa! – zaproponował.

Zgodnie z jego wolą dziecku nadano imię Abbas. Teraz jest już z pewnością nastolatkiem.

Mały Abbas stał się wkrótce ulubieńcem nas wszystkich. Dziecko bez ojca i bez przyszłości, które tak łatwo mogło umrzeć, ale z Bożej łaski przeżyło – było skarbem, ujmującym i żywym. Domownicy przemawiali do niego pieszczotliwie i okazywali mu troskę. Dom był pełen ludzi i wszyscy cieszyli się, że żyją. Matka przygarnęła z miłością, niczym własne dzieci, dwóch kuzynów, których ze sobą przyprowadziłam. Była wobec nich łagodna i gotowała im oddzielne posiłki. Czuła się dziwnie szczęśliwa z tą masą ludzi wokoło. Nadszedł ramadan – czas spotkań przyjaciół i krewnych. Odnosiło się wrażenie, że w naszym mieszkaniu odbywa się spotkanie rodu Osman Mahamud.

Ludzie zaczęli przesyłać nam pieniądze z zagranicy. Somalijczycy mieszkający na całym świecie, w Kanadzie i w Europie, wysyłali nam pieniądze, posługując się systemem zwanym *hawala*. Stanowi on wspaniały przykład somalijskiej pomysłowości. Osoba, która chce przekazać gotówkę, spotyka się z odpowiednim człowiekiem w Toronto, Sztokholmie czy Kuala Lumpur. Daje mu pieniądze lub załatwia przekaz bankowy. On zaś dzwoni do sklepu spożywczego znajdującego się w okolicy zamieszkanej przez Somalijczyków w Nairobi, w Birmingham czy gdziekolwiek indziej, i umawia się, że twój kolega odbierze przesyłkę. Należy zapłacić prowizję, ale nie trzeba wypełniać żadnych dokumentów. Cała procedura polega na kilku telefonach i zabiera nie więcej czasu niż dzień lub dwa. Opiera się całkowicie na zaufaniu w obrębie rodu lub organizacji Braci Muzułmanów, które wypracowało najtańszy i najbardziej niezawodny system ze wszystkich. To samo dotyczyło somalijskich rodzin udzielających schronienia uchodźcom w całej Kenii: pieniądze były przekazywane przez poszczególne rody.

Chociaż mieliśmy wystarczająco dużo pieniędzy na jedzenie, jednak mieszkanie przypominało dom wariatów. Panował straszliwy hałas. Z trudnością udawało się utrzymać jakikolwiek porządek – ludzie wciąż wchodzili i wychodzili. Strupy i wszy też doprowadzały nas do szału – szczególnie strupy. Kupowaliśmy w klinice całe skrzynki płynów odkażających, ale spełniały one swoją rolę tylko wówczas, kiedy wszyscy ich używali w tym samym czasie i starannie przestrzegali higieny. Nasi współmieszkańcy często zapominali o obowiązujących zasadach albo po prostu nie przejmowali się nimi. Nieustannie przybywali nowi ludzie. W pewnym momencie w mieszkaniu gnieździło się trzydzieści pięć lub nawet czterdzieści osób. Byliśmy wciąż zawszeni. Stało się to istną plagą.

Pewnego popołudnia Mahad przyszedł do domu z dwoma mężczyznami z plemienia Hawija, poznanymi w Mogadiszu. Byli to jego koledzy, którzy nie mieli gdzie się podziać. Nie mógł zostawić ich na ulicy w Nairobi, ale problem polegał na tym, że mieszkało u nas wielu członków plemienia Darod. Mężczyźni z tego zespołu rodowego przeklinali rzeźników Hawija od rana do nocy. Mahad wszedł do domu, stanął na progu i przedstawił nam obu mężczyzn. Wyjaśnił, że nie mają dokąd pójść i nie zrobili niczego, co mogliby sobie wyrzucać.

– Nie powiemy niczego negatywnego o Hawija – oświadczył zdecydowanym głosem.

Wszyscy byli wstrząśnięci, ale posłuchali. Mężczyźni zostali u nas przez tydzień.

Pewnego ranka w marcu otrzymałam list w języku angielskim od kobiety z Finlandii. Napisała, że zakochała się w Mahmudzie Muhammadzie Artanie i załączyła swoje zdjęcie w jego towarzystwie. Stał wysoki i przystojny, w białej koszuli i obejmował ramieniem blondynkę na tle błękitnego morza. Finka napisała, że Mahmud ma fotografię w ramce, na której uwiecznił się razem ze mną, ale powiedział jej, że jestem jego kuzynką. Pytała w liście, czy naprawdę byłam tylko kuzynką. Chciała się dowiedzieć, ponieważ miała zamiar poślubić Mahmuda.

Czułam się tak, jakbym otrzymała prezent. Niemal zapomniałam o Mahmudzie, a teraz młoda Finka proponowała, że mnie od niego wybawi. Napisałam uprzejmą odpowiedź. Wyjaśniłam, że oczywiście jestem kuzynką Mahmuda, i *oczywiście* nie mogłam go poślubić; byłoby to kazirodztwo. Jeżeli nawet sugerował, że w jakikolwiek sposób mogliśmy zostać małżeństwem, zwyczajnie się z nią przekomarzał. Następnie starannie złożyłam jej list i fotografię. Poczułam się dorosła i miałam satysfakcję, że udało mi się tak mądrze i bez komplikacji rozwiązać moje osobiste problemy.

ROZDZIAŁ 9

Abeh

W kwietniu 1991 roku mój ojciec przyjechał do Nairobi. Pewnego wieczoru, po ramadanowej kolacji przyszli z tą niespodziewaną nowiną bracia Abdihalina. Byli w domu Faraha Goure i dowiedzieli się, że nasz ojciec przebywa w Nairobi. Skoczyłam na równe nogi, krzycząc z podniecenia. Zaczęłam tańczyć z radości po całym domu. Haweya też była szczęśliwa. Mahad zachowywał się raczej spokojnie, a twarz mamy wyrażała zdumienie. Nie mogła się nadziwić, że jesteśmy aż tak wielkoduszne.

– Mamo, poszukam Abeh i przyprowadzę go do domu – powiedziałam jej.

– Nic z tych rzeczy – odparła. – Nie może tu zamieszkać.

– Porozmawiamy o tym później – upierałam się, zupełnie lekceważąc jej uczucia związane z tą sprawą. Nie zrobiła z tego powodu sceny, ponieważ nie mogła. Matce nie wolno odseparowywać dzieci od ojca: należeliśmy do niego.

Haweya i ja owinęłyśmy się szalami i poszłyśmy do domu Faraha Goure, który był również pełny uchodźców. Ludzie spali tu na każdym wolnym skrawku podłogi. Chodziłyśmy od pokoju do pokoju, aż znalazłyśmy Fadumo.

– Gdzie jest Abeh? – zapytałyśmy.

Zaczęła się uśmiechać tak, jakby wyszło słońce. Powiedziała nam, że jest w Nairobi. Wszyscy byli w owym czasie w meczecie, odmawiając *tarawih*. Mieli przyjść do domu później. Fadumo miała łzy w oczach, tak bardzo się cieszyła ze względu na nas, ale prosiła, byśmy zrozumiały, że wiele osób chce spotkać się z naszym ojcem. Przyjechał wczoraj i wszyscy ci ludzie czekali, żeby się z nim zobaczyć. Niemniej jednak miałyśmy do tego prawo, była to dla nas najważniejsza rzecz.

Czekałyśmy niemal do północy, kiedy nagle drzwi się otworzyły i stanął w nich ojciec. Podbiegłyśmy natychmiast, rzucając się na niego, podobnie jak wtedy, gdy przyjechał do Mekki całe lata temu, chociaż teraz byłyśmy co najmniej dwa razy wyższe niż wówczas. Powaliłyśmy go na podłogę, a on śmiał się i krzyczał:

– Moje córki, moje córki, moje dzieci! – i przytulał nas do siebie.

Spojrzał na nas i powiedział:

– Jesteście teraz dorosłymi kobietami, ale nadal wyglądacie dokładnie tak samo.

W jego oczach było tak wiele uczucia.

Fadumo poprosiła nas, żebyśmy usiadły w salonie, ale my chciałyśmy zabrać ojca do domu. Abeh wstał, uśmiechnął się do niej i powiedział:

– Jest czas, kiedy należy pójść i czas, gdy trzeba zostać, ale to nie jest czas, żeby zostać.

Włosy przyprószyła mu siwizna, był starszy, jednak pozostał dokładnie tą samą osobą. Nawet pachniał tak samo. Położyłam głowę na jego szyi i zaczęłam wdychać zapach ciała mego ojca, aż zdjął swój szal i dał mi go. Wszyscy wokół byli rozpromienieni – wśród wszechobecnych morderstw, chaosu, uchodźców, chorób i licznych ofiar znalazło się miejsce na uczucie radości. Ludzie cieszyli się ze względu na nas.

– Idź razem z dziećmi – powiedzieli.

Wyciągnęłyśmy zatem ojca z domu Faraha Goure i ktoś podwiózł nas na ulicę, przy której mieszkaliśmy.

Tam w ciemności, na ulicy przed domem, stali mama i Mahad. Zdałam sobie sprawę, że mama nie chce przywitać się z naszym ojcem w obecności wszystkich ludzi. Czekała na nas na chodniku od wielu godzin. Ojciec wysiadł z samochodu, rozpostarł ramiona i powiedział:

– Ach, Asza! – ona zaś odwróciła od niego twarz i skwitowała krótko:

– Nie.

Mimo to ojciec wziął ją w objęcia, ale odrzuciła go, zimna jak stal.

Następnie Mahad uściskał ojca – było to spokojne powitanie – po czym objął ramieniem naszą matkę i zabrał ją do domu.

Haweya i ja udałyśmy się w ślad za nimi razem z Abeh. Osoby, które mieszkały w naszym domu, zaczęły wznosić radosne okrzyki, witać się z nim i opowiadać różne historie. Mama została w kuchni.

Pierwszej nocy Abeh spał w salonie ze wszystkimi mężczyznami. O 5.30 następnego ranka obudził się, wstał, zaświecił wszystkie światła i zaczął śpiewnie wzywać do modlitwy: *Allahu Akbar*, jak w meczecie. Wszyscy młodzi mężczyźni leżący na podłodze obudzili się przestraszeni. Wstali i zaczęli się myć, przygotowując się do modlitwy. Ja i Haweya spałyśmy w sypialni. Mama zbudziła nas i powiedziała:

– Wasz ojciec wzywa na modlitwę.

Cały dom zaczął się modlić.

Mama zastanawiała się głośno, czy ludzie modlą się, żeby sprawić przyjemność Bogu, czy naszemu ojcu, gdyż niewielu spośród nich wykazywało się pobożnością, zanim przyjechał. Mahad, Haweya i ja zaśmiewaliśmy się z jej trafnych obserwacji. Jednak przez chwilę było w tym coś bardzo pięknego. Wszyscy, mimo zmęczenia, czuli to samo.

Nic nie sprawiało, by mama stała się bardziej czuła w stosunku do ojca. Każdego ranka witał się z nią, mówiąc:

– Asza, jak się masz tego ranka?

I za każdym razem ona odwracała się od niego. Nigdy nie rozmawiała z naszym ojcem, ani też nie spojrzała mu w twarz w ciągu sześciu miesięcy, podczas których z nami mieszkał. Jednak codziennie budziła mnie wczesnym rankiem i nalegała, żebym zrobiła ojcu śniadanie, znacznie lepsze niż dla kogokolwiek innego. Każdego wieczoru, zanim położyła się do łóżka, odkładała jego talerz, szklankę, widelec, łyżkę i nóż na oddzielną półkę w naszej ciasnej kuchni. Chciała, by stały na niej wszystkie naczynia stołowe i garnki zarezerwowane dla mego ojca.

Podziwiałam wyczulenie matki na kodeks honorowy i jej godność. Nie podobał mi się jednak sposób, w jaki lekceważyła Abeh, chociaż rozumiałam, dlaczego tak postępowała. Została zaniedbana, pozostawiona samej sobie. Musiała samotnie wychować dzieci i prosić jego rodzinę o pieniądze. Czuła, że nie jest już jego żoną. Żywiła go, nalegała, by wszyscy w domu szanowali prywatność ojca i jego potrzebę spokoju, przestrzegała właściwego zachowania, ale wyswobodziła się z tej sytuacji. Przyjęła chłodną postawę i usuwała się z jego drogi.

Wysprzątałam dla ojca spiżarnię, żeby mógł w niej zamieszkać. Było to niewielkie pomieszczenie z bardzo małym, wysokim oknem. Spał tam na materacu na podłodze. Na stołku ze skóry wołowej leżały ułożone w stos ubrania. Miał swój egzemplarz Koranu i nagą żarówkę, przy świetle której mógł czytać.

Kiedy Abeh był w domu, wnosił do naszej rodziny poczucie ładu. Ludzie zachowywali się bardziej dostojnie. Siedzieli wyprostowani i słuchali, gdy on mówił. Zanim się tu pojawił, młodzi mężczyźni spędzali całe popołudnia, żując *khat i* grając w karty. Kiedy w pokoju pojawiała się mama, starali się ukryć ślady swoich poczynań, niemniej jednak wciąż to robili. Teraz nasze mieszkanie przypominało madrasę. Było czyste: mężczyźni zaczęli składać swoje ubrania i zdejmować buty w drzwiach. Pora snu uległa radykalnej zmianie: kładliśmy się spać wcześnie i wstawaliśmy o świcie. Dużo czasu poświęcaliśmy modlitwie.

Abeh przez większość dnia przebywał poza domem. Spędzał czas w meczecie, spotykając się ze starszyzną i z przedstawicielami poszczególnych rodów. Próbował rozwiązywać różne sprawy i starał się dojść do pewnego rodzaju pokojowego porozumienia. Nadal całkowicie pochłaniała go entuzjastyczna wizja zjednoczonej, pozbawionej konfliktów Somalii, ale teraz uważał, że jedynie islam może połączyć razem wszystkie rody. Przemoc, która rozpętała się w całym kraju, można było stłumić tylko poprzez wprowadzenie rządów Allaha. Ojciec zrezygnował z demokracji na wzór amerykański.

Abeh opowiedział mi o swojej małej córeczce w Addis Abebie. Miała na imię Marian, nie mówiła jeszcze po somalijsku, ale miał zamiar ją nauczyć. Jego nowa żona posługiwała się jedynie językiem amharskim. Nie rozmawialiśmy o niej zbyt wiele. Mówienie o małżonce z dziećmi innej żony uchodziło za niegrzeczne. Jednak ojciec opowiadał z taką czułością o ich małej dziewczynce, że mu wybaczyłam.

Ramadan dobiegł końca i ludzie zaczęli zdawać sobie sprawę, że nie mogą na zawsze zostać w naszym mieszkaniu. Zaczęłam przemierzać Eastleigh z jednym lub drugim mężczyzną, którzy się u nas zatrzymali, próbując znaleźć kontakt z właścicielami mieszkań na wynajem. Mahamudowi udało się dosyć szybko wyszukać mieszkanie, zarówno dla swojej rodziny, jak i dla rodziny Mahameda, Marian i jej dzieci. Część młodych mężczyzn wprowadziła się do hotelu na Ngara Road, gdzie mogli zatrzymać się na dłużej.

Wciąż jednak w naszym domu mieszkało zbyt wielu lokatorów. Poświęcałam swój czas na załatwianie różnych problemów niespodziewanie powiększonej rodziny: zajmowałam się wynajdywaniem nowych mieszkań, załatwianiem przelewów pieniędzy, tłumaczeniem wszystkich spraw w urzędach. Mnóstwo czasu pochłaniały mi prace domowe, które matka uważała za mój obowiązek jako starszej córki. Zabierałam dzieci do lekarza i chodziłam do przedsiębiorstwa zajmującego się energią elektryczną, by zapłacić rachunki. Pomagałam w rejestracji ludzi w ramach programu przesiedleń do różnych krajów, które zgłaszały chęć zatrudnienia wykształconych uchodźców z Somalii. Pośpiesznie udawałam się z nimi do ambasady somalijskiej, aby zdobyć odpowiednie paszporty. Chciałam zdążyć załatwić formalności, zanim cały aparat państwowy Somalii upadnie, a przedstawiciele somalijskiej dyplomacji zostaną wycofani z placówek. Wówczas uchodźcy zostaliby pozostawieni własnemu losowi, kto wie na jak długo.

Po kilku tygodniach pojawili się w naszym domu kolejni młodzi ludzie, przyjaciele Mahada. Im więcej jest mężczyzn, tym mniej pomocy w pracach domowych mają kobiety. Kiedy Mahamud opuścił nasze mieszkanie, zabrał ze sobą kobiety, które, wraz ze mną, zajmowały się domem. Teraz sama musiałam wszystko robić, co budziło mój protest. Powiedziałam mamie, że musimy zatrudnić służącą, aby prała ubrania i utrzymywała dom w czystości. W tych okolicznościach nie byłoby to luksusem.

Mama nie zgodziła się. Przeciwstawiłam się jej i powiedziałam:

– Jeżeli nie chcesz służącej, będziesz musiała sama to robić.

Poszłam do ojca i powiedziałam, że potrzebuję 300 szylingów miesięcznie na służącą. Teraz, kiedy Abeh był tutaj, mieliśmy pieniądze. On opłacał czynsz. Z chęcią zapłacił również za służącą, żeby mi pomóc.

Jednak po kilku tygodniach mama przegoniła dziewczynę. Uznała, że posiadanie służącej jest niezgodne z jej zasadami. Powiedziałam wówczas, że nie mogę robić wszystkiego sama – ręcznego prania, szorowania podłogi i gotowania. Nigdy mi w tym nie pomagała. Teraz jednak odmówiłam prania jakichkolwiek ubrań, a ona zbiła mnie za bezczelność wałkiem do ciasta.

Mama była przygnębiona. Stała się ponownie zgorzkniała i nierozsądna, zamykając się w sobie. Częściej też wymierzała mi razy. Zachowywała się odstręczająco. Ludzie wyprowadzali się od nas z powodu mamy. Czuła, że wszystko w jej życiu układa się źle, gdy tymczasem w szerokim świecie ludzie mordowali się nawzajem jak zwierzęta.

Po powrocie do Nairobi przestałam uczęszczać na debaty młodzieży muzułmańskiej. Unikałam też spotkań z siostrą Azizą. Pogląd, że wszystko w jakiś sposób znajdzie się na swoim miejscu, kiedy Dom Islamu zostanie ukończony, że powstanie wspaniały kalifat, w którym każdy będzie żył zgodnie z zasadami, ustrój pełen współczucia i życzliwości dla innych, perfekcyjnie funkcjonujący dla dobra ludzi, wydawał się zupełnie naiwny. Gdy ojciec prosił, abyśmy się pomodlili, stwarzałam jedynie pozory, że to robię, myśląc o śniadaniu, moich obowiązkach i o dniu, który miał nadejść.

Kilka miesięcy później pierwsza żona mego ojca, Maryan Farah, przyjechała z Mogadiszu wraz z Arro i Idżaabo. Maryan nie zamieszkała z nami, nie mogła swą prośbą przekroczyć granic przyzwoitości. Miała krewnych w Eastleigh i początkowo wprowadziła się do nich z córkami. Jednak rodzina z Eastleigh była zbyt grzeszna dla Idżaabo. Nie chciała mieszkać z ludźmi, którzy żuli *khat* i oglądali zachodnie filmy. Toteż przeprowadziła się do nas, żeby być ze swym ojcem. Natomiast Arro nadal mieszkała w Eastleigh.

Opowieści Idżaabo o Mogadiszu napawały nas przerażeniem. Widziała psy jedzące ludzkie ciała na ulicy. Odór zwłok był okropny. Idżaabo pozostała przy życiu jedynie dlatego, że jej babka, matka Maryan, wywodziła się z tego samego rodu plemienia Hawija, który dowodził oddziałami żołnierzy oblegającymi Mogadiszu. Maryan, chociaż pochodziła z zespołu rodowego Darod, nie była snobką i zawsze traktowała swoich krewnych z plemienia Hawija z szacunkiem. Kiedy załamała się obrona stolicy, tylko dzięki krewnym z plemienia Hawija dom Maryan pozostał bezpieczny, gdy reszta okolicy spływała krwią.

Kiedy Maryan i dziewczęta wyjechały w końcu z Mogadiszu, miasto było na wpół opuszczone: pozostały jedynie osoby najsłabsze i członkowie plemienia Hawija. Według relacji Idżaabo stało się ono miejscem nieprzewidywalnych morderstw. Żadna władza nie istniała – nikt nie mógł zaprowadzić jakiegokolwiek ładu i porządku.

Moja siostra była teraz szczuplejsza i nawet bardziej pobożna. W pewien sposób potrafiłam to zrozumieć. Dla Idżaabo śmierć stała się obecnie bardzo realna. Każdy z nas mógł umrzeć w dowolnej chwili i należało pilnie przygotować się, by stanąć przed obliczem Boga. Oznaczało to jednak, że Idżaabo zachowywała się, jak swego rodzaju robot. Nieustannie czyniła ostre uwagi naszym lokatorom, by skuteczniej przestrzegali zasad wiary. Po kilku tygodniach zaczęło nas to wszystkich irytować. Haweyi nie raz zdarzyło się odpowiedzieć jej opryskliwie, żeby przestała się naprzykrzać. Idżaabo wciąż żałośnie zawodziła, odpowiadając swoim odrobinę piskliwym głosem:

– Jestem twoją siostrą i bardzo cię kocham. Nie nakłaniam cię do modlitwy, by sprawić ci kłopot, ale gorąco pragnę, żebyś poszła do nieba. Bóg powiedział: „Pamiętaj: ci, którzy się nie modlą, będą paliwem dla ognia".

Pewnego popołudnia, niedługo potem, kiedy Idżaabo zadomowiła się w naszym mieszkaniu, młoda kobieta, Fawzijja, zapukała do drzwi, szukając Abdellahiego Jasina. Powiedziała mu, że nie ma dokąd pójść. Fawzijji towarzyszył trzyletni chłopiec. Dziecko było synem mężczyzny z rodu Osman Mahamud, którego Abdellahi znał. Chłopiec urodził się jako *garac*, dziecko nieślubne. Fawzijja wychowywała go samotnie i błagała Abdellahiego, żeby zapytał, czy może zostać w naszym domu.

Abdellahi Jasin poczuł się zakłopotany, ale przyszedł i opowiedział mamie i mnie całą historię. Mama skrzywiła się, jakby coś cuchnęło. Oświadczyła, że nie będzie mieszkać z prostytutką. Wzdrygnęłam się. Absolutnie nic nie wskazywało na to, by Fawzijja należała do tej kategorii kobiet. Przypomniała mi się zgwałcona kobieta z obozowiska, mieszkająca w chacie ze szmat.

– Jeżeli nie pozwolisz jej zostać, ja się wyprowadzę – powiedziałam mamie.

To była długa walka, ale Mahad i Haweya mnie poparli, dlatego byłam pewna wygranej.

– Może zostać, ale nie chcę jej widzieć – oznajmiła w końcu mama.

Znalazłam czyste prześcieradło i ręcznik. Tych rzeczy najbardziej brakowało w naszym domu. Biedna kobieta została z nami na kilka miesięcy ze swoim małym chłopcem. Tym razem liczba osób zamieszkałych u nas zwiększyła się na tyle, że Haweya, Idżaabo i ja musiałyśmy dzielić jeden materac.

W oczach Idżaabo Fawzijja była uosobieniem wstydu. Natychmiast zaczęła ją przekonywać, by żałowała swego grzesznego życia i stała się członkiem organizacji Braci Muzułmanów. Zwykła mawiać:

– Jedynym sposobem, by zmyć twoją hańbę, to modlić się, modlić, modlić i oddać swoje życie Bogu, szukając przebaczenia.

Pewnego wieczoru, kiedy znowu czepiała się Fawzijji, straciłam nad sobą panowanie i powiedziałam, żeby się zamknęła – była taka irytująca. Stwierdziłam, że Bóg nie będzie nas sprawdzał, czy potępiliśmy kobietę, która zaszła w ciążę poza małżeństwem. Podda nas natomiast próbie w kwestiach dotyczących gościnności i miłosierdzia.

Po raz sześćsetny tego dnia Idżaabo zacytowała Koran:

> *Cudzołożnicy i cudzołożnikowi*
> *wymierzcie po sto batów,*
> *każdemu z nich obojga!**

---

* *Koran*, sura XXIV, w. 2, przełożył Józef Bielawski. Państwowy Instytut Wydawniczy, Warszawa 1986, s. 418.

– Zgoda – powiedziałam jej. – Oto kij. Ponieważ w Kenii nie obowiązuje prawo muzułmańskie, czy chcesz wymierzyć chłostę?

Abeh, który był w tym czasie w pokoju, roześmiał się i wziął moją stronę. Idżaabo zareagowała złością i przez szereg tygodni obrzucała mnie obelgami.

Mahad i Haweya wiedzieli, że jestem ulubienicą Abeh, ale dawno temu nauczyli się, by na to nie narzekać. Zazdrość jest zabroniona.

Wszyscy Somalijczycy unikali Fawzijji. Kiedy wychodziłyśmy na zakupy, nieustannie zaczepiano ją na ulicy. Mężczyźni chwytali Fawzijję za piersi i pożądliwie się w nią wpatrywali. Nigdy nie odważyliby się popatrzeć w ten sposób na mnie: byłam córką Hirsiego Magana. Ale Fawzijję wszyscy uważali za nierządnicę. Nie miała też opiekuna ze swego rodu. Stała się ofiarą.

Fawzijja była przyzwyczajona do werbalnego i fizycznego znęcania się nad nią. Nauczono ją wierzyć, że na to zasługiwała. Powiedziała mi, żebym lekceważyła uwagi Idżaabo. W przeciwieństwie do Idżaabo, Fawzijja pomagała mi w gotowaniu, sprzątaniu i w zakupach. Po wczesnej porannej modlitwie nie kładła się ponownie do łóżka jak wszyscy pozostali, ale zabierała się do wypiekania na śniadanie *angello* dla wszystkich domowników.

Fawzijja powiedziała mi wyraźnie, że żyje tylko dla syna. On także był ofiarą. Inne, większe dzieci, traktowały chłopca jak wyrzutka. Ajdarus i Ahmed, nasi młodzi kuzyni, dręczyli go. Moja rodzina nigdy nie interweniowała, żeby zapobiec obrzucaniu chłopca wyzwiskami. Nosił na sobie piętno. Po raz pierwszy uświadomiłam sobie wówczas, że spotkałam dziecko niezamężnej kobiety.

Większość niezamężnych somalijskich dziewcząt, które zachodziły w ciążę, popełniało samobójstwo. Słyszałam o jednej dziewczynie w Mogadiszu, która wylała na siebie kanister z benzyną w salonie, kiedy wszyscy tam byli i spaliła się żywcem. Oczywiście, gdyby tego nie zrobiła, i tak zabiliby ją jej ojciec lub bracia.

Przyszedł list ze Szwajcarii adresowany do żony Mahameda Abdihalina, Fadumo. Jej siostrze, która mieszkała w Europie, udało się załatwić wszystkie dokumenty, aby Fadumo i jej dzieci otrzymały wizę do Szwajcarii. Musieliśmy tylko pójść do szwajcarskiej ambasady, żeby odebrać wizę i kupić bilety. Plan był następujący: Fadumo odbędzie podróż do Europy z dziećmi. Ale zamiast jechać do Szwajcarii, co niemal nigdy nie dawało statusu uchodźców Somalijczykom, planowała zatrzymać się w Holandii. Kiedy znajdzie się w Amsterdamie, Fadumo miała podrzeć swój bilet i poprosić o azyl w Holandii. Był to kraj, w którym znacznie łatwiej zyskiwało się status uchodźcy. Gdyby jej prośba została rozpatrzona pozytywnie, mogłaby tam zamieszkać i otrzymywać pieniądze od państwa.

Mahamed pozostał w Nairobi, gdzie próbował zająć się działalnością handlową. Gdyby Fadumo otrzymała status uchodźcy, mógł również pojechać do Europy. Dla Mahameda wysłanie żony i rodziny do kraju europejskiego było jak polisa ubezpieczeniowa, gdyby interes w Nairobi nie udał się, wówczas ostatecznie mógłby się tam przyłączyć do reszty rodziny.

W tydzień po wyjeździe Fadumo przysłała list, że przebywa w obozie w Holandii. Nie brzmiało to zbyt atrakcyjnie: obóz. W kilka miesięcy później, Mahamud także wyjechał; przeniósł się do Abu Dhabi razem z Si'ido. Chciał rozkręcić tam interes. Ci ludzie wszystko stracili – krewnych, swoje mienie, biznesy, życie towarzyskie, plany na przyszłość – ale byli przygotowani na nowe życie w obcym kraju. Nie postrzegałam ich zachowania w kategorii oszustwa: podziwiałam ich odporność.

Kilka miesięcy po tym, kiedy Maryan Farah przyjechała do Nairobi, Abeh postanowił powtórnie się z nią ożenić. Przeprowadził się z naszego mieszkania przy Park Avenue, by zamieszkać z Maryan, Idżaabo i Arro. Maryan, jak sądzę, dowiedziała się, że mama nigdy nie odezwała się do niego słowem, gdy wrócił do Nairobi i zaproponowała mu przeprowadzkę. Było to bardzo sensowne rozwiązanie. Po ostatecznym podjęciu decyzji, Abeh zadzwonił do Mahada, Haweyi i do mnie i powiedział nam o tym. Poprosił o błogosławieństwo, a my mu je daliśmy, chociaż oczywiście nie przyjęliśmy zaproszenia na ceremonię ślubną. Wiem, że Haweya i Mahad żywili do ojca urazę z powodu tej decyzji. Ja tymczasem, chociaż nie można powiedzieć, że byłam zadowolona, chciałam, by Abeh był szczęśliwy.

Maryan i Abeh wynajmowali mały dom w Buruburu. Abeh powiedział mi, że mogę ich odwiedzać, kiedy tylko będę miała na to ochotę. Zaproponował nawet, żebym z nimi zamieszkała. Był to oczywiście nonsens. Nigdy nie mogłabym opuścić matki, by przebywać z inną małżonką ojca.

Kiedy ojciec się wyprowadził, mama nie pokazała po sobie żadnych emocji.

– No cóż, spiżarnia jest teraz pusta – stwierdziła po prostu i ponownie poukładałyśmy tam różne rzeczy. Była oschła i twarda. Zdawałam sobie jednak sprawę, że to ją zabijało – te wszystkie lata, kiedy mieszkała sama i spędzała samotnie noce. Czuła się porzucona przez męża, a teraz ponownie spotkało ją publiczne upokorzenie.

Mama przyjęła wrogą postawę, odzywając się do mnie w najokropniejszy sposób. Znowu zaczęła mnie bić. Myślę, że w pewnym momencie trochę zwariowała. Niegdyś, w Adenie, sprawowała kontrolę nad swoim życiem, a później ją straciła. Teraz znalazła się w kraju, w którym nie chciała przebywać, zupełnie pozbawiona własnego ja. Została pozostawiona samej sobie. To zapewne sprawiało, że czuła się bardzo rozgoryczona.

Pewnego piątkowego popołudnia, pod koniec stycznia 1992 roku, ojciec przyszedł prosto z meczetu do naszego mieszkania. Nigdy tego nie robił – ostatnio nie składał nam żadnych wizyt – i kiedy się pojawił, był absolutnie rozentuzjazmowany.

– Ayaan, córko, mam dla ciebie dobrą nowinę. Najlepszą możliwą nowinę, moje modlitwy zostały wysłuchane! – triumfował. – Dzisiaj w meczecie błogosławiony człowiek przyszedł do mnie z propozycją małżeństwa, a ja ofiarowałem mu twoją rękę!

Pamiętam, że pozwoliłam mu przez chwilę mówić, chociaż czułam, że nogi wrastają mi w ziemię. Z trudem przełknęłam ślinę i powiedziałam „nie", ale on mnie nie usłyszał.

– Nie poślubię obcego mężczyzny! – oświadczyłam, a ojciec, tryskając entuzjazmem, odparł:

– Ależ on nie jest kimś nieznajomym! Absolutnie nie jest obcy! To twój kuzyn! Wywodzi się z rodu Osman Mahamud!

– Nie w tym sensie obcy, Abeh – powiedziałam, on zaś zapytał:

– A zatem, w jakim sensie?

– Przecież nigdy go nawet nie spotkałam! – jęknęłam.

– To świetnie – spotkasz go jutro – stwierdził ojciec.

Mój ojciec oddał mnie mężczyźnie, który miał na imię Osman Musa, wspaniałemu, młodemu Somalijczykowi wychowanemu w Kanadzie. Przyjechał on do Nairobi, żeby odnaleźć i ocalić członków swojej rodziny pozostawionych własnemu losowi przez wojnę domową. Chciał też znaleźć sobie wśród nich przyszłą żonę. Sądził, że somalijskie dziewczęta w Kanadzie są zbyt zeuropeizowane, co oznaczało, że ubierały się nieprzyzwoicie, nie słuchały swoich mężów i łatwo nawiązywały kontakty z mężczyznami. Nie zachowywały się jak przystało kobiecie *baarri*, co sprawiało, że nie były warte małżeństwa. Tymczasem tocząca się w Somalii wojna domowa oznaczała, że córki najlepszych rodzin są dostępne praktycznie za nic.

Ojciec spotkał tego młodego mężczyznę w meczecie zaledwie dwie godziny temu. Powiedział mi, że jest wysoki, muskularny i ma białe zęby, dobrze odżywione na mleku i mięsie Ameryki Północnej. Osman Musa musiał zwrócić się do niego z prośbą. Mogłam sobie tę scenę wyobrazić, pełną szacunku recytację rodowodu i ostateczną prośbę:

– Jesteś ojcem córek, a ja szukam kandydatki na żonę.

Ojciec musiał być bardzo szczęśliwy.

Arro była ode mnie starsza, toteż, prawdę mówiąc, ojciec powinien był ją zaproponować. Ale nie zrobił tego. Wybrał mnie, swoją pobożną, posłuszną córkę, która na to *zasługiwała*. Oferował mi ten szczęśliwy los, zaś Osman Musa zaakceptował moją osobę. Teraz obaj spacerowali wokół meczetu, oznajmiając nowinę o ich wspaniałej, zesłanej przez Boga partii, wszystkim członkom starszyzny plemiennej rodu. Nawet przez myśl im nie przeszło, żeby zapytać mnie, co o tym sądzę.

Obie strony nie ustaliły, zgodnie z tradycją, ceny za pannę młodą. Ze względu na wojnę domową proszenie o nią byłoby nieprzyzwoite. Moje małżeństwo przypominało sojusz strategiczny. Osman Musa mógł się chwalić, że ożenił się z Magan, a my mielibyśmy teraz krewnych w Kanadzie. Istniały wszelkie powody, by ojciec był szczęśliwy z powodu tak wspaniałej partii.

Zebrałam siły, żeby powiedzieć ojcu:

– Abeh, a co by się stało, gdybym była już z inną osobą? – zapytałam, on jednak nawet nie słuchał.

– Bóg zesłał nam odpowiedź – stwierdził.

Został pokonany przez własną inteligencję i spryt.

Po wyjściu wciąż tryskającego radością ojca, poszłam i powiedziałam o tym mamie.

– Och, mamy więc teraz ojca, który bierze na siebie odpowiedzialność za małżeństwa swoich córek, nieprawdaż? Świetnie – skwitowała krótko.

I nic więcej.

Wpadłam w panikę, ale nie płakałam. Rzadko zdarzało mi się w owych dniach wylewać łzy. Widziałam jednak bardzo wyraźnie zamykające się wokół mnie kraty.

Następnego dnia ojciec przyszedł do domu z Osmanem Musą. Pokój dzienny został starannie wysprzątany. Wszyscy byli przejęci oprócz mnie. Ubrałam się zwyczajnie, w luźną sukienkę i chustę na głowie. Nie zamierzałam ubierać się specjalnie na tę okazję.

Młody mężczyzna wszedł do pokoju. Chciał uścisnąć mi dłoń. Był bardzo wysoki i miał na sobie długie, niebieskie dżinsy. Wyglądał jak gracz koszykówki z ogoloną głową i bejsbolówką. Zachowywałam się uprzejmie.

– Dzień dobry. Proszę, wejdź. Jestem Ayaan – powiedziałam, nie patrząc mu w oczy. Po chwili przyprowadziłam mamę. Zarówno ojciec, jak i matka byli podczas tego spotkania obecni. Mama i ja usiadłyśmy na łóżku. Młodzieniec opowiadał o Kanadzie, gdzie mieszkał od czasu, gdy był małym chłopcem, o uchodźcach i o wojnie.

Nie patrzyliśmy sobie w oczy. Osman Musa rozmawiał z moją matką, próbując zdać egzamin. Kiedy mogłam już spojrzeć w górę, uważnie mu się przyjrzałam. Przysłuchiwałam się, w jaki sposób mówi, i obserwowałam jego twarz. W duchu zadawałam sobie pytanie: „Czy polubię tego mężczyznę?”. Miałam stworzyć dom i z nim żyć, gotować, wychowywać jego dzieci, odpowiadać na różne zachcianki. Co jednak o nim wiedziałam? Jego somalijski był słaby, na wpół wyuczony. Wydawał się poważny.

Dobry, wierzący muzułmanin powinien modlić się do Boga, prosząc go o wskazówki, mądrość i siłę, ale ja tego nie robiłam. Pomyślałam, że sama muszę rozwiązać swoje wątpliwości. Złapałam się na tym, że myślę o tej jednej, pamiętnej nocy spędzonej z Mahmudem i wyobrażam sobie w tym świetle Osmana Musę. Czy chciałam pójść do łóżka z tym mężczyzną? Nie mogłam prosić Boga, by pomógł mi w podjęciu decyzji.

Kenedy był wielkoduszny i czuły. Iskrzyło między nami i mieliśmy ze sobą wspólny język. Widział, jak szorowałam podłogi i prałam skarpety. W każdej sytuacji lubił mnie i szanował. Nawet z Abszirem, który tak ściśle przestrzegał pewnych zasad, podobaliśmy się sobie. Jednak Osman Musa wydawał mi się zupełnie obcy. Ani nie budził we mnie odrazy, ani mnie nie pociągał. Czułam się obojętna, zupełnie pozbawiona uczuć. Nie wyczuwałam też, że jest mną szczególnie zainteresowany.

Ceremonia ślubna miała odbyć się już w sobotę, za sześć dni.

Nasze drugie spotkanie było bardziej serdeczne. Osman Musa i jego siostra złożyli nam wizytę, a ja poprosiłam o obecność Haweyę i Mahada, żeby pomogli mi ocenić tego mężczyznę. Mama zostawiła nas, piątkę młodych ludzi, samych. Poprosiłam o modlitwę. Chciałam się przekonać, jak religijny jest Osman Musa. Czułam, że muszę szybko podjąć decyzję, chociaż wydawało się, że nie ma sposobu, abym mogła zatrzymać postępujące przygotowania do uroczystości. Młodzieniec wyraźnie sympatyzował z organizacją Braci Muzułmanów, ale – sądząc po jego stroju – nie był tak pobożny jak Idżaabo. Nosił dżinsy i bejsbolówkę. Jednak chociaż okazał się mniej niezłomny w swoim oddaniu, wydawał się nawet bardziej od Idżaabo zainteresowany pilnowaniem pobożności innych ludzi.

– Czego spodziewasz się po swojej żonie? – zapytałam.

Siostra Osmana poczuła się zażenowana i powiedziała:

– Może nie powinniśmy być tutaj, skoro zamierzasz dyskutować o takich rzeczach!

Ale Osman Musa wybuchnął gromkim śmiechem i oznajmił:

– Urodzisz mi sześciu synów. Stworzymy dom dla wszystkich Osman Mahamud.

Zaczął snuć niekończące się opowieści o tym, jak somalijskie dziewczęta, które, podobnie jak on, dorastały w Kanadzie, były właściwie dziwkami. Piły alkohol, chodziły do dyskotek, nie zasłaniały się i sypiały z białymi mężczyznami. Nie sposób było sprawować nad nimi kontroli. Nigdy nie wybrałby żadnej nich na matkę dla swoich dzieci. Matka sześciu synów Osmana Musy musiała być taka jak ja. Ubierałam się w sposób, który przystoi wiernej muzułmance, okazywałam posłuszeństwo, zachowywałam się nienagannie, a ponadto byłam córką niezwykle pobożnego mężczyzny, wspaniałego Hirsiego Magana.

Maglowaliśmy go wnikliwie, sprawdzając jego wiedzę o somalijskich eposach, których nauczyliśmy się od matki. Autorem części z nich był – ku naszemu zachwytowi – pradziadek braci Abdihalina. Nie znał żadnego z nich. Ponadto, zamiast przyznać się do swojej ignorancji, udawał, że wie, o czym mówimy, co sprawiało, że wydawał się jeszcze bardziej małostkowy. Zadaliśmy mu stare zagadki babci. Nie umiał ich rozwiązać.

Przeszliśmy na angielski, zakładając, że mówi po angielsku lepiej niż po somalijsku. Haweya zapytała go, jakie czyta książki.

– Hm – chrząknął. – No wiesz, czytałem różne.

Zdałam sobie sprawę, że jego angielski wcale nie jest najlepszy. Najwyraźniej nic w życiu nie przeczytał.

Zebrałam się na odwagę, żeby go poprosić, by zdjął bejsbolówkę, co uczynił. Myślałam, że być może zakocham się w jego kształtnej głowie pokrytej gęstymi włosami. Wprawdzie Osman liczył sobie zaledwie dwadzieścia siedem lat, ale był tak łysy jak pośladki niemowlęcia Abbasa. Łysina uchodzi wśród Somalijczyków za synonim mądrości, ale ten mężczyzna, mimo utraty wszystkich włosów w tak młodym wieku, zupełnie nie miał czym zaimponować.

Mahad zaczął rozprawiać o polityce. Mówiło się wówczas wiele o pokoju.

– Kiedy zatem wszyscy wrócimy do Somalii, w jaką dziedzinę życia naszego kraju się włączysz? – zapytał.

– Z pewnością otrzymam posadę w rządzie – powiedział Osman Musa. Mieszkałem poza krajem i wywodzę się z rodu Osman Mahamud. Rządy Osman Mahamud są jedynym rozwiązaniem dla Somalii. Tylko członkowie naszego rodu mają doświadczenie w sprawowaniu władzy.

Nasza trójka nie musiała nawet o tym dyskutować: ten mężczyzna był idiotą. Sądził, że Osman Mahamud są ludźmi wybranymi. Sprawiał wrażenie nudnego, sztampowego bigota, zatwardziałego zwolennika Braci Muzułmanów. Pamiętam, że pomyślałam: „Nie, z pewnością Abeh nie mógłby mi tego zrobić".

Kiedy Osman Musa w końcu sobie poszedł, próbowałam zebrać się na odwagę i wziąć sprawy we własne ręce. Włożyłam płaszcz i poszłam do Buruburu, gdzie mieszkał ojciec. Kiedy otworzył drzwi, powiedziałam:

– Osman Musa przyszedł dziś do naszego domu, a Haweya, Mahad i ja poddaliśmy go sprawdzianowi. Sądzimy, że ma ptasi móżdżek. Nie wyróżnia się elokwencją ani odwagą, żeby wyliczyć tylko jego braki, a ponadto jest bigotem.

Przedstawiłam to w najprostszy możliwy sposób, niczego nie ukrywając. Ojciec nie mógł zlekceważyć tego, co powiedziałam, jak przeważnie to robił. Poprosił, żebym weszła do mieszkania, posadził mnie na kanapie i zwrócił się do mnie:

– Teraz mi powiedz.

– Nie sądzę, że ten mężczyzna i ja pasujemy do siebie – oświadczyłam.

– Mówisz tak na podstawie jednego popołudnia – stwierdził, uśmiechając się szeroko.

– Tobie wystarczyła jedna minuta, by dojść do wniosku, że będziemy do siebie pasować – powiedziałam ojcu – tym bardziej ja mogę pomyśleć na podstawie jednego popołudnia, że nie jesteśmy dla siebie stworzeni.

Abeh zaprzeczył jednak moim słowom:

– Nie, ja wiem o nim więcej. Zaczął recytować z pamięci jego rodowód. Ma dobrą pracę w Kanadzie, do której pilnie się przykłada, nie żuje *khatu*, jest czysty i silny. Daję mu ciebie, żeby zapewnić ci bezpieczeństwo. Ceremonia odbędzie się w sobotę – kontynuował – w domu Faraha Goure. Z tej okazji została zakupiona owca. Wynajęliśmy też *kadiego*. Mówisz, że nie chcesz tego – nie ma sensu podobnej kwestii rozważać. Żyjemy w trudnych czasach. Z pewnością nie odrzucisz męża, którego dla ciebie wybrałem tylko dlatego, że nie czyta powieści.

Zredukował to do najmniejszej rzeczy. Wyobraźcie sobie, jak trywialny wydałby się ojcu mój sprzeciw, gdybym powiedziała: „Ależ on nie ma włosów!”.

Niemniej jednak, siedząc wyprostowana jak struna, oznajmiłam:

– Nie wyjdę za niego.

– Nie mogę zaakceptować twojej odmowy czegoś, czego nawet nie spróbowałaś – odparł ojciec.

– Masz na myśli, że nie mam prawa powiedzieć „nie”, zanim wyjdę za mąż?

– Oczywiście, że nie. Wszystko jest już przygotowane.

Nikt mnie nie uwiązał. Nie zostałam zakuta w kajdany. Nikt nie przystawił mi pistoletu do głowy. A jednak, prawdę mówiąc, nie miałam wyjścia.

W islamie ceremonia *nikah* jest momentem, kiedy stajesz się – zgodnie z prawem – związana ze swoim małżonkiem. Kontrakt małżeński zostaje podpisany, ale nie zawsze następuje po nim natychmiastowa konsumpcja małżeństwa. Na noc defloracji zazwyczaj przychodzi kolej po przyjęciu. Odbywa się ono w domu, który mąż i żona będą ze sobą dzielić. Ojciec zdecydował, że po mojej *nikah w* sobotę nie musi od razu nastąpić przyjęcie weselne lub noc poślubna. Uroczystości te mogliśmy przełożyć na później, by świętować je z rodziną Osmana Musy w Kanadzie.

Następnego dnia ojciec złożył wizytę w domu mamy, żeby mi o tym powiedzieć.

– *Nikah* odbędzie się w sobotę, ale możecie zorganizować kolejne przyjęcie w Kanadzie poprzedzające noc poślubną. W ten sposób będziecie mieć cały następny tydzień, żeby bliżej się poznać, zanim Osman wyjedzie – stwierdził niefrasobliwie. – A po jego wyjeździe możecie pisać do siebie listy albo rozmawiać przez telefon. Widzisz? Macie wiele możliwości, żeby się poznać.

Odnosiłam się do ojca z rezerwą.

– Nie przyjdę na *nikah* – powiedziałam mu.

– Nie jest to od ciebie wymagane – odparł.

Z prawnego punktu widzenia była to prawda.

Teraz ojciec znajdował się w centrum uwagi. Cóż za doskonałą partię zaaranżował, cóż za wspaniała nowina w tych ciężkich czasach! Irytowało go jednak moje biadolenie.

Jakby to wszystko nie było dostatecznie kłopotliwą sprawą dla naszej rodziny, następnego popołudnia, we wtorek, Ali Wersengeli, kuzyn, który pełnił rolę opiekuna podczas mojej ceremonii ślubnej z Mahmudem zaledwie osiemnaście miesięcy temu, wpadł niespodziewanie do naszego domu. Był wściekły, zresztą ze wszech miar słusznie. Dotarły do niego wieści o mojej planowanej ceremonii ślubnej z Osmanem Musą. Przyszedł zatem, żeby potwierdzić i wystąpić z roszczeniami praw własności Mahmuda co do mojej osoby.

Kiedy mama podeszła do drzwi, Ali powiedział jej, że poślubiłam syna wuja Muhammada, Mahmuda. Oświadczył, że Hirsi Magan powinien się o tym fakcie dowiedzieć: ślub musi zostać powstrzymany.

Na szczęście Mahad był w domu i wtrącił się do rozmowy:

– Co to w ogóle był za ślub? – wybuchnął złością. – To nie może być prawda. Kto pełnił rolę opiekuna? Ani ja, ani jej ojciec nie uczestniczyliśmy w tej ceremonii. Nie było żadnego małżeństwa.

Matka wzięła się w garść. Publicznie zawsze potrafiła zachowywać się w sposób opanowany.

– Kto był opiekunem podczas tej rzekomej uroczystości? – zapytała wyniośle.

– Ja – przyznał Ali.

– Nie miałeś prawa pełnić roli opiekuna – wtrącił Mahad podniesionym głosem. – Przebywałem wówczas w Mogadiszu. Czy zadzwoniłeś do mnie? Czy skontaktowałeś się telefonicznie z jej ojcem? Mogłeś przyjść i mnie przyprowadzić! Dlaczego tego nie zrobiłeś?

– To nie ma znaczenia – powiedział Ali. – Małżeństwo zostało zawarte.

– Czy masz dowód, że taka ceremonia miała miejsce? Dysponujesz jakimś dokumentem?

Ali nie miał żadnego potwierdzenia. Przez pewien czas rozmawiali. Kiedy Ali oświadczył, że wychodzi, matka nie prosiła go, żeby został, czego wymagała etykieta.

– Nie będzie żadnego plotkowania o moich dzieciach – oznajmiła mu stanowczo.

Mahad zwrócił się do mnie, gdy tylko Ali wyszedł.

– Gdzie jest akt ślubu? – zapytał.

Nie było sensu wypierać się tego, co się zdarzyło. Przyznałam się do wszystkiego, albo niemal do wszystkiego. Powiedziałam, że wyszłam za mąż za Mahmuda w Mogadiszu w przeddzień jego wyjazdu do Rosji, a ten zakochał się później w Fince, którą planował poślubić. Przyniosłam przesłane mi zdjęcia i jej list.

– Tak więc, jak widzisz, Mahmud chce o tym zapomnieć, a ja napisałam, że świetnie się składa – skończyłam nieprzekonująco. – To był błąd.

Pokazałam dokument od *kadiego*, który Ali Wersengeli dał mi w Mogadiszu.

Mahad złapał go podejrzliwie.

– To nie jest prawny dokument tylko zwykły śmieć – oznajmił. – W ceremonii nie uczestniczył prawomocny opiekun.

Podarł papier, rozrzucając skrawki po podłodze i zaczął wygłaszać tyradę na temat mojej nieodpowiedzialności. Matka niemal zupełnie się nie odzywała. Wiedziałam, że jest rozsierdzona, ale przede wszystkim doznała uczucia ulgi, iż moje małżeństwo z Mahmudem było nieważne, przede wszystkim chciała uchronić swoją rodzinę od skandalu.

Celem życia Mahada stało się teraz niedopuszczenie do interwencji Alego Wersengeli przed moją *nikah*, która miała miejsce za cztery dni. Pierwsze kroki skierował do ojca. Powiedział mu, że nasz kuzyn ze strony matki przyjechał do Nairobi. Okazał się perfidnym mężczyzną, z czystej złośliwości rozsiewającym bezpodstawne plotki o Ayaan. Ojciec oczywiście był poruszony, że tacy okropni ludzie mogą istnieć na tym świecie.

Następnie Mahad dowiedział się, gdzie mieszka Ali Wersengeli i poszedł się z nim zobaczyć. Powiedział mu, że moja *nikah* była przewidziana za dziesięć dni i obiecał, że zabierze go, by skonsultował się z moim ojcem w następnym tygodniu.

Wówczas byłoby już za późno, wyszłabym bowiem za mąż.

W dniu mojego ślubu robiłam to, co każdego dnia. Ubrałam się zwyczajnie i zajmowałam swoimi obowiązkami. Było to swego rodzaju zaprzeczanie faktom. Wiedziałam, że w domu Faraha Goure *kadi* rejestruje mój związek z Osmanem Musą, w obecności ojca, Mahada i tłumu innych mężczyzn. Potem miał odbyć się uroczysty obiad z pieczoną owcą, jedynie dla mężczyzn. Nie przewidywano na nim mojej obecności. Podczas muzułmańskiej ceremonii ani moja obecność, ani podpis nie były wymagane.

Zrobiłam lunch w domu, a potem wyszłam z Haweyą. Udałyśmy się do Arboretum i rozmawiałyśmy o bałaganie, jaki zapanował w naszym życiu w ciągu ośmiu minionych dni.

Po *nikah* mój nowy mąż i ja spędziliśmy razem tydzień, żeby lepiej się poznać. Poszłam z nim do parku Uhuru. Spotkałam jego przyjaciół. Opowiadał mi o swojej młodości i marzeniach. Wszystko to było do tego stopnia nijakie, że niemal wykreśliłam jego słowa z mojej pamięci. Rozmawialiśmy dużo o religii. Osman Musa był bardzo oddanym muzułmaninem. Troszczył się też o dobre imię swojej rodziny. Powiedział, że w Somalii toczy się wojna domowa, ponieważ zeszliśmy z drogi wyznaczonej przez Boga. Ponownie wspominał somalijskie dziewczęta w Kanadzie, podkreślając ich rozwiązłość. Nigdy nie wykonał zmysłowego ruchu w stosunku do mnie, ponieważ szanował mnie jako córkę mego ojca i swoją daleką kuzynkę. Mieliśmy poczekać na ceremonię ślubną w Kanadzie.

Kiedy byliśmy sami, czułam się całkowicie zmrożona. Nie potrafiłam sobie nawet wyobrazić, że chciałabym pójść z tym mężczyzną do łóżka albo że każdego ranka mogłabym budzić się obok niego.

Nie wszystko przebiegało w sposób tradycyjny. Teściowa nie sprawdzała mojego dziewictwa. Uznaliśmy ten obyczaj za poniżający i byliśmy ponad to. Wszystko robiłam na pokaz: spotykałam przyjaciół i zachowywałam się odpowiednio, tak jak powinna postępować córka Hirsiego Magana. Ubierałam się w mój czarny *hidżab*, co całkowicie popierali. Prowadziliśmy rozmowy towarzyskie o wojnie i bieżących wydarzeniach. Skupiałam się na właściwym zachowaniu: starałam się mówić łagodnie, być uprzejma, unikać sprawienia wstydu swoim rodzicom. Czułam się pusta.

Kiedy koledzy Osmana wpadali w gniew, nie złościli się na ludzi za to, że oszukują albo kłamią, ale na kobiety, które nie nosiły chust, bądź na mężczyzn niemodlących się wystarczająco dużo. Przypominało mi to postawę Idżaabo. Ich zachowanie zaczynało mnie coraz bardziej irytować.

Po sześciu dniach Osman musiał wrócić do Toronto. Towarzyszyłam mu w drodze na lotnisko. Obiecał możliwie jak najszybciej przesłać mi dokumenty wizowe, a ja, gdy tylko będę mogła, miałam polecieć do Kanady, by połączyć się z nim. Taki był plan. Na lotnisku przytulił mnie i oświadczył:

– Będę z niecierpliwością oczekiwał na spotkanie z tobą.

Poważnie skinęłam głową.

– Jedź bezpiecznie – powiedziałam i wymknęłam się z jego objęć. Zdawałam sobie sprawę, że zachowuję się zimno i z tego powodu dręczyły mnie wyrzuty sumienia, ale na nic więcej nie było mnie stać.

W końcu Ali Wersengeli wybrał się na spotkanie z moim ojcem. Abeh zamknął mu drzwi przed nosem, a następnie przyszedł zobaczyć się ze mną na Park Road. W tych dniach często do nas wpadał. Wciąż przynosił nowe dokumenty do podpisania i dyskutował o kwestiach wizowych. Rozpierała go energia. Był dumny ze swojej pomysłowości. Pobudzało go do działania nowe zadanie związane z przygotowaniem mojej podróży.

– Dochodzą do mnie słuchy o tobie i Mahmudzie, synu brata twojej matki – powiedział mi. – Czy jest w tym coś z prawdy?

– Nie – odparłam.

Ojciec oddalił się, śpiewając pod nosem. W owym czasie zawsze wydawał się szczęśliwy.

Okazało się, że Ali Wersengeli nie ma wiele do powiedzenia. Nie było żadnego dowodu na to, że jakakolwiek ślubna ceremonia miała miejsce pomiędzy mną i Mahmudem. Mahad przecież podarł mój dokument, a sam Mahmud wyraźnie nie rościł wobec mnie tak zwanych praw małżeńskich. Ludzie szybko doszli do wniosku, że wszystko to były – zgodnie ze słowami Mahada – złośliwe plotki. Nikt nie chciał, żeby coś poszło źle Ayaan Hirsi Magan. Pośród tak wielu przygnębiających wieści i chaosu wojny domowej w Somalii, byłam symbolem nadziei: pobożna, posłuszna dziewczyna, która zasługiwała na wspaniałą partię zaaranżowaną przez ojca.

Kadi jest uznanym urzędnikiem do spraw zawierania związków małżeńskich, toteż kilka tygodni po *nikah* ojciec wziął sporządzony przez niego akt ślubu i oficjalnie zarejestrował moje małżeństwo w odpowiednim kenijskim urzędzie miasta stołecznego Nairobi. Wiedziałam o tym, ponieważ pewnego czerwcowego dnia przyniósł mi do domu oficjalny kenijski dokument rządowy napisany w języku angielskim i arabskim. Pozostawiono w nim wolne miejsce, w którym należało wpisać: „Czy jest, czy też nie jest dziewicą", a także „Wielkość posagu". Ktoś wpisał za mnie odpowiedzi w tych rubrykach. Brzmiały one następująco: „Dziewica" i „Dziesięć egzemplarzy świętego Koranu". Dokument świadczył też o tym, że byłam reprezentowana przez ojca podczas mojego ślubu w lutym. Teraz, zgodnie z wolą ojca, miałam podpisać ten kenijski dokument.

Wahałam się, ale zdawałam sobie sprawę, że zgodnie z zasadami islamu zawarłam małżeństwo z Osmanem Musą i w oczach każdego muzułmanina, którego znałam, byłam jego żoną. Pomyślałam sobie zatem, jaką różnicę mogłoby to sprawić, gdybym nie podpisała? Toteż pod podpisem mego ojca, w języku arabskim, podpisałam akt małżeństwa: A.H. Magan.

Abeh dołożył wszelkich wysiłków, żeby zdobyć dokumenty podróży z biura UNHCR-u. W ciągu kilku tygodni otrzymał mój paszport, po czym rozpoczął starania o wizę. Co kilka dni rozmawiał o tym przez telefon z Osmanem Musą. W kanadyjskiej ambasadzie w Nairobi nieustannie tłoczyli się Somalijczycy próbujący wyemigrować. Załatwienie czegokolwiek w obliczu panującej korupcji i chaosu kenijskiej biurokracji wydawało się zupełnie niemożliwe. Ostatecznie skończyło się na tym, że ojciec poprosił o pomoc krewnego mieszkającego w Düsseldorfie, który miał na imię Mursal. Wspólnie zdecydowali, że powinnam pojechać do Niemiec i poczekać tam na potrzebną mi wizę. W ten sposób sprawy zostałyby załatwione szybciej i bardziej praktycznie.

Ojciec zaczął wzywać mnie do swego domu w Buruburu na serię dodatkowych wykładów o islamie. Pouczał mnie też, jak być dobrą żoną. Spędziliśmy kilka poranków, czytając rozdziały Koranu dotyczące obowiązków żony, po czym dyskutowaliśmy nad nimi. Omawialiśmy na przykład obowiązek proszenia o pozwolenie, kiedy chciała wyjść z domu.

– Możecie zrobić, co następuje – powiedział mi ojciec – ustalić na początku małżeństwa, że pozwolenie jest dane na stałe. Mąż okazuje ci w ten sposób zaufanie. Dzięki temu nie będziesz musiała pytać o pozwolenie za każdym razem, kiedy wychodzisz na zakupy do sklepu spożywczego.

W Koranie zawarty jest nakaz skierowany do kobiet, by w każdej chwili były seksualnie dostępne dla swych mężów. Ojciec nie wchodził w szczegóły, ale przeczytał następujący fragment świętej księgi:

Wasze kobiety są dla was polem uprawnym.
Przychodźcie więc na wasze pole,
jak chcecie,
i czyńcie pierwej coś dobrego dla samych siebie. *

– Musisz być zawsze dostępna dla swojego męża, w łóżku i poza nim. Nie każ mężowi prosić, nie odmawiaj mu, nie sprawiaj, by szukał rozrywek gdzie indziej. Jest to rodzaj przyzwolenia, które dajesz mu już na starcie waszej małżeńskiej drogi. Twój mąż nie może tego nadużywać, gdyż pochodzi z dobrej rodziny. Przemoc i gwałt nie wchodzą w grę, ponieważ jest wierzącym muzułmaninem i wywodzi się z rodu Osman Mahamud.

Rozmawialiśmy o życiu na Zachodzie, gdy jest się muzułmaninem. Ojciec stwierdził, że posiadanie przyjaciół wśród niewiernych można porównać do eksploracji niezbadanego terenu. Jeżeli muzułmanom uda się zawrzeć dobre, uczciwe przyjaźnie z niewiernymi, o ile nie będą postępować tak jak oni, relacje tego typu nie są zabronione.

Zagłębiliśmy się również w dyskusję, czego powinniśmy uczyć dzieci. Należy im mówić, że istnieje jeden Bóg, nie ma dżinów, świętych ani magii. Nie można prosić o pomoc ducha lub dżina; sytuuje to bowiem inne istoty na równi z Bogiem. Cokolwiek muzuł-

---

* *Koran*, sura II, w. 223, przełożył Józef Bielawski. Państwowy Instytut Wydawniczy, Warszawa 1986, s. 44.

manin robi, musi zadać sobie pytanie: „Co uczyniłby Prorok?". Na pewne rzeczy istnieje wyraźne zezwolenie, inne zaś są zdecydowanie zakazane. Gdy jednak chodzi o niezbadane sfery zachowań, powiedział ojciec, Prorok był liberalny: nie ustanowiłby nigdy nic obowiązkowym, gdyby miało to skrzywdzić wyznawców islamu.

– W islamie nie ma przymusu – oświadczył ojciec. – Żaden człowiek nie może ukarać drugiego za nieprzestrzeganie religijnych obowiązków. Władny jest to uczynić jedynie Bóg.

Nasze dyskusje przypominały lekcje w szkole koranicznej, ale były bardziej inteligentne. Mówiliśmy nawet o męczeńskiej śmierci. Ojciec powiedział, że świadome złożenie ofiary swego życia w imię świętej wojny było możliwe do zaakceptowania jedynie w czasach Proroka. Ale nawet wówczas, podobne poświęcenie zostało uwarunkowane tym, że niewierni pierwsi zaatakowali Proroka. Dzisiaj dżihad nie mógłby być prowadzony, ponieważ jedynie Prorok Muhammad miał prawo wezwać do świętej wojny.

Tak wyglądała w rozumieniu mego ojca jego religia: uznawał on islam w większości przypadków za religię pokojową, nieuciekającą się do stosowania przemocy. Była to jego własna interpretacja słów Proroka. Polegałam na wyczuciu ojca, co jest dobre, a co złe, przynajmniej do pewnego stopnia. Wszystko, co mówił, brzmiało bardziej sensowne niż islam, którego nauczyłam się od *mu'allima* i niosło znacznie bardziej humanistyczne przesłanie. Niemniej jednak, ta wersja islamu również pozostawiła mnie z pytaniami bez odpowiedzi i poczuciem niesprawiedliwości: dlaczego tylko kobiety, żeby wyjść z domu musiały pytać o pozwolenie swoich mężów, a nie odwrotnie?

Islam mego ojca był wyraźnie *interpretacją* słów, które wypowiedział Prorok. Jako taki, nie był prawdziwy. Nie można interpretować woli Boga i słów Koranu. Mówi o tym dokładnie święta księga. Istnieje jedynie klucz odczytywania tekstu. Zabronione jest dowolne wybieranie fragmentów Koranu i interpretowanie ich według własnego widzimisię; wyznawca islamu może się jedynie podporządkować. Prorok powiedział: „Udzieliłem ci jasnej wskazówki, nikt od niej nie odstępuje, w przeciwnym bowiem przypadku zostanie zniszczony". Fundamentalista powiedziałby mojemu ojcu: „Zdanie, że jedynie

Prorok może wezwać do świętej wojny, nie znajduje się w Koranie. Ty sam je tam wstawiłeś. To bluźnierstwo".

Osman Musa zapłacił za przygotowania do podróży, ponieważ teraz do niego należałam. Postępował zgodnie z obowiązującymi zasadami: należało płacić za swoją żonę. Odwiedzałam wszystkich znajomych i żegnałam się z nimi: z Halwą, Ainanszie, a także z rodziną Faraha Goure. Stali się teraz moimi bliskimi kuzynami, ponieważ byli też krewnymi mego męża.

Wieczorem, w przeddzień wylotu, pożegnałam się z ojcem. Objął mnie i powiedział, że możemy nie spotkać się ponownie przez bardzo długi czas.

– Kiedy wyruszamy w podróż, planujemy powrót – oświadczył – możemy jednak napotkać wiele przeszkód w zrealizowaniu naszej intencji.

Spojrzałam na ojca sceptycznie. Wiedziałam, że mówi z doświadczenia.

W dniu wyjazdu mama podsłuchała moją rozmowę z Haweyą. Mówiłyśmy o dalszych krokach, które powinnam podjąć. Haweya sądziła, że najlepszym rozwiązaniem byłoby jak najszybciej wziąć rozwód z Osmanem Musą, kiedy tylko znajdę się w Kanadzie. Powiedziała, że będąc rozwódką, mogę pojechać do Ameryki i zacząć nowe życie. Wymyśliła dla mnie całą romantyczną historię.

Po chwili do pokoju wpadła mama. Stwierdziła, że jesteśmy niemoralne. Uznała mnie za zdzirę i hipokrytkę, która zniszczyła jej relacje z bratem, a teraz zrujnuje honor rodziny i honor ojca.

– Musisz spełnić dwa warunki, jeżeli chcesz, żebym powiedziała ci do widzenia i złożyła dobre życzenia na drogę. Pierwszy: obiecasz, że pozostaniesz żoną Osmana Musy. Będziesz dla niego dobrą żoną, będziesz modlić się do Boga i okażesz wdzięczność za los, jaki zaaranżował dla ciebie ojciec. I drugi: pójdziesz do ojca i wszystko mu powiesz.

Stwierdziłam, że matka ma rację. Powinnam po prostu pójść do ojca i szczerze z nim porozmawiać. W ten sposób, być może, znajdzie dla mnie jakieś wyjście. Toteż nałożyłam chustę na głowę i ponownie udałam się na spotkanie z nim.

– Abeh, mam ci coś do powiedzenia – oznajmiłam. A on znów powitał mnie z rozpostartymi ramionami. – Ach! Ayaan! Moja ukochana córka odwiedziła mnie po raz kolejny!

– Chciałabym coś wyznać o bracie matki Muhammadzie i jego synu Mahmudzie.

– Ależ poradziliśmy już sobie z tym problemem, nieprawdaż? Wszystko jest załatwione, moje dziecko. Czy martwisz się swoim kochanym, starym ojcem? Kochanie, powinnaś być w domu i przygotowywać się do wyjazdu.

Zagadywał mnie na wszelkie możliwe sposoby, a ja nie mogłam wydusić z siebie słowa. Prawdopodobnie mógł się domyślać, że to, co chciałam mu powiedzieć, było niemiłe i niewygodne. Wróciłam do domu. Opowiedziałam mamie przebieg naszego spotkania. Poleciła mi, abym natychmiast wróciła do Buruburu i jednak wyznała prawdę.

– Spóźnię się na samolot – oświadczyłam.

– Więc obiecaj mi w imieniu Boga, że pozostaniesz z tym mężczyzną, twoim mężem.

Nie wyraziłam na to zgody. Powiedziałam jej, że tego nie obiecam.

Matka nie pożegnała się ze mną. Odwróciła się do mnie plecami, gdy mówiłam jej do widzenia. Następnie wsiadłam do taksówki i pojechałam na lotnisko.

Część II
Wolność

ROZDZIAŁ 10

Ucieczka

Kiedy wczesnym rankiem wylądowaliśmy na lotnisku we Frankfurcie, oszołomiła mnie skala tego miasta. Zobaczyłam budowle skonstruowane ze szkła i ze stali. Wszystko było doskonale wykończone, aż do najdrobniejszego szczegółu. Wywarło to na mnie wielkie wrażenie. Tam, skąd pochodziłam, na lotniskach panował bałagan. Porty lotnicze, zawsze niedokończone, zajmowały coraz to większy obszar. Ludzie wokół mnie wydawali się pewni siebie i doskonale wiedzieli, jak się tu poruszać. Widziałam kobiety w wieku mojej matki, a nawet babki, z modnymi torebkami na ramieniu. Z energią popychały wózki pełne pasujących do siebie walizek.

Czułam się zagubiona. Szukałam wzrokiem biura sprzedaży biletów. Wiedziałam, że powinnam polecieć do Düsseldorfu, jednak mój bilet był wystawiony do Monachium. Nie ulegało wątpliwości, że w jakiś sposób muszę go zmienić. Błąkałam się, prosząc ludzi o pomoc; nie zauważałam nawet napisów. Lotnisko było ogromne, jak cała miejska dzielnica, wszystko wyglądało tak samo. Czułam się bezradna, niczym prostak z somalijskiej wioski.

Mój daleki krewny, wujek Mursal zgodził się roztoczyć nade mną opiekę w Niemczech w czasie, gdy będę oczekiwała na wizę. Kiedy w końcu przyjechałam do Düsseldorfu, wymieniłam kilka dolarów na niemieckie marki, zorientowałam się, którą monetą należało się posłużyć i zadzwoniłam pod numer podany mojemu ojcu przez Mursala.

Słuchawkę podniósł inny mężczyzna. Był to Omar, współpracownik Mursala.

– A więc jesteś córką Hirsiego Magana – powiedział. – Czy możesz napisać adres na kartce i dać go kierowcy taksówki?

Przytaknęłam, zapisałam adres i wyszłam na zewnątrz. Wokół panowała taka czystość, że bardziej przypominało to film niż rzeczywistość. Ulice, chodniki, ludzie – nic w moim życiu nigdy nie wyglądało w ten sposób, oprócz, być może, szpitala w Nairobi. Tu całe miasto wyglądało na sterylne. Krajobraz przywodził na myśl lekcje geometrii albo fizyki, gdzie wszystko narysowane było w prostych liniach, doskonale i precyzyjnie. Budynki miały kształty sześcianów lub trójkątów. Emanowało z nich coś, co napawało mnie obojętnym, niemal przerażającym uczuciem. Litery na oznakowaniach drogowych przypominały angielskie napisy, ale nie mogłam ich zrozumieć; było to jak doszukiwanie się sensu w algebrze.

Moja babka musiała czuć się w identyczny sposób, kiedy po raz pierwszy znalazła się w mieście i zobaczyła żarówkę, radio, całą ulicę pełną samochodów. Czułam, że to coś obcego.

W pewnym miejscu stała kolejka do taksówek; słowo „taksówki" było napisane po angielsku. Taksówkarze podjeżdżali wyłącznie kremowymi mercedesami. W Nairobi takie taksówki ustawiałyby się jedynie przed eleganckimi hotelami. U nas stanowiły one najbardziej luksusowy środek transportu. Prawdę mówiąc, stać na nie było tylko cudzoziemców i ministrów kenijskiego rządu. Zanim wsiadłam, postanowiłam zapytać kierowcę o cenę za mój kurs.

– Około dwudziestu marek – powiedział. Byłam w stanie zapłacić taką kwotę.

– Ale czy zawieziesz mnie tym samochodem? – zapytałam, a kierowca się roześmiał.

Był miły i mówił po angielsku. Siedziałam obok niego na przednim siedzeniu, a on opowiedział mi wszystko o Düsseldorfie i o życzliwości cechującej Niemców.

Stare miasto Düsseldorf było rzeczywiście wspaniałe. Iglice wież kościołów nieco przypominały minarety. Starannie wybrukowane ulice wydawały się przystosowane dla ludzi, w przeciwieństwie do przerażającego, ultranowoczesnego lotniska. Taksówka podwiozła mnie do miejsca przeznaczenia. Wysiadłam i spotkał mnie Omar: wysoki, spokojny mężczyzna z wąsami, ubrany w szary garnitur bez krawata. Stwierdził, że dokonałam rzeczy zdumiewającej. Nikt jeszcze tak łatwo nie dostał się z lotniska do miasta. Udało mi się też bez problemów zmienić samolot we Frankfurcie. Byłam więc, na swój sposób, wyjątkowa.

– Będziesz się tutaj świetnie czuła – powiedział mi. – Większość Somalijczyków dzwoni w środku nocy i mówi: „Proszę, przyjedź po mnie". Kiedy pytam: „Gdzie jesteś?", mówią mi: „Stoję obok wysokiego budynku". Są zupełnie bezradni.

Omar nie martwił się tym, że mój bagaż nie przyjechał ze mną. Powiedział mi, że w Niemczach takie rzeczy nigdy nie giną. Mego wuja zatrzymały interesy i miał spotkać się ze mną później, toteż Omar zawiózł mnie do hotelu na starym mieście. Powiedział, że wróci o dwudziestej i zabierze mnie na kolację.

Wszystko w pokoju było białe i nieskazitelnie czyste. Przyjrzałam się kołdrze, przysięgając sobie w duchu powiedzieć Haweyi o tym niezwykłym wynalazku. Pokój był mały, ale bardzo pomysłowo urządzony: z szafą wnękową, która mieściła się w ścianie i z odbiornikiem telewizyjnym umieszczonym w szafce. Pomyślałam, że architekt wnętrz wykazał się nieprawdopodobną pomysłowością.

Łazienka stanowiła kolejną rewelację. Na Park Road mieliśmy prysznic, ale nigdy nie było w nim gorącej wody. Musieliśmy grzać wodę, a myjąc się, używaliśmy wiadra i czerpaka. Tutaj gorącej wody było w bród, całe tony. Odkręcona leciała ze wszystkich kurków, z góry i po każdej stronie. Umyłam się. Na zewnątrz wciąż było jasno, toteż postanowiłam wyjść na zewnątrz. Chciałam zobaczyć najbliższą okolicę.

Zapisałam nazwę hotelu – zdawałam sobie bowiem sprawę, że mogę się zgubić – włożyłam moją chustę, długi płaszcz i wyszłam na ulicę. Nigdy nie widziałam tylu białych ludzi. Kobiety wydawały się niemal nagie – ich nogi, całe ręce, twarze, włosy i ramiona były zupełnie odsłonięte. Kenijskie kobiety często okrywały się mniej niż my, Somalijki, ale biały kolor skóry tych kobiet bardziej przyciągał mój wzrok. Mężczyźni i kobiety razem zapełniali kawiarnie, z niewymuszoną zażyłością, tak jakby byli sobie równi. Nie chowając się przed nikim, trzymali się za ręce w jasnym świetle dnia i wszyscy pozostali uważali to za rzecz zupełnie normalną.

Po chwili zdjęłam płaszcz. Pomyślałam, że w ten sposób będę się mniej wyróżniać. Wciąż miałam na głowie chustę i długą spódnicę, ale i tak po raz pierwszy od wielu lat pokazałam się publicznie do tego stopnia odkryta. A jednak czułam się anonimowa. Nie było tutaj społecznej kontroli. Oczy przechodniów nie oskarżały mnie po cichu, że jestem dziwką. Nie byłam nagabywana przez lubieżnych mężczyzn, żebym poszła z nimi do łóżka. Żadni członkowie Braci Muzułmanów nie grozili mi ogniem piekielnym. Czułam się bezpieczna; mogłam swobodnie zaspokoić swoją ciekawość.

Przechadzałam się długo, aż zaczęły boleć mnie nogi. Wszystko było tak dobrze utrzymane. Nawet w rowkach pomiędzy kocimi łbami nie było śmieci. Ulice przed sklepami lśniły czystością. Pamiętam, że myślałam: „To zdumiewające, że tak może być?". Zwykłam przecież nie zwracać uwagi na sterty śmierdzących odpadków, na ogromne wyboje na ulicach i wszechobecny brud. W Nairobi, oprócz kilku bogatych enklaw, zarezerwowanych dla niezwykle zamożnych urzędników państwowych i biznesmenów – milionerów, przeciętni ludzie żyją gęsto stłoczeni na małej powierzchni, w dzielnicach nędzy. Gnieżdżą się w lepiankach lub domkach z pustaków, kartonów i blachy. Na ulicach spotyka się żebraków, złodziei wyrywających kobietom torebki i sieroty przeszukujące sterty śmieci. Samochody z radiem nastawionym na cały regulator starają się omijać liczne przeszkody. Kierowcy *matatu* gestem zapraszają przechodniów do swoich autobusów. Czułam, jakbym została wrzucona do innego świata, spokojnego i uporządkowanego, o którym czytałam w powieściach, świata oglądanego przeze mnie podczas seansów filmowych. Jednak nigdy wcześniej nie wierzyłam w jego istnienie.

Kiedy wróciłam do hotelu, Omar wyglądał na bardzo zmartwionego. Powiedział, że jest już godzina dziewiąta wieczorem. Uznałam to za niemożliwe, na zewnątrz było jeszcze jasno. Westchnął i wyjaśnił cierpliwie, że w Europie są różne pory roku. Niekiedy jest ciepło i jasno aż do bardzo późnej nocy. Inna pora roku charakteryzuje się z kolei niską temperaturą, a ponadto bardzo wcześnie robi się ciemno. W Europie, powiedział, nie można określić czasu, patrząc na słońce.

Podał mi swój zegarek i zapytał, czy ma mnie nauczyć, jak należy odczytywać godzinę.

Moja głupota zupełnie mnie zdruzgotała. Zauważyłam, że nawet planety i Układ Słoneczny były tutaj inne. Czułam się jak Alicja w Krainie Czarów.

Omar powiedział, że Afrykańczycy tacy jak my nie mogą spożywać niemieckiego jedzenia i zabrał mnie do chińskiej restauracji. Idąc, widziałam nazwy ulic umieszczone w widocznych miejscach na specjalnych tabliczkach. Nie trzeba było ciągle zaczepiać ludzi i pytać o kierunek drogi. Jakie to przyjemne i pomysłowe, pomyślałam; w naszej dzielnicy w Nairobi były oznakowane tylko główne ulice. Zapytałam Omara, kto je tam umieścił. Spojrzał na mnie ze zdziwieniem i powiedział:

– To cywilizowany kraj.

Następnego dnia spotkałam mego krewnego, Mursala. Z zakłopotaniem przyznał, że nie mogę zatrzymać się w jego domu. Ożenił się z Niemką, która niechętnie udzielała gościny przyjezdnym Somalijczykom. Załatwił mi zatem pokój u innej rodziny Osman Mahamud, mieszkającej w Bonn, w niewielkiej odległości od jego domu. Mursal obiecał dowiadywać się każdego dnia w kanadyjskiej ambasadzie, czy dotarły tam moje dokumenty wizowe. Mogłam równie dobrze czekać na wizę w domu innej kobiety, jak w jego.

Zawieźli mnie tam, kiedy mój bagaż został dostarczony do hotelu przez furgonetkę należącą do lotniska. Znaleźliśmy się na osiedlu składającym się z identycznych domów – jak mnie poinformowano – należących do rządu. Kobieta mieszkająca w Bonn miała na imię Amina i wywodziła się oczywiście z rodu Osman Mahamud. Czuła się jednak odrzucona przez innych członków tego rodu, ponieważ wyszła za mąż za członka plemienia Hawija, w związku z czym jej dzieci uznawano za przynależne do Hawija. Mursal okazał jej dużą pomoc. Był również zobowiązany wydawać ogromną część swoich dochodów na bieżące potrzeby znajomych Somalijczyków i rozwiązywać ich wciąż rodzące się problemy.

We wszystkich pokojach znajdowały się włączone telewizory, a wokół nich kręciło się mnóstwo dzieci. Najstarszy chłopiec, Ahmed, miał około czternastu lat. Zaproponował, że oprowadzi mnie po Bonn.

Był lipiec, a zatem w szkole trwała przerwa wakacyjna i Ahmed, który nie miał nic do roboty, chciał się popisać swoją niemałą wiedzą o mieście.

Chociaż Amina mieszkała w Niemczech od pewnego czasu, widziałam, że wciąż pozostaje stuprocentową Somalijką. Nie umiała samodzielnie poruszać się po mieście i zabierała ze sobą syna, aby zrobić zakupy żywnościowe. Ja tymczasem, kiedy następnego dnia wyszłam z Ahmedem na spacer, zorientowałam się, że prawdopodobnie będę umiała poradzić sobie w mieście, podobnie jak on. Wyjaśnił mi, jak korzystać z metra. Nie było to takie trudne.

Ci biali ludzie nie przerażali mnie. Moja osoba nie wzbudzała w nich zainteresowania, ale przyjmowałam to z zadowoleniem. Sama odbyłam podróż dwoma samolotami, spacerowałam po ulicach i świat nie wydawał się tak niebezpieczny, jak uprzedzała mnie matka i babka. Wszyscy byli tutaj anonimowi, ale dawało mi to poczucie wolności i siłę, żeby odnaleźć swoją drogę w tym osobliwym dla mnie miejscu. Czułam się bezpieczna.

Przez całe miesiące rozmyślałam gorączkowo, w jaki sposób rozwiązać małżeństwo, które zaaranżował dla mnie mój ojciec. Nie chciałam pojechać do Kanady i zamieszkać z Osmanem Musą. Nie pragnęłam prowadzić wyznaczonego mi z góry życia tylko dlatego, że urodziłam się dziewczynką. Nie życzyłam sobie, by przypominało ono egzystencję matki. Jako mężatka zamierzałam po przyjeździe do Kanady specjalnie demonstrować niewłaściwe zachowanie w nadziei, iż Osman Musa zostanie zmuszony odesłać mnie z powrotem do domu mojej matki w Nairobi. Był jednak pewien problem: istniało prawdopodobieństwo, że zajdę w ciążę. Jednak tego pierwszego popołudnia w Bonn zaświtała mi w głowie nowa myśl: nie musiałam jechać do Kanady. Mogłam zniknąć tutaj. Uciec od swych kłopotów, ukryć się i w pewien sposób pójść własną drogą, niczym bohaterowie moich szkolnych lektur.

Nie miałam żadnych konkretnych planów, jak to zrobić, ale pomyślałam, że poczekam na odpowiedni moment. Nie martwiłam się samotnością albo że będę żyć bez mojej rodziny. Nie miałam szczegółowego planu, a nawet pomysłu. Myślałam, że ucieczka będzie przypominać szybki wyskok z *matatu*, kiedy kierowca zwalnia na światłach, a następnie pasażer przygląda się, jak pojazd znika w dole ulicy. Znajdę odpowiedni moment i wyrwę się.

Nie zostanę w Niemczech. Mursal mógłby mnie tu łatwo odnaleźć. Pojadę do Anglii. Będę mogła porozumiewać się w języku angielskim, a zrozumienie tamtejszej kultury przyjdzie mi z łatwością. Angielskie łąki, krowy, królowa, Mayfair i Whitechapel – znałam to wszystko, tak myślałam, z książek i gry w Monopol. Powzięłam decyzję, by tam pojechać. Miałam dyplom z Valley Secretarial College. Postanowiłam pracować, zaoszczędzić pieniądze i pójść na studia. Nikt się nie dowie, gdzie jestem.

Nie wiedziałam, jak będę mogła uciec albo co oznacza wolność. Zdawałam sobie jednak sprawę, jaki obrót przybierze moje życie, jeżeli pojadę do Kanady. Powtórzyłabym drogę mojej matki, Dżawahir i tej kobiety, z którą mieszkałam w Bonn. Byłabym zmuszona wybrać ten jedyny sposób życia. Uwzględniając ponadto, że urodziłam się kobietą, nigdy nie mogłabym stać się dorosła. Zawsze odgrywałabym drugorzędną rolę, a decyzje ktoś inny podejmowałby za mnie. Byłabym jednostką w dużym ulu. Mogłabym mieć przyzwoite życie, ale byłabym uzależniona – zawsze – od kogoś, kto dobrze by mnie traktował.

Wiedziałam, że możliwe jest inne życie. Czytałam o tym i teraz mogłam je zobaczyć, poczuć jego zapach w powietrzu wokół mnie; rodzaj życia, jakiego zawsze pragnęłam, z prawdziwą edukacją, prawdziwą pracą, prawdziwym małżeństwem. Chciałam podejmować własne decyzje. Stać się osobą, jednostką, z własnym życiem.

Młody Ahmed oprowadzał mnie po całym Bonn. Był przyjazny; rozmawialiśmy o wielu różnych sprawach. Kiedy wracaliśmy do niego do domu, zapytałam:

– Powiedz mi, gdybym chciała pojechać do Anglii, jak mogłabym to zrobić?

Ahmed stwierdził, że nie będzie to takie proste. Niemcy i Anglię dzieli morze, toteż musiałam mieć wizę. Kraje graniczące z Niemcami nigdy jednak nie wymagają od przyjezdnych wizy. Powiedział, że byłoby łatwiej pojechać do Holandii albo do Belgii.

Gdzie dokładnie się znajdowaliśmy? Przypomniałam sobie lekcje geografii i rozdział w podręczniku o bogatych krajach leżących nad

Renem: Niemczech, Holandii i Belgii. Pamiętałam jedynie słowa nauczyciela, że wszystkie te państwa razem wzięte zajmują terytorium mniejsze od Tanzanii. Byłam na siebie zła, że nie skupiałam się na lekcjach geografii; teraz wiedziałabym przynajmniej, gdzie jestem.

Przyszło mi na myśl, że znam kogoś w Holandii. Kogoś, kto mógłby mi pomóc. Fadumo, żona Mahameda Abdihalina, której pomogłam wydostać się z obozu dla uchodźców w Dhobley, uzyskała azyl w Holandii. Mieszkała tam w obozie.

Młody Ahmed powiedział mi, że do Holandii łatwo się dostać. Podróż pociągiem trwała zaledwie półtorej godziny. Należało tylko kupić bilet i pojechać tam, żadna wiza nie była potrzebna.

Tego popołudnia udałam się do budki telefonicznej na rogu ulicy i wykręciłam numer centrum dla uchodźców, w którym mieszkała Fadumo. Powitała mnie bardzo serdecznie. Była szczęśliwa, że może mi pogratulować wiadomości o moim małżeństwie. Poruszyłam kwestię złożenia jej wizyty. Przyjęła to z radością.

Nie poinformowałam jej, że planuję ucieczkę, ani nie podałam określonej daty. Nie przyznałam się też do tego Ahmedowi. Powiedziałam jedynie jego matce, że chciałam na kilka dni udać się z wizytą do krewnej. Poprosiłam Ahmeda, żeby zabrał mnie na dworzec kolejowy i pomógł kupić bilet. Zostawiłam swoją dużą walizkę w domu Aminy. Wzięłam tylko worek marynarski z dokumentami.

Kiedy wyszłam z domu, spojrzałam po raz ostatni na walizkę wypełnioną moją wyprawą ślubną: jedwabnymi *dirrah*, żywicą olibanową i innymi akcesoriami, które pozostawiałam za sobą. Wzięłam jedynie dwie długie spódnice, kilka tunik i płaszcz. Obiecałam sobie, że pewnego dnia wytłumaczę to wszystko ojcu.

Był piątek, 24 lipca 1992 roku, kiedy wsiadłam do pociągu. Każdego roku o tym myślę. Postrzegam tę datę jako moje prawdziwe urodziny: narodziny mnie samej w charakterze osoby, która samodzielnie podejmuje decyzje o swoim życiu. Nie uciekałam od islamu ku demokracji. Nie miałam wówczas żadnych wielkich idei. Byłam po prostu młodą dziewczyną i chciałam znaleźć jakąś drogę, aby być sobą, toteż rzuciłam się w nieznane.

Zbliżała się już północ, kiedy przyjechałam na stację w Amsterdamie. Podszedł do mnie młody mężczyzna i zapytał, czy może pomóc. Zaprowadził mnie do okienka, gdzie mogłam wymienić pieniądze i pokazał mi budkę telefoniczną. Był bardzo życzliwy – być może zwrócił na mnie uwagę ze względu na chustę, którą nosiłam na głowie, albo też jego wzrok przyciągnął wyraz oszołomienia malujący się na mojej twarzy. Dał mi swój numer telefonu w razie, gdybym miała problemy z poruszaniem się po mieście.

Zadzwoniłam do Fadumo. Powiedziała, że jest o wiele za późno, by tego wieczoru dostać się do jej ośrodka dla uchodźców w Almelo. Dała mi numer telefonu swojej kuzynki, Mudoh, która mieszkała znacznie bliżej, w Volendam. Nie ociągając się, wybrałam numer do Mudoh: zapadła już ciemność, a ja znajdowałam się na stacji w Amsterdamie i nie miałam pojęcia, co mam ze sobą począć.

– Nazywam się Ayaan, jestem córką Hirsiego Magana i szukam miejsca, gdzie mogłabym się zatrzymać na noc – powiedziałam.

Mudoh poinformowała mnie, w który wsiąść autobus, ile powinnam zapłacić i gdzie wysiąść.

Był środek nocy. Pasażerowie stopniowo wysiadali na kolejnych przystankach i po pewnym czasie byłam jedyną osobą w autobusie. Czułam się przerażona. Wciąż pytałam kierowcy, czy to jeszcze nie jest Volendam, spodziewając się, że wydarzy się coś strasznego. Jechał daleko i szybko. Nie porwał mnie jednak, nie pokroił na kawałki ani też mnie nie zgwałcił, czego się w duchu obawiałam. Zostałam wysadzona obok zielonej budki telefonicznej, dokładnie w miejscu, które opisała Mudoh.

Odebrał mnie mąż Mudoh. Był Holendrem. Mudoh wyszła za mąż, nie uwzględniając swego rodu, somalijskiej narodowości i przynależności religijnej. Ona, kobieta, poślubiła mężczyznę *gaalo.* Nawet ja byłam tym trochę zaskoczona. Nigdy nie spotkałam Somalijki, która zrobiłaby coś podobnego. Zapytałam Mudoh, w jaki sposób zareagowała jej rodzina, kiedy się o tym dowiedziała. Powiedziała, że nazwali ją nieprzyzwoitą i uznali za wyrzutka. Jednak po upadku Mogadiszu stali się uprzedzająco grzeczni. Nieustannie prosili o pomoc i pieniądze. Mudoh oferowała pomoc, ale tylko najbliższej rodzinie, swoim braciom. Faktycznie wyeliminowała ród ze swego życia.

Postanowiłam zaufać Mudoh. Opowiedziałam jej o wszystkim. Wyznałam, że nie zamierzam kontynuować swego małżeństwa. Chciałam pojechać do Anglii. Mudoh odradzała mi ten pomysł. Twierdziła, że wyjazd na wyspy byłby zbyt skomplikowany. Radziła mi pozostać w Holandii. Mogłam tu też wykorzystać znajomość angielskiego. Powiedziała, że powinnam ubiegać się o azyl, tak jak zrobiła to Fadumo. Miałam pójść do niej i zapytać, jak to zrobiła.

Spędziłam z Mudoh weekend. Oprowadziła mnie po swojej dzielnicy. Wszystkie domy były do siebie podobne, pomalowane na ten sam kolor, ustawione w rzędach jak zgrabne, małe, ciepłe ciasteczka wyjęte prosto z piekarnika. W oknach wisiały koronkowe, białe zasłony ozdobione falbankami. Kontrastowały z zieloną i równo przyciętą trawą. W Nairobi, oprócz bogatych posiadłości, na innych budowlach dominowały kolory jaskrawe. Każdy właściciel wznosił dom według swego upodobania. Bogata rezydencja pyszniła się obok ledwo zbudowanej nędznej budy, ta zaś znajdowała się przy niezabudowanych działkach, toteż rozwiązania architektoniczne w Holandii były dla mnie czymś zupełnie nowym.

W niedzielę wieczorem Mudoh wystawiła śmieci na ulicę. Inni mieszkańcy robili to samo. Wyjaśniła, że obowiązują określone zasady: pojemniki na śmieci należało wystawiać o określonej godzinie we właściwy sposób. Brązowy pojemnik był przeznaczony na śmiecie organiczne, zielony na wyroby z plastiku, a gazety stanowiły coś zupełnie innego. Należało je wyrzucać innym razem. Jeżeli mieszkańcy dokładnie przestrzegali ustaleń, służby miejskie przychodziły następnego ranka i zabierały wyroby z papieru na recykling. „No! No!", pomyślałam sobie w duchu. W Kenii ludzie obawiali się osób sprawujących jakikolwiek urząd. Kiedy ktoś taki zjawiał się w twoim domu, wzbudzał przerażenie. Śmiecie wyrzucało się na wysypisku na krańcu ulicy. Zasady obowiązujące w Holandii przypadły mi do gustu. Zapewne mogłabym się do nich przystosować.

Pewnego poniedziałku pojechałam do Almelo, żeby zapytać Fadumo, w jaki sposób mogłabym sobie załatwić status uchodźcy w Holandii. Fadumo była uszczęśliwiona, gdy podeszłam się z nią przywitać. Uściskała mnie, płacząc. Jej obóz w najmniejszym stopniu nie przypominał obozu dla uchodźców, w jakim przebywała w Dhobley; nie były to namioty, ale najprawdziwsze domy, chociaż tymczasowe. Wszystko wydawało się dobrze zorganizowane. Fadumo miała do dyspozycji cały dom z prefabrykatów. Mieszkała w nim z pięciorgiem dzieci. Jedno z nich dopiero co przyszło na świat.

Usiadłyśmy, żeby porozmawiać. Opowiedziałam jej o wydarzeniach, które zaszły niedawno w moim życiu. Fadumo była przerażona i prosiła mnie, wręcz błagała, abym nie próbowała realizować moich zamiarów.

– Pomyśl o swoim ojcu – apelowała.

Fadumo wywodziła się z rodu Osman Mahamud. Sprawy rodu leżały jej na sercu i moje postępowanie sprawiło jej dużą przykrość. Czuła, że powinna mnie chronić przed popełnieniem strasznego błędu, który mógłby zrujnować mi życie, a także zaszkodzić honorowi całego rodu. Jej małżeństwo, jak podkreślała, również zostało zaaranżowane przez rodziców i było szczęśliwe. Aranżowane małżeństwa wydawały się Fadumo najlepsze. Skojarzone przez dwie rodziny małżeństwo, w ramach tego samego rodu, z błogosławieństwem ojca, uznawała za najlepszy los.

Niemniej jednak poprosiłam ją o udzielenie istotnych dla mnie informacji. Powiedziała mi, że zwrócenie się o azyl nie nastręczało żadnych trudności. Istniały specjalne ośrodki przyjmujące uchodźców. Najbliższy znajdował się w Zwolle. Należało się tam udać niezwłocznie z prośbą o przyznanie statusu uchodźcy. Powinnam powiedzieć, że niedawno udało mi się uciec przed wojną domową i dopiero co dotarłam do Holandii. Istniał bowiem określony limit czasowy.

Pojechałam do Zwolle. Ośrodek znalazłam bez problemu. Odnosiłam wrażenie, że każdy mówi po angielsku albo przynajmniej usiłuje ten język zrozumieć. Kiedy zobaczyłam policjanta w mundurze, odczułam nagły strach. On jednak zwrócił się do mnie uprzejmie:

– Nasz ośrodek jest pełny, toteż nie możemy już przyjąć żadnych uchodźców, ale możesz pójść do Zeewolde.

Dał mi bilety na autobus, a także poradził, jak się tam dostać. Powiedział, że zanim się zarejestruję, powinnam najpierw skierować swoje kroki do Centrum Pomocy Uchodźcom i pochwalił mój angielski.

Policjanci uchodzili w moich oczach za ciemiężców i domagali się łapówek. Nigdy nie byli pomocni.

– Dlaczego mi pomagasz? – zapytałam go, a on uśmiechnął się i powiedział:

– Postępuję zgodnie z obowiązującymi zasadami.

– A czy każdy policjant jest taki życzliwy? – zapytałam

– Mam nadzieję, że tak – odparł.

Po tej rozmowie wszystko wydawało się możliwe. Rządy, które do tej pory znałam, były złe, nieuczciwe i dwulicowe, a ponadto gnębiły swoich obywateli. Tutaj zaś wszyscy ci ludzie okazywali się bardzo pomocni i świadczyli różne usługi cudzoziemcom. Zastanawiałam się, jak zatem traktowali ludzi wywodzących się z ich własnych rodów?

W autobusie jadącym do Zeewolde wpatrywałam się w krajobraz wiejskiej okolicy rozpościerającej się wokół mnie. Teren był płaski, a długie drogi wiodły do gospodarstw rolnych. Tu i ówdzie stały wiatraki, a na łąkach pasły się grube, wełniste owce w kolorze kremowym. Więcej wełny niż owcy, pomyślałam sobie w duchu, przyzwyczajona do naszych wychudłych stad. Wszędzie ciągnęły się proste linie grobli, dzielące szlaki wodne. Autobusy były eleganckie i czyste; ich drzwi otwierały się same. W pobliżu Zeewolde okolica wydawała się bardziej opustoszała, a roślinność nieco wyschnięta. Ziemię przecinały wzdłuż i wszerz szerokie rowy. Był to polder, nowa ziemia, którą Holendrzy odzyskiwali od morza, chociaż w owym czasie nie miałam o tym wszystkim pojęcia.

Przede mną otwierała się ogromna szansa, ale czułam się jeszcze onieśmielona. W wieku dwudziestu dwóch lat po raz pierwszy byłam samodzielna. Mogłam się przekonać, czy dam sobie radę, nie narażając się na niebezpieczeństwa, które – jak sądziła moja rodzina i większość muzułmanów – zagrażają dziewczętom pozostawionym własnemu losowi. Zgodnie z powszechnym mniemaniem stawały się one prostytutkami, pracowały jako służące albo pośpiesznie wychodziły za mąż poniżej swego statusu za mężczyzn, którzy je wykorzystywali. Miały zszarganą reputację.

Czekając, by przesiąść się na inny autobus, zauważyłam, że przyjechał on punktualnie o wyznaczonej godzinie – 2.37, co do minuty. Autobusy w Bonn również kursowały z taką samą, wyjątkową punktualnością. Uznałam to za zjawisko pozytywne, aczkolwiek osobliwe. W jaki sposób, u licha, ktokolwiek mógł przewidzieć, że autobus przyjedzie dokładnie o godzinie 2.37? Czy ludzie kontrolowali też zasady rządzące czasem?

Ośrodek Zeewolde stanowił ogromny, zamknięty teren domów parterowych. Każdy dom otaczał mały żywopłot. Na terenie ośrodka znajdował się kort tenisowy. Widziałam też grupę ludzi grających w siatkówkę. W pobliżu biur zauważyłam drogowskaz do basenu. Wydawało mi się to dosyć niewiarygodne.

Udałam się do małego biura w pobliżu bramy i pokazałam portierowi skierowanie, które otrzymałam od policjanta w Zwolle. Mężczyzna ujął moją dłoń i powiedział: „Witam". Zaproponował, że zaprowadzi mnie do administracji. Wziął mój marynarski worek w jedną rękę i dwie torby zawierające koce, prześcieradła i ręczniki w drugą, po czym udaliśmy się do parterowego domku.

Otaczały nas osoby ubiegające się o status uchodźcy. Było tu wielu Kurdów i Irakijczyków, a także sporo Irańczyków. Wszyscy mieli jasny odcień skóry, chociaż Holendrzy nazywają ich czarnymi. Widziałam też wiele kobiet z Afryki. Były ubrane w mini i bawełniane koszulki. Sądząc z rysów twarzy, pochodziły z Liberii albo z Konga, z dwóch krajów, w których toczyła się wojna domowa. Na ziemi siedziały Arabki owinięte w swoje szaty i przyglądały się mężczyznom.

Znajdowało się też tutaj wielu białych ludzi. Zapytałam jednego z Holendrów, kim oni są, on zaś powiedział:

– To muzułmanie.

Zauważył moje zdziwienie i dodał:

– Z Bośni.

Zabrał mnie do domku numer 28 i powiedział, że będę go dzielić z trzema Etiopkami. Poinstruował mnie, że w każdy czwartek mogę zanieść moje prześcieradła do pralni i otrzymać czysty komplet. Wpatrywałam się w niego z otwartymi ustami. Wyjaśnił, że kolacja będzie o piątej trzydzieści w stołówce. Natomiast jutro miałam otrzymać pełniejszą informację. Zaznaczył, że ktoś inny pokaże mi, gdzie odbędzie się rozmowa kwalifikacyjna, gdzie jest biuro prawnika i ośrodek zdrowia. Poinformował mnie również, że opieka medyczna jest bezpłatna, tak samo pokój i wyżywienie: to wszystko było zapewnione przez rząd. Miałam też otrzymywać cotygodniowy zasiłek na moje podstawowe potrzeby.

Nigdy nie słyszałam o państwie opiekuńczym. Nie miałam pojęcia, dlaczego zupełnie obce osoby tak wiele mi dają. Skąd biorą pieniądze? Dlaczego pieniądze się im nie kończą?

Następnego ranka musiałam pójść do urzędu imigracyjnego. Pobrali ode mnie odciski palców i polecili wypełnić formularze. Cała procedura miała zupełnie inny przebieg niż się spodziewałam. Wyglądało to następująco:

– Jak się pani miewa? Czy mógłbym pani podać filiżankę herbaty lub kawy?

Wyjaśniano mi każdy kolejny krok procedury. Pytano nawet, czy nie potrzebuję tłumacza. Następnie dali mi zieloną kartę, dzięki której oficjalnie stałam się osobą ubiegającą się o azyl, kimś, kto poprosił o rozmowę kwalifikacyjną, by rozważyć jego kandydaturę jako osoby starającej się o status uchodźcy.

Policja wysłała mnie do biura Pomocy Uchodźcom, gdzie dwie kobiety powiedziały mi, że mam prawo ubiegać się o bezpłatną poradę prawną i przeprowadziły mnie przez wszystkie procedury. Zapytały, dlaczego chcę mieszkać w Holandii, a ja uczciwie opowiedziałam im moją historię: ojciec zobowiązał mnie do poślubienia mężczyzny, którego nie zaakceptowałam i nie chciałam pojechać do Kanady, żeby z nim zamieszkać. Jedna z kobiet stwierdziła:

– To, co ci się przydarzyło, jest straszne. Jak wiele kobiet z Somalii wychodzi za mąż wbrew własnej woli?

– To nasza kultura – powiedziałam. – Właściwie wszystkie.

– A jak się sprawy mają w innych krajach? – zapytała mnie. – Czy zdarza się to gdzie indziej?

– Sądzę, że podobna sytuacja ma miejsce w każdym kraju muzułmańskim.

– A więc sama widzisz – skwitowała moje słowa. – Nie możemy przyznawać statusu uchodźcy każdej kobiecie, która została wydana za mąż przez swoją rodzinę.

Przeczytała mi Konwencję Genewską dotyczącą uchodźców i powiedziała:

– Jeżeli twoja opowieść nie okaże się prawdziwa i spójna, i jeżeli nie będzie podlegać pod te kategorie, wówczas twoje szanse są małe. Aby zostać uchodźcą, musisz udowodnić wyraźny i konkretny powód lęku przed prześladowaniem.

Wróciłam do domku. Następnego dnia miałam spotkanie z przydzielonym przez rząd prawnikiem. Zaczęłam sporządzać roboczą wersję opowieści opartą o moje doświadczenie wyjazdu z Mogadiszu w 1990 roku i doświadczenia uchodźców w naszym domu przy Park Road. Historia ta była szczegółowa, logiczna, ale zmyślona. Z perspektywy czasu nie jestem z tego dumna. Jednak to prawda. Istotnie nie opowiedziałam całej mojej historii, by uzyskać status uchodźcy w Holandii.

Ponadto nie przyznałam się, że nazywam się Ayaan Hirsi Magan: moja rodzina mogłaby mnie wówczas łatwo odnaleźć. Przyjęłam imię dziadka – Ali, które jego ojciec nadał mu po urodzeniu, zanim ludzie nazwali go Opiekunem. Skromne imię, z którym łatwo było zniknąć. Miałam być Ayaan Hirsi Ali, urodzoną 13 listopada 1967 roku.

6 sierpnia odbyłam rozmowę kwalifikacyjną z holenderskim urzędem imigracyjnym. Towarzyszyła mi moja prawniczka, skrupulatna kobieta z długimi, czarnymi włosami. Kiedy zapukałam do drzwi biura przedstawiciela urzędu imigracyjnego, mężczyzna energicznie wstał zza biurka, by uścisnąć mi dłoń. Był uprzejmy, ale czułam, że mnie sprawdza, próbując mnie na czymś przyłapać. Bardzo uważnie przysłuchiwał się mojej opowieści. Wyszłam ze spotkania z nim przeświadczona, że prześwietlił mnie na wylot. Z pewnością zostanę odrzucona.

Po tej rozmowie ciągle czułam się spięta. Myślałam, że Mursal, a nawet sam Osman Musa mogą mnie odnaleźć; obaj mnie teraz poszukiwali. Przyglądałam się autobusom, które przyjeżdżały do ośrodka, wypełnione uchodźcami z Bośni. W ośrodku dla uchodźców oglądałam telewizyjne serwisy CNN i BBC i czułam się strasznie. Zajmowałam łóżko przeznaczone dla kogoś, kto tego potrzebował, autentycznie cierpiących ludzi z Liberii lub Bośni. Byłam zepsutą smarkulą, głupią i niewdzięczną, która powinna podziękować ojcu za znalezienie jej męża w bogatym kraju.

Ciążyło mi ogromne poczucie winy z powodu krzywdy, którą wyrządziłam naszej rodzinie. Odczuwałam lęk, nie dlatego, że byłam sama, ale przed nieznanym: zadawałam sobie pytanie, jak potoczy się mój los. Miałam jednak pewne poczucie wolności. Doświadczałam prawdziwego życia. Pamiętam, że w tym ośrodku dla uchodźców przyszła mi do głowy następująca myśl: „Nawet gdybym teraz nagle umarła, to przynajmniej widziałam świat". Ani przez jedną chwilę nie myślałam poważnie o powrocie do Niemiec i odebraniu wizy do Kanady. Ta część mojego życia dobiegła końca.

Etiopskie dziewczęta, z którymi dzieliłam domek, początkowo wydawały mi się niepoważne i beznadziejnie puste. Twierdziły, że mam szczęście, iż pochodzę z kraju pogrążonego w wojnie domowej. Dzięki temu miałam znacznie większe szanse uzyskania statusu uchodźcy i otrzymania pozwolenia na zamieszkanie w Europie. Ileż czasu spędzały na strojeniu się! I jakie ciuchy wkładały! Kosmetyki i minispódniczki, wzajemne pożyczanie różnych drobiazgów – cała procedura trwała w nieskończoność. Następnie wychodziły wyzywająco odkryte i absolutnie z siebie zadowolone. Mina była najbardziej przyjazna. Pewnego ranka powiedziała mi:

– Daj sobie luz! Zdejmij chustę i długą spódnicę. Jesteś ładna.

– Nie zrobię tego! – upierałam się. – Jestem muzułmanką.

Ludzie zawsze mnie przed tym ostrzegali: szatan przychodził, przybierając postać etiopskich dziewcząt, żeby wodzić mnie na pokuszenie. Jednak Mina, która do tej pory zawsze była bardzo serdeczna i pod każdym względem pomocna, zapytała mnie:

– Ale dlaczego? Dlaczego muzułmanki muszą okrywać swoje ciało, nigdy nie uprawiają seksu i tym podobne? Co jest z tobą nie w porządku?

Dorastając w Nairobi, każdy słyszał rozmaite opowieści na temat Etiopczyków: wydawało się, że odbywali stosunki, kiedykolwiek mieli na to ochotę. W pobliżu miejsca naszego zamieszkania znajdował się dom młodych, etiopskich uchodźców i ludzie zwykli mówić, że działy się tam przez cały czas nieprzyzwoite rzeczy. Z kolei Etiopczycy znieważali Somalijczyków. Twierdzili, że Somalijczycy nie wiedzą, jak cieszyć się seksem, w związku z czym są sfrustrowani i dlatego zawsze kłócą się z innymi ludźmi. Ten rodzaj karykaturalnego przedstawiania swoich sąsiadów, najlepiej odzwierciedlał odczucia, jakie żywiliśmy wobec chrześcijan. Somalijczycy i Etiopczycy od początku świata zawsze skakali sobie do gardeł.

– Dlaczego powinnam odkrywać moją skórę? – zapytałam Miny. – Czy nie masz żadnego wstydu? Co chcesz osiągnąć, spacerując nieubrana? Nie zdajesz sobie sprawy, jak to działa na mężczyzn?

– Noszę te spódnice, ponieważ lubię eksponować ładne nogi – powiedziała Mina. – Nie będą takie zgrabne przez długi czas i mam ochotę cieszyć się nimi teraz. Potrząsnęła przede mną nogą i powiedziała:

– Jeżeli ich widok sprawia komukolwiek przyjemność, to tym lepiej.

Nie mogłam w to uwierzyć.

– Jest to dokładne przeciwieństwo tego, w co powinnam wierzyć, co wpojono mi w procesie wychowania.

W międzyczasie wszystkie dziewczęta zgromadziły się wokół nas, zaś kilka z nich usiłowało włączyć się do naszej rozmowy:

– Ale dlaczego? Dlaczego wy wszyscy, muzułmanie, jesteście tacy trudni?

– Kiedy mężczyźni zobaczą kobiety ubrane tak jak ty teraz, z odkrytymi ramionami i niemal nagim ciałem, wówczas poczują się zmieszani i będą odczuwać pokusy seksualne – powiedziałam im. – Zaślepi ich pożądanie.

Dziewczęta zaczęły się śmiać, a Mina skomentowała:

– Nie sądzę, że naprawdę tak się sprawy mają. Jeżeli nawet odczuwają pokusy, to wcale nie jest to wielki problem.

Zaczęłam wyrażać niezadowolenie, ponieważ przeczuwałam, w jaki sposób rozwinie się dalsza dyskusja. Niemniej jednak powiedziałam:

– Ale nie będą zdolni pracować, spowodują kraksy autobusowe i wszystko znajdzie się w stanie kompletnego *fitna*!

– A zatem dlaczego wszędzie wokół nas, tutaj w Europie, nie widać stanu całkowitego chaosu? – zapytała Mina.

To, co mówiła, było zgodne z prawdą. Wystarczyło tylko, żebym obserwowała otaczający mnie świat. Europa działała doskonale, każdy kurs autobusu odbywał się zgodnie z wyznaczonym czasem. Trudno było wykryć choćby najmniejszy ślad chaosu.

– Nie wiem – powiedziałam bezradnie. – Dzieje się tak, ponieważ nie są prawdziwymi mężczyznami.

– Och? Nie są prawdziwymi mężczyznami, ci wysocy silni holenderscy robotnicy o włosach koloru blond?

Tym razem etiopskie dziewczęta niemal płakały ze śmiechu. Uznały mnie za prostaczkę. Sądziły, że to takie muzułmańskie bzdury. My, muzułmanie, zawsze chwaliliśmy się jednym czy drugim, ale cała nasza kultura była naznaczona piętnem seksualnej frustracji. A kim u licha jestem, by wieszczyć panowanie chaosu na świecie? Moje rozmówczynie zachowywały się przyjaźnie, ponieważ wiedziały, że osobiście nie ponoszę winy za ten sposób rozumowania, ale dały mi jasno odczuć, co o tym myślą.

Wstałam, założyłam swoją chustę i stanęłam u drzwi naszego domku. Grupa Bośniaków i Bośniaczek starających się o azyl mieszkała nieco dalej. Stali na zewnątrz, korzystając ze słonecznej pogody i rozmawiali. Kobiety były rzekomo muzułmankami, ale tak naprawdę wydawały się niemal nagie. Nosiły krótkie spodenki i bawełniane koszulki. Nie wkładały nawet staników, toteż można było zobaczyć ich sutki. Mężczyźni pracowali w pobliżu lub siedzieli i całkiem zwyczajnie z nimi rozmawiali, najwyraźniej nie zwracając uwagi na szczegóły ich ciała. Gapiłam się na nie przez długi czas, zadając sobie w duchu pytanie: „Czy było trochę prawdy w tym, co mówiły etiopskie dziewczęta?".

Następnego ranka postanowiłam zrobić eksperyment. Wyszłam z domu bez chusty. Miałam na sobie zieloną spódnicę sięgającą kostek i równie długą tunikę. Włożyłam chustę do torebki, na wypadek, gdyby spotkały mnie jakieś kłopoty, ale nie zakryłam włosów. Chciałam się przekonać, co się wydarzy. Oblewał mnie pot. To był prawdziwy *haram*. Pierwszy raz, odkąd skończyłam szesnaście lat, poruszałam się w przestrzeni publicznej z odkrytymi włosami.

Nie zdarzyło się absolutnie nic. Ogrodnicy przycinali żywopłoty. Nikt nie wpadł w szał. Niemniej jednak byli to Holendrzy, a więc może nie prawdziwi mężczyźni. Przeszłam obok Etiopczyków i Zairczyków. Nikt nie zwrócił na mnie najmniejszej uwagi. Postanowiłam zatem podejść do grupy Bośniaków. Żaden z nich nawet na mnie nie spojrzał. Co najwyżej zwracałam na siebie mniejszą uwagę niż wówczas, gdy przykrywałam głowę. Ani jeden mężczyzna nie wydawał się na mój widok rozgorączkowany.

Powoli, w ciągu kilku następnych dni, przestałam zakładać chustę. Pomyślałam sobie w duchu: „Powiem Bogu, że zachowałam ostrożność. Nikomu nie wyrządziłam krzywdy". Nie poraził mnie gromem z jasnego nieba. Doszłam do wniosku, że kiedy Koran mówił, iż kobiety muszą okrywać swoje ciała, oznacza to po prostu, że nie powinny zwracać na siebie uwagi. Dlatego nie miałam wrażenia, że grzeszę. Faktycznie, spacerując z odkrytymi włosami, czułam się nieco wyższa.

Od tej pory jedyną rzeczą, na którą uważałam, była próba trzymania się z dala od somalijskich mężczyzn. Wiedziałam, że mogą we mnie rozpoznać Somalijkę. Jeden z nich już do mnie podszedł, żeby zapytać o mój ród. Posługiwałam się nowym imieniem, Ayaan Hirsi Ali, on zaś nie wywodził się z zespołu rodowego Darod, toteż nie zorientował się od razu, że kłamię. Niemniej jednak zdawałam sobie sprawę, że odkrycie prawdy o mnie jest tylko kwestią czasu.

* * *

Pewnego dnia Etiopki powiedziały mi, że przychodzi do nich ich kolega, by nauczyć je jazdy na rowerze. Był etiopskim uchodźcą i kupił im trzy używane rowery za dwudziestoguldenowy zasiłek, który wszyscy otrzymywaliśmy każdego tygodnia. Dla rozrywki planowali pojechać do pobliskiej wioski. Z chęcią przyłączyłam się do nich.

Przyglądałam się etiopskim dziewczętom, siedzącym okrakiem na siodełkach w krótkich spódniczkach. Kręciły nosem na cały bezsens tej sytuacji, co było typowym etiopskim zachowaniem. Mimo wszystko, ja również chciałam spróbować jazdy na rowerze. Kiedy jednak spróbowałam, w mojej długiej spódnicy mogłam tylko usiąść bokiem.

– Jak widzisz, to nie jest koń! – drwił Etiopczyk. – Musisz wkładać spodnie. Idź i kup sobie parę dżinsów.

Właśnie otrzymałam 150 guldenów zasiłku na zakup ubrań. Następnego dnia poszłam do wioski zMiną i zaczęłam przymierzać tanie spodnie. Jedynie męskie rozmiary były dostatecznie długie, żeby przykryć moje nogi i w końcu pojawiłam się w ogromnej, luźnej parze męskich dżinsów. Maskowały one całkowicie kształt moich nóg. Ponadto nosiłam je z tuniką, która sięgała do połowy uda. Nie mogłam opisać tego stroju jako nieskromnego. Następnie spróbowałam jazdy na rowerze. Spadając z niego, poczułam się wolna.

Świetnie się bawiłam. Każdego dnia Etiopki wymyślały co innego, czym mogłybyśmy się zająć. Pewnego dnia zapytały mnie:

– Czy chciałabyś popływać?

– Nie mogę. Utopię się – odparłam.

– Bzdura – skwitowały krótko.

Mogłam pożyczyć na basenie kostium kąpielowy. Tak więc, w niecały miesiąc po moim pierwszym przyjeździe do Europy, znalazłam się w źle dopasowanym kostiumie kąpielowym przed tłumem innych osób starających się o azyl, kobiet i mężczyzn.

Poczułam się zażenowana. Nie byłam na to przygotowana. Nawet wówczas, gdy pluskałam się w basenie, myślałam o Bogu i aniołach spoglądających na mnie z góry. Kiedy jednak rozejrzałam się wokół, stwierdziłam, że żaden męski uczestnik kąpieli nie zwraca na mnie uwagi. Od czasu do czasu jakiś mężczyzna spoglądał na mnie, ale w najmniejszym stopniu nie odnosiłam wrażenia, że z mojego powodu którykolwiek z nich skończy w piekle lub utopi się na dnie basenu. Z zainteresowaniem przyglądałam się wysokim Bośniakom i Zairczykom z ich cudownymi torsami. Bynajmniej jednak nie popadałam w żadne rozgorączkowanie.

Wracałam do tego myślami, spierając się sama z sobą. Próbowałam usprawiedliwić swoje zachowanie. Musiałam się zakrywać, ponieważ byłam kobietą tak nęcącą, że mogłam sprowadzić mężczyzn na złą drogę. Nawet zniewalający zapach perfum lub wysokie obcasy kryjące się za czarnym *hidżabem* mogły ponoć wywołać nieznośne pożądanie. Najwyraźniej jednak nie było to prawdą: wszystko przebiegało tak, jak zwykle.

Często rozmyślałam o Bośniakach. Uznałam ich za fascynujących, częściowo dlatego, że wszyscy holenderscy pracownicy w ośrodku nazywali ich „muzułmanami", tak jakby cała reszta spośród nas nie należała do wyznawców islamu. Wdałam się w rozmowę z jedną z bośniackich dziewcząt, która powiedziała, że oczywiście jest muzułmanką, chociaż nigdy nie nosiła chusty; miała na sobie niewielką koszulkę bawełnianą. Nigdy też nie czytała Koranu. Nie umiała nawet powiedzieć basmali, muzułmańskiej formuły modlitewnej *Bi-ismi Allahi ar-Rahmani ar-Rahim*, „W imię Boga Miłosiernego, Litościwego". Nie mogłam zrozumieć, w czym ta dziewczyna uzależnia swą przynależność do muzułmanów. Jednak, jak widać, islam nie był dla niej tak naprawdę praktykowaną religią, ale bardziej tożsamością etniczną. Uznałam to za zadziwiające.

Pod koniec sierpnia otrzymałam oficjalny list z holenderskiego biura uchodźców. Jego widok wprawił mnie w rozterkę. Obawiałam się, że zobaczę odmowę. Zostanę wysłana do Kanady lub Nairobi, co oznaczało właściwie to samo. Nie zasługiwałam na status uchodźcy; czyżby moja przygoda dobiegła kresu? Kiedy Mina zobaczyła moją twarz, wyznałam jej, że okłamałam władze. Wzruszyła ramionami i powiedziała, że ona też kłamała; obóz był pełen ludzi, którzy wymyślali różne historie. Trzęśli się ze strachu, że zostaną wyrzuceni.

Mina otworzyła adresowany do mnie list. To było przeniesienie. Miałam pojechać do Lunteren, ośrodka długiego pobytu, żeby poczekać na końcową odpowiedź.

Napisałam do Haweyi na osobistą skrytkę pocztową, którą ostatnio wynajęła w Eastleigh. Podałam jej mój adres i nalegałam, żeby zatrzymała go tylko dla siebie. Odpisała: „Było tu wiele awantur, kiedy wyjechałaś. Ojciec poprosił mnie, żebym dała mu twój adres. Odmówiłam i teraz nie rozmawiamy".

„Twój mąż jest w Niemczech i poszukuje cię – kontynuowała. – Wszelkie działania koordynowane są przez ojca z Nairobi. Jeżeli zechcesz uciec albo spotkać się z nim, to twoja sprawa, ale ostrzegam cię, że praktycznie wszyscy członkowie rodu Osman Mahamud przebywający w Niemczech intensywnie cię szukają. Przyjmij zatem moje ostrzeżenie". Poprosiła mnie także, żebym wysłała jej ubrania i paszport, by ona także mogła wydostać się z Kenii. Spełniał się mój koszmarny sen: polowano na mnie.

Przyjechałam do Lunteren pod koniec sierpnia 1992 roku. Stacją kolejową okazał się mały uroczy budynek stojący pośród wioski. Trawniki przed domami sprawiały wrażenie bardzo starannie wypielęgnowanych. Wszyscy byli biali, gustownie ubrani i wyglądali na szczęśliwych.

Pojechałam tam z inną dziewczyną, Rhodą, która twierdziła, że jest Somalijką, chociaż wsłuchując się w jej akcent, każdy mógł powiedzieć, że pochodzi z Dżibuti. Ośrodek dla osób starających się o azyl znajdował się w odległości kilku kilometrów w głębi lasu. Nie miałyśmy innego wyjścia, jak udać się w tym kierunku. Kiedy dotarłyśmy do ośrodka dla uchodźców, mieszczącego się na polanie, na której stały maleńkie jasnozielone domki na kółkach, zwane turystycznymi karawanami, a także niewielkie biuro z cegły pomalowane na biało, było już ciemno, choć oko wykol.

Miałyśmy dzielić przyczepę z dwoma somalijskimi kobietami, ale kiedy zapukałyśmy do drzwi, nie wpuściły nas do środka. Kobiety te wywodziły się z plemienia Hawija. Słysząc mój akcent, mogły się domyślić, że pochodzę z zespołu rodowego Darod. Nie chciały, żeby jakakolwiek kobieta Darod mieszkała z nimi. Towarzyszący nam pracownik opieki społecznej był Irańczykiem. Kiedy poprosił kobiety Hawija, żeby otworzyły zamknięte na klucz drzwi, zlekceważyły go. Zrezygnował z przekonywania ich, ale po chwili wrócił z jedną ze swoich holenderskich koleżanek o imieniu Sylwia i dwoma strażnikami. Sylwia ostrzegła kobiety, że wyważy drzwi i przeniesie je w inne miejsce, jeżeli nie będą przestrzegać obowiązujących w obozie zasad.

Pomyślałam, że jej rozumowanie jest bardzo naiwne. Wyjaśniłam Sylwii, że zespoły rodowe Hawija i Darod zwalczają się nawzajem i prawdopodobnie nie będą mogły przebywać razem w miejscu o tak niewielkich rozmiarach. Sylwia powiedziała jednak:

– To jest Holandia. Po prostu będziecie musiały wzajemnie się ignorować. Jesteście czterema dorosłymi kobietami i poradzicie sobie.

W końcu drzwi zostały otwarte. Okazało się, że jedna z kobiet z plemienia Hawija, Jasmin, miała babkę, która wywodziła się z Isse Mahamud, podobnie jak matka mego ojca. Wyjaśniłam, że dorastałam w Kenii i nie czuję wrogości wobec jej rodu. Jasmin również podzielała moje odczucia. Stopniowo rozwiązałyśmy sporne kwestie i udało nam się zaprzyjaźnić.

Jasmin nigdy nie myślała o wyjeździe do Holandii. Podróżowała do Stanów Zjednoczonych z fałszywymi dokumentami, ale została złapana na lotnisku w Amsterdamie. Kiedy ją zatrzymano, poprosiła o azyl. Chociaż była w moim wieku, powiedziała funkcjonariuszom, że jest nieletnia, toteż mogła zostać w Holandii. Wiedziała, jakie obowiązują zasady.

Jasmin nie lubiła Holandii. Wciąż pamiętała, że potraktowano ją na lotnisku jak przestępczynię. Powietrze cuchnęło tu krowim łajnem, a język brzmiał głupio. Nazywała Holendrów *gaalo i kufr*. W warunkach somalijskich bycie miłym oznacza, że ktoś daje ci to, o co prosisz. Toteż kiedy ludzie uprzejmie odmawiali, nawet jeżeli wyjaśnili, dlaczego nie mogli czegoś zrobić, Jasmin i inni postrzegali tego typu zachowanie jako arogancję lub rasizm.

Podobnie jak wszystkie osoby ubiegające się o azyl, musiałam zgłaszać się raz w tygodniu, żeby ostemplować kartę. Pierwszy września był moim pierwszym wtorkiem w Lunteren, tego ranka więc udałam się do biura policji w ośrodku dla azylantów. Kiedy podeszłam do biurka, policjantka spojrzała na mnie i na chwilę udała się do szaf z dokumentami. Pojawiła się ponownie, gruchając po angielsku: „Uuf! Gratulacje!" i zaczęła wymachiwać różową kartą, zamiast mojej zwykłej, zielonej. Nie zrozumiałam, o co chodzi, ale uścisnęła mi dłoń i powiedziała:

– Możesz pozostać w Holandii przez resztę swego życia. Jesteś uznana za uchodźcę. Teraz przeczytam ci, jakie masz prawa.

Pocąc się, pomyślałam:

– Dziękuję ci Boże, dziękuję.

Policjantka powiedziała mi, że nie ma lepszego statusu niż status A, który otrzymałam. Jako uchodźca o statusie A, już nigdy nie będę musiała się zgłaszać, żeby ostemplować kartę. Mogłam pracować albo zarejestrować się, by pobierać zasiłek dla bezrobotnych, kupić albo wynająć nieruchomość, uczęszczać na uniwersytet, korzystać z bezpłatnej opieki zdrowotnej. Po pięciu latach spędzonych w tym kraju, miałam prawo wystąpić o naturalizację i głosować. Nie wiedziałam nawet, że w Holandii odbywają się wybory. Zastanawiałam się, w jakim celu mieliby głosować. Wszystko wydawało się działać bez zarzutu.

– Czy masz jeszcze jakieś pytania? – zapytała mnie policjantka, a ja powiedziałam:

– Tak. Dlaczego to robicie?

– Władze zdecydowały, że masz uzasadniony lęk przed prześladowaniem. Takie jest prawo.

Dała mi bilet autobusowy do Ede, gdzie mogłam się zarejestrować na liście oczekujących na mieszkanie komunalne. W Ede przebywało teraz tak wielu uchodźców, że miasto sporządzało tego typu listy. Mogłam się jednak na niej zarejestrować i, w międzyczasie, nadal mieszkać w ośrodku Lunteren. Policjantka przeprosiła za te niedogodności. Zapytałam, czy naprawdę mogłabym rozpocząć studia na uniwersytecie. Policjantka potwierdziła, chociaż najpierw, oczywiście, musiałam nauczyć się języka.

Wyszłam, niemal unosząc się w powietrzu. Przyglądałam się różowej karcie z moim zdjęciem, wydrukowanej w niemożliwym do odcyfrowania języku holenderskim. Niespodziewanie, mogłam zostać w tym kraju, z tymi wszystkimi miłymi ludźmi. To było jak sen.

ROZDZIAŁ 11

Osądzenie przez członków starszyzny

Początkowo doznałam ogromnego uczucia ulgi. Koszmarna perspektywa, że będę zmuszona wrócić do Kenii lub zostanę odesłana z powrotem do Niemiec, oddaliła się i ogarnęła mnie euforia. Zarejestrowałam się w Ede w różnych biurach, w związku z czym nieustannie tam jeździłam autobusami. Następnie ośrodek pomocy uchodźcom dał mi używany rower. Kupiłam nową parę dżinsów i przestałam nosić długie spódnice. Stale pedałowałam wszędzie na rowerze, rejestrując się w wielu punktach miasta w celu skorzystania z różnych usług.

Moją pierwszą, pilną potrzebą było nauczenie się holenderskiego. Teraz, kiedy uzyskałam status uchodźcy, miałam prawo uczęszczać na lekcje do naszego ośrodka. Prowadziła je raz w tygodniu wolontariuszka z wioski. Ta Holenderka, święta kobieta, przekonała prawdziwą szkołę językową w Ede, żeby przyjęła mnie w poczet swoich uczniów. Powiedziała mi, że zapłaci za moje zajęcia. Mogłam jej zwrócić w cotygodniowych ratach z mojego kieszonkowego. Zaczęłam jeździć na rowerze trzy razy w tygodniu na lekcje holenderskiego w Midlands College w Ede. W oczach migotały mi szprychy obracających się kół, a ja czułam się bezgranicznie szczęśliwa, jadąc przez las na rowerze. Miałam poczucie celu i wszechogarniające wrażenie, że los się do mnie uśmiechnął.

Haweya opisywała w swoich listach częste kłótnie z matką i pogłębiający się rozdźwięk pomiędzy matką a ojcem. Nieustannie też zwracała się do mnie z prośbą o przesłanie jej ubrań. Pisała, że wszyscy Somalijczycy w Nairobi unikali matki, mówiąc, że stoi za moim zniknięciem. Matka nie chciała z kimkolwiek rozmawiać. Stroniła od kontaktów z całą społecznością – rodziną Faraha Goure, a także z moimi przyrodnimi siostrami Arro i Idżaabo. Każdy sądził, że mama uknuła spisek, planując moją ucieczkę, by zemścić się na ojcu. Uważali, że byłam zbyt uległa, aby sama wymyślić tak niegodziwy podstęp. Czułam się strasznie, myśląc, przez co przechodzi mama.

Zrobiło się zimno. Deszcz nie przestawał padać, a nasze domki trzęsły się pod wpływem podmuchów wiatru, natomiast w nocy zamarzały z zewnątrz. Pewnego dnia pogoda była zbyt deszczowa, żeby gdziekolwiek pojechać na rowerze. Czekałam na przystanku autobusowym, odczuwałam przenikliwe zimno i myślałam, że zaraz się rozpłaczę.

Szarego, listopadowego wieczora, w dniu, w którym skończyłam dwadzieścia trzy lata, Irańczyk ubiegający się o azyl podpalił się w stołówce akurat w tym momencie, kiedy miałam zamiar ustawić się w kolejce po kolację. Jego prośbę o przyznanie mu statusu uchodźcy rozpatrzono negatywnie. Oblał się benzyną i zapalił ją w charakterze szaleńczego protestu i swojej bezradności. Czułam się strasznie ze względu na niego. Inni, znacznie bardziej niż ja zasługujący na to ludzie, czekali przez całe lata w ośrodku dla uchodźców i otrzymywali negatywne odpowiedzi. Mieszkańcy krajów, w których toczyły się wojny domowe, byli często akceptowani w Holandii. Przyznawano im zazwyczaj status C, tymczasowe prawo pobytu ze względów humanitarnych. Jednak Irańczykom, Rosjanom, Irakijczykom – a także większości osób starających się o azyl – odmawiano przeważnie prawa pozostania w Holandii.

Ja miałam szczęście i czułam się winna za przyznanie mi tak szybko statusu uchodźcy, tym bardziej że udzieliłam nieprawdziwych informacji na swój temat, gdy tymczasem wielu ludziom tego prawa odmówiono. Próbowałam służyć ludziom; przydawało mi to pewności, a także poczucia, że wciąż jestem wartościową osobą. Chciałam spłacić swój dług wdzięczności i odwzajemnić się dobrocią za okazaną mi życzliwość, gdyż w ten właśnie sposób rozumiałam wówczas islam.

Zgłosiłam się w ośrodku jako wolontariuszka. Raz w tygodniu pracowałam w biurze pralni i w bibliotece. Sylwia, pracownica ośrodka, zapytała mnie, czy chciałabym przyłączyć się do gry w siatkówkę. Była to dobra zabawa.

Lubiłam ludzi, którzy pracowali w ośrodku, a oni lubili mnie. Byłam im potrzebna, ponieważ mówiłam po angielsku, który pełnił tu funkcję *lingua franca*. Za każdym razem, kiedy Somalijczyk bądź Somalijka byli chorzy i nie mogli porozumieć się z otoczeniem lub ktoś potrzebował pomocy w wypełnieniu formularza, wiedzieli, że mogą zwrócić się do mnie, pełniłam rolę pośredniczki, zamiast zawracać sobie głowę zatrudnianiem oficjalnego tłumacza, który musiałby przyjść do ośrodka. Jeżeli Somalijczycy sprawiali kłopoty – a sytuacje takie często miały miejsce – zazwyczaj występowałam w roli rozjemcy. Zdarzało się, że niektóre osoby odmawiały przenosin, wdawały się w kłótnie albo czegoś żądały, wówczas sami Somalijczycy, bądź personel, przychodzili po mnie.

Na szczęście nikt z moich somalijskich rodaków przebywających w ośrodku nie wywodził się z rodu Osman Mahamud, niemniej spoglądali na mnie i na moje dżinsy z nieskrywaną wrogością. Pouczanie mnie było dla nich rzeczą normalną. Chcieli, abym przestrzegała zasad obowiązujących w somalijskiej społeczności. Zawsze przypominali, że powinnam zakrywać włosy i ubierać się w długie spódnice. Jeden z mężczyzn powiedział:

– Sprawiasz nam wszystkim wstyd tym swoim rowerem. Kiedy jedziesz w naszym kierunku z rozstawionymi nogami, możemy zobaczyć twoje genitalia.

Powiedziałam mu, że noszę te same spodnie, co on i jeżeli widać przez nie genitalia, to genitalia mężczyzny byłyby bardziej widoczne niż moje. Następnie pośpiesznie odjechałam, pedałując co sił w nogach. Sylwia oświadczyła, że każdy, kto zagraża mi fizycznie, zostanie przeniesiony, ale poza tym będę musiała się bronić.

– Somalijczycy zależą tutaj od twojej dobrej woli – powiedziała. – Pukają do twoich drzwi i błagają cię, żebyś dla nich tłumaczyła, kiedy czegoś chcą. Potrzebują ciebie. Powiedz im po prostu, że to nie ich sprawa, w co się ubierasz.

Tak też zrobiłam. Powiedziałam im to bez ogródek, patrząc prosto w twarz. Wyartykułowanie głośno czegoś takiego było dla mnie fascynującym doświadczeniem.

W początkach grudnia otrzymałam list od ojca, adresowany do ośrodka dla uchodźców. Udało mu się odnaleźć mnie. List zaczynał się od słów: „Moja najdroższa wątrobo". Ojciec zwykł nazywać mnie swoją wątrobą, co w języku somalijskim jest bardzo znaczące, ponieważ bez tego organu nie można utrzymać się przy życiu. (Haweyę nazywał swymi oczami, a Mahada sercem). „W prowadzonej przez ciebie zabawie w chowanego, w końcu cię znalazłem".

Ojciec napisał list, by przekonać mnie do powrotu na właściwą drogę, jednak został on sformułowany w taki sposób, żebym mogła to zrobić z podniesionym czołem, a jego honor pozostał nienaruszony. Udawał, że wierzy, iż nadal nie porzuciłam planów połączenia się z mężem, którego dla mnie wybrał, tylko że zrobię to okrężną drogą. Napisał, że potrzebuje trzystu dolarów na pilną operację oczu. „Zdaję sobie sprawę, że musisz zdobyć wystarczająco dużo zasiłku. Sądzę jednak, że możesz się wystarać o kilkaset dolarów, ponieważ masz wielkie wpływy", napisał.

Ojciec wiedział, jak bardzo zaniepokoi mnie fakt, że jego zawsze słaby wzrok teraz coraz bardziej się pogarszał. Zakładał, że udam się prosto do Osmana Musy, by otrzymać pieniądze: w jaki inny sposób mogłabym bowiem zdobyć taką sumę? Mąż utrzymuje swoją żonę, a zarazem, jeżeli jest to konieczne, również rodzinę żony. Ojciec zakończył swój list następującymi słowami: „Twój dom będzie dla mnie albo źródłem honoru, albo źródłem wstydu... Niech Bóg będzie z tobą". Znał mnie i myślał, że zechcę uratować jego wzrok. Aby temu podołać, zgodzę się wrócić do swego męża.

Kilka dni później Osman Musa zadzwonił do ośrodka dla uchodźców. Ktoś przyszedł do naszej przyczepy i powiedział, że mam telefon z Kanady. Nogi ugięły się pode mną. Podeszłam do telefonu, rozmawiałam z nim i ponownie kłamałam. Wymyśliłam pewną historyjkę. Udawałam, że tak naprawdę nigdy nie zniknęłam, ale wyjechałam do Holandii na kilka tygodni, żeby być z moją ukochaną przyjaciółką Fadumo. Zrugał mnie, mówiąc: „Nie możesz po prostu tak znikać". Nalegał, żebym jak najszybciej wracała do Niemiec. Przyrzekłam, że tak zrobię. Następnie poinformowałam Osmana Musę o liście od ojca. Powiedział, że jest z nim w stałym kontakcie i obiecał coś zorganizować. Widocznie przesłał pieniądze.

Teraz wiedziałam, że żyję w pożyczonym czasie. Mój ojciec, brat i mąż znali mój adres. Nie miałam gdzie się udać. Zdawałam sobie sprawę, że po mnie przyjadą, była to tylko kwestia czasu. Ogarnął mnie strach na myśl o fizycznej przemocy. Było to całkowicie realne. Nie miałam jednak zamiaru wyjechać z nimi. Ten ośrodek w małym Ede był moją jedyną szansą na prowadzenie niezależnego życia. Pod żadnym pozorem nie chciałam z tego rezygnować. W jakiś sposób, pomyślałam sobie w duchu, wywinę się z tej pułapki.

Pewnego rześkiego styczniowego popołudnia Jasmin i ja wybrałyśmy się popływać na krytej pływalni przy pobliskim kempingu, która raz w tygodniu była zarezerwowana dla kobiet. Nie umiałyśmy pływać, ale pluskałyśmy się w wodzie, krzycząc i śmiejąc się. Kiedy wróciłyśmy do domu, poszłam prosto pod prysznic. Próbowałam zrobić coś z moimi włosami, które sterczały na wszystkie strony. Ostatnio musiałam krótko je ściąć, żeby pielęgnacja włosów zajmowała jak najmniej czasu.

Gawędziłam radośnie z Jasmin, a radio grało na cały regulator, kiedy rozległo się głośne pukanie do drzwi. Jasmin krzyknęła do mnie, żeby otworzyć, toteż wyszłam spod prysznica z mokrymi włosami i czerwonymi oczami i otworzyłam drzwi. Znalazłam się twarzą w twarz z Osmanem Musą stojącym w drzwiach przyczepy kempingowej, w promieniach późnego popołudniowego słońca z trzema innymi somalijskimi mężczyznami.

Stałam tam, z włosami jak straszydło, ze skórą pociemniałą od zimnych podmuchów wiatru, w moich dżinsach, zupełnie nie wiedząc, co powiedzieć. Zaistniałe okoliczności sprawiły, że w pewnym sensie stałam się dawną Ayaan: potulną dziewczyną czującą się w obowiązku, tak jak było to w zwyczaju przez całe lata, okazać gościnność.

– Assalamu alajkum – powiedziałam na przywitanie. – Czy zechcielibyście wejść do środka?

Stałam z boku, kiedy tych czterech rosłych mężczyzn zapełniło powierzchnię mieszkalną naszej przyczepy kempingowej. Nie miałam pojęcia, co robić. Złapałam termos i powiedziałam:

– Zostańcie tutaj. Przyniosę nam wszystkim herbatę.

Następnie zniknęłam w pokoju Jasmin i wyjaśniłam jej, że zgodnie z prawem, mężczyzna ten jest moim mężem. Poprosiłam, by zajęła się gośćmi, a ja miałam wrócić tak szybko, jak będzie to możliwe. Zanim wyszłam, włożyłam na głowę chustę.

Najpierw poszłam do pobliskiej przyczepy, w której mieszkała Somalijka Hasna. Miała ponad czterdzieści lat. Była bardzo wścibska, ale wiedziałam, że rozumie obowiązujący Somalijczyków kod zachowania i będzie wiedziała, jak postąpić. Hasna, która dysponowała większym pomieszczeniem, zaoferowała się zrobić u siebie herbatę dla moich gości i od razu zaczęła się krzątać. Kiedy już moje obowiązki gospodyni zostały przez nią przejęte, udałam się do Sylwii, by przedstawić jej swoją prawdziwą historię. Przyznałam się, że kłamałam, pragnąc uzyskać status uchodźcy. Tak naprawdę podjęłam ryzyko ucieczki przed małżeństwem, które zaaranżował dla mnie ojciec. Teraz mój mąż przyjechał, aby mnie zabrać i zawieźć do Kanady.

Zakładałam, że Sylwia uzna prawo ojca i męża, a zatem zacznie mnie namawiać do opuszczenia Holandii i powrotu do Kenii albo wyjazdu z wybranym przez ojca mężczyzną. Ona jednak powiedziała:

– Wszystko, co zrobiłaś, żeby uzyskać status uchodźcy, jest wyłącznie twoją sprawą. Zachowaj to dla siebie. Co do tego mężczyzny: skoro nie chcesz pojechać z nim do Kanady, po prostu powiedz mu o tym. Nawet jeżeli wyszłaś za niego za mąż, nie może cię do tego zmusić. Gdyby stosował wobec ciebie przemoc, wezwę policję.

Wróciłam do mojej przyczepy znacznie bardziej pewna siebie. Hasna taktownie wyprowadziła Jasmin i trzech innych somalijskich mężczyzn, pozostawiając mnie sam na sam z Osmanem Musą. Z lekceważeniem wskazał ciasne, metalowe pudło, w którym mieszkałam.

– Czy tego właśnie chciałaś? – zapytał z pogardą.

– Tak, to mnie zadowala – odparłam.

– Czy teraz ze mną wyjedziesz? – zapytał.

– Nie.

Czułam się spokojna. Obyło się bez krzyków i płaczu. Żadnych dramatów. Wiedziałam, że dla Osmana stałam się kobietą, której sposobu myślenia nie mógł odgadnąć, ale ja potrafiłam doskonale go odczytać. W jego oczach dostrzegłam arogancję i lekceważenie. Ten mężczyzna ofiarował niemądrej dziewczynie księżyc, a ona wybrała życie w nędznym obozie wśród nieznajomych. Jeszcze chwilę temu myślał, że ma nade mną władzę, że jestem jego własnością. Mylił się jednak, pomyślałam sobie w duchu. Wiedziałam teraz, że przysługują mi w tym kraju określone prawa. Dałam do zrozumienia, byśmy poszli w ślad za innymi do przyczepy kempingowej Hasny i pierwsza wyszłam przez drzwi.

Kiedy się tam zjawiliśmy, Hasna powiedziała:

– Porozmawiam z nią.

Zaprowadziła mnie do swojej sypialni i zaczęła mnie pouczać.

– Czyżbyś postradała rozum? – zapytała. – Czy jesteś głupia, opóźniona w rozwoju? Ten mężczyzna jest przystojny i bogaty. Czegóż więcej mogłabyś chcieć? Na co czekasz?

– Wkrótce będę mogła wynająć sobie mieszkanie. Będę pracować.

– Dlaczego to sobie robisz? – zapytała mnie Hasna.

Uprzedzała, że zostanę przeklęta, dotknie mnie ubóstwo, choroba i trzydzieści innych rodzajów potępienia. Pozwoliłam jej mówić, a następnie oświadczyłam:

– Tego już dla mnie za wiele. Nie mogę tego znieść.

W końcu Osman Musa zgodził się wyjść. Widziałam, że nie wiedział, co ma robić. Tutaj, w Holandii, w ośrodku, który zatrudniał holenderskich strażników, nie mógł użyć przemocy fizycznej, żeby zmusić mnie do wyjazdu z nim. Czułam się zdenerwowana, ale jednocześnie niespodziewanie ufna we własne siły.

Byłam gotowa stanąć twarzą w twarz z moją rodziną. Odkryłam w sobie wewnętrzną siłę. Wypróbowałam swoją samodzielność i byłam pewna, że sobie poradzę. Stałam się odporna i zobaczyłam, na czym polegają rządy prawa. Byli tu też potencjalni drapieżnicy, ale istniały możliwości, by ich uniknąć. Mogłam poprosić o pomoc policję i Sylwię. Znała moją historię i nie potępiła mnie za to, co zrobiłam. Zamiast tego zaoferowała mi pomoc.

Kilka dni później Osman wrócił. Powiedział, że skonsultował się z ojcem i zgodzili się zwołać *tolka*, zebranie najstarszych, najbardziej znaczących mężczyzn wśród naszych bliskich krewnych. *Tolka* mieli się spotkać w ośrodku dla osób starających się o azyl 26 stycznia. Wyraziłam zgodę.

W ciągu kilku następnych dni wszystkie mieszkające w ośrodku kobiety z plemienia Darod przychodziły do mojej przyczepy i próbowały mnie przekonać do wyjazdu do Kanady. Stawiały sprawę jasno – popełniałam największy błąd mojego życia. Ojciec znalazł mi wspaniałą partię. Zrobiłyby wszystko, żeby mieć połowę mego szczęścia. Tutaj, w Europie, zdana na samą siebie, będę śmieciem. Opowiadały mi historie o duchach kończące się straszliwą śmiercią i ostrzegały przed dżinami, które będę przyciągać, jeżeli okażę nieposłuszeństwo. Przytaczały każdy przypadek z najnowszej historii Somalii, kiedy dziewczęta uciekały od swoich rodzin i zostawały prostytutkami, zapadały na choroby, stawały się bezpłodne, niezdolne do zawarcia małżeństwa. Dlatego przemyśl to sobie, masz dwadzieścia trzy lata i nie będziesz coraz młodsza.

Wszyscy ci ludzie, chociaż mnie nie znali, wywierali na mnie ogromną presję. Ja jednak tylko ich słuchałam. Wiedziałam, co zamierzam zrobić.

Po dwóch dniach Hasna wróciła do mojej przyczepy. Wywodziła się z rodu Ogaden, ale wyszła za mąż za mężczyznę Osman Mahamud; to czyniło ją moją najbliższą krewną w obozie, jak również moją sąsiadką. Powiedziała, żebym odpowiednio się ubrała: po kolacji miała pełnić rolę gospodyni rodowego spotkania w swojej przyczepie.

Wieczorem 26 stycznia, Osman Musa przyszedł z ośmioma starszymi mężczyznami z rodu Osman Mahamud i dwoma z rodu Madżerten. Na zewnątrz przyczepy kempingowej Hasny zebrał się w ciemności ogromny tłum mężczyzn. Chociaż znajdowaliśmy się na holenderskiej ziemi, miało to być prawdziwe, oficjalne spotkanie starszyzny naszego rodu. Przysporzyłam członkom rodu Osman Mahamud ogromnego wstydu, toteż nie mogli mi pozwolić decydować samej o swojej przyszłości.

Hasna i ja przywitałyśmy się z przedstawicielami starszyzny. Osman starannie przestrzegał procedury. Niektórzy z mężczyzn, których ze sobą przyprowadził, cieszyli się wielkim rozgłosem. Nie zdawałam sobie nawet sprawy, że przebywają w Europie. Byli starszyzną rodu, arystokracją Osman Mahamud. Mieliśmy wspólnego przodka w piątym pokoleniu. Spotkałam też wśród nich wielu krewnych, z którymi dzieliłam dziadka w ósmym pokoleniu. Jednym z mężczyzn był sam Bokor, bezpośredni potomek króla, pod którego sztandarami walczył mój dziadek Magan.

Podczas tej konfrontacji planowałam przestrzegać norm dobrego zachowania. Nie ubrałam się jednak w moją długą spódnicę. Włożyłam dżinsy z tuniką i nie przykryłam włosów chustą. Mój strój był poprawny – nie pokazywał ciała – ale przesłanie jasne: sprawy przybrały inny obrót.

Mężczyźni wchodzili gromadnie, nachylając się w progu. Tłoczyli się w maleńkim pomieszczeniu. Usiedli na ławie i kilku krzesłach, a na ich twarze rzucała cienie świeca zapalona przez Hasnę. Pierwszy zaczął przemawiać Abdellahi Musa Bokor, mężczyzna, który był następcą tronu wszystkich Osman Mahamud w Somalii. Mówił przez pół godziny. Najpierw wyjaśniał sposób postępowania, którego zebrani mieli przestrzegać, a następnie mówił o wartościach rodu. Wyrażał się z uznaniem o moim ojcu. Podkreślał, jak cenne jest małżeństwo, akcentując równocześnie znaczenie honoru i naszego nazwiska. Zaapelował do mnie: kraj się rozpada, a my, osoby wywodzące się z najszlachetniejszych rodów nie powinniśmy wyrządzać sobie wzajemnie krzywdy. Kiedy skończył, głos zabrał następny mówca. W sumie przemawiało kolejno ośmiu członków starszyzny Osman Mahamud, zgodnie z pozycją, jaką zajmowali w rodzie.

Zachowywałam milczenie, siedziałam wyprostowana i piłam małymi łyczkami herbatę, trzymając filiżankę w obu dłoniach. Złamałam najświętsze zasady rodu – naznaczyłam strasznym, nieodwracalnym piętnem mojego ojca – wiedziałam jednak, jak się zachowywać. Usiadłam, jak wymagała tego etykieta, zachowując odpowiednią pozycję stóp. Patrzyłam mężczyznom na usta, nie w oczy, co uchodziłoby za nieskromne. Jedynie od czasu do czasu zerkałam w górę, aby pokazać, że słucham i przytakuję. Zdawałam sobie sprawę, że faktycznie zostałam postawiona w stan oskarżenia. Stawką było moje prawo pokierowania własnym życiem.

Następnie Abdellahi Musa Bokor powiedział:

– Sądzę, że nadszedł czas, by powiedział coś sam Osman Musa.

Osman Musa długo rozwodził się o honorze i rodzinie, mówił o rodzie, a także o toczącej się wojnie. Przyznał, że mnie nie zna. Był nieco zbyt pewny siebie, uważając wszystko za rzecz oczywistą. Teraz jednak chciał mnie poznać: dowiedzieć się, jaką jestem osobą, abstrahując od tego, że byłam córką określonego mężczyzny.

Następnie Abdellahi Musa Bokor zwrócił się bezpośrednio do mnie. Wciąż jeszcze nie wypowiedziałam ani jednego słowa.

– Czy rozumiesz, że chociaż nie jest to właściwe miejsce, odbywa się tu oficjalne zebranie rodu? – zapytał.

Potakująco skinęłam głową.

– Teraz musisz pomyśleć o swojej odpowiedzi – powiedział. – Nie możemy ci pozwolić, żebyś powiedziała „tak" i ponownie zniknęła w kolejnym kraju. Jeżeli powiesz „tak", powinnaś rzeczywiście wziąć sobie do serca znaczenie tego słowa. Twoja odpowiedź będzie ostateczna.

Ponownie przytaknęłam.

– Teraz zrobimy przerwę, żebyś mogła wszystko przemyśleć – powiedział. – Jesteśmy przygotowani, by wrócić tu jutro, aby usłyszeć twoją odpowiedź. Możemy też zorganizować spotkanie w moim domu albo w innym znajdującym się w pobliżu.

Wiedziałam, że nadeszła chwila, kiedy muszę się w tej sprawie wypowiedzieć.

– Znam moją odpowiedź – oświadczyłam.

Spojrzałam mu w twarz i powiedziałam.

– Odpowiedź brzmi „nie".

Sama się zdziwiłam, że jestem tak spokojna i zdeterminowana. Jak nigdy dotąd byłam absolutnie pewna swojej decyzji.

– Nie chcę pozostawać w związku małżeńskim z Osmanem Musą, chociaż go szanuję. Ponadto, w żaden sposób nie znęcał się nade mną – oznajmiłam. – Rozumiem, jak wiele dla mnie robicie i jak bardzo jest to wyjątkowe. Sądzę jednak, że moja odpowiedź jest ostateczna.

Bokor milczał przez chwilę. Był wyraźnie zaskoczony.

– Czy możemy zadać ci kilka pytań? – zapytał, a ja wyraziłam zgodę.

– Czy Osman Musa był agresywny? – dociekał.

Zaprzeczyłam.

– We wszystkim, co robił, zachowywał się zawsze bardzo poprawnie.

– Czy jest skąpy?

– Nie, był bardzo hojny.

– Czy wiesz coś o Osmanie, czego my nie wiemy?

– Nie, zupełnie go nie znam.

– Czy w twoim życiu jest ktoś inny?

– Nie – odparłam.

Zadając mi każde pytanie, proponował mi w pewien sposób wyjaśnienie i usprawiedliwienie mego zachowania, co pozwoliłoby załagodzić piętno na moim honorze i na dobrym imieniu ojca. Postanowiłam jednak nie kłamać i nie twierdzić, że Osman Musa zranił mnie albo też oszukał. Nie byłoby to w porządku. Po prostu go nie chciałam.

W końcu Abdellahi Musa Bokor zapytał:

– Dlaczego więc to robisz?

Milczałam przez chwilę, po czym przyznałam bez ogródek.

– To potrzeba duszy. Dusza nie może być przymuszana.

Język, którym się posługiwałam, był górnolotny, wcale nie przypominał języka, którego można się było spodziewać po kobiecie, a szczególnie po dwudziestotrzyletniej dziewczynie. Abdellahi Musa Bokor utkwił we mnie spojrzenie, a następnie powiedział:

– Szanuję tę odpowiedź. Sądzę, że wszyscy tu zgromadzeni powinni ją uszanować.

Odwrócił się do Osmana i zapytał:

– Czy godzisz się z nią?

– Muszę – odparł Osman.

Następca tronu powiedział zebranym, że akceptację Osmana należy postrzegać jako honorową i śmiałą. Powinno to wzmocnić jego reputację osoby rozsądnej. Objął Osmana Musę i poklepał go po plecach. Wszyscy obecni na spotkaniu mężczyźni zrobili to samo.

Kiedy myślałam o krzywdzie, którą mu wyrządziłam, czułam się z tym źle. To nie była wina tego biednego mężczyzny.

– Pewnego dnia zwrócę ci pieniądze za bilet lotniczy i za wszystkie wydatki, które poniosłeś – powiedziałam. Miałam z tego powodu wyrzuty sumienia.

Osman Musa poczuł się głęboko urażony.

– Na dodatek wszystkiego, co już zrobiłaś, to naprawdę jest jak wcieranie soli w ranę.

Zgodnie z kodeksem honorowym nie było to wymagane, ale nie chciałam go znieważyć. Powiedziałam, że jestem wdzięczna.

Wówczas wszyscy mężczyźni podnieśli się z miejsc. Jeden po drugim przytrzymywali przez chwilę moje dłonie w swoich złączonych dłoniach, po czym wychodzili. Zachowywali się z szacunkiem. Nikt nie uciekał się do stosowania przemocy. Byliśmy Osman Mahamud, a nie Arabami, zaś mężczyznom wywodzącym się z naszego rodu bardzo rzadko zdarzało się uderzyć kobietę. Przyglądałam się z przyczepy kempingowej, jak znikali w ciemności nocy. Zdawałam sobie sprawę, że zrobiłam coś, czego nigdy nie będę mogła naprawić. Nie czułam żalu, ale miałam świadomość odcięcia się od wszystkiego, co było ważne dla mojej rodziny.

Na przestrzeni kilku miesięcy w mojej osobowości zaszły wielkie zmiany. W Nairobi nie byłam zdolna upomnieć się o swoje prawo, by odmówić temu mężczyźnie. Powiedziałam ojcu, że nie chcę go poślubić, ale czułam się niezdolna, żeby coś w tej sprawie zdziałać. Gdybym to zrobiła, członkowie rodu wyrzekliby się mnie, stroniliby ode mnie, a nawet byliby gotowi pozbawić mnie niewidzialnej ochrony rodu. Moja matka i siostra zostałyby, chociaż w mniejszym stopniu niż ja, ukarane. Byłabym postrzegana jako ofiara, podobnie jak Fawzijja i inne samotne somalijskie kobiety, zmuszona błagać o dach nad głową. Stałabym się potencjalną ofiarą każdego rodzaju drapieżnika. Po prostu nie mogłam sobie wyobrazić, że będę miała siłę tego dokonać.

Teraz jednak uzyskałam status uchodźcy. Miałam prawo pozostać w Holandii i wiedziałam, że przysługują mi też inne prawa. Nikt nie mógł mnie zmusić, żebym pojechała gdziekolwiek, dokąd nie chciałabym pojechać. Ta różowa kartka papieru dająca mi status uchodźcy wszystko zmieniła. Teraz wiedziałam, że w jakiś sposób zbiorę siły, aby nadal im się przeciwstawiać.

Niemniej jednak przygniatał mnie ciężar poczucia winy. Nie mogłam tej nocy zasnąć, myśląc o krzywdzie, którą wyrządziłam ojcu.

Następnego dnia, 27 stycznia, wcześnie rano usiadłam w moim pokoju i zaczęłam pisać najtrudniejszy list mojego życia. Zaczęłam od słów: „W imię Boga Miłosiernego, Litościwego" i kontynuowałam:

Najdroższy Ojcze.

Po szczególnie ciepłym powitaniu przejdę do rzeczy. Mam świadomość, że rozczarowałam cię, podejmując decyzję o rozejściu się z Osmanem Musą Isse. Żadne przeprosiny ani prośba o przebaczenie nie sprawią, że poczujesz się lepiej, ale będę cię błagać, byś zrozumiał, jak bardzo jest mi przykro. Nie spodziewam się oczywiście, że okażesz się wyrozumiały w stosunku do mnie, ale tak właśnie sprawy się mają.

Osman zadzwonił do ciebie i poszedł za twoją radą, by przedstawić sprawę krewnym po linii męskiej, tolka. *Spotkaliśmy się i doszliśmy do porozumienia. Wszystko odbyło się spokojnie i honorowo, zakładając, że możliwe jest honorowe zachowanie w zaistniałej sytuacji. Porozumieliśmy się także w kwestii przeprowadzenia ROZWODU.*

Ojcze, jest mi bardzo przykro, ale takie są fakty. Wrócę do Kenii, kiedy tylko zarobię wystarczająco dużo pieniędzy, żeby zapłacić za mój bilet. Zapewne nie będę długo czekać na wizę zezwalającą mi na powrót. Teraz idę do szkoły.

Ojcze, wiem, że czujesz się nieszczęśliwy z mego powodu, ale proszę, byś nie zwlekał z odpowiedzią i spróbuj, kiedy twój gniew już minie, zrozumieć mnie i wybaczyć. Być może proszę o zbyt wiele, ale ja także potrzebuję twego błogosławieństwa.

Pozdrowienia, twoja kochająca córka Ayaan

Tydzień później otrzymałam list od ojca ze stemplem pocztowym 26 stycznia. Tego dnia wieczorem spotkała się *tolka*. Przypuszczam, że Osman zadzwonił do niego. „Kochana Ayaan”, czytałam. „Nie mogłem uwierzyć w to, co Osman powiedział mi o tobie. Jeżeli to prawda, uczyniłaś mnie i naszą rodzinę nie tylko niewiarygodną. Przyniosłaś jej hańbę, ale także sprawiłaś mi ból i przysporzyłaś zmartwień. Od czasu, gdy Osman zadzwonił, nie mogłem się modlić ani spać. Posłuchaj, Ayaan, nie jestem już w stanie dłużej znosić tej sytuacji. Dlatego, albo z godnością podporządkujesz się swemu mężowi, albo zmusisz mnie do przyjazdu do Holandii. W rozmowie w cztery oczy wspólnie podejmiemy w tej sprawie decyzję”.

Czułam się wychłostana przez jego wściekłość. Uświadomiłam sobie, jak bardzo naraziłam na szwank jego reputację. Odczuwałam prawdziwy strach: gdyby przyjechał do Holandii, mógł mnie pobić, a może nawet zabić. Przyniosłam mu wstyd i z tego powodu, wiedziałam, że musiał mnie ukarać.

W dwa tygodnie po zebraniu rodu otrzymałam kolejny list od ojca. Został napisany na stronach listu, który wysłałam mu 27 stycznia. Pisał czerwonym atramentem, którego używa się, by przekazać wiadomość swoim wrogom. Zdanie na pierwszej stronie brzmiało następująco: „Ponieważ nigdy więcej nie otworzę twoich listów, nie próbuj do mnie pisać”. Na odwrotnej stronie, na moim podpisie, napisał:

Drogi, kłamliwy lisie.

Nie potrzebujesz mnie, a ja nie potrzebuję ciebie. Właśnie wezwałem Boga, aby okrył cię hańbą, tak jak ty mnie zhańbiłaś. Amen! Jest to ostatnia wiadomość, jaką ode mnie otrzymujesz, podobnie jak twój list był ostatnią wiadomością, którą od ciebie przyjąłem. Idź do piekła! I niech towarzyszy ci szatan.

I dopisał dużymi literami: „OBY BÓG UKARAŁ CIĘ ZA TWOJE OSZUSTWO. AMEN. TWÓJ GŁUPEK!”.

Moje obawy, że ojciec mnie zabije, stały się mniej dręczące. Dla niego już teraz byłam martwa. I chociaż pozostawałam fizycznie nietknięta, czułam, jakby ktoś kopnął mnie w brzuch. Byłam wyrzutkiem.

Kupiłam kartę telefoniczną i wykręciłam numer hinduskiej rodziny, która mieszkała w naszym sąsiedztwie na Park Road. Poprosiłam ich o przywołanie Haweyi. Bardzo jej potrzebowałam. Rozmawiałam z nią po raz pierwszy od mego wyjazdu. Haweya powiedziała, że czytała moje listy do Abeh i była ze mnie dumna. Wyraziła swoje współczucie i ostrzegła, żebym była ostrożna: Abeh mógł mnie jeszcze ścigać. Jego furia była przerażająca, nawet dla niej.

Zwróciłam się do Haweyi z prośbą, żeby w przyszłym tygodniu przyprowadziła do domu sąsiadów mamę. Z nią też chciałam porozmawiać. Prosiłam siostrę o usilne przekonywanie mamy, by mnie nie odrzucała.

Kiedy usłyszałam głos mamy, na linii nastąpiły takie zakłócenia, że brzmiał on tak, jakby znajdowała się na innej planecie.

– A więc zrobiłaś to, co podejrzewałam – stwierdziła. Po czym powiedziała głośniej. – Czy wiesz, jak jestem tutaj traktowana?

– Haweya mi mówiła – odparłam.

– Popełniłaś straszny błąd – oświadczyła matka – ale zawsze będziesz moim dzieckiem. Twój ojciec jest bardzo zły. Czy nie obawiasz się, że rzuci na ciebie klątwę? Jego klątwy są bardziej skuteczne niż matki.

– Zobaczymy – powiedziałam.

Zanim odłożyła słuchawkę, życzyła mi szczęścia. Była bardzo życzliwa. Obiecała, że znów możemy porozmawiać. Po czym rozmowa została rozłączona.

Czułam, jakbym przeżywała ostatni epizod mego życia. Porzuciłam mego ojca, a teraz rozczarowałam też matkę. Myślałam o śmierci i o tym, że obudzę się w przyszłym życiu, gdzie nie można ukryć się przed karą Boga. Moim grzechom nie było końca. Przyniosłam wstyd rodzicom, odrzuciłam prawowitego małżonka, zaniedbałam codzienne modlitwy, nosiłam męskie stroje i obcięłam włosy. Księga złych uczynków napisana przez anioła na moim lewym ramieniu z pewnością przeważyłaby cienki tomik moich dobrych uczynków. Ojciec rzucił na mnie klątwę. Byłam potępiona.

ROZDZIAŁ 12

Haweya

Przez wiele miesięcy od czasu otrzymania listu od ojca czułam się bardzo przygnębiona. Nie pozostawało mi nic innego, jak samotnie podążać do przodu w obranym przeze mnie kierunku. Pogoda powoli się poprawiała, podobnie jak moja znajomość języka holenderskiego. Personel w ośrodku dla starających się o azyl zaczął mnie zachęcać do tłumaczenia z języka somalijskiego bezpośrednio na holenderski, zamiast na angielski. Cierpliwie poprawiali moje błędy. Przypominało to jazdę ulicą na rowerze. Chwiejąc się we wszystkie strony, stopniowo stawałam się w tym coraz lepsza.

Szczególnie Sylwia dodawała mi otuchy. Powiedziała, że mam przed sobą przyszłość. Mogłam zwrócić się z prośbą do holenderskiego rządu, by zaakceptował moją kenijską małą maturę, co równałoby się ukończeniu szkoły średniej. Następnie mogłam podjąć studia, być może byłabym nawet uprawniona do studiowania na uniwersytecie, jeżeli naprawdę tego chciałam.

Pewnego dnia młoda Somalijka poprosiła mnie, żebym poszła z nią do szpitala. Musiała poddać się badaniu ginekologicznemu. Lekarz poprosił mnie o wyjaśnienie dziewczynie, że musi zdjąć z siebie ubranie, a on obejrzy jej macicę za pomocą długiego, srebrnego narzędzia.

– Zastosuję się do jego prośby, ale nie sądzę, żeby mógł zobaczyć moją macicę – oświadczyła.

Zrozumiałam: była zaszyta; pozostała jedynie blizna.

Próbowałam powiedzieć o tym lekarzowi, ale natychmiast zaripostował:

– Niech zrobi, tak jak mówię.

Kiedy jednak dziewczyna położyła się na stole, a on spojrzał na jej srom, jęknął głęboko wstrząśnięty i zaklął. Następnie ze złością zerwał rękawiczki, ponieważ żadne stalowe narzędzie nie mogło przedostać się do środka. Dziewczyna nie miała żadnych genitaliów. Pomiędzy nogami widniała jedynie całkowicie gładka tkanka skóry przecięta blizną.

Została poddana w dzieciństwie zabiegowi infibulacji, czyli „obrzezania faraonicznego". Po obcięciu łechtaczki i mniejszych warg sromowych, większe wargi sromowe zostają zaszyte w ten sposób, aby pozostał jedynie otwór wielkości ziarna prosa. Pomiędzy nogami tworzy się twarde, ciemne pasmo skóry. Nigdy czegoś takiego nie widziałam – zabieg infibulacji stosuje się przeważnie u dziewcząt z plemienia Issak zamieszkującego północą część kraju – ale wiedziałam, na czym to polega. Jednak lekarz sądził, że dziewczyna została podpalona. Cały zespół medyczny był tym faktem poruszony. Zaświtało mi w głowie, że tutaj, w Europie, nie słyszano o usuwaniu narządów płciowych kobiet.

W maju 1993 roku otrzymałam oficjalny list. Zawiadomiono mnie o przyznaniu mieszkania. Władze samorządowe miasta Ede zaproponowały mi jednopokojowe mieszkanie. Miałam dostać zasiłek dla bezrobotnych, dzięki któremu będę mogła opłacać czynsz.

Z przyjemnością myślałam o perspektywie opuszczenia ośrodka dla uchodźców. Pomiędzy osobami starającymi się o azyl ciągle wybuchały kłótnie dotyczące najczęściej polityki lub kobiet. Krążyły też nieustanne plotki. Kiedy przekazałam nowinę Jasmin, wybuchła płaczem i zapytała:

– A więc zamierzasz mnie tu zostawić?

Prośba Jasmin o azyl została odrzucona. Uzyskała jednak pozwolenie na pozostanie w Holandii, ponieważ oświadczyła, że jest nieletnia. Musiała mieszkać w ośrodku dla osób starających się o azyl i uczęszczać do specjalnej szkoły dla cudzoziemców, której nie znosiła. Zapytałam w biurze zajmującym się przydzielaniem mieszkań, czy Jasmin może ze mną mieszkać. Okazało się, że nie: było to bowiem mieszkanie jednopokojowe. Gdybym chciała otrzymać mieszkanie, w którym znajdowałyby się dwie sypialnie, musiałabym poczekać.

Myślałam o tym. Byłam taka samolubna. Jeżeli nie stanęłabym teraz po stronie Jasmin, ryzykowałam, że mogę się okazać naprawdę złą osobą. Zrezygnowałam z otrzymanego przydziału i złożyłam podanie o mieszkanie z dwoma sypialniami, które mogłabym dzielić z Jasmin.

Zaczęłam zaprzyjaźniać się z ludźmi, którzy pracowali w ośrodku dla osób starających się o azyl. Hanneke, terapeutka o kilka lat starsza ode mnie, przedstawiła mnie swojej koleżance Ellen, która była moją rówieśniczką i zdobywała kwalifikacje w zakresie pracy socjalnej w miejscowej zawodowej wyższej uczelni. Wypożyczałyśmy kasety wideo, chodziłyśmy na spacery i organizowałyśmy pikniki – typowe dziewczęce rozrywki, które uwielbiałam. Obie Holenderki zapoznały mnie ze swoimi przyjaciółmi, a także z ich rodzinami.

Zarówno Hanneke, jak i Ellen były chrześcijankami i wydawały się poważnie traktować swoją religię. Nie przeszkadzało im to jednak chodzić do pubów. Kiedy Hanneke przekonała mnie po raz pierwszy, aby się do nich przyłączyć, pomyślałam, że Bóg może zesłać na mnie grom z jasnego nieba. Modliłam się po raz ostatni dawno temu, ale pójście do baru – to był prawdziwy grzech – *haram. W* rzeczywistości pub okazał się po prostu miejscem, w którym ludzie stali całymi godzinami w tłumie innych osób, pijąc alkohol i paląc duże ilości papierosów. Rozmawiali ze sobą, usiłując przekrzyczeć głośną muzykę. Nigdy nie zrozumiałam, na czym polega urok owego miejsca. Ten zwyczaj był dla mnie zadziwiający.

Nadal tam chodziłam, ponieważ inni to lubili. Nie piłam, a jednak, kiedy wracałam do domu, czułam się z tym źle. Jak mogłam odwiedzać miejsca, które niegdyś wydawały się tak nieodpowiednie? Mówiłam wówczas sama do siebie: „Nie zrobiłam nic złego. Nikogo nie uwiodłam ani nikogo nie prowokowałam, po prostu piłam coca-colę i nosiłam dżinsy. Nie było w tym nic złego". Jeżeli nie robiłam nic złego, to z pewnością Bóg mnie nie ukarze.

Nie mogłam zrozumieć, dlaczego ludzie chodzą do głośnego miejsca, żeby porozmawiać. Ede było przyjemnym, konserwatywnym, protestanckim małym miasteczkiem, bardzo spokojnym i przewidywalnym. W pubach nigdy nie zachowywano się niewłaściwie. Ludzie kupowali drinki, a przyjaciele, którzy przyszli tu razem, stali w małym kręgu i przekrzykiwali się, konkurując z donośną muzyką. Kiedy decydowali, do którego pubu pójdą, zawsze wybierali ten najbardziej zatłoczony. Trudno było dopatrzyć się w tym logiki. Miałam trudności w rozgryzieniu Holendrów. Wyobrażałam sobie, że wracam do domu i mówię Haweyi:

– Od wschodu do zachodu słońca wydają się normalni, ale mają dziwne zwyczaje wieczorami.

Hanneke uważała, że powinnam zobaczyć więcej interesujących miejsc w Holandii. Pewnego wiosennego weekendu postanowiła zabrać mnie na jeden dzień do Amsterdamu. Przechadzałyśmy się wśród eleganckich domów, wokół Herengracht, the Gentlemen's Canal, zachwycając się jego maleńkimi, lekko unoszącymi się nad wodą mostami. Odnosiłam wrażenie, że każde holenderskie miasto ma pełne uroku centrum, zabudowane zabytkowymi domami. Wykazano wiele dbałości, by je zachować. W nocy można było spokojnie chodzić po ulicach. Wszystko w tym kraju wydawało się funkcjonować bez zarzutu, podczas gdy zaledwie kilka godzin lotu stąd panowała bieda i konflikty.

Hanneke pokazała mi również Dzielnicę Czerwonych Latarni w pobliżu głównego dworca, żebym po prostu poznała tę osobliwość Amsterdamu. Kiedy zobaczyłam kobiety stojące za szybą, miałam wrażenie, jakby ktoś uderzył mnie w brzuch. Były nagie lub splecione ze sobą, w nieprzyzwoitych i prowokujących strojach. Przypomniały mi się widoki pokawałkowanych na części zwierząt zwisających z haków na straganie rzeźnika na rynku w Kariokor. To był wyzysk: wzdrygnęłam się pod wpływem niemiłego uczucia. Hanneke nie mogła mnie przekonać, że oferujące swe ciało kobiety robią to dobrowolnie i traktują swoje usługi jako uczciwą codzienną pracę.

Jednak ta nieprzyjemna strona holenderskiego społeczeństwa nie mogła mieć związku z Holandią, którą znałam. Przeciętni Holendrzy nie byli niemoralni. Prawdopodobnie miałam z nimi więcej kontaktów niż większość cudzoziemców i żywiłam przekonanie, że nie byli rozwiązłymi potworami, jak postrzegało ich wielu Somalijczyków starających się o azyl.

Często rozmawiałam z Ellen o jej chrześcijańskiej wierze. Relacje Ellen z Bogiem wydawały się polegać na dialogu i miłości, co stanowiło uderzający kontrast z lękiem i uległością, które mi wpojono. Ellen została wychowana jako fundamentalistyczna protestantka. Jej rodzice wywodzili się z surowego odłamu Holenderskiego Kościoła Reformowanego. Każdej niedzieli chodzili dwukrotnie do kościoła i kazali jej nosić długie spódnice. Ellen poszukiwała własnej drogi porozumienia z Bogiem i to zaprzątało jej umysł. Niemniej jednak wiara, którą wyznawała Ellen wydawała się znacznie mniej restrykcyjna od islamu, który znałam. Prawdę mówiąc, sądziłam, że jej wiara jest zbyt przyjemna w codziennej praktyce, by mogła być prawdziwa.

Ellen powiedziała, że modli się do Boga jedynie wówczas, kiedy ma na to ochotę. Według niej chrześcijański Bóg jest życzliwą ojcowską postacią, chociaż, o dziwo, wydawał się nie pomagać jej w sposób bezpośredni. Sądził widocznie, że najpierw Ellen powinna przejawić inicjatywę i spróbować pomóc sobie samej.

– W twojej religii – oświadczyła – tak wiele mówi się o piekle, a ty się modlisz, ponieważ musisz. Przypomina to relację między panem a niewolnikiem.

Ellen miała chłopaka. Zakochała się w starającym się o azyl Irańczyku, Badalu Zadehu. Chciała jednak do momentu zawarcia związku małżeńskiego pozostać dziewicą. Ona i jej przyjaciel zwykli otwarcie całować się, nawet w obecności innych ludzi. Ellen mówiła wówczas:

– Ależ to normalne!

I to była prawda: młode pary bardzo często całowały się na ulicach. Zauważyłam takie sceny zaraz po wyjściu z samolotu. Wszyscy Somalijczycy mówili, że ci obrzydliwi *gaalo* zawsze to robią. A jednak Ellen wciąż chciała zachować dziewictwo?

Pewnego dnia nasza czwórka siedziała i oglądała telewizję w apartamencie, który Hanneke i Ellen dzieliły w Ede. Program nosił tytuł: *Wszystko, czego potrzebujesz, to miłość*. Holenderscy mężczyźni i kobiety deklarowali swoją miłość do kogoś, przed całym narodem, a prowadzący odgrywał rolę Kupidyna. Po reklamie widzowie mogli zobaczyć, czy miłość ta była wzajemna, czy też nie. Mnie i Jasmin podobne sceny wydawały się zupełnie barbarzyńskie.

Ellen i ja zaczęłyśmy rozmawiać o miłości, zalotach i dziewictwie. Dla mnie, jako Somalijki, bycie dziewicą oznaczało usunięcie zewnętrznych żeńskich organów płciowych. Dziewczyna musiała być zaszyta. Zdążyłam się już zorientować, że Holendrzy tego nie robią, toteż zapytałam:

– W jaki sposób twój mąż dowie się, czy jesteś dziewicą? Istnieje w tym zakresie jakiś sprawdzian?

– Oczywiście, że nie – odpowiedziała Ellen. – On będzie wiedział, że jestem dziewicą, ponieważ mówię, że nią jestem.

Moje pytanie wydało jej się dziwne.

– A wy macie na to jakiś test? – zapytała.

– Zostajemy przecięte i ciasno zaszyte, a kiedy mężczyzna dokonuje penetracji, pojawia się krew. Nie można udawać.

Ellen i Hanneke były zdegustowane i przerażone.

– Czy ty również zostałaś poddana takiemu zabiegowi? – indagowały.

Razem z Jasmin udzieliłyśmy twierdzącej odpowiedzi. Jasmin, która była snobką, dodała:

– Jeżeli nie zostałaś przecięta, nie jesteś też czysta, nieprawdaż?

Bardzo niewinnie, z dużymi, szeroko otwartymi oczami, Ellen zapytała:

– Czysta od czego?

Czysta od czego? Łagodnie wypowiedziane pytanie trafiło celnie w moją wyobraźnię. Rozmyślałam o tej kwestii przez długi czas i zdałam sobie sprawę, że nie znajduję odpowiedzi. To nie ze względu na islam byłyśmy pocięte; zresztą nie wszystkie muzułmańskie kobiety poddaje się zabiegowi usunięcia zewnętrznych żeńskich organów płciowych. Jednak w Somalii i w innych krajach muzułmańskich zachęcała do tego muzułmańska kultura dziewictwa.

Nie słyszałam o żadnej *fatwie**, która potępiałaby okaleczanie kobiecych narządów rodnych. Wprost przeciwnie, stłumienie seksualności kobiet było istotną kwestią podejmowaną przez imamów. Bokol Sawm i inni *mu'allimowie* głosili nieustannie, że kobiety powinny uświadamiać sobie swoją seksualną moc; muszą zakrywać się i pozostawać w pomieszczeniach domowych. Zagadnienie to rozpatrywali w najdrobniejszych szczegółach, nigdy jednak nie wspominając, że praktyka obrzezania dziewcząt i zaszywania ich jest wysoce niewłaściwa.

Przed czym miałyśmy chronić naszą czystość? Tego, co znajdowało się między moimi nogami, nie powinnam była oddawać do czasu ślubnego kontraktu. Dla przestrogi zostałam boleśnie oznakowana.

Nie znalazłam odpowiedzi dla Ellen. Przez chwilę wpatrywałam się w nią, po czym oświadczyłam:

– To nasza tradycja.

A ponieważ Ellen była osobą naprawdę wierzącą, zapytała:

– Ale wierzycie, że zostaliście stworzeni przez Boga, nieprawdaż?

Potwierdziłam jej słowa, mówiąc, że to oczywiste.

– A zatem – stwierdziła Ellen – Bóg stworzył nas takimi, jakimi chciał nas widzieć. Dlaczego więc nie powinniśmy tacy pozostać? Dlaczego – zgodnie z waszą kulturą – powinniśmy naprawiać dzieło Boga? Czy nie jest to bluźnierstwo?

Patrzyłam na nią ze zdziwieniem. Słowa Ellen rzeczywiście wydawały się mieć sens.

Ellen powiedziała, że Holenderki nigdy nie były poddawane obrzezaniu, podobnie jak Holendrzy. Słysząc te słowa, Jasmin ze wstrętem wykrzywiła twarz. Kiedy tylko się rozstałyśmy, Jasmin zaczęła pocierać skórę. Po powrocie do domu myła się całymi godzinami.

– Siedziałam w ich domu i jadłam z ich talerzy, a one nie są

---

* Fatwa (arab. *fatwa*), opinia prawna wydawana w sprawach prawa muzułmańskiego przez uczonego noszącego tytuł muftiego. Wydawana jest wyłącznie na piśmie. Fatwę opracowuje się na podstawie wiedzy prawniczej, zgodnie z zasadami danej szkoły prawa muzułmańskiego.

czyste! – powiedziała Jasmin. – Ona jest brudna. Cały kraj jest obrzydliwy.

Myślałam o tym. Zarówno Ellen, jak i Holandia nie były brudne. Tak naprawdę, znacznie przewyższała czystością Somalię albo jakikolwiek inny kraj, w którym mieszkałam. Nie mogłam zrozumieć, dlaczego Jasmin oceniała Holandię tak niesprawiedliwie, przecież Holendrzy traktowali nas z życzliwością i gościnnością. Holenderski system wartości był bardziej spójny i uczciwy, a jednocześnie dawał ludziom więcej szczęścia niż ten, w którym zostałam wychowana, pomimo że był sprzeczny z islamem.

– Jasmin, będzie lepiej, gdy się do tego przyzwyczaisz – powiedziałam – twój nauczyciel w szkole nie jest obrzezany, podobnie jak osoba, która przygotowuje dla ciebie lunch. Jeżeli chcesz przestrzegać zasad islamu, musisz się zamknąć i zerwać wszelkie kontakty z białymi ludźmi.

– Na tym polega różnica – stwierdziła Jasmin. – Koran poucza nas, abyśmy nie zaprzyjaźniali się z niewiernymi.

W lipcu 1993 roku przydzielono mi w końcu dwupokojowe mieszkanie w Ede. Kosztowało miesięcznie 600 guldenów, ale miałam otrzymać 5000 guldenów pożyczki na meble, którą należało spłacić. Miesięczny zasiłek dla bezrobotnych wynosił 1200 guldenów. Jasmin – jak uważali Holendrzy – miała zaledwie piętnaście lat, toteż powierzono mi nad nią opiekę.

Mieszkanie znajdowało się na ulicy Jamesa Wattstraata. Była to dzielnica o niskiej zabudowie, być może niezbyt bogata, ale zadbana. Okolica przypadła mi do gustu. Jednak w mieszkaniu sąsiadującym z naszym, pewna Turczynka była bita niemal każdego wieczoru. Słyszałyśmy, jak uderza w ścianę sąsiadującą z naszym salonem i błaga o litość. Ellen i Hanneke powiedziały nam, że powinnyśmy wezwać policję. Tak też uczyniłyśmy, ale policja zadzwoniła do nas, informując uprzejmie, że nic nie mogą zrobić. Złożyli w tym mieszkaniu wizytę i kobieta, o której mowa, nie wniosła skargi. Następnej nocy znów słyszałyśmy jej krzyki.

Mąż zazwyczaj głośno nastawiał telewizor, żeby do ludzi nie docierały odgłosy przemocy domowej. Bardzo rzadko widywałam tę kobietę na ulicy; niemal nigdy nie wychodziła z domu. Sądzę, że się wstydziła; wiedziała o niej cała okolica. Kuliła się i pędziła przed siebie.

Pewnego dnia urzędnik z ośrodka dla osób starających się o azyl przyszedł zobaczyć, jakie zrobiłyśmy postępy.

– Ayaan, jak to jest możliwe – powiedział do mnie – że twój holenderski jest gorszy od czasu, gdy nas opuściłaś?

Odkąd przeprowadziłam się do miasta, niemal przestałam mówić po holendersku. Z Jasmin rozmawiałam po somalijsku, a z Ellen i Hanneke po angielsku. Rozumiałam prosty holenderski, ale wymowa nie wychodziła mi dobrze. Czułam się tym zakłopotana.

Urzędnik zaproponował, że wywiesi ogłoszenie w swoim kościele, żeby znaleźć kogoś, kto raz w tygodniu, przez godzinę udzielałby nam konwersacji w języku holenderskim. W ten oto sposób, około roku po przyjeździe do Holandii, spotkałam Johannę.

Johanna stała się dla mnie matką, podczas gdy ja stopniowo adaptowałam się do życia w tym dziwnym, ale przyjemnym kraju. Jasmin i ja chodziłyśmy do domu Johanny raz w tygodniu, następnie dwa razy w tygodniu, a później, ilekroć miałyśmy na to ochotę. Po prostu tam wpadałyśmy, tak jakbyśmy były w Somalii. Gotowałyśmy w kuchni Johanny i bawiłyśmy się z jej dziećmi. Johanna nauczyła nas znacznie więcej niż tylko języka. Przede wszystkim nauczyła nas, jak żyć na Zachodzie.

Były to drobne sprawy. Jak być oszczędnym: szukać tańszych artykułów na niższych półkach w supermarkecie, przykręcać ogrzewanie czy cieplej się ubierać w domu. Jak zachowywać się w różnych sytuacjach: w Holandii odpakowuje się prezent w obecności osoby, która go ofiarowała i nawet jeżeli jesteś kobietą, musisz patrzeć ludziom prosto w oczy.

Johanna uczyła nas też innych ważnych rzeczy. Radziła, żebyśmy nie kluczyły, rozmawiając z ludźmi, ale dążyły do sedna sprawy. Jeżeli nie miałaś pieniędzy, przyznawałaś to, a następnie zastanawiałaś się, dlaczego wydałaś ich za dużo. Nie było honoru, wstydu, ani skomplikowanego wstępu: otwarcie przyznawałaś się do problemu i uczyłaś się na własnych błędach. Uczyła nas samodzielności i uczciwego zajmowania się problemami. Przez całe życie przyglądałam się, jak moja matka miota się, udając, że nie ma kłopotów. Miała nadzieję, że z pomocą Boga same znikną. Johanna stawiała im jednak czoło. Mówiła, czego chce, dawała to jasno i bezpośrednio do zrozumienia, zamiast unikać trudnych kwestii. Przekonywała nas: „Nie ma cienia niegrzeczności w tym, że mówisz nie".

Dom Johanny był nowoczesnym, szarym, ceglanym budynkiem z bardzo starannie utrzymanym ogrodem. Organizacja wewnątrz i wokół domu była doskonała. W ogrodzie znajdowało się specjalne urządzenie, które rozkładano w poziomy wachlarz, kiedy wieszało się pranie i składało po zebraniu wysuszonych rzeczy. Nawet przyrząd do krojenia sera wydawał się pomysłowy.

Mąż Johanny, Maarten, nie był szefem całej rodziny. Oboje omawiali różne sprawy, radzili się siebie nawzajem. Dzieci mogły im przerywać, a Maarten i Johanna wysłuchiwali ich opinii. Maarten pomagał też w pracach domowych.

Dzieci każdego wieczoru kładły się do łóżek dokładnie o ósmej i ani minutę później. Życie całej rodziny było dobrze uregulowane i przemyślane. Johanna czytała wiele książek o rozwoju dzieci i chociaż niekiedy je karała, gdy niewłaściwie się zachowywały, nigdy żadnego dziecka nie uderzyła. Jej rodzinny dom przypominał wiele innych w tym kraju: był bardzo starannie utrzymany, wszystko przebiegało gładko, zgodnie z przyjętym planem. W takim miejscu nic nie pozostawało niezauważone, a niekiedy można to było odebrać jako ograniczanie swobód. Jednak panująca między członkami rodziny atmosfera wyjątkowej serdeczności stwarzała poczucie bezpieczeństwa. Model tej rodziny był znacznie bardziej atrakcyjny niż jakikolwiek inny widziany przeze mnie w kraju, z którego pochodziłam. A co najważniejsze, rodzina ta okazała mi wiele ciepła. Przyjęli mnie pod swój dach. Johanna była rozsądna i równocześnie sceptyczna, z ironicznym poczuciem humoru i ogromnymi pokładami otwartości i miłości. Zaczęłam traktować ją jak powierniczkę, a także przewodniczkę.

Zwierzyłam się Johannie, jak samolubnie postąpiłam z rodzicami, wyrządzając im krzywdę. Johanna uważała jednak, że stawianie siebie na pierwszym miejscu nie było niczym złym. Każdy powinien robić w swoim życiu to, czego pragnie – oświadczyła – nie ma w tym żadnego egoizmu, każdy ma prawo dążyć do szczęścia. Stwierdziła, że postąpiłam właściwie i sprawiła, że poczułam się wartościową osobą.

Zgodnie z nauką islamu, powinnam stawiać siebie na ostatnim miejscu. Egzystencja na ziemi jest tylko sprawdzianem i jeżeli uda ci się postawić siebie na ostatnim miejscu w tym życiu, służysz w ten sposób Bogu; twoje miejsce będzie pierwsze w przyszłym życiu. Im bardziej się podporządkowujesz, tym bardziej czyni cię to prawym człowiekiem. Jednak Johanna, Ellen i wszyscy ludzie w Holandii uważali, że poszukiwanie osobistego szczęścia na ziemi, tu i teraz, jest sprawą naturalną.

Kiedy przeprowadziłyśmy się z Jasmin do naszego mieszkania w Ede, postanowiłam, że pójdę do pracy. Pozostawanie na państwowym garnuszku zawstydzało mnie. Sylwia i inni pracownicy ośrodka poświęcili mi tyle czasu, odpowiadając nieustannie na moje pytania. Rozumiałam teraz, czym jest państwo opiekuńcze: ci, którzy są zaradni, wspierają finansowo potrzebujących. Ja byłam zaradna: miałam ręce i nogi. Nie chciałam wciąż tylko brać.

Udałam się najpierw do państwowego urzędu zatrudnienia. Urzędniczka zarejestrowała mnie, ale powiedziała, że podejmowanie przeze mnie pracy nie ma większego sensu. Chciałam kontynuować naukę holenderskiego i cokolwiek zdołałabym zarobić, wykonując tymczasowe prace, zostałoby odjęte od mojego zasiłku z opieki społecznej. Mogłabym zatrzymać jedynie nadwyżkę, gdyby takowa była.

Postanowiłam jednak, że powinnam spróbować. Tego popołudnia zarejestrowałam się we wszystkich agencjach pośrednictwa pracy tymczasowej w mieście. Powiedziałam, że skończyłam szkołę dla sekretarek i chciałabym dostać pracę. Mój holenderski był absolutnie niewystarczający, ale pracownicy agencji umieścili moje nazwisko w bazie danych. Dwa dni później zadzwoniła pracownica jednej z agencji: fabryka Riedel produkująca sok pomarańczowy w Ede potrzebowała tymczasowej sprzątaczki.

Miałam sprzątać fabrykę od szóstej do ósmej każdego rana, przed rozpoczęciem porannej zmiany, zanim robotnicy przyjdą do pracy. Powierzchnie wytwórni soku, stołówkę, toalety. Nie było to przyjemne, ale nie sprawiało też trudności. Wykonywałam również inną pracę. Pakowałam ogromne motki nici w płaskie pudła u producenta barwników, Akzo Nobla. Pudła następnie były oklejane przez kolejnego robotnika pracującego przy ruchomej taśmie. Na podobnym stanowisku, w fabryce herbatników, Delacre, pakowałam kruche ciasteczka w plastikowe pojemniki. Wykonywałam te dwie prace kilka razy, zastępując ludzi, którzy byli chorzy lub przebywali przez kilka tygodni na urlopach. Zdarzały się też takie okresy, gdy pracowałam w domowej korporacji, wkładając listy do kopert.

Nie były to zajęcia szlachetne, ale też nie uchodziły za niegodne. Może były prozaiczne, ale otrzymywałam za nie pieniądze. Istniały również pewne plusy: gdy pracowałam na poranną zmianę, mogłam chodzić późnymi popołudniami na lekcje holenderskiego. Traktowałam je jako kolejne szczeble w karierze: jeżeli pracowałam wystarczająco dużo, mogłam zarobić więcej niż wynosił mój zasiłek z opieki społecznej, a nadwyżka pomagała mi opłacić czynsz i kursy językowe.

Praca w fabrykach dała mi możliwość poznania innej klasy społecznej. Do tej pory spotykałam jedynie pracowników opieki społecznej i osoby pochodzące z klasy średniej, które pracowały jako wolontariusze w obozach dla uchodźców. Ludzie z klasy robotniczej inaczej mówili, a ich stosunek do imigrantów nie zawsze był pozytywny. W fabryce herbatników niemal cała załoga składała się z kobiet. Istniał wyraźny podział na grupy etniczne: z jednej strony Holenderki, a z drugiej Marokanki i Turczynki. Trzymały się oddzielnie w stołówce i w fabryce. Jeżeli Marokanka pracowała w parze z rodowitą Holenderką, praca była wykonywana niestarannie. Wciąż wybuchały konflikty. Na taśmie produkcyjnej gromadziły się ułożone w stos paczki i spadały na podłogę. Tymczasem, gdy Marokanki pracowały razem, dokładały wszelkich starań, by jakość ich pracy oceniono wysoko. Istniała wzajemna ksenofobia: Holenderki uważały, że Marokanki są leniwe i nieprzyjemne, a Marokanki twierdziły, że Holenderki śmierdzą i ubierają się jak dziwki. Każda z grup uważała się za lepszą od drugiej.

W fabryce barwników pracowali niemal sami Holendrzy. Niektórzy robotnicy byli tam zatrudnieni od dziesięciu, a nawet dwudziestu lat.

Mówili mi, że lubią swoją pracę. Wiedzieli, że powinni pracować ciężko, sprawnie i efektywnie. Znajdowali przyjemność w dobrze wykonywanej pracy.

Stopniowo zmieniałam się i przystosowywałam do nowego kraju. Uczyłam się, jak planować swój czas, pracować, a także uczyć się w szkole.

Sześć miesięcy później, kiedy po raz pierwszy zarejestrowałam się w państwowej agencji pracy, jeden z pracowników zadzwonił do mnie, żebym przyszła zrobić test na IQ – iloraz inteligencji. Test był bardzo długi i jestem pewna, że niezwykle kosztowny. Dużą jego część stanowiła matematyka, z której zawsze byłam beznadziejna. Na resztę składały się testy psychologiczne i umiejętności językowe – sprawdzano oczywiście znajomość języka holenderskiego. Moje rezultaty były mizerne.

Kobieta pełniąca funkcję doradcy do spraw pracy powiedziała mi, że spełniam niezbędne warunki, by uczęszczać na kurs zawodowy na średnim poziomie. Mógł to być kurs w dziedzinie administracji, na przykład księgowości lub szkolenie przygotowujące mnie do objęcia posady recepcjonistki. Kurs powinien zawierać mało teorii i szybko przygotować mnie do pracy. Oznajmiłam, że chcę studiować nauki polityczne, ona jednak odparła, że to niemożliwe: wydział nauk politycznych znajdował się na uniwersytecie, nie mogłam mieć więc nadziei, że kiedykolwiek się na niego dostanę.

Wysłano mnie za to na kurs księgowości w Wageningen, wiosce w pobliżu Ede. Był to bardzo drogi kurs, ale sądzono, że to jedyne dla mnie rozwiązanie. Uważano, że uniwersalny język liczb będzie dla cudzoziemki łatwiejszy do opanowania.

Przyswajanie tej dziedziny wiedzy przychodziło mi jednak z wielkim trudem. Po czterech tygodniach debet nigdy nie zgadzał się z kredytem. Nauczycielka westchnęła i powiedziała:

– To naprawdę nie jest dla ciebie.

– Mówiłam im o tym – oświadczyłam.

Nauczycielka napisała list, w którym poświadczała, że nie nadaję się do księgowości. Przestałam chodzić na zajęcia.

Wciąż pragnęłam czegoś więcej od życia. Postanowiłam studiować nauki polityczne. Jeżeli wymagało to pójścia na uniwersytet, zamierzałam tego dokonać. Ellen i Hanneke uważały, że jestem szalona. Ambicję uzyskania dyplomu oczywiście pochwalały, ale czy koniecznie w dziedzinie nauk politycznych? Próbowałam tłumaczyć, że chcę zrozumieć, dlaczego życie w Holandii tak bardzo różni się od codziennej egzystencji w Afryce. Dlaczego w Europie panuje pokój, a mieszkańcy tego kontynentu mają zapewnione poczucie bezpieczeństwa i bogactwo. Jakie są przyczyny wojny i w jaki sposób buduje się pokój.

Nie znałam odpowiedzi, nasuwały mi się jedynie pytania. Myślałam o tym przez cały czas. Ilekroć zdarzyło mi się kontaktować z osobami sprawującymi władzę, myślałam: „W jaki sposób dochodzi się do tego, że ma się taki rząd?". Przyglądałam się, jak Hanneke i Ellen sporządzały grafik z innymi dziewczętami, z którymi dzieliły mieszkanie – listę, kto będzie sprzątał, kto zrobi zakupy w sklepie spożywczym, a kto będzie gotował. Przypominało to rozkład jazdy autobusów: wszystkie dziewczyny wykonywały swoje obowiązki. O dziwo, nie wywoływało to żadnych konfliktów. W jaki sposób można stać się taką osobą?

Wszystko w Holandii działało zgodnie z określonymi zasadami. Pewnego dnia zatrzymał mnie policjant za jazdę bez świateł, a ja zamarłam, zakładając, że stanie się coś strasznego. Tymczasem policjant udzielił mi stanowczego, ale uprzejmego pouczenia i wypisał mandat w wysokości 25 guldenów. Powiedział, że nie muszę płacić mandatu od razu; wezwanie do zapłaty miało przyjść pocztą. Faktycznie, miesiąc później otrzymałam szczegółowy rachunek. Myślałam o tym systemie, jak zręcznie zapobiegał dawaniu policjantowi pieniędzy, aby ten nie uległ pokusie przywłaszczenia ich sobie.

Obecność rządu w tym kraju wyczuwało się na każdym kroku. Sprawiał wrażenie nazbyt biurokratycznego, niekiedy zupełnie niepotrzebnie skomplikowanego, ale był wyjątkowo skuteczny. Chciałam się dowiedzieć, dlaczego tak się dzieje. Był to przecież kraj niewiernych, którego stylowi życia, my – muzułmanie, powinniśmy się przeciwstawiać i odrzucać. Tymczasem był efektywniej rządzony, a ludziom żyło się nieporównanie lepiej niż w miejscach, z których pochodziliśmy? Czy mieszkańcy państw, gdzie oddawano cześć Bogu, podporządkowywano się Jego prawom z całym oddaniem, nie powinni żyć w pokoju i cieszyć się bogactwem, w przeciwieństwie do krajów niewiernych, pozostających w biedzie i permanentnym stanie wojny?

Chciałam zrozumieć tę sprzeczność. W 1992 i w 1993 roku ta część świata pozostająca poza granicami Zachodu pogrążyła się w wojnach domowych i konfliktach plemiennych. Koniec zimnej wojny odblokował dawne zarzewia nienawiści. W świecie muzułmańskim wybuchało wiele konfliktów. W czym zatem tkwił błąd? Dlaczego niewierni żyli w pokoju, a muzułmanie zabijali jeden drugiego, przecież to właśnie my oddawaliśmy cześć prawdziwemu Bogu? Miałam nadzieję, że podejmując studia w zakresie nauk politycznych, odnajdę odpowiedzi na te pytania.

Nie było łatwo zakwalifikować się na studia. Wprawdzie rząd zaakceptował moją małą maturę i kenijskie kursy dla sekretarek jako ekwiwalent ukończenia szkoły średniej w Holandii, ale było to trochę naciągane. Żeby dostać się na uniwersytet, potrzebowałam kolejnego dyplomu zwanego *propadeuse*. Wpadłam w panikę: pomyślałam, że nigdy nie uda mi się zdać egzaminu z matematyki. Z pomocą Ellen doszłam do wniosku, że najprostszą drogą uzyskania *propadeuse* będzie podjęcie studiów związanych z opieką społeczną w profesjonalnej szkole wyższej, podobnie jak zrobiły to Ellen i Hanneke. W ten sposób, po roku, mogłam przenieść się na uniwersytet i uniknąć egzaminu z matematyki.

Zapowiedziałam w mojej szkole językowej, że chcę zdawać egzamin z języka holenderskiego, żeby rozpocząć zajęcia w college'u. Nauczyciel życzliwie ustosunkował się do mojej prośby, ale powiedział mi protekcjonalnie, że jest na to o wiele za wcześnie. Uczyłam się holenderskiego dopiero od roku. Ludziom zajmowało to trzy lata. Byłam niecierpliwa i nieodpowiedzialna. Ubiegając się o ten egzamin, zmarnuję tylko pieniądze.

Ellen powiedziała mi, że nauczyciel nie może mi tego zabronić – były to moje pieniądze. Udałam się zatem do centrum egzaminacyjnego w Nijmegen i zapisałam na sprawdzian z języka holenderskiego. Udało mi się go zdać. Następnym krokiem miał być college.

Przez cały ten czas unikałam innych Somalijczyków. Nawet kiedy jeszcze mieszkałyśmy w ośrodku dla osób ubiegających się o azyl, nie czułam się najlepiej w ich towarzystwie. Wszyscy, którzy spędzali czas w przyczepie kempingowej Hindi, nieustannie narzekali. Szczególnie dotyczyło to osób, które mieszkały poza ośrodkiem dla azylantów. Przebywali w Holandii od lat i przychodzili tu po prostu w odwiedziny. Ci Somalijczycy i Somalijki nie integrowali się z holenderskim społeczeństwem. Nie pracowali, nie mieli nic do roboty, tylko kręcili się po ośrodku dla osób ubiegających się o azyl, wyłudzając posiłki. Kilka osób nauczyło się jeździć na rowerze. Oczywiście były wśród nich również jednostki ambitne. Studiowały i pracowały – ja nie stanowiłam wyjątku – ale ci ludzie nie mieli czasu na utrzymywanie kontaktów towarzyskich. Pozostali siedzieli w kółku i przez całą noc żuli *khat*, rozprawiając o tym, jak straszna jest Holandia.

Wszyscy czuliśmy się zakłopotani, jednak musieliśmy się z tym zmierzyć. Zawsze byliśmy pewni, że my, jako muzułmanie i Somalijczycy, jesteśmy lepsi od niewiernych, tymczasem okazało się, że nie przewyższamy ich pod żadnym względem. Nie umieliśmy obsługiwać bankomatów. Nie zdawaliśmy też sobie sprawy, że należy nacisnąć przycisk, żeby autobus się zatrzymał. Pewnego razu jechałam autobusem z Dhahabo, Somalijką starającą się o azyl. Kiedy przejechałyśmy przystanek, na którym chciałyśmy wysiąść, Dhahabo zaczęła krzyczeć „STOP!". Wszyscy pasażerowie gapili się na nas. Było to żenujące.

Wiele osób chroniło się przed tego typu uczuciem zakłopotania w enklawie somalijskiej wspólnoty. Ich reakcja polegała na fantazji, że oni, jako Somalijczycy, wszystko wiedzą lepiej niż ci gorsi, biali ludzie. Przyjmowali postawę typu: „Nie musisz mi mówić, jak posługiwać się termometrem, nasze somalijskie termometry są znacznie nowocześniejsze". „Jego oddech śmierdzi świnią. On jest tylko kierowcą autobusu. Jak śmie mi mówić, co mam robić".

W czasie pierwszych tygodni mego pobytu w ośrodku dla uchodźców stałam w tłumie Somalijczyków tuż obok przyczepy kempingowej Hindi, kiedy ktoś zawołał do nas:

– W telewizji pokazują płaczącego mężczyznę!

Pobiegliśmy do odbiornika telewizyjnego. Był to program *Wybacz mi*, w którym ludzie wyznawali różne rzeczy. Potężny, barczysty Holender o czerwonej twarzy i piskliwym głosie płakał rzewnymi łzami, ubolewając nad tym, co zrobił. Zawodził, mówiąc: „Bardzo przepraszam", a my patrzyliśmy na siebie przerażeni i zdumieni. Jestem pewna, że nikt z nas nigdy nie widział płaczącego mężczyzny. Następnie wybuchnęliśmy śmiechem. Ten kraj wydawał się nam taki dziwny.

W czasie, kiedy przeprowadziłam się do Ede, zaczęłam lepiej rozumieć Holandię. Irytowało mnie teraz, gdy Somalijczycy, którzy mieszkali w Holandii przez długi czas, narzekali, że proponuje się im tylko podrzędne prace. Chcieli wykonywać zaszczytne profesje – pilota lub prawnika. Kiedy zwracałam im uwagę, że nie mają odpowiednich kwalifikacji do takiej pracy, obruszali się. Winą za swoje niepowodzenia obarczali Holandię. Europejczycy skolonizowali Somalię i z tego powodu jesteśmy pozbawieni kwalifikacji. Wyłącznie z ich winy borykamy się z kłopotami. Moim zdaniem był to absolutny nonsens. Sami, z własnej inicjatywy, doprowadziliśmy do wybuchu krwawych, plemiennych konfliktów.

Była to podobna – obronna i arogancka – postawa, którą często obserwowałam wśród ludzi pochodzących z wiejskich rejonów, emigrujących do takich miast jak Mogadiszu i Nairobi. Tutaj, w Holandii, najbardziej popularne było twierdzenie, że dotyka nas rasizm. Każdy wydawał się nieustannie kipieć ze złości, twierdząc, że jesteśmy dyskryminowani ze względu na czarny kolor skóry. Gdy sklepikarz nie chciał targować się o cenę bawełnianej koszulki, Jasmin mówiła, że były specjalne zniżki jedynie dla białych. Ona i Hindi często nie zadawały sobie trudu opłacania przejazdów autobusowych, o czym mi później opowiadały. Wymyślały sobie jakieś spotkania w mieście i jeżeli biuro uchodźców nie dało im biletów, oskarżały jego pracowników o rasizm.

– Kiedy powiesz Holendrowi czy Holenderce, że mają rasistowskie podejście, dadzą ci wszystko, cokolwiek zażądasz – powiedziała mi kiedyś Hindi z nieskrywaną satysfakcją. W Holandii istnieje zjawisko dyskryminacji – nie będę temu zaprzeczać – ale twierdzenie o rasizmie może być też przyjęciem pewnej strategii.

Niekiedy przebywanie w towarzystwie Somalijczyków sprawiało

mi przyjemność. Mogłam się wówczas odprężyć z ludźmi, których całkowicie rozumiałam. Przystosowanie się do Holendrów nadal wymagało ode mnie ogromnego wysiłku. Kiedy jednak mówiłam Somalijczykom: „Przepraszam, ale jutro rano muszę wcześnie wstać", kpili ze mnie. Twierdzili, że zachowuję się jak biała osoba i mam wygórowane mniemanie o sobie. Uważali, że patrzę na nich z góry, że stałam się *gaalo*.

Młodzi Somalijczycy nieustannie zaczepiali mnie na ulicy, tak jakby mieli do mnie jakieś prawo. Czynili mi nieprzyzwoite propozycje. W ich oczach byłam z pewnością niemoralna, a zatem dostępna. Somalijskie kobiety zawsze próbowały wyciągnąć ode mnie pieniądze. Nie dawałam im. Zwykłam pytać: „A dlaczego mam wam dawać?". Sądziłam, że jeśli potrzebują więcej pieniędzy, mogą też podjąć pracę w fabryce.

Czułam się zażenowana, a nawet przygnębiona postępowaniem Somalijczyków. Wielu z nich akceptowało zasiłek z opieki społecznej, a następnie zwracało się przeciw społeczeństwu, które im go dawało. Wciąż poczuwałam się do solidarności rodowej i plemiennej; czułam się w pewien sposób odpowiedzialna za ich zachowanie. Nie podobało mi się, że wypierają się złych uczynków, nawet jeżeli zostali na nich przyłapani. Nie lubiłam przechwałek bądź mitów, albo ewidentnie fałszywych spiskowych teorii, które propagowali. Nie gustowałam w niekończącym się plotkowaniu lub nieustannym narzekaniu, że są ofiarami czynników zewnętrznych. Somalijczycy nigdy nie mówili: „Przepraszam", „Popełniłem błąd" albo „Nie wiem". Zawsze wymyślali jakieś usprawiedliwienia. Wszystkie te grupowe strategie mające na celu unikanie konfrontacji z rzeczywistością przygnębiały mnie. Rzeczywistość nie jest łatwa, ale wszelkie iluzje i oskarżenia wobec niej nie sprawią, że staje się prostsza.

Najczęściej spędzałam wolne chwile z Ellen i Hanneke. Powodowało to jednak, że Jasmin po swoich lekcjach, od mniej więcej trzeciej po południu każdego dnia, była zupełnie sama. Zauważyłam, że chłopcy z plemion Issak i Hawija z ośrodka dla uchodźców zaczęli przychodzić do naszego mieszkania, gdzie urządzali posiedzenia i przede wszystkim żuli *khat*. (Somalijczycy potrafią organizować sobie pewne rzeczy, jeżeli naprawdę tego chcą. Okazało się, że w jakiś sposób można było dostać świeże liście *khatu* nawet w małym Ede). Jasmin gotowała mężczyznom posiłki, toteż kiedy przychodziłam do domu, zastawałam wszystkich w pozycji półleżącej na macie w pokoju dziennym. Liście i łodygi *khatu* były rozrzucone wokół na podłodze.

Przez pewien czas przemykałam się chyłkiem i czułam, że na moje mieszkanie dokonano inwazji. Wypraszanie gościa z domu uchodzi wśród Somalijczyków za rzecz haniebną. W końcu jednak zrobiłam to na holenderski sposób: powiedziałam Jasmin, żeby z tym skończyła. Nie chciałam, żeby ci mężczyźni przychodzili do mojego mieszkania. Oświadczyłam Jasmin, że kiedy usłyszymy dzwonek do drzwi, będziemy udawać, że nas nie ma. Potem, na ulicy zyskałam sobie reputację okropnej kobiety z plemienia Darod, która zachowuje się przemądrzale wobec członków zespołów rodowych Issak i Hawija. Zupełnie mi to nie przeszkadzało. Nie chciałam już dłużej przestrzegać kodeksu honorowego.

Relacje między mną a Jasmin zaczęły się psuć. Pewnego wieczoru wyszła z domu. Nie zdawałam sobie sprawy, że opuściła dom na dobre, aż do czasu, gdy dwa dni później odkryłam brak mojej karty bankomatowej i dokumentów przyznających mi status uchodźcy kategorii A. Dopiero co Jasmin dała mi trzysta guldenów na miesięczny czynsz i tego też nie było. Kilka dni później dostałam od niej list. Powiadamiała mnie o swym pobycie we Włoszech, ale list nosił stempel pocztowy z Danii. List był pełen przeprosin. Stanowczo zaprzeczała jakoby posłużyła się moją kartą. Zabranie 300 guldenów nie można było tak naprawdę nazwać kradzieżą, ponieważ pieniądze należały do niej. Przyznała, że czuła się samotna i nie znosiła Holandii. Uprzedzała, że mogę otrzymać wysoki rachunek za telefon, ale potrzebowała kontaktu ze swoją rodziną.

W następnym miesiącu istotnie otrzymałam rachunek telefoniczny opiewający na kwotę 2500 guldenów i wpadłam w furię. Przekraczało to moje możliwości finansowe – byłam zrujnowana. Johanna pomogła mi skontaktować się z firmą telefoniczną. Przysłali mi dokładny rachunek, na którym wyszczególniono wszystkie połączenia – do Australii, Kanady, Kenii i Somalii. Nie miałam pojęcia, że Jasmin znała tak wiele osób. Johanna powiedziała:

– Pokaż pracownikowi opieki społecznej list Jasmin, jest on

dowodem, że wykonała wszystkie te telefony, a oni rozwiążą twój problem.

Tak też uczyniłam, a opieka społeczna zapłaciła za Jasmin około 2000 guldenów.

Pewnego ranka w styczniu 1994 roku zadzwonił telefon. Była to Haweya. Stała w budce telefonicznej na lotnisku we Frankfurcie. Minęły całe miesiące od czasu, kiedy po raz ostatni dzwoniłam do domu. Teraz moja siostra była tutaj, w Europie. Właśnie przyjechała! Ogarnęła mnie ogromna radość. Zapytałam Haweyę, czy jest to tylko wizyta, czy coś więcej, ona zaś odparła: „Coś więcej".

– Przyjedź do Holandii i zamieszkaj ze mną – zaproponowałam.

Zadzwoniłam do swoich przyjaciół Jana i Greetje. Jan zbliżał się do sześćdziesiątki i pracował jako wolontariusz w ośrodku pomocy dla uchodźców. Zasugerował, żeby Haweya wsiadła do pociągu, który jechał do granicy niemieckiej. Chciał przywieźć ją stamtąd do Holandii samochodem, żeby uniknąć punktów kontrolnych. W ten sposób Haweya mogła twierdzić, że przyjechała bezpośrednio do Holandii. Oznaczało to możliwość ubiegania się o azyl w Holandii, zamiast w Niemczech.

Samochód Jana w końcu dotarł na miejsce z Haweyą. Kiedy wysiadła, czule się do siebie przytuliłyśmy. Wznosiłyśmy radosne okrzyki, śmiałyśmy się i znowu się ściskałyśmy. Jednak po chwili Haweya osunęła się na krzesło i zaczęła płakać. W końcu powiedziała mi, że miała w Nairobi aborcję. Zaszła w ciążę z mężczyzną z Trynidadu. Pracował w Organizacji Narodów Zjednoczonych, był rozwiedziony, a ona zakochała się w nim.

Mężczyzna z Trynidadu – nieobrzezany, nawet nie muzułmanin. O płaskim nosie, okrągłej twarzy i kręconych włosach. W oczach mojej matki uchodziłby za coś poniżej człowieka, kogoś takiego jak Kenijczycy. Zgodnie z zasadami rodu to, co zrobiła Haweya, było niewybaczalne. Ucieczka od męża również była godna potępienia, ale zajść w ciążę i mieć nieślubne dziecko, w dodatku z tego typu osobą – oznaczało, jakby całą wielką rodzinę Osman Mahamud zapłodnił ktoś z Trynidadu.

Kochanek Haweyi, dyskretnie, przy pomocy hinduskiego lekarza, załatwił jej aborcję. Kiedy czuła się źle i wpadła w przygnębienie, powiedział:

– W tej sytuacji byłoby najlepiej, gdybyś pojechała do Holandii i zobaczyła się z siostrą.

Stłumiłam w sobie uczucia Somalijki, zbulwersowanej całą tą historią. Prosiłam, żeby przestała płakać. Wytłumaczyłam jej, że nie były to sprzyjające okoliczności, by mieć dziecko. Apelowałam, aby zachowywała się rozsądnie i przestała się zadręczać. Posłużyłam się argumentami, których użyłaby Johanna, a następnie położyłam Haweyę do łóżka w dawnym pokoju Jasmin, tak jak zrobiłaby to Johanna.

Ale Haweya nie obudziła się do życia. Była rozmarzona, roztargniona, nie potrafiła się na niczym skoncentrować. Nie mogła spać. Powiedziała, że kłótnie z matką zupełnie wymknęły się spod kontroli. Przyjechała do mnie bez planu i pomysłu, co dalej robić.

Bardzo się cieszyłam, że siostra będzie ze mną mieszkać. Pomogłam jej wymyślić historię, która pozwoliłaby jej uzyskać status uchodźcy. Haweya zarejestrowała się w ośrodku dla uchodźców w Lunteren. Jego pracownik wyraził zgodę, by zamieszkała ze mną pod warunkiem, że raz w tygodniu będzie zgłaszać się w ośrodku i wpisywać na listę jego rezydentów.

Haweya zaczęła uczęszczać na lekcje holenderskiego, ale zajęcia te odbywały się tylko raz w tygodniu w jej ośrodku. Nie mogła zapisać się na odpowiedni kurs, zanim nie otrzymała oficjalnych dokumentów uchodźcy. Zabierałam ją na spotkania z moimi przyjaciółmi, kiedy wychodziłam się rozerwać. Odbywałyśmy długie spacery i oglądałyśmy wszystkie filmy, jakie miałyśmy ochotę zobaczyć, nie obawiając się, że spotka nas za to kara. Robiłyśmy wypady do Amsterdamu. Nauczyłam ją jeździć na rowerze. Przeżyłyśmy wiele szczęśliwych chwil. Często jednak Haweya nie chciała opuszczać mieszkania. Spędzała większość czasu, leżąc na kanapie, oglądając telewizję, dopóki na ekranie nie pojawiał się śnieg na zakończenie programu. Zdarzały jej się napady płaczu: łzy po prostu spływały jej po policzkach. Chodziła na długie, samotne spacery.

Od czasu do czasu dzwoniłyśmy do mamy, zawsze korzystając z telefonu jej przyjaciół Hindusów. Nasze rozmowy były łatwe do przewidzenia. Mama wciąż przypominała nam, żebyśmy się modliły, przestrzegały postu i czytały Koran. Często zdarzało się jej narzekać. Nieustannie mówiła mi, że poświęciła swoje życie dzieciom, a tymczasem cała nasza trójka ją zawiodła. Jej nogi pokrywały otwarte rany z powodu łuszczycy. Bolała ją głowa. Pozostawiliśmy ją, żeby umarła; to była nasza wina. Mahad nie troszczył się o nią. Nie zdołał utrzymać się przez dłuższy czas w żadnej pracy. Sądził, że ma zbyt wysokie kwalifikacje w stosunku do powierzanych mu obowiązków. Rozmowy telefoniczne z mamą niekoniecznie miały przyjemny przebieg, niemniej dzwoniłam do niej i posyłałam pieniądze, ponieważ był to mój obowiązek.

Mijały miesiące. Haweya zaczęła spędzać znacznie więcej czasu w ośrodku dla uchodźców, szukając towarzystwa. Odkryłam, że pozostaje w związku z mieszkającym w ośrodku młodym Somalijczykiem i podejrzewałam, że sypiają ze sobą. Pewnego dnia Haweya powiedziała mi, że znów jest w ciąży. Podczas gdy ja zerwałam niemal wszystkie więzi z Somalią, moja siostra je wskrzeszała.

Rozgniewałam się na nią. Teraz na samą myśl o tym robi mi się przykro.

– Czy weszło ci to w zwyczaj? – krzyczałam. – Za pierwszym razem można jeszcze wybaczyć, ale obecnie przebywasz w Holandii! Prezerwatywy w ośrodku dla uchodźców są bezpłatne! Nie możesz dokonać kolejnej aborcji – byłoby to morderstwo. Urodzisz dziecko i ja się nim zajmę.

Prawiłam morały. Haweya upierała się jednak przy aborcji. Wybuchła między nami straszna kłótnia. Poszłam z nią do centrum dla uchodźców, żeby poprosić o pomoc medyczną. Zwróciłam się z prośbą do Josée, doradczyni pracującej w opiece społecznej, by porozmawiała z Haweyą, ponieważ martwiłam się o nią.

Ku memu zdziwieniu Josée powiedziała, że Haweya już z nią rozmawiała.

– Są duże problemy – stwierdziła. – Ale nie martw się o swoją siostrę. Widuję się z nią każdego tygodnia i wierzę, że jej to pomaga.

Nie miałam również pojęcia o terapii, jaką podjęła Haweya. Josée wyjaśniła mi, że dzieje się tak, ponieważ Haweya obawia się mojej oceny.

Haweya poddała się aborcji. Niebawem otrzymała status uchodźcy i zaczęła chodzić do odpowiedniej szkoły językowej. Przez krótki okres nasza przyszłość rysowała się w jaśniejszych kolorach. Pełen życia, bystry umysł mojej małej siostry znów zaczął przebijać się na powierzchnię. Potrafiła być urocza, zabawna i elegancka. Później jednak znów popadała w apatię i przestawała dbać o swój ubiór i fryzurę. Potrafiła też zachowywać się bardzo agresywnie w stosunku do ludzi. I wciąż nie sypiała dobrze.

Nie mogłam zapisać się na ten sam kurs opieki społecznej, na który uczęszczały Ellen i Hanneke, chociaż ich college znajdował się w Ede. Była to bowiem szkoła chrześcijańska: żeby móc uczęszczać tam na zajęcia, należało uznać istnienie Trójcy Świętej. Dla mnie, w owym czasie, było to absolutne bluźnierstwo. Za łączenie Boga z innymi istotami i stwierdzenie, że ma On potomka, smażyłabym się w piekle. Nie odważyłabym się coś takiego powiedzieć. Bóg nie został zrodzony ani nikogo nie zrodził. Uczęszczanie na zajęcia do tego typu college'u nie wchodziło w rachubę.

Chciałam złożyć podanie do świeckiego, zawodowego college'u w Arnhem, ale urzędnik w ośrodku pomocy dla uchodźców uprzedził mnie, że nie będę tam szczęśliwa; powinnam pójść do Driebergen, który był świecką szkołą, ale znacznie bardziej *wielokulturową*, co oznaczało zróżnicowanie etniczne. Udzielona mi rada wypływała z życzliwych pobudek, jednak opierała się na przyjętych z góry poglądach, gdzie ja, jako somalijska emigrantka, mogłabym się dobrze czuć. Oczywiście tego typu rady dodatkowo umacniały imigrantów w przekonaniu o potrzebie budowania enklaw.

Kiedy udałam się do Driebergen, by złożyć podanie o przyjęcie, dyrektor powiedział mi, że będę musiała zdać egzamin rekrutacyjny. Obowiązywały egzaminy pisemne z języka holenderskiego, historii i wiedzy o społeczeństwie. Gdy to usłyszałam, nogi się pode mną ugięły.

– Czy są książki, z których mogłabym się do tych egzaminów przygotować?

Dyrektor poinformował mnie, że organizują zajęcia, które mają na celu pomóc przyszłym studentom przygotować się do egzaminów. Zajęcia poprzedzające egzamin trwały cztery miesiące. Mogłam je zacząć w lutym 1994 roku i przystąpić do egzaminu w czerwcu.

Udałam się ponownie do rządowego urzędu pracy i powiedziałam, że znalazłam dla siebie odpowiedni college. Teraz już wiedziałam, co chciałabym robić. Ponieważ zrezygnowałam z kursu księgowości, zapytałam przedstawiciela urzędu, czy w tej sytuacji byliby skłonni zapłacić za przygotowawczy kurs z historii Holandii? Jednak urząd pracy odmówił: nie mogli finansować czegoś, na co nie zezwalał test na iloraz inteligencji, który zdawałam. Powinnam natomiast ubiegać się o stypendium studenckie, a będę miała do tego prawo dopiero wówczas, kiedy zostanę przyjęta do college'u. Zapłaciłam więc za kurs przygotowawczy z własnej kieszeni.

Zupełnie nie przypominało to szkoły w Kenii. Siedzieliśmy w kręgu i zwracaliśmy się do nauczyciela po imieniu. Nie było mówienia jednym głosem: „Dzień dobry, pani Nyere" i żadnych mundurków. Kiedy nie zdało się egzaminów, miało się drugą szansę, co wydawało się nieco niemądre, ale jednak miłe. Opłata wynosiła tylko trzysta guldenów. Na nauce nie zamierzałam oszczędzać.

Najbardziej fascynujące były zajęcia z historii. Co tydzień dyskutowaliśmy na temat kolejnych rozdziałów w podręczniku. Program obejmował nie tylko Holandię, ale całą historię współczesnego świata. Każdemu krajowi poświęcony był jeden rozdział, a ja przeczytałam wszystkie dokładnie, słowo po słowie. Omówiono Niemcy, jak stały się państwem, następnie poświęcono istotną uwagę Republice Weimarskiej, dojściu Hitlera do władzy oraz drugiej wojnie światowej. Czytałam o rosyjskiej rewolucji – carach, bolszewikach, Stalinie. Także o ruchu praw człowieka w Ameryce i wojnie wietnamskiej. Każdy kraj starał się kontrolować życie swych obywateli. Systemy tworzyły się i upadały – przypominało to interesującą powieść.

Książka przedstawiała romantyczny i optymistyczny punkt widzenia na współczesną historię. Znajdował się w niej rozdział zatytułowany „Kolonizacja i dekolonizacja", który kończył się perspektywami lepszej przyszłości dla Afryki. Była mowa o końcu zimnej wojny i upadku muru berlińskiego, co przyniosło kres komunizmu. Był rozdział poświęcony Organizacji Narodów Zjednoczonych. Całkowicie mnie to pochłaniało.

Zdałam sobie sprawę, że podręcznik ten przedstawiał zaledwie w ogólnych zarysach historię światowych wydarzeń. Miałam ochotę dowiedzieć się więcej. Chciałam poważnie zgłębić wiedzę na temat regionu, z którego pochodziłam i dowiedzieć się, dlaczego tak wiele zdekolonizowanych krajów znalazło się na skraju upadku, a państwa, w których mieszkałam, nie funkcjonują tak, jak należy.

Ten podręcznik do historii pomógł mi nauczyć się holenderskiego. Z drugiej strony, zajęcia z wiedzy o społeczeństwie pełne były terminów, których nie rozumiałam, jak na przykład władze samorządowe miasta czy wyższa izba. Z trudem zdałam egzamin. Nie zdałam za to egzaminu z języka holenderskiego, zabrakło mi zaledwie jednego punktu: nie radziłam sobie jeszcze z gramatyką. Ale ponieważ już wcześniej zdałam podobny egzamin z języka holenderskiego, zostałam jednak przyjęta do zawodowego college'u w Driebergen. Udało mi się zdać, ale bardzo niewiele brakowało, bym się nie dostała.

Mogłam rozpocząć naukę w college'u w Driebergen we wrześniu. Złożyłam prośbę o pożyczkę studencką i ją otrzymałam. Pod koniec sierpnia zaproszono mnie na integralny weekend organizowany przed rozpoczęciem zajęć. Inne studentki – na kursie opieki społecznej uczyły się głównie dziewczęta – były przyjazne i otwarte, ale o wiele młodsze ode mnie. W wieku dwudziestu czterech lat ubierałam się w źle dopasowane ubrania, a do tego ścięłam włosy naprawdę krótko, jak chłopiec.

Lubiłam tę fryzurę. Dbanie o długie włosy, zaplatanie (splatanie) ich w warkoczyki i pomadowanie nastręczało w Holandii wielu problemów. Holenderskie fryzjerki nie mogły sobie poradzić z moimi włosami. Kiedy je ostrzygłam, przestałam mieć z nimi kłopoty, a ponadto zyskałam coś więcej. Nie czułam, że czyjekolwiek oczy świdrują mnie na wylot. Bez chusty, z krótkimi włosami i w dżinsach, byłam podobna do innych. Żadni Somalijczycy ani Somalijki nie uczęszczali do tego zawodowego college'u, toteż nikt nie mówił mi, co mam robić. Uczyło się tu kilku Marokańczyków i Turków, ale nie była to ich sprawa.

Czułam, że znajduję się pod ogromną presją: musiałam naprawdę udowodnić, że poradzę sobie z nauką w college'u. Praca w opiece społecznej nie pociągała mnie aż tak bardzo – był to dla mnie po prostu najprostszy sposób, żeby dostać się na nauki polityczne – ale niespodziewanie zachwyciły mnie zajęcia z psychologii. Pomysł, żeby nabrać do siebie dystansu, dowiedzieć się, kim jestem i w jaki sposób zbudowany jest mózg, pozwolił mi w zupełnie nowy sposób spojrzeć na życie.

„Spotkania" z Freudem zapoznały mnie z możliwością wyboru systemu moralnego. W Nairobi stykałam się często z chrześcijaństwem. Słyszałam też o buddystach i wyznawcach hinduizmu. Nie potrafiłam jednak ani przez chwilę wyobrazić sobie, że może istnieć moralna struktura (ramy; podstawy) dla ludzkości, która nie byłaby oparta na religii. Bóg zawsze istniał. Jeżeli ktoś nie wierzył w Boga, uznawano to za rzecz niemoralną. Gdy człowiek nie akceptował Boga, nie mógł mieć moralności. Dlatego właśnie słowa *niewierny* i *odszczepieniec (apostata)* są tak okropne (odrażające) dla muzułmanów: stanowią synonim niemoralności w najgłębszym sensie tego słowa.

Miałam tu jednak do czynienia z psychologią, dziedziną bez (pozbawioną) korzeni religijnych. Była to nauka o popędach: zamiłowaniu do jedzenia, uprawianiu z kimś seksu, wydalaniu i zabijaniu. Dowiadywałam się, w jaki sposób człowiek panuje nad tymi popędami, ucząc się je rozumieć. Kiedy przeczytałam pracę zadaną na pierwszy tydzień, pomyślałam: „Czy próbują sprawić (Czy prowadzący zajęcia próbują sprawić), żeby ludzie stali się niewierzący?". Materiał był jednak fascynujący. Rozpoznałam w nim tak wiele ze mnie samej i z mojej rodziny. Uczyłam się o Rogerze, Skinnerze i Pawłowie. Upajałam się teoriami mówiącymi o tym, co sprawia, że jednostki ludzkie są takie, a nie inne.

Znalazłam również jasne wytłumaczenie seksualności. Kwestia ta bardzo mnie dręczyła w wieku dojrzewania. Stopniowo zaczęłam dostrzegać, że sposób, w jaki zostałam wychowana, nie funkcjonuje (nie sprawdza się). Wycięcie (usunięcie) części moich organów płciowych nie wyeliminowało ludzkiego popędu seksualnego. Podobnie nie wyeliminował go lęk przed ogniem piekielnym. Wyparcie prowadziło jedynie do hipokryzji i kłamstwa, strategii, która deprawuje człowieka i nie zabezpiecza ludzi przed niechcianą ciążą i chorobami.

Holendrzy, jak widać, postępowali zupełnie inaczej. Wyjaśniali okres dojrzewania płciowego swoim dzieciom i mówili im, że odczucia seksualne pojawią się wraz ze zmianami fizycznymi. Holenderscy nastolatkowie eksperymentowali ze swoimi odczuciami seksualnymi, ale robili to, posługując się rozumem (rozsądkiem). Dysponowali na ten temat większą ilością informacji niż ja kiedykolwiek mogłam o tym marzyć.

Zapisałam się też na kurs o rozwoju dziecka, który również był dla mnie zupełną nowością. Zastanawiałam się, w jaki sposób mogę być osobą chociaż trochę zrównoważoną psychicznie, kiedy moi rodzice nie zwracali uwagi na żadną z tych rzeczy: rozwój poznawczy, bezpieczeństwo emocjonalne, umiejętności ruchowe (motoryczne) i społeczne. Wszystkie te elementy były niezbędne, by wykreować dobrze ukształtowaną ludzką istotę.

Czytałam, że zastraszanie może zniszczyć wiarę dziecka w siebie, sprawiając, że stanie się wycofane i nietowarzyskie. Przypomniałam sobie, jak bezlitośnie Haweya była terroryzowana w szkole podstawowej. W owym czasie nie przyszło mi do głowy, żeby myśleć o obrzezaniu jako o swego rodzaju traumie. Przypominałam sobie jednak sposób, w jaki mama nas biła. Nie chciałam osądzać matki. Kocham ją. Wszystkim, których znałam w Nairobi, zdarzało się uderzyć swoje dzieci. Ale wpajanie nam dyscypliny bez wyjaśniania czegokolwiek – zgodnie z tym, co czytałam w książkach – było niszczące i niewłaściwe.

Zaprzyjaźniłam się z Naimą, Marokanką z mojej grupy, która każdego ranka przyjeżdżała na rowerze na stację Ede i pociągiem dojeżdżała do Driebergen. Naima była w moim wieku. Czułam się swojsko w jej towarzystwie, jakbym znajdowała się między Somalijczykami. Różnica polegała na tym, że nie musiałam się spodziewać surowości ich dezaprobaty. Gotowałyśmy dla siebie posiłki, a przyrządzane przez nią jedzenie w bardzo dużym stopniu przypominało moje. Podczas ramadanu obie przestrzegałyśmy postu. Z Naimą nie trzeba było pamiętać o punktualności, która obowiązywała w kontaktach z Holendrami, co też stanowiło ulgę.

Naima była mężatką. Przyjechała do Holandii jako dziecko i mieszkała tutaj przez całe życie. Nie nosiła chusty, ale udzielała się w stowarzyszeniu marokańskich kobiet w ośrodku (centrum) swojej lokalnej społeczności. Kobiety tańczyły razem i spożywały wspólne posiłki. Kiedy mnie tam zabrała, przypomniały mi się spotkania z Halwą i jej siostrami.

Pewnego ranka Naima przyszła z podbitym okiem.

– Co ci się stało? – zapytałam.

Powiedziała, że pobił ją mąż. Mówiła o tym w bardzo rzeczowy (obojętny) sposób. W ciągu kilku następnych tygodni zdarzyło się to niejednokrotnie. Powiedziałam Naimie, że jest szalona, pozwalając się tak traktować. Stwierdziłam, że może porzucić męża. W tym kraju mogła wystąpić o rozwód.

Ale Naima wiedziała, że rozumiem, dlaczego nie może tego zrobić. Mąż pochodził z wioski jej ojca. Nie znała go, zanim się nie zaręczyli. Jej życie zawsze wyglądało w ten sposób. Nawet w Holandii, gdzie było to łatwe, Naima czuła, że po prostu nie może zerwać z rodziną. Opuszczenie męża oznaczałoby rozstanie z rodziną. Przyniosłoby im to wstyd i sprawiłoby, że stałaby się osobą bezdomną. Gdzie mogła pójść? Gdzie mogła się ukryć? Mnie udało się zniknąć w Holandii, ale rodzina Naimy mieszkała tutaj: znaleźliby ją.

Naima ciągle narzekała, przede wszystkim na Holendrów. Uparcie twierdziła, że sklepikarze i sklepikarki patrzą na nią nieufnie (krzywo), ponieważ są rasistami. Nie chcieli, żeby do ich sklepów przychodzili Marokańczycy. Osobiście sądziłam, że przyglądali się siniakom Naimy i tak też jej powiedziałam. Na mnie nigdy nie spoglądali w dziwny sposób, a byłam znacznie ciemniejsza niż Naima. Stwierdziła, że moja sytuacja zasadniczo się różni, ponieważ jestem uchodźcą, a Holendrzy postrzegali uchodźców jako postacie romantyczne. Uznałam jej argumentację za nielogiczną: jak ktoś mógł powiedzieć, że jestem uchodźcą?

Ale w pociągu, kiedy konduktor przyszedł sprawdzić nasze studenckie bilety i legitymacje, Naima była wściekła, że przyglądał się jej legitymacji dłużej niż legitymacjom białych dziewcząt. Nigdy natomiast nie skarżyła się na przemoc ani upokorzenia, które cierpiała we własnym domu, narzekała jedynie na rasizm Holendrów. Myślę teraz, że ta obsesja ciągłego doszukiwania się rasizmu, była tak naprawdę mechanizmem obronnym pozwalającym pozbyć się poczucia niższości. W ten sposób dawała upust nagromadzonemu niezadowoleniu.

Naima miała rację co do jednej rzeczy: wymaganie od niej tego samego, co od jej szkolnych koleżanek, Holenderek, nie było sprawiedliwe. One nie miały innych obowiązków poza studiowaniem i martwieniem się, czy ludzie dostatecznie je lubią. Jej sytuacja była znacznie mniej sprzyjająca.

Całymi popołudniami czytałam książki psychologiczne, a następnie spoglądałam na leżącą na kanapie Haweyę. Wydawała się charakterystycznym przypadkiem każdego rodzaju nerwicy, o którym czytałam. Wszyscy studenci psychologii myślą w ten sposób o swoich współlokatorach i współlokatorkach, ale nie wszyscy są na tyle nietaktowni, żeby to powiedzieć. Ja jednak byłam. Zawsze mówiłam Haweyi, co – jak sądzę – jest z nią nie w porządku. Nalegałam, by przerwała terapię z Josée. Sądziłam, że moja koleżanka Hanneke byłaby znacznie lepszą terapeutką.

Haweya przyjmowała moje uwagi jako atak na siebie. Być może sugerowałam w ten sposób, że cierpi na jakąś chorobę psychiczną. Zmieniała psychologów, ale uważała, że Hanneke jest osobą zbyt powierzchowną, aby mogła ją zrozumieć. Wkrótce po tym, jak zaczęła się z nią spotykać, całkowicie przerwała terapię. Potem życie z nią stało się niemożliwe. Przestała chodzić do szkoły. Przez cały czas siedziała na kanapie, oglądając telewizję dzień i noc. Tymczasem w zlewie gromadziły się nieumyte naczynia. Jej brudne ubrania były porozrzucane na podłodze. Niekiedy ledwie unosiła wzrok, kiedy wchodziłam do pokoju. Zdarzało się, że całymi dniami płakała, przypominając sobie, jak źle potraktowała matkę. Sądziła, że będzie smażyć się za to w piekle. Mama nie pożegnała się z nią, a Haweya wyszła, mówiąc jej: „Nienawidzę cię, od tej chwili nie jesteś już moją matką".

Współczułam Haweyi, ale kłóciłyśmy się. Nie mogłam znieść sposobu, w jaki żyła, leżąc na sofie przez cały czas, zupełnie nieobecna, jakby uleciało z niej życie. Pewnego dnia ogarnął mnie taki gniew, że wyjęłam wtyczkę odbiornika telewizyjnego z gniazdka i zrzuciłam telewizor ze schodów. Haweya przez chwilę wpatrywała się we mnie, następnie zamknęła mi przed nosem drzwi wejściowe na klucz. Nie wpuściła mnie do środka, chociaż o to błagałam.

Na zewnątrz było zimno, a ja stałam boso. Skończyło się w ten sposób, że poszłam do domu Johanny i Maartena. Johanna i Maarten już od dłuższego czasu mówili, że Haweya i ja nie powinnyśmy mieszkać razem. Wiedzieli, jak często się sprzeczamy. Uważali, że za bardzo troszczę się o Haweyę, niwecząc moje szanse na dobre wyniki w college'u. Odwieźli mnie do domu. Johanna postawiła Haweyi warunek: musi się wyprowadzić.

Haweyi ten pomysł przypadł do gustu. Można było wynająć jednopokojowe mieszkanie obok budynku, w którym mieszkały Ellen i Hanneke, o dziesięć minut jazdy rowerem stąd. Żartowaliśmy, że w ten sposób nikt nie będzie jej zawracał głowy zmywaniem naczyń. Mogłyśmy się nawzajem do siebie zapraszać. Johanna pożyczyła Haweyi pieniądze, żeby zapłaciła kaucję za mieszkanie. Maarten pomógł się przeprowadzić i zbudował jej nowe meble.

Po wyprowadzce Haweya wróciła do szkoły językowej. Wydawało się, że ponownie odzyskuje kontrolę nad swoim życiem. Początkowo często się widywałyśmy. Sprawiała wrażenie, że łaknie mojego towarzystwa. Teraz, kiedy mieszkałyśmy od siebie w pewnym oddaleniu, potrafiłyśmy się ze sobą bardziej zaprzyjaźnić. Do mojego mieszkania wprowadziła się młoda Holenderka. Życie stało się spokojne.

W maju 1995 roku Sylwia, pracownica opieki społecznej w ośrodku dla uchodźców, przekonała mnie, żebym została oficjalnym tłumaczem z języka somalijskiego na holenderski. Powiedziała, że mój holenderski jest teraz znacznie lepszy niż większości oficjalnych tłumaczy, z którymi dotychczas pracowała. Ponadto była to praca dobrze płatna. Urząd imigracyjny płacił swoim tłumaczom 44 guldeny za godzinę, plus 22 guldeny za czas spędzony w środkach transportu. W porównaniu z 13 guldenami za godzinę, które zarabiałam w fabryce herbatników, było to sporo pieniędzy. Wciąż jeszcze uczęszczałam do zawodowego college'u, ale Sylwia uznała, że praca tłumacza to idealne zajęcie dla mnie: mogłam to robić w wolnym czasie, po zajęciach.

Udałam się do centrali (siedziby głównej) urzędu imigracyjnego w Zwolle i złożyłam podanie. Przeegzaminowano mnie z języka holenderskiego, nie sprawdzano zaś znajomości somalijskiego. Powiedziano mi, że mogę spróbować tej pracy przez kilka miesięcy, a oni zobaczą, jak sobie radzę. Urzędniczka zaoferowała mi również pager.

Wszyscy studenci w college'u uznali, że jestem taka na czasie, kiedy pager zabrzęczał, a ja musiałam pobiec do telefonu.

Kupiłam sobie kilka nowych ubrań: czarną spódnicę do kolan, długą, dopasowaną bluzkę i czółenka. Pewnego dnia wezwano mnie na posterunek policji. Miałam pełnić rolę tłumaczki starającego się o azyl Somalijczyka. Było to dla mnie wydarzenie wielkiej wagi.

Przypomniały mi się własne doświadczenia, kiedy ubiegałam się o azyl, tyle że teraz, niespełna trzy lata później, moja sytuacja całkowicie się zmieniła. Osobą starającą się o azyl był mężczyzna z plemienia Darod, z małą bródką i spodniami sięgającymi kostek. Kiedy weszłam do środka, przypatrzył mi się i zapytał:

– Czy jesteś tłumaczką?

Kiedy potwierdziłam, uśmiechnął się szyderczo.

– Przecież jesteś naga – powiedział. – Chcę mieć prawdziwego tłumacza.

Przetłumaczyłam jego słowa, a holenderski urzędnik służby cywilnej powiedział temu mężczyźnie:

– To ja decyduję, kto tłumaczy, a nie ty.

Atmosfera z pewnością zmieniła się od czasu, gdy starałam się o azyl, urzędnicy proponowali mi uprzejmie herbatę lub kawę. Był to typowy biznes. Mężczyzna z plemienia Darod próbował dowiedzieć się, jaki jest mój rodowód, kim jestem, ale urzędnik powstrzymał go. Żaden z nich nawet nie spojrzał na mnie podczas trwania wywiadu. Byłam po prostu częścią procedury, podobnie jak maszyna do pisania. Uznałam to za kojące. Chociaż pogarda Somalijczyka uraziła mnie, wiedziałam, że jeżeli chcę zostać profesjonalistką, muszę się nauczyć kontrolować swoje emocje. Była to moja praca, zwykła transakcja, niczym nieróżniąca się od pakowania pudełek w fabryce. A poza tym, *on mnie* potrzebował.

Kiedy wywiad dobiegł końca, policjant podał mi formularz. Zapisano w nim czas, który przepracowałam i zarobioną przeze mnie kwotę. Wszystko zostało starannie wypełnione. Wyszłam stamtąd, nie posiadając się z radości.

Następne zadanie czekało mnie w obozie dla uchodźców w Schalkhaar. Miałam być tłumaczką kobiety Galla, która mieszkała w pobliżu Afgoye. Bojownicy z plemienia Hawija złapali ją i umieścili wraz z innymi kobietami Galla w obrębie zamkniętego (ogrodzonego) terenu. Kobiety zgromadzono tam przede wszystkim po to, by je zgwałcić, chociaż musiały też gotować, sprzątać i przynosić drewno na opał dla żołnierzy. Kiedy kobieta opowiadała swoją historię, zaczęła się trząść. Mówiła cicho, krótkimi, spokojnymi zdaniami, a gdy próbowałam je przetłumaczyć, nie mogłam powstrzymać łez.

Powiedziałam do urzędniczki służby cywilnej:

– Wiem, że knocę moją pracę. Dopiero co zaczęłam. Bardzo przepraszam. Potrzebuję chwili, żeby umyć twarz.

Kiedy jednak Holenderka spojrzała na mnie, zobaczyłam, że też płacze (po jej policzkach spływały łzy).

Opowieść dziewczyny była straszna. Zaszła w ciążę i urodziła dziecko. Nie rozstawała się z niemowlęciem. Pewnej nocy jeden z żołnierzy z plemienia Hawija wyrwał jej dziecko z rąk i wrzucił do ognia. Zmusił ją, żeby patrzyła, jak niemowlę się pali.

Była chuda. Powiedziała, że ma dwadzieścia osiem albo dwadzieścia dziewięć lat, ale wyglądała na przeszło pięćdziesiąt. Opowiadała o wszystkich pozostałych kobietach Galla, z którymi była przetrzymywana w niewoli. Zdołała uciec, kiedy inny ród z plemienia Hawija przejął władzę (opanował) nad zamkniętym terenem. Nie wiedziała, co stało się z pozostałymi więźniarkami.

Dwa miesiące później wróciłam do Schalkhaar, by wykonać następne zadanie. Ta sama urzędniczka zauważyła mnie i podbiegła, żeby powiedzieć, że kobieta Galla otrzymała status uchodźcy. Uśmiechnęłyśmy się, gratulując sobie nawzajem. Wówczas wiedziałam już, jak wielu innym osobom nie udaje się otrzymać azylu w Holandii.

Na tym świecie jest tak wiele cierpienia. Wiele razy, kiedy pracowałam jako tłumaczka, chciałam, żeby ktoś dał tym ludziom szansę – szczególnie kobietom, które naprawdę mogły tutaj coś zrobić ze swoim życiem. Tłumacząc różne historie, zdawałam sobie jednak sprawę, że dana osoba może nie otrzymać statusu uchodźcy.

Tłumaczyłam opowieści mężczyzn, którzy zabijali i którzy najwyraźniej byli żołnierzami. Jeden z mężczyzn był cieszącym się złą sławą oprawcą w Godka, centrum tortur Siada Barre w Mogadiszu.

Polowali teraz na niego członkowie rodzin ludzi, których poddawał torturom. Jednak nic nie powiedziałam; byłam tylko tłumaczką. Nie wiem, czy udało mu się otrzymać status uchodźcy.

Pod koniec czerwca zdawałam egzaminy końcowe z pierwszego roku. I zdałam. Miałam *propadeuse.* Teraz mogłam ubiegać się o przyjęcie na najstarszy i najlepszy uniwersytet w Holandii: uniwersytet w Leiden.

ROZDZIAŁ 13

Leiden

Mogłam studiować nauki polityczne tylko na trzech uniwersytetach: w Amsterdamie, Nijmegen i Leiden. Program uniwersytetu w Nijmegen nie interesował mnie. Wszystkie zajęcia dotyczyły administracji publicznej – wykorzystania ziemi i dróg wodnych – oraz geografii społecznej. Z kolei o studiach w Amsterdamie docierały do mnie osobliwe wieści: słyszałam, że studenci sami wystawiali sobie oceny z egzaminów i domagali się partnerskich kontaktów z profesorami. Leiden, najstarszy uniwersytet w Holandii, przestrzegał rygorystycznych standardów. A kiedy odwiedziłam stare miasto, z wąskimi kanałami i studentami pedałującymi na rowerach, zapragnęłam całym sercem stać się częścią tego świata.

Leiden było uroczym miastem. Gdy przechadzałam się jego ulicami, miałam wrażenie, że spaceruję wśród ilustracji bajek z książek Ladybird, z których uczyłam się angielskiego w Nairobi. Wiele domów miało wysokie smukłe wieżyczki, kamienne dachy i ciasne, kręcone schody. Wchodzenie po nich zawsze uważałam za bardzo ryzykowne. Ich płaszczyzna bowiem była znacznie mniejsza niż moja stopa. Poruszanie się po tych osobliwych schodach sprawiało, że czułam się tu jeszcze bardziej obca, a jednak zachwycałam się zabytkową częścią miasteczka przypominającą domek dla lalek.

W połowie roku w college'u złożyłam podanie o przyjęcie do

Leiden. Późniejszej rozmowy z urzędniczką nie wspominam przyjemnie. Kobieta siedząca za biurkiem poinformowała mnie, że była prawnie zobowiązana do przyjęcia mego podania, ale postawiła sprawę jasno – uważała mój krok za nierozsądny. Wysłała mnie na rozmowę z dziekanem. Pani dziekan również wydawała się powątpiewać w słuszność mojej decyzji. Powiedziała mi, że byłoby dla mnie znacznie lepiej, gdybym wróciła do college'u i ukończyła tam trzyletni kurs obejmujący zagadnienia pracy w opiece społecznej. Wówczas uzyskałabym od razu kwalifikacje, dzięki którym mogłabym się starać o zatrudnienie. Istniało prawdopodobieństwo, że nie uzyskam licencjatu lub magisterium z nauk politycznych w Leiden, a przedmiot studiów okaże się abstrakcyjny i mało pożyteczny. Lepiej zostać tam, gdzie jestem. Byłoby to dla mnie bardziej odpowiednie. Spokojnie oświadczyłam, że jednak chcę złożyć podanie o przyjęcie. Postanowiłam przynajmniej spróbować.

Teraz, kiedy miałam *propadeuse*, co stanowiło warunek mego przyjęcia, mogłam rozpocząć w Leiden zajęcia. Niemal od razu zostałam zawalona pracą. Pierwsze trzy kursy były podstawowe: wstęp do nauk politycznych, wstęp do historii i wstęp do administracji publicznej. Każdego tygodnia musiałam przeczytać sterty książek na temat sztuki sprawowania władzy bądź traktujących o tym, czym jest państwo. Były to książki o historii Holandii i Europy. Nie mieliśmy obowiązku pamięciowego opanowywania materiału, ale należało znać tematy i teorie. Tego typu podejście było dla mnie nowe. Należało wyrobić sobie na podstawie lektur własną opinię. Zawsze pytano nas, co myślimy w danej kwestii.

Bardzo często słyszałam, że nauki polityczne są kiepskim wyborem. Jednak osobiście uwielbiałam swój kierunek studiów. Innym mogły się wydawać nudne, ale nie mnie. Od dzieciństwa żywiłam się tymi historiami: demokracja, sprawiedliwość, państwo, wojna. Teraz, wraz z wnikliwym nauczaniem, dobre rządy stanowiły dla mnie system sprawowania władzy, system, który rozwinął się w takim kształcie z biegiem czasu.

Europejska historia była porywającą kroniką, która zaczęła się od chaosu. Holandia powstała z niczego: błota, biedy i obcych rządów. Nawet wielkie połacie ziemi zostały wyrwane morzu dzięki wspólnemu wysiłkowi mieszkańców. Gwałtowne przypływy morza nękające połowę kraju były zbyt potężne, żeby się z nimi zmierzyć. W końcu Holendrzy opanowali sztukę radzenia sobie z nimi. Wykopali kanały odwadniające, żeby móc kontrolować, poprzez tamy i śluzy, zalewanie terenów. Urodzajne gleby zostały zagospodarowane przez nich tam, gdzie kiedyś przetaczały się morskie fale. Holendrzy stali się ludźmi zaradnymi i nieustępliwymi. Przyswoili sobie prawdę, że rozum jest lepszy niż siła. Przede wszystkim zaś nauczyli się osiągać kompromis, dzięki skłonności do negocjacji.

Połowa Holandii jest protestancka, a połowa katolicka. W każdym innym europejskim kraju na tle religijnym wybuchały zwykle rozruchy, ale w Holandii ludziom udało się pomyślnie rozwiązywać konfliktowe sytuacje. Po okresie ucisku i rozlewu krwi nauczyli się, że nie można wygrać wojny domowej, bowiem wszyscy na niej tracą. Ustanowili system, zgodnie z którym ludzie mogli być wobec siebie równi. W holenderskim społeczeństwie wykształciły się najpierw dwie duże społeczności religijne – protestantów i katolików. Później uformował się trzeci poważny ruch społecznych demokratów, skupiający w swoich szeregach zarówno protestantów, jak i katolików. Istniała również znacznie mniejsza grupa osób świeckich, zwanych liberałami. Wszystkie te ugrupowania stanowiły „filary" fundamentów holenderskiego społeczeństwa.

Oddzielne filary systemu społecznego działały na zasadzie rodów. Przez całe pokolenia holenderscy katolicy i protestanci chodzili do oddzielnych szkół, korzystali z odrębnych szpitali, klubów, sklepów; mieli nawet własne kanały w telewizji i stacje radiowe. Jeszcze w 1995 roku w Leiden te różnice, przynajmniej częściowo, próbowano określić, stosując proste pytania – kim jesteś i kogo znasz – podobnie jak miało to miejsce w przypadku rodów w Somalii. Ale tutaj takie pytania były zaledwie echem minionych układów społecznych, nie prowokując żadnych konfliktów.

Zaczęłam zdawać sobie sprawę, jak bardzo Holendrzy są przywiązani do wolności i dlaczego. Holandia była stolicą europejskiego Oświecenia. Czterysta lat temu, kiedy europejscy myśliciele przestrzegali z coraz większą surowością kościelnego dogmatu, który ograniczał ludzki umysł, Holandia stała się centrum wolnej myśli.

Oświecenie zawróciło europejską kulturę od utrwalonych przez wieki poglądów dotyczących magii, godności królewskiej, hierarchii społecznej i dominacji kleru, starając się ponownie zaszczepić jej silnego i racjonalnego ducha. W myśl nowych zasad wszyscy ludzie byli równi, mieli prawo do swobodnego wyrażania swoich opinii – tak długo, dopóki nie zagrażało to obywatelskiemu spokojowi i wolności innych. Idee Oświecenia trwale zakorzeniły się w Leiden. Tutaj Holendrzy mogli być wolni. Tutaj zaangażowanie w sprawy wolności udzieliło się również mnie.

Czasami odnosiłam wrażenie, że w moim umyśle zamyka się klapka tak, abym mogła czytać podręczniki bez przeżywania wewnętrznych rozterek i pogodzić ich treści z moją wiarą w islam. Niekiedy wydawało się, że niemal każda strona, którą sobie przyswajam, stanowi wyzwanie dla mnie jako dla muzułmanki. Picie wina i noszenie spodni było niczym w porównaniu ze zgłębianiem historii idei.

Ludzie kwestionowali pogląd o władzy Boga nad światem i robili to, przedstawiając dowody nie do odparcia. Darwin twierdził, że opowieści o stworzeniu świata są bajką. Freud natomiast zachęcał, abyśmy sami sterowali naszym postępowaniem. Spinoza uważał, że ani cuda, ani anioły nie istnieją, nie ma zatem potrzeby modlenia się do niczego, co jest poza nami: Bóg jest nami i naturą. Emil Durkheim powiedział, że ludzie wymyślili religię, by zapewnić sobie poczucie bezpieczeństwa. Czytałam to wszystko, a następnie próbowałam pogodzić tę wiedzę z wiarą, w której dorastałam.

Pod każdym względem poznawanie treści książek o historii Zachodu było grzechem. Nawet historia dotycząca sposobu kształtowania się nowoczesnych państw konfrontowała mnie ze sprzecznościami mojej wiary w Boga. Europejski rozdział świata Boga od państwa sam w sobie był *haram*. Koran mówi, że nie może istnieć rząd bez Boga; Koran jest księgą praw ustanowionych przez Boga regulującą całokształt ziemskich spraw.

W lutym 1995 roku w całej Holandii wystąpiły ogromne powodzie. Kiedy Somalijczykom grozi katastrofalna pogoda, susza albo powodzie, zbierają się razem i wznoszą modły do Boga. Klęski żywiołowe są znakiem danym od Najwyższego. Mają na celu pokazać ludziom, że źle się prowadzą na ziemi. Holendrzy natomiast oskarżali swój rząd o nieumiejętność utrzymania grobli w odpowiednim stanie. Nie widziałam, żeby ktokolwiek się modlił.

Był to taki dziwny paradoks. W Holandii wszystko opierało się na religii wyznawanej przez ludzi, ale cały naród, w swojej najgłębszej istocie, sprawiał wrażenie bezbożnego. Tutaj każdy mógł – i wielu tak robiło – kwestionować istnienie Boga przy każdej okazji. Ludzie otwarcie nie wierzyli w żaden aspekt religii. Nawet sam kształt Holandii wydawał się stanowić wyzwanie dla Boga. Osuszanie gruntu i odbieranie go morzu, kontrolowanie zagrożeń powodziowych za pomocą regulacji stanu wody w kanałach – to było jak przeciwstawianie się Bogu.

Niemal wszystko było tutaj świeckie. Boga wszędzie wykpiwano. Najbardziej znane przekleństwo w języku holenderskim brzmi *Godverdomme.* Słyszałam to przez cały czas. Posługiwanie się nim wydawało mi się straszne, a jednak nikt nie został porażony piorunem. Społeczeństwo wydawało się funkcjonować doskonale, zupełnie nie wspominając o Bogu. Ten stworzony przez człowieka system sprawowania władzy był nieporównanie bardziej stabilny – zapewniał spokój, bogactwo i szczęście w daleko szerszym zakresie niż systemy ustanowione przez Boga, do których wpajano mi szacunek.

Niekiedy klapka w moim umyśle nie chciała się bardziej zamknąć: upchnęłam tam zbyt wiele poglądów. Od czasu do czasu zaczynało mnie prześladować poczucie winy. Sporządzałam wtedy bilans swojej osoby: spodnie, włosy, książki, poglądy. Myślałam wówczas o aniołach siostry Azizy, które z pewnością nadal siedziały na moich ramionach, przyglądając mi się i skrupulatnie zapisując. Starałam się przekonać samą siebie, że w ten sposób zdobywam wiedzę. Jeżeli Bóg wszystko określał z góry, musiał przewidywać, że będę to robić.

Mówiłam sobie, że pewnego dnia, kiedy umocnię swoją wolę i ponownie znajdę się w muzułmańskim świecie, wydobędę z siebie wystarczająco dużo sił, by wyrazić żal i skruchę oraz ściśle przestrzegać praw ustanowionych przez Boga. W międzyczasie będę szczera. Spróbuję też nikogo nie urazić. Nie przyswoję sobie poglądów, o których czytam. Zamierzałam się jednak z nimi zapoznać.

Oprócz statystyki, z której wielokrotnie nie udawało mi się zdać egzaminu, każdy przedmiot w Leiden był interesujący, szczególnie filozofia polityczna. Ludzie poczynili tak wiele obserwacji; czułam się szczęśliwa, że nie muszę o tym wszystkim myśleć sama. Śledzenie toku ludzkiego rozumowania, strona po stronie, uważałam za wielki przywilej. Wszystko w książkach było tak doskonale zebrane razem, tak racjonalne. Uczyliśmy się definiować, jasno myśleć o tym, co mówimy, tworzyć swego rodzaju bloki myślowe i kwestionować dane. W ten sposób ulepszaliśmy dawne teorie i rozwijaliśmy nasze rozumienie świata.

Większość tych pierwszych kursów w Leiden kładło nacisk na aspekt empiryczny. Po prostu fakty: fakty same w sobie są piękną ideą. Mówiły o metodzie i rozumie. Nie było tu miejsca na emocje i nieracjonalność.

Niekiedy, podczas lektury książek historycznych lub filozoficznych, dostawałam gęsiej skórki. Przypominam sobie, że zdarzyło się tak, gdy czytałam materiały o pierwszej wojnie światowej. Pod koniec dziewiętnastego wieku, dzięki postępowi nauki w Europie rozwinął się przemysł i medycyna, a społeczeństwa znacznie się wzbogaciły. Następnie, na przełomie wieków, poszczególne państwa stały się podejrzliwe jedno wobec drugiego. Stworzyły sojusze i gromadziły zapasy broni. Szukały władzy i nowego terytorium. Wybuchła wojna. Wówczas całe pokolenie obiecujących, młodych mężczyzn, które dopiero co uniknęło biedy i chorób, znalazło się w okopach. Ludzie opamiętali się i zaprzestali wojny jedynie po to, by wrócić do niej dwadzieścia lat później. W moich oczach historia ta była przerażająca, a jednocześnie pasjonująca, przypominała powieść. Istniało tak wiele podobieństw do wydarzeń, których byłam świadkiem w innych krajach.

Kiedy rozejrzałam się wokół, doszłam do wniosku, że inni studenci siedzący obok mnie najwyraźniej nie czuli tego samego dreszczyku emocji, jaki stał się moim udziałem. Słuchali po prostu opowieści o wydarzeniach znanych im już na pamięć. Były to zwyczajne, kolejne zajęcia, z których należało uzyskać ocenę. Moi koledzy i koleżanki z roku zwykle nie przekraczali osiemnastu lat i większość z nich po raz pierwszy mieszkała z dala od rodziców.

Wszyscy studenci w Leiden byli biali, z blond włosami i jasnymi, niebieskimi oczami.

Istniały jednak między nimi wyraźne różnice. Spotykało się dziewczyny z równo podciętymi włosami. Robiły sobie niebieski makijaż i nosiły swetry z napisem Benetton; wyglądały jak klony. Dziewczęta farbujące włosy, z wyraźnie widocznymi odrostami, uchodziły za miernoty. Natomiast dziewczęta, których włosy były tłuste i nieumyte budziły podejrzenia – często zażywały narkotyki. Kiedy tylko jakaś dziewczyna wyglądająca nieco inaczej opuszczała grupę studentów, inne plotkowały na jej temat. Studentki rozpoznawały jedna drugą poprzez ubiór i akcent – wskazywało to na przynależność do określonej klasy – co przypominało podziały rodowe wśród Somalijczyków, którzy najpierw próbowali dociec, czy wszyscy wywodzą się z rodu Osman Mahamud, po czym swobodnie rozprawiali o członkach plemienia Hawija.

Niekiedy czyniłam uwagi podczas zajęć, że określony problem jest kwestią klasową. Ludzie zawsze mi wówczas mówili: „Nie mamy klasowych problemów w Holandii. Jesteśmy społeczeństwem egalitarnym". Nie wierzyłam w to ani przez chwilę.

Najważniejsi ludzie posyłali swoje dzieci do Leiden, na przykład dyrektorzy generalni i członkowie rządu. Dzieci te miały własne stowarzyszenia, takie jak Minerva, w ramach której wyodrębnił się również podział na starą holenderską arystokrację i nowobogackich. Wszyscy spotykali się w okazałym starym domu studenckim Minerva. Ich życie towarzyskie toczyło się głównie w obrębie tego klubu. Większość z nich studiowała prawo lub bankowość. Jeżeli podejmowali studia na wydziale nauk społecznych, uczyli się o sprawowaniu władzy. Nauki polityczne były widocznie uważane za lewicowe.

Istniały wszelkiego rodzaju stowarzyszenia studentów. Catena grupowała nonkonformistów, zwykle dzieci z rodzin intelektualistów w Amsterdamie, które nie chciały przechodzić przez otrzęsiny. Mieli oni w kilku miejscach przekłute uszy, nosili brudne ubrania i organizowali protesty na rzecz ochrony środowiska. W stowarzyszeniu Quintus spotykali się studenci, którzy nie mogli dostać się do Minervy, ale mieli takie aspiracje. W ciągu kilku pierwszych tygodni mego pobytu w Leiden studenci zabierali mnie ze sobą do tych stowarzyszeń. Kiedy powiedziano mi o tygodniu *de-greening* – jest to holenderskie określenie na otrzęsiny – stwierdziłam, że przeszłam już okres kwitnienia. Miałam dwadzieścia pięć lat; to nie było dla mnie. Zostałam *de-greened* przez życie.

Nie byłam też skłonna mieszkać w domu akademickim, który odwiedziłam, gdy po raz pierwszy przyjechałam do Leiden. Był bardzo brudny. Toteż wynajęłam pokój od uroczej kobiety, Enny, właścicielki dużego domu na przedmieściach. Kupiłam nowy rower, który od dekady wciąż mi służy i każdego ranka jeździłam nim na zajęcia.

Przez kilka pierwszych miesięcy nie za bardzo udzielałam się towarzysko. Kiedy nie studiowałam, pracowałam jako tłumaczka. Zarejestrowałam się teraz w charakterze tłumaczki z języka somalijskiego i pracowałam przez cały dzień. Rano, jeżeli nie miałam zajęć, pozostawiałam mój pager włączony. Kupiłam własny telefon, co umożliwiało mi tłumaczenia telefoniczne z terenu całego kraju, aż do późnej nocy. Dzwoniła do mnie policja, szpitale, sądy, a także wszelkiego rodzaju schroniska dla bezdomnych.

Najgorzej wspominam rozmowy telefoniczne, gdy musiałam przekazać mężowi nieznanej mi kobiety wiadomość, że władze nie pozwoliły jego żonie i dzieciom przyjechać do Holandii, by przyłączyć się do niego. Tkwi w mojej pamięci wręcz traumatyczna informacja: „Nie możemy dać ci zgody na powrót do Somalii i zabranie stamtąd dzieci, chociaż zostałaś zgwałcona, odcięto ci cztery palce, a męża zabito". Bądź też: „Muszę cię poinformować, że jesteś chory na HIV/AIDS". Niekiedy w moim małym pokoju odkładałam słuchawkę na widełki i trzęsłam się na myśl o treści moich tłumaczeń, które zwykle kierowałam do ludzi pokrzywdzonych.

Pewna somalijska dziewczyna mieszkała w ośrodku dla osób starających się o azyl i miała koleżankę Etiopkę, podobnie jak ja niegdyś. Pewnego dnia wsiadła do samochodu z czterema mężczyznami. Sądziła, że ma się spotkać ze swoją koleżanką na przyjęciu. Została wielokrotnie zgwałcona. Następnie uciekła z domu i po pewnym czasie znaleziono ją w wiosce, skąd zadzwoniła do mnie policja. Siedziałam w moim małym pokoju, na poddaszu uroczego domu Enny i próbowałam przetłumaczyć to, co jej mówili. Wyjaśniłam dziewczynie, że nie powinna się myć, ponieważ sperma i krew, które wciąż spływały jej po udach, stanowiły dowód. Nie mogłam zapytać, czy była obrzezana, ponieważ – zgodnie z obowiązującymi zasadami – tłumacz nie może zadawać własnych pytań i wyrażać opinii, jest po prostu maszyną. Mogłam tylko próbować ją uspokoić.

Dziewczyna wpadła w absolutną histerię. Odchodziła od zmysłów. Obawiała się, że inni ludzie w ośrodku dla osób starających się o azyl będą od niej stronić, gdyż została zhańbiona. Policjantka, dla której tłumaczyłam, poprosiła mnie, żebym przedyskutowała z dziewczyną całą historię i przekonała ją do złożenia zeznań. Powiedziała jej, że za sześć miesięcy otrzyma test na obecność wirusa HIV, jeżeli będzie chciała. Zapytałam policjantkę, czy nie byłoby możliwości przeniesienia jej do innego ośrodka dla uchodźców, żeby ofiara gwałtu nie musiała doznawać wstydu. Wyraziła na to zgodę. Dziewczyna wyraźnie się uspokoiła.

Odłożyłam słuchawkę, całkowicie przygnębiona tym strasznym światem. Następnie zeszłam na dół na wspólną kolację z Enny. Nie mogło być większego kontrastu z jej uporządkowanym, przyjemnym życiem. Niekiedy trudno było nawet mówić, czym się zajmuję. Kiedy opowiedziałam Enny moje historie, była przerażona. Podkreślała, że o takich rzeczach nikt w Holandii nie słyszał.

Wówczas nie przyszło mi to jeszcze do głowy, ale faktycznie był to dla mnie inny rodzaj edukacji, szczególnie w zakresie źródeł ludzkiego cierpienia, bólu oraz tak licznych nieszczęść i powszechnie występującej niewiedzy.

Byłam tłumaczką w klinikach, gdzie dokonywano aborcji. Jeżeli było to tłumaczenie przez telefon, wówczas przede wszystkim musiałam wyjaśniać dziewczynie, czym jest aborcja i przetłumaczyć kilka pytań: Czy ojciec wie? Czy myślałaś o tym, żeby zatrzymać dziecko? Znałam te formularze na pamięć. Kiedy odkładałam słuchawkę, wiedziałam, że ta dziewczyna niechybnie podda się aborcji, a ja walnie przyczyniam się do jej grzesznego czynu. Chowałam to wszystko głęboko w moim umyśle i szłam na swoje następne zajęcia lub na spotkanie.

Niekiedy musiałam udać się do kliniki, w której dokonywano aborcji i wyjaśniać dziewczynie, że jej blizna jest niemal zupełnie zasklepiona, wobec czego konieczne jest całkowite znieczulenie, by ją otworzyć i wyjąć płód. Dziewczyna zawsze wpadała w popłoch i nalegała: „Będziecie mnie więc musieli ponownie zaszyć”. Przeważnie lekarze przytakiwali skinieniem głowy, ale nigdy tego nie robili. Jeden młody lekarz poprosił, żebym przetłumaczyła jego słowa: „Nie jest to konieczne, a dla ciebie niebezpieczne. W Holandii tych rzeczy nie robimy". A ona bezradnie płakała.

Kiedy udawałam się w różne nieprzyjemne miejsca – na posterunek policji, do więzienia, kliniki, w której wykonywano zabiegi aborcji, zakładów karnych, do urzędów dla bezrobotnych i schronisk dla kobiet maltretowanych przez mężów – uderzyła mnie nagła myśl, że spotykam tam wiele osób o ciemnej karnacji. Rzucało się to w oczy, zwłaszcza gdy przychodziło się prosto z „kremowego" Leiden. Zastanawiałam się, dlaczego tak wielu imigrantów – tak wielu muzułmanów – przebywa w tego typu miejscach.

Było to szczególnie uderzające, kiedy odwiedzałam straszne i przygnębiające schroniska dla kobiet. Ich adresy miały pozostać tajemnicą. W każdym schronisku mieszkało trzydzieści kobiet, ale niekiedy gnieździło się nawet sto, a dzieci biegały po całym terenie. Bardzo rzadko spotykało się tam białe kobiety: przeważały kobiety z krajów muzułmańskich – Maroka, Turcji, Afganistanu, obok kilku Hindusek z Surinamu.

Przypadki Somalijek były niemal zawsze takie same. Mąż zabierał wszystkie pieniądze z zasiłku z opieki społecznej, wydawał je na *khat*, a kiedy żona ukrywała pieniądze, bił ją, aż w końcu interweniowała policja.

Pewna Somalijka była mniej więcej w moim wieku i pochodziła z terenów wiejskich. Nie potrafiła czytać i pisać po somalijsku ani nie mówiła słowa po holendersku. Została wydana za mąż w Somalii za mężczyznę, który przyszedł z wizytą, szukając żony, a później przywiózł ją prosto do Holandii. Niemal nigdy nie wychodziła sama z mieszkania: bała się obcych ulic. Mąż ją bił; w końcu policja przywiozła Somalijkę, strasznie posiniaczoną i pokaleczoną, do schroniska dla kobiet. Była ona nie tylko bezdomna w Holandii, ale nie mogła również wrócić do swojej rodziny w Somalii. Powiedziała mi, że widocznie taka była wola Boga. „Moje życie i położenie materialne wygląda w ten sposób z woli Boga. Jeżeli będę cierpliwa, Bóg wyzwoli mnie od tego nieszczęścia".

Kobiety takie jak ta nigdy nie wnosiły oskarżenia. Perspektywa samotnego kroczenia przez życie wydawała im się niemożliwa. Były przekonane, że akceptując systematyczne, naprawdę bezlitosne znęcanie się, służą Bogu i zapracowują na rajskie życie w niebie. Zawsze wracały do swoich mężów.

Byłam tylko tłumaczką, ale pochłaniały mnie te historie i musiałam zmierzyć się z jawną niesprawiedliwością, której byłam świadkiem. Pracownicy opieki społecznej zawsze pytali kobiety: „Czy macie tu rodzinę? Czy może wam pomóc?". Kobiety mówiły mi: „To oczywiste, że rodzina zawsze popiera mego męża!". Muzułmanka musi słuchać swego męża. Gdy odmówisz mężowi, a on cię zgwałci, to twoja wina. Bóg mówi, że mężczyźni powinni bić swoje żony, jeżeli źle się zachowują: tak jest napisane w Koranie.

Tego typu postawa napawała mnie gniewem. Wiedziałam, że wiele Holenderek jest maltretowanych. Jednak ani miejscowa społeczność, ani ich rodziny nie aprobowały aktów przemocy. Nikt nie obwiniał kobiet za dotykającą je przemoc, ani nie mówił, żeby odpowiednio się zachowywały.

Odwiedzałam więzienia i zakłady penitencjarne w Rotterdamie i w Hadze. Chodziło zwykle o napaść z użyciem przemocy. Somalijczycy przeważnie nie byli wplątani w kradzieże albo rozprowadzanie narkotyków. Jeżeli jednak somalijscy mężczyźni nie zgadzali się ze swoim adwersarzem, wpadali w złość i chwytali za broń – była to niemal ich druga natura. Jeden mężczyzna uderzył młotkiem w głowę właściciela, u którego wynajmował mieszkanie, kiedy ten przyszedł do niego po czynsz.

Składałam wizyty w szkołach dla dzieci, które miały problemy z przyswajaniem wiedzy, a także w szkołach dla dzieci upośledzonych umysłowo i głuchych. Pewnego razu zostałam wezwana do szkoły, by pomóc nauczycielowi wyjaśnić rodzicom, że ich siedmioletni syn jest bardzo agresywny. Jeżeli jeszcze raz pobije inne dziecko, zostanie wysłany do specjalnej szkoły zajmującej się leczeniem agresji. Miałam problemy ze znalezieniem odpowiednich słów w języku somalijskim, żeby wytłumaczyć, co oznacza *leczenie* agresji.

Dziecko opowiedziało tę historię ze swego punktu widzenia: kolega pokazał mu język i zaczął go przezywać, więc pobił chłopca. Było to całkowicie zgodne z jego wychowaniem. W Somalii to ty pierwszy atakujesz. Ty uderzasz pierwszy. Jeżeli czekasz na to, aż ktoś to zrobi za ciebie, zostaniesz jeszcze bardziej sterroryzowany. Mnie również tego uczono.

Słysząc historię opowiadaną przez ich dziecko, rodzice oznajmili:

– Widzicie, to drugie dziecko zaczęło!

Nauczycielka, która była młoda kobietą powiedziała:

– Ale to drugie dziecko nie uderzyło.

Na co rodzice chórem wykrzyknęli:

– Nie czeka się na to, żeby zostać uderzonym!

Musiałam poprosić o zwolnienie mnie z zasady dokładnego tłumaczenia w celu wyjaśnienia różnych rzeczy. Powiedziałam nauczycielce:

– Tam, skąd pochodzimy, agresja jest taktyką przeżycia: uczymy nasze dzieci, żeby atakowały pierwsze. W tej sytuacji musisz rodzicom dokładniej wszystko wyjaśnić.

Nauczycielka spojrzała na mnie tak, jakbym była nienormalna. Wytłumaczyła, że gdyby wszystkim dzieciom pozwalano na agresywne zachowanie, wówczas przetrwałyby jedynie te, które są najbardziej agresywne: najsilniejsze zastraszałyby swoich rówieśników. Słuchając jej, rodzice chłopca potakująco kiwali głowami. To ich satysfakcjonowało, ponieważ chcieli, żeby ich dziecko było najsilniejsze.

W końcu zwróciłam się do rodziców:

– Posłuchajcie, w Holandii, gdy ktoś bije ludzi, uznaje się, że coś jest z tą osobą nie w porządku. Spory rozwiązuje się tutaj poprzez rozmowę. Jeżeli wasz syn nadal będzie bił swoich kolegów, zostanie zabrany tam, gdzie przebywają dzieci z problemami umysłowymi i zostanie poddany leczeniu.

Rodzice uważnie się przysłuchiwali. Umówili się na ponowne spotkanie. Kiedy nasza rozmowa dobiegła końca, wszyscy troje stwierdzili, że było to dla nich bardzo pouczające. Nie sądzili, że mogła istnieć taka niezwykła kultura.

Pedałowałam do domu na rowerze, myśląc w duchu: „To dlatego w Somalii toczy się wojna domowa, a w Holandii panuje pokój". Przypadek ten stanowił swego rodzaju wzorzec. Ludzie w Holandii zgadzają się, że przemoc jest złem. Dokonują ogromnego wysiłku, ucząc swoje dzieci tłumienia agresji i rozwiązywania sporów za pomocą rozmowy. Jeżeli w ich kraju rodzi się konflikt, wówczas powołuje się instytucję służącą do jego uregulowania. Oto, co znaczyło społeczeństwo obywatelskie.

Nie byłam dostatecznie silna, żeby to wszystko przemyśleć. Nie czułam się gotowa, by zdystansować się i zapytać samą siebie, dlaczego tak wielu imigrantów – zwłaszcza muzułmańskich imigrantów – zachowuje się agresywnie, żyje z zasiłku dla bezrobotnych i klepie biedę. Próbowałam przyswoić sobie pewne fakty. Zaczynałam jednak rozumieć, dlaczego muzułmanom w Holandii pozwala się na tworzenie odrębnej społeczności w ramach holenderskiego społeczeństwa, z ich własnymi szkołami i sposobem życia, podobnie jak katolikom i Żydom. W sposób otwarty i taktowny pozostawiono ich samym sobie, by żyli zgodnie z ich tradycją. Kierowano się następującą przesłanką: imigranci potrzebują szacunku dla samych siebie, który będzie wypływał z silnego poczucia przynależności do utworzonej przez nich społeczności. Należy im pozwolić na zakładanie na holenderskiej ziemi własnych szkół koranicznych w oparciu o dotacje rządowe dla grup wchodzących w skład społeczności muzułmańskiej. Przymuszanie muzułmanów, aby przyswoili sobie holenderskie wartości, wchodziłoby w konflikt z prawem do wolności. Ludzie muszą być wolni, żeby wierzyć i zachowywać się tak, jak chcą.

Holendrzy przyjęli takie zasady, ponieważ chcieli być wartościowymi ludźmi. Ich kraj zachowywał się okropnie w Indonezji. Nie stawiali też wielkiego oporu Hitlerowi. Podczas drugiej wojny światowej z Holandii deportowano więcej Żydów niż z jakiegokolwiek innego kraju Europy Zachodniej. Niedawna przeszłość wywoływała w Holendrach poczucie winy. Kiedy imigranci zaczęli masowo przyjeżdżać do Holandii, co miało miejsce dopiero w latach osiemdziesiątych XX wieku, wśród Holendrów istniało poczucie, że społeczeństwo powinno zachowywać się przyzwoicie i wykazywać zrozumienie w stosunku do tych ludzi, a także akceptować ich odmienność i wyznawane przez nich przekonania.

Skutek był jednak taki, że imigranci mieszkali, studiowali i kontaktowali się tylko między sobą. Chodzili do odrębnych szkół, zwykle specjalnych szkół muzułmańskich lub zwykłych szkół w podupadłej części śródmieścia, z którego inne rodziny uciekały.

W szkołach muzułmańskich nie było dzieci z rodzin holenderskich. Małe dziewczynki nosiły zasłony na twarzy i często były odseparowane od chłopców, zarówno w klasie, jak również podczas modlitwy, a także na zajęciach sportowych. W szkołach uczono geografii i fizyki, podobnie jak w każdej innej szkole w Holandii, ale unikano przedmiotów, które przeciwstawiały się muzułmańskiej doktrynie. Dzieci nie zachęcano do zadawania pytań, nie pobudzano też ich kreatywności. Uczono ich, by zachowywały dystans wobec niewiernych i podporządkowywały się starszym.

Niestety wyrozumiałość wobec imigrantów i ich walki o zaadaptowanie się w nowym kraju, prowadziła między innymi do takich zachowań, których rezultatem było okrucieństwo. Systematycznie znęcano się nad tysiącami muzułmańskich kobiet i dzieci mieszkających w Holandii. Nie można było uciec od tego faktu. Małe dzieci poddawano obrzezaniu na kuchennych stołach – wiedziałam o tym od Somalijczyków, dla których tłumaczyłam. Dziewczęta, które odważyły się na samodzielny wybór partnera, były bite niemal na śmierć, a nawet zabijane. Dochodziło do regularnych aktów przemocy. Cierpienie tych wszystkich kobiet było niewypowiedziane. W tym samym czasie, gdy Holendrzy hojnie ofiarowali pieniądze na międzynarodowe organizacje niosące pomoc w krajach biednych, ignorowali jednocześnie milczące cierpienie muzułmańskich kobiet i dzieci u siebie.

Wielokulturowość Holandii – szacunek, jaki okazywano w tym kraju muzułmańskiemu stylowi życia – nie sprawdzała się w praktyce. Pozbawiała wiele kobiet i dzieci należnych im praw. Holandia próbowała przyjąć tolerancyjną postawę opartą na kompromisach, która niestety nie zdała egzaminu. Kultura imigrantów została zachowana kosztem ich kobiet i dzieci z ogromną szkodą dla integracji społecznej. Wielu muzułmanów nigdy nie nauczyło się holenderskiego. Odrzucali też wyznawane przez Holendrów wartości tolerancji i osobistej wolności. Żenili się z krewnymi z własnych wiosek i mieszkali w Holandii w odosobnieniu, niczym w maleńkiej bańce mydlanej, stwarzając pozory stylu życia w Maroku lub Mogadiszu.

Pracowałam przez cały dzień jako tłumaczka, przed i po zajęciach oraz podczas weekendów. Wieczorami tłumaczyłam dokumenty. Sprawozdania dotyczyły często dzieci, które podejrzewano o kłopoty z przyswajaniem wiedzy. Dziecko miało na przykład trzy lata, nie mówiło, nie potrafiło bawić się zabawkami dydaktycznymi, takimi jak klocki czy układanki, nie wiedziało, co to pióro do pisania. Matka była młoda, niewykształcona, ledwie porozumiewała się po holendersku. Zapoznawałam się z raportami medycznymi o kobietach maltretowanych albo zaleceniami pracowników opieki społecznej, w myśl których dzieci powinny zostać zabrane z domów rodziców. Płacono mi dwadzieścia pięć centów za słowo, czyli 75 guldenów za stronę. Mogłam zrezygnować z uniwersytetu i bardzo dobrze żyć przez resztę życia z pracy tłumaczki, ale nie pomyślałam o tym ani przez chwilę.

Martwiłam się o Haweyę. Podczas gdy ja, ze słownikiem w ręku, zgłębiałam podręczniki w Leiden, Haweya sprawiała wrażenie osoby coraz bardziej załamanej psychicznie. Potrafiła być urocza, ale jej wahania nastrojów były coraz bardziej intensywne. Stała się surowa i nieprzyjazna, a wielu ludzi zaczęło się jej obawiać.

Początkowo uznałam, że poczucie winy, które gnębiło Haweyę ze względu na poddanie się zabiegowi aborcji, było zrozumiałym stanem. Powiedziała mi, że Bóg nigdy jej tego nie wybaczy: zabiła, nie raz, ale dwukrotnie. Kiedy pewnego dnia wybierałyśmy się razem do miasta, włożyła na głowę chustę.

– Muszę w tym kraju zachować ostrożność – stwierdziła. – Jest on bezbożny. Może sprawić, że staniemy się niewierne.

– Ależ Haweya – odparłam. – Nigdy przedtem nie byłaś osobą religijną.

– To prawda – zgodziła się – ale teraz muszę stać się osobą głęboko wierzącą, ponieważ w przeciwnym razie ryzykuję, że całkowicie utracę swoją religię.

Haweya myślała, że pójdzie do piekła. Może rozdźwięk pomiędzy tym, co widziała, a tym, w co – jak sądziła – powinna wierzyć, był tak ogromny, że nie potrafiła tego znieść. Niewykluczone, że nie umiała sobie poradzić z odkrytą wolnością. Może była to po prostu reakcja na aborcję, której się poddała. Początkowo nie mogłam sobie wytłumaczyć jej zachowania. Doszłam do wniosku, że jest to pewien etap rozwoju osobowości.

Haweya zaczęła się modlić każdego dnia. Zadawała sobie dokładnie te same pytania, co ja: dlaczego Holandia może zapewnić swoim obywatelom życie na znacznie wyższym poziomie niż jakikolwiek kraj muzułmański, który widziałyśmy? Haweya starała się jednak znaleźć odpowiedzi na te pytania, zwracając się ku religii. Zaczęła czytać pisma Hasana al-Banny i Sajjida Kutba, muzułmańskich myślicieli, których teksty pochłaniałam niegdyś w Nairobi. Haweya nigdy nie miała takich związków z organizacją Braci Muzułmanów, jakie niegdyś mnie z nią łączyły, ani nie widziała nieszczęść, które każdego dnia były przedmiotem moich tłumaczeń, toteż szukała odpowiedzi w Koranie.

Co do mnie, to szukanie odpowiedzi w Koranie prowadziło jedynie do kolejnych pytań.

– Nie sądzę, żebyś znalazła w Świętej Księdze odpowiedzi na swoje pytania – stwierdziłam pewnego razu.

– Czy chcesz przez to powiedzieć, że Bóg nie zna odpowiedzi, a ty je znasz? – obruszyła się.

Poczułam się zakłopotana. W żaden sposób nie rzucałam wyzwania Bogu. Nie mogłam tego zrobić.

– Spójrz na Holandię – powiedziałam. – Nie jest doskonała, a Holendrzy bardzo narzekają, ale jest dobrze zorganizowana, bogata i wszyscy wydają się szczęśliwi. Tymczasem my, mieszkańcy krajów muzułmańskich, przybywamy do miejsc takich jak Holandia, musisz więc przyznać, że coś jednak robią dobrze. Jeżeli chcesz żyć zgodnie z nakazami Boga, spójrz na Iran. Czy chciałabyś tam mieszkać?

– Iran jest krajem szyickim – skwitowała Haweya.

– A zatem, czy wolałabyś Arabię Saudyjską? – zapytałam.

Stwierdziłam, że Koran może pełnić role przewodnika duchowego, ale jeżeli chodzi o budowanie zrębów nowoczesnego państwa i rządów, to bezbożne zachodnie teorie dają lepsze odpowiedzi.

Moją opinię Haweya podsumowała stwierdzeniem, że stałam się *kufr*. Zaczęło się to od języka i sposobu, w jaki się ubierałam, a teraz grzeszne myśli zagościły w moim umyśle. Jej wypowiedź sprawiła, że poczułam się winna, ponieważ porzuciłam modlitwę i posłuszeństwo wobec Boga. Porównała moje zachodnie poglądy do swego rodzaju wirusa, który stopniowo niszczy mój system wartości.

Jednak im więcej czytałam zachodnich książek, tym większy odczuwałam ich głód. Przede wszystkim wciąż poszerzałam swą wiedzę o sposobach sprawowania władzy, o rozwoju jednostki i systemach myśli politycznej, takich jak społeczna demokracja i liberalizm, przy czym jedna doktryna wypływała z drugiej, co było dla mnie interesującym odkryciem. Szczególnie pojęcie indywidualnego wyboru podnosiło jakość ludzkiego życia, podobnie jak równość między kobietami i mężczyznami. Zachwycał mnie pogląd, że powinnam myśleć precyzyjnie, wszystko kwestionować i budować własne teorie.

Nie byłam ślepa, a zatem dostrzegałam również ujemne strony tych wszystkich przejawów wolności. Odczuwałam samotność, a często nawet pustkę naszego życia. Dochodzenie do wszystkiego samemu wydawało się nieraz męczące. Niekiedy łatwiej było oprzeć się na bezpiecznych, szczegółowych zasadach określonej doktryny. Zdarzały się jednak chwile, że nieograniczona wolność Holandii wzbudzała moje obawy.

Toteż rozumiałam, dlaczego Haweya uciekała w religię. Osobiście doceniałam przyjemności związane z zamieszkaniem na Zachodzie. Istniała tu możliwość zaspokojenia ciekawości. Kiedy czułam się czymś zainteresowana, mogłam tego spróbować i dzięki temu stawałam się mądrzejsza. Mogłam wyciągać własne wnioski.

Z kolei Haweyi podobała się skuteczność wszelkich działań podejmowanych w Holandii. Czuła się też zadowolona, że nie musi płacić łapówek. W kontaktach towarzyskich z upodobaniem stosowała akceptowaną tu możliwość powiedzenia „nie": „Nie, dziękuję, nie przyjdę". „Nie, nie będzie mnie tu dzisiaj". Zwykła mawiać: „Jedna rzecz jest tu naprawdę wspaniała. Ludzie są szczerzy i uczciwi".

Żyła jednak przede wszystkim z otrzymywanej zapomogi społecznej. Nie czuła się dobrze. Nic jej nie dyscyplinowało. Moja siostra pragnęła sprzecznych rzeczy: być dobrą, praktykującą muzułmanką i pełnić rolę gospodyni programu wiadomości w CNN, ale nie potrafiła wstać z łóżka. Zdarzały się miesiące, gdy Haweya nie prała swoich rzeczy albo nie zmywała naczyń. Stawała się pulchna, a następnie przeraźliwie chuda. Branie prysznica raz dziennie wydawało się pochłaniać całą jej energię. Niekiedy leżała w łóżku przez trzy dni, nawet nie wstając. Niespodziewanie nadchodziły radosne miesiące, podczas których była szczodra, interesująca i opowiadała zabawne historie. Tryskała wówczas energią, chodziła na zajęcia, robiła wrażenie na nauczycielach. Ale równie niespodziewanie mogła stać się niegrzeczna, szorstka, przybita. Wówczas ponownie pogrążała się w letargu i często wybuchała płaczem.

W pierwszych miesiącach 1996 roku Haweya zaczęła mówić dziwne rzeczy, jak na przykład:

– Proszę, odwróć lustro do ściany.

Pytałam dlaczego, a ona odpowiadała:

– Kiedy stoi naprzeciwko mnie, widzę w nim różne rzeczy.

Krzyczałam na nią:

– Przestań robić z siebie wariatkę. Opanuj się.

Ona jednak zaczęła spać przy włączonym świetle. Dzwoniła do mnie, żebym przyjechała się z nią zobaczyć – potrzebowała mnie teraz, natychmiast – ale kiedy przyjeżdżałam, po wielu godzinach podróży, odprawiała mnie, mówiąc:

– Nie mogę znieść niczyjego towarzystwa.

Nie żyłam w Leiden jak pustelnica. Dosyć regularnie widywałam się w Ede z moimi przyjaciółmi i stopniowo poznawałam nowych. Geeske, podobnie jak ja, była studentką pierwszego roku nauk politycznych i miała mnóstwo energii. Zwykła zabierać mnie do kina i studenckich kafejek, w których panowała swobodniejsza atmosfera niż w pubach w Ede, chociaż były nie mniej zatłoczone i zadymione. Teraz jednak, kiedy rozumiałam ludzi, czerpałam więcej przyjemności z takich wypadów. Ludzie siedzieli na zewnątrz, jedli i słuchali muzyki.

Fakt, że nie piję alkoholu, stał się tematem żartów. Gdy w końcu po raz pierwszy spróbowałam zakazanego napoju, zaczęło mi się kręcić w głowie, a cały pokój się rozkołysał. Nic się nie stało – nie rozległy się żadne gromy z jasnego nieba, ale zrobiło się już o wiele za późno, żeby wracać rowerem do domu Enny. Musiałam spędzić noc z moją koleżanką, Evelien. Kiedy obudziłam się następnego ranka, czułam, że przekroczyłam niedozwoloną barierę. Zaczęło się od naginania zasad Boga, teraz zaś nastąpiło ich złamanie.

Nie do końca byłam przekonana, czy Enny nie przeszkadza, kiedy wracam późno do jej domu. Czułam się też za bardzo skrępowana, żeby zapraszać do siebie przyjaciół. Tymczasem Geeske mieszkała z szesnastoma innymi studentami w ogromnym podupadłym starym domu nad kanałem. Zawsze mówiła mi, jak zabawnie jest tam mieszkać. Kiedy w jej domu studenckim zwolnił się pokój, Geeske zaproponowała, żebym złożyła podanie o przyjęcie. Powiedziała mi, że nigdy nie zrozumiem Holandii, jeżeli nie doświadczę prawdziwego studenckiego życia.

Odbyła się procedura selekcji. Wszyscy mieszkający w tym domu studenci zebrali się razem, żeby nad butelką wina przeprowadzić rozmowę z kandydatami. Pytali nas, jaką lubimy muzykę, co robimy podczas wakacji, jakie są nasze zainteresowania, jaki rodzaj studenckich prac wykonywaliśmy. Powiedziałam, że moim hobby jest czytanie i że nigdy nie zdarzyło mi się pojechać na wakacje. Wszystkie te dzieciaki były młode, białe, a większość z nich przez całe życie mieszkała w tym samym domu. Zapytali mnie, gdzie do tej pory przebywałam, a gdy wymieniałam poszczególne kraje – Somalię, Arabię Saudyjską, Etiopię, Kenię – widziałam w ich oczach coraz większe zdumienie. Kiedy powiedziałam, że jestem tłumaczką, jeden z chłopców oznajmił:

– No! No! Musisz zarabiać masę pieniędzy.

Potwierdziłam jego przypuszczenia.

Geeske bardzo się niepokoiła, że jej współlokatorzy uznają mnie za nudną i dziwną albo – co gorsza – starą. Wywarła jednak na nich taki nacisk, że ostatecznie wybrali właśnie mnie. W rezultacie przeprowadziłam się do maleńkiego pokoju w holenderskim domu studenckim, do miejsca, które miałam dzielić z chłopcami, gdzie pojawiał się alkohol, a może nawet narkotyki. Wymagało to ode mnie sporo odwagi.

Do domu studenckiego Geeske wprowadziłam się w marcu 1996 roku. Pierwszej nocy, zanim położyłam się spać, zdołałam przenieść wszystkie meble do mego nowego pokoju, oprócz biurka, które dała mi Enny. Było ono duże, stare, piękne i nie mieściło się w drzwiach. Toteż następnego ranka wstałam wcześnie, żeby rozłożyć je na części. Kiedy wszyscy zaczęli wychodzić na zajęcia, ubrana w żółtą piżamę siedziałam pod biurkiem. Jeden ze współlokatorów, Marco, starszy od pozostałych, wsadził głowę pod biurko i przedstawił się, po czym wyszedł.

W porze lunchu, gdy Marco ponownie się pojawił, nadal tkwiłam pod biurkiem i wciąż miałam na sobie piżamę. W międzyczasie wykonałam przez telefon trzy tłumaczenia, ale on oczywiście o tym nie wiedział.

– To niemożliwe! Jeszcze nie skończyłaś? Wyjdź stamtąd – poprosił i starannie rozkręcił całe biurko w ciągu piętnastu minut. Następnie złożył je ponownie. Przez chwilę podziwiał mój komputer, ale zadzwonił mój telefon z kolejnym tłumaczeniem.

Marco zaproponował, żebym tego wieczoru zjadła z nim w kuchni kolację. Wyjaśnił, że ludzie, którzy mieszkali w domu studenckim, często robili zakupy i wspólnie gotowali w celu zaoszczędzenia pieniędzy.

– W końcu znalazł się tu ktoś interesujący – uśmiechnął się. – Byłem już zmęczony tymi osiemnastoletnimi mądralami.

Marco był o rok starszy ode mnie. Pracował w charakterze reportera w holenderskim czasopiśmie naukowym. Mieszkał w domu studenckim, ponieważ wcześniej studiował biologię. Kiedy skończył studia i znalazł pracę, nie zmienił miejsca zamieszkania, chociaż powinien już się wyprowadzić. Jednak czynsze w Leiden były bardzo wysokie. Podobnie jak wielu Holendrów Marco uwielbiał podróże. Wydawał wszystkie oszczędności na długie wyprawy do egzotycznych krajów, takich jak Egipt i Syria. Zaczęliśmy jadać razem kolacje kilka razy w tygodniu.

Nadal pracowałam, ale teraz, kiedy byłam otoczona młodymi ludźmi, znajdowałam w tym swego rodzaju rozrywkę. Zdawałam sobie jednak sprawę, że wydaję się im nieco osobliwa. Wyłaniałam się z mego pokoju i opowiadałam swoim współlokatorom o tym, co właśnie przetłumaczyłam – oznajmiając komuś, że ma HIV, doradzając kobiecie, która była bita. Słuchali jak zahipnotyzowani. Sprawy i ludzie, z którymi miałam kontakt, postrzegali jak życie na innej planecie. Niemal wszyscy moi współlokatorzy dorastali w tym samym mieście co ich dziadkowie, niekiedy nawet w tym samym domu, raczej nie mieli przykrych doświadczeń.

Szczególnie jedna rzecz fascynowała mnie w tych dzieciakach:

wszystko obracało się wokół ich własnego ja i tego, co lubili, stylu życia, sprawiania sobie przyjemności – jak sądzili – zasługiwali na to. Nie znałam takiego postępowania w Afryce. W dzieciństwie byłam ignorowana. Musiałam udawać posłuszną, dobrą i pobożną, by zyskać aprobatę innych; nikt nigdy nie próbował wyrażać tam siebie samego. Tutaj ludzie po prostu szukali własnej przyjemności, dlatego że uważali to za rzecz naturalną.

Marco był przystojny, miał jasnobrązowe włosy i duże, niebieskie i niewinne oczy. W kąciku ust zawsze błąkał się uśmiech. Byliśmy sobą zainteresowani – nie tylko jako para przyjaciół – ale żadne z nas nie zrobiło pierwszego kroku.

Pewnego letniego popołudnia odwiedziła mnie moja koleżanka Tamara wraz ze swoją matką, która przyjechała z Kanady. Pogoda była tak zdumiewająco piękna, że zaprosiłam je na taras, który znajdował się na dachu naszego studenckiego domu i zaproponowałam, abyśmy tam coś zjadły. Przypadkowo, do Marco również przyszedł kolega. Jemu też przypadł do gustu pomysł pikniku na dachu. (Urządzanie tego typu pikników było zabronione, ale ignorowaliśmy to zalecenie).

Skończyło się na tym, że wspólnie spożywaliśmy zaimprowizowany na poczekaniu posiłek. W miarę upływu czasu Marco i ja zbliżyliśmy się do siebie. Skrywany przez wiele miesięcy wzajemny pociąg, wybuchnął z nową siłą i uwolnił rodzaj energii, którą wyczuli też inni. Mama Tamary wyjęła aparat fotograficzny i zrobiła nam zdjęcie. Pozowaliśmy do fotografii; Marco objął mnie i przytulił do siebie. Nadal mam to zdjęcie: wygląda tak naturalnie, jakbyśmy byli razem od wielu długich lat. Czułam się cudownie – zadziwiająco dobrze.

Nawet się nie pocałowaliśmy. Jedynie przez chwilę trzymaliśmy się za ręce. Siedzieliśmy blisko siebie, rozmawiając przez cały wieczór. Z czasem pojawiło się coraz więcej jego przyjaciół: Giovanni, Olivier i Marcel. Następnego dnia Marco zaprosił mnie do mieszkania przyjaciół w pobliżu naszego domu. Zajmował się kotem podczas ich nieobecności. Kupiliśmy różne artykuły spożywcze i wspólnie przyrządziliśmy posiłek. Oboje wiedzieliśmy, że coś się wydarzy.

Marco był czuły i cierpliwy. Początkowo zmroził mnie strach. Czułam, że Bóg, wraz z dwoma aniołami, znajduje się z nami w łóżku, osądzając mnie. Grzeszyłam. Nie czułam jednak, żeby to był grzech. W miarę upływu kolejnych miesięcy nabierałam pewności, że chcę spędzić resztę mego życia z tym mężczyzną. Ufałam mu. Ostatecznie udało mi się zrzucić z ramion anioły.

W ciągu kolejnych pięciu lat Marco i ja nie spędziliśmy ani jednej nocy oddzielnie. Byliśmy nierozłączni. Staliśmy się równorzędnymi partnerami, razem spełnialiśmy nasze marzenia. W połowie 1996 roku zwróciłam się z prośbą do rady miejskiej o przydzielenie mi mieszkania. Zaledwie po sześciu miesiącach otrzymałam list informujący mnie, że jestem uprawniona do wynajmowania mieszkania na Langegracht w śródmieściu Leiden za jedyne 800 guldenów. Marco i ja postanowiliśmy wyprowadzić się tam razem. Mogliśmy odebrać klucze 1 stycznia.

Nowy 1997 rok powitaliśmy razem z Haweyą, która niedawno przeprowadziła się do domu studenckiego w Nijmegen, o dwie i pół godziny drogi od Leiden. Podjęła tam naukę, aby uzyskać licencjat z administracji publicznej. Cała nasza paczka wynajęła na kilka dni dom na wyspie położonej w pobliżu północnego krańca Holandii. Haweya wydawała się spięta w towarzystwie przyjaciół Marco, ale uwielbiała długie spacery, kiedy pogoda poprawiała się, a zza chmur wyglądało słońce. Pamiętam, jak pewnego popołudnia biegła wzdłuż plaży, goniąc mewy i radośnie wymachując rękami. Myślałam, że czuje się świetnie.

Jednak kilka dni po naszej przeprowadzce do nowego mieszkania zadzwoniła do mnie Tamara, którą Haweya bardzo lubiła. Często spotykały się na kolacji albo umawiały na wspólne wyjście do kina. Tamara powiedziała mi, że zadzwoniła do domu studenckiego Haweyi w Nijmegen, żeby odwołać spotkanie. Jeden ze współlokatorów mojej siostry poinformował ją, że Haweya została zabrana do szpitala.

Krzyczała po arabsku w swoim pokoju, rzucając się na ściany i na podłogę. Policja musiała wyważyć drzwi. Haweyę przewieziono do szpitala w kaftanie bezpieczeństwa.

Udałam się z Marco na oddział psychiatryczny szpitala w Nijmegen. Moja siostra wyglądała przerażająco. Miała potargane włosy; wyrywała je kępkami przez całą noc. Jej twarz była zmieniona nie do poznania. Na czole widniała ogromna rana od uderzania głową w ścianę, a całe nogi pokrywały siniaki. Znajdowała się pod wpływem silnych środków uspokajających.

– Czy ktoś cię pobił? – zapytałam.

– Nie – odparła Haweya. – Przez cały czas rzucałam się na ziemię i poraniłam się.

Teraz sprawiała wrażenie spokojnej, ale gdy opowiadała mi, co się wydarzyło, zrozumiałam, że moja siostra dostrzegała rzeczy, których tam nie było. Ponadto ciągle słyszała głosy. Ogarnięta swego rodzaju religijną manią zaczęła mówić o Jezusie. Perorowała coraz głośniej. Przemierzała pokój z jednego krańca na drugi, śpiewnie recytując: *Allah Akbar, Allah Akbar, Allah Akbar,* z każdym krokiem coraz głośniej i szybciej. Nie mogłam jej złapać, odepchnęła mnie na łóżko. Była bardzo silna.

Przyszły dwie pielęgniarki. Przytrzymały Haweyę, dały jej zastrzyk i wyprosiły mnie na zewnątrz. Powiedziały, że muszę wyjść. Mogłam wrócić następnego dnia, żeby porozmawiać z psychiatrą.

Od psychiatry dowiedziałam się, że Haweya ma epizod psychotyczny, ale dobrze reaguje na kurację lekami. Mieli ją zatrzymać na tygodniowej obserwacji. Wszystko mogło się dobrze skończyć.

Każdego dnia odwiedzałam szpital, by zobaczyć się z Haweyą. Nic więcej się nie liczyło. Po kilku dniach wydawało się, że jej stan się polepszył. Ponownie zaczęła wkładać na głowę chustę i sprawiała wrażenie, że nie pamięta, co się wydarzyło.

– Straciłam równowagę. To Holandia tak na mnie działa.

To było wszystko, co powiedziała. Nie zamierzała dłużej przyjmować leków. Czuła się teraz doskonale.

Po tygodniu szpital odwiedził sędzia, żeby przedyskutować, czy Haweya powinna nadal być hospitalizowana wbrew swojej woli. Przekonała go, że zasadniczo nic złego się z nią nie dzieje. Zabrałam siostrę z powrotem do jej mieszkania i próbowałam pomóc w ponownej adaptacji. Jednak trzy dni później, kiedy przyszłam się z nią zobaczyć, Haweya była najwyraźniej nie w formie. Najpierw mamrotała coś pod nosem, to znów przemawiała podniesionym głosem, niczym kaznodzieja. Wyjęła książkę Sajjida Kutba i upomniała mnie:

– Ayaan, musisz żałować za grzechy, wróć na łono Boga.

Nagle zaczęła zdejmować z siebie ubranie.

Krzyczałam na nią, prosząc, żeby przestała. Zastosowała się do mojej prośby. Wyglądała na zawstydzoną.

– Czy zdajesz sobie sprawę – zapytałam – że szepczesz sama do siebie?

– Nie sama do siebie – odparła Haweya. – Słyszę głos w mojej głowie. Wciąż mi mówił, żebym zachowywała się jak dziecko, a ja odpowiadałam: „To nie jest odpowiedni moment. Kiedy Ayaan pójdzie, zrobię to".

Następnego dnia udałam się do biblioteki w Leiden. Próbowałam znaleźć wyjaśnienie, co się dzieje z moją siostrą. W ciągu kilku kolejnych tygodni zorientowałam się, że słyszany przez nią głos stanowił uosobienie małej Haweyi. W jej głowie kłębiły się sprzeczne myśli wobec religii i wychowania, splatały się z doświadczeniami dorosłego życia, toteż nie wiedziała, kim jest i gdzie jest.

Zobaczyłam, że umysł mojej siostry jest chory. Chorobę fizyczną łatwo zrozumieć. Człowiek choruje i bierze lekarstwa. Jednak choroba umysłowa jest przerażająca – nie sposób zobaczyć rany. Marco był biologiem, wyjaśnił mi więc, na czym polega chemia mózgu. Rozmawiając z psychiatrą, wszystko zrozumiałam. Powiedziałam sobie: „Nastąpiły zakłócenia równowagi substancji chemicznych w jej mózgu. Moja siostra nie jest przeklęta. Nie zachowuje się tak, ponieważ nie była posłuszna Bogu czy mojej matce". Jednak emocjonalnie czułam się zdruzgotana. Siostra rozpadała się na moich oczach, a ja nie mogłam nic zrobić. Czułam się bezradna i winna, że nie dostrzegłam wcześniej żadnych oznak zmian w jej osobowości, co umożliwiałoby mi podjęcie odpowiednich kroków, by zapobiec chorobie, chociażby przez zapewnienie siostrze stabilnych warunków.

Haweya nie zachorowała umysłowo z winy islamu. Miała urojenia natury religijnej, ale byłoby nieuczciwe, gdybym powiedziała, że stało się tak z winy islamu. Szukała pocieszenia w Koranie, by zyskać spokój umysłu, ale wewnętrzny niepokój był spowodowany zdarzeniami, które doświadczyła. Podejrzewam, że miało to coś wspólnego z całą gamą ułatwień, z jakich mogła korzystać i nieograniczoną wolnością. Zwykła powtarzać, że czuje się tak, jakby znalazła się w pokoju bez ścian. Pewnego razu powiedziała mi:

– Byłam przyzwyczajona, że walczę ze wszystkimi o każdą małą rzecz, i nagle nie miałam o co walczyć – wszystko okazało się możliwe.

W Europie Haweya straciła orientację, a brak odpowiednich wskazówek stał się nie do zniesienia.

Haweya chowała swoje tabletki. Cierpiała na urojenia, często zdarzało się jej majaczyć. Pewnej nocy, o późnej porze, wzięła taksówkę z Nijmegen do Ede, żeby zobaczyć się z Hindi, Somalijką, która tam mieszkała. Hindi zapłaciła za taksówkę i położyła moją siostrę do łóżka, ale następnego ranka Haweya wzięła na ręce małą córeczkę Hindi i nie chciała wypuścić jej z rąk. Próbowała nakarmić dziecko piersią. Myślała teraz, że jest Marią, matką Jezusa. Hindi wezwała policję. Nie miała innego wyjścia. Policjanci delikatnie odebrali Haweyi dziecko i zabrali ją do szpitala.

Została umieszczona w pokoju obitym materacami, gdzie wszystko, całe wyposażenie, miało szary kolor. Sprzęty były miękkie, a wnętrze słabo oświetlone. Przez krótki czas nie mogłam jej odwiedzać. Ponownie podawali jej leki. Lekarstwa ustabilizowały ją, ale miały efekty uboczne. Chwiała się i wymachiwała rękami. Dostała jeszcze więcej lekarstw; stała się bardziej apatyczna i popadła w depresję.

Haweya przebywała w szpitalu przez sześć miesięcy. Nieustannie ją odwiedzałam. Pewnego razu zobaczyłam, że ma gościa. Był to Jasin Musa Bokor, młodszy brat Bokora. Przewodniczył zebraniu rodu, gdy omawiano kwestię mego małżeństwa w ośrodku dla uchodźców w Ede. Mężczyzna ten, książę z rodu Osman Mahamud, powitał mnie uprzejmie. Przyszedł tutaj w imieniu mego ojca i rodu, żeby sprawdzić, co dzieje się z Haweyą: wieści o jej chorobie już się rozeszły.

Kilka tygodni później w moim mieszkaniu zadzwonił telefon. Słuchawkę podniósł Marco. Odwrócił się do mnie i zobaczyłam, że płacze.

– Ayaan, to szczególny telefon – powiedział.

Wzięłam od niego słuchawkę i usłyszałam głos ojca:

– Abeh, abeh – powiedział, naśladując głos małej dziewczynki, tak jak ja mówiłam w dzieciństwie.

– Abeh, wybaczyłeś mi! – krzyknęłam. Na chwilę nawet odłożyłam słuchawkę na bok. Krzyczałam, podskakiwałam i wykonałam mały taniec wokół salonu, zanim ponownie wróciłam do telefonu.

Ojciec powiedział, że Jasin Musa Bokor poinformował go, jak troskliwie opiekowałam się siostrą. Stwierdził, że każdy mężczyzna powinien czuć się pobłogosławiony takim dzieckiem. W tym kraju, tak szarym, pochmurnym i przygnębiającym, znalazła się młoda Somalijka, zachowująca się tak sumiennie, ciężko pracująca i studiująca. Książę zasugerował, żeby ojciec mi wybaczył.

Jego głos brzmiał bardzo czule. Nie posiadałam się z radości. Był to jeden z najszczęśliwszych momentów mego życia. Unikaliśmy dyskusji o moim ślubie i ucieczce. Chcieliśmy mówić sobie tylko dobre rzeczy. Ojciec powiedział, że znów mieszka w Somalii ze swoją trzecią żoną i małą córką. Powiedział, że ma wszystko, czego potrzebuje, ale nie ma własnego telefonu.

– Będę do ciebie dzwonić i chcę, żebyś podnosił słuchawkę – oświadczyłam. Posłałam mu pieniądze, żeby zainstalował sobie telefon. Potem dzwoniłam do ojca przynajmniej raz w miesiącu. Powiedział, że musimy modlić się do Boga o uleczenie Haweyi, ale prosił ją też, żeby brała leki.

Wydawało się, że stan Haweyi uległ poprawie. Została przeniesiona na oddział szpitala, w którym pacjenci przebywają długoterminowo. Pozwalano jej wychodzić w ciągu dnia. Zagroziłam, że ponownie oddam ją na oddział, gdzie leczono ją pierwotnie, jeżeli nie wróci na noc o wyznaczonej godzinie. W ciągu kilku następnych tygodni zdarzało się jej od czasu do czasu przyznać, że jest chora. Powiedziała kiedyś:

– W cierpieniu człowiek jest taki osamotniony. Nikt prawdopodobnie nie może zrozumieć, co dzieje się w mojej głowie.

Słowa, które usłyszałam, złamały mi serce. Haweya twierdziła jednak uparcie, że to Holandia wpływa na jej stan zdrowia. Gdyby wyjechała z Holandii, wszystko mogłoby ułożyć się inaczej. Wiedziałam, że to nonsens. Gdyby Haweya wróciła do domu do Nairobi, przestałaby otrzymywać leki, które zapobiegały strasznym atakom psychotycznym.

Kiedy w czerwcu została wypisana ze szpitala, przeprowadziłam ją do mieszkania, które dzieliłam z Marco w Langegracht. Nie układało się dobrze. Stała się kompletnie nieprzewidywalna. Cały swój czas spędzałam na przekonywaniu jej, żeby zażywała tabletki. Chociaż Marco był pomocny, kłócili się z Haweyą przez cały czas. Oboje byli bardzo uparci. Miotałam się pomiędzy pracą tłumacza, zajęciami i siostrą, którą pielęgnowałam w domu. W moim życiu pozostało niewiele miejsca dla Marco, nie wspominając już o przyjaciołach.

Haweya była zdecydowana wrócić do domu do Kenii. Dzwoniła do matki, która się z nią zgadzała.

– Oczywiście, że Haweya zwariowała w tym kraju *kufr* – niewiernych – powiedziała mi mama. – Ayaan, ty też powinnaś wrócić do domu, zanim zwariujesz.

Mój ojciec, Johanna i wszyscy pozostali jednomyślnie orzekli, że nie mam prawa zabraniać Haweyi powrotu, jeżeli podjęła taką decyzję. W lipcu wyjechała.

* * *

Poczułam ulgę, że znów mogę skoncentrować się na moich studiach, chociaż przyznanie się do tego wywoływało we mnie poczucie winy. Miałam wiele zaległości: ciągłe podróże do Nijmegen zajmowały sporo czasu, podobnie jak moje prace tłumaczeniowe, których potrzebowałam, żeby opłacić leczenie Haweyi i pomagać mamie.

Grupy studenckie w Leiden nie były zbyt liczne, a zajęcia wymagały bardzo intensywnej pracy. Profesorowie przedstawiali zazwyczaj trzy lub cztery teorie na temat czegoś abstrakcyjnego – charyzmatycznego przywództwa, poparcia klasy średniej dla rewolucji, albo potrzeby proporcjonalnej reprezentacji – i prosili nas o dokonanie analizy zagadnienia. Mieliśmy zbadać, czy dane potwierdzają argumentację, czy istnieją rozbieżności, a następnie ukształtować własne teorie. Jeżeli nie potrafiliśmy rozwinąć alternatywnej teorii, mówili, że nie jesteśmy wystarczająco dociekliwi oraz że taka postawa nie rokuje, abyśmy mogli stać się dobrymi naukowcami. Musieliśmy wymyślić właściwą teorię, stosując odpowiednią metodologię. Niedostosowanie się do wymagań profesorów skutkowało odrzucaniem naszych wywodów. Traktowano to wówczas jak rozmowę w pubie, a nie naukę. Zachęcano nas, abyśmy dużo czytali, niezależnie od obowiązkowych lektur objętych programem nauczania. Uwielbiałam te zajęcia, mimo iż trudno było nadążyć za stawianymi nam wymaganiami.

We wrześniu 1997 roku mogłam ubiegać się już o holenderskie obywatelstwo. Mieszkałam w Holandii od pięciu lat. Nie mogłam się doczekać: faktycznie podanie złożyłam wiele miesięcy wcześniej. Podchodziłam do tego praktycznie, chciałam mieć holenderski paszport, żeby móc swobodniej podróżować. Bycie uchodźcą przysparzało wiele trudności. Wciąż też obawiałam się, że władze mogą wykryć, że skłamałam i cofnąć mój status uchodźcy. Kiedy już zostanę obywatelką Holandii, myślałam, będę czuć się bezpiecznie. Byłam uchodźcą przez całe moje życie, odkąd wyjechałam z Mogadiszu w wieku ośmiu lat. Teraz pragnęłam zostać prawdziwym, biorącym udział w życiu publicznym, członkiem demokratycznego państwa. Chciałam przynależeć.

Już 21 sierpnia dostałam list: niemal pięć lat od dnia, w którym otrzymałam status uchodźcy w Lunteren, królowa Holandii zaakceptowała moje podanie o przyznanie mi obywatelstwa holenderskiego. Miałam poczekać dwa tygodnie, żeby odebrać swój nowy paszport w Radzie Miejskiej Leiden.

Serce łomotało mi w piersi, gdy stanęłam przed urzędniczką.

– Jestem tutaj, by otrzymać dokumenty o nadaniu obywatelstwa – powiedziałam przysadzistej blondynce za biurkiem i pokazałam jej mój list. Spojrzała na mnie i oznajmiła:

– W porządku. Możesz uiścić opłaty.

Kasjerka wzięła ode mnie pieniądze i podała mi holenderski paszport. Widniała w nim moja fotografia, a także imię i nazwisko, Ayaan Hirsi Ali, do którego z czasem się przyzwyczaiłam. Nikt nie wygłosił przemówienia ani wykładu o przysługujących mi prawach i obowiązkach. Otrzymanie paszportu okazało się najmniej doniosłym wydarzeniem na świecie.

Marco i ja wydaliśmy przyjęcie, żeby uczcić ten fakt. Mówiłam wszystkim: „Jestem Holenderką!". Nikt się nie roześmiał, ale patrzyli na mnie w dziwny sposób. Nie chodziło o to, że jestem cudzoziemką i potwierdzam swoją przynależność. Nie było w tym nic złego. Reagowali w ten sposób, ponieważ bycie Holenderką nie było niczym niezwykłym. Co więcej, moi holenderscy przyjaciele wydawali się skrępowani holenderskimi symbolami: flagą i monarchią. Symbole te nawiązywały do zdradzieckich dni drugiej wojny światowej. Postrzegali nacjonalizm niemal równie negatywnie jak rasizm. Nikt nie wydawał się *dumny z* bycia Holendrem.

Początkowo zdawało mi się, że Haweya dobrze czuje się w Kenii. Co dziesięć dni rozmawiałyśmy ze sobą przez telefon i moja siostra sprawiała wrażenie szczęśliwej. Mówiła nawet o poszukiwaniu pracy. W październiku najwyraźniej znów zachorowała. Przez telefon rozwodziła się nieskładnie, przeplatając każdą rozmowę religijnym majaczeniem. Ponownie słyszała głosy.

Zaproponowałam jej powrót do Leiden, ale stwierdziła, że obawia się Holandii. Kiedy zadzwoniłam następnym razem, powiedziała, że chce wrócić do Holandii, ale zgubiła paszport. Błagała o przyjazd i wydobycie jej stąd bez paszportu. Powiedziała, że mama niekiedy ją związuje, a Mahad ją bije. Zaczęła płaczliwie zawodzić: „Tracę czas, jestem coraz starsza, nic mi się w życiu nie udaje, zaszłam w ciążę".

Potem już Haweya nigdy nie podchodziła do telefonu. Rozmawiałam tylko z mamą, która przyznała, że siostra staje się coraz bardziej agresywna. Mama wiedziała, że Haweya jest w ciąży. Kiedy poruszyłam ten temat, skwitowała to z gorzką rezygnacją: „Widocznie Bóg tego chciał". Wysłałam pieniądze.

Na początku grudnia zadzwoniłam ponownie. Mama poinformowała mnie, że Haweya jest chora.

– Jeżeli chcesz zobaczyć swoją siostrę żywą, przyjedź teraz – powiedziała.

Był czas egzaminów w Leiden i nie wzięłam słów mamy poważnie. Myślałam o tym, żeby pojechać do Nairobi w okresie świąt Bożego Narodzenia. Jednak podczas miesięcy, kiedy zajmowałam się Haweyą, zostałam tak daleko w tyle z moimi studiami, że postanowiłam wykorzystać przerwę świąteczną na skończenie paru pisemnych prac.

Kilka dni po Nowym Roku, 8 stycznia 1998 roku, zadzwonił ojciec, żeby przekazać mi najgorszą wiadomość mojego życia:

– Haweya została zabrana przez Boga w swoją ostatnią podróż – powiedział.

Chorowała przez tydzień, po czym zmarła. Nie mogłam w to uwierzyć. Miałam wrażenie, jakby ktoś wyssał z pokoju całe powietrze. Wybuchłam płaczem, a ojciec pocieszał mnie:

– Nie, Ayaan. Nie powinniśmy płakać za Haweyą. Od Boga pochodzimy i do Boga wracamy. Ona jest z Bogiem. My wszyscy musimy nadal borykać się z życiem na ziemi, żeby zdobyć to, co ona już ma. Niech spoczywa w pokoju.

Nadal płakałam. Zabukowałam bilet na pierwszy możliwy lot. Przed wyjazdem na lotnisko włożyłam czarny płaszcz i na głowę chustę – ten sam strój, który miałam na sobie, kiedy przyjechałam do Europy.

Haweya została pochowana godzinę przed lądowaniem mojego samolotu w Nairobi. Nie zobaczyłam jej ciała, ani się z nią nie pożegnałam. Muzułmanie muszą pochować zmarłych w ciągu dwudziestu czterech godzin. Można zrobić wyjątek jedynie dla ojca lub męża. Jednak mój ojciec nie przyjechał na pogrzeb – przebywał w Somalii – a nikt nie poprosił o zrobienie wyjątku dla mnie.

Toteż kiedy przyjechałam, Haweya spoczywała już w ziemi. Usiadłam w zaniedbanym, małym pokoju, w którym mieszkała z matką, na brudnej ulicy w Eastleigh. Słuchałam opowieści matki o życiu z Haweyą w ciągu sześciu ostatnich miesięcy. Patrzyłam na cienkie pręty w oknach, wgniecione pod ciężarem ciała Haweyi i zbite szyby w oknach, na które się rzucała.

Mama i Haweya mieszkały w tym okropnym miejscu. To właśnie tutaj spały, gotowały, prały. Był to najbardziej przygnębiający pokój, jaki kiedykolwiek widziałam. Dziesiątki lat palenia w piecach na węgiel drzewny poplamiły łuszczące się ściany.

Mama opowiedziała mi, w jaki sposób Haweya umarła. Jej psychotyczne epizody stawały się coraz poważniejsze. Niekiedy musiało ją związywać kilku mężczyzn. Mama nie mogła nawet do niej podchodzić. Pewnej nocy rozpętała się burza z piorunami. Haweya stała w oknie, obserwując ulewę. Nagle powiedziała, że widziała Boga i wyskoczyła przez drzwi na zewnątrz. Była bosa i biegła bardzo szybko w ciemnościach wyboistą ulicą. Kiedy mama zaczęła wzywać pomocy, dwóch Somalijczyków ruszyło za nią w pogoń. Gdy przyprowadzili Haweyę, krwawiły jej kolana i krew spływała spomiędzy ud.

Zmarła tydzień po poronieniu. Sądzę, że była to infekcja. Nie wiem nawet, czy widziała lekarza.

Odebrało mi mowę. Byłam przerażona. Obawiałam się, że matka również może popaść w chorobę. W takiej sytuacji mogłaby próbować zabrać mój paszport i zatrzymać mnie w Nairobi. Tej nocy położyłam się na materacu, który należał do Haweyi z paszportem przywiązanym mocno do pasa.

Kiedy Haweya umarła, modliłam się. Odpowiednio się ubrałam i oddawałam pokłony, zgodnie z zaleceniami mamy. Prosiłam o spokój domowników, ale moje modlitwy były pozbawione głębszej treści. Co ważniejsze, siedziałam sama i błagałam Boga, żeby obdarzył Haweyę spokojem, ponieważ przeżyła piekło na ziemi. Myśl, że już dłużej nie cierpi, ale odpoczywa w ciszy, była zadziwiająco pocieszająca.

Moja matka była zgorzkniała, straciła całą siłę. Nic nie pozostało z dumnej, młodej kobiety, która opuściła swoją rodzinę w *miyé i* pojechała do Adenu, poślubiła mężczyznę, którego wybrała i walczyła, by uratować najbliższych pod rządami dyktatora. Jej marzenia przekształciły się w koszmar. Moja babka wyjechała, żeby zamieszkać z najmłodszą siostrą mamy w Somalii. Mama nadal mieszkała w Eastleigh, w dzielnicy, którą pogardzała, w kraju i mieście, których zawsze nie znosiła. Nie utrzymywała niemal żadnych kontaktów z członkami somalijskiej społeczności. Jej rodzina nie istniała: Mahad ją rozczarował, jedna córka opuściła, druga zwariowała, a następnie zaszła w ciążę. Spełnił się najstraszniejszy sen. To było znacznie gorsze niż śmierć Haweyi.

Po południu następnego dnia matka zaczęła pomstować: „Dlaczego Bóg mi to zrobił? Jak twoja siostra mogła wyrządzić mi taką krzywdę?". Nie mogłam znieść oskarżania Haweyi. Myślałam o znęcaniu się, wyzwiskach i biciu, których siostra doznała, kiedy byłyśmy małe. Wydawało się, że mamie nie przychodziło do głowy, iż mogła odegrać pewną rolę w złym losie, jaki spotkał Haweyę. Przypomniałam sobie telefoniczną rozmowę, gdy matka przekonała Haweyę, żeby opuściła swoich lekarzy, przerwała kurację w Holandii i wróciła do Nairobi, do tego okropnego pokoju, gdzie żyło się w nędzy i brudzie.

Próbowałam powiedzieć mamie o tym. Chciałam przeprowadzić z nią prawdziwą rozmowę, być może po raz pierwszy w moim życiu. Nie pozostało absolutnie nic z wyniosłej matki, którą pamiętałam. Była teraz nie tylko chuda, ale też zniszczona. Zrobiło mi się jej żal. Została z niej sama skóra i kości. Cierpiała na łuszczycę, a jej nogi pokrywały otwarte strupy spowodowane chorobą. Sprawiała wrażenie osoby bardzo nieszczęśliwej.

Miałam przy sobie 1000 dolarów i dałam je matce.

– Chcę, żebyś natychmiast wyprowadziła się z tego pokoju – powiedziałam. – Przyślę ci pieniądze. Pojedź do Somalii, do swoich braci i sióstr, do członków swego rodu. Nic ci nie pozostało w Nairobi. Haweya zmarła, Mahad nie ma żadnych planów, a ja tu nie wrócę. Nie masz przyjaciół, walczysz ze wszystkimi. Powinnaś wyjechać.

Czułam, że jestem teraz w domu głową rodziny.

– Proszę cię, żebyś sama odbierała pieniądze, które ci przesyłam. Nie chcę, żeby był w to zaangażowany Mahad – oświadczyłam.

Powiedziałam mamie, ile pieniędzy przeznaczonych dla niej posłałam Mahadowi – lekko licząc, 10 000 dolarów, które – jak mi mówił – wykorzystał, żeby wynająć jej dom w Westlands. Gniew sprawił, że nieco oprzytomniała.

Poszłam odwiedzić Halwę. Nadal mieszkała w domu swego ojca i wciąż spała w tej samej sypialni, ale odnosiłam wrażenie, jakby jakaś siła odebrała jej duszę. Kilka miesięcy po tym, kiedy wyjechałam z Nairobi w 1992 roku, żeby zamieszkać z Osmanem Musą, Halwa została w końcu wydana za mąż za swego kuzyna z Jemenu. Dyrygował nią i spodziewał się, że będzie mu usługiwać, chociaż był prymitywny i nigdy nie nauczył się czytać. Halwa nienawidziła męża, ale zaszła w ciążę. Gdy na świat przyszła jej córka, błagała ojca, żeby pozwolił jej się rozwieść. Ojciec niechętnie spłacił majątkową umowę małżeńską i mąż Halwy wrócił do Jemenu. Jej córka miała cztery lata. Była jedyną radością w życiu Halwy.

Następnego dnia wybrałam się zobaczyć nowo narodzonego syna Mahada. Bardzo polubiłam Sz'a, jego młodą żonę. Wydawała się być zaniedbywana: z pewnością nie spędzał z nią dużo czasu. Kiedy przyparłam Mahada do muru, powiedział, że był zły na Sz'a za to, że zaszła w ciążę. Zapytałam, czy stosowała środki antykoncepcyjne. Zaprzeczył. Sz'a miała liczyć dni, stosując metodę kalendarzyka małżeńskiego. Nie mogłam się powstrzymać: powiedziałam Mahadowi, jak głupie i płytkie było nieustanne oskarżanie kobiet o jego problemy. Kiedy jednak zobaczyłam, że reakcją brata jest narastający gniew, zacisnęłam zęby, by uniknąć kolejnego wybuchu: nie był to odpowiedni czas na podobne uwagi.

Następnie zapytałam o pieniądze, które mu posłałam. Mahad powiedział, że zainwestował w działalność handlową, ale jego wspólnik uciekł z nimi do Omanu. Jak zwykle on był ofiarą.

Przechadzałam się po mieście. Nairobi sprawiało przygnębiające wrażenie. Ulice były zniszczone, a telefony rzadko działały. Gospodarka została zrujnowana; ogromny wzrost biedy w tak krótkim czasie. Przemoc na ulicach stała się rutyną. Złodziejstwo i korupcja na masową skalę pod rządami Daniela Arapa Moia pozbawiały cały kraj energii i nadziei. Państwo pogrążyło się w chaosie. Nikt nie wierzył w poprawę sytuacji. Wydawało się, że to koniec wszystkiego.

Tej nocy przed powrotem do Holandii nie mogłam zasnąć.

Wczesnym rankiem przysłuchiwałam się samochodom jadącym z łoskotem przez ulice Nairobi i zdałam sobie sprawę, że już nigdy nie będę tu mieszkać. Moje życie, albo to, co z niego uczynię, miało już zawsze być związane z Holandią.

Kiedy wróciłam do Leiden po pogrzebie Haweyi, wydawało mi się, że działam jak pilot automatyczny. Moje uczucia wygasły. Wykonywałam prace domowe i w jakiś sposób udawało mi się załatwiać różne sprawy. Stopniowo życie zaczynało przybierać pewien kształt. Opuściłam kilka egzaminów i prac pisemnych, toteż miałam wiele do nadrobienia. Marco odnosił się do mnie z miłością: to pomagało.

Mój dawny chłopak, Abszir Abdi Ajnab, imam z Somalii, zadzwonił do mnie, by wyrazić swoje kondolencje. Powiedział mi, że mieszka w Szwajcarii i chciał mnie odwiedzić. Odtrąciłam go. Nie zamierzałam mieć nic wspólnego z moim dawnym życiem.

ROZDZIAŁ 14

Odejście od Boga

Powoli integrowałam się ze społecznością studencką, która nie była ani przewidywalna, ani stateczna, jak krąg moich znajomych w Ede. Geeske, a także inni przyjaciele w Leiden uważali się za agnostyków bądź ateistów. Elroy, najbliższy przyjaciel Marco, był gejem.

Przyjaciel Marco, Giovanni, i jego dziewczyna, Mirjam, zerwali ze sobą po powrocie Giovanniego z badań naukowych w Izraelu, gdzie przebywał przez trzy miesiące. Podczas jego nieobecności Mirjam zakochała się w jednym z kolegów Giovanniego – Olivierze. Zerwanie bardzo zasmuciło Giovanniego – byli razem od wielu lat – nie doszło jednak z tego powodu do honorowego zabójstwa. Nie pojawił się nawet cień przemocy. Mirjam miała absolutne prawo zakochać się w kimś innym, nawet jej matka tak uważała, chociaż przepadała za Giovannim. Byłam zafascynowana tą wizją zupełnie innego systemu moralnego.

W maju 1998 roku odbyły się wybory. Teraz, kiedy byłam Holenderką, mogłam głosować. Dużo o tym myślałam. Możliwość wybrania rządu w Holandii wydawała się odpowiedzialnością wielkiej wagi. Głosowałam, jak większość moich przyjaciół, na socjaldemokratę, Wima Koka z Partii Pracy. Moje serce znajdowało się po lewej stronie. Wybrałam Koka ze względu na jego poczucie sprawiedliwości i uczciwość. Obiecywał stworzenie nowych miejsc pracy, a ja mu wierzyłam. Miał doświadczenie, podobał mi się jego życiorys zawodowy i osiągnięcia. Chociaż byłam studentką nauk politycznych, pracującą w charakterze tłumaczki, nie przyszło mi wówczas do głowy, aby analizować stanowisko każdej partii w sprawach imigracji i integracji. Nie zastanawiałam się jeszcze, dlaczego imigranci byli tak nadreprezentowani w statystykach kryminalnych, liczbie bezrobotnych, czy problemach społecznych i jaką rolę odgrywał w tym rząd.

W styczniu 2000 roku polityczny komentator Paul Scheffer opublikował artykuł *Wielokulturowy dramat* w „NRC Handelsblad", powszechnie szanowanej wieczornej gazecie. Natychmiast stał się on w Holandii tematem gorących dyskusji. Wszyscy wyrażali o nim swoją opinię. Scheffer napisał, że ukształtował się nowy, etniczny margines społeczny imigrantów. Był on bardzo zaściankowy. Imigranci odrzucali wartości, które jednoczyły holenderskie społeczeństwo i tworzyli nowe, szkodliwe podziały społeczne. Nie wywierano wystarczająco dużego nacisku na przystosowywanie się imigrantów. Nauczyciele nie przywiązywali nawet znaczenia do uczenia dzieci imigrantów historii Holandii, toteż pod płaszczykiem tolerancji całe pokolenia spisano na straty. Scheffer twierdził, że nie ma w Holandii miejsca na kulturę, która odrzuca rozdział kościoła od państwa i odmawia praw kobietom i homoseksualistom. Przewidywał również niepokoje społeczne.

W owym czasie traktowałam z lekceważeniem obawy Scheffera. Holendrzy wydawali się żyć w absolutnym raju i mieli tendencję do nazywania każdego małego problemu kryzysem. Myślałam o Holandii lat dziewięćdziesiątych dwudziestego wieku jako o kraju, który ma kłopoty z powodu zbyt wielu możliwości wyboru, podobnie jak w Złotym Wieku, który przypadł na XVI wiek. Był to schludny, mały kraj, a jego mieszkańcy odnosili się do siebie przyjaźnie. Gospodarka dynamicznie się rozwijała. Pociągi przyjeżdżały na czas, chociaż znacznie mniej punktualnie od czasu, gdy zostały sprywatyzowane. Polityka była kolegialna i nawet przyjazna. W skład gabinetu politycznego wchodziły kobiety, a także homoseksualiści i wszyscy ogromnie ich szanowali. Nie wierzyłam, że ten kraj może naprawdę mieć problemy. Dla mnie słowa, których używał Scheffer – kryzys, wrzenie społeczne – wydawały się jedynie niepotrzebnymi pogróżkami dziennikarza.

Na ostatnim roku studiów musiałam skoncentrować się na pisaniu pracy magisterskiej. Politycy w Holandii raczej nie brali na siebie odpowiedzialności i nie postępowali zdecydowanie, wykazując wyraźną tendencję do szukania konsensusu, ich zdaniem lepiej procentującego w grze wyborczej, toteż woleli powierzać sędziom sprawy, które uważali za zbyt kontrowersyjne. Pomyślałam, że po uzyskaniu dyplomu mogłabym robić doktorat albo poświęcić się nauczaniu.

Wiosną 2000 roku mojemu ojcu, wówczas niemal niewidomemu z powodu zaćmy, udało się dostać wizę do Niemiec, gdzie miał przejść operację oczu. Pomogłam mu ją opłacić. Odwiedziłam go w Düsseldorfie. Prowadziłam przez całą drogę mojego Peugeota 206. W podróży towarzyszyła mi Mirjam. Marco i Corrie dołączyli do nas dzień później. Marco bardzo chciał spotkać się z moim ojcem. Ustaliliśmy, że Corrie i on będą udawać, że są parą, ponieważ nie byłam gotowa na dyskusję z ojcem o fakcie, że żyję w grzechu. Jeszcze nie teraz.

Abeh objął mnie. Wyglądał na znacznie starszego, ale jego zapach był dokładnie taki sam. Czułam się wspaniale, kiedy ponownie wziął mnie w ramiona. Początkowo rozmawialiśmy o sprawach ogólnych: o tym, co studiowałam, o polityce. Ojciec, jak zwykle, chciał mówić o Somalii, wielkim państwie, jakim pewnego dnia mogła się stać. Stwierdził, że chce muzułmańskiego rządu, sprawowania władzy zgodnie z prawami ustanowionymi przez Boga. Każdy system polityczny wymyślony przez człowieka był skazany na niepowodzenie.

Zajęłam odmienne stanowisko. Sama się zdziwiłam, że potrafiłam wypowiedzieć się tak zdecydowanie. Stwierdziłam, że boskie prawo nie będzie sprawiedliwe dla ludzi, którzy nie są muzułmanami. Nawet wyznawcy islamu mieli różne poglądy.

– Kto będzie ustanawiał prawo? – zapytałam ojca. – Władza duchownych jest totalitarna. Oznacza, że ludzie nie mogą dokonać wyboru. Ludzkość jest różnorodna i powinniśmy się z tego cieszyć – powiedziałam.

On zaś odparł:

– Musimy dołożyć wielu starań, żeby wszystkich nawrócić na islam.

Rozczarował mnie tą naiwną logiką i przygnębiającym brakiem realizmu.

Ojciec postanowił zająć się moim rozwodem. W najmniejszym stopniu nie czułam się mężatką. Osman Musa był dla mnie tylko mglistym wspomnieniem. Jednak dla mojego ojca była to sprawa istotna. Stwierdził, że nie powinien był zmuszać mnie do małżeństwa wbrew mojej woli. Należało mi pozwolić wybrać sobie męża, którego sama zaakceptuję. Sądzę, że chciał o sobie myśleć jak o kimś, kto przyznaje wolność. W głębi duszy wciąż pozostawał demokratą.

Abeh powiedział, że ze smutkiem obserwuje zachodzące we mnie zmiany. Doszedł do wniosku, że jestem zbyt przywiązana do dóbr doczesnych, gdy tymczasem moja duchowość pozostawiała wiele do życzenia.

– Nie będę nalegał, żebyś nosiła chustę – powiedział – ale proszę, zapuść włosy.

Obiecałam, że zastosuję się do jego prośby i faktycznie tak zrobiłam. Kiedy zapytał mnie, czy wciąż jeszcze się modlę, przytaknęłam. W pewnym sensie było to prawdą. Niektóre moje poglądy były niezgodne z muzułmańską wiarą, a jednak, w owym czasie, nadal postrzegałam siebie jako osobę wierzącą.

Kiedy we wrześniu 2000 roku otrzymałam dyplom uniwersytetu w Leiden, miałam prawie trzydzieści lat. Dodatkowy rok zajęło mi zrobienie magisterium. Uważałam, że powinnam być z siebie dumna. Zdobyłam solidne wykształcenie, stworzyłam nieco chwiejny, ale bliski związek i nawiązałam serdeczne przyjaźnie. Zarabiałam własne pieniądze. Zdobyłam sobie miejsce w Holandii pracą własnych rąk i umysłu.

Czułam się zachwycona faktem ukończenia studiów po tak wielu latach. Próbowałam zdobyć wizę dla ojca. Chciałam, żeby był obecny na uroczystości rozdania dyplomów. Niestety odmówiono mu wizy. Zadzwoniłam do matki. Powiedziałam, że uzyskałam stopień magistra nauk humanistycznych. Zrobiła niezręczną uwagę, wyrażając zdziwienie, że to właśnie ja z trójki jej dzieci ukończyłam uniwersytet. Prawdopodobnie nie chciała mnie zranić. W jej oczach byłam nadal najbardziej tępa spośród całego rodzeństwa.

Marco i ja wydaliśmy przyjęcie w Café Einstein, które często odwiedzało wielu studentów z Leiden. Johanna i Maarten przyjechali z Ede ze swoimi dziećmi, Irene i Janem. Uwielbiałam je i traktowałam, jak rodzeństwo. Maarten stanął na krześle i zaczął opowiadać zabawne historie o tym, jaka byłam, kiedy po raz pierwszy tu przyjechałam. Geeske pełniła rolę mistrza ceremonii, a rodzice Mirjam przygotowali wiele małych przystawek, co bardzo mnie wzruszyło. Kiedy pojawili się Mirjam i Olivier, poczułam się spięta. Obawiałam się, że dojdzie do sprzeczki z Giovannim, ale było to bezpodstawne. Okazało się, że Mirjam świetnie dogaduje się z nową dziewczyną Giovanniego, Albertine.

Cała grupa ludzi wokół mnie życzyła mi jak najlepiej. Musiałam skupić się teraz na planach na najbliższą przyszłość. Chciałam zdobyć odpowiednią pracę i zarabiać pieniądze, aby było nas z Marco stać na ładniejsze mieszkanie. Nie znosiłam dotychczasowego, wilgotnego mieszkania w budownictwie komunalnym na Langegracht, w którym dokuczały mi alergie. Przed Świętem Ofiar – id al-adha, niektórzy spośród naszych sąsiadów, Marokańczycy i Turcy, zarżnęli owce w piwnicy, gdzie trzymaliśmy nasze rowery. Wnętrzności leżały w śmieciach przez kilka dni, zanim zostały zabrane. Przypominało mi to obrazki z Eastleigh. Przez cały czas – w dzień i w nocy – panował hałas. Chciałam się stąd wyprowadzić, chociaż Marco powiedział, że jeszcze nas na to nie stać. Był bardzo oszczędny. Nie widziałam potrzeby, żebyśmy musieli czekać dłużej.

Postanowiłam nie kontynuować studiów na uniwersytecie. Mogłabym oczywiście robić doktorat i otrzymywać stypendium jako asystentka, ale było ono tylko nieco wyższe od minimalnej pensji. Nie moglibyśmy wówczas wyprowadzić się z Langegracht, ani też nie stać by mnie było, żeby pomagać mojej rodzinie w Afryce. Musiałam pracować. Nie chciałam jednak kontynuować pracy tłumaczki, którą postrzegałam jako odpowiednie zajęcie dla studentki a nie stałe zatrudnienie. Dlatego nie wiązałam z tłumaczeniem swojej przyszłej kariery. Chciałam też zdobyć więcej doświadczenia, zanim zajmę się badaniami naukowymi i nauczaniem. Wciąż jeszcze musiałam uzupełniać swą wiedzę z wybranych dziedzin, ale obawiałam się, że w sektorze prywatnym wszyscy powiedzą, że jestem za stara. Tak bardzo się tym denerwowałam, że wzięłam pierwszą posadę, którą mi zaproponowano, w firmie farmaceutycznej Glaxo.

Złożyłam tam podanie, ponieważ firma Glaxo pomagała ludziom. Wydawała miliony na badania nad AIDS i malarią: pracując tam, w pewien sposób mogłam w tym uczestniczyć. Była to wielka firma. Trafiłam do działu sprzedaży, ale istniała możliwość przeniesienia się do innego działu i z czasem awansowania. Oferowano dobrą pensję, firmowy samochód i dwutygodniowy kurs. Było to intensywne szkolenie w dziedzinie medycyny. Szczególnie szeroko omawiano bóle głowy i problemy układu oddechowego. Uczono na nim również, jak sprzedawać ludziom leki, co było prawdziwą rewelacją.

Miałam sprzedawać lekarzom lek na migrenę – Imigran. Pracownicy Glaxo omawiali z nami techniki, dzięki którym można przechytrzyć sekretarki lekarzy i umówić się na spotkanie. Uczono nas oceniać typ osobowości rozmówcy i dostosowywać do niego techniki sprzedaży w taki sposób, aby podczas każdego spotkania sprzedać reklamowany lek. Jeżeli wyczułeś, że lekarz jest typem despoty, należało powstrzymać swoją siłę perswazji i podkreślić, że uważasz go za niezwykle mądrą osobę. Trzeba było mu pozwolić dużo mówić, a następnie, reklamując lek, posługiwać się dokładnie tymi samymi słowami, co on. Podczas rozmowy z osobami o analitycznym umyśle początkowo w ogóle nie wspominało się o leku, tylko wdawało się od razu w długą dyskusję dotyczącą wszelkiego rodzaju migrenowych bólów głowy. Uznałam tego typu techniki za manipulację i stratę cennego czasu lekarzy, toteż po kilku tygodniach oddałam samochód, telefon i laptop. Tak skończyła się moja kariera w tej firmie.

Następnie zapisałam się do agencji pośrednictwa pracy tymczasowej, która skierowała mnie do pracy w charakterze kierownika biura departamentu gospodarki mieszkaniowej Rady Miejskiej Oegstgeest. Pracowałam tam przez dwa albo trzy miesiące. Sądziłam, że będę mogła od wewnątrz przyjrzeć się pracy rządowej.

Nad każdym podaniem o pozwolenie zbudowania poddasza czy zmiany kilku okien pracowała grupa ludzi. Pracownicy nie lubili się. Zatrudnionych było więcej urzędników służby cywilnej niż zadań do wykonania, toteż spędzali całe dnie na wzajemnych sprzeczkach. Każde pozwolenie musiało być kontrsygnowane przez dyrektorów i wyższych rangą przełożonych. Wszystko przebiegało niewiarygodnie powoli. Złożyłam podanie o przyjęcie do pracy w Ministerstwie Spraw Wewnętrznych. Jego rozpatrzenie zajęło sześć miesięcy. Przyjaciele, którzy pracowali w ministerstwach, potwierdzali, że praca w urzędach państwowych jest nudna i mało fascynująca i nie przynosi satysfakcji. A zatem wykluczyłam posadę w urzędach państwowych. Nie chciałam pracować w służbie cywilnej przez resztę życia.

Zaczęłam rozglądać się wokół z poczuciem narastającej paniki. Nieustannie zastanawiałam się, co będę robić. Pewnego ranka w marcu Marco spojrzał na mnie sponad gazety i zapiał z zachwytu:

– Znalazłem dla ciebie wspaniałą pracę.

Pokazał mi ogłoszenie. Wiardi Beckman Institute (Instytut Wiardi Beckmana), polityczne biuro Partii Pracy Wima Koka, szukało początkującego pracownika zajmującego się gromadzeniem materiałów.

Płacili mniej niż Glaxo, ale pracowało się jedynie cztery dni w tygodniu, a przez resztę czasu mogłabym zajmować się tłumaczeniami, żeby uzupełnić nasz budżet. Co ważniejsze, brzmiało to naprawdę interesująco. Moja praca polegałaby na zbieraniu istotnych pod względem politycznym i społecznym informacji dla partii, do której już należałam. Zakładano, że zespół doradców nie będzie ciałem zbiurokratyzowanym. Miał być mały, intelektualnie sprawny i ambitny.

Instytut Wiardi Beckmana zaoferował mi zatrudnienie w czerwcu 2001 roku. Byłam zachwycona. Miałam podjąć obowiązki pierwszego września. Natychmiast porzuciłam pracę w radzie miejskiej i wróciłam do tłumaczenia. Zarabiałam na tym znacznie lepiej, Marco i ja potrzebowaliśmy pieniędzy, żeby kupić dom.

Byłam zdecydowana znaleźć dla nas inne miejsce, w którym moglibyśmy mieszkać. Początkowo Marco towarzyszył mi w poszukiwaniach. Jednak ilekroć znajdowałam coś, co mi się podobało, Marco zapierał się, twierdząc, że jest za drogie albo zbyt odległe od centrum miasta. Nie miał ochoty się przeprowadzać, a zwłaszcza popaść w sidła ogromnej pożyczki bankowej. Chciał wydawać wszystkie oszczędności na podróże po świecie. Uważałam, że jego postawa jest niedojrzała. On z kolei wypominał mi moją niecierpliwość i rozrzutność.

Nasz związek zaczynał się psuć. Sprzeczaliśmy się od lat o drobnostki: organizację czasu i domowe wydatki. On musiał wszystko planować; ja nie znosiłam takich ograniczeń. Marco łatwo wpadał w złość; ja nigdy nie lubiłam na kogoś krzyczeć, a tym bardziej, gdy ktoś krzyczał na mnie. Myślałam już o tym, żeby z nim zerwać, kiedy zobaczyłam wspaniały, chociaż nieco podupadły dom przy wysadzanej drzewami ulicy, w pobliżu stacji kolejowej, z kominkami i drewnianymi podłogami. Marco powiedział, że jego renowacja kosztowałaby zbyt wiele.

Postanowiłam mimo wszystko kupić ten dom, bez Marco. Stwierdziłam, że zostaniemy przyjaciółmi – być może nadal będzie moim chłopakiem – ale nadszedł czas, żebym się wyprowadziła, zanim nasze relacje pogorszą się jeszcze bardziej. Corrie rozstała się ze swoim mężem, Koreszem. Po zastanowieniu, zgodziła się zamieszkać w Leiden i dzielić ze mną dom i kredyt hipoteczny. Poszłyśmy do banku: obie sporo zarabiałyśmy. W kwietniu Corrie i ja wprowadziłyśmy się do naszego domu.

Pewnego wieczoru oglądałyśmy telewizję, kiedy podano wiadomość o nauczycielach gejach nękanych przez marokańskie dzieci. Tego rodzaju tematy często w owych dniach pojawiały się w wiadomościach. Gdy czytałam gazety, cisnęły mi się na usta następujące pytania: „Co, znowu ci marokańscy chłopcy? Coś z nimi nie w porządku?". Toteż kiedy na ekranie pojawił się imam ubrany w tradycyjny strój, o typowym sposobie bycia, mówiący po arabsku, nastawiłam głośniej telewizję. Spoglądał w kamerę z wielkim przekonaniem i wyjaśnił, że homoseksualizm jest zaraźliwą chorobą, którą mogą zostać zakażeni uczniowie i uczennice. Stanowiło to – jak twierdził – zagrożenie dla ludzkości.

Pamiętam, że wstałam i powiedziałam:

– Jego poglądy są wyjątkowo wsteczne. Jest po prostu głupi!

Jako Somalijka nie dziwiłam się; tego typu postawa była mi dobrze znana. Jednak holenderska część mojej istoty była wstrząśnięta. Wywiad z imamem wywołał zamieszki, a ja usiadłam, napisałam artykuł i wysłałam go do „NRC Handelsblad". Stwierdziłam, że tego typu postawa jest dla islamu charakterystyczna, ponieważ religia ta nigdy nie przeszła przez proces oświecenia, który pomógłby ludziom zakwestionować sztywne podejście do tematu wolności jednostki. Ponadto islam przeciwstawiał się nie tylko prawom homoseksualistów do prowadzenia spokojnego życia. Każdy, kto był w klinice, w której dokonuje się aborcji lub w ośrodkach przeznaczonych dla kobiet, mógł bez trudu zauważyć, że obowiązujące w islamie zasady moralne prowadzą jedynie do cierpienia.

Moje oburzenie było spontaniczne: odkrywałam swoje opinie, pisząc na komputerze. Artykuł został zredagowany w formie krótkiego listu, sformułowany w uprzejmym, politycznie poprawnym języku i opublikowany w maju. Był to mój polityczny debiut.

Corrie i ja spędziłyśmy dwa miesiące na odnawianiu domu. Po zakończeniu prac renowacyjnych zaczęłam ponownie cieszyć się życiem. Zapraszałyśmy przyjaciół na organizowane w domu kolacje. Corrie przechodziła okres religijnych poszukiwań. Zastanawiała się często, do jakiego kościoła powinna się przyłączyć. Nawet Marco i ja pozostawaliśmy w bardzo dobrych stosunkach. Rozważaliśmy nawet kwestię powrotu do siebie. Lato upłynęło nam na przygotowywaniu wyszukanych potraw dla gości. Był to szczęśliwy czas wolności.

Trzeciego września zaczęłam pracę. Zespół doradców Partii Pracy zajmował małe biuro, a ja pełniłam funkcję niższego rangą pracownika zajmującego się gromadzeniem odpowiednich materiałów związanych ze skutkami stałego napływu imigrantów. Zaczynałam już wówczas postrzegać imigrację jako jeden z najważniejszych problemów, przed którym stanie Holandia w dwudziestym pierwszym wieku. Islam nie wydawał mi się wówczas najistotniejszą kwestią. Skupiłam się na badaniu imigracji, jej przyczyn i konsekwencji, z jakimi będzie się w najbliższym czasie zmagać państwo opiekuńcze. Należało się zastanowić, czy Partia Pracy powinna podtrzymywać bardziej restrykcyjną politykę w kwestii imigracji.

Holandia chciała zachować charakter państwa opiekuńczego, ale z pewnością nie mogła sobie pozwolić na oferowanie zasiłków całemu światu. Holendrzy musieli nałożyć pewne ograniczenia na wjazd nowych imigrantów do kraju. Pytanie brzmiało: Jakie? Planowałam zorganizować dyskusję wśród ekspertów, a wygłoszone przez nich referaty opublikować w książce. Nie opracowywałam strategii w tej dziedzinie, ale czuwałam, budowałam sieć doradców i zbierałam dla nich informacje. Oni natomiast mieli przedstawić program, jak rozwiązać powyższy problem. Moją partię interesował sposób, w jaki inne kraje poradziły sobie z tą kwestią i jak dużą imigrację może przyjąć państwo opiekuńcze, by nadal nim mogło pozostać?

Pewnego popołudnia, w drugim tygodniu mojej pracy, czytałam stare raporty, kiedy na dole wybuchł zgiełk. Wiedziona ciekawością zeszłam zobaczyć, co się dzieje. Chciałam poprosić tych ludzi, żeby zachowywali się ciszej.

Spora grupa tłoczyła się wokół odbiornika telewizyjnego, który odbierał kanał CNN. Westchnęłam. W owym czasie żywiłam uprzedzenia wobec Ameryki i amerykańskich środków przekazu. W Leiden napisałam referat na temat tak zwanego szumu w mediach, stawiając za przykład incydent Moniki Lewinsky. Podczas kiedy Billa Clintona postawiono w stan oskarżenia, stacja CNN nadawała program na żywo na temat zupełnie trywialnych aspektów jego życia seksualnego. Prezentowano też świętszego od papieża Kennetha Starra, domagającego się wymierzenia sprawiedliwości Clintonowi. Przypominało mi to w nieprzyjemny sposób o Idżaabo. Poświęcając tak wiele uwagi tej kwestii, media sprawiły, że wydawała się ona niezwykle ważna. Cały ten epizod sprawił, iż uważałam, że Amerykanie zachowują się histerycznie.

Kiedy więc tego popołudnia zobaczyłam kolejne hasło WIADOMOŚĆ DNIA, pomyślałam, że CNN wydobyło na światło dzienne kolejne mało istotne wydarzenie, żeby o nim bębnić. Ale gdy tam stałam, drugi samolot uderzył w World Trade Center. Prezenterka mówiła, że nie jest to wypadek – dwie katastrofy mogły być przemyślanym atakiem. Wciąż na nowo oglądaliśmy przerażającą relację o samolotach uderzających w wieże. Mocno zamykałam oczy i myślałam w języku somalijskim: „O Boże, proszę, by tylko nie zrobili tego muzułmanie".

Zdawałam sobie sprawę, że mogło się to stać zarzewiem międzynarodowego konfliktu. Kiedy wróciłam z pracy do domu, oznajmiłam Corrie:

– Amerykanie wezmą odwet. Nie są podobni do Holendrów – nie powiedzą: „Usiądźmy i porozmawiajmy o tym". To będzie trzecia wojna światowa.

Corrie poprosiła, abym się uspokoiła. Widziała moje zdenerwowanie.

Jednak tego wieczoru obejrzałyśmy kolejną relację, która wstrząsnęła mną jeszcze bardziej. W samej Holandii – w Ede, w mieście, w którym mieszkałam – ekipa telewizyjna, która filmowała uliczne sceny zaraz po uderzeniu samolotów w wieże Word Trade Center, nagrała grupę rozentuzjazmowanych muzułmańskich dzieci. Cała Holandia była tym poruszona, ale ja byłam znacznie bardziej przerażona niż większość ludzi. Corrie wciąż mi powtarzała: „To po prostu dzieci. To zwykła przesada. Gdyby nie było tam kamery, nic podobnego by się nie zdarzyło". W głębi duszy wiedziałam jednak, że było to zjawisko na szeroką skalę. Gdyby w okolicy ustawiono więcej kamer, zrobiono by podobne ujęcia.

Rankiem, dzień po ataku 11 września, kiedy wysiadłam z pociągu podmiejskiego, którym dojeżdżałam do pracy, spotkałam w drodze do biura Ruuda Koole'a, przewodniczącego Partii Pracy. Ruud był jednym z moich profesorów w Leiden. Przywitał się ze mną po imieniu – w Holandii nie przestrzega się specjalnie służbowej hierarchii – i jak wszyscy ludzie na świecie, zaczęliśmy rozmawiać o ataku na Word Trade Center. Ruud smutno pokiwał nad tym głową.

– To takie dziwne – powiedział – wiele osób utrzymuje, że ma to coś wspólnego z islamem.

Nie potrafiłam się powstrzymać. Zanim weszliśmy do biura, wyrwało mi się:

– Ależ to ma związek z islamem. Dokonano tego w imię wiary. Taki jest islam.

– Ayaan, oczywiście ci ludzie mogli być muzułmanami – stwierdził Ruud – ale jest to odłam muzułmańskich fanatyków. My również mamy ekstremistycznych chrześcijan, którzy dosłownie interpretują Biblię. Większość muzułmanów nie wierzy w te rzeczy. Rozumując w ten sposób, dyskredytujemy wyznanie, które jest drugą największą religią na świecie, cywilizowaną i pokojową.

Weszłam do biura, myśląc:

– Muszę obudzić tych ludzi.

Koole nie był w swojej postawie odosobniony. Holandia, ten szczęśliwy kraj, gdzie nigdy nic się nie dzieje, próbowała udawać, że nic się nie wydarzyło. Holendrzy zapomnieli, że ludzie są zdolni prowadzić wojnę, niszczyć mienie, zamykać w więzieniu, zabijać, czy narzucać prawa cnoty w imię Boga. Tego rodzaju religia nie była w Holandii obecna od wieków.

Nie było to odosobnione skrzydło szaleńców, które miało określony stosunek do Amerykanów i Zachodu. Wiedziałam, że ogromna rzesza muzułmanów będzie postrzegać ataki jako usprawiedliwiony odwet przeciwko niewiernym wrogom islamu. Wojna została wypowiedziana w imię mojej religii – islamu i teraz musiałam dokonać wyboru. Po której byłam stronie? Czułam, że nie mogę uniknąć tego pytania. Czy to naprawdę był islam? Czy islam zezwalał, a nawet nawoływał do tego rodzaju masakry? Czy ja, jako muzułmanka, aprobowałam ten atak? A jeżeli nie, to jakie zajmowałam stanowisko w sprawie islamu?

Rozmyślałam nad tymi pytaniami przez całe tygodnie. Nie mogłam wyrzucić ich z pamięci. Byłam sfiksowana na punkcie ataku z 11 września. Przeglądałam gazety i Internet. Wiedziałam, że na świecie odbyło się wiele demonstracji otwarcie popierających Osamę Bin Ladena. W północnej Nigerii setki ludzi zostało zabitych w zamieszkach. Przywódcy z całego świata odwiedzali stacje telewizyjne, wzywając muzułmanów do potępienia ataków, kierowali gorące apele odwołujące się do zasad moralnych, obecnych w islamie. Artykuły wzywały muzułmanów do przeciwstawienia się rzezi niewinnych ludzi. Kiedy je czytałam, czułam, jakby były skierowane do mnie.

Przywódca porywaczy, Mohamed Atta, poinstruował ich, że powinni umrzeć, jak przystało na dobrych muzułmanów. Posłużył się modlitwą, którą w chwili śmierci wypowiada każdy muzułmanin: prosi Boga o zgodę, żeby mógł stanąć u Jego boku, kiedy do Niego przyjdzie. Wszystko w tonie i treści tego listu było mi znajome. To nie był po prostu islam, lecz samo sedno islamu. Mohamed Atta wierzył, że oddaje swoje życie Bogu.

Ten człowiek był dokładnie w moim wieku. Czułam, jakbym go znała i faktycznie znałam wielu ludzi jego pokroju. Uczestnicy debat w muzułmańskim centrum dyskusyjnym, do którego chodziłam w Nairobi, napisaliby podobny list, gdyby znaleźli odwagę, aby zrobić to, co uczynił Atta. Gdybym z nimi została, być może dokonałabym takiego czynu, a może wyręczyłaby mnie w tym Idżaabo. Dziesiątki tysięcy ludzi w Afryce i na Bliskim Wschodzie myślało w ten sposób.

Podobną postawę prezentowała także część imigrantów przebywająca w Holandii. Każdy pobożny muzułmanin, który dążył do praktykowania prawdziwego islamu na wzór organizacji Braci Muzułmanów, islamu nauczanego w szkołach koranicznych Medyny, nawet jeżeli nie popierał czynnie ataku na World Trade Center, przynajmniej go aprobował. Nie była to jedynie grupa sfrustrowanych egipskich architektów z Hamburga. Osób o tego rodzaju poglądach było znacznie więcej. I nie miało to nic wspólnego z frustracją. Chodziło o wiarę.

W irytujący sposób analitycy – szczególnie arabiści, nieznający życia w muzułmańskim świecie – w swoich wywodach podkreślali zasługi islamu, który uratował spuściznę Arystotelesa. Dzięki muzułmańskim matematykom Europa już w średniowieczu, czyli przeszło osiemset lat temu, mogła się zapoznać z systemem dziesiętnym przejętym od Indusów. Pisali o islamie jako religii pokoju i tolerancji nieuciekającej się do stosowania przemocy. W tym zakresie, wyłączając niewątpliwe zasługi na polu nauki, były to nierzetelne opinie o islamie, nieposiadające nic wspólnego z rzeczywistym światem, który znałam.

W artykułach publikowanych w gazetach bardzo często pojawiały się następujące stwierdzenia: „tak, ale" – tak, zabijanie ludzi jest czymś strasznym, ale... Autorzy teoretyzowali o ubóstwie, które popycha ludzi do terroryzmu. Powoływali się na kolonializm i konsumpcjonizm, kulturę pop i szerzącą się pod wpływem Zachodu dekadencję, niszczącą kulturowe normy zachowania, co z kolei prowadziło do desperackich aktów przemocy. Wiem, że Afryka jest najbiedniejszym kontynentem. Jednak panująca tam bieda nie rodzi terroryzmu. Ludzie naprawdę ubodzy koncentrują swe myśli na zdobyciu prostego posiłku i nie snują destrukcyjnych planów. Zazwyczaj osoby o większym potencjale intelektualnym, rozgniewane na własne rządy, tłumnie emigrują do Europy czy USA. Czytałam artykuły napisane przez pracowników antyrasistowskich biur, w których twierdzono, że w Holandii narasta groźna fala islamofobii, a ukryte rasistowskie postawy Holendrów stały się teraz widoczne. Nic z tych pseudointelektualnych wywodów nie odpowiadało prawdzie.

W innych artykułach potępiano Amerykanów za „ślepe" poparcie dla Izraela, sugerując, że podobne incydenty, jak ten z 11 września, mogą się powtórzyć, jeśli konflikt palestyński nie zostanie rozwiązany.

W tego typu prognozy całkowicie nie wierzyłam. Ja sama, będąc nastolatką, mogłabym wiwatować z okazji ataku na World Trade Center, chociaż konflikt palestyński, kiedy mieszkałam jeszcze w Nairobi, był dla mnie całkowicie abstrakcyjny. Gdyby porywaczami okazało się dziewiętnastu Palestyńczyków, może nadałabym temu argumentowi większej wagi, ale tak nie było. Żaden z nich nie cierpiał biedy. Nie pozostawiono nawet listu, który zawierałby groźbę, że ataki będą przeprowadzane tak długo, dopóki Palestyna nie będzie wolna. Myślę, że o dokonanym zamachu zdecydowały przekonania religijne. Nie frustracja, ubóstwo, kolonializm czy Izrael: chodziło o postawy religijne i bilet w jedną stronę do nieba.

Większość artykułów analizujących postać Bin Ladena kładło główny akcent na fenomen takiej postaci, która potrafiła założyć sieć terrorystycznych organizacji. Przypominało to nieco analizowanie postaci Lenina i Stalina bez uprzedniego zapoznania się z dziełami Karola Marksa. To Prorok Muhammad był przewodnikiem moralnym, a nie Bin Laden, a zatem należało poddać ocenie wskazówki Proroka. Niewykluczone jednak, że rezultat tej analizy nie przypadłby mi do gustu. Co bym wówczas zrobiła?

Wideokasety i stare wywiady z Osamą Bin Ladenem zaczęły krążyć po stacjach telewizyjnych CNN i Al-Dżaziry. Były one pełne uzasadnień o konieczności totalnej wojny z Ameryką, która, wraz z Żydami, prowadziła nową wyprawę krzyżową przeciwko islamowi. Siedząc w pięknym domu, w prześlicznym Leiden, wydawało mi się, że słyszę majaczenie wariata, ale cytowane przez Bin Ladena wersety z Koranu brzmiały niepokojąco znajomo:

Kiedy więc spotkacie tych, którzy nie wierzą,
to uderzcie ich mieczem po szyi; *

A jeśli nie wyruszycie,
to ukarze was Bóg karą bolesną
i zmieni was na inny naród. **

---

* Koran, sura XLVII, w. 4, przeł. Józef Bielawski, Państwowy Instytut Wydawniczy, Warszawa 1986.

** Tamże, sura IX, w. 39.

A kiedy miną święte miesiące,
wtedy zabijajcie bałwochwalców,
tam gdzie ich znajdziecie;
chwytajcie ich, oblegajcie
*i przygotowujcie dla nich wszelkie zasadzki!**

O wy, którzy wierzycie!
Nie bierzcie sobie za przyjaciół
żydów i chrześcijan;
oni są przyjaciółmi jedni dla drugich.
A kto z was bierze ich sobie za przyjaciół,
*to sam jest spośród nich.***

Bin Laden cytował też *hadis*: „Dzień Sądu Ostatecznego nie nadejdzie, zanim muzułmanie nie stoczą walki z Żydami i nie zabiją ich"***.

Nie chciałam tego robić, ale czułam się zmuszona: sięgnęłam po Koran i *hadisy*. Zaczęłam je przeglądać, żeby sprawdzić, czy przytaczane przez Bin Ladena cytaty rzeczywiście pochodzą z tych źródeł. Nie sprawiało mi to żadnej przyjemności, ponieważ wiedziałam, że je tam znajdę, a nie chciałam kwestionować słowa Bożego. Musiałam jednak zapytać: czy ataki z 11września biorą się z autentycznej wiary w prawdziwy islam? A jeżeli tak, to co ja będę myśleć o islamie?

Osama Bin Laden powiedział: „Albo jesteś po stronie wypraw krzyżowych, albo po stronie islamu", a ja czułam, że islam na całym świecie znajduje się teraz w strasznym kryzysie. Z pewnością żaden muzułmanin nie mógł wciąż ignorować sprzeczności pomiędzy rozumem a wyznawaną przez siebie religią. Przez całe stulecia zachowywaliśmy się tak, jakby cała wiedza zawarta była w Koranie, odmawiając kwestionowania czegokolwiek, w tym również postępu.

---

* Tamże, sura IX, w. 5.

** Tamże, sura V, w. 51.

*** Słynna narracja znana pod tytułem *Obietnica kamienia i drzewa*. Opowiada historię o Abu Hurajnie, jednym z towarzyszy Proroka, który cytował wypowiedziane przez Proroka zdanie: „Dzień Sądu Ostatecznego nie nadejdzie, zanim muzułmanie nie stoczą walki z Żydami i nie zabiją ich".

Bardzo długo zaprzeczaliśmy wielkiej roli rozumu, ponieważ nie byliśmy zdolni stawić czoła potrzebie włączenia go w naszą wiarę. A to nie funkcjonowało; prowadziło jedynie do okropnego cierpienia i strasznego zachowania.

Nas, muzułmanów, uczono, by traktować życie na ziemi jako etap przejściowy, próbę, która poprzedza prawdziwe życie po śmierci. Podczas tej próby każdy powinien żyć w sposób, który będzie godny wyznawcy Proroka. Czy takie postępowanie nie hamowało poprawy jakości życia? Czy muzułmanie nie mogli zatem wprowadzać innowacji? Czy prawa człowieka, postęp, prawa kobiet, wszystko to było islamowi obce?

Oświadczając, że nasz Prorok jest nieomylny i nie pozwalając sobie na kwestionowanie Jego nauk, my, muzułmanie, zaakceptowaliśmy tyranię. Prorok Muhammad starał się uchwalać prawa dotyczące każdego aspektu życia. Pozostając wiernym Jego zasadom, co jest dozwolone, a co zakazane, stłumiliśmy w sobie możliwość samodzielnego myślenia i postępowania w sposób, w jaki chcemy. Poglądy milionów muzułmanów nadal tkwią na arabskiej pustyni w siódmym wieku. Nie byliśmy sługami Boga, ale Jego niewolnikami.

Mała klapka w moim umyśle, za którą znajdowały się wszystkie sprzeczne myśli, po atakach z 11 września otworzyła się gwałtownie i nie chciała się już zamknąć. Zaczęłam myśleć, że Koran nie jest świętą księgą, lecz historycznym zapisem sporządzonym przez ludzkie istoty. Jest to jedna z wersji wydarzeń, którą spisali ludzie żyjący 150 lat po śmierci Proroka Muhammada. Przedstawiony w niej obraz wydarzeń stanowi plemienne piętno i pozostaje na wskroś arabski. Propaguje kulturę brutalną, dogmatyczną, ogarniętą obsesją kontrolowania kobiet i okrutną w okresie wojen.

Prorok nauczył nas wielu dobrych rzeczy. Wiarę w życie po śmierci uważałam za duchowo inspirującą. Moje życie zostało wzbogacone przez koraniczne napomnienia, by być osobą pełną współczucia i okazywać miłosierdzie innym ludziom. Zdarzały się okresy, kiedy, podobnie jak wielu innych muzułmanów, miałam trudności z akceptacją pojęcia wojny przeciwko niewiernym. Większość muzułmanów nigdy nie zagłębiała się w teologię i rzadko czytała Koran. Uczono nas Koranu w języku arabskim, którym posługuje się niewielu muzułmanów. W rezultacie większość ludzi myśli, że islam jest religią pokojową. To za sprawą tych uczciwych i życzliwych osób zrodziło się błędne przekonanie, że islam jest religią tolerancyjną.

Nie mogłam już dłużej zaprzeczać, że islam jest systemem totalitarnym. Religia ta reguluje każdy aspekt życia i ujarzmia wolną wolę. Prawdziwy islam jest sztywnym systemem wiary i ściśle nakreśla strukturę moralną wiernych, prowadzi do okrucieństwa. Nieludzki czyn dziewiętnastu porywaczy był logiczną konsekwencją tego, w co wierzyli. Ich świat dzielił się na „nas" i „na nich" – jeżeli ktoś nie akceptował islamu, musiał zginąć.

Nie należało kroczyć tą drogą. Zachód miał za sobą okres wojen religijnych i prześladowań, potem jednak społeczeństwo uwolniło się od ucisku religijnego. Przypuszczałam – i nadal wierzę – że ten sam proces będzie zachodził także wśród milionów muzułmanów. My, muzułmanie, powinniśmy uwolnić się od dogmatów, które prowadzą do ignorancji i ucisku. Mamy to szczęście, że na rynku są dostępne liczne wartościowe książki, których treść mogłaby zainspirować muzułmanów do przekraczania kolejnych etapów rozwoju, podobnie jak zrobili to kiedyś Japończycy. Moglibyśmy przeanalizować dogmaty, a następnie natchnąć sztywne i nieludzkie tradycje wartościami postępu i nowoczesności. Każdemu należy zapewnić możliwość swobodnej wypowiedzi.

Aby zacząć myśleć w taki sposób, musiałam zrobić ogromny krok naprzód. To pozwoliło mi uwierzyć, że Koran jest relatywny – nie głosi prawd absolutnych, nie odzwierciedla dosłownych słów wypowiedzianych przez Boga, ale jest kolejną książką. Byłam również zmuszona odrzucić wyobrażenie o piekle, którego groźna perspektywa zawsze powstrzymywała mnie przed jakąkolwiek krytyką islamu. Pewnej nocy złapałam się na myśleniu: „A jeżeli istotnie tak jest, to co naprawdę sądzę o moim Bogu?".

Mniej więcej w tym czasie Abszir, młody imam z Somalii, ponownie skontaktował się ze mną telefonicznie. Od kilku lat mieszkał w Szwajcarii i był niedawno hospitalizowany. Następnego dnia miał być operowany na serce.

Rozmawialiśmy oczywiście o 11 września.

– Sprawdziłam cytaty, które Bin Laden i jego ludzie przytaczają z Koranu dla usprawiedliwienia ataków – powiedziałam. Odnalazłam je wszystkie. Skoro Koran jest ponadczasowy, to ustanowione zasady obowiązują każdego muzułmanina także i dzisiaj. Muzułmanie mogą zachowywać się w taki sposób, jeżeli pozostają w stanie wojny z niewiernymi. Koran nie zawiera jedynie opisów walk pod Uhud i Badr z siódmego wieku.

– Masz rację – zgodził się Abszir. – Jestem równie zdezorientowany jak ty. Zostałem zoperowany na serce, ale to ból głowy najbardziej mi dokucza.

Powiedział mi, że zaczął w Genewie uczęszczać na dyskusje o islamie. Prowadził je francuski filozof pochodzenia muzułmańskiego, Tarek Ramadan, który był wnukiem Hasana al-Banny, założyciela organizacji Braci Muzułmanów.

– W wyniku tych dyskusji czuję się jeszcze bardziej zagubiony – stwierdził. Ramadana otacza zawsze krąg słuchaczy. Głosi on na przykład taką tezę: „Prorok oświadczył, że islam jest religią pokojową, a zatem wspiera pokój".

– Tak – odparłam – ale wersety mówiące o pokoju w Koranie odnoszą się jedynie do życia wśród muzułmanów. Prorok powiedział także: „Walcz przeciwko niewiernym"*. Kim są niewierni i kto daje sygnał do prowadzenia wojny?

– To z pewnością nie Bin Laden jest autorytetem – stwierdził Abszir. – Nie możemy prowadzić wojny przeciwko całej półkuli zachodniej, nad którą muzułmanie nie sprawują władzy.

– Abszir – wtrąciłam – jeżeli mówimy, że Koran nie jest ponadczasowy, zatem nie jest też święty, nieprawdaż?

– Co masz na myśli? – zapytał.

– Przykro mi – powiedziałam – ale sądzę, że zbliżam się coraz bardziej do apostazji. Jest mi coraz trudniej wierzyć.

Po drugiej stronie zapanowała cisza. Po chwili jednak Abszir podjął rozmowę.

– Wydarzenie, o którym wspomniałaś na początku naszej rozmowy, wprawiło nas wszystkich w zakłopotanie. Żyjesz w dużym stresie.

* Tamże, sura IX, w. 73.

Gdy przebywa się w kraju niemuzułmańskim, zawsze trudno nabrać dystansu. Zrób sobie przerwę, wyjedź gdzieś. Powinnaś ponownie nawiązać kontakt z naszą rodziną, naszymi krewnymi. Jesteś zbyt odizolowana od rodu Osman Mahamud. Ayaan, jeżeli o tym myślisz, ryzykujesz piekło.

– Kwestionowanie świętości Koranu – powiedziałam – oznacza też kwestionowanie istnienia piekła i nieba.

– To niemożliwe – obruszył się Abszir.

– Nie chodzi tylko o to – odparłam. – Wszystkie te anioły i dżiny, być może słabo rozumiem religię, wciąż jednak nie widzę dowodu na ich istnienie. Abszir, oglądałam tu, na Zachodzie, wiele muzealnych obrazów. Czy istoty w białych strojach, o pucołowatych policzkach to anioły?

– Nie, muzułmańskie anioły są zupełnie inne – powiedział Abszir. – Nie mają skrzydeł.

– Wiesz, teraz zapytam cię, jak wyglądają, a ty mi powiesz, że nie wiesz, ponieważ Bóg ujawnia różne rzeczy wtedy, kiedy przyjdzie na to pora.

– Kocham cię – powiedział Abszir. – Ja też jestem zdezorientowany. Atak na Word Trade Center miał istotnie ogromny wpływ na nas wszystkich. Proszę na koniec, nie zbaczaj z drogi wiary, Ayaan. Postaraj się wypocząć.

Życzyłam mu wiele szczęścia i moralnej siły, żeby znalazł wyjście z tego dylematu. Abszir był inteligentny, wspaniałomyślny i pełen współczucia, ale dręczył go strach. Przerażała go wizja anioła, który złoży mu wizytę po śmierci i zapyta o lojalność wobec Boga i Proroka. Obawiał się, że nie zda tego egzaminu i będzie go czekał wieczny ogień piekielny. Pożegnaliśmy się z zakłopotaniem i odłożyliśmy słuchawki. Wiedziałam, że nie będę z nim więcej rozmawiać.

W listopadzie 2001 roku uczestniczyłam w debacie odbywającej się w domu zwanym „The Balie". Zorganizował ją dział recenzji „Litera i Duch", gazety „Trouw", którą redagowało dwóch dziennikarzy, Jaffe Vink i Chris Rutenfrans. Dział recenzji szybko stawał się czymś w rodzaju dyskusyjnego forum o relacjach między islamem a Zachodem.

Publikowano tu wszelkiego rodzaju artykuły pisane przez ludzi niekoniecznie podzielających pogląd, że islam jest religią pokojową, która potrafi ochronić dorobek innych cywilizacji, między innymi dzieła greckich filozofów. Dyskusja w „The Balie" nosiła tytuł: „Zachód czy islam: kto potrzebuje Voltaire'a?".

Kolejni mówcy popierali tezę, że na Zachodzie potrzebny jest nowy Voltaire. Zwracali uwagę na wszystkie nieprawidłowości Zachodu: arogancję, dokonywanie inwazji na inne kraje, neokolonializm i dekadencję systemu, który stworzył społeczeństwa konsumpcyjne. Były to typowe argumenty. Pod koniec wystąpił pochodzący z Iranu Afszin Ellian, profesor prawa karnego na Uniwersytecie w Amsterdamie, który stwierdził ze swadą, że islam potrzebuje krytycznej odnowy.

Nadszedł czas generalnej debaty wśród słuchaczy. Większość osób wydawała się zgadzać z mówcami, którzy krytykowali Zachód w takim lub innym aspekcie. Postanowiłam zabrać głos. Podniosłam rękę, a gdy podano mi mikrofon, powiedziałam:

– Dzisiejsza debata ukazała, jak wielu Voltaire'ów ma Zachód. Nie odmawiajcie i nam prawa do posiadania własnego Voltaire'a. Spójrzcie na nasze kobiety i na zamieszkiwane przez nas kraje. Zobaczcie, jak uciekamy i prosimy tu o schronienie. Przypatrzcie się ludziom, którzy w swoim szaleństwie używają samolotów do niszczenia wieżowców. Pozwólcie nam na Voltaire'a, ponieważ naprawdę żyjemy w mrokach średniowiecza.

Kiedy skończyłam, podniósł się las rąk. Głos w dyskusji chcieli zabrać liczni muzułmanie. Wielu ludzi przychodziło na te debaty w Amsterdamie, toteż obecność muzułmanów była naturalna. Jednak niemal wszyscy wyznawcy islamu wydawali się bardzo rozgniewani wypowiedziami profesora Afszina Elliana i moją. Mówili o Averroesie i ocaleniu dzieł filozoficznych Arystotelesa, a także o tym, jak muzułmańska nauka wprowadziła zero do zapisu dziesiętnego. Przytaczali też inne przykłady wpływu, jak miał islam na światową naukę. Było to irytujące. Co zatem się stało z muzułmańską cywilizacją od 1200 roku? Nie mogłam jednak przejąć mikrofonu. Siedziałam jedynie z wiele mówiącą miną i wydętymi wargami.

Kiedy debata dobiegła końca, Afszin podszedł do mnie i powiedział:

– Ty sama jesteś małym Voltaire'em. Skąd się wzięłaś?

– Pochodzę z Somalii – odparłam, a Afszin stwierdził:

– Wiem, że nasza muzułmańska cywilizacja zostanie uratowana przez kobietę.

Był bardzo miły. On sam był uchodźcą.

Kiedy rozmawialiśmy, podszedł do nas Chris Rutenfrans, jeden z redaktorów dodatku „Trouw". Przedstawił się i zwrócił się do mnie:

– Czy nie napisałabyś artykułu przedstawiającego poglądy, które przed chwilą tu wyraziłaś?

Powiedziałam, że będę uszczęśliwiona, mogąc spełnić to zamówienie i przez kilka kolejnych dni pracowałam jak szalona. Nie mogłam jednak publikować artykułów, nie pokazując ich mojemu szefowi w biurze Wiardi Beckmana, ponieważ gazeta miała mnie przedstawić czytelnikom jako członka zespołu doradców pracującego w instytucie. Kilka dni później pokazałam roboczą wersję artykułu mojemu dyrektorowi, Paulowi Kalmie. Był poirytowany jego treścią. Stanowiliśmy zespół doradców, płacono nam za myślenie, on zaś teoretycznie opowiadał się za wolnością słowa, nie mogłam jednak napisać podobnych rzeczy. Zaszkodziłoby to Partii Pracy. Nawet gdybym podpisała artykuł tylko swoim nazwiskiem, nie podkreślając przynależności do instytutu, w chwili, kiedy muzułmanka opublikowałaby tego rodzaju artykuł, wszyscy rasiści i islamofobi natychmiast by się go uczepili.

– To nie ma znaczenia – powiedziałam Paulowi – ponieważ, kiedy coś jest prawdą, to nią pozostaje.

Był to jednak delikatny okres w holenderskiej polityce. Pim Fortuyn, zupełnie nieznana postać w holenderskiej polityce, zaczął zyskiwać błyskawiczną popularność. Przysparzały mu jej trafnie poczynione obserwacje, takie jak to, że mniejszości etniczne nie opowiadały się w dostatecznym stopniu za holenderskimi wartościami. Fortuyn podkreślał, że muzułmanie będą wkrótce stanowić większość w głównych miastach Holandii. Mówił, że przeważnie nie akceptują oni praw kobiet i homoseksualistów, jak również podstawowych zasad, które stanowią sens demokracji. Zamiast otwarcie zająć się kwestiami poruszonymi przez Fortuyna, Partia Pracy postanowiła ich unikać.

Paul Kalma był uczciwym i wartościowym człowiekiem. Bardzo się lubiliśmy. Próbował mnie ustrzec przed schlebianiem rasistom. Toteż zredagował artykuł i był pewien, że potencjalni rasiści nie będą mogli go zelżyć.

W owych dniach, szczególnie w kręgach Partii Pracy, ludzie zawsze byli pozytywnie nastawieni do islamu. Jeżeli muzułmanie chcieli meczetów, oddzielnych cmentarzy i rytualnych rzeźni, budowano je. Wyznawcy islamu mieli własne domy kultury, w których z reguły szerzyły się fundamentalistyczne poglądy. Jednak członkowie Partii Pracy zazwyczaj lekceważyli podobne zjawiska, tłumacząc, że jest to normalna reakcja. Mówili, że imigranci zostali wysiedleni, toteż przejściowo będą się trzymać tradycyjnych poglądów, które z upływem czasu odejdą w zapomnienie. Nie pamiętali już, ile wysiłków i czasu zajęło Europie otrząśnięcie się z obskurantyzmu i nietolerancji i jak trudna była to walka.

Kiedy Somalijczycy powiedzieli mi, że nie mają ochoty mieszkać w dzielnicach *gaalo*, zdawałam sobie sprawę, że chcieli w ten sposób uniknąć kontaktu z bezbożną Holandią. Mimo to, holenderscy urzędnicy zawsze postrzegali tego typu zachowania jako naturalne pragnienie stworzenia odrębnej społeczności. Kiedy muzułmanie domagali się własnych szkół, uważałam, że zmuszają dzieci do ślepego podporządkowania się określonym poglądom. Holendrzy natomiast powoływali takie instytucje do życia. Gdy z każdego mieszkania w budownictwie komunalnym zaczęły wyrastać anteny satelitarne, nastawione na telewizję marokańską albo turecką, moi koledzy z Partii Pracy traktowali to jako naturalne pragnienie podtrzymania kontaktu z ojczystym krajem.

Jednak wraz z antenami satelitarnymi rozpowszechniło się zjawisko głoszenia kazań, a zatem swoiście prowadzona indoktrynacja. Pojawili się domokrążni kaznodzieje rozprowadzający kasety, podobnie jak robił to Bokol Sawm w Eastleigh. W wielu dzielnicach imigrantów znajdowały się sklepy, w których sprzedawano tradycyjne stroje, dywany, kasety, DVD, a także książki traktujące o tym, jak być dobrym muzułmaninem na terytorium niewiernych. Kiedy nie można już było ignorować liczby kobiet noszących chusty na ulicach, moi koledzy z Partii Pracy ciągle widzieli w nich niedawne imigrantki, które wkrótce porzucą tę praktykę. Nie zdawali sobie sprawy, że było to drugie pokolenie ponownie odkrywające swoje „korzenie". Zostało ono poddane praniu mózgu przez tak dobrze znany mi żargon: *tawhid, kufr, nikczemny Żyd.*

Kiedy mój artykuł został opublikowany, dostałam dziesiątki listów od czytelników. Wyrażali swoją aprobatę dla mnie, pisząc: „Jakie to cudowne, że ktoś taki jak ty istnieje. Czy słyszałaś o Spinozie?". Otrzymałam zaproszenie na sympozjum o Spinozie w Instytucie Tomasza Manna. Wróciłam do moich podręczników o epoce oświecenia i przeczytałam wszystko o znanym filozofie. Pomyślałam o zdarzeniach, które łączą ludzi, ponieważ oboje byliśmy uchodźcami. (Rodzina Spinozy wyemigrowała do Holandii w 1600 roku, by uciec przed Inkwizycją w Portugalii).

Otrzymałam szereg innych zaproszeń. Jedno ze spotkań miało się odbyć w małym holenderskim mieście Hengelo. Organizatorzy prosili, bym wygłosiła na nim w grudniu pięćdziesiąte z rzędu, coroczne przemówienie o wolności i prawach człowieka. Tytuł wieczoru był następujący: „Czy powinniśmy obawiać się islamu?". Powiedziałam o tym Paulowi Kalmie, a on zapytał:

– Jaka jest twoja odpowiedź?

– Cóż, tak i nie – odparłam.

Uznał, że to ciekawa propozycja i powinnam w spotkaniu uczestniczyć.

Byłam zdenerwowana. Nigdy przedtem nie pisałam przemówienia. Pokazałam projekt wystąpienia Chrisowi Rutenfransowi z „Trouw". Chciał to opublikować; poprosiłam go, żeby najpierw pozwolił mi wygłosić przemówienie. Kiedy jednak poprosiłam Paula o pozwolenie i pokazałam mu, co napisałam, spurpurowiał ze złości. Stwierdził, że personalnie atakuję ministra integracji, a nawet burmistrza Amsterdamu, Joba Cohena, który był czołowym działaczem naszej Partii Pracy. Faktycznie moją intencją było podroczenie się z nimi. Chciałam im udowodnić, jak bardzo się mylą, sądząc, że muzułmanie będą się najlepiej integrować wówczas, jeżeli zostaną zaspokojone ich żądania izolacji i segregacji. Paul powiedział mi, że ma obowiązek chronić mnie przed wyrażaniem tego typu prawicowych poglądów.

Wszystko, cokolwiek napisałam o islamie, okazywało się sprawą znacznie bardziej delikatną niż jakikolwiek inny temat, który mogłam wybrać. Zmieniłam kilka określeń. Nauczyłam się już, że w tych kręgach konflikty rozwiązuje się w sposób wyrafinowany i pełen hipokryzji.

Kiedy powiedziałam Chrisowi Rutenfransowi, że mam inną wersję przemówienia, natychmiast zorientował się, że mój szef zasugerował mi złagodzić ton wystąpienia. Zadzwonił do Paula i odbyli burzliwą rozmowę. W następny weekend poprawiony artykuł ukazał się w „Trouw". Jednak tydzień później Jaffe Vink, współredaktor Rutenfransa pracujący w dodatku, napisał artykuł o sprzeczce, jaka miała miejsce między mną a Paulem Kalmem. Zacytował cały materiał, który Paul polecił mi usunąć, między innymi porównanie Joba Cohena do ajatollaha.

Dwa dni później odbyło się zebranie rady członków zarządu w Wiardi Beckman Institute z samym Jobem Cohenem. Mój artykuł, a także artykuł Vinka w „Trouw" znalazły się na porządku dziennym posiedzenia. Zachowywałam milczenie. Paul Kalma powiedział członkom zarządu:

– Ayaan znajduje się na początku swojej kariery. Jest bystra, ale nie powinna była posunąć się aż tak daleko.

Cohen zapytał go:

– Czy opis sprzeczki zamieszczony w „Trouw" jest prawdziwy?

Paul odpowiedział:

– Oczywiście nie chciałem, żeby Ayaan przypuściła tego rodzaju atak. Jesteśmy członkami tej samej partii. Konflikt powinien być rozwiązany za zamkniętymi drzwiami, a nie w gazecie.

Cohen warknął:

– Ma prawo napisać to, na co ma ochotę. Nie przeszkadza mi w najmniejszym stopniu, że zostałem nazwany ajatollahem. Tym, co mi się nie podoba, jest cenzura.

Spojrzał na mnie i powiedział:

– Przeczytałem, co napisałaś i chcę mieć możliwość powiedzenia, że się z tobą nie zgadzam. To jest instytut, w którym powinno się myśleć. O ile przytoczone argumenty mają sens, powinnaś napisać, co uważasz za słuszne.

Poraził mnie swoją otwartością.

Cohen kontynuował następnie, że Partia Pracy powinna poświęcić więcej czasu na przemyślenie tych tematów. Był podsekretarzem stanu do spraw migracji. Stwierdził, że nie chodzi o samą imigrację: należy się teraz skoncentrować na szokującym braku pozytywnych wyników w integrowaniu dzieci i wnuków imigrantów w holenderskim społeczeństwie.

– Ayaan – powiedział – może zajęłabyś się tymi sprawami?

Pomyślałam, że jest bohaterem.

Zaczęłam czytać wszystko, co wpadło mi w ręce na temat imigracji i integracji. W zasadzie uważałam, że problem ten przypomina dylematy ludzi z ubogich, wiejskich terenów Somalii, którzy – gdy osiedlili się w miastach – czuli się obcy wśród fascynującej technologii, łatwych pieniędzy i jasnych świateł, natomiast przestrzegane przez nich do tej pory wartości stały się zagadkowym szyfrem. Pytanie polegało na tym, jak się przystosować.

W lutym uczestniczyłam w konferencji na temat islamu w Europie, zorganizowanej przez europejskie partie socjaldemokratów w Granadzie, w Hiszpanii. Wszyscy obecni uważali, że z łatwością, w pokoju i harmonii, powołają do życia instytucje zajmujące się islamem europejskim. Wyrażali raczej pobożne życzenia, zapominając o drobiazgowej analizie sytuacji. Zamknięte, niewielkie środowisko tak zwanych ekspertów na temat imigracji w Europie karmiło się od dziesięcioleci wypracowanymi opiniami; ich podejście do tych kwestii opierało się głównie na czynnikach socjoekonomicznych. Sądziłam, że potrzebujemy szerszej kulturalnej analizy integracji imigrantów. W przeszłości holenderscy socjaldemokraci obwiniali Kościół katolicki za utrzymywanie ludzi w biedzie i ciemnocie. Byłam tylko niższym rangą pracownikiem, ale pomyślałam sobie w duchu: „Kiedy zaczną przyglądać się islamowi?".

Z pewnością islam wywierał ogromny wpływ na słabsze wyniki integracji w Holandii. W miarę jak robiłam dalsze badania, stawało się jasne, że spośród wszystkich imigrantów w Holandii, najmniej zintegrowani są muzułmanie. Najwyższe bezrobocie wśród imigrantów dotykało Marokańczyków i Turków, stanowiących największy procent muzułmanów, chociaż ich przeciętny poziom umiejętności zawodowych był podobny do pozostałej populacji imigrantów. Ogólnie rzecz biorąc, muzułmanie w Holandii ubiegali się znacznie częściej o pomoc z opieki społecznej i niewspółmiernie częściej byli sprawcami przestępstw.

Jeżeli muzułmańscy imigranci odbiegali od innych grup imigrantów, czy można było sądzić, że jednym z powodów był islam? Islam wywiera wpływ na każdy aspekt życia swoich wyznawców. Kobietom odmawia się w imię tej religii przysługujących im społecznych i ekonomicznych praw, a pogrążone w ciemnocie matki wychowują niedouczone dzieci. Synowie, którzy w okresie dorastania przyglądają się maltretowaniu swych matek, również będą używać przemocy. Dlaczego zadawanie tego rodzaju pytań uznawano za przejaw rasizmu? Dlaczego postawą antyrasistowską określano odrzucanie takiego rodzaju zachowań, które utrwalały jedynie nędzę? Bierna postawa, której kwintesencją jest wyrażenie *Insz'Allah* – „jeżeli Bóg pozwoli" – tak silnie dominująca w islamie, spowalnia ludzką energię i wolę, by ulepszyć świat? Jeżeli wierzysz, że Bóg przesądza o wszystkim, a życie na ziemi jest jedynie etapem przejściowym, swego rodzaju poczekalnią do życia przyszłego, czy wiara ta nie ma związku z fatalizmem, który zwiększa tylko skalę ubóstwa?

Zaleciłam, żeby zespół doradców zorganizował gremium ekspertów. Ich zadanie polegałoby na bliższym przyjrzeniu się, czy wysokie bezrobocie, przestępstwa i problemy społeczne wśród imigrantów były również spowodowane przez kwestie kulturowe oraz wiarę. Kiedy dostrzeżemy przyczyny nędzy imigrantów, spróbujemy zmienić ich mentalność przez otwartą akcję informacyjną i odpowiednio nakierowane kształcenie.

Większość kobiet w Holandii mogła sama spacerować po ulicach, ubierać się mniej lub bardziej wyzywająco, pracować, cieszyć się własną pensją i wybrać sobie mężczyznę, którego chciałyby poślubić. Miały możliwość uczęszczania na uniwersytet, podróżowania, kupowania nieruchomości. Tymczasem większość muzułmańskich kobiet w Holandii nie mogła tego robić. Czy zatem można było twierdzić, że islam nie ma nic wspólnego z tą sytuacją? I jaką drogę należało wybrać, by zmienić położenie muzułmańskich kobiet i uczynić je możliwym do zaakceptowania w nowoczesnym państwie.

Gdy ludzie mówią mi, że stosowanie tego typu argumentacji jest rzeczą niewłaściwą – że jest to obraźliwe i niefortunne – buntuje się moje poczucie sprawiedliwości. Kiedy wreszcie nadejdzie właściwy moment, gdy otwarcie będzie można mówić o tych sprawach? Holenderscy rodzice wychowują swoje córki w taki sposób, aby stały się samodzielne. Wielu, być może większość muzułmańskich rodziców wychowuje je na potulne i uległe istoty. W rezultacie dzieci i wnuki imigrantów w niczym nie przypominają młodych Holendrów i Holenderek. Myślałam o Johannie, o tym, jak wyjaśniała ona różne rzeczy swoim dzieciom. Tłumaczyła im, w jaki sposób podejmować właściwe decyzje i bronić swoich racji. Jej mąż był również zaangażowany w wychowanie dzieci. Johanna była samodzielną kobietą, która wybrała partnera sama i zdecydowała, ile będą mieć dzieci i kiedy. Z pewnością była zupełnie inną matką niż dwudziestoletnia Somalijka mieszkająca w komunalnym osiedlu. Dlaczego nie pozwalano nam przyjrzeć się wpływowi tego typu czynników na dzieci?

Uważałam, że holenderski rząd nie powinien finansować szkół koranicznych, ponieważ odrzucały one wartości uniwersalnych praw człowieka. W szkołach tych nie wszyscy ludzie są równi. Ponadto nie przestrzega się w nich wolności słowa ani sumienia. W szkołach muzułmańskich nie udaje się rozwinąć inwencji twórczej – w dziedzinie sztuk pięknych, muzyki, czy dramaturgii. Tłumione też są zdolności krytyczne, ponieważ mogłyby doprowadzić dzieci do zakwestionowania swoich przekonań. Zaniedbywane są przedmioty, które pozostają w sprzeczności z nauczaniem islamu, takie jak ewolucja i seksualność. Nauczanie odbywa się metodą pamięciową, a nie poprzez zadawanie pytań. Wpajana jest również, szczególnie dziewczętom, uległość. Nie wdraża się dzieci do życia w społeczności szkolnej i lokalnej, co powoduje późniejsze trudności integracyjne.

Wywoływało to ogromne dylematy. Zgodnie z artykułem dwudziestym trzecim konstytucja Holandii zezwala na powoływanie do życia szkół religijnych. Gdyby władze zamknęły tylko szkoły muzułmańskie, pozwalając na inne formy prywatnego szkolnictwa, byłaby to dyskryminacja. Pomyślałam, że nadszedł czas rozpoczęcia debaty na temat finansowania szkół religijnych. Holandia stała się społeczeństwem imigrantów, z obywatelami wywodzącymi się z różnych środowisk religijnych: hinduistów, buddystów, jak również muzułmanów. Być może każdy, również dzieci holenderskie, powinny dorastać wśród dzieci innych narodowości i wyznań. Niewykluczone, że artykuł dwudziesty trzeci konstytucji powinien zostać zniesiony. Środki rządowe byłyby lepiej spożytkowane, gdyby powstały szkoły neutralne ideologicznie, które zachęcałyby dzieci do zadawania pytań i szacunku dla innych.

Moje poglądy na kwestie oświaty denerwowały Paula Kalmę. Uznawał mnie już nie za osobę o prawicowych poglądach, ale zdeklarowaną komunistkę.

– Czy zdajesz sobie sprawę, co ten artykuł konstytucji oznacza dla Holandii i dla przeciętnego Holendra? – zapytał mnie. – Czy nie znasz historii konfliktu, który go poprzedził? Czy rzeczywiście sądzisz, że artykuł ten zostanie zmieniony tylko ze względu na kwestię integracji?

– A więc to tak! Nie jesteśmy już zespołem doradców? Czy nie powinniśmy zastanawiać się dogłębnie nad pewnymi rzeczami? Przybycie imigrantów do tego kraju wywrze wpływ na holenderskie społeczeństwo. Nadszedł zatem czas, żeby się z tym zmierzyć.

Tęsknię za tymi dniami, kiedy prowadziliśmy wszyscy ostre, lecz przyjazne dyskusje.

W maju 2002 roku Corrie i ja postanowiłyśmy wyjechać na wakacje. Pomyślałam, że Abszir być może miał rację: potrzebowałam odpoczynku. Pojechałyśmy na Korfu. Wzięłam ze sobą małą brązową książeczkę, *Manifest ateisty*, którą pewnego dnia podczas sprzeczki wręczył mi Marco.

W chwili, kiedy ją otrzymałam, poczułam, jakby ofiarował mi swoją świętą księgę, to tak jakbym ja wcisnęła mu Koran i to mnie zraziło. Teraz jednak chciałam przeczytać *Manifest ateisty i* zastanowić się nad tym. Zadawałam sobie pytania, które stanowiły tabu. Zgodnie z moim wychowaniem, jeżeli nie wierzyłam w Boga, byłam wyznawcą Szatana. Nie mogłam jednak zająć się problemami Holandii, jeżeli nadal miałam pytania dotyczące wiary.

Zanim wyjechałyśmy, powiedziałam Corrie:

– Mam ogromne wątpliwości co do kwestii istnienia Boga i życia po śmierci. Chciałabym przeczytać tę książkę, kiedy będziemy na urlopie i przemyśleć poruszane tam zagadnienia. Czy czujesz się urażona?

– Absolutnie nie. Doskonale to rozumiem. Będę cię w tym wspierać, podobnie jak ty podnosiłaś mnie na duchu, kiedy żywiłam te same wątpliwości.

Przeczytałam książkę, zdumiewając się klarownością wywodów i frywolnością autora. Ale tak naprawdę nie musiałam jej nawet czytać. Samo to, że spoglądałam na nią i chciałam się zapoznać z jej treścią, świadczyło o moim zwątpieniu, z czego zdawałam sobie sprawę. Zanim przeczytałam cztery strony, znałam już moją odpowiedź. Zostawiłam Boga za sobą lata temu. Byłam ateistką.

Nie miałam z kim o tym porozmawiać. Pewnego wieczoru w moim pokoju, w greckim hotelu, spojrzałam w lustro i głośno powiedziałam:

– Nie wierzę w Boga.

Powiedziałam to powoli, wymawiając starannie każde słowo w języku somalijskim. I poczułam ulgę.

Nie odczuwałam cierpienia, ale prawdziwą jasność. Długi proces mojej przemiany dobiegł końca. Nie przejmowałam się aniołami spoglądającymi z moich ramion. Nie dręczyły mnie wyrzuty sumienia z powodu uprawiania seksu bez ślubu, picia alkoholu i nieprzestrzegania obowiązków religijnych. Perspektywa ognia piekielnego odeszła w zapomnienie, natomiast moje horyzonty wydawały się szersze. Bóg, szatan, anioły: wszystko to były wytwory ludzkiej wyobraźni. Od tej pory mogłam stąpać twardo po ziemi, którą wyczuwałam pod moimi stopami, sterując swoim życiem w oparciu o własny rozum i szacunek dla samej siebie. Mój moralny kompas znajdował się wewnątrz mnie samej, nie na stronach świętej księgi.

Kiedy wróciłyśmy z Korfu, zaczęłam odwiedzać muzea. Zrodziła się we mnie potrzeba oglądania ruin i mumii zmarłych ludzi. Chciałam przyjrzeć się zachowanym szczątkom ludzkim, a zwłaszcza uświadomić sobie, że kiedy umrę, zostanie ze mnie jedynie kupka kości. Odbywałam psychologiczną podróż, której celem było zaakceptowanie życia bez Boga, co oznaczało, że nadaję memu życiu inny sens. Szukałam głębszego poczucia moralności. Wyznawca islamu jest niewolnikiem Boga: podporządkowuje się i w ten sposób zostaje pozbawiony własnej woli. Nie jest wolną jednostką. Zachowuje się poprawnie, ponieważ obawia się piekła; nie ma własnej etyki. Jeżeli Bóg oznacza jedynie to, co jest dobre, a szatan to, co złe, to oba te czynniki współistnieją we mnie. Chciałam rozwinąć pozytywną stronę mojej osobowości – dyscyplinę, szczodrość, miłość – tłumiąc równocześnie to, co złe: zazdrość, lenistwo, złość i okrucieństwo.

Nie pragnęłam już więcej duchowych przewodników, którzy mówili, co mam robić, ale musiałam wierzyć, że wciąż jestem osobą moralną. Czytałam teraz dzieła wielkich myślicieli oświecenia – Spinozy, Locke'a, Kanta, Milla, Voltaire'a – a także współczesnych, Russela i Poppera. Z pełną uwagą zapoznawałam się z lekturą ich dzieł, tak jak z pracą zadaną na zajęcia. Życie polega na rozwiązywaniu problemów, mówił Popper. Nie ma prawd absolutnych; postęp dokonuje się dzięki krytycznemu myśleniu. Popper był wielbicielem Kanta i Spinozy, ale krytykował ich, kiedy czuł, że posługują się słabymi argumentami. Chciałam być jak Popper: wolna od ograniczeń, uznająca czyjąś wielkość, ale nieobawiająca się wytknąć czyjeś wady.

Trzysta pięćdziesiąt lat temu, kiedy Europa wciąż była pogrążona w okowach religijnych dogmatów, a myślicieli prześladowano – tak jak dzieje się to dzisiaj w świecie muzułmańskim – Spinoza okazał się przenikliwym i nieustraszonym uczonym. Był pierwszym współczesnym Europejczykiem, który stwierdził, że światem nie rządzi jakiś odrębny Bóg. Natura sama powstała, mówił Spinoza. Rozum, a nie posłuszeństwo, powinien kierować naszym życiem. Chociaż setki lat zajęło, by rozpadła się cała skostniała struktura europejskiej hierarchii społecznej – od królów do chłopów pańszczyźnianych, nie wspominając już o dominacji mężczyzn nad kobietami – akceptowana przez Kościół katolicki. Wszystko to zostało podważone przez myśl epoki oświecenia.

Teraz z pewnością nadeszła kolej na islam, który został wystawiony na próbę.

Ludzie sami są źródłem dobra i zła. Musimy myśleć za siebie; jesteśmy odpowiedzialni za własną moralność. Doszłam do wniosku, że nie mogę postępować uczciwie w stosunku do innych ludzi, jeżeli nie będę uczciwa wobec samej siebie. Chciałam stosować się do założeń religii z jej nakazami, aby być lepszą i bardziej wspaniałomyślną osobą, bez tłumienia własnej woli i zmuszania jej do słuchania nieludzkich zasad. Nie zamierzałam dłużej okłamywać siebie i innych. Wystarczająco długo żyłam w kłamstwie. Nie boję się już życia po śmierci.

ROZDZIAŁ 15

Groźby

W marcu 2002 roku Pim Fortuyn odniósł ogromne zwycięstwo w lokalnych wyborach w Rotterdamie. Po raz pierwszy od czasu drugiej wojny światowej nowicjusz odsunął od władzy Partię Pracy w największym mieście Holandii i największym porcie świata. Wybory narodowe miały być przeprowadzone w maju i Partię Pracy ogarnęła panika.

Nie byłam zdziwiona ani przestraszona popularnością Pima Fortuyna. Wydawało mi się, że jego głos brzmi świeżo, a niektóre głoszone przez niego poglądy były szczerą prawdą. Fortuyn mógł z pewnością irytować, ale uważałam, że nie było w nim nic rasistowskiego. Był gejem i walczył o prawo do bycia gejem w swoim kraju, w którym homoseksualiści cieszą się pełnią praw. Uznawano go za prowokatora, co jest bardzo charakterystyczne dla Holandii. Ludzie nazywali go skrajnym prawicowcem, ale wiele z zasad programu Fortuyna przypominało raczej liberalny socjalizm. Chociaż nigdy bym na niego nie głosowała, uważałam, że Fortuyn był przede wszystkim przywiązany do ideałów świeckiego społeczeństwa – sprawiedliwości i wolności.

Pim Fortuyn stał się symbolem klęski zarówno Partii Pracy, jak i innych partii o ustalonej pozycji w holenderskim społeczeństwie, przyjmujących ostrożny sposób podejścia do spraw imigrantów. Chociaż nie zawsze zgadzałam się z jego poglądami, byłam wdzięczna, że to właśnie Fortuyn poruszał pewne interesujące mnie kwestie, z których wiele wcale nie miało rasistowskiego zabarwienia.

Nie było to jeszcze oczywiste, ale wydawało się, że powstawał rozdźwięk w obrębie holenderskiej lewicy i w innych partiach lewicowych w całej Europie. Dawni lewicowcy, jak Paul Scheffer, Arie van der Zwan i Pim Fortuyn, zaczęli krytykować moralny i kulturalny relatywizm partii lewicowych. Paul Cliteur, jeden z moich profesorów w Leiden, zagorzały zwolennik rozumu i ostry uczestnik debat, ośmielił się już wcześniej krytykować zarówno wielokulturowość, jak i islam. Media nazwały go prawicowym konserwatystą, co mijało się z prawdą.

W holenderskiej polityce zapanował chaos. Obywatele odnosili wrażenie, że znani politycy nie słuchają ich postulatów, kiedy domagają się lepszego systemu lecznictwa, mniejszej biurokracji i reagowania na społeczne problemy imigrantów. Obecny rząd wysłał oddziały na pokojową misję ONZ w byłej Jugosławii i przymykał oczy na dokonywane przez Serbów masakry w Srebrenicy. Niemniej jednak żaden polityk nie podał się z tego powodu do dymisji. Cóż mogła oznaczać polityczna odpowiedzialność, jeżeli nikt nie ponosił konsekwencji z powodu decyzji, w wyniku której ginęli ludzie? Czy politycy powinni się dziwić, że obywatele przestali głosować na partie zachowujące się w podobny sposób?

W maju Fortuyn oświadczył, że pozwoli osobom ubiegającym się o azyl, które od dłuższego czasu mieszkają w Holandii, pozostać w kraju, nawet jeżeli ich prośby zostały odrzucone. Wiadomość ta ukazała się na pierwszych stronach gazet, a ja przyjęłam ją z zadowoleniem. Paul Kalma i ja od pewnego już czasu usilnie prosiliśmy Partię Pracy, żeby zgodziła się chociaż na taką amnestię.

Siedząc w barze kawowym w Berlinie po sympozjum poświęconym Europie i imigracji, skarżyłam się Paulowi:

– Dlaczego Partia Pracy nie załatwiła tych spraw? Pim Fortuyn mówi osobom o prawicowych poglądach to, co chcą usłyszeć, a mianowicie, że obecna sytuacja nie pozwala na integrację imigrantów. Z kolei słuchaczom z kręgów lewicowych przekazuje długo oczekiwaną informację, że amnestia jest nieunikniona i humanitarna.

Wybory miały się odbyć za dziewięć dni, a Fortuyn był teraz tak wysoko w sondażach, że mógł zostać premierem. Czułam jednak, że nawet gdyby objął ten wysoki urząd, nie potrwa to długo. Nie miał doświadczenia, by poradzić sobie z takim stanowiskiem. W jego własnej partii politycznej panował chaos – nie miała nawet odpowiedniej nazwy – a ja nauczyłam się w Leiden, że w systemie partyjnym takie jednoosobowe kandydatury nie utrzymują się długo na stanowiskach.

Dwa dni później Fortuyn został zastrzelony na parkingu przed największym telewizyjnym i radiowym studiem w Holandii. Wszyscy byli zbulwersowani. Taka rzecz nie wydarzyła się w Holandii od czasu, kiedy w 1672 roku zlinczowano na ulicach Hagi braci de Witt. Obecnie holenderscy politycy jeździli na rowerach, podróżowali pociągami albo sami jeździli samochodami do pracy, podobnie jak pozostali obywatele. Zamordowanie politycznego przywódcy z powodu wygłaszanych przez niego opinii było po prostu nie do pomyślenia, a skala emocjonalnej reakcji kraju na to wydarzenie ogromna.

W chwili, kiedy usłyszałam o zamordowaniu Fortuyna, przyszła mi do głowy myśl: „O Boże, proszę nie pozwól, żeby zrobił to muzułmanin". Nie byłam odosobniona w swojej opinii. Panowało powszechne przekonanie, że zabójca Fortuyna jest muzułmaninem i w odwecie może dojść do odrażających aktów przemocy, na przykład zabijania i podpalania. Kiedy dowiedzieliśmy się, że odpowiedzialność za zabójstwo ponosi biały obrońca praw zwierząt, wydawało się, że cały kraj odetchnął z ulgą. Wim Kok zdecydował mimo wszystko o przeprowadzeniu wyborów i partia Pima Fortuyna weszła do parlamentu z dwudziestoma sześcioma miejscami. Partia Pracy poniosła dotkliwą porażkę.

Po tych wyborach przywódca Partii Pracy, Kok, na którego głosowałam i którego podziwiałam, odszedł z polityki. Przekształcił on Partię Pracy z rozrzutnej i dogmatycznej partii o komunistycznym rodowodzie, w partię „trzeciej drogi", w znacznym stopniu przypominającą brytyjską Partię Pracy Tony'ego Blaira. Potrafił budować koalicję: znajdował sposoby, by wyjść naprzeciw różnym społecznościom i w umiejętny sposób zadowolić wszystkie opozycyjne partie. (Jest to bardzo trudne, a mnie często się to nie udawało). Czułam, że odejście Koka z polityki jest ciosem dla państwa. Gdy holenderską scenę polityczną opuścił też przywódca liberałów Frits Bolkestein, kraj utracił charyzmatycznego przywódcę charakteryzującego się głęboką życzliwością i dojrzałością. Arena polityczna zaludniła się politykami o znacznie mniejszej randze i pogrążyła w wewnętrznych konfliktach, jakich nigdy przedtem nie widziano.

Na kilka tygodni przed zabójstwem Fortuyna reżyserka filmów dokumentalnych, Karin Schagen, zapytała mnie, czy może nakręcić krótki film o moim życiu jako uchodźcy w Holandii. Latem zawiozła mnie do biura w Zeewolde, gdzie po raz pierwszy poprosiłam o azyl i do miejsc, w których mieszkałam. Minęło dziesięć lat od czasu, kiedy przyjechałam do Holandii, a ja z przyjemnością pokazywałam jej różne znane mi miejsca.

Pewnego wieczoru Karin zadzwoniła do mojego ojca. Przebywał w Londynie u mojej macochy, Maryan, która otrzymała status uchodźcy. Ojciec poinformował Karin, że często słyszy pogróżki pod moim adresem. Nieznani sprawcy grożą mi śmiercią. Somalijczycy z Włoch, Skandynawii, Holandii dzwonią do niego i uprzedzają: „Hirsi, jeżeli nie zrobisz czegoś szybko, żeby powstrzymać swoją córkę, zostanie zabita".

Początkowo Karin nie mówiła mi o tej rozmowie. Później, kiedy się tym o tym dowiedziałam, nie traktowałam tych gróźb poważnie. Kto zaprzątałby sobie głowę zabijaniem mnie?

Na początku sierpnia zostałam zaproszona do holenderskiego programu telewizyjnego o kobietach w islamie. Pokazywano kilka krótkich filmów o dziewczętach w Holandii, które uciekły przed przemocą od rodziców, a także o tych, które chodzą zasłonięte, mimo że mieszkają w krajach europejskich.

Kiedy spytano mnie o opinię, wyjaśniłam, że islam przypomina mentalną klatkę. Początkowo, kiedy otworzysz drzwiczki, uwięziony ptak pozostaje we wnętrzu: jest przestraszony. Przyzwyczaił się do swojego więzienia i nie ucieka.

Tydzień po nadaniu programu w telewizji zadzwonił ojciec.

– Co się dzieje, moje dziecko? Telefonuje do mnie mnóstwo ludzi. Zaledwie w ciągu jednego tygodnia odezwało się do mnie dwadzieścia osób. O co chodzi w tym całym gadaniu, które o tobie słyszę? Co powiedziałaś o islamie?

– Abeh – odparłam – jest tu tak wiele przebywających w schroniskach muzułmańskich kobiet, które były bite. Mężczyźni, którzy je biją, twierdzą, że mają do tego prawo, ponieważ wymaga tego islam. Mówię otwarcie o związkach pomiędzy naszą wiarą a postępowaniem naszych mężczyzn.

– Islam nie mówi, że kobiety powinny być bite – odparł ojciec. – Islam jest religią wolności i pokoju. Możesz zwalczać ucisk kobiet, Ayaan, ale nie powinnaś wiązać go z islamem.

Nie zdobyłam się na to, by otwarcie mu powiedzieć, że nie ma racji i już mu nie wierzę.

– Nie o to chodzi – wyrzuciłam z siebie, ale ojciec mi przerwał. Przyznał, że modlił się za mnie i poprosił, żebym ja też się modliła. Następnie odłożył słuchawkę.

Miesiąc później, w pierwszą rocznicę ataków z 11 września, zostałam zaproszona do popularnego w owym czasie holenderskiego programu na żywo, nadawanego o godzinie 22.15. Tego ranka zadzwonił dzwonek do drzwi i dwóch postawnych mężczyzn powiadomiło mnie, że ekipa programu wysłała ich, by towarzyszyli mi w drodze do pracy i we wszystkich moich spotkaniach tego dnia. Stwierdzili, że była to zwykła uprzejmość.

Jechałam tylko do Amsterdamu. Stacja kolejowa znajdowała się tuż za rogiem. Dojazd nie stwarzał najmniejszych problemów. Chciałam podziękować mężczyznom za ich usługi, ale Karin obarczona kamerami wyraziła zadowolenie z propozycji podwiezienia nas, toteż w końcu zaakceptowałyśmy oferowaną nam pomoc.

W samochodzie, przyglądając się zainstalowanemu wyposażeniu, ciężkim drzwiom i olbrzymim plecom tych dwóch mężczyzn, Karin zamilkła.

– Ayaan – powiedziała spokojnie – to nie jest standardowe postępowanie. Spójrz na rozmiar tych mężczyzn. Oni są ochroniarzami. Coś jest nie tak.

Towarzyszyli nam do domu imienia Felixa Meritisa w Amsterdamie, w którym odbywają się debaty. Miałam tam uczestniczyć w dyskusji na temat integracji marokańskiej młodzieży. W dyskusji brali udział członkowie Partii Liberalnej oraz Marokanka, radna miejska jednej z dzielnic Amsterdamu. W miarę jak debata posuwała się naprzód, poruszaliśmy coraz to nowe tematy apatii i niechęci wielu imigrantów. Stało się jasne, że moje poglądy i Marokanki różniły się najbardziej. Natomiast wystąpienia przedstawicieli Partii Liberalnej i moje okazały się zbieżne, co do istoty poruszanych spraw.

Tego typu sytuacje często mi się zdarzały. Szczególnie muzułmańscy przywódcy kształtujący opinie swojej społeczności, występując publicznie, głośno zaprzeczali temu, co mówię. Jednak prywatnie, niektóre muzułmańskie kobiety zgadzały się ze mną. Część Holendrów, sympatyzujących z Partią Pracy, zazwyczaj czuła się zażenowana moją krytyką popieranej przez nich wielokulturowej tolerancji dla muzułmańskich praktyk, natomiast liberałowie często odnosili się z entuzjazmem do nacisku, jaki kładłam na prawa jednostki.

Po debacie moi dwaj kierowcy zabrali nas do Utrechtu na inną dyskusję panelową o islamie i wielokulturowości. Panel miał miejsce w kawiarni pełnej marokańskiej młodzieży. Kiedy weszłam, wyrazili gwizdami swoją dezaprobatę. Byłam zdziwiona: czy ci wszyscy ludzie rozpoznawali mnie? Za każdym razem, gdy otwierałam usta, zaczynali krzyczeć, a inni z kolei wykrzykiwali coś w odpowiedzi. Zdawało się, że przez salę przebiega podział na rodowitych Holendrów, którzy akceptowali moje poglądy, i muzułmanów. Jeden po drugim wstawały marokańskie dzieciaki, a także mężczyźni i kobiety, wysuwając zarzuty pod moim adresem:

– Jesteś zdrajczynią. Mówisz jak Pim Fortuyn. Nic nie wiesz o islamie. Piętnujesz nas.

Atmosfera była gęsta od osobistych zniewag i negatywnych emocji. Na szczęście musiałam wyjść do studia telewizyjnego.

– Karin, co się dzieje z tymi ludźmi? – zapytałam w samochodzie.

– Czy nie zdajesz sobie sprawy, jak mały jest ten kraj – odparła Karin – i jak zapalnym materiałem są twoje wystąpienia?

Zapalnym? W kraju, w którym prostytucja i miękkie narkotyki są legalne, gdzie praktykowana jest eutanazja i aborcja, gdzie mężczyźni płaczą w telewizji, nadzy ludzie spacerują po plaży, a w państwowej telewizji żartuje się z papieża? Gdzie słynny pisarz Gerard Reve fantazjuje o kochaniu się z osłem, zwierzęciem, którym posłużył się jako metaforą Boga? Z pewnością nic, co mogłam powiedzieć, nie powinno być postrzegane jako „zapalne".

– Ci ludzie mieszkają tu od lat – powiedziałam jej. – Wszystkie dziewczęta miały na sobie obcisłe spodnie i T-shirty. Bez wątpienia młodzież z kręgu imigrantów uległa wpływom Zachodu. Dziewczęta i chłopcy chętnie chodzą na debaty. Są przyzwyczajeni do krytycyzmu.

– Mylisz się – powiedziała Karin. – Gdyby twoje imię nie widniało na ulotkach, zapewne nie przyszliby. Z tobą mogą dyskutować. Nie chodzą na te debaty regularnie – usłyszeli o tobie w telewizji. Nie sądzę, żeby byli przyzwyczajeni do tego rodzaju krytycyzmu. Prawdę mówiąc, rzadko słyszą uwagi krytyczne od kogoś, kto jest tak dobrze poinformowany, a jednocześnie wywodzi się z ich społeczności.

Przyjechałyśmy tuż przed rozpoczęciem programu. Gospodarze, Frits Barend i Henk Van Dorp, powiedzieli mi, że otrzymali pogróżki telefoniczne dotyczące mojego wystąpienia, a policja wzięła je sobie do serca. Byłam zaskoczona, ale nie miałam głowy, żeby zająć się natychmiast tym problemem: program wchodził na wizję.

Frits Barend krótko mnie przedstawił, po czym zapytał:

– A zatem przyjechałaś do Holandii w 1992 roku jako osoba starająca się o azyl? Czy skłamałaś, jak zrobili to wszyscy pozostali?

Odpowiedziałam, że podałam fałszywe nazwisko, a także nieprawdziwie przedstawiłam swoją historię. Wyjaśniłam też, dlaczego tak postąpiłam: obawiałam się, że zostanę odesłana z powrotem do mojego rodu. Wydawali się to akceptować. Kiedy jednak odpowiedziałam na większość pytań, usłyszałam to najważniejsze:

– Czy zgadzasz się z Pimem Fortuynem, że islam jest zacofany?

Byłam zaskoczona, ale odpowiedziałam:

– Zgodnie z publikowanym przez ONZ *Arab Human Development Report*, jeżeli weźmie się pod uwagę trzy wskaźniki – wolność polityczną, edukację i status kobiet – wówczas to, co powiedział Pim Fortuyn nie jest opinią, ale faktem.

Pomyślałam, że okazałam się bardzo sprytna. Faktycznie nie powtórzyłam kontrowersyjnych oświadczeń Fortuyna, ale wyraziłam się jasno i – jak sądziłam – precyzyjnie. Pewne aspekty islamu spowalniały rozwój społeczeństwa, hamując krytyczne myślenie i ograniczając kobiety.

Następnie zapytano mnie:

– Ale nadal jesteś muzułmanką?

Teraz naprawdę poczułam się postawiona w niezręcznej sytuacji. I po raz kolejny uniknęłam bezpośredniego odrzucenia islamu, odpowiadając następująco:

– Jestem zeświecczona.

Nie czułam się dostatecznie silna, by stawić czoło temu, co mogło się wydarzyć, gdybym głośno powiedziała, że jestem już osobą niewierzącą. Dla muzułmanina bycie apostatą jest najgorszą ze wszystkich możliwych rzeczy. Chrześcijanie mogą przestać wierzyć w Boga. Jest to osobista sprawa wywierająca wpływ na ich duszę. Muzułmanin, który przestaje wierzyć w Boga, popełnia śmiertelne wykroczenie. Odszczepieńcy zasługują na śmierć: w tej kwestii Koran i *hadisy* wypowiadają się jasno. Dla muzułmańskiej kobiety wyrzeczenie się wyznawanej przez nią religii jest najgorszym rodzajem nieposłuszeństwa wobec Boga, ponieważ czyn ten wywodzi się z najniższego, nieczystego instynktu, jaki może zrodzić się w człowieku. Tego typu czyn domaga się kary boskiej.

Zostałam zaproszona na kolejną debatę następnego dnia. Moje wystąpienia wywołały falę dyskusji. Refleksja ta nasunęła mi się, kiedy akceptowałam każde zaproszenie, by zabrać głos. Odnosiłam wrażenie, jakby w całym kraju odbywały się burzliwe debaty. Dyskusję emitowano w telewizji, tym razem byli na niej obecni przeważnie muzułmanie i muzułmanki. W końcu, pomyślałam sobie w duchu, holenderska telewizja zaprasza muzułmanów, by uczestniczyli w dyskusjach.

Siedziałam obok Naemy Tahir, pięknej młodej Pakistanki, która została wydana za mąż przez swego ojca. Naema odrzuciła to małżeństwo i ukończyła studia na wydziale prawa, uzyskując tytuł magistra. Obie byłyśmy ubrane w lekkie niebieskie bluzki niczym uczennice i czułyśmy się do siebie bardzo podobne. Otaczali nas przeważnie mężczyźni. W miarę nadawania programu krzyczano na nas i przerywano nam. W pewnym momencie jeden z mężczyzn wrzasnął:

– Ależ wy nie jesteście muzułmankami! Stwierdziłyście to wyraźnie. Oświadczyłyście, że islam jest zacofany! Kłamiecie!

Usiadłam i oznajmiłam:

– To jest też moja religia i jeżeli chcę nazwać ją zacofaną, uczynię to. Tak, islam jest zacofany.

Na sali zapanował chaos. W miarę jak atmosfera debaty zagęszczała się, czułam się coraz bardziej spięta. Mężczyźni patrzyli na mnie spode łba. Jeden z nich wypadł z sali jak burza. Przypomniałam sobie, co powiedział Frits Barend poprzedniego wieczoru. Teraz nie było wokół mnie ochroniarzy.

Po programie prowadzący dyskusję zwrócił się do mnie:

– Nie byłoby bezpiecznie, gdybyś wyszła teraz stąd sama.

Powiedział mi, że telewizja zapłaci za taksówkę, która zawiezie mnie aż do Leiden. Kiedy wróciłam do domu, zadzwonił telefon: skontaktowali się ze mną Johanna i Maarten. Oglądali program i byli zmartwieni. Obawiali się, że mogło mi się coś stać. Poczuli ulgę, gdy zastali mnie w domu. Maarten był jednak zaniepokojony. Uprzedził mnie, że muszę zachować większą ostrożność.

– To, co robisz, nie jest dla ciebie dobre – powiedział. – Narażasz się na niebezpieczeństwo. Spróbuj znaleźć inny temat, o którym mógłbyś mówić.

Następnego dnia był piątek, normalny dzień pracy. Wsiadłam jak zwykle do pociągu i po pewnym czasie pojawiłam się w biurze. Była to Holandia i początek dnia: nie miałam żadnych obaw. Zmotywowana do pracy przygotowywałam propozycję dla naszego instytutu. Chciałam mianowicie, aby przeznaczono pewną kwotę pieniędzy na zbadanie sytuacji muzułmańskich kobiet w Holandii. Kiedy wpadłam do biura Paula Kalmy, powiedział do mnie:

– Wczoraj wieczorem widziałem program w telewizji. Musisz być ostrożna, Ayaan. Radziłbym ci nie robić więcej takich rzeczy. Telewizja lubi sensacje. Pisanie opinii było bezpieczniejsze!

Wszyscy zgadzali się, że niebezpieczeństwo groziło mi w nocy, a ja byłam zbyt niemądra, aby to zauważyć. Zaczęłam się czuć trochę zastraszona. Tego wieczoru do biura przyszedł kolega, żeby odprowadzić mnie do domu. Kiedy ze sobą rozmawialiśmy, nerwowo rozglądałam się wokół: czy ktoś mnie rozpoznał? Czy ktoś mnie śledził? Ale nie, wszystko wydawało się normalne. Ludzie jeździli na rowerach, rozmawiali przez telefony komórkowe i zupełnie nie zwracali na mnie uwagi.

Wieczorem Corrie przeprowadziła ze mną poważną rozmowę. Powiedziała mi całkiem szczerze, że straciłam rozum. Czternaście miesięcy temu kupiłam z nią dom i prawie w nim nie bywam. Bardzo intensywnie pracowałam, próbując stanąć w opozycji wobec działań Bin Ladena. W rezultacie niszczyłam moje zdrowie i naszą przyjaźń.

Następnego dnia, w sobotę, przyszła Karin. Po raz drugi zadzwoniłyśmy do mojego ojca. Ponownie skarżył się Karin, że pod moim adresem kierowane są pogróżki. Naprawdę martwił się, że są osoby, które planują zamach na moje życie. Karin zrobiła notatki z tej rozmowy. Kiedy jednak z nim rozmawiałam, nie powtórzył tego: myślę, że ojciec chciał mnie chronić. Powiedział mi po prostu:

– Bądź bardzo ostrożna.

– Czego powinnam się obawiać? – zapytałam.

– Zewsząd otrzymuję ostrzeżenia. Nie mów nic o islamie – nalegał ojciec.

Kiedy odłożyłam słuchawkę, Karin powiedziała:

– Twój ojciec prosił, żebym na ciebie uważała. Sądzi, że zostaniesz zamordowana.

– Na miłość boską! Ojciec dorastał daleko stąd. Co takiego zrobiłam? Jestem tylko małym pionkiem, który zarabia 1600 euro miesięcznie. Nie zabija się ludzi tylko za zabranie głosu w tak małym kraju.

Następnie zadzwonił Marco. Stanowczo nalegał, abyśmy się spotkali. Przystałam na jego propozycję, mówiąc, że zaraz przyjadę do niego na rowerze, a on odparł:

– Nie rób tego – nie możesz sama wychodzić.

Uważałam to za absurd, nie chciałam się zgodzić, ale on przyjechał swoim samochodem i zawiózł mnie do uroczej małej wioski o nazwie Roelofsarendsveen, gdzie szansa spotkania rozgniewanego, radykalnego muzułmanina była bliska zeru. Marco powiedział:

– Ayaan, coś ci się może przydarzyć. Musisz zachować ostrożność.

Kiedy rozmawialiśmy, zadzwonił mój telefon. Był to Leon de Winter, słynny holenderski pisarz.

– Och, zamierzasz mnie ostrzec? – zapytałam, ponieważ wszystkie te pouczenia od przyjaciół i znajomych zaczęły mnie denerwować. Ale de Winter powiedział:

– Nie, chcę tylko powiedzieć, jak bardzo cię podziwiam. Oglądałem cię w telewizji w ciągu dwóch minionych wieczorów i naprawdę myślę, że to, co robisz, jest wspaniałe.

Zaprosił mnie serdecznie na kolację w następnym tygodniu. Było to wydarzenie tej samej rangi, jakby Amerykanin dostał zaproszenie od Philipa Rotha, z tą różnicą, że w Holandii każdy zna Leona de Wintera. Oczywiście zaakceptowałam jego propozycję, ale powiedziałam:

– Jest mi trochę wstyd, ponieważ nie przeczytałam żadnej z twoich książek.

– Nie ma problemu – odparł. – Za to ja czytałem twoje artykuły.

Telefon zadzwonił ponownie i tym razem był to Jaffe Vink z „Trouw", który powiedział:

– Chciałbym, żebyś porozmawiała z policjantem, który pracuje dla służb specjalnych, ponieważ coś bardzo złego wisi w powietrzu. Sądzę, że pogróżki przeciwko tobie są prawdziwe. Możesz zobaczyć się z nim w poniedziałek.

Przyjęłam propozycję.

Spędziłam ten weekend z Corrie, wykonując prace domowe i próbując naprawić naszą słabnącą przyjaźń. W poniedziałek rano udałam się na spotkanie z policjantem. Jego biuro przypominało więzienie: wszędzie widać było pręty, a każde drzwi miały skomplikowane zamki i kamery.

– Nie wiem, co zrobiłam lub powiedziałam, ale ojciec obawia się, że zostanę zamordowana. Wielu ludzi strasznie się o mnie martwi. Nie otrzymałam bezpośrednio żadnych pogróżek, toteż czuję się trochę zdziwiona całym tym zamieszaniem, ale zaczynam się tego obawiać.

– Jesteś trochę niemądra, te pogróżki są bardzo realne. Wiemy o niektórych z nich. Będziesz potrzebowała ochrony. Idź na komisariat policji w Leiden i wnieś skargę. Powiedz im o komentarzach w Internecie.

– Czy jest coś o mnie w Internecie?

Westchnął i powiedział:

– Dużo i coraz więcej. Kontrolujemy to.

Ten mężczyzna był typowym Holendrem, bardzo dobrodusznym i opiekuńczym. Powiedział mi, że jestem teraz osobą publiczną. Rozpoczęłam działalność, która zataczała coraz szersze kręgi i może okazać się bardzo niebezpieczna.

Udałam się na komisariat policji w Leiden, który dobrze znałam z mojej pracy w charakterze tłumaczki. Oficer policji, który już o mnie słyszał i wydawało się, że istotnie wie o mojej sytuacji znacznie więcej niż ja, powiedział, że policja oceni bezpieczeństwo mojego domu. Uprzedził, że Corrie i ja będziemy musiały wymienić zamki.

– Jak myślisz, ile osób zna twój adres? – zapytał.

Pokazałam mu jedną ze swoich służbowych wizytówek: był na niej wydrukowany mój domowy adres. Rozdawałam te wizytówki różnym ludziom podczas debat, które odbywały się w całym kraju. Nawiązywanie kontaktów było częścią mojej pracy. Ponadto, powiedziałam, Corrie i ja figurowałyśmy w książce telefonicznej. Jęknął, słysząc taką informację.

Tego wieczoru, na kolejnym zebraniu członków rady Wiardi Beckman Institute, ponownie omawiano sprawy związane z moją osobą, ale nikt mnie o nic nie obwiniał. I znów Job Cohen okazał się wspaniały.

– To, czy zgadzam się, czy nie zgadzam z Ayaan, jest nieistotne. Jakakolwiek pogróżka rzucana pod jej adresem, tylko dlatego, że wyraża własne opinie, jest niemożliwa do zaakceptowania przez nas wszystkich.

Pomyślałam sobie w duchu: „Dlaczego, u licha, Cohen nie jest przywódcą Partii Pracy?". Ma taki bystry umysł. Cieszy się autorytetem. Rozumie rządy prawa lepiej niż ktokolwiek, kogo znałam. Czułam się trochę zawstydzona, że kiedyś obrzuciłam go wyzwiskami w artykule. Po spotkaniu Cohen podszedł do mnie i powiedział:

– Ayaan, wyglądasz na wyczerpaną. Chciałbym, żebyś starannie przemyślała, czy nadal zamierzasz podejmować tego typu wyzwania. Może to zająć dużo czasu. Czy chcesz żyć w ciągłym zagrożeniu? Zjedz coś, prześpij się trochę i przemyśl to sobie.

Z wszystkich wyrażonych opinii wynikało niezbicie, że nie powinnam jeździć pociągiem do pracy. Nie wiedziałam dokładnie, przed czym powinnam być chroniona, ale wszyscy stanowczo twierdzili, że jakiekolwiek przypadkowe spotkanie może wywołać nieprzewidziane skutki. Toteż tego wieczoru Karin odwiozła mnie do domu, a następnego ranka przyszła ze swoją ekipą, by zawieźć mnie do pracy. Paul Kalma zadzwonił do gospodarza programu, w którym brałam udział i zdobył nazwę prywatnej firmy ochroniarskiej, z której usług skorzystali, żeby mnie chronić. Postanowił ich wynająć, żeby odwozili mnie do pracy i z pracy.

Moje codzienne życie stało się niewiarygodnie skomplikowane. Amsterdamska policja była odpowiedzialna za moje bezpieczeństwo w pracy. Kiedy jednak wracałam do odległego o pięćdziesiąt kilometrów Leiden, musiałam z kolei dzwonić do tutejszej policji, ponieważ teraz oni odpowiadali za moje bezpieczeństwo. Ponadto usługi firmy ochroniarskiej były drogie i Partia Pracy, która straciła wiele głosów, zmniejszyła środki na finansowanie naszego zespołu doradców. Paul Kalma zapytał mnie, czy mogłabym na jakiś czas zamieszkać w Amsterdamie, żeby amsterdamska policja odprowadzała mnie każdego wieczoru do domu.

Pewnego dnia zadzwoniła reporterka. Chciała ze mną porozmawiać.

– Nie mogę – powiedziałam. – Dopiero co wniosłam skargę i więcej nie będę rozmawiać z mediami.

Napisała o tym w gazecie. Nagłówek gazety informował, że zostałam zmuszona do ukrywania się. Otrzymałam ogromną liczbę listów i mnóstwo ofert od ludzi, którzy chcieli ukryć mnie w swoich domach. Jednym z nich był mój dawny profesor od przedmiotu, który wykładał metody badań społecznych. Mieszkał obok biura Partii Pracy, a w jego domu znajdowało się oddzielne mieszkanko z aneksem kuchennym, które było puste.

Zdecydowaliśmy, że po weekendzie tymczasowo tam zamieszkam. Kiedy powiedziałam o tym Corrie, czułam, że atmosfera gęstnieje od niewypowiedzianych pretensji. Wybuchła między nami sprzeczka: oskarżyła mnie, że nie wykonuję należących do mnie prac domowych, a naszą przyjaźń wystawiam na próbę. Ja z kolei zarzuciłam Corrie, że nie zaoferowała mi wsparcia, kiedy tego potrzebowałam. Był to przykry incydent, tymczasem pod domem ochroniarze niecierpliwie trąbili. Musiałam wyjść.

Tego wieczoru miałam zjeść kolację w amsterdamskim Hiltonie z Jaffe Vinkiem oraz Leonem de Winterem i jego żoną. Zaczęliśmy przystawki, kiedy nagle pojawiło się koło mnie dwóch ochroniarzy. Objęli mnie i oświadczyli:

– Wychodzimy.

Ledwie miałam czas, żeby odłożyć widelec.

Wyprowadzili mnie tylnymi drzwiami. Nic nie widziałam, ale kiedy w pośpiechu odjeżdżaliśmy, ochroniarze powiedzieli mi, że pod hotel zaczęły podjeżdżać samochody z mężczyznami o północnoafrykańskiej urodzie, którzy wysiadali na hotelowym parkingu, a samochody odjeżdżały. Ktoś widocznie zauważył, jak wchodzę do hotelu, a następnie zadzwonił po swoich przyjaciół. Strażnicy nie byli przygotowani, żeby obsłużyć tak dużą liczbą osób. Ogarnął mnie strach.

Pojechaliśmy na komisariat policji w Leiden. Oficer powiedział mi, że przeprowadzają w tej sprawie własne dochodzenie. Był absolutnie przeświadczony o tym, że nie powinnam w dalszym ciągu sypiać w moim domu w Leiden. Uważał to za wysoce ryzykowne. Moje przemówienia były zbyt szeroko znane. Nie mieli możliwości, żeby mnie chronić.

– Czy sugerujesz, że powinnam sprzedać mój dom?

– Nie możemy doradzać w tej sprawie – stwierdził oficer policji, ale jesteśmy zobowiązani cię uprzedzić, że nie jesteś tam bezpieczna.

Zadzwoniłam do ojca. Kiedy podniósł słuchawkę, powiedziałam:

– Dzień dobry, Abeh, tu Ayaan.

Rozległo się szuranie i trzask. Powtórzyło się to kilka razy. Znieważyłam to, co było dla niego najdroższe. Nasze stosunki nie mogły zostać naprawione.

Kiedy było już jasne, że moja sytuacja życiowa stała się niemożliwa do zniesienia, Leon de Winter zaproponował mi wyjazd do Kalifornii, ustronia dla pisarzy. Mogłam wrócić do Holandii, kiedy już opadną emocje. Nie miałam pieniędzy na taką podróż, ale Paul Scheffer zaproponował, że Instytut utworzy fundację non profit i zgromadzi fundusze.

Sytuacja, w której się znalazłam, uświadomiła Holendrom całą złożoność panujących w ich kraju realiów, byli zszokowani. Obywatele sądzili bowiem, że ten spokojny kraj osiągnął szczyt cywilizacji. Nie musieli zatem niczym się martwić, być może poza groblami, które pewnego dnia mogą zostać przerwane. Tymczasem obudzili się niczym z koszmarnego snu. Zobaczyli państwo, w którym nie akceptuje się takich podstawowych wartości jak wolność słowa. Na nową rzeczywistość składały się samobójcze ataki na pasażerskie samoloty, zamordowani politycy i groźby pozbawienia kogoś życia. Informacja, że życie młodej kobiety może być zagrożone, ponieważ w programie telewizyjnym mówi prawdę, stała się dla wielu osób ważnym sygnałem.

Ludzie składali petycje, opowiadając się za przysługującym mi prawem swobodnego wyrażania poglądów. Wysyłali kwiaty. Moje poglądy stały się przedmiotem debat. Niektórzy twierdzili, że rzekome pogróżki pod moim adresem to zwykłe kłamstwa i szum medialny. Tymczasem wielu ludzi, których nawet nie znałam, pracowało teraz nad zorganizowaniem dla mnie wsparcia. Leon de Winter, Geert

Mak, Harry van den Berg i Paul Scheffer, znani holenderscy pisarze; również Job Cohen; poprzedni przywódca Partii Pracy Felix Rottenberg i mój szef Paul Kalma; Tilly Hermans, zaprzyjaźniony holenderski wydawca i Cisca Dresselhuys, czołowa feministka – wszystkie te osoby znane z pierwszych stron gazet były zaangażowane w moją sprawę. Chcieli, żebym mogła bezpiecznie wrócić do Holandii i pozostać pod ochroną elitarnego korpusu policji, który zajmuje się ochroną znanych polityków i rodziny królewskiej, zamiast pod okiem lokalnej policji.

W październiku 2002 roku poleciałam do Kalifornii. Była to moja pierwsza wizyta w Stanach Zjednoczonych. Niemal natychmiast zdałam sobie sprawę, że moje uprzedzenia wobec Ameryki były zupełnie bezpodstawne. Spodziewałam się zobaczyć grubych cwaniaczków uzbrojonych w broń palną, bardzo agresywną policję i jawny rasizm – karykaturę karykatury. W rzeczywistości ujrzałam ludzi prowadzących doskonale uporządkowane życie, uprawiających jogging i pijących kawę.

Uwielbiałam olbrzymie księgarnie i spędzałam całe godziny w Barnes & Noble w Santa Monica, gdzie mieszkałam, kupując sterty książek. Odczuwałam ulgę. Miałam czas na przemyślenia i zapoznawanie się z interesującymi lekturami.

* * *

16 października 2002 roku upadł gabinet, który sprawował władzę niecałe trzy miesiące. Grupa Pima Fortuyna w parlamencie nie poradziła sobie z koalicją z liberałami i chrześcijańskimi demokratami. Mały świat holenderskiej polityki był zniecierpliwiony: kraj stał przed perspektywą kolejnych wyborów zaplanowanych na styczeń 2003 roku.

Neelie Kroes, czołowy polityk z Partii Liberalnej znanej w Holandii jako VVD*, była silną kobietą, pełną godności i zdecydowaną. Chociaż nigdy się nie spotkałyśmy, Neelie była oburzona, że osoba w mojej sytuacji musi opuścić kraj, aby szukać bezpieczeństwa. Zor-

* The People's Party for Freedom and Democracy (VVD) jest holenderską liberalną partią polityczną (przyp. tłum.).

ganizowała grupę kobiet polityków ze wszystkich najważniejszych partii politycznych w Holandii, które wspólnie wydały oświadczenie popierające moje prawo do bezpiecznego i swobodnego wyrażania poglądów.

Neelie uważała, że holenderski parlament potrzebuje silnych, myślących kobiet. Kiedy gabinet upadł i kraj przygotowywał się do przeprowadzenia nowych wyborów, pomyślała o mnie, chociaż piastowałam jedynie niższe stanowisko w Partii Pracy, ona zaś reprezentowała prawicowe skrzydło VVD. Neelie zadzwoniła do Leona de Wintera i powiedziała mu, że chce, abym kandydowała do parlamentu z ramienia jej partii.

Daleko w Ameryce myślałam o tym. Nie czułam strachu przed tym, że będę określana mianem prawicowego polityka, o co obawiają się niektórzy ludzie. W Holandii wszystkie partie polityczne opowiadają się za aktywną, niemal inwazyjną interwencją rządu w działalność gospodarczą: ceny, wysokość nakładanych podatków, a także redystrybucję bogactw. Wziąwszy pod uwagę kryteria ekonomiczne, Partia Liberalna opowiada się za mniejszą ingerencją rządu i niższymi podatkami. Zgadzałam się z tymi postulatami. Liberałowie byli ludźmi świeckimi ze zdrowym podejściem do religii. Opowiadali się za prawem do aborcji, za prawami dla homoseksualistów – uwolnieniem jednostki od ograniczeń obyczajowych.

Ponadto czułam się rozczarowana Partią Pracy. Przyłączyłam się do nich, ponieważ myślałam, że socjaldemokraci opowiadają się za reformą. Dążyli do poprawy ludzkiego życia, przejmowali się cierpiącymi, co – jak sądziłam – powinno oznaczać, że wykażą troskę wobec udręki muzułmańskich kobiet. Jednak, w rzeczywistości, holenderska Partia Pracy wydawała się zaślepiona wielokulturowością, owładnięta imperatywem społecznym w zakresie okazywania wrażliwości i pełnego szacunku wobec kultury imigrantów. Broniła moralnego relatywizmu. Kiedy mówiłam, że pozycja muzułmańskich kobiet powinna możliwie szybko ulec zmianie, ludzie zawsze radzili mi, żebym poczekała, albo nazywali mnie osobą o prawicowych poglądach. Czy właśnie to mówili górnikom w dziewiętnastym wieku, kiedy ci walczyli o prawa wszystkich robotników?

Neelie planowała podróż do Ameryki. Chciała odwiedzić syna, który mieszkał w San Francisco. I tam właśnie się spotkałyśmy. Powiedziałam jej, że rozważam przeniesienie się do Stanów Zjednoczonych, by zająć się pisaniem pracy doktorskiej. Rozmawiałyśmy o polityce. Słuchała, kiedy mówiłam jej o Oświeceniu, Johnie Stuarcie Millu i ograniczeniu praw kobiet, a następnie spojrzała mi w oczy ze stanowczym wyrazem twarzy i stwierdziła:

– Nie jesteś socjalistką. Jesteś jedną z nas.

Neelie powiedziała mi, że moje marzenia o środowisku akademickim przypominają sytuację bez wyjścia. Niezależnie od tego, jak wspaniałą pracę doktorską napiszę, zniknie ona w szafie. Nigdy nie zmienię życia muzułmańskich kobiet. Najważniejszą rzeczą, którą mogłam zrobić, to ujawnić prawdę o egzystencji tych kobiet ludziom u władzy i dopilnować, żeby istniejące prawa, takie jak równość między płciami, były egzekwowane. Powinnam zaangażować się w aktywne działania, a nie w idee, i kandydować do parlamentu, gdzie mogłabym wywrzeć wpływ na emancypację muzułmańskich kobiet i integrację imigrantów.

Tego wieczoru myślałam o tym, co powiedziała Neelie. Co chciałam osiągnąć? Trzy rzeczy: po pierwsze, chciałam, żeby Holandia ocknęła się i przestała tolerować ucisk muzułmańskich kobiet w swoim społeczeństwie. Rząd musi podjąć działania, by je chronić i karać ich ciemiężców. Po drugie, pragnęłam zapoczątkować debatę wśród muzułmanów o reformowaniu pewnych aspektów islamu, aby ludzie zaczęli kwestionować własne przekonania i krytycznie na nie spojrzeli. Było to możliwe tylko na Zachodzie, gdzie muzułmanie mieli prawo wypowiadać się na ten temat. W żadnym muzułmańskim kraju swobodna dyskusja nie mogła mieć miejsca.

Po trzecie, chciałam, żeby muzułmańskie kobiety stały się bardziej świadome faktu, że ich cierpienie jest złe i niemożliwe do zaakceptowania. Pragnęłam pomóc im rozwinąć język sprzeciwu. Zainspirowała mnie Mary Wollstonecraft, angielska pisarka i prekursorka feminizmu, która powiedziała kobietom, że mają takie same umiejętności rozumowania, co mężczyźni i zasługują na te same prawa. Opublikowała słynne dzieło *Wołanie o prawa kobiety* (*A Vindication of the Rights of Women*), w którym poruszała problemy nierównego statusu kobiet i mężczyzn, czy prawa kobiet do pracy. Musiało minąć przeszło sto lat od daty publikacji, zanim sufrażystki urządziły marsze o prawo do głosowania. Wiedziałam, że uwolnienie muzułmańskich kobiet z ich mentalnych ograniczeń również zajmie sporo czasu. Nie spodziewałam się natychmiastowego przypływu poparcia wśród muzułmańskich kobiet. Osoby, które są zmuszone do potulności, niemal do tego stopnia, że zostają pozbawione własnego rozumu, nie mają niestety umiejętności do organizowania się lub woli wyrażania swojej opinii.

Kiedy pracowałam w zespole doradców Partii Pracy, próbowałam poruszać te kwestie. Ludzie zawsze wysuwali pod moim adresem oskarżenia, że nie udaje mi się potwierdzić moich argumentów statystycznymi danymi. Jednak takie dane nie istniały. Kiedy chciałam znaleźć informacje o zabójstwach honorowych i dowiedzieć się, jak wiele dziewcząt każdego roku w Holandii ponosiło śmierć z ręki ojca lub brata, którzy „bronili" w ten sposób drogocennego honoru rodziny – urzędnicy w Ministerstwie Sprawiedliwości mówili mi:

– Nie odnotowujemy morderstw dokonanych z takich motywów. Stygmatyzowałoby to jedną grupę w społeczeństwie.

Holenderski rząd każdego roku rejestrował zabójstwa związane z narkotykami i wypadki drogowe, ale nie liczbę zabójstw honorowych, ponieważ żaden holenderski urzędnik nie chciał uznać, że tego rodzaju morderstwa zdarzały się regularnie.

Nawet organizacja Amnesty International nie prowadziła statystyk wykazujących, ile kobiet na świecie pada ofiarą zabójstw honorowych. Pracownicy organizacji mogli podać liczbę mężczyzn uwięzionych i torturowanych, ale nie prowadzili statystyk, ile kobiet poddawano publicznej chłoście za cudzołóstwo, a ile stracono. Nie był to dla nich temat, którym warto było się zajmować.

Postanowiłam, że jeżeli zostanę członkiem holenderskiego parlamentu, zarejestrowanie tych statystyk stanie się moją świętą misją. Chciałam, żeby odnotowywano każdy przypadek, kiedy w Holandii ojciec morduje córkę tylko dlatego, że miała chłopaka. Pragnęłam, by rejestrowano przemoc domową w poszczególnych środowiskach etnicznych – w tym wykorzystywanie seksualne i kazirodztwo – a także starano się określić przybliżoną liczbę poddawanych obrzezaniu małych dziewczynek, które każdego roku okaleczano na holenderskich stołach kuchennych. Kiedy dane te zostaną podane do publicznej wiadomości, wstrząsną krajem. Za pomocą jednego posunięcia wyeliminujemy pełną samozadowolenia postawę moralnych relatywistów, którzy twierdzili, że wszystkie kultury są równe. Usprawiedliwienia, że nikt nie wiedział, straciłyby rację bytu.

Gdybym znalazła się w parlamencie, mogłabym spróbować działać na rzecz swoich przekonań, a nie tylko je wygłaszać. Neelie miała rację: chociaż Partia Pracy początkowo wydawała mi się odpowiednim dla mnie ugrupowaniem politycznym, i chociaż zachowywałam się prawdziwie lojalnie wobec Paula Kalma i Joba Cohena, w wielu poglądach nie zgadzałam się z głoszonymi przez nią poglądami. Społeczna demokracja opiera się na prawach grup ludzi, a nie jednostek. Partia Liberalna mogła nie być tak przyjazna jak Partia Pracy, ale jej filozofia opierała się na wartościach wolności osobistej. Podzielałam wyrażane przez nią poglądy.

Postanowiłam, że będę politykiem koncentrującym się tylko na jednym zagadnieniu. I nadal tak jest. Żywię też przekonanie, że jest to największa, najważniejsza kwestia, przed jaką stanie nasze społeczeństwo i nasza planeta w bieżącym stuleciu. Każde społeczeństwo, które znajduje się wciąż pod wpływem islamu, gnębi kobiety, a także pozostaje w tyle pod względem rozwoju – jest biedne. W wielu wybucha mnóstwo konfliktów i wojen. Społeczeństwa, które szanują prawa kobiet i ich wolność, są bogate i spokojne.

Postanowiłam, że przyłączę się do ugrupowania, które da mi największe możliwości wprowadzenia zmian. Jeżeli Partia Liberalna zaoferuje mi trybunę, z której będę głosić swoje poglądy, to niech tak będzie.

Zadzwoniłam do Paula Kalma i poinformowałam go o zamiarze wystąpienia z Partii Pracy, jak również odejścia z pracy, która dawała mi wiele satysfakcji. Ogromnie żałował, że zmieniam barwy partyjne, ale powiedział:

– Będziesz dążyć do swoich ideałów, w których ja cię również wspieram.

Życzył mi szczęścia.

Neelie Kroes i przywódcy Partii Liberalnej, Frits Bolkestein i Gerrit Zalm, chcieli, żebym otrzymała wysoką pozycję na liście wyborczej. Polityka holenderska nie opiera się na zasadzie lokalnych okręgów wyborczych. Wyborcy głosują na ogólnokrajową listę kandydatów, natomiast miejsca w parlamencie zostają rozdzielone na dziesięć pierwszych nazwisk otwierających każdą listę, zależnie od proporcji głosów, które otrzyma każda lista. Holenderskie partie polityczne opierają się na potężnych lokalnych grupach, które rywalizują o najlepsze pozycje na liście.

Ja byłam zupełną outsiderską. Jeżeli chciałam zostać wybrana do parlamentu, musiałam przedstawić swój program parlamentarnym baronom. Jednak Neelie i Zalm pragnęli, żeby mój udział w wyborach pozostał tajemnicą aż do kongresu Partii Liberalnej, który miał się odbyć 30 listopada. Przez tydzień podróżowałam po Holandii tak dyskretnie, jak tylko było to możliwe, kursując od jednego lokalnego barona partii do drugiego.

Początkowo przyjmowali wobec mnie wrogą postawę, chociaż byli ciekawi. Jeden starszy mężczyzna powiedział:

– Pochodzisz z Afryki i grożono ci ze względu na uwagi, jakie poczyniłaś pod adresem islamu. Jesteś kobietą i członkiem Partii Pracy, a teraz chcesz być z nami? Jesteśmy przedsiębiorcami. Co wiesz o biznesie? Czy jesteś chociaż nami zainteresowana?

– To zależy kogo masz na myśli, mówiąc „my" – odparłam.

Powiedziałam, że chcę zająć się kwestiami kobiet imigrantek, szczególnie muzułmanek, i wyjaśniłam, w jaki sposób – jak sądzę – wpływa to na sytuację gospodarczą. Biznesmeni powinni mieć silną motywację, by uwolnić muzułmańskie kobiety z gnębiącego je ucisku, by mogły w pełni uczestniczyć w życiu społeczeństwa. Jeżeli dziewczęta i kobiety są niewykształcone, ciemiężone i psychicznie poniżane, wówczas ich dzieci również są opóźnione w rozwoju z powodu niewiedzy. Gdy kobiety będą dobrze wykształcone, a ich potrzeby zaspokojone, to również dzieci, które urodzą, wyrosną na samodzielnych i odpowiedzialnych obywateli stanowiących wartościową siłę roboczą. Mówiłam też o integracji i opiece społecznej.

– Znasz historię liberalnych idei – powiedziałam. – Ucisk kobiet w Holandii jest niezgodny z filozofią waszej partii. Jako strażnik idei twojej partii powinieneś popierać moje członkostwo w niej, ponieważ opowiadam się za wyznawanymi przez ciebie wartościami.

Spotkania te miały charakter uczciwych, nieraz ostrych przesłuchań. Niektórzy przywódcy partyjni uważali mnie za osobę bezwstydną, kilku było do mnie otwarcie wrogo nastawionych. Większość mówiła mi:

– Sprawa, którą chcesz się zająć, wymaga od ciebie odwagi. Jest niewątpliwie słuszna, ale nie należysz do naszej partii.

Jednak pewna kobieta, baronowa liberałów w Leiden, maglowała mnie przez godzinę, a następnie powiedziała:

– Myślę, że będę cię bardzo lubić. Masz w sobie pewną autentyczność, a to jest bardzo istotny element naszej partii.

Niczego nie ukrywałam. Każdemu, kto mnie o to zapytał, mówiłam otwarcie, że kiedy po raz pierwszy przyjechałam do Holandii, zmieniłam moją historię, gdy starałam się uzyskać status uchodźcy: podałam inne nazwisko i nie wyjawiłam całej prawdy.

Powiedziałam o tym w telewizji, w radiu i w wywiadach prasowych, a także liderom VVD, kiedy pytali mnie, czy w przeszłości wydarzyło się cokolwiek, co uniemożliwiałoby mi odpowiednie funkcjonowanie w charakterze polityka. Nigdy nie robiłam z tego tajemnicy.

W końcu Gerrit Zalm otrzymał odpowiednio duże wsparcie od partyjnych baronów, by umieścić moje nazwisko na liście VVD pod numerem szesnastym. Oznaczało to niemal pewne zwycięstwo.

Tego dnia w BBC wysłuchałam wiadomości o zamieszkach, które wybuchły w Nigerii. Młoda dziennikarka, która została tam wysłana, by przygotować relację na temat wyborów Miss Świata, napisała: „Muzułmanie sądzą, że przywożenie dziewięćdziesięciu dwóch kobiet do Nigerii i proszenie ich, by demonstrowały swą próżność, jest rzeczą niemoralną. Co pomyślałby o tym Prorok Muhammad?... Prawdopodobnie wybrałby sobie spośród nich żonę".

Wybuchły rozruchy, w których zginęło przeszło dwieście osób. Biuro reporterki gazety doszczętnie spalono, a ona została zmuszona do opuszczenia kraju. Słuchałam teraz zadzierającej nosa Brytyjki, która zorganizowała konkurs piękności. Zamiast obwiniać za przemoc mężczyzn, którzy podpalali domy i mordowali ludzi, obciążyła winą młodą reporterkę za robienie „niefortunnych uwag".

Byłam rozsierdzona usprawiedliwianiem fanatyzmu. Dziennikarka nie napisała nic złego. Miała rację: Prorok poślubił większość swoich żon, ponieważ w ten czy inny sposób wpadły mu w oko. W geście solidarności z tą młodą dziennikarką postanowiłam, że przy pierwszej sposobności powiem publicznie, co myślę o Proroku Muhammadzie, jaki naprawdę był.

Chwila ta nadeszła zaledwie kilka dni później, kiedy Arjan Visser, holenderski dziennikarz z „Trouw", poprosił mnie, żebym wzięła udział w serii przeprowadzanych przez niego wywiadów. Posługiwał się dziesięciorgiem przykazań jako podstawą, w ramach której rozmawiał o miejscu religii w życiu człowieka. W wywiadzie powiedziałam mu, jaka – zgodnie z moim przekonaniem – była prawdziwa natura Proroka. W ciągu kilku następnych tygodni wywiad się nie ukazał i zapomniałam o nim.

* * *

30 listopada podczas kongresu Partii Liberalnej weszłam do ogromnej sali, gdzie kręciło się sporo ludzi ze służb ochroniarskich. W moim kierunku skierowano kamery. Wraz z innymi kandydatami, z mikrofonem w dłoni miałam zająć miejsce na specjalnej platformie. Każdy z nas miał się kolejno przedstawić. Drżałam na całym ciele i zastygłam w bezruchu, stojąc w drzwiach. Nie mogłam się poruszyć. Widziałam przed sobą mnóstwo kamer, a za mną znajdowali się ochroniarze. Czułam się jak złapana w pułapkę. Gerrit Zalm powiedział mi łagodnie, żebym się uspokoiła, wzięła głęboki oddech i przestała się martwić.

Jeden po drugim kandydaci wygłaszali swoje przemówienia, ale zebrani na sali wydawali się ich nie słuchać. Kandydat czternasty, kandydat piętnasty. Nadeszła moja kolej. Przygotowałam krótkie wystąpienie z pomocą Neelie i jej męża, polityka Brama Pepera. Ponownie ogarnął mnie lęk, ponieważ kiedy wstałam, wszyscy obecni przestali rozmawiać. Setki zgromadzonych tu ludzi zamilkło, a następnie znów zobaczyłam błyski fleszy. Zastygłam w bezruchu na stopniach podium. Frits Huffnagel, który przedstawiał kandydatów, zauważył, że cała się trzęsę. Podał mi rękę i powiedział: „Spokojnie".

Udało mi się nad sobą zapanować i przeczytać moje wystąpienie. Potem, gdy schodziłam ze stopni podium, ze wszystkich stron oblegli mnie dziennikarze. Kamerzyści towarzyszyli mi nawet do drzwi damskiej toalety. Jedna z członkiń parlamentu z ramienia liberałów, była pływaczka olimpijska Erika Terpstra, postanowiła mnie chronić. Zasłoniła mnie własnym ciałem i odepchnęła tłoczących się wokół ludzi.

Od tego momentu nie mogłam utrzymywać normalnych relacji z dziennikarzami. Nie mogłam po prostu powiedzieć, co myślę, jak każda przeciętna osoba. Byłam teraz politykiem: media stanowiły raczej instrument niż źródło informacji, którym musiałam nauczyć się posługiwać. Profesjonaliści z agencji PR, którzy zajmowali się kontaktami z prasą z ramienia Partii Liberalnej, dokładnie sprawdzali telefony od dzwoniących do mnie dziennikarzy i prośby o wywiady. Dali mi krótkie biografie każdego dziennikarza i poinformowali, o co prawdopodobnie każdy z nich zapyta. Przeszłam przyśpieszony kurs dotyczący priorytetów Partii Liberalnej: programu wyborczego, rolnictwa, podatków mieszkaniowych i tym podobnych zagadnień. Ponieważ byłam kandydatką Partii Liberalnej, treść moich wypowiedzi dla środków przekazu musiała zgadzać się z programem partii.

Większość mediów sądziła, że zmiana partii politycznych sprawiała, że stałam się oportunistką i obserwowali, czy wszystkiego nie popsuję. Mój pierwszy wywiad miał dotyczyć moich zainteresowań losem innych ludzi, ale zostałam zapytana, czy nadal chciałabym zakazać działalności szkół wyznaniowych. Była to w owym czasie najbardziej delikatna kwestia w Holandii. Jeżeli wybory wygraliby liberałowie, to planowali rządzić z Partią Chrześcijańskich Demokratów, a dla chrześcijańskich demokratów szkoły oparte na wierze były nie do ruszenia. Powiedziałam, że jestem przeciwna tej formie kształcenia. Wyjaśniłam, jak złe dla edukacji młodzieży są szkoły muzułmańskie. Wywołało to małą burzę wśród liberałów, że nie trzymałam się ściśle ustaleń partyjnych, co mogło mi utrudnić uzyskanie mandatu w wyborach parlamentarnych.

Przywódca Partii Liberalnej, Gerrit Zalm, bezwarunkowo popierał moją kandydaturę i polityczną karierę. Jako profesjonalny polityk był niezwykle skuteczny, stanowił prawdziwy przykład męża stanu o wyrazistych poglądach. Popierał mnie, ponieważ mogłam przyciągnąć uwagę do liberałów i pomóc im w wygraniu wyborów. Nigdy w najmniejszym nawet stopniu nie dał mi do zrozumienia, że kiedy już wybory zostaną wygrane, odsunie mnie od władzy. Nieustannie nadstawiał za mnie karku. W trakcie mojej kariery politycznej Zalm konsekwentnie prowadził batalie, wspierając sprawy, o które walczyłam, od przemocy domowej po zabiegi obrzezania.

Po pierwszym udzielonym przez mnie wywiadzie, bynajmniej się nie obruszył. Nie powiedział: „Ta młoda kobieta niedawno przyjechała do Holandii i nie rozumie jeszcze znaczenia instytucji w naszym społeczeństwie". Stwierdził natomiast: „Jestem liberałem i uznaję twoje argumenty przemawiające za tym, żeby położyć kres szkołom wyznaniowym. Nie możemy jednak tego zrobić od razu, ponieważ musimy stworzyć rząd z chrześcijańskimi demokratami".

Dla mnie najbardziej drażliwą kwestią było przeprowadzenie generalnej amnestii dla osób starających się o azyl, które przekroczyły okres legalnego pobytu w Holandii. Chciałam tego. Kiedy pracowałam w zespole doradców Partii Pracy, klub parlamentarny tej partii przeciwstawiał się temu – ale liberałowie zgłosili znacznie ostrzejszy sprzeciw. Kiedy osoby, które przeprowadzały ze mną wywiady, pytały o to, jasno dawałam wyraz swoim poglądom. Oświadczyłam Gerritowi Zalmowi: „Wiesz, nie mogę zgodzić się ze wszystkim, co mówią liberałowie". Zalm powiedział mi, że to świetnie. Powinnam po prostu być sobą. Dopóki będę zajmować się kwestią związaną z integracją, muszę głosować razem z partią, kiedy znajdę się w parlamencie, mogę mówić, co myślę.

Podczas dwóch miesięcy kampanii odwiedzałam jedną stację telewizyjną po drugiej, wygłaszałam swe kolejne przemówienia. Sprzedawałam mandarynki na targu w Leiden; wymieniałam uściski dłoni na rogach ulic. Spotkałam wielu obywateli, którzy zdziwili mnie swoim bezwarunkowym poparciem dla moich poglądów i wielu wyborców Partii Pracy, którzy powiedzieli: „Ubolewamy z powodu dokonanego przez ciebie wyboru, ale kwestia, którą się zajmujesz, jest tak istotna, że będziemy na ciebie głosować, gdziekolwiek będziesz". Spotkałam Fritsa Bolkesteina, starzejącego się lwa Partii Liberalnej; zachowywał się oficjalnie, ale był jednocześnie bardzo życzliwy, ojcowski i autentyczny. Potraktował moje pomysły poważnie i udzielił mi wielu dobrych rad. Nalegał też, żebym do niego dzwoniła, ilekroć będę potrzebować pomocy. Zaczęłam do niego żywić ogromny szacunek.

Oczywiście spotykałam się także z wrogimi reakcjami podczas prowadzonej przeze mnie kampanii. Ludzie obrzucali mnie wyzwiskami, a nawet opluwali; otrzymałam też trochę pogróżek. Najbardziej niezwykłymi ludźmi byli dla mnie ci, którzy pozornie zgadzali się ze wszystkim, co mówiłam, ale pomimo tego nie wyobrażali sobie, że mogliby głosować na Partię Liberalną. Przypominało mi to Somalię: tutaj również wyborcy nie chcieli głosować poza obrębem swego rodu.

Teraz, kiedy byłam politykiem, znajdowałam się pod ochroną Royal and Diplomatic Protection Corps, DKDB. Dokądkolwiek się wybierałam, znajdowałam się pod ścisłą ochroną. Poruszałam się w konwoju samochodów i w towarzystwie uzbrojonych mężczyzn. Początkowo ci dziwni mężczyźni ze swoimi radiami i bronią trochę mnie przerażali. Niektórzy stali bardzo blisko mnie i chcieli znać każdy szczegół tego, co będę robić następnego dnia. Nie mogłam zmienić harmonogramu; każde miejsce musiało być sprawdzone przed moim przybyciem. Taka kontrola stwarzała wiele niezręcznych sytuacji w życiu codziennym. Ochroniarze towarzyszyli mi do supermarketu, kiedy wychodziłam na zakupy. Pewnego popołudnia, próbując kupić garnki, poczułam się jak idiotka, tak jakbym chciała wywrzeć wrażenie na tych mężczyznach, dokonując odpowiednich wyborów.

Niekiedy DKDB informowało mnie o jakimś szczególnym zagrożeniu. Jednak najczęściej nie robili tego. Czuli, że nie leżałoby to w moim interesie, gdybym nabawiła się obsesji na punkcie niebezpieczeństwa, które mi grozi. Byli tu, żeby mnie chronić; to wszystko, co powinnam była wiedzieć. Rozmyślanie przez cały czas o pogróżkach nie jest dobrym sposobem na życie.

Neelie Kroes znalazła mi miejsce, w którym mogłam się zatrzymać w Hadze, piękne mieszkanie należące do jej przyjaciółki. Jednak po dwóch tygodniach zamieszkiwania tam miejscowa gazeta zwietrzyła to i opublikowała mój adres. Mniej więcej w porze lunchu jeden z moich ochroniarzy oznajmił mi: „Przepraszam, ale nie możesz wrócić do mieszkania. Na noc przewieziemy cię do hotelu, ale będziesz musiała poszukać innego miejsca, w którym mogłabyś zamieszkać". Nie mogłam nawet wrócić i się spakować; wysłali policjantów, żeby przeszukali szuflady i zabrali moje ubrania i książki.

Neelie zużyła niewyczerpane zasoby energii i załatwiła mi lokum na kilka tygodni. Miałam zatrzymać się w mieszkaniu na najwyższym piętrze budynku firmy telekomunikacyjnej w Hadze, w którym sypiał dyrektor firmy, kiedy zdarzyło mu się pracować do późna. Nie mogłam tam jednak zostać na dłużej. Po dwóch miesiącach wyrażono zgodę, żebym wynajęła jeden z domów znajdujących się na terenie należącym do firmy i pozostała tam nawet przez rok, aż znajdę dla siebie inne miejsce. Dom był wspaniały, z kominkiem i ogrodem, a czynsz przystępny. Pomyślałam, że w końcu będę mogła ponownie gdzieś osiąść. Planowałam wprowadzić się tam w ostatni weekend stycznia.

22 stycznia odbywały się wybory. Partia Liberalna wynajęła salę w Utrechce z dużym ekranem; kiedy zostały ogłoszone wyniki, wszyscy wzajemnie składali sobie gratulację. W rzeczywistości jednak wygrana partii była raczej skromna. Wielkimi wygranymi byli chrześcijańscy demokraci i Partia Pracy. Wydawało się prawdopodobne, że utworzą wspólnie koalicję rządową. (Rządy w Holandii są zawsze koalicjami). Liberałowie zdobyli zaledwie 18 procent głosów – niewystarczająco, żeby rościć sobie prawo do sprawowania władzy. Niemniej jednak mieliśmy dwadzieścia siedem miejsc w parlamencie, co oznaczało, że jako numer szesnasty zostałam wybrana.

W Holandii wyborcy każdej listy mogą, jeżeli chcą, wskazać swoje preferencje dotyczące poszczególnych kandydatów. Prowadzi to do skomplikowanych obliczeń. Jeżeli wielu wyborców wskaże swoje poparcie dla określonego kandydata, osoba ta może przesunąć się w górę na liście wyborczej. Byłam szesnasta na liście, ale szósta zgodnie z indywidualnymi preferencjami wyborców – dobry wynik jak na nowicjuszkę. Aby być precyzyjną, 37 058 wyborców głosujących na Partię Liberalną, wskazało moje nazwisko. Chcieli, abym ich reprezentowała. Poczułam ogromny przypływ sił. Moja walka była uzasadniona. Mogłam coś zrobić. Poczułam na swych ramionach ciężar prawdziwej odpowiedzialności.

ROZDZIAŁ 16

Polityka

W ostatnią sobotę stycznia 2003 roku przyszli do mnie Johanna i Maarten, żeby mi pomóc w przeprowadzce do nowego domu. Pierwsze posiedzenie nowo wybranego parlamentu miało się odbyć 30 stycznia. Chciałam przede wszystkim uregulować swoje sprawy mieszkaniowe i spokojnie zadomowić się przed ceremonią inauguracji. Tego ranka nie włączyłam nawet radia, po prostu zaczęłam pakować moje pudła.

Jednak Johannę i Maartena zelektryzowała następująca wiadomość: „Hirsi Ali nazywa Proroka Muhammada dewiantem". „Trouw" właśnie opublikował wywiad o religii, którego udzieliłam kilka tygodni wcześniej. W wywiadzie mówiłam o dziesięciorgu przykazań w Koranie, przekazanych muzułmanom przez Proroka Muhammada. Opisałam go jako okrutnego mężczyznę, który żądał władzy absolutnej i który zahamował inwencję twórczą, ograniczając wyobraźnię swoich wyznawców wyłącznie do tego, co wolno, a czego nie wolno robić. Zgodnie z przyjętą konwencją, Bóg nakazał, by Muhammad poślubił żonę swego adoptowanego syna, Zajda. Pozwolił również Prorokowi poślubić sześcioletnią córkę swego przyjaciela Abu Bakra i skonsumować to małżeństwo, kiedy Aisza miała zaledwie dziewięć lat. Opis tej sceny pozostawiony przez Aiszę jest prawdziwie poruszający. Bawiła się na huśtawce w ogrodzie, kiedy mama dziewczynki zawołała ją i posadziła na kolanach pięćdziesięcioczteroletniego Proroka.

– Zgodnie z waszymi zachodnimi standardami – powiedziałam – Muhammad jest osobą perwersyjną, a także tyranem.

Trzeba przyznać, że posunęłam się w tym wywiadzie bardzo daleko. Teraz, kilka tygodni później, został on opublikowany, a Johanna i Maarten byli przerażeni jego treścią. Jeszcze o tym nie wiedziałam, ale setki ludzi w całym kraju zgłaszało się już na komisariaty policji, żądając, żebym została ukarana za głoszenie tak świętokradczych bluźnierstw. Moje stwierdzenia wywołały w kraju ogromne poruszenie, a ja nie zostałam nawet jeszcze zaprzysiężona.

Corrie zadzwoniła i powiedziała mi, że na sekretarce w naszym domu nagrał się rozgniewany mężczyzna, który mówił z wyraźnym obcym akcentem.

– Tego już za wiele! – powiedział i zagroził, że wysadzi dom w powietrze. Policja w Leiden przyjęła skargę Corrie i policjanci zaczęli krążyć po okolicy. Wszyscy byli zdenerwowani.

Kiedy przenieśliśmy wszystkie moje skrzynie, zaprosiłam Johannę i Maartena na kolację, żeby podziękować im za okazaną mi pomoc. W trakcie posiłku jeden z ochroniarzy podszedł do nas i oznajmił:

– Zrobiło się tu zbyt niebezpiecznie. Zabieramy stąd Ayaan.

Poprosili Johannę i Martena, żeby sami wrócili do domu, następnie wyprowadzili mnie przez kuchnię i przewieźli pośpiesznie do siedziby firmy telekomunikacyjnej. Kiedy się tam znalazłam, w budynku roiło się od funkcjonariuszy służb specjalnych, być może tuzina policjantów, ubranych w mundury i po cywilnemu. Zdałam sobie sprawę, że sytuacja była naprawdę poważna.

Spałam teraz w niemal pustym mieszkaniu. Następnego dnia pojawiła się duża grupa ludzi ze służb specjalnych. Składała się z mężczyzn stojących wysoko w hierarchii państwowej, przedstawicieli policji i Agencji Bezpieczeństwa Ministerstwa Sprawiedliwości i Ministerstwa Spraw Wewnętrznych. Przyszedł też pracownik z Wydziału Bezpieczeństwa Parlamentu. Udaliśmy się do domu, do którego planowałam się przeprowadzić. Mężczyzna z agencji, która ocenia stopień ryzyka bezpieczeństwa, ABB, oświadczył, że mój poziom ryzyka jest „maksymalny". (Wyróżnia się trzy poziomy: maksymalny, średni i minimalny). Pracownik agencji rozejrzał się wokół i sporządził listę koniecznych zmian, które należało wprowadzić w moim domu, by spełniał wymogi agencji i zapewnił mi maksymalne bezpieczeństwo. Widział potrzebę wstawienia grubszych szyb i zainstalowania kamer. Stwierdził, że będzie to kosztować przeszło milion euro.

Byłam członkiem parlamentu, toteż – zgodnie z obowiązującymi zasadami – parlament musiałby zapłacić rachunek. Pracownik z Wydziału Bezpieczeństwa Parlamentu zwrócił się do mnie i zapytał:

– Jak długo zamierzasz mieszkać w tym nowym domu?

Powiedziałam mu, że mam umowę najmu spisaną na rok.

– Przykro mi – powiedział – ale nie możemy tego zrobić. Parlament nie zainwestuje miliona euro tylko na jeden rok. Będziesz musiała znaleźć inne miejsce.

Kiedy 30 stycznia nadszedł czas wielkiej gali zaprzysiężenia członków nowego parlamentu, mieszkałam w hotelu. Przez całe tygodnie wciąż się przenosiłam. Co kilka dni pracownicy hotelu dowiadywali się, kim jestem i ludzie ze służb specjalnych ponownie mnie przenosili. Poszukiwałam domu. Po pewnym czasie udało mi się znaleźć doskonały dom z ogrodem, ale stał on w szeregu podobnych domków. Z kolei inny dom był możliwy do przyjęcia, ale nie mogłam zapłacić tak wysokiego czynszu. Wciąż zmieniałam miejsca zamieszkania, a moja sytuacja była przez to bardzo niestabilna.

Podczas ceremonii zaprzysiężenia byłam oczywiście bardzo zdenerwowana i ogromnie żałowałam, że nie będzie na niej mojego ojca. Byłby ze mnie dumny. W jego oczach uchodziłam za niewierną, ale jednak poszłam w jego ślady i – podobnie jak on – byłam zaangażowana w pracę dla dobra innych ludzi. Bolało mnie, kiedy dzwoniłam, a ojciec odkładał słuchawkę. Przepełniała mnie jednak teraz nadzieja. Miałam misję do spełnienia. Chciałam zająć się ciężką dolą muzułmańskich kobiet i dołożyć starań, by sprawa ta zyskała rangę problemu państwowego.

Podczas pierwszego posiedzenia klubu parlamentarnego liberałów, wszyscy znali już treść artykułu w „Trouw" i byli wściekli. Tego ranka Frank de Grave, uprzejmy mężczyzna, który wziął mnie pod swoje skrzydła, przyszedł do przydzielonego mi biura w starym budynku parlamentu i powiedział:

– Kiedy rozpocznie się spotkanie, zobaczysz, że ludzie będą cię atakować. Chciałbym, żebyś zachowała spokój. Gdy zabierzesz głos, musisz powiedzieć:

– Ten wywiad miał miejsce dawno temu, zanim jeszcze zostałam wybrana do parlamentu. Zdaję sobie sprawę, że nie było to właściwe posunięcie. Dlatego przepraszam za spowodowanie takiego zamieszania. Od tej pory będę konsultować się z partią, zanim wypowiem się na tak palący temat.

Kiedy niektórzy z moich parlamentarnych kolegów liberałów zaczęli czynić nieprzyjemne i złośliwe uwagi, zachowywałam spokój. Jednak w pewnej chwili jeden z mężczyzn spojrzał na Gerrita Zalma i zapytał:

– Czy nie sądzisz, że powinniśmy ją chronić przed samą sobą?

Poczułam się zraniona i oburzona.

– Dziwi mnie – powiedziałam – że ani jedna obecna tu osoba nie zapytała: „Czy to prawda?". Jeżeli Prorok Muhammad poszedł do łóżka z dziewięcioletnią dziewczynką, to zgodnie z holenderskim prawem jest pedofilem. Kiedy przyjrzeć się, w jaki sposób Prorok Muhammad sprawował władzę, to okazuje się, że był jedynowładcą i autokratą. Dlatego system rządów, jaki sprawował, można określić mianem tyranii. Uwagę o chronieniu mnie przed samą sobą uważam za protekcjonalną i niewybaczalną.

Zalm uspokoił w końcu posłów, którzy demonstrowali swoje oburzenie. On, Johan Remkes, Mark Rutte i Henk Kamp poparli mnie, powołując się na wolność słowa. Stwierdzili także, że groźby kierowane pod moim adresem były niewybaczalne. Nikt przedtem nie słyszał w Holandii, by ochroniarze musieli towarzyszyć komuś na każdym kroku. Po spotkaniu Frank de Grave podszedł do mnie i zaczął czynić mi wymówki:

– Co ty narobiłaś! Dlaczego to powiedziałaś?

– Ponieważ to jest prawda. Nie zamierzam przepraszać za prawdę.

Zwycięskie partie wciąż nie doszły do porozumienia w kwestii formowania rządu. Chrześcijańscy demokraci próbowali sformować koalicję z Partią Pracy, ale utknęli. Mijały tygodnie. Nowy parlament został zaprzysiężony, ale dawny rząd nadal sprawował władzę. Nie prowadził nowej polityki, spełniał jedynie funkcje administracyjne, podczas gdy wszyscy czekali na mianowanie nowego gabinetu.

Sytuacja była surrealistyczna. W wyniku głosowania w parlamencie niektórzy ministrowie Pima Fortuyna zostali odsunięci od władzy, a jednak nadal rządzili państwem. Biedny Zalm, kiedy nie przewodniczył posiedzeniom klubu parlamentarnego liberałów, opiekował się ministrami Pima Fortuyna, którzy zachowywali się, jakby nie opuścili przedszkola. Obiecałam sobie, że spróbuję nie przysparzać mu wielkich zmartwień.

Wydawało się, że my, liberałowie, pozostaniemy poza rządem. Jako członka tej partii nie zaprzątało mojej uwagi tworzenie koalicji i podejmowanie prób zdobycia poparcia innych partii. Miałam wystarczająco dużo czasu, by zmienić nastawienie naszej partii w kwestiach, którymi miałam się zajmować. Po pierwsze, chciałam, żeby Partia Liberalna udzieliła poparcia postulatowi Partii Pracy. Proponowała ona udzielenie pozwolenia na pobyt stały kobietom, które przyjechały do Holandii, aby poślubić legalnych imigrantów.

Postulat ten został w końcu zrealizowany z pomocą Partii Pracy. Frank de Grave i Gerrit Zalm pomogli mi przeprowadzić to wśród liberałów, co nie było łatwe, ponieważ liberałowie chcieli ograniczyć nową imigrację i uważali, że udzielanie większej liczby pozwoleń na pobyt stały było nierozsądne. Ja jednak opowiadałam o kobietach przywożonych do Holandii przez mężczyzn, których ledwie znały. Poślubiły ich w wyniku zaaranżowanych przez rodziny małżeństw. Pobite przez mężów trafiały często do szpitala, ale nie mogły starać się o rozwód, ponieważ gdyby to zrobiły, musiałyby wyjechać z Holandii i wrócić do swoich rodzin, gdzie czekała ich kara. Wniosek został przyjęty przez większość partii w parlamencie, chociaż bez głosów Partii Chrześcijańskich Demokratów. Tyle o braterskiej miłości.

Potrzebne były pieniądze na schroniska dla kobiet. Zalm był członkiem odchodzącego gabinetu, który nadal sprawował rządy w kraju. Wkrótce po mojej rozmowie z nim na ten temat minister finansów, Hans Hoogervorst, powiedział mi, że na początek przeznaczy na ten cel 30 milionów euro. Było to o wiele za mało, ale z pewnością wystarczyło na rozpoczęcie prac budowlanych.

W maju Partia Pracy niespodziewanie oświadczyła, że nie weźmie udziału w tworzeniu rządu. Po czterech miesiącach ich rozmowy z chrześcijańskimi demokratami załamały się. Teraz chrześcijańscy demokraci musieli zwrócić się do liberałów, żeby naprędce stworzyć koalicję rządzącą. Inna, znacznie mniejsza partia, D-66, która poniosła dotkliwą klęskę w trzech kolejnych wyborach, także zgodziła się do nich przyłączyć. Dało to nowemu rządowi przewagę zaledwie trzech miejsc w parlamencie.

Pod koniec lutego znalazłam stałe miejsce w Hadze: mały domek z cegły tuż za ambasadą Izraela, po drugiej stronie placu od Binnenhof, gdzie znajduje się siedziba parlamentu. Czynsz był wysoki, ale ze względu na ambasadę Izraela miejsce to było bardzo pilnie strzeżone. Tego typu rozwiązanie było bardzo wygodne dla parlamentu, a także wysoce zadowalające dla ludzi ze służb bezpieczeństwa.

Cieszyłam się, że mam własne mieszkanie. Wprowadzając się tu, uwolniłam się od ochroniarzy obwieszonych przenośnymi kamerami i alarmów w hotelowych korytarzach. Mogłam zamknąć drzwi, powiedzieć im do widzenia, usiąść na mojej sofie w byle jakim T-shircie, przygotować jedzenie i spokojnie zagłębić się w lekturze.

Pewnego wieczoru w marcu Neelie i ja rozmawiałyśmy przy kolacji w jej ogrodzie. Zastanawiałyśmy się, dlaczego ten nowy rodzaj fundamentalistycznego islamu jest tak skuteczny i przekonujący. Sądziłam, że częściowo dzieje się tak, ponieważ duchowni muzułmańscy posługiwali się różnego rodzaju mediami: wideokasetami przedstawiającymi męczenników, kasetami magnetofonowymi z nagraniami sugestywnych kazań i witrynami internetowymi umacniającymi ich przesłanie. Nowy islam opiera się na obrazach, a jego technologia jest bardzo prosta.

Nadszedł czas dla ludzi, którzy chcieli zreformować islam, mogli skorzystać z tych samych technik. Przemówienia polityczne stanowią świetny instrument, ale obecnie społeczeństwo preferuje satyrę, sztukę, kino i książki. Dlatego ludzie sztuki muszą pozbyć się zahamowań wobec traktowania religii jak każdego innego tematu, a islamu jak każdej innej religii. Powinni propagować własne przesłanie za pomocą obrazów, a nie tylko słów, by dotarło ono do przeciętnego obywatela, który nie mówi, w sensie dosłownym ani metaforycznym, ich językiem.

Powiedziałam Neelie, że myślę o zorganizowaniu pewnego rodzaju wystawy. Chciałabym w ten sposób zapoczątkować dyskusję o pozycji kobiet w islamie. Planowałam ustawić w sali gipsowe odlewy lub woskowe manekiny kobiet. Byłaby tam kobieta wychłostana za cudzołóstwo, inna wielokrotnie bita przez męża, a kolejna uwięziona we własnym domu. Jedna z nich nosiłaby przezroczysty *hidżab*, a na ciele każdej z nich widniałyby słowa Koranu. Obok wszystkich posągów znajdowałyby się tablice z przekładami odpowiednich wersetów Koranu, na których zostałyby również zamieszczone informacje, jak wiele kobiet na świecie cierpi z powodu świętej księgi muzułmanów. Wystawa ilustrowałaby za pomocą prostych obrazów cierpienie, jakie znoszą kobiety w imię Boga.

Wielu pełnych najlepszych intencji Holendrów powiedziało mi z całą szczerością, że nie znajduje w muzułmańskiej kulturze niczego, co sprzyjałoby atmosferze znęcania się nad kobietami. Uznawali to po prostu za jedno wielkie nieporozumienie. Stale informowano mnie o tym, że mężczyźni na całym świecie biją swoje żony. W rzeczywistości mieszkańcy Zachodu nie rozumieją islamu. Koran upoważnia do stosowania tych kar. Daje legalną podstawę do znęcania się nad kobietami, a sprawcy nie czują wstydu ani wyrzutów sumienia. Nie są też potępiani przez swoją społeczność. Chciałam, żeby moja poglądowa wystawa sprawiła, by ludzie nie lekceważyli tego problemu, a osoby świeckie przestały się łudzić, że islam jest religią pokojową i tolerancyjną.

Zdawałam sobie sprawę, że tego typu wystawa będzie trudna do przyjęcia dla wielu muzułmanów. Jeżeli młody muzułmanin zostaje wychowany w ten sposób, że wierzy, iż religia i Święta Księga to prawdy absolutne, trudno jest zaakceptować sytuację, że nie każdy myśli w podobny sposób i nie każda księga jest całkowicie święta. Ale o to mi właśnie chodziło: muzułmanie powinni przemyśleć pewne aspekty swojej religii i wysnuć wniosek, jaki wpływ wywiera ich wiara na życie ludzkich istot.

Neelie skontaktowała mnie z Wimem van der Krimpenem, dyrektorem Muzeum Miejskiego w Hadze. Wydawał się być otwarty na mój pomysł zorganizowania wystawy, którą chciałam zatytułować *Poddanie*. Powiedział mi, że zapewnienie środków bezpieczeństwa nie będzie stanowić problemu, chociaż tego się obawiałam. Muzeum było miejscem bezpiecznym. Ostrzegł mnie jednak, że koszty wykonania manekinów będą wysokie. Powinnam przedstawić moją propozycję, a on przedyskutuje ją z członkami zarządu muzeum.

Sądziłam, że nic z tego nie wyjdzie. Członkini parlamentu pisząca wersety Koranu na manekinach? Pomysł był skazany na niepowodzenie, toteż odłożyłam ten projekt na później.

Jozias van Aartsen poprosił mnie, żebym przygotowała projekt streszczający moje wyobrażenia na temat integracji i emancypacji muzułmańskich kobiet. Zostałby on przedyskutowany przez Partię Liberalną we wrześniu, na corocznym spotkaniu dotyczącym planowania kierunków polityki zagranicznej i wewnętrznej. Sprawowaliśmy teraz władzę, toteż stawka była wysoka. Wszystko, co chciałam powiedzieć, miało znaleźć się w tym dokumencie. Zaangażowałam w tę pracę Ariego van der Zwana, ekonomistę, którego pracę podziwiałam, i krytyka, Paula Scheffera. Pracowaliśmy przez całe lato. W rezultacie opracowaliśmy dwunastostronicową, bardzo wyczerpującą propozycję.

We wrześniu, kiedy Partia Liberalna urządziła dyskusję nad założeniami partyjnej polityki realizowanej na forum parlamentu, czułam się spięta. W moim oświadczeniu proponowałam, by liberałowie opowiedzieli się za zamknięciem istniejących muzułmańskich szkół i odmówili finansowania nowych. Zamieściłam też postulat o zniesieniu artykułu dwudziestego trzeciego holenderskiej konstytucji, który pozwalał rodzicom na otwieranie własnych szkół opartych na zasadach religijnych. Z politycznego punktu widzenia byłoby to odważne posunięcie, szczególnie dla partii, która, przynajmniej w warunkach holenderskich, jest prawicowa. Zaproponowałam także radykalne obniżenie zasiłku dla bezrobotnych i zniesienie płacy minimalnej. Gdy pracowałam jako tłumaczka, często stykałam się z tą problematyką. Zdawałam sobie sprawę, że łatwy dostęp do szczodrych zasiłków dla bezrobotnych prowadzi do pułapki ubóstwa: ludzie w Holandii często dostają więcej pieniędzy z zasiłku niż faktycznie otrzymaliby, wykonując jakąś pracę. Wszyscy mówili mi, że te pomysły są zbyt radykalne. Uważali, że mogłoby to doprowadzić do spolaryzowania społeczeństwa na bogatych i biednych, z niezliczonymi rzeszami żebraków i ludzi bardzo zamożnych, czemu towarzyszyć będzie eskalacja przemocy i wyzysku.

Podczas spotkania ludzie toczyli ze mną zacięte spory dotyczące różnych aspektów przygotowanego przez mój zespół dokumentu, ale przywódcy zadeklarowali swoje poparcie. Van Aartsen zakończył dyskusję, proponując, by temat integracji został ponownie omówiony na spotkaniu grupy parlamentarnej, podczas którego moi wyżsi rangą zwolennicy byliby nieobecni.

W marcu następnego roku, kiedy w znacznym stopniu skorygowane sprawozdanie zostało w końcu opublikowane, w kraju doszło do kilku ważnych wydarzeń. Toczyła się gorąca debata, by zaprzestać udzielania wsparcia dla szkół religijnych. Zwracano też znacznie większą uwagę na los muzułmańskich kobiet. Ukazały się artykuły prasowe cytujące wypowiedzi nauczycieli i pracowników opieki społecznej o małych dziewczynkach, które zostały poddane obrzezaniu, a teraz uczęszczają do holenderskich przedszkoli. Świeccy intelektualiści rugali jedni drugich na pierwszych stronach gazet, pisząc o zaletach i wadach Proroka Muhammada. Ujawniłam niektóre fragmenty mojego sprawozdania i posłużyłam się nimi w innych debatach, stopniowo budując koalicję. Przekazałam również fragmenty sprawozdania Gerritowi Zalmowi, który był teraz ministrem finansów i Ricie Verdonk, ministrowi integracji, by wykorzystali je w swoich dokumentach dotyczących strategii politycznej. Politycy z innych partii zaczęli interesować się tymi kwestiami.

Chciałam, żeby parlament przyjął postulat, który wymagałby od policji odnotowywania, jak wiele zabójstw honorowych ma miejsce w Holandii każdego roku. Po tygodniach konsultacji na oficjalnych spotkaniach w sejmowych korytarzach, minister sprawiedliwości, Piet Donner, zgodził się na postulat, który obmyśliłam z Partią Pracy, ale powiedział, że chce go najpierw przetestować jako „projekt pilotażowy" w dwóch policyjnych regionach. Kilka miesięcy później, po opublikowaniu liczb, parlament był wstrząśnięty, a ja poczułam ogromną, narastającą falę poparcia w kraju. Tylko w tych dwóch regionach (tego typu regionów jest w Holandii dwadzieścia pięć) pomiędzy październikiem 2004 a majem 2005 roku jedenaście muzułmańskich dziewcząt zostało zabitych przez członków swoich rodzin. Ludzie przestali mi wówczas mówić, że przesadzam.

Większość listów z poparciem, które dostałam, pochodziło od białych Holendrów. Otrzymałam też skromną korespondencję z poparciem od kobiet muzułmańskich. Cieszyło mnie jednak, że znacznie więcej osób słuchało moich argumentów. Jak sama wiedziałam z autopsji, wyjście z mentalnej klatki zajmuje wiele czasu. Niemal wszystkie obelżywe listy skierowane pod moim adresem napisali muzułmanie. Ludzie nazywali mnie wujem Tomem, osobą białą wewnątrz, zdrajczynią swoich rodaków. Wszystkie te ataki niestety odwracały uwagę od prawdziwej kwestii, która nie dotyczyła mojej osoby – nie miało znaczenia, kim byłam. Najistotniejszy był fakt, że islam sankcjonował stosowanie przemocy wobec kobiet i odmawiał im praw jako ludzkim istotom. Należało podkreślać, że akty przemocy skierowane przeciwko kobietom i dzieciom zdarzają się w Europie. Rządy, a także społeczeństwa powinny przestać się chować za niewiele wartymi deklaracjami o tolerancji i zająć się realnie istniejącym problemem.

Kiedy czytałam gniewne listy przesłane mi przez muzułmanów, potrafiłam zrozumieć ludzi, którzy je napisali. Niegdyś też mogłabym taki list napisać. Kiedy człowiek uznaje pewne wartości za święte, gdy te zostają podważone, a on sam nie jest przygotowany na taką informację – szczególnie jeżeli pochodzi ze środowiska, w którym dużą wagę przywiązuje się do honoru – czuje się urażony. Rozumiałam te osoby, ale byłam zmęczona wiecznym narzekaniem muzułmańskich organizacji, które powołane przez rząd, miały na celu wspierać lokalne społeczności.

Tymczasem stały się pomocą w nawiązaniu współpracy pomiędzy muzułmanami a lokalnymi i centralnymi urzędami. Nikogo nie reprezentowały. Nadmiernie rozrośnięta biurokracja dzięki otrzymywanym subwencjom nie sprzyjała powstawaniu nowych integracyjnych programów. Mężczyźni, którzy stali na czele tych organizacji, nie reprezentowali również muzułmańskich kobiet. Znali ich problemy, ale nigdy się nimi nie zajmowali. Nazwali mnie zdrajczynią, ale to właśnie oni zdradzali muzułmanów – muzułmańskie kobiety i dzieci.

Pewnego wieczoru 2004 roku zadzwonił do mnie ojciec. Ktoś dał mu mój numer telefonu. Rozmawialiśmy tak, jakby nic się między nami nie wydarzyło.

– Abeh, jestem taka szczęśliwa i wdzięczna, że zadzwoniłeś do mnie – powiedziałam.

– Ayaan, ludzie mówią o tobie takie okropne rzeczy – odparł. Wydawał się stary i zmęczony. – Modlę się za ciebie. Czy ty też się modlisz?

Zapytałam go, czy pamięta pewną historię, którą zwykł nam opowiadać dawno temu, kiedy mieszkaliśmy razem w Etiopii w siedzibie głównej somalijskich sił opozycyjnych, o towarzyszu, którego zaprosił na modlitwę. Mężczyzna zapytał:

– Hirsi, czy widzisz łeb tego wielkiego byka wiszący na środku pokoju?

A mój ojciec odparł, że nie widzi. Towarzysz stwierdził, że dla niego Bóg był jak ten niewidzialny łeb byka: nie mógł go zobaczyć.

– Abeh, jestem jak ten mężczyzna – powiedziałam ojcu. – Mówisz mi, żebym się modliła, ale kiedy stoję na macie, pokój jest pusty.

– Ten mężczyzna pokajał się za swoje słowa. Właśnie wrócił z pielgrzymki do Mekki. Modliłem się za niego i będę się modlił za ciebie. Ty też powrócisz na prostą ścieżkę wiary.

– Abeh, jeżeli kiedykolwiek powrócę do wiary, będziesz pierwszą osobą, którą o tym powiadomię – oświadczyłam.

Ojciec milczał przez chwilę. Następnie powiedział:

– Ayaan, gdy ktoś zapyta cię, czy wierzysz w Boga, nie odpowiadaj. Możesz jedynie stwierdzić, że jest to niegrzeczne pytanie, dotyczące bardzo osobistej sprawy.

Po rozmowie, która trwała około godziny, pożegnaliśmy się. Od tej pory nie rozmawialiśmy ze sobą.

W lutym 2003 roku po raz pierwszy spotkałam Theo van Gogha. Byłam w domu dziennikarza Theodore'a Holmana. W pewnym momencie zadzwonił dzwonek do drzwi. Hałaśliwy rubaszny mężczyzna podszedł do mnie i serdecznie się przywitał.

– Jestem Theo van Gogh – powiedział. – Głosowałem na ciebie.

Następnie zasypał mnie radami, w jaki sposób przetrwać w polityce. Został i uciął sobie pogawędkę, po czym wyszedł równie niespodziewanie, jak się pojawił.

Wiedziałam trochę o van Goghu. Był jedną z tych osobowości Amsterdamu, która zawsze pojawiała się w telewizji i w gazetach. Theo miał rozczochrane blond włosy, był gruby, dużo palił i bez przerwy mówił. Słynny reżyser filmowy miał kompulsywną potrzebę prowokowania i znieważania nawet swoich najlepszych przyjaciół, szczególnie w telewizyjnych programach na żywo. Wielu ludzi nienawidziło go.

Nie widziałam później van Gogha przez wiele miesięcy; nie było takiej potrzeby. Jednak pewnego popołudnia w maju 2004 roku, kiedy byłam na ślubie przyjaciółki w Stanach Zjednoczonych, Theo zadzwonił na mój telefon komórkowy. Nie utrzymywaliśmy kontaktów od czasu naszego pierwszego spotkania, ale zdobył numer mojego telefonu od kolegi. Nie zaczął rozmowy od konwencjonalnego powitania, typu: „Jak się masz?" lub czegoś w tym stylu – po prostu powiedział: „To ja, van Gogh" i zaczął z oburzeniem opowiadać o starciu, do którego dopiero co doszło między nim a Belgiem libańskiego pochodzenia, który nazywał się Abu Dżahdżah.

Abu Dżahdżah kierował w Belgii grupą młodych arabskich mężczyzn. Nazywał ją Arabską Ligą Europejską. Zaproszono go na debatę w Amsterdamie, która miała się odbyć w Happy Chaos Debating Club – w klubie dyskusyjnym „Szczęśliwy Chaos". Theo został poproszony o przewodniczenie debacie, wtedy Abu Dżahdżah odmówił udziału. Kiedy niektórzy z bojówkarzy Abu Dżahdżaha zaczęli mu grozić, Theo nazwał go „sutenerem Proroka" i rozpętało się piekło.

Nie miałam pojęcia, dlaczego Theo mi o tym opowiada. Nic nie mogłam na to poradzić. Siedziałam na tylnym siedzeniu taksówki w Nowym Jorku, której kierowcą najwyraźniej był muzułmanin. Nie miałam ochroniarza. To nie był odpowiedni moment na dogłębną pogawędkę.

– Theo, nie mogę teraz rozmawiać – powiedziałam. – Złożę ci wizytę w przyszłym tygodniu, kiedy wrócę.

W owym czasie udzieliłam w moim domu schronienia Raszidzie, marokańskiej dziewczynie. Raszida skontaktowała się ze mną latem 2003 roku. Potrzebowała pomocy, chciała uciec od swego ojca i braci, którzy bili ją, ponieważ miała chłopaka Holendra. Miała dwadzieścia dwa lata i chciała zostać aktorką. Coś mnie w niej wzruszało – być może dawne wspomnienie mnie samej. Chciałam jej pomóc, ale nie miałam pojęcia, jakie kroki należy poczynić, by zacząć karierę aktorską. Teraz przyszło mi na myśl, że mogę zabrać ją ze sobą na spotkanie z Theo van Goghiem, słynnym amsterdamskim reżyserem filmowym.

Najnowszym filmem Theo był *Nadżib i Julia*. Opowiadał o związku między rodowitą Holenderką i marokańskim chłopcem. Theo był człowiekiem bardzo wrażliwym, wydawało się, że ma antenę, która wychwytuje sygnały cierpienia, podczas gdy większość ludzi w Holandii przechodziło obok problemów, wierząc, że wszystko układa się dobrze. Tymczasem o zbyt wielu rzeczach, jak sądził, ludzie nie ośmielają się mówić, obawiając się, by kogoś nie urazić. Uważał się za postać rodem z filmów Fassbindera: Pana Zamętu. W jego domu panował bałagan, ale on koncentrował się intensywnie na swojej pracy. Był kłębkiem sprzeczności, nieznośnym człowiekiem i na swój sposób geniuszem.

Podczas pierwszego spotkania Raszida i ja spędziłyśmy u niego prawie godzinę. Theo obiecał Raszidzie, że jeżeli skończy szkołę aktorską, zrobi jej prawdziwe zdjęcia próbne. Słuchałyśmy jego narzekań na Abu Dżahdżaha i dyskutowaliśmy.

– Po co się złościć? – zapytałam. – Jesteś reżyserem filmowym. Dlaczego nie nakręcisz na ten temat filmu?

W pewnym momencie zaczęliśmy omawiać pomysł zorganizowania wystawy o muzułmańskich kobietach.

– Zrób to po prostu na wideo – powiedział Theo. – Napisz scenariusz. Każdy idiota potrafi napisać scenariusz. Wszystko, co musisz napisać to „Na zewnątrz (scena na zewnątrz), Dzień" i „Wewnątrz (scena we wnętrzach), Noc".

Mówił poważnie. Zaproponował, żeby z *Poddania* zrobić krótkometrażowy film. Początkowo nie potraktowałam jego słów poważnie, ale w ciągu kilku kolejnych tygodni wciąż do mnie dzwonił, namawiając do podjęcia pracy nad scenariuszem. Powiedział, że mogłabym się tym zająć w czasie przerwy parlamentarnej. Latem planował nakręcenie zdjęć. Obiecałam Theo, że spróbuję.

Kilka dni później miałam spotkanie z ekipą pracującą przy realizacji typowo holenderskiego programu telewizyjnego, *Letni goście*. Jego producenci zaprosili mnie, żebym się w nim pojawiła pod koniec sierpnia. Podczas tego programu ludzie przez trzy godziny opowiadają o sobie i wybierają telewizyjne urywki, które były dla nich znaczące. Niektórzy pokazują stare sitcomy, inni historyczne wydarzenia sportowe, fragmenty filmów dokumentalnych lub programów dla dzieci. Kiedy materiał filmowy zostaje pokazany, telewidzowie przypominają sobie ulubione programy i w ten sposób dzielą wspólne doświadczenia. Ponieważ nie mogłam z nimi dzielić takich wspomnień, poprosiłam ekipę przygotowującą program, czy nie rozważyliby pokazania krótkiego filmu, nad którym pracowałam wraz z Theo van Goghiem. Powiedziałam, że możemy go przygotować na 29 sierpnia, podczas nagrywania programu. Stwierdzili, że będzie to zapewne coś niezwykłego i wyrazili zgodę.

Zadzwoniłam do Theo i postanowiliśmy spróbować.

* * *

Film, który nakręciliśmy razem z Theo *Poddanie. Część 1*, jest pierwszym i jednym z ważniejszych filmów, który porusza temat relacji jednostki z Bogiem. W islamie, w przeciwieństwie do chrześcijaństwa i judaizmu, postawa jednostki wobec Boga oznacza całkowite poddanie, przypomina relację pana i niewolnika. Dla muzułmanów oddawanie czci Bogu oznacza absolutne posłuszeństwo wobec ustanowionych przez Niego zasad i całkowite powstrzymywanie się od myśli i uczynków, które są zakazane w Koranie. Unowocześnienie islamu i przystosowanie go do współczesnych ideałów wymaga dialogu z Bogiem, a nawet sprzeciwu wobec zasad ustanowionych przez Boga. Jednak w islamie każdą różnicę zdań z Bogiem uznaje się za zuchwałość.

Koran opowiada barwną historię o tym, jak szatan został wypędzony z królestwa aniołów. Kiedy Bóg stworzył Adama, nakazał wszystkim aniołom, żeby pokłonili się Adamowi, szatan jednak odmówił. Niegrzecznie odpowiadał Bogu: Dlaczego on, anioł o wysokiej pozycji, ma się kłaniać istocie stworzonej z błota? Bóg wyrzucił szatana z raju i od tej pory upadły anioł próbował skusić Adama i jego potomstwo, by zboczyli z Prostej Ścieżki. Jeżeli istota ludzka wątpi w którąkolwiek z zasad Boga, wpada w szpony szatana.

Prawdopodobnie każdego muzułmanina uczy się tej opowieści i jako dziecko często o niej myślałam. Teraz, będąc osobą dorosłą, czułam, że wyzwolenie muzułmańskich kobiet musi zostać poprzedzone oswobodzeniem umysłu ze sztywnego, dogmatycznego posłuszeństwa wobec nakazów Boga. Koran często określa Boga jako miłosiernego i litościwego. Sam Bóg wspomina też kilka razy, że dał nam wolną wolę. W takim przypadku zastanawiałam się, dlaczego miałby coś przeciwko małej debacie?

Kiedy zasiadłam do pisania scenariusza do naszego filmu, postanowiłam posłużyć się formułą modlitwy, by doprowadzić do rozmowy z Bogiem. W czterech rogach pokoju, na ciała czterech kobiet rzutowane są restrykcyjne wersety z Koranu. Na środku pokoju stoi zasłonięta kobieta, ale okrywająca ją zasłona jest z przodu przezroczysta. W ten sposób Bogu zostaje rzucone wyzwanie, by spojrzał na to, co stworzył: ciało kobiety. Na jej tułowiu napisana jest sura *Al-Fatiha*. Otwierająca, pierwsza sura Koranu. Jej wersety są główną częścią składową obowiązkowej modlitwy każdego muzułmanina.

W imię Boga Miłosiernego, Litościwego!
Chwała Bogu, Panu światów,
Miłosiernemu, Litościwemu,
Królowi Dnia Sądu.
Oto Ciebie czcimy i Ciebie prosimy o pomoc.
Prowadź nas drogą prostą,

drogą tych, których obdarzyłeś dobrodziejstwami;
nie zaś tych, na których jesteś zagniewany,
*i nie tych, którzy błądzą.**

Kobieta przestrzega zasad modlitwy: jej głowa jest pochylona, a spojrzenie utkwione w skraj maty, gdzie ułoży czoło, kiedy pochyli się, żeby wyrazić całkowite posłuszeństwo. Ale gdy wyrecytuje surę otwierającą *Al-Fatihę*, zrobi coś niezwykłego: podniesie głowę. Kamera zostaje skierowana na pierwszą kobietę, która mówi Bogu, że słuchała wszystkich jego napomnień, ale teraz leży w rogu i krwawi. Zakochała się i została za to wychłostana. Podsumowuje swoją opowieść bardzo prosto, jednym zdaniem: „Nie mogę już dłużej się poddawać".

Inną kobietę odpycha zapach jej męża. Została zmuszona, żeby go poślubić, a teraz musi mu ulec seksualnie, ponieważ Koran mówi:

Trzymajcie się więc z dala od kobiet
podczas okresu miesięcznego
i nie zbliżajcie się do nich,
dopóki one się nie oczyszczą.
A kiedy się oczyszczą,
to przychodźcie do nich,
*tak jak nakazał wam Bóg.***

Trzecia kobieta jest bita przez swego męża przynajmniej raz w tygodniu:

I napominajcie te,
których nieposłuszeństwa się boicie,
pozostawiajcie je w łożach
*i bijcie je!****

---

* Koran, sura I, w. 1–7, przeł. Józef Bielawski, Państwowy Instytut Wydawniczy, Warszawa 1986.

** Tamże, sura II, w. 222.

*** Tamże, sura IV, w. 34.

Czwarta jest młodą dziewczyną, która żyje odizolowana od otoczenia we własnym domu. Została zgwałcona przez swego wuja i zaszła w ciążę. Czeka ją kara za uprawianie seksu poza małżeństwem.

Zatytułowałam film *Poddanie. Cześć 1*, ponieważ poddanie islamowi powoduje wiele innych rodzajów cierpienia. *Poddanie* postrzegałam jako pierwszy z serii filmów, które niosą przesłanie sprzeciwu wobec relacji między Bogiem a jednostką, pomiędzy panem a niewolnikiem. Chciałam pokazać, że Koran jest dziełem człowieka, a nie Boga. Musimy stać się wolni, by móc interpretować Świętą Księgę. We współczesnym świecie powinniśmy na nowo zdefiniować prawa ustanowione przez Boga; zamiast zwijać się w paroksyzmie bólu, próbując odtworzyć okoliczności strasznej i odległej przeszłości. Moją intencją było oswobodzenie umysłów muzułmanów. Pragnęłam, by zarówno muzułmańskie kobiety, jak i mężczyźni, mogli poczuć się bardziej wolni. Mężczyźni również są zmuszani do okazywania posłuszeństwa nieludzkim prawom.

Nakręcenie tego filmu było stosunkowo proste. Theo nie był zainteresowany, żeby zwracać się o dotacje: powiedział, że nakręcimy po prostu dziesięciominutowy film i zobaczymy, jak zostanie przyjęty. Skończyłam pisanie scenariusza pod koniec lipca. Theo wynajął studio, aktorkę, charakteryzatorkę i kilka rekwizytów.

Nie uniknęliśmy też dyskusji o niebezpieczeństwie wyprodukowania filmu z takim przesłaniem. Ponieważ wypowiadałam się już publicznie na temat islamu, wiedziałam, jak bardzo jest to groźne. Ostrzegłam Theo, żeby nie podpisywał filmu swoim nazwiskiem. Theo nazwał jednak siebie wiejskim półgłówkiem i powiedział: „Nikt nie strzela do wiejskiego głuptaka". Sądził, że to ja zostanę zaatakowana, a nikt nie będzie sobie zawracał głowy jego osobą.

Mało brakowało, by film w ogóle nie został nakręcony. W poniedziałek 26 lipca przygotowywaliśmy pierwsze ujęcia. Theo chciał, żebym skróciła scenariusz. Wolał, by film trwał tylko pięć minut. Ja upierałam się przy dziesięciu. W pewnym momencie stracił panowanie nad sobą i krzyknął:

– Nie jestem tu jedynie po to, aby rozwiązywać twoje urazy psychiczne z dzieciństwa!

Utkwiłam w nim spojrzenie, po czym odeszłam. Przeprosił mnie.

Sądzę jednak, że Theo miał rację. Film mógł wywrzeć większe wrażenie na widzach, gdyby trwał pięć minut. Zadzwoniłam do niego kilka tygodni później, żeby mu to powiedzieć, on zaś stwierdził:

– Nie, film jest świetny. Nasze wspólne dzieło napawa mnie dumą.

Zanim film *Poddanie* został nadany w telewizji, pomyślałam, że należy go wpierw pokazać przywódcom Partii Liberalnej. Chciałam ich również przekonać, że Theo, który nalegał, aby jego nazwisko ukazało się w filmie, otrzymał ochronę.

Czołowe postacie w partii zareagowały w bardzo różny sposób. Frits Bolkestein, mądry, stary przywódca liberałów, który miał teraz niemal siedemdziesiąt lat, wyraźnie zmartwiony przemierzał swoje biuro tam i z powrotem.

– Mój Boże, Ayaan, znalazłaś się w niebezpiecznej sytuacji.

Czułam się okropnie. Pomyślałam sobie w duchu: „Nie powinnam mu była tego pokazać. Przysporzyłam zmartwienia temu biednemu, starszemu mężczyźnie".

Z perspektywy czasu mogę powiedzieć, że Bolkestein naprawdę rozumiał sytuację, podobnie jak Neelie. Starałam się zapewnić ich oboje, że nic mi się nie przydarzy, ponieważ DKDB zapewniała mi ochronę. Musieliśmy się jedynie martwić, żeby zagwarantować ochronę Theo.

Gerrit Zalm był nieporuszony. Zapytał jedynie, czy wszystkie te cytaty naprawdę znajdują się w Koranie; ponieważ tak było, doszedł do wniosku, że mogłam się nimi posłużyć. Uważał jednak za rzecz niefortunną, że nasza aktorka była na wpół naga. Tymczasem minister spraw wewnętrznych, Johan Remkes, po prostu zapytał:

– Czy nie mogłaś znaleźć lepiej wyglądającej babki?

Remkes uważał, że był to raczej amatorski film: nie miał pojęcia, dlaczego robię tyle zamieszania wokół kwestii bezpieczeństwa.

– Czy zapewnisz Theo van Goghowi bezpieczeństwo? – zapytałam.

– Ayaan, jeżeli będzie to konieczne, z pewnością tak zrobimy.

Następnie pokazałam *Poddanie* ministrowi obrony, Henkowi Kampowi. Film wyraźnie go poruszył.

– W jakim okrutnym świecie żyjemy – stwierdził.

Wzruszyłam się, widząc, jak bardzo jest wzburzony.

– Co z kwestią bezpieczeństwa? – zapytałam go.

– Muzułmanie musieli wiele wziąć na siebie w zeszłym roku – odpowiedział Kamp. – Uodpornili się – nie zareagują na to.

Początkowo jego słowa wydawały się potwierdzać. Film *Poddanie* został pokazany 29 sierpnia i nie wywołał burzliwej reakcji. Panował spokój – przynajmniej takie odniosłam wrażenie.

ROZDZIAŁ 17

Zabójstwo Theo

Na początku września 2004 roku policja aresztowała Marokańczyka, który zamieścił mój adres w Internecie. Apelował do wszystkich Wyznawców Jedności Boga, żeby się radowali, ponieważ śledząc moje kroki, w końcu, z pomocą Boga, udało się zdobyć mój adres; mieszkałam w domu na dziedzińcu za izraelską ambasadą. Do swojej wiadomości dołączył dwa zdjęcia, moje i Theo. Stwierdził, że oboje powinniśmy umrzeć.

Dowiedziałam się tego od reporterów, którzy zaczęli do mnie dzwonić. Kilka dni później złożyło mi wizytę dwóch policjantów. Poprosili mnie o wniesienie oficjalnej skargi przeciwko Marokańczykowi, którego aresztowali. Tak też zrobiłam. Powiedziałam policjantom i wszystkim innym znanym mi ludziom, że Theo powinien mieć zapewnioną ochronę.

Po nakręceniu filmu *Poddanie* nigdy się ponownie nie spotkaliśmy, ale od czasu do czasu dzwoniliśmy do siebie. Z lekceważeniem traktował moje prośby o konieczność zapewnienia mu jak najlepszej ochrony, a nawet na ten temat żartował.

– Ayaan, nie masz o pewnych rzeczach pojęcia – powiedział. – Otrzymuję pogróżki od piętnastu lat. Wszyscy mi grozili: Żydzi, chrześcijanie, socjaldemokraci i muzułmanie – ci ostatni najczęściej – i nic mi się nigdy nie stało. Wszystko będzie w porządku.

W owym czasie, od przeszło dwóch lat pilnowali mnie ochroniarze. Theo nie życzył sobie osobistej ochrony. Obawiałam się, że pewnego wieczoru w drodze do domu wpadnie w pułapkę i w zacisznej, ciemnej alejce zostanie dotkliwie pobity. Podejrzewałam też, że nieznani sprawcy mogą obrzucić jego okna kamieniami. Nie spodziewałam się, że zabójca zamorduje go w biały dzień – strzeli do niego, poderżnie mu gardło i wbije nóż w pierś.

Mijały tygodnie i nic złego nie przydarzyło się Theo ani mnie. Nie zapomnieliśmy o *Poddaniu.* Rozmawialiśmy, ilekroć kontaktowały się ze mną zagraniczne media, których przedstawiciele chcieli zobaczyć film. Życie tej jesieni wydawało się jednak spokojne. Wkrótce rozpoczęła się druga sesja parlamentu z moim udziałem.

Miałam dom, pracę, która przynosiła mi satysfakcję, wielu przyjaciół i powoli stawałam się osobą coraz bardziej znaną w polityce. Po raz pierwszy od czasu, gdy zaczęłam działać na holenderskiej scenie politycznej, odczuwałam satysfakcję.

W ramach odzyskanego spokoju postanowiłam spróbować lepiej zarządzać swoim czasem. Nieustannie ze wszystkim się spóźniałam: musiałam to zmienić. Chciałam wyznaczać sobie cele i zajmować się tylko tymi projektami, które pozwoliłyby mi zrealizować wytyczone przeze mnie zadania. Wynajęłam trenera o imieniu Rik. W poniedziałek, 1 listopada, wspólnie z moją parlamentarną asystentką Iris, opracowałyśmy nowy plan pracy. Zakładał on punktualne przychodzenie do pracy i na spotkania, wytyczał listę priorytetów i zakładał ignorowanie telefonu komórkowego podczas oficjalnych cotygodniowych spotkań, które uroczyście i solennie ślubowałyśmy sobie starannie planować.

Następnego ranka, we wtorek, 2 listopada, zgodnie z podjętym postanowieniem wcześnie pojawiłam się w moim biurze. Na biurku stała kawa, a obok piętrzyły się sprawy do omówienia. Iris i ja czekałyśmy na spotkanie z Ingrid, sekretarzem prasowym Partii Liberalnej. W pewnym momencie mój telefon komórkowy zaczął dawać sygnał świetlny, a na ekranie wyświetlił się numer: był to Hugo, mój poprzedni asystent, młody człowiek, który pracował teraz dla radnych miejskich ze strony liberałów w Amsterdamie. Postanowiłam być zdyscyplinowana i zgodnie z podjętym postanowieniem nie odbierać telefonu. Przycisnęłam zatem na telefonie przycisk „cisza".

Zaświecił się znowu: ponownie dzwonił Hugo. Zastanawiałam się, co się dzieje. Hugo nie dawał za wygraną. Wciąż jednak wyłączałam telefon. Chciałam naprawdę pokazać, jak bardzo byłam oddana solennym ustaleniom. Wkrótce zadzwoniła Ingrid, jak sądziłam, żeby przeprosić za spóźnienie.

– Hugo próbował skontaktować się z tobą – powiedziała. – Mówi, że wydarzyło się coś złego. Theo van Gogh został zaatakowany.

Skoczyłam na równe nogi i pobiegłam korytarzem do sekretarki klubu parlamentarnego. Artha miała znacznie większe biuro. Odbiornik telewizyjny przez cały dzień był włączony na telegazecie. Otwierając drzwi, prawie wykrzyczałam:

– Coś stało się Theo van Goghowi. Nie czuje się dobrze.

Nie zdawałam sobie nawet sprawy z tego, co mówię, a ona odwróciła się i zaczęła śledzić wiadomości. Zgodnie z doniesieniami telegazety w Amsterdamie doszło do strzelaniny.

– Prawdopodobnie nie stało się nic złego – mówiłam niepewnie, ale cała się trzęsłam.

– Zadzwoń do swoich ochroniarzy, jeżeli coś się wydarzyło, powinni o tym wiedzieć – powiedziała Artha.

W tych dniach moi ochroniarze pozostawiali mnie przy wejściu do parlamentu – nie było potrzeby, żeby stali przed moim biurem. Zaczęłam dzwonić do Brama, wyższego rangą ochroniarza, który pełnił służbę. Nagle on sam pojawił się obok mnie, jakby wyrósł spod ziemi.

– Słyszałam, że coś złego przytrafiło się Theo van Goghowi – powiedziałam.

– Mogę to potwierdzić – odparł Bram.

– Czy wszystko z nim w porządku? – zapytałam.

A Bram odpowiedział:

– Nie. Theo van Gogh nie żyje.

Zaczęłam płakać. Pobiegłam z powrotem do pokoju Iris, zamknęłam drzwi i próbowałam złapać oddech. Czułam się ogromnie bezradna, wstrząśnięta, a jednocześnie przerażona. Ingrid weszła pośpiesznie z ludźmi ze służb bezpieczeństwa, oni zaś oświadczyli:

– Musimy teraz stąd wyjść.

– Przepraszam – powiedziałam. – Chciałabym zostać sama, właśnie tutaj.

Ingrid stwierdziła jednak stanowczo:

– Ayaan, musisz opuścić to miejsce.

Bram był bardziej oschły.

– Musimy iść.

Iris płakała. Objęła mnie ramieniem i wyszeptała, tak jakby pocieszała dziecko:

– Ayaan, chodźmy.

Iris znała Theo od czasu, kiedy podjęliśmy współpracę nad filmem *Poddanie*. Często zdarzało im się żartować przez telefon, rozśmieszał ją do łez. Bram przyniósł mi płaszcz i od razu zarzucił go na moje ramiona, wydając rozkaz:

– Wychodzimy.

Bram i inni ochroniarze otoczyli mnie. Kiedy opuściliśmy parlament i znaleźliśmy się na dziedzińcu z cegły, wokół Ingrid, Iris i mnie pojawiła się jeszcze większa liczba ochroniarzy. Nie byli jak zwykle zrelaksowani. Mieli ponure miny i nosili kuloodporne kamizelki. Zauważyłam, że celowo pokazują tylko część posiadanej broni, by zmylić przeciwnika. Było to przerażające.

Przemierzyliśmy ogromny plac przed parlamentem, po czym skierowaliśmy się w stronę mego domu. Odległość wynosiła około czterdziestu pięciu metrów. Wszędzie, gdziekolwiek spojrzałam, znajdowali się ludzie ze służb bezpieczeństwa: policjanci w mundurach, oficerowie ubrani po cywilnemu, samochody, broń palna.

Co stało się z Theo? Włączyłam wiadomości; zaczęły dzwonić telefony. Byłam zdezorientowana i absolutnie zaszokowana zabójstwem Theo. To było niewiarygodne. Nawet sama myśl, że coś takiego mogło się zdarzyć. Mój umysł odmawiał zaakceptowania tego faktu. Miałam nadzieję, że to nieprawda. W telewizji wciąż powtarzali wiadomości: pokazywano strzelaninę, leżącą pod białym prześcieradłem postać, którą był zamordowany Theo van Gogh. Nie byłam w stanie w to uwierzyć: Theo leży pod tym prześcieradłem – po prostu nie wydawało się to możliwe.

W miarę upływu czasu zaczęły pojawiać się szczegóły. Pewien

mężczyzna został aresztowany. Było pięćdziesięciu świadków morderstwa. W stacji BBC kobieta powiedziała po angielsku: „Mężczyzna z brodą, w muzułmańskim stroju". Wiadomość mną wstrząsnęła. A więc to muzułmanin, a cały incydent wydarzył się z powodu filmu *Poddanie*. Gdybyśmy nie nakręcili tego filmu, Theo by żył. Czułam się odpowiedzialna za jego śmierć.

Nakręciłabym ten film. Powinnam jednak była to zrobić wyłącznie pod własnym nazwiskiem.

Przypomniałam sobie o pogróżkach pod naszym adresem, które we wrześniu pojawiły się w Internecie. Theo można było ochronić przed zamachem. Wydawało mi się to wszystko takie niemądre; przecież łatwo udałoby się temu zapobiec. Nękał mnie gniew i przerażenie. Pogrążyłam się w wielkim smutku.

Później Ingrid usłyszała od reportera, że morderca nie tylko oddał strzały do swojej ofiary. Był uzbrojony w dwa noże. Powiedziała, że poderżnął Theo gardło. Ponadto zostawił list.

– Ingrid, sytuacja jest już wystarczająco zła – stwierdziłam. – Ludzie zmyślają różne historie.

Czułam się otępiała. Odnosiłam wrażenie, że na skutek szoku nie byłam w stanie myśleć. Mogłam jedynie kompulsywnie oglądać wiadomości. Ingrid, Iris i ochroniarze przez cały czas przebywali ze mną w domu. Job Cohen zadzwonił, żeby zapytać, jak się czuję. Następnie, jako burmistrz Amsterdamu, wydał publiczne wezwanie do demonstracji. Miała się ona odbyć tego wieczoru na Dam, ogromnym placu przed pałacem królewskim. Określił ją mianem „hałaśliwej demonstracji", ponieważ Theo był osobą, która lubiła robić wiele hałasu. Uznał, że urządzenie marszu milczenia dla Theo byłoby niemądre.

Chciałam wziąć udział w marszu, ale Bram otrzymał instrukcje od swoich zwierzchników, że muszę pozostać w domu, ponieważ w tak nieprzewidywalnej sytuacji zagrożenie mojego życia było zbyt wysokie. Mój udział w demonstracji zwiększyłby tylko ryzyko dla mnie i dla innych osób. Poniosłam już odpowiedzialność za jedną śmierć: wyrządziłam wystarczająco dużo szkody. Zostałam w domu.

Oglądaliśmy w telewizji, jak tysiące ludzi zgromadziło się tego wieczoru na demonstracji w Amsterdamie. W pewnym momencie Bram oświadczył, że musimy opuścić dom. Otrzymał polecenie znalezienia mi innego miejsca, w którym mogłabym spędzić noc. Ingrid zaproponowała, żebyśmy pojechali do niej. Usiadłyśmy razem w jej salonie i oglądałyśmy nadawany późno w nocy talk show na temat morderstwa. Owinęłam się w płaszcz i wiele szali, a jednak czułam paraliżujące zimno. Uczestnicy programu głośno wyrażali swoje oburzenie. Cały kraj był w szoku, że ktoś mógł zostać zamordowany – i to właśnie w Holandii – tylko dlatego, że nakręcił film.

Bram odebrał kolejny telefon od swoich zwierzchników z DKDB. Twierdzili, że pozostawanie w domu Ingrid było dla mnie zbyt niebezpieczne. W środku nocy ponownie przewieziono mnie do domu, w którym mieszkałam przy ambasadzie Izraela.

Służby specjalne pilnowały mnie przez całą noc, obserwując okolicę. Od tej pory strzegły mojej sypialni każdej nocy. Około czwartej rano rozległ się uporczywy dźwięk dzwonka. Wciąż jeszcze nie spałam. Wstałam i zapytałam kobietę, która stała na dole na warcie:

– Co się dzieje?

Kamera, ustawiona ze względów bezpieczeństwa, pokazała mężczyznę wyglądającego na Araba. Zadzwonił do wszystkich innych budynków stojących wokół dziedzińca. Kiedy policja ujęła go kilka dni później, twierdził, że szukał prostytutki, którą niegdyś odwiedzał. Ostatecznie został wypuszczony. Przypomniało mi to jednak o Internecie. Ktoś ustalił, że mieszkam na tym dziedzińcu.

Stało się jasne, że nie mogę spędzić kolejnej nocy w moim domu. DKDB postanowiło jednak, że nie powinnam też zamieszkać w hotelu. Moja twarz i nazwisko pojawiały się niemal we wszystkich programach telewizyjnych. Ktoś mógł mnie rozpoznać. W tej sytuacji nie byłam bezpieczna w żadnym hotelu w Holandii.

Zapytałam, czy mogłabym zamieszkać w domu koleżanki na wsi otoczonej lasami. Wyżsi rangą pracownicy z DKDB uznali, że byłoby to zbyt niebezpieczne. „Nic nie pozostaje tajemnicą w Holandii", powiedziano mi. „Ludzie będą gadać. Domy, które wydają się ukryte, dadzą ci jedynie fałszywe poczucie bezpieczeństwa".

Koniec końców, nie podjęto żadnej decyzji i spędziłam tę noc we własnym łóżku.

Kiedy odpoczywałam sama w sypialni, nie mogłam opędzić się od uporczywych myśli. Za każdym razem, gdy zamykałam oczy, widziałam zabójcę. Wydawało mi się, że słyszę głos Theo błagającego o życie. „Czy nie możemy o tym porozmawiać?", zapytał swego mordercę. Było to tak typowo holenderskie, takie urocze i niewinne. Theo musiał myśleć, że zaszło jakieś nieporozumienie, które będzie można wyjaśnić. Nie mógł przyjąć do świadomości, że zabójca ma całkowicie odmienny pogląd na świat. Cokolwiek Theo by do niego powiedział, nie zmieniłoby to sytuacji.

Myślałam o dwunastoletnim synu Theo, którego raz spotkałam. Teraz został z mojej winy osierocony. Kiedy nie spałam, nie mogłam myśleć o niczym innym, a gdy udało mi się zasnąć, dręczyły mnie koszmary. Mężczyzna w tradycyjnej arabskiej tunice, z brodą i zagiętym sztyletem, przychodził do mojego domu przez frontowe drzwi, żeby mnie zaatakować. Kiedy próbowałam wyskoczyć przez okno, na dole stał tłum wrzeszczących mężczyzn. Zbudziłam się przerażona i nie mogłam później zasnąć. Wciąż miewam te straszne sny.

Następnego ranka ludzie ze służb specjalnych powiedzieli mi, że dostali instrukcje, aby natychmiast ewakuować mnie z domu. Pośpiesznie wepchnęli mnie do samochodu i konwój ruszył do miejsca, którego nie mogłam rozpoznać, bazy lotniczej. Ostrzegli mnie, że od tej pory moje miejsce zamieszkania pozostanie absolutną tajemnicą. Podali mi numer telefonu, który mogłam przekazać Iris, gdyby musiała się ze mną skontaktować. Poradzili mi, żebym nie posługiwała się moim telefonem. Ze względów bezpieczeństwa nie mogłam nawet wiedzieć, gdzie się znajduję.

Po drodze do bazy lotniczej zatrzymaliśmy się w biurze ministra spraw wewnętrznych, Johana Remkesa. Zastaliśmy tam też Ritę Verdonk, ministra do spraw integracji. Zauważyłam, że ma wilgotne oczy. Rita była twarda, ale zawsze odnosiła się do mnie życzliwie, a kiedy mnie przytuliła, nie mogłam się powstrzymać i znowu zaczęłam płakać. Po chwili Johan powiedział:

– Muszę ci coś pokazać, ale czy jesteś na to przygotowana?

– Jestem wstrząśnięta, smutna i rozgniewana – na ciebie, ponieważ nie zapewniłeś Theo lepszej ochrony. – Mówiąc to jednak, zachowałam spokój.

Johan podał mi fotokopię listu. Nie wspomniał, że zabójca wbił go w pierś Theo. Dał mi kilka stron napisanych po arabsku i po holendersku.

Przeczytałam je. List był skonstruowany bardzo precyzyjnie, niczym *fatwa*, opinia prawna wydawana w sprawach prawa muzułmańskiego przez uczonego. Zaczynał się od słów: „W imię Boga Miłosiernego, Litościwego!", po czym zabójca przytaczał jeden z cytatów Proroka Muhammada. Następnie podsumowywał wszystkie „przestępstwa", jakie popełniłam przeciw islamowi. Autor listu przytaczał również werset z Koranu i na jego podstawie rzucał mi wyzwanie, pytając, czy – podobnie jak on – byłam gotowa umrzeć za swoje przekonania. W dalszej części listu przeklinał Stany Zjednoczone, Europę, Holandię i mnie. Podpisał się słowami „Miecz wiary".

– Kto to napisał? – zapytałam.

Z trudem łapałam powietrze. Było to nikczemne. Jeżeli został napisany przez osobę znaczącą, spoza terytorium Holandii, która dowodzi legionami, wówczas miałam dużo powodów do obaw. Remkes powiedział mi, że list został znaleziony na ciele Theo razem z wierszem o męczeńskiej śmierci.

Spędziłam tę i kolejną noc w lotniczej bazie wojskowej, śpiąc na podłodze w koszarach. Wnętrze było zakurzone: stały tu dwa proste, metalowe łóżka przykryte wełnianymi kocami, na które miałam alergię. Maleńkie okna otwierały się na korytarz, gdzie strażnicy pełnili służbę przez całą noc. Roiło się tu od żołnierzy. Powiedziano mi, żebym zaciągnęła zasłony: nikt nie powinien wiedzieć o mojej obecności, nawet personel bazy lotniczej.

Tej nocy spłonął meczet w budowie. W Holandii wrzało. Było to wydarzenie, które można porównać ze wstrząsem sejsmicznym. Emocje sięgały zenitu. Ja jednak byłam otępiała. Od śmierci Theo czułam się jakby ogłuszona. Miałam wrażenie, że w moim organizmie doszło do czegoś, co przypominało zwarcie: myśląca część mojej osoby przestała funkcjonować.

Po prostu wykonywałam polecenia. Robiłam rzeczy, których zwykle bym nie robiła. Następne dwa i pół miesiąca spędziłam sama z ochroniarzami. Nie miałam niemal żadnego kontaktu z przyjaciółmi, a nawet z moimi kolegami z parlamentu. Sprawiałam wrażenie osoby nad wyraz spokojnej. Zgadzałam się na wszystko. Wydawało się, jakbym straciła wolę walki.

Sytuacja, w jakiej się znalazłam, wynikała z bezpośredniego zagrożenia życia – mogłam zostać zabita. Byłam przerażona i nie chciałam umierać, ale czułam ogromną wdzięczność wobec ludzi, którzy mnie chronili. Powierzono im odpowiedzialne zadanie. I chociaż odczuwałam gniew na myśl, że nikt nie chronił Theo, postępowałam zgodnie ze wskazówkami ochroniarzy. Wydawało się, że wiedzą, co robią i tylko oni mogli uratować mi życie.

Gdyby wówczas mój umysł funkcjonował prawidłowo, dostrzegłabym, że po zabójstwie Theo, służby specjalne działały na najwyższych obrotach. Mimo że wiedziały wcześniej o pogróżkach pojawiających się pod adresem Theo w Internecie, nie użyły wszystkich środków, by przekonać go o konieczności ochrony. Gdyby tak postąpili, musieliby chronić „każdego". DKDB było upoważnione do zapewniania ochrony jedynie członkom rodziny królewskiej, dyplomatom i członkom parlamentu. Minister sprawiedliwości, Piet Hein Donner, powiedział w wiadomościach:

– Nie możemy dopuścić do sytuacji, kiedy jedna połowa społeczności będzie chronić drugą.

Teraz Theo nie żył, a kraj pogrążył się w głębokim kryzysie. Ludzie ze służb specjalnych wszędzie widzieli groźby. Nikt jednak nie przypuszczał, jak szeroka jest skala konspiracji, która doprowadziła do zamachu na Theo. Gdybym została zamordowana, to w ciągu kilku najbliższych dni Holandia mogła stanąć w płomieniach, a uzbrojeni obywatele zwróciliby się jedni przeciwko drugim – czego obawiał się rząd. Toteż, jak sądzę, został wydany rozkaz: „Zapewnić jej bezpieczeństwo za wszelką cenę".

Pogrzeb Theo odbył się tydzień po jego zabójstwie. Ludzie ze służb bezpieczeństwa powiedzieli mi, że jeżeli będę nalegać na obecność na pogrzebie, poczynią ku temu odpowiednie przygotowania. Uprzedzili mnie jednak, że mogłabym wówczas narazić na niebezpieczeństwo inne osoby. Postanowiłam nie uczestniczyć w uroczystości. Musiałam żyć z poczuciem winy, że Theo zginął, ponieważ nakręcił ze mną film *Poddanie*; nie mogłam dodatkowo narażać życia innych ludzi.

Chciałam jednak w jakiś sposób zobaczyć Theo i pożegnać się z nim. Ochroniarze zgodzili się zabrać mnie do amsterdamskiej kostnicy. Towarzyszyło mi wiele samochodów i wielu uzbrojonych mężczyzn. Najlepszy przyjaciel Theo, Theodore Holman i jego producent, Gijs van Westerlaken, znajdowali się w pomieszczeniu, w którym spoczywało ciało Theo, kiedy się tam pojawiłam. Nie zauważyłam na jego szyi czy głowie śladu żadnej przemocy. Theo był ubrany tak jak zawsze, w golf i luźne spodnie. Szukałam jakiegoś znaku okrucieństwa, ale jego twarz była gładka; nie widziałam nawet jednego siniaka. Na jego zamkniętych ustach igrał ironiczny uśmiech. Wydawał się zupełnie spokojny, jakim go dotychczas nigdy nie widziałam. Dotknęłam jego ramienia i pocałowałam w czoło.

– Przepraszam za to, co zrobiłam – powiedziałam. – Jest mi bardzo przykro.

– Nie mów tak, Ayaan – odezwał się Theodore Holman. – Gdyby Theo żył, byłby urażony, słysząc, że to mówisz. Nie chciał umrzeć we własnym łóżku. Czuł się jak rycerz na koniu w kwestii filmu *Poddanie*. Poniósł śmierć w walce o wolność słowa i po to żył. Byłoby znacznie gorzej, gdyby został pokonany przez chorobę nowotworową albo zmarł w wyniku głupiego wypadku samochodowego. To była znacząca śmierć. Był moim przyjacielem i nie chcę, żeby było ci przykro, ponieważ poniósł śmierć w takich okolicznościach.

To było miłe ze strony Theodora, że próbował mnie pocieszyć, kiedy żegnałam się z Theo. On sam nie wierzył w życie po śmierci. Ja też już nie wierzyłam w przyszłe życie. A więc tak to jest, pomyślałam: tak wygląda koniec.

Potem, w szpitalnej poczekalni, wypiłam kawę z Theodorem i Gijsem. Żartowali, próbując mnie pocieszyć. Mieli własne sposoby radzenia sobie z utratą drogiego i ekscentrycznego przyjaciela. Powiedzieli mi, że inni znajomi Theo próbowali się ze mną skontaktować, ale Iris musiała im podać niewłaściwy numer telefonu, zawsze bowiem zgłaszała się: „Wojskowa baza sił lotniczych Woensdrecht".

„A więc to tam mnie przetrzymywano", pomyślałam sobie w duchu. W wojskowej bazie sił lotniczych Woensdrecht w pobliżu belgijskiej granicy. Kiedy przygotowywaliśmy się do wyjazdu, powiedziałam wyższemu rangą ochroniarzowi: „Wiem, gdzie jedziemy. Do Woensdrecht". Spojrzał na mnie i po chwili odparł:

– Już nie.

Był zły, kiedy odkrył, że Theodore miał mój numer telefonu.

– Kto udzielił ci pozwolenia, żeby ujawnić tę informację? – zapytał.

Od tej pory nikomu nie pozwalano mieć mojego numeru telefonu.

Późnym wieczorem, w tym samym dniu, kiedy widziałam ciało Theo w kostnicy, zostałam przewieziona do policyjnego ośrodka szkoleniowego w Hoogerheide, w pobliżu Woensdrecht. Spałam w sali przeznaczonej dla osób odbywających szkolenie, na wełnianych kocach, które sprawiały, że puchła mi twarz i łzawiły oczy. Dręczyły mnie nocne koszmary. Wiedziałam, że w poniedziałek rano będę musiała ponownie się przenieść. Policyjni rekruci mieli przyjechać na szkolenie i mogliby mnie wówczas zobaczyć. Zataczałam się ze zmęczenia spowodowanego ciągłymi przenosinami, długimi podróżami i brakiem snu. Błagałam, żeby pozwolono mi zostać. Jednak wyższy rangą oficer odparł:

– Nie. Trudno nam zaufać tym wszystkim rekrutom. Nie są jeszcze policjantami.

Wcześnie rano w poniedziałek strażnicy przewieźli mnie do ministerstwa spraw zagranicznych. Jozias van Aartsen, przewodniczący klubu parlamentarnego Partii Liberalnej, i jednocześnie minister spraw zagranicznych, załatwił, że mogłam przebywać w gmachu ministerstwa, gdzie było bezpiecznie, a do tego nie kręcili się wścibscy dziennikarze. Moja asystentka, Iris, otrzymała pozwolenie, żeby przyjść i zobaczyć się ze mną; oprócz tego miałam jedynie telefon i odbiornik telewizyjny.

Powiedzieli mi, żebym nie wysyłała e-maili, gdyż można było odkryć, z jakiego miejsca zostały wysłane. (Kilka dni później zabrali również mój telefon komórkowy, ponieważ istniała możliwość namierzenia go). Chcąc zaspokoić ciekawość, zebrałam się na odwagę i zapytałam:

– Czy jesteście pewni, że ludzie, którzy mi zagrażają, dysponują odpowiednią wiedzą techniczną, by tego dokonać?

Islamscy radykałowie w Holandii byli młodymi i zniechęconymi imigrantami, wykorzystującymi raczej tradycyjne rozwiązania techniczne. Sądziłam, że trzeba być osobą dosyć dobrze zorientowaną, by zakupić odpowiedni sprzęt do namierzenia telefonu komórkowego. Strażnicy jednak stwierdzili:

– Nie możemy tego wykluczyć.

Brzmiało to jak mantra.

– Niczego nie możemy wykluczyć.

Siedziałam w tym biurze, czytając każdą literę w każdej gazecie, oglądając telewizję, próbując zyskać dostęp do mojej poczty mailowej. Ośmiu mężczyzn z północnej Afryki zostało aresztowanych w Amsterdamie; mówiło się o komórce terrorystycznej. W ciągu ostatniego weekendu spaliły się dwa meczety i dwa kościoły. Muzułmańska szkoła podstawowa w Uden, w pobliżu Eindhoven, została podpalona i doszczętnie spłonęła w niedzielę w nocy. Zabójca Theo został aresztowany kilka godzin po jego śmierci, ale nie zostało to natychmiast ogłoszone i nie jestem teraz pewna, kiedy to sobie uświadomiłam.

Theo miał zostać poddany kremacji następnego dnia. Nie byłam w stanie myśleć o czymkolwiek innym.

Tego wieczoru zabrano mnie do gabinetu podsekretarza stanu do spraw europejskich, które znajdowało się na innym piętrze budynku Ministerstwa Spraw Zagranicznych. Za gabinetem znajdowała się maleńka sypialnia z łazienką i wąskim łóżkiem. Podsekretarz stanu opuścił swój gabinet – był to miły gest uprzejmości z jego strony – a strażnicy pozostali na zewnątrz. Miałam spędzić tu noc. Prosiłam, żeby pozwolono mi spać we własnym domu, który znajdował się tuż za rogiem, ale strażnicy uważali, że nie byłoby to bezpieczne.

Zachowanie strażników w stosunku do mnie zupełnie się zmieniło. Pewne decyzje dotyczące mojej osoby podejmowano w trybie pilnym, coś wisiało w powietrzu. Ja też to wyczuwałam. Uznano, że nie powinnam wiedzieć zbyt wiele o swojej sytuacji. Stawka była znacznie wyższa.

Rozbudzona leżałam przez całą noc w łóżku, kichając z powodu wełnianych koców. Miałam podrażnione usta, język i gardło. W mojej głowie nieustannie kłębiły się myśli i wciąż rozmyślałam o wszelkich grożących mi niebezpieczeństwach: strażnicy pełniący wartę tuż za moimi drzwiami, strach, palące się meczety, martwy Theo.

Następnego dnia, we wtorek, oglądałam ceremonię pogrzebową Theo nadawaną na żywo w telewizji. Było to bardzo wzruszające. Były minister spraw wewnętrznych, Bram Peper i były mąż Neelie Kroes, wygłosił poruszające przemówienie. Powiedział, że śmierć Theo była większym szokiem niż zabójstwo polityczne, ponieważ był to zamach na osobę, która nie miała ambicji politycznych i nigdy nie pragnęła objąć jakiegoś ważnego urzędu. Ojciec Theo stał pogrążony w smutku, pełen pokory i godności. Matka w walecznym nastroju nad grobem syna powiedziała, że nie mam powodu, by obwiniać się o śmierć Theo: grożono mu od piętnastu lat. Zwracała się bezpośrednio do mnie po imieniu. Stwierdziła, że powinnam kontynuować swoją misję. Byłam wzruszona, że pomyślała o mnie w takiej chwili. Tak bardzo współczułam jej i ojcu Theo, który zaczął płakać, a przede wszystkim dwunastoletniemu synowi, który musiał żyć bez swego ojca, zamordowanego w tak okrutny sposób.

Kilka dni później napisałam list do rodziny Theo. Ludzie ze służb bezpieczeństwa przeczytali list, zanim go dostarczyli, szukając wskazówek, które mogłyby zdradzić moje aktualne miejsce pobytu.

W środę rano w wiadomościach pokazano policję oblegającą dom mieszkalny w Hadze, odległy zaledwie o krótki spacer od miejsca, w którym spałam. Ktoś rzucił z kamienicy na policjantów ręczny granat i zranił kilku oficerów. Ewakuowano mieszkańców okolicznych domów. Przestrzeń powietrzna nad całym miastem została zamknięta dla przelotów samolotów pasażerskich, podczas gdy do akcji wkroczyły siły specjalne. Nikt nie wiedział, co się dzieje. Ludzie odnosili wrażenie, że Haga stała się obiektem ataków.

Przez szereg dni, Neelie Kroes i Jozias van Aartsen rozmawiali ze służbami specjalnymi o tym, jakie powinnam podjąć kroki. Postanowili, że – podobnie jak w 2002 roku, kiedy grożono mi śmiercią – powinnam odbyć krótką podróż za granicę. Mogłam tam odpocząć, a ponadto przemyśleć ostatnie wydarzenia, w tym tragiczną śmierć Theo. Ukryłabym się, dopóki emocje nie opadną. Tymczasem agencje mogłyby uporządkować źródła informacji co do realnego zagrożenia pozbawienia mnie życia oraz dalszego postępowania w tej sprawie.

Podczas gdy trwało oblężenie budynku mieszkalnego w Hadze, moi strażnicy przekazali mi informację, że wyjadę do Stanów Zjednoczonych. Odwieźli mnie do domu. Miałam trzy godziny na spakowanie się.

Nie wiedziałam, co mam ze sobą zabrać. Oznajmiono tylko, że pojadę do Stanów Zjednoczonych. Czy będzie gorąco, czy zimno? Mój umysł po prostu przestał funkcjonować. Losowo wrzuciłam różne części garderoby i książki do walizek, a kiedy ich nie starczało, do ogromnych plastikowych toreb na zamek błyskawiczny. Cała sprawa wydawała się nieracjonalna, ale nie było nikogo, kto by mi to powiedział. Strażnicy bez słowa włożyli cały bagaż do swoich opancerzonych samochodów.

Zostałam odwieziona do bazy lotniczej Valkenburg w pobliżu Hagi. Zatrzymaliśmy się na pasie startowym, przed wojskowym samolotem transportowym Orion, służącym do prowadzenia obserwacji. Kiedy wchodziłam po trapie, powiedziałam sama do siebie, niczym nauczycielka: „Uważaj. To wyjątkowe doświadczenie". Czułam się dziwnie bezcielesna, absolutnie spokojna. Opuszczono żaluzje i uprzedzono mnie, abym nie podchodziła do okien ani do drzwi. Samolot był pełen żołnierzy w mundurach. Ponadto wciąż mi towarzyszyło dwoje członków ochrony osobistej z DKDB. Wyższym rangą strażnikiem był Pete, o którego poprosiłam i któremu ufałam.

Piloci zaprosili mnie, żebym obserwowała start samolotu z kabiny pilotów. Wyjaśnili mi swoją pracę i technologię samolotu. Zadałam im kilka grzecznościowych pytań. Było bardzo zimno. Powiedzieli, że mogę się położyć na jednym z dwóch łóżek, umieszczonych tak wysoko na ścianie, że zahaczałam kolanami i ramionami o sufit. Leżałam tam, myśląc o Theo i ogromnym poczuciu winy, które zawsze będę odczuwać.

Przylecieliśmy do bazy lotniczej w Portland, w stanie Maine. Dwóch holenderskich policjantów, którzy zazwyczaj zajmowali się przestępcami w ramach Holenderskiego Programu Ochrony Świadków, przyjechało, żeby nas zabrać. Nie traktowali mnie jak przestępcę; byłam członkiem parlamentu pod ochroną, a nie zwykłym handlarzem narkotyków. Zachowywali się jednak w sposób bardzo zdecydowany, zgodnie ze swoimi przyzwyczajeniami – to oni byli ekspertami. Oni decydowali, co mogę, a czego nie mogę robić.

Nadal byłam przestraszona. Widzieli, że rozglądam się wkoło, przerażona najmniejszym hałasem, i próbowali mnie uspokoić. Najpierw zabrali mnie do nijakiego przydrożnego motelu, gdzie wzięłam prysznic i starałam się usnąć. W tym czasie kilku strażników wzięło mój paszport i zajmowało się formalnościami dotyczącymi oficjalnego wpuszczenia mnie do kraju.

Następnie pojechaliśmy do Andover, w stanie Massachusetts. Zamówili pokoje w hotelu równie ponurym co poprzedni, położonym na skrzyżowaniu autostrady, w rejonie przemysłowym, gdzie rzadko widywało się jakieś ludzkie istoty. Było mi przeraźliwie zimno. Ludzie ze służb specjalnych postanowili, że w tym typowym amerykańskim miejscu, w którym żaden Holender nie mógłby mnie rozpoznać, powinnam pozostać całkowicie anonimowa. Skończyło się na tym, że przebywaliśmy tam przez całe tygodnie.

Wszystko, czego chciałam, to śledzić wiadomości z Holandii. Mogłabym się w ten sposób dowiedzieć, co działo się z rodziną Theo, z jego synem, jakie problemy podejmowano w parlamencie. Szczególnie interesowały mnie wyniki obławy w Hadze. W Ameryce nie nadawano jednak wiadomości o Holandii, a moi strażnicy usunęli telefon z mojego pokoju. Nie traktowali mnie jak przestępcę, ale jak dziecko nieświadome niebezpieczeństwa, które mi groziło. Spierałam się z Koosem, pracownikiem Holenderskiego Programu Ochrony Świadków. Chciałam mieć możliwość telefonowania; potrzebowałam kontaktów z moimi przyjaciółmi. Wyjaśnił jednak, że są odpowiedzialni za moje bezpieczeństwo i podejmują wszelkie środki ostrożności dla mego własnego dobra. Nie pozwalano mi także korzystać z Internetu; to również mogło zostać namierzone. Uważałam, że z pewnością nikt nie zlokalizuje miejsca mojego pobytu, jeżeli będę oglądać wyłącznie strony z wiadomościami, ale – jak widać – obowiązywała zasada: żadnego Internetu.

Na szczęście mój strażnik, Pete, był z DKDB, a nie z Holenderskiego Programu Ochrony Świadków. Pracował w policji od przeszło dwudziestu lat i znał różnicę pomiędzy tym, co zagrażało życiu, a co nie. Pete nalegał, żeby ktoś sprawdził bibliotekę w Bostonie i zorientował się, czy mogę się tam zalogować do Internetu.

– Jesteśmy odpowiedzialni za jej bezpieczeństwo – powiedział – ale z pewnością nie wyniknie z tego nic dobrego, jeżeli przeżyje załamanie nerwowe.

Kiedy Koos pojechał do Bostonu, Pete przekazał mi własny telefon i uprzedził, żebym uważała na to, co mówię. Oddalił się w drugi koniec pokoju, gdy dzwoniłam do Johanny, Iris i mojej koleżanki Geeske. Rozmawiałyśmy powściągliwie o moim wyjeździe w bliżej nieokreślone miejsce. Przekazały mi najnowsze wieści z Holandii; oblężenie Hagi dobiegło końca. Aresztowano siedem osób podejrzanych o powiązania z grupami terrorystycznymi.

Kiedy Koos wrócił, poinformował nas o sytuacji:

– Nie jest dobrze. W Bostonie roi się od Holendrów i wszelkiego rodzaju Europejczyków. Nie możemy niczego wykluczyć. Nie jedziesz tam.

Następnego dnia strażnicy postanowili zabrać mnie do centrum handlowego, żeby kupić mi okulary, aby zmienić wygląd. Amerykanie są jednak bardzo ciekawscy. Zasypują człowieka gradem pytań, nawet gdy robi w sklepach proste zakupy. Strażnicy instruowali mnie:

– Powiedz im po prostu, że nazywasz się Jill Steele i pochodzisz z Afryki Południowej.

Byłam czarną kobietą w bejsbolówce, towarzyszyło mi czterech rosłych, białych mężczyzn. Miałam kupić zwykłe okulary bez recepty, opowiadając przy tym śmieszną historyjkę o Afryce Południowej. Czułam, że przypatrują mi się wszyscy obecni w centrum handlowym.

Następnego dnia przypadały moje trzydzieste piąte urodziny. Zaplanowałam przyjęcie w Holandii, na które chciałam zaprosić dziesiątki przyjaciół. Teraz zaledwie kilkoro z nich spotka się beze mnie, żeby porozmawiać, jakie kroki powinnam podjąć. Najgorsze, że nie miałam się czym zająć. Otrzymałam do dyspozycji laptop, ale nie mogłam pisać. Miałam też książki, ale nie byłam w stanie czytać.

Pete widział, że nie jestem w dobrej formie.

– Za wszelką cenę chcą ci zapewnić bezpieczeństwo, ale sposób, w jaki to robią, niespecjalnie mi się podoba – powiedział pewnego razu. – Moglibyśmy równie dobrze zamknąć cię w bunkrze na plaży z czasów drugiej wojny światowej i podawać ci talerze z jedzeniem przez drzwi.

– To byłby jakiś postęp. Mieszkałabym na plaży w Holandii i mogłabym zapraszać przyjaciół na herbatę.

Rozwiązaniem problemu według Pete'a były ćwiczenia fizyczne. Zmęczenie fizyczne stanowi jedyne lekarstwo na bezsenność, lęk i zmartwienie. Zawiózł mnie samochodem do olbrzymiego centrum sportowego, gdzie miałam ćwiczyć na różnych urządzeniach. Miał rację; to pomogło.

W Holandii coraz częściej pojawiały się pytania o moje aktualne miejsce pobytu. Od czasu zabójstwa Theo zniknęłam z powierzchni ziemi. Moim przyjaciołom powiedziano, że chcę być sama, ale w to nie uwierzyli. Zdawali sobie sprawę, że w tak trudnym okresie chciałabym z nimi być albo przynajmniej zadzwonić. Przy braku jakichkolwiek informacji pojawiały się wszelkiego rodzaju teorie konspiracyjne. Niektórzy ludzie mówili, że zostałam zamordowana, a moje morderstwo zostało zatuszowane przez władze.

Po około dziesięciu dniach służby bezpieczeństwa upoważniły Neelie Kroes, żeby do mnie zadzwoniła. Ona i Jozias van Aartsen próbowali się ze mną zobaczyć, ale jak do tej pory odmawiano im zgody. Zdałam sobie sprawę, że ona i Jozias nie mieli pojęcia, jak bardzo jestem daleko.

Minister obrony, Henk Kamp, też do mnie zadzwonił.

– Przyjdę się z tobą zobaczyć i pójdziemy na spacer do lasu Zuthpen.

– Henk – powiedziałam, czy nie wiesz, że nie znajduję się w pobliżu tego lasu?

Miałam wrażenie, że ja – kobieta – stałam się powodem stanu wyjątkowego. Nawet minister obrony nie wiedział, gdzie przebywam.

Wiele miesięcy później, kiedy ponownie zobaczyłam się z Henkem i wszystko wróciło do normy, zapytałam go, jak mógł nie wiedzieć o moim miejscu pobytu.

– Tylko minister sprawiedliwości wiedział, gdzie się znajdujesz – powiedział. – Piet Hein Donner oświadczył pozostałym członkom gabinetu: „Proszę, nie pytajcie o jej miejsce pobytu", toteż nie zadawaliśmy żadnych pytań.

Piet Hein Donner nie był złym człowiekiem. Nie należał do silnych przywódców, ale był człowiekiem bardzo przyzwoitym – po prostu z innej epoki i nie radził sobie ze swoim ministerstwem. Sądzę, że Donner wydał polecenie: „Zapewnijcie jej bezpieczeństwo" i pozwolił, żeby jego urzędnicy zajęli się tą sprawą. Mężczyźni ci nigdy w życiu nie stanęli twarzą w twarz z tego typu sytuacją, ale gra szła o nie byle jaką stawkę – o ich pracę. Dołożyli zatem wszelkich starań, abym była bezpieczna. Jestem pewna, że mieli jak najlepsze intencje.

Po upływie dwóch długich i monotonnych tygodni Neelie zadzwoniła ponownie pod koniec listopada. Powiedziała mi, że otrzymam pozwolenie powrotu do Holandii na kilka dni, żeby porozmawiać z kilkoma osobami o swojej sytuacji i zorientować się, kiedy będę mogła wrócić na stałe. Poczułam ogromną ulgę.

27 listopada, po dwudziestu pięciu dniach ukrywania się, w ulewnym deszczu wracaliśmy do Portland, w stanie Maine.

Wylądowaliśmy w bazie lotniczej Eindhoven, a następnie jechaliśmy – jak mi się wydawało – przez długie godziny w konwoju. Gdzieś na poboczu autostrady przesiedliśmy się do znacznie mniejszego, nierzucającego się w oczy samochodu. Koos z Holenderskiego Programu Ochrony Świadków zawiózł mnie do wiejskiego domu, gdzieś w pobliżu Zelhem.

Kiedy nadszedł czas spotkania z Neelie i van Aartsenem na wcześniej umówionej kolacji, wsiedliśmy do małego volkswagena. Po pewnym czasie zatrzymaliśmy się na polanie i przesiedliśmy się do samochodów BMW. Było ciemno. Zatrzymaliśmy się przed budynkiem z cegły, gdzieś w środku lasu. Wszystkie światła były wyłączone. Śmierdziało moczem. Jeden ze strażników powiedział mi, że to odór starych cel, w których niegdyś przetrzymywano więźniów; był to opuszczony komisariat policji. Nie było elektryczności, światła dostarczały jedynie małe świece. Wszystkie okna zostały oklejone bibułą. Na przykrytym papierowym obrusem stole stał półmisek z kanapkami, parę butelek wody i sok.

Byliśmy w Holandii, siódmej lub ósmej największej potędze gospodarczej świata, a ja spotykałam się z komisarzem Unii Europejskiej i przywódcą sprawującej władzę partii w tym obskurnym miejscu. Odczuwałam wdzięczność za zapewnienie mi ochrony, wdzięczność za to, że żyję – ale było coś osobliwego w tej sytuacji.

Kiedy Neelie i van Aartsen przyjechali, zostali pośpiesznie wepchnięci do środka. Uściskałam Neelie, znów miałam ochotę się rozpłakać. Jozias wyglądał na udręczonego. Przygotowywał się na partyjny kongres, który miał odbyć się następnego dnia. Jego życie również było zagrożone, toteż ochroniarze nie odstępowali go na krok. Usiedliśmy naprzeciwko siebie. Neelie spojrzała i powiedziała: „Mój Boże!".

Z jej tonu można było wywnioskować, że uznawała całą tę operację za śmieszną.

– A więc teraz jest bezpiecznie? – zapytała. – Dlaczego nie mogliśmy się spotkać w moim domu?

Kiedy strażnicy zamknęli drzwi, Jozias zapytał, gdzie byłam. Opowiedziałam mu o moim pobycie w motelu w przemysłowym regionie Stanów Zjednoczonych, pomiędzy autostradami. Nie pozwalano mi na jakiekolwiek kontakty z przyjaciółmi, rozmawiałam tylko z ochroniarzami. Neelie była wściekła.

– Jeżeli będę musiała tam wrócić – powiedziałam – chciałabym przynajmniej mieć możliwość porozumiewania się, dostęp do informacji i możliwość pisania maili do przyjaciół. Potrzebuję spędzać więcej czasu z ludźmi.

Po kolacji spotkało się z nami dwóch pracowników z ministerstwa sprawiedliwości: szef departamentu walki z terroryzmem i szef departamentu ochrony i bezpieczeństwa. Neelie i Jozias maglowali ich, dlaczego musiałam żyć w ten sposób, w tak całkowitej izolacji i tak daleko. Jakiego naprawdę ataku się spodziewali?

W końcu, po tygodniach biernej akceptacji, poczułam, jakbym obudziła się do życia.

Powiedziałam tym mężczyznom:

– Zastosuję się do waszych dyrektyw w kwestii mego bezpieczeństwa, ale jeżeli zamieszkam w zwykłym domu. Nie wrócę do tego motelu. W Ameryce nikt mnie nie rozpoznaje. Chciałabym uczęszczać na uniwersytet. Pragnę pisać, czytać, robić coś ze sobą. Nie jestem w stanie patrzeć na autostradę dłużej niż przez kilka dni.

Neelie spojrzała na nich znacząco, dając im do zrozumienia, że powinni wyjść, po czym zamknęła za nimi drzwi. Powiedziała mi, że moi przyjaciele w Holandii za wszelką cenę chcieli się dowiedzieć, co się ze mną stało i gdzie jestem. Gazety kwestionowały potrzebę zastosowania aż tak drastycznych środków bezpieczeństwa. Jednym z powodów ściągnięcia mnie do Holandii było uspokojenie nastrojów i pokazanie ludziom, że czuję się dobrze. Ustaliliśmy, że przed powrotem do Ameryki spotkam się z moim bardzo bliskim przyjacielem, Hermanem, a także z reporterem gazety „NRC Handelsblad". Jozias zaproponował, żebym napisała oświadczenie, które przeczyta zebranym członkom partii następnego dnia. Miałam postawić sprawę jasno i zapewnić, że czuję się dobrze.

Następny dzień spędziłam sama w domu w Zelhem, czekając na decyzje, które miały zapaść. W końcu powiedziano mi, że spotkam się z Neelie, zjem obiad z Hermanem, a następnie przyjmę Franka Vermeulena z „NRC", który przeprowadzi ze mną wywiad. Nie powiedzieli mi, gdzie jadę, chociaż kiedy przyjechaliśmy na miejsce, z łatwością rozpoznałam gmach ministerstwa finansów. Posadzili mnie w pustym biurze i Neelie przyszła z butelką szampana. Zabraliśmy się do pisania tekstu dla Joziasa, który miał przeczytać zgromadzonym liberałom. Następnie wszedł Herman, a ja poprosiłam go, żeby znalazł uniwersytet w Ameryce, na który mogłabym pojechać, uwzględniając, że byłoby to do przyjęcia dla ministerstwa sprawiedliwości.

Spotkanie i rozmowa z nimi przyniosły mi wiele radości. Nie posiadałam się ze szczęścia: po tak długim przebywaniu w samotności widziałam się z dwójką przyjaciół jednocześnie. Znaczyło to dla mnie tak dużo.

Kiedy wypiliśmy przyniesionego przez Neelie szampana, Herman poprosił o kolejny kieliszek. Podeszłam do stojącego przy drzwiach strażnika i zapytałam:

– Czy moglibyśmy dostać butelkę wina?

– Ale po obiedzie masz wywiad z reporterem! Nie możesz pić wina! – stwierdził.

– Jezu Chryste! Co to ma znaczyć? – dociekał Herman.

Nie mógł uwierzyć, że żyję w taki sposób i jestem podobnie traktowana. Sądziłam, że zdążyłam się już do tego przyzwyczaić, ale teraz, kiedy ponownie znalazłam się w Holandii, zaczęło się to wydawać dziwne, nawet mnie.

Tjeerd, jeden z urzędników służby cywilnej, odpowiadający za moje bezpieczeństwo, chciał być obecny podczas wywiadu z „NRC". Mógłby wówczas ocenić, czy nie powiedziałam czegoś, co stanowiłoby zagrożenie dla mojego bezpieczeństwa. Weszliśmy razem na spotkanie, a Frank Vermeulen uniósł brwi ze zdziwienia, gdy usłyszał o naszej umowie.

Kiedy wywiad dobiegł końca, poprosiłam Tjeerda, żeby sobie poszedł, po czym usadowiłam się wygodnie, żeby porozmawiać z Frankiem. Gdy za Tjeerdem zamknęły się drzwi, Frank zapytał:

– Jak długo będzie to trwało? Nie mogą wiecznie przetrzymywać cię poza krajem. To szaleństwo. Jesteś członkinią parlamentu i nie zrobiłaś nic złego, ale towarzyszy ci ochroniarz, który przysłuchuje się rozmowie – przypomina to sytuację rodem z dawnego Związku Radzieckiego.

– Nie rozumiem połowy rzeczy, które się dzieją – powiedziałam mu. Niekiedy wydaje się, jakby nie ufali mi w kwestii mojego własnego życia.

Następnego dnia oznajmiono mi:

– Jedziesz do sąsiedniego kraju, a następnie z powrotem do Massachusetts.

Nastąpiła zmiana strażników – zmieniali się co osiem dni – a ja nie znałam żadnego z nich. Nie powiedzieli mi nic więcej. Przejechaliśmy przez granicę, daleko w głąb Niemiec, do obskurnego, bardzo brudnego hotelu w małym miasteczku Meckenheim, chociaż wówczas o tym nie wiedziałam.

Już będąc na miejscu, postanowiłam, że dłużej tego nie zniosę. Musiałam się bronić. Po prostu wyszłam z hotelu, żeby napić się kawy i zaczerpnąć nieco świeżego powietrza.

Stojący na straży, niższy rangą oficer DKDB, Robert, spojrzał na mnie, jakbym zmagała się z psychozą o ostrym przebiegu, pobiegł za mną i zapytał:

– Co robisz?

– Chcę się napić kawy – odpowiedziałam i nadal szłam przed siebie.

Robert był zawodowym oficerem policji i miał obowiązek mnie chronić, toteż poszedł za mną. Droga przed hotelem była zupełnie pusta. Było lodowato zimno. Nieopodal dostrzegłam znak.

– A więc jesteśmy w Meckenheim w Niemczech – powiedziałam. – Będziemy kierować się znakami, żeby dojść do centrum miasta.

Kilka metrów za mną Robert rozmawiał przez telefon z Hendrikiem. Miał przy sobie broń, ale – w przeciwieństwie do mnie – zachowywał się bardzo nerwowo. Z przyjemnością wdychałam świeże i czyste powietrze. Spacer sprawiał mi przyjemność. Był to jednak niedzielny poranek i większość sklepów i kawiarni w Meckenheim pozostawała zamknięta. W pewnej chwili zauważyłam knajpkę, zajrzałam do środka i zapytałam:

– Kawa?

Ani ja, ani Robert nie mówiliśmy po niemiecku. Barman potakująco skinął głową.

Był Turkiem i prowadził turecki bar kawowy. Robert wydawał się sparaliżowany strachem. Muszę przyznać, że ja również byłam trochę wystraszona. Usiadłam jednak i udawałam, że jest to najwspanialsza kawa, jaką kiedykolwiek piłam. W głębi serca miałam ochotę uciec stamtąd możliwie jak najszybciej, ale chciałam odzyskać swoją godność i dawny sposób życia.

Toteż wypiłam kawę bardzo powoli i zamówiłam kolejną filiżankę. Im więcej tureckich gastarbeiterów wchodziło do baru, tym częściej ręka Roberta wędrowała do telefonu. Nie chciał sam staczać tej walki. Powiedziałam mu jednak:

– To niewinni ludzie. Prowadzą tu swój biznes. Nie będą strzelać do swoich klientów.

W końcu wstałam, powiedziałam *danke i* wyszłam. Parę metrów dalej oboje wybuchnęliśmy śmiechem.

– Ulżyło ci, prawda? – zapytałam.

Robert potwierdził, a ja przyznałam mu się:

– Mnie również.

– Widzisz? – powiedział. – Niebezpieczeństwo może czaić się wszędzie.

– Nie – odparłam. – Nic nam nie zrobili. Zwyczajnie sprzedali nam kawę. Przejdźmy się. Nie będziemy siedzieć w tym przygnębiającym hotelu.

Kiedy wróciliśmy, zostałam przeniesiona do luksusowego uzdrowiska dla bogatych, starszych ludzi, które też nie było tym, czego chciałam. Nie wymagałam luksusu, po prostu nie chciałam spać w pokoju, w którym śmierdziało.

* * *

Przewieziono mnie z powrotem do Massachusetts, do tego okropnego motelu znajdującego się na przedmieściach Andover. Postanowiłam wysłać synowi Theo prezent na Sinterklaas, holenderski odpowiednik Świętego Mikołaja, który przynosi prezenty 5 grudnia. Dwa tygodnie później moja paczka została zwrócona, nierozpakowana. Syn Theo niczego ode mnie nie chciał. Było mi ogromnie przykro.

Ponownie czułam się bardzo przygnębiona. Dni mijały bez żadnych wiadomości o przenosinach. Moi nowi strażnicy nie chcieli, żebym wychodziła z motelu. Nie pozwalali mi nawet chodzić na siłownię. Stale prosiłam o telefon: rozmowy z przyjaciółmi były jedyną rzeczą, jaką mogłam robić, jedynym sposobem, żebym pozostała przy zdrowych zmysłach. Wprowadzono jednak nową zasadę: mogłam korzystać z telefonu tylko wówczas, gdy moi strażnicy byli obecni i przysłuchiwali się prowadzonym przeze mnie rozmowom. Czułam się jak w więzieniu. Jeszcze bardziej zamknęłam się w sobie i zaczęłam spędzać większość czasu sama, w pokoju.

W końcu nadeszła wiadomość: miałam zostać przeniesiona do San Diego. Nie mogłam jeszcze uczęszczać na uniwersytet; wciąż nie było zgody. Jednak klimat był ciepły, a Pete znów był jednym z członków mojej ochrony. Zawiózł mnie na plażę i zabrał na pieszą wycieczkę po wydmach. Całymi godzinami spacerowaliśmy w rześkim morskim powietrzu. Pozwolił mi skorzystać ze swego telefonu i trzymał się na dystans, żeby nie słyszeć moich rozmów.

Zaczęłam powracać do życia. Z powodu wyczerpania fizycznego dobrze sypiałam, po raz pierwszy od śmierci Theo. Na dzień przed Bożym Narodzeniem zadzwoniła Neelie. Ustaliłyśmy, że wrócę do Holandii 10 stycznia.

Nadszedł wreszcie ten dzień, przylecieliśmy do Niemiec, do Frankfurtu, chociaż chciałam jak najszybciej znaleźć się w domu, w Holandii, aby przygotować się do konferencji prasowej, która miała się odbyć 18 stycznia w Hadze. Ale z jakiejś przyczyny nie otrzymałam na to pozwolenia. Pojechaliśmy najpierw do jednego niemieckiego hotelu, potem do drugiego. Dlaczego? Nikt nigdy mi tego nie wyjaśnił; zdecydowały o tym prawdopodobnie względy bezpieczeństwa. W drugim hotelu znajdował się komputer podłączony do Internetu. Zabrałam się do pisania oświadczeń, które miałam wydać po powrocie do pracy. Chciałam przesłać roboczą wersję mojego wystąpienia przyjaciołom, ale połączenie internetowe w moim pokoju nie działało. Około północy poprosiłam strażników, żeby towarzyszyli mi do recepcji. Chciałam zapytać, czy mogłabym wysłać e-mail stamtąd.

Mężczyzna pracujący w recepcji był Turkiem. Spojrzał na mnie i zapytał:

– Hej, czy nie jesteś przypadkiem tą Somalijką, która jest członkiem parlamentu w Holandii i której przyjaciel został zamordowany?

W ciągu miesięcy po śmierci Theo zdarzyło mi się spotkać kilka osób, które mnie rozpoznawały – widziałam malujące się na ich twarzach zdumienie – ale po raz pierwszy musiałam skonfrontować się z taką sytuacją bezpośrednio.

– Słucham? – zapytałam.

Recepcjonista powiedział:

– Jesteś nią. Na ciele ofiary znaleziono list z pogróżkami. To ty, czyż nie?

Głupio się roześmiałam i powiedziałam:

– Och, nie. Wiele osób popełnia ten błąd, ale ja nią nie jestem.

Było to całkowite naruszenie przepisów bezpieczeństwa. Ten recepcjonista był mi zupełnie nieznany i miał mój numer pokoju.

– Czy jesteś pewny, że to rozsądne, abym tu została? – zapytałam wyższego rangą strażnika.

– Jutro zadzwonię do biura – odparł. – Całe to przenoszenie się z miejsca na miejsce nie sprzyja twojemu wypoczynkowi.

Być może było to śmiechu warte, ale moje życie wydawało się zagrożone. Poszłam do mojego pokoju i ułożyłam w stos przed drzwiami meble i walizki. Ostrożnie ustawiłam na nich ekspres do kawy, kilka filiżanek i spodków. Zrobiłam to na wszelki wypadek, gdybym zasnęła. Usłyszałabym odgłosy, gdyby ktoś próbował wejść do środka. Spędziłam noc, czuwając i czekając na przykład na mężczyznę z nożem i bronią palną. Następnego ranka CASE dostała rozkaz, żeby przenieść mnie do hotelu w Aachen, wraz z reprymendą, że nie zrobiono tego natychmiast.

Wymknęliśmy się chyłkiem i pojechaliśmy w okolice położone bliżej Hagi. Teraz nie pozwalano mi opuszczać hotelowego pokoju, ponieważ mogły mnie rozpoznać recepcjonistki. Przed powrotem do Holandii chciałam skontaktować się z rodzicami Theo, toteż poprosiłam CASE o pozwolenie. Powiedzieli mi jednak:

– Rozmawialiśmy z policjantem, który pozostaje z nimi w stałym kontakcie i nie chcą w tej chwili z tobą rozmawiać. Kiedy będą gotowi skontaktować się z tobą, poszukają cię.

Dowiedziałam się później, że nie było to prawdą. Rodzice Theo byli w stosunku do mnie niezwykle serdeczni. Nigdy nie powiedzieli nikomu czegoś podobnego. Sądzę, że nie chciano robić kłopotu pracownikowi ministerstwa sprawiedliwości i prosić go, żeby wykonał telefon.

Zapytałam, czy mogę spotkać się z moim przyjacielem, krytykiem, Paulem Schefferem, by pomógł mi w pracy nad tekstem, który był zbyt długi i zbyt emocjonalny. Chciałam być profesjonalistką i mówić o swojej pracy, ale pragnęłam też – a nawet bardzo tego potrzebowałam – by wreszcie powiedzieć, że jestem smutna z powodu Theo, że czuję się winna jego śmierci, a także przekazać przesłanie, że ja i Holandia musimy iść do przodu, a nie uginać się przed terrorem.

Zostałam przywieziona do Holandii 15 stycznia. Paul i ja spotkaliśmy się na komisariacie policji w Dreibergu i sporządziliśmy znacznie krótszy tekst. Spędziłam noc w bazie wojskowych helikopterów w Soesterberg. Nie miało to teraz znaczenia; byliśmy niemal w domu. Sam fakt, że ponownie znalazłam się w Holandii, napawał mnie radością.

Następnego dnia była niedziela. Zostałam zabrana do domu Leona de Wintera. Z trudem powstrzymywałam uczucie ulgi i szczęścia. Był tam Leon i jego żona Jessica, Afszin Ellian, profesor prawa z Iranu, którego po raz pierwszy spotkałam w „The Balie", jak również Jaffa Vink i Chris Rutenfrans z „Trouw". Pragnęłam uściskać ich wszystkich, przytulić się do nich.

We wtorek rano wróciłam do parlamentu. Kiedy wysiadłam z samochodu i znalazłam się na wybrukowanym dziedzińcu, zobaczyłam wycelowane we mnie kamery. Za każdym razem, kiedy stawiałam krok, kamerzyści cofali się w zwartym szyku. Przewodniczący parlamentu oficjalnie powitał mnie po powrocie w swoim biurze. Następnie poszłam zobaczyć Joziasa van Aartsena, który ciepło się ze mną przywitał. Weszliśmy na posiedzenie klubu parlamentarnego liberałów, zwykłe spotkanie, które odbywa się w każdy wtorek rano. Niemal wszyscy członkowie parlamentu z Partii Liberalnej podeszli i pocałowali mnie. Zawiść i złe uczucia zdawały się topnieć.

Klub parlamentarny rozpoczął niekończącą się dyskusję na temat, gdzie powinny odbywać się posiedzenia komisji: w sali zebrań w parlamencie czy w biurach Partii Liberalnej. Miałam wrażenie, jakbym nigdy stąd nie wyjechała. Przeprosiłam i spędziłam ranek, pracując nad tekstem przemówienia w moim biurze. Dzwoniłam do różnych osób i nareszcie nie musiałam się martwić, że ktoś mnie podsłuchuje.

O drugiej po południu weszłam do niższej izby parlamentu. Była ona pełna reporterów i członków parlamentu. Wszyscy wstali i oklaskiwali mnie, nawet ci, którzy do tej pory nie zgadzali się z tym, co mówiłam. Przewodniczący wygłosił krótkie przemówienie, a minister obrony, Henk Kamp, podszedł, żeby uścisnąć mi dłoń i powitać mnie z powrotem w domu, ciepło i serdecznie.

O czwartej po południu przeszłam do sali konferencyjnej na moją konferencję prasową. Fotografowie i kamerzyści przepychali się łokciami, filmując każdy krok, który zrobiłam. W sali roiło się od reporterów. Zaczerpnęłam głęboki oddech i zaczęłam czytać wystąpienie. Moja nieobecność w parlamencie trwała siedemdziesiąt pięć dni, ale teraz byłam w domu.

EPILOG

List z wyrokiem

Wydarzenie to miało miejsce szesnaście miesięcy później. W poniedziałek wieczorem, 15 maja 2006 roku, minister finansów, Gerrit Zalm, odwiedził mnie w moim mieszkaniu w Hadze. Towarzyszył mu Willibrord van Beek, nowy przewodniczący klubu parlamentarnego Partii Liberalnej. Obaj mieli ponure miny. Przyszli, żeby przekazać mi wiadomość.

W mieszkaniu znajdowało się mnóstwo ludzi, toteż jedynym miejscem, gdzie mogłam rozmawiać z nimi na osobności, była zapasowa sypialnia, w której suszyły się sterty prania.

– Przekaż mi najpierw złą wiadomość – poprosiłam Gerrita.

Patrząc mi prosto w oczy, powiedział, że minister do spraw integracji, Rita Verdonk, planowała pozbawić mnie holenderskiego obywatelstwa. W ciągu następnej pół godziny miałam otrzymać oficjalny list z Ministerstwa Sprawiedliwości. Rita zapewniła go, że nie poda tego faktu do wiadomości publicznej aż do następnego dnia, kiedy ogłoszę rezygnację z pracy w parlamencie.

Próbowałam nie pokazywać emocji, ale van Beek wyglądał tak, jakby za chwilę miał się rozpłakać.

– Nie pozwolimy, żeby do tego doszło – powiedział.

Gerrit oświadczył z gniewem, że to farsa. Radził mi postarać się o dobrego prawnika. Kiedy wychodzili, miał bardzo smutny wyraz twarzy. Poczułam się w obowiązku, by dodać mu otuchy.

– Nie martw się – powiedziałam. – Wszystko będzie dobrze.

Powstrzymywałam łzy do czasu, aż wyszli.

Kilka minut po wyjściu Gerrita zadzwoniła Rita. Nasza rozmowa była krótka i chłodna. Powiedziała mi, że w jej decyzji nie było nic osobistego. Jak twierdziła, nie mogła nic w tej sprawie zrobić i miała związane ręce. Musiała zdecydować o unieważnieniu mego holenderskiego obywatelstwa. Ponieważ podałam nieprawdziwe nazwisko i datę urodzenia, kiedy starałam się o uzyskanie obywatelstwa w 1997 roku, należy zatem uznać, że obywatelstwo nigdy właściwie nie zostało mi przyznane.

Dziesięć minut po rozmowie z Ritą zadzwonił dzwonek do drzwi. Był to jeden ze strażników z DKDB, który zwykle szelmowsko się uśmiechał. Teraz jednak miał poważną minę. Trzymał w dłoni białą kopertę z wydrukowanym logo ministerstwa sprawiedliwości.

„Droga pani – głosił list – niniejszym informuję panią, że zgodnie z moim orzeczeniem odbieram pani holenderskie obywatelstwo z powodu podania niewłaściwych danych osobowych podczas procesu naturalizacji. Orzeczenie sądu, które nadało pani obywatelstwo, zostaje unieważnione. Ma pani sześć tygodni na udzielenie odpowiedzi".

Ledwie skończyłam czytać list, kiedy telewizyjne wiadomości nadały oświadczenie Rity Verdonk. Stwierdziła ona, że nigdy nie byłam obywatelką Holandii.

Nie byłam już Holenderką.

Ten dziwny splot wydarzeń, który przyniósł tak nieoczekiwane skutki w moim życiu, miał miejsce kilka miesięcy temu, 27 kwietnia, w czwartek przed wiosenną przerwą parlamentarną. Mój harmonogram był przez cały tydzień po brzegi wypełniony spotkaniami i czułam się tym nieco podekscytowana, ale na jedno z nich oczekiwałam ze szczególną niecierpliwością. Producent filmów dokumentalnych z programu *Zembla* miał przyjść do parlamentu, żeby porozmawiać ze mną o miejscach, w których dorastałam w Kenii i Somalii. Chciał pokazać mi część nakręconego tam materiału filmowego.

Włączył kamerę wideo. Ponownie zobaczyłam szkoły, do których chodziłam i dom w Kariokor. Mieszkaliśmy w nim, kiedy Abeh nas opuścił. Pojawił się mój brat Mahad, jak zawsze chudy i nerwowy. Twarz stale przesłaniały mu słoneczne okulary. Byłam zdziwiona, że reporter zadał sobie tyle trudu. Ogarnęła mnie fala nostalgii. Zaskoczyła mnie również ogromna liczba muzułmanek z chustami na głowie, które widywało się teraz na ulicach Nairobi. Kiedy byłam uczennicą w Dżudża Road Primary School, nasza dyrektorka nie pozwalała mojej matce posyłać nas do szkoły w chustach na głowie; teraz odnosiłam wrażenie, że widzę je na każdym szkolnym korytarzu.

Reporter *Zembla* wyłączył kasetę wideo, po czym – w wyraźnie nieprzyjaznym tonie – zasypał mnie gradem pytań o moją przeszłość. Czułam się tym zaskoczona, ale próbowałam zachowywać się uprzejmie. Mahad powiedział mu, że nigdy nie zostałam obrzezana. Zgodnie z jego słowami nasza rodzina była zbyt postępowa, aby okaleczać genitalia małych dzieci. Próbowałam wytłumaczyć, że Mahad usiłujc zachować twarz: nie chciał przyznać się osobie z zewnątrz, że jego rodzina praktykuje tradycje, które dla mieszkańców Zachodu są barbarzyńskie. Mój brat mógł mówić to, na co miał ochotę, ale najwyraźniej mijał się z prawdą.

Reporter kontynuował swoje przesłuchanie. Zapytał, czy kiedy po raz pierwszy znalazłam się na terytorium Holandii, istotnie skłamałam w moim podaniu o azyl? Wkroczyliśmy na znajomy teren; często o tym mówiłam. Gdy tylko zaczęłam działać w holenderskiej polityce, przyznałam się do zatajenia pewnych informacji, kiedy starałam się o azyl. Również później, ilekroć mnie o to pytano, w rozmowach prywatnych czy publicznie, przyznawałam, że skłamałam i tłumaczyłam dlaczego. Toteż po raz kolejny powtórzyłam producentowi *Zembla*, że kiedy starałam się o uzyskanie statusu uchodźcy w 1992 roku, nie powiedziałam całej prawdy.

Reporter miał więcej pytań. Wszystkie zadawał tym samym wrogim tonem. W pewnej chwili do drzwi zapukała moja asystentka, Iris. W moim biurze pojawił się wraz ze swoim zastępcą szef departamentu do spraw bezpieczeństwa i ochrony z Ministerstwa Sprawiedliwości. Musiałam iść. Wciąż nieco oburzona tonem przeprowadzanego ze mną wywiadu weszłam do biura i zobaczyłam Arjana Jongevosa. Na jego twarzy, zazwyczaj pozbawionej wyrazu, malowało się współczucie.

– Usiądź – powiedział. – Proszę, weź sobie szklankę wody.

Jongevos podał mi plik dokumentów prawnych. Moi sąsiedzi wnieśli sprawę do sądu. Chcieli wyeksmitować mnie z mojego mieszkania, twierdząc, że środki bezpieczeństwa podejmowane wobec mojej osoby pozbawiały ich prywatności, a moja obecność sprawiała, że czuli się zagrożeni. Trwało to od wielu miesięcy, ale nigdy nie wyobrażałam sobie, że mogę przegrać tę sprawę. Jongevos powiedział mi, że dokumenty zawierają decyzję sądu apelacyjnego, który wziął pod uwagę argument moich sąsiadów. Zostałam wyeksmitowana. Uprzejmie zawiadamiał mnie, że miałam cztery miesiące, dokładnie do 27 sierpnia, na opuszczenie mieszkania.

Byłam zaszokowana. Dokąd mogłam pójść? Do hotelu? Do bazy lotniczej? Do jakiegoś kuloodpornego baraku w lesie? Gdzie mogłabym znaleźć takie miejsce w Holandii, gdzie nie byłoby sąsiadów? Holandia jest małym, gęsto zaludnionym krajem. W jaki sposób mogłabym funkcjonować, gdybym musiała się przemieszczać z miejsca na miejsce? Wiadomość była dla mnie ciosem. Może się to wydawać banalne, ale kiedy usłyszałam nowinę Jongevosa, poczułam się bliska rozpaczy. Czy moja tułaczka nigdy się nie skończy?

Kilka dni później, na początku maja, miałam lecieć do Stanów Zjednoczonych w od dawna planowaną podróż, by promować swoją książkę składającą się z esejów *The Caged Virgin* (Zamknięta w klatce dziewica). Miałam jednak też zamiar spotkać się z Christopherem deMuth, prezesem American Enterprise Institute, zespołu doradców w Waszyngtonie, który chciał zaproponować mi pracę. Po dwóch i pół roku spędzonych w parlamencie, byłam rozczarowana i chciałam rozstać się z holenderską polityką. Wiele miesięcy wcześniej poinformowałam Gerrita Zalma, że nie planuję ponownego startu w wyborach. Pewne aspekty pracy w parlamencie przypadły mi do gustu, na przykład ostrość niektórych debat. Praca w parlamencie może być wspaniałą rzeczą. Jednak proces legislacyjny jest powolny i frustrujący. Nie chciałam trzymać się ściśle linii partii i pogłębiać wiedzy na temat wspólnej polityki rolnej Unii Europejskiej czy systemu transportu wokół Rotterdamu. Nie miałam ochoty tracić ogromnych zasobów energii na budowanie koalicji z ludźmi, którzy akceptowali moje pomysły, ale nie chcieli ze mną głosować, ponieważ byłam w Partii Liberalnej. Podnosząca się ciągle wrzawa w mediach na skutek każdego mojego komentarza albo niewłaściwego kroku sprawiała, że trudno mi było funkcjonować. Chociaż uwaga środków przekazu zapewniła mi większą skuteczność politycznego działania, to jednocześnie nasiliła niechęć, którą tak wielu parlamentarzystów odczuwało, w stosunku do mojej osoby i do podejmowanych przeze mnie inicjatyw na forum parlamentu.

Wydawało mi się także, że osiągnęłam już znaczną część tego, co sobie zaplanowałam. Chciałam, żeby islam stał się elementem politycznej debaty, i tak się stało. Różne osoby, mające wpływ na opinię publiczną, twierdziły teraz, że udawanie, iż obłaskawienie przywódców muzułmańskich doprowadzi do społecznej harmonii, było nieodpowiedzialne i moralnie niewłaściwe. W holenderskim społeczeństwie toczyły się burzliwe dyskusje na temat, jak najlepiej zintegrować muzułmanów, zaś mieszkający w Holandii muzułmanie także wydawali się teraz w dużym stopniu świadomi, że muszą wybrać pomiędzy wartościami zachodnimi i tradycyjnym sposobem życia. Przede wszystkim jednak problemy muzułmańskich kobiet zyskały stałe miejsce w debacie publicznej.

Gdy zaproponowano mi pracę w zespole doradców w Stanach Zjednoczonych, pomyślałam, że pozwoli mi to na wyrażanie poglądów na szerszą skalę. Sądziłam też, że będę miała więcej czasu, by je rozwinąć. Teraz zaś wiedziałam, że chciałam zrobić to szybciej niż się tego spodziewano.

Kiedy w czwartek, 11 maja, został w Holandii nadany program *Zembla*, pod tytułem *Święta Ayaan*, wciąż jeszcze przebywałam w Stanach Zjednoczonych. Znajomy holenderski dziennikarz, który mieszkał w Nowym Jorku, załatwił mi obejrzenie programu w studio. Ton nagrania był nieprzyjemny i z pewnością jego intencją było zakwestionowanie mojej reputacji. Jednak przyjaciele, którzy do mnie dzwonili, uważali, że program nie mógł mi zaszkodzić. Reporter odnalazł Osmana Musę, który nadal mieszkał w Kanadzie i twierdził, że wyszłam za niego za mąż z własnej woli. Ale, jak ktoś mi powiedział: „Kto przyznałby się, że ożenił się z dziewczyną, która nie chciała wyjść za niego za mąż?”. Wydawało się całkiem jasne, że reporter, który pojechał do Kenii i Somalii, starał się wywlec na mój temat jakieś brudy. Jeżeli było to wszystko, co znalazł, to – jak uważałam – nie zaszkodził mi.

Później jednak pojawiły się problemy. Minister odpowiedzialna za imigrację, Rita Verdonk, wydała polecenie, że osoby starające się o azyl, które w przeszłości skłamały, składając podanie o przyznanie im stałego pobytu, powinny zostać deportowane. Dzień po emisji programu *Święta Ayaan*, Rita musiała stawić czoło drwinom i deportować Ayaan Hirsi Ali, podobnie jak zrobiłaby to w przypadku każdego innego imigranta, który skłamał.

Rita była moją koleżanką. Znano ją pod przydomkiem Żelaznej Rity. Niektórzy uważali ją za sztywną i ustawicznie szydzili z niej z powodu jej poprzedniej pracy w charakterze naczelnika więzienia. Ja jednak zawsze uważałam Ritę za osobę ciepłą, a nawet macierzyńską. Chociaż często nie zgadzałyśmy się w kwestiach polityki, była niejednokrotnie moim sprzymierzeńcem w naszej partii i w parlamencie. Zazwyczaj wymieniałyśmy się pomysłami. Zdarzało się, że wykorzystywała w swoich działaniach pewne elementy moich propozycji. Często też interweniowałam u niej w imieniu osób starających się o azyl, które miała zamiar deportować. Rita była jedną z osób dodających mi otuchy po śmierci Theo. W klubie parlamentarnym, gdzie miałam zaledwie kilkoro przyjaciół, na nią sprowadziłam najwięcej kłopotów.

Rita bardzo dobrze wiedziała, że skłamałam, składając podanie o przyznanie mi stałego pobytu. Nawet gdyby nie czytała moich wywiadów, których udzielałam na ten temat (dlaczego nie miałaby tego robić), rozmawiałyśmy o tym kilka razy, ostatnio zaledwie parę tygodni temu, kiedy postanowiła deportować osiemnastoletnią dziewczynę z Kosowa, Taidę Pasic, chociaż miała ona zdawać końcowe egzaminy w szkole średniej. Zadzwoniłam do Rity z domu Leona de

Wintera, w którym jadłam kolację i prosiłam ją, żeby jeszcze raz przemyślała przypadek tej dziewczyny, ale pozostała stanowcza.

– Skłamała – powiedziała mi wówczas Rita. – Mam związane ręce.

– Ależ Rita, ja też skłamałam! – obruszyłam się. Leon usłyszał naszą rozmowę i przejął ode mnie słuchawkę. Usilnie prosił Ritę, by zmieniła zdanie w sprawie Taidy.

Rita wypowiedziała wówczas następujące słowa: „Gdybym była ministrem, kiedy starałaś się o azyl, wówczas też bym cię deportowała".

W piątek, dzień po nadaniu filmu, Rita ogłosiła publicznie, że nie mam się czego obawiać. Chciała zostać przywódcą Partii Liberalnej. Głosowanie miało się odbyć 30 maja. Nie mogła sobie pozwolić na okazywanie słabości. Uwzględniając, że „zasady są zasadami", przyjęła twarde stanowisko. Stwierdziła, że nie może robić żadnych wyjątków. Tak więc w sobotę rano – dzień po tym, kiedy rozległy się głosy, by przyjrzała się dokładnie mojemu statusowi osoby, która otrzymała azyl – Rita powiadomiła, że rozpatruje moje dokumenty imigracyjne.

Nagle poczułam się jak niemądra i ufna postać z zasłyszanej w dzieciństwie opowieści mojej babki.

W niedzielę dotarły do mnie pogłoski, że Rita planuje pozbawić mnie obywatelstwa. Dowiedzieli się o tym wszyscy mieszkańcy kraju: wiadomość ukazała się w gazetach. Mogli odebrać mi paszport. Jeżeli nie byłam już Holenderką, nie miałam prawa głosować. Nie byłam również członkiem parlamentu. Czy chociaż będę mogła zostać w kraju? Czy bez paszportu będę w stanie podróżować? Jeżeli nie będę członkiem parlamentu, czy przydzielą mi ochroniarzy? Nie mogłam w to uwierzyć. Nawet wtedy, kiedy Gerrit Zalm tego niedzielnego wieczoru pojawił się w moim mieszkaniu i powiedział mi, że to się dzieje naprawdę, a ja otrzymałam list z ministerstwa – cała ta sprawa nadal wydawała się zupełnie nierealna.

Kiedy obudziłam się we wtorek rano, na moją pocztę głosową nagrało się mnóstwo osób. Setki e-maili zapełniły skrzynkę odbiorczą. Tego popołudnia miała się odbyć moja konferencja prasowa, toteż zaczęłam się zastanawiać, co na niej powiem. Strony manuskryptu spisanych przeze mnie wspomnień były rozrzucone na mojej drukarce: „Jestem Ayaan, córka Hirsiego, syna Magana", czytałam.

Jak mogło się to wydarzać, chociaż wielokrotnie mówiłam prawdę o faktach z mojej przeszłości? Tak, powinnam była powiedzieć całą prawdę w 1992 roku, kiedy przyjechałam do Holandii i obawiałam się, że zostanę odesłana do domu. Z biegiem czasu, gdy przestałam się już bać, nauczyłam się, że nieujawnienie całej prawdy było rzeczą niewłaściwą.

Teraz, kiedy to do mnie dotarło, nie miałam pojęcia, jakie mam obywatelstwo, a nawet, czy mogę zostać w Holandii. Wiedziałam jedynie, że powinnam zrezygnować z parlamentu wcześniej niż planowałam.

Tego popołudnia weszłam do centrum prasowego obok parlamentu i ponownie stanęłam oko w oko z kamerami. Oświadczyłam, że odchodzę z polityki i wyjeżdżam z Holandii. Podziękowałam różnym ludziom za okazane mi wsparcie i postarałam się podsumować to, co – jak sądziłam – osiągnęłam. Trzęsły mi się ręce i wyschło mi w gardle. Kilka godzin później Christopher deMuth zadzwonił z American Enterprise Institute i potwierdził, że we wrześniu będę mogła podjąć tam pracę.

Moja konferencja prasowa odbyła się we wtorek o godzinie 14.00. Już o 16.45 Rita Verdonk odpowiadała w parlamencie na pytania moich rozgniewanych kolegów. Przez przeszło trzy lata pracowałam z tymi mężczyznami i kobietami – jadłam z nimi, utrzymywałam kontakty towarzyskie, zawierałam sojusze, zdobywałam głosy. Teraz, po przeprowadzeniu wewnętrznego dochodzenia, które trwało zaledwie cztery dni, nie byłam już dłużej obywatelką holenderską i, w rezultacie, zostałam pozbawiona swojej pozycji, a także przywileju pracy z nimi. Wielu członków parlamentu było oburzonych i nie robiło z tego tajemnicy.

Około 23.00, pod gradem pytań w parlamencie, Ricie zdarzyła się pomyłka. Powiedziała, że nigdy nie byłam Holenderką, a następnie, że w trakcie sześciu tygodni oczekiwania jestem Holenderką, chociaż należy podkreślić, że faktycznie nigdy nią nie byłam. Utrzymywała, że nie miała pojęcia, iż składając podanie o azyl, skłamałam. Jak twierdziła, nigdy nie słyszała, bym używała innego nazwiska pomimo faktu, że istniały dziesiątki przykładów, kiedy się nim posługiwałam: w prasie, we wcześniejszych publikacjach, czy nawet w codziennym życiu. I tak, na przykład, mój adres mailowy w parlamencie był następujący: magan@tweedekamer.nl – holenderski odpowiednik „parlament-dot-Netherlands" – nie robiłam tajemnicy, że moje rodowe nazwisko brzmi Hirsi Magan.

Poparcie dla Rity w niższej izbie parlamentu zaczęło spadać. Nie chodziło już tylko o moją osobę. Rita Verdonk byłaby niewątpliwie silnym przywódcą VVD, toteż przeciwnicy VVD chcieli ją zniszczyć. W szeregach naszej własnej Partii Liberalnej też znajdowały się osoby, które były gotowe, a nawet byłyby uszczęśliwione, gdyby mogły ją poświęcić pod tym, bądź innym pretekstem.

Miliony Holendrów oglądało parlamentarną debatę nadawaną na żywo w telewizji. Przyglądali się, jak Rita powoli pogrąża się na forum politycznym. Przywódcy rządzącej koalicji zaczęli odsuwać się od niej na podium. Zgłoszono dwa wnioski polecające jej, aby poddała rewizji mój przypadek. Około 2.30 przewodniczący parlamentu przekazał Ricie notatkę z żądaniem, by zaakceptowała następny wniosek. W razie odmowy zostanie zmuszona do wycofania się z rządu. Niespodziewanie, około 3.00, zgodziła się na ponowne poddanie rewizji mojej naturalizacji. Miałam otrzymać decyzję w ciągu sześciu tygodni.

Od tego momentu cała sytuacja zaczęła przypominać farsę. Nowa prawniczka, którą znalazłam, powiedziała mi, że ponieważ używałam nazwiska Ali, które było nazwiskiem rodowym mojego dziadka, znanego jako Magan, nie sfałszowałam żadnych wniosków. Pokazała również analizę prawa somalijskiego, dowodzącą, że miałam prawo posługiwać się każdym nazwiskiem z długiej listy moich przodków jako moim własnym. Ponieważ nie byłam w stanie wystarać się o metrykę dziadka, ojca ani matki, czego żądano, otrzymałam oświadczenie od brata potwierdzające, że mój dziadek Magan po urodzeniu został nazwany Ali. Nie pozostało mi nic innego, jak czekać na dalszy rozwój wypadków.

W miarę jak mijały tygodnie, docierały do mnie różne pogłoski, podobnie jak do wszystkich innych ludzi. Premier Jan Peter Balkenende proponował, aby Rita cofnęła swoją decyzję i nadała mi honorowe obywatelstwo Holandii. Jednak Rita nie chciała stracić twarzy. W końcu, na dwa dni przed letnią przerwą w parlamencie, Balkenende zaplanował spotkanie z nią późnym wieczorem w poniedziałek, 26 czerwca. Nalegał, żeby poinformowała parlament o wycofaniu swojej decyzji, ponownie przywracając mi obywatelstwo holenderskie.

Kiedy dowiedziałam się o tym spotkaniu, byłam w Waszyngtonie, w biurze prawnika, który pomagał mi w sprawach dotyczących imigracji do Stanów Zjednoczonych. Mój telefon zadzwonił około 15.00. Była to moja holenderska prawniczka, która powiedziała mi, że muszę pilnie przefaksować oświadczenie stwierdzające, że od tej pory zawsze będę posługiwać się nazwiskiem Ali, żadnym innym. Kiedy to zrobię, nie będzie problemu z moim holenderskim obywatelstwem. Musiałam znaleźć biuro FedEx w centrum Waszyngtonu, żeby natychmiast wysłać faks – sprawa była zbyt pilna, by mogła czekać.

Kilka godzin później pośrednik w handlu nieruchomościami pokazywał mi mieszkanie, które miałam wynająć w Waszyngtonie, kiedy telefon ponownie zadzwonił. Musiałam podpisać kolejne oświadczenie, zanim wszystko zostanie pozytywnie rozwiązane. Powinnam również stwierdzić, że winę za całe to zamieszanie ponoszę ja, ponieważ powiedziałam reporterom, że sfałszowałam swoje nazwisko, chociaż faktycznie wolno mi było posługiwać się nim legalnie.

Chciałam pozostawić całą sprawę za sobą. Nie miałam już domu w Holandii. Bez holenderskiego obywatelstwa moje podanie o amerykańską wizę znalazłoby się w impasie. Gdybym nie podpisała oświadczenia, przypuszczalnie doprowadziłoby to do wielu batalii prawnych i wielu lat życia w niepewności. Moi prawnicy, którzy byli w stałym kontakcie z Hagą, powiedzieli, że nie mogę zmienić w oświadczeniu ani słowa – należało je tylko podpisać. Udało mi się jednak dokonać jednej zmiany. Wykreśliłam: „Jest mi przykro" i zastąpiłam to słowem: „Żałuję". (Premier Balkenende wymógł w zamian na Ricie obietnicę, że nigdy więcej nie powie: „Zasady są zasadami").

Następnego dnia, we wtorek, byłam w biurze American Enterprise Institute, kiedy holenderscy reporterzy zaczęli się pojawiać z kamerami. Nie otrzymałam jeszcze żadnego powiadomienia, ale reporterzy słyszeli, że Rita zgodziła się przywrócić mi holenderskie obywatelstwo. Wyraziłam z tego powodu duże zadowolenie. Nic więcej; chciałam jedynie, by sprawa została zamknięta. Reporterzy poinformowali mnie ponadto o debacie, która została już zaplanowana w parlamencie na środę wieczorem, tuż przed letnią przerwą parlamentu. Ludzie w Hadze mówili, że zmuszono mnie szantażem do napisania listu akceptującego moją winę. Zachowanie Rity Verdonk uznawano za karygodne.

Powiedziałam reporterem, że nie stosowano wobec mnie szantażu. Była tylko kwestia presji czasu. Chciałam, aby cała sprawa dobiegła końca, co pozwoliłoby mi o niej zapomnieć.

Kiedy o godzinie 20.00 w środę, 28 czerwca, rozpoczęła się debata w parlamencie, Rita Verdonk i premier Balkenende niemal natychmiast zostali zaatakowani. Ritę oskarżano o powiadomienie Balkenende za pośrednictwem poczty głosowej o decyzji odebrania mi obywatelstwa. Nigdy ponownie się z nim nie skontaktowała. Cóż to było za przywództwo? Wielu członków parlamentu uważało, że rząd znieważa ich inteligencję, twierdząc, że cała sprawa była w gruncie rzeczy moją winą.

We wczesnych godzinach rannych Balkenende zapytano w parlamencie, czy zostałam zobowiązana do złożenia podpisu pod dokumentem, biorąc na siebie winę i czy był to konieczny warunek odzyskania obywatelstwa. Potwierdził, że w istocie tak było: Rita nalegała, że powinnam podpisać oświadczenie, albo nie dojdziemy do porozumienia. W ławach poselskich widać było poruszenie. Raz po raz posłowie śpieszyli do mikrofonu, chcąc zabrać głos.

O godzinie 4.30 Partia Zielonych zgłosiła wotum nieufności wobec

Rity Verdonk. Wielu ludzi w kraju wciąż jeszcze nie spało i oglądało telewizję. Kiedy głosy zostały podliczone, okazało się, że wniosek o wotum nieufności poparło sześćdziesięciu sześciu posłów, zaś siedemdziesięciu dziewięciu było przeciw, co oznaczało, że D-66, mała partia, która była jednym z trzech partnerów w rządzącej koalicji, przegłosowała wotum nieufności wobec rządowego ministra. Rita musiała zrezygnować, w przeciwnym razie koalicja zostałaby zerwana, a rząd zmuszony do podania się do dymisji.

Ostatniego dnia parlamentarnej kadencji, 29 czerwca, o 9.00 odbyło się nadzwyczajne posiedzenie gabinetu. Po lunchu pojawił się premier i poinformował prasę, że Rita pozostanie na stanowisku ministra: to D-66 miała zdecydować, co w tej sytuacji zrobi. Sześciu członków tej partii opuściło tego wieczoru szeregi koalicji. Rząd Balkenende upadł. Nowe wybory miały zostać rozpisane na jesieni.

Informowano mnie na bieżąco, przesyłając wiadomości tekstowe. Moi przyjaciele parlamentarzyści, jak również dawni koledzy, przysłali mi ich setki. Gdy rząd upadł, otrzymałam niemal jednocześnie pięćdziesiąt wiadomości.

W owym czasie byłam w Aspen, w Kolorado, gdzie zostałam zaproszona, by wziąć udział w konferencji w Aspen Institute. Pojawiła się na niej plejada amerykańskich polityków i szefów korporacji. Byłam zaskoczona, gdyż wielu uczestników konferencji wciąż do mnie podchodziło, mówiąc mi, jak bardzo rozgniewał ich holenderski rząd. Nieustannie musiałam tłumaczyć, że Holandia nie jest krajem ksenofobicznym. Podkreślałam też, że nie wyrzucono mnie stamtąd.

Bardzo żałowałam upadku gabinetu Balkenende i próbowałam powiedzieć to ludziom, ponieważ rząd nie powinien rozpadać się z powodu tak drobnej sprawy. Ludzie wybierają swoich przywódców, by podejmowali stanowcze decyzje o wielkiej wadze, ta zaś była bardzo błaha. Przede wszystkim – oświadczyłam – Holandia jest spokojnym, otwartym, tolerancyjnym i wolnym krajem. To w Holandii stałam się wolnym człowiekiem, a teraz jestem Holenderką – co wprawia mnie w dumę.

Cokolwiek myślicie o Stanach Zjednoczonych, pełnią one rolę przywódcy wolnego świata. Podnosząc moje idee w tym kraju, nie czuję w żaden sposób, że się sprzedaję. W American Enterprise Institute w Waszyngtonie będę miała więcej czasu na przemyślenia, niż kiedy byłam członkiem parlamentu w Hadze, próbującym wdrożyć określone programy do procesu ustawodawczego. Nie chciałabym się powtarzać, ale pragnę jednak zaznaczyć, że nie wyjeżdżam z Holandii ze względu na kwestię mojego holenderskiego obywatelstwa: jest to całkowicie osobista decyzja, podjęta na długo przedtem, zanim zdarzyła się historia z obywatelstwem.

Kilka lat temu, świeżo po studiach w Leiden, myślałam, że polityka to prawdziwie szlachetne zajęcie, a instytucje demokratyczne stanowią środki wymyślone przez ludzkość dla ulepszenia świata. Wciąż myślę, że to prawda. Przekonałam się jednak, że podobnie jak każdy inny rodzaj pracy, polityka może okazać się podłą grą: ród przeciwko rodowi, partia przeciwko partii, kandydat przeciw kandydatowi i rządy upadające z błahych powodów. Przyglądanie się władzy będzie – mam taką nadzieję – przyjemniejsze niż praktykowanie jej.

Wolność słowa, z którą zetknęłam się w Holandii – swoboda myślenia – jest nieznana w kraju, z którego pochodzę. Jest to prawo i praktyka, o którym zawsze marzyłam, kiedy dorastałam. Niezależnie od wad, żaden inny naród nie rozumie zasady wolności słowa lepiej niż Holendrzy. Jest ona tak głęboko zakorzeniona w holenderskiej kulturze, że Holandia zdecydowała się chronić mnie przed śmiercią, chociaż członkowie rządu nie zgadzali się z moimi poglądami. Chciałabym wyrazić swoją wielką wdzięczność: będąc Holenderką, czuję się szczęśliwa i uprzywilejowana.

Muhammad Bouyeri, morderca Theo, i inni mu podobni nie zdają sobie sprawy, jak głęboko ludzie na Zachodzie są oddani idei otwartego społeczeństwa. Chociaż otwarte społeczeństwo okazuje się często bezbronne i narażone na niebezpieczeństwo, to jednak jest też nieugięte. Jest to miejsce, do którego biegnę, pragnąc doznać bezpieczeństwa i wolności. Chciałabym, żeby takie pozostało: bezpieczne i wolne.

Ludzie zawsze pytali mnie, jak wygląda życie osoby, której ktoś stale grozi śmiercią. Przypomina egzystencję pacjenta, u którego zdiagnozowano przewlekłą chorobę. Istnieje prawdopodobieństwo nasilenia się i nawrotu choroby, na skutek czego człowiek umiera, ale nie musi tak być. Może się to zdarzyć za tydzień, albo nie zdarzyć się przez dziesięciolecia.

Ludzie, którzy mnie o to pytają, dorastali przeważnie w bogatych krajach, w zachodniej Europie i Ameryce, po drugiej wojnie światowej. Uznają życie za coś oczywistego. Tam, gdzie dorastałam, śmierć bywa częstym gościem. Wirusy, bakterie, pasożyty; susza i głód, żołnierze i oprawcy mogą zadać ją każdemu w każdej chwili. Śmierć przychodzi z kroplami deszczu, które mogą przekształcić się w powódź. Zawładnęła wyobraźnią mężczyzn sprawujących władzę, wydających rozkazy swoim podwładnym, by tropili wrogów, torturowali i zabijali ludzi, którzy są ich wrogami. Śmierć nęci swoje ofiary, które porywają się na swoje życie, by uciec przed ponurą rzeczywistością. Wiele kobiet ponosi śmierć z ręki ojca, brata lub męża w imię źle pojętego honoru. Śmierć spotyka młode kobiety dające nowe życie, pozostawiając osierocone, nowo narodzone dzieci w rękach obcych ludzi.

Na ludzi, którzy żyją w państwie pogrążonym w anarchii i wojnie domowej, tak jak ma to miejsce w moim kraju rodzinnym – Somalii, śmierć czyha na każdym rogu.

Kiedy przyszłam na świat, moja matka początkowo myślała, że zabrała mnie śmierć. Tak się jednak nie stało. Gdy zachorowałam na malarię i zapalenie płuc, udało mi się wyzdrowieć. Kiedy mnie obrzezano, rana się zagoiła. Kiedy bandyta przyłożył mi nóż do gardła i chciał mi je poderżnąć, odstąpił od swego zamiaru. Kiedy mój nauczyciel Koranu rozbił mi głowę, lekarzowi udało się mnie uratować.

Chociaż pilnują mnie ochroniarze, ponieważ różne osoby grożą mi śmiercią, czuję się uprzywilejowana, że żyję i jestem wolna. Kiedy trzynaście lat temu wsiadłam do pociągu jadącego do Amsterdamu, wybrałam wolność, wybrałam kraj, w którym mój umysł mógł się swobodnie rozwijać.

Przebywając w Arabii Saudyjskiej jako dziecko, po raz pierwszy zetknęłam się z ogromną siłą islamu. Islam wyznawany w Arabii Saudyjskiej różnił się zasadniczo od religii mojej babki, która wierzyła w magiczne praktyki. Arabia Saudyjska jest źródłem islamu i jego kwintesencją. To miejsce, gdzie muzułmańską religię praktykuje się w najczystszej formie. Stąd wywodzi się wiele ruchów fundamentalistycznych, które rozprzestrzeniają się daleko poza jej granicami. W Arabii Saudyjskiej każdy oddech i krok jest podyktowany pojęciami czystości, grzechu i lęku. Pobożne życzenia, w myśl których islam jest religią pokojową i tolerancyjną, nie wyjaśniają ponurej rzeczywistości: ręce nadal są odrąbywane, kobiety kamienowane i zniewalane, tak jak zdecydował o tym Prorok Muhammad wiele wieków temu.

Sposobu myślenia, z którym zetknęłam się w Arabii Saudyjskiej i wśród organizacji Braci Muzułmanów w Kenii i w Somalii, wywodzącego się z plemiennych pojęć honoru i wstydu, nie można pogodzić z prawami człowieka i liberalnymi wartościami. Opiera się na oszustwie, hipokryzji i podwójnych standardach. Uzależniony od technologicznego postępu Zachodu, udaje jednocześnie, że go lekceważy. Ten sposób myślenia sprawia, że dla wszystkich wyznawców islamu przejście do nowoczesności jest bardzo bolesne.

Nastręczało to wielu trudności mojej babce i wszystkim krewnych z *miyé*. Było też niełatwe dla mnie. Przeniosłam się ze świata wiary do świata rozumu – ze świata okaleczania kobiecych narządów płciowych i przymusowych małżeństw do świata seksualnej emancypacji. Odbyłam tę podróż i wiem, że jeden z tych światów jest lepszy od drugiego. Nie z uwagi na nowsze technologie, ale ze względu na wartości.

Przesłaniem tej książki, jeżeli powinna mieć jakieś przesłanie, jest fakt, że my, mieszkańcy Zachodu, wyrządzilibyśmy niepotrzebnie krzywdę wielu kobietom w imię popierania kultur pełnych bigoterii i nienawiści.

Ludzie uważają, że mam poczucie niższości rasowej, dlatego atakuję własną kulturę, ponieważ chcę być biała. To irytujący argument. Powiedzcie mi, czy wolność jest tylko dla białych ludzi? Jak mam postrzegać tradycję moich przodków, która godzi się na okaleczanie swoich córek? Mam się biernie przyglądać, jak moi rodacy znęcają się nad kobietami, jak wzajemnie się mordują w bezcelowych sporach? Kiedy znalazłam się na Zachodzie, po raz pierwszy zobaczyłam, że relacje między ludźmi mogą być inne. Czy dobrze by o mnie świadczyło, gdybym postrzegała te relacje jako obcy kult, którego muzułmanie w żadnym wypadku nie powinni praktykować?

Życie jest lepsze w Europie niż w świecie muzułmańskim, ponieważ lepsze są stosunki panujące pomiędzy ludźmi. Życie jest wartością, a jednostki cieszą się prawami i wolnościami, które są uznawane, a także chronione przez państwo. Zaakceptowanie podporządkowania i znęcania się, ponieważ Bóg tak chce, jest dla mnie wyrazem nienawiści do samej siebie.

Decyzja o napisaniu tej książki nie przyszła mi łatwo. Dlaczego miałabym odsłaniać przed światem tak bardzo osobiste wspomnienia? Nie chciałabym, żeby moje argumenty uważano za niepodważalne, ponieważ miałam straszne doświadczenia. Nie jest to zgodne z prawdą. W rzeczywistości dopisało mi w życiu ogromne szczęście. Kto dziś może powiedzieć, ile dziewczynek urodzonych w Digfeer Hospital w Mogadiszu w listopadzie 1969 roku jeszcze żyje? Ile spośród nich może swobodnie wypowiadać się w różnych kwestiach?

Nie chciałabym także, żeby moja opowieść została potraktowana jako urojenia osoby, która w wyniku swoich przeżyć i doświadczeń doznała urazu psychicznego, a teraz przystąpiła do ataku. Ludzie często sugerują, że emanuje ze mnie gniew, ponieważ zostałam poddana obrzezaniu, a mój ojciec wydał mnie za mąż bez mojej akceptacji. Nie zapominają przy tym dodać, że takie zdarzenia rzadko mają miejsce w nowoczesnym muzułmańskim świecie. Nadal jednak setki milionów muzułmańskich kobiet na całym świecie żyje w przymusowych małżeństwach, a sześć tysięcy małych dziewczynek poddawanych jest każdego dnia zabiegowi obrzezania. Pomimo okaleczenia nie chcę w żaden sposób być traktowana jak ofiara, pragnę, aby osądzano mnie na podstawie słuszności moich argumentów.

Mój największy niepokój i troskę budzą ciemiężone kobiety. Ucisk, któremu są poddawane, powoduje, że islam pozostaje daleko w tyle, a społeczeństwo z pokolenia na pokolenie jest coraz bardziej zacofane. Sytuacja powinna się zmienić.

Kiedy ludzie mówią, że wartościami islamu są współczucie, tolerancja i wolność, przyglądam się wówczas zachodnim kulturom i rządom i twierdzę, że tak nie jest. Mieszkańcy Zachodu dają temu wiarę, ponieważ mało krytycznie przyglądają się religii mniejszości narodowych, obawiając się, że mogliby zostać nazwani rasistami. Fascynuje ich, że ja nie obawiam się tego robić.

W marcu 2005 roku tygodnik „Time" poinformował mnie, że zostanę jedną ze stu „najbardziej wpływowych osób w dzisiejszym świecie". Oczywiście poszłam od razu kupić egzemplarz tygodnika, ale było to o trzy tygodnie za wcześnie; numer z moją nominacją miał ukazać się w połowie kwietnia. Toteż w tygodniku, który kupiłam nie było mowy o mnie, lecz o ubóstwie w Afryce. Na okładce widniała młoda wychudzona kobieta z trojgiem małych dzieci. Była owinięta w podobny materiał, jaki zwykła zarzucać na siebie moja babka. W jej oczach malowała się bezradność.

Lektura artykułu o Afryce sprawiła, że zaczęłam rozmyślać o Somalii i Kenii, o biedzie, chorobach i lęku. Myślałam o kobiecie na fotografii, a także o milionach innych kobiet, które muszą żyć tak jak ona. Mianowano mnie w kategorii „Przywódcy i rewolucjoniści". Co mogłam zrobić z taką odpowiedzialnością?

Być może mogłam powiedzieć, jak wielkie znaczenie mają wartości wyznawane przez określone społeczeństwa. Wartości świata moich rodziców utrwalają jedynie biedę i tyranię, co przejawia się między innymi w ucisku kobiet. Sama świadomość ucisku mogła poprawić sytuację wielu muzułmańskich kobiet. Chciałam powiedzieć ludziom wychowanym w kulturze muzułmańskiej, że jeżeli stawimy czoło tej strasznej rzeczywistości, w której się znaleźliśmy, możemy zmienić nasz los.

Dlaczego nie jestem w Kenii, nie pochylam się nad piecykiem na węgiel drzewny, przyrządzając *angello*? Dlaczego zamiast tego zostałam członkinią holenderskiego parlamentu i ustanawiałam prawa? Sprzyja mi szczęście, którego nie może doświadczyć wiele kobiet z odległych miejsc, z których się wywodzę. W pewnym sensie jestem im coś winna. Jak kobiecie Galla, której straszne przeżycia tłumaczyłam pewnego razu w Schalkhaar. Powinnam odszukać inne kobiety przetrzymywane w niewoli irracjonalności i zabobonów, a następnie przekonać je, by wzięły życie we własne ręce.

Siostra Aziza zwykła ostrzegać nas przed dekadencją Zachodu: skorumpowanymi, rozwiązłymi, wypaczonymi, bałwochwalczymi, zachłannymi na pieniądze, bezdusznymi krajami Europy. Uważam, że znacznie gorszą moralną korupcję praktykuje się w krajach muzułmańskich. W społeczeństwach tych panuje nieprzejednane okrucieństwo, a nierówność jest usankcjonowanym prawem tej ziemi. Dysydentów poddaje się torturom. Nadzór nad kobietami sprawuje zarówno państwo, jak i ich rodziny, którym daje się nieograniczoną władzę nad ich życiem.

W ciągu minionych pięćdziesięciu lat świat muzułmański błyskawicznie się zmienił. Moją babkę i mnie dzielą jedynie dwa pokolenia, ale w rzeczywistości dzieli nas tysiąc lat. Nawet dzisiaj można wsiąść do ciężarówki, przekroczyć granicę Somalii i cofnąć się w czasie.

Ludzie mają umiejętność przystosowywania się. Osoby, które nigdy przedtem nie siedziały na krzesłach, jeżdżą samochodami i obsługują skomplikowane maszyny. Opanowują te umiejętności bardzo szybko. Podobnie przejście przez reformację nie musi zająć muzułmanom sześciuset lat, aby dokonały się zmiany w sposobie myślenia o równości i prawach jednostki.

Kiedy zwróciłam się do Theo, żeby pomógł mi nakręcić film *Poddanie*, chciałam pokazać możliwość zmiany relacji między Bogiem i jednostką oraz oswobodzić umysły muzułmanów. Ludzie mogą spojrzeć w górę i porozmawiać z Bogiem: mają możliwość nawiązania dialogu. Sztywna interpretacja Koranu we współczesnym islamie jest przyczyną niedopuszczalnej niedoli wielu kobiet. Dzięki globalizacji coraz więcej mieszkańców krajów muzułmańskich odbywa podróże do Europy wraz z kobietami, które brutalnie traktuje. W związku z tym Europejczycy i inni mieszkańcy Zachodu nie mogą dłużej udawać, że łamanie praw człowieka zdarza się jedynie daleko stąd. Istotą filmu jest końcowe zdanie *Poddania*: „Nie mogę już dłużej podporządkowywać się”. Możliwe jest wyswobodzenie się jednostki – przystosowanie nakazów wiary do realiów współczesnego świata i przemyślenie kwestii, w jakim stopniu staje się ona źródłem ucisku.

Mówiono mi się, że *Poddanie* jest filmem zbyt agresywnym. Nie przeczę, że zawarta w nim krytyka islamu może być trudna do przyjęcia, jak również bolesna dla muzułmanów. Czy jednak nie bardziej bolesnym zjawiskiem jest los muzułmańskich kobiet, uwięzionych w klatce islamskich nakazów?

Podziękowania

Urodziłam się w kraju podzielonym przez wojnę, na kontynencie, który zmierza w złym kierunku. Czuję się uprzywilejowana, ponieważ udało mi się przeżyć i miałam możliwość kształcenia się i rozwoju. Jest to przywilej, którego nie mogę i nigdy nie będę uważać za rzecz oczywistą. Bez pomocy i poświęcenia mojej rodziny, nauczycieli, a także przyjaciół, nie różniłabym się niczym od rówieśników, którzy walczą o przetrwanie.

Chciałabym zacząć od mojej matki, która tuliła mnie do piersi i nie wierzyła, że umrę, chociaż urodziłam się przedwcześnie i ze zbyt małą wagą. Pragnę wyrazić wdzięczność mojej babce, która nauczyła mnie sztuki przetrwania. Ojcu, który nalegał, żebym poszła do szkoły. Mojej nieżyjącej siostrze za jej przyjaźń, poczucie humoru i nieustającą chęć przygody. Mojemu bratu za niekończące się poczucie nadziei na lepszy czas.

Kieruję wyrazy podziękowania do moich nauczycieli na Dżudża Road, którzy, poza obowiązkowym programem nauczania, wpajali w nas dyscyplinę. Odczuwam również wdzięczność wobec nauczycieli w Muslim Girls School, pani Mumtaz, pani Kataki, pani Owour, pani Choudry i pani Karim, które „coś we mnie dostrzegły".

Szczególne podziękowania składam na ręce Dżim'o Mussy i włoskiego lekarza w szpitalu w Nairobi, którego nazwiska nie pamiętam, ale którego twarzy nigdy nie zapomnę – wspólnie uratowali mi życie.

Jestem wdzięczna mojej macosze, siostrom przyrodnim, kuzynom, ciotkom i wujkom. Przyjęli mnie serdecznie w swoich domach, rozpieszczając i służąc radą przez dziewięć długich miesięcy mego pobytu w Mogadiszu.

Nie stałabym się kobietą, którą jestem, bez otwartości, gościnności i możliwości, które ofiarowała mi Holandia. Potraktowano mnie w Holandii z wyjątkową życzliwością i uprzejmością. Od początku czułam się tu jak w domu. Funkcjonariusze INS – Immigration and Naturalization Service (Służby Imigracyjnej i Naturalizacji), policja, pracownicy opieki społecznej w ośrodku dla uchodźców, moi nauczyciele języka holenderskiego, wolontariusze, właściciele wynajmowanych domów i mieszkań, a także wiele innych osób, które udzieliły mi pomocy, kiedy po raz pierwszy przyjechałam do Holandii, wywarli na mnie głębokie wrażenie, jak cywilizowany może być naród. Najgłębszą wdzięczność wyrażam mojej „holenderskiej rodzinie" – Joke'owi, Dickowi, Nelleke i Jaapowi – którzy oferowali mi prawdziwy dom w nowym kraju. Pomogli mi stać się samowystarczalną obywatelką holenderską i przekroczyć własne uprzedzenia kulturowe.

Maarten van der Linde, mój pierwszy profesor w Hoge School w Driebergen, zawsze pozostanie drogi memu sercu. Z wielkim oddaniem pomagał w odnajdywaniu swego powołania nie tylko mnie, ale wielu niebędącym rdzennymi Holendrami osobom. Bez Maartena nie przystąpiłabym do egzaminów uprawniających mnie do podjęcia studiów na uniwersytecie, a tym bardziej bym ich nie zdała.

Moi profesorowie w Leiden nauczyli mnie doceniać wagę rozumu. Szczególnie lubiłam wykłady profesora Rudy'ego Andewega, profesora Paula Harta i profesora Henka Dekkera. Warsztaty historii doktora Henka Kerna stanowiły zarówno wyzwanie, jak i przyjemność. Profesor Paul Cliteur sprawił, że wprowadzenie do prawa przypominało zajęcia z rozrywki. Odczuwam wdzięczność na myśl, że on i jego żona Carla stali się później moimi bardzo bliskimi przyjaciółmi. Odkryłam, że jest lepszy w prawie niż w gotowaniu.

Mimo wszystkich rozbieżności w kwestiach wielokulturowości, islamu, integracji i religii, zachowam w pamięci Paula Kalmę, jego uczciwość i wsparcie. Chronił mnie przed pogróżkami islamistów i piórem tych, którzy próbowali mnie zniesławić. Dziękuję Margo Trappenburg, Bartowi Trompowi, a szczególnie Ariemu van der Zwanowi.

Chciałabym wyrazić wdzięczność czołowym holenderskim feministkom: Cisce Dresselhuys, Nahedzie Selim, Naemie Tahir, Abdelheid Roosen i Jeltje van Nieuwenhoven. Przyjęły mnie serdecznie do swego grona i dodały inspiracji w debacie, która miała na celu pomóc w stworzeniu lepszych warunków i praw dla muzułmańskich kobiet.

Wiele osób stanęło w mojej obronie, kiedy kwestią była wolność słowa. Szczególne podziękowania kieruję do Betsy Udine, Nelleke Noordervliet, Max Pam, Joosta Zwagermana i Petera van Ingena za ich wsparcie.

Jestem wdzięczna Gijsowi van Westerlakenowi i Theodorowi Holmanowi, a także wszystkim pozostałym, którzy włączyli się w realizację filmu *Poddanie. Część 1* i wsparli go finansowo.

Mam wielki dług wdzięczności wobec Gerrita Zalma, Neelie Kroes, Joziasa van Aartsena i Henka Kampa. Odegrali oni zasadniczą rolę w wypromowaniu i zabezpieczeniu mojej politycznej kariery. Wierzyli we mnie, opowiadali się po mojej stronie i udzielali mi korepetycji podczas tych wszystkich lat, które spędziłam w holenderskim parlamencie. Robią to zresztą nadal.

Frits Bolkestein był moim intelektualnym mentorem – on i jego żona, Femke Boersma, otworzyli przede mną swój dom, dodając mi otuchy i wsparcia, ilekroć tego potrzebowałam.

Szczególne podziękowania chciałabym skierować do:

De Herenclub – klubu the Gent's – Chrisa, Chrisa, Hansa, Hermana, Jaffe, Leona, Paula, Sylvaina: za wasze pomysły i inspirujące rozmowy. Nauczyliście mnie tak wiele i zawsze mieliście odwagę wyrazić pod moim adresem słowa krytyki, kiedy sądziliście, że nie mam racji.

Leonie, Jessico, Mo i Mo: czerpię z was siłę i nigdy nie będę w stanie dostatecznie wam podziękować.

Wyrażam wdzięczność rodzinie Van Goghów.

Dziękuję dwóm I – Iris i Ingrid – i Peterowi: bez waszych wskazówek i zdrowego rozsądku w ciągu kilku minionych lat wiele razy straciłabym głowę. To wspaniale, że mam was u swego boku.

Moim wydawcom na całym świecie, szczególnie Lilly, za oddanie i przyjaźń, a także Leslie i Chrisowi za zrozumienie i pomoc w ukończeniu tej książki.

Ruth, za ogromną pomoc w pisaniu. Twoja cierpliwość, dociekliwy umysł i wrażliwość przyczyniły się w znacznym stopniu do jej powstania. Wiem, że niekiedy twoja ładna twarz przybierała zatroskaną minę, kiedy ociągałam się z pracą. Zdaję sobie sprawę, że niekiedy miałaś ochotę wyrwać sobie z głowy swoje piękne, gęste włosy. Zawsze potrafiłaś mi jednak powiedzieć miłe słowo. I wyciągnąć do mnie rękę, by dodać mi odwagi w dalszej pracy.

Susannie, mojej agentce, przyjaciółce, siostrze – a nawet niekiedy żydowskiej matce! Dziękuję tobie i twojemu zespołowi za niewyczerpany spokój, sumienność i zaufanie.

Całemu personelowi Dutch Royal and Diplomatic Protection Departament (Holenderskiego Królewskiego i Dyplomatycznego Departamentu Ochrony – DKDB).

Annejet, Anne Louise, Brittcie, Corin, Davidowi, Evelyn i Rose, Evelyn, Frederique'owi, Frédérique'owi, Geeske, Giovanniemu, Hansowi, Heinowi, Isabelli, Joachimowi, Marco, Mirjam, Ninie, Olivii, Olivierowi, Roelandowi, Rubenowi, Sebastianowi, Tamarze... Przez te wszystkie lata sprzyjało mi ogromne szczęście, że miałam tak wielu przyjaciół, którzy mnie wspierali. Nie mogę wymienić was wszystkich, a byłoby mi bardzo przykro, gdybym o kimś zapomniała. Wiecie jednak, kim dla mnie jesteście. Dziękuję za serdeczność, miłość i zrozumienie.